일본의 기업가정신

일본의 기업가정신

미야모토 마타오 지음 | 김명수 옮김

논형

오사카 상인의 전단지

오른쪽은 구라마鞍馬 산중에서 우시와카마루牛若丸*가 손에 넣은 두루마리에 'S.W'
라는 상표가 그려져 있다. 'S.W'라는 것은 상점주 와타나베 스에키치로渡邊末吉郎를
나타내는 것일까? 상표등록제도는 주로 수출용 상품에 붙이는 상표를 등록시켜 위
조품 등 부정한 상품을 배제할 목적으로 만들어졌다. 1884년에 상표조례가 제정되
어 차츰 정착해 갔다. 상인들은 상표가 '근대'를 구체적으로 명시하는 것임을 실감했
다고 한다.

---

* 우시카와마루는 미나모토노 요리쓰네(源義經)의 아명이다. 1160년 헤이지(平治)의 난 때 부
  친이 패사(敗死)하자 구라마지(鞍馬寺)에 맡겨졌다고 한다. 요리쓰네는 가마쿠라막부를 연
  미나모토노 요리토모(源賴朝)의 이복동생이다. 이하에서 용어 설명은 별도의 표기가 없는
  한 kotobank.jp, weblio辭書, 네이버사전, goo辭書 등 인터넷사전을 주로 활용하였다. 본문
  내 역자가 첨가한 내용은 대괄호([ ])로 표시해 두었다.

왜 기업가를 다루는가

위로부터의 자본주의?

거품이 꺼지고[1] 심각한 불황에 신음하고 있는 일본경제를 눈앞에서 보면서, 기업가정신의 발양을 기대하는 목소리가 높다. 동시에 "일본인에게는 독창성이 없다", "일본에서 벤처 비즈니스는 성장하지 못한다"는 의견도 자주 듣는다. 정말일까?

변혁을 부르짖으면서도 그에 대한 대처는 확실히 지지부진하다. 고대부터 일본은 중국이나 서양의 문명, 기술, 제도, 사상과 학문을 배웠고, 그 덕분에 적어도 경제면에서는 이제 세계의 선두주자 중 하나가 되었다. 하지만 새로운 항해를 위한 해도를 스스로 그리지 못하고 있다.

그러나 19세기 중반부터 근대국가로 진입하는 것을 목표로 1세기 반, 일본 국민의 총생산은 이제 '스승師'이었던 영국, 프랑스, 독일 3개국의

---

1   일본의 부동산, 주식시장에 나타난 거품경제를 말한다. 길게는 1980년부터 1992년까지 비정상적인 자산가치 상승 현상을 통칭하는 말이다. 1985년 플라자 합의(5개국 재무장관이 뉴욕 플라자호텔에서 달러 가치 하락, 엔화·마르크 가치 상승에 합의)에 의한 수출 감소로 성장률이 떨어지기 시작해 1986년 마이너스 성장을 기록했다. 정부가 경기부양책으로 금리 인하와 부동산 대출 규제완화 정책을 시행하면서 거품이 최고조에 달했다. 1989년 소비세 신설 및 일본은행의 급격한 금리인상(2.5퍼센트→6.0퍼센트) 여파로 주식시장과 부동산시장이 붕괴돼 1천500조 엔의 자산이 사라졌다. 그 후 일본은 '잃어버린 10년'이라고 불리는 불황을 겪게 된다.

총생산을 합친 것보다 커졌다. 이것은 역시 위대한 업적이라고 할 만하다. 외래문명의 단순한 수용이나 모방만으로는 이런 위업을 이룰 수 없었다. 거기에는 사람들의 변혁에 대한 용기, 과감한 행동력, 창의적인 아이디어가 있었다고 해야 할 것이다.

근대 일본의 경제발전 과정은 흔히 '위로부터의 자본주의'라고 일컬어지는 경우가 많다. 메이지기明治期에 있어서 관영모범공장官營模範工場의 개설, 철도나 전신 등 사회간접자본의 건설, 회사제도, 은행제도 등을 서양을 모델로 한 각종 경제제도의 도입, 교육제도의 정비, 외국인기술자의 초빙 등 직접적인 것에서부터, 관영사업불하, 정상보호정책 등 각종 산업육성정책까지 정부는 적극적인 역할을 수행했다. 중일전쟁 이후의 통제경제 하에서는 한층 더 국가에 의한 계획경제화가 강화되었고, 전후의 고도성장은 '일본주식회사'라 불릴 만큼 정부와 기업의 밀접한 관계에 의해 실현되었다는 견해도 있다.

미국의 경제사가 알렉산더 거셴크론Alexander Gerschenkron은, 발전단계가 미숙해 '테이크 오프take off(도약)'의 전제조건(교통수단 등 사회간접자본, 재정금융제도, 교육제도 등)이 정비되어 있지 않은 국가에서는 정부의 역할이 커진다고 말했는데, 그런 의미에서 일본도 확실히 그랬다.

정부와 민간

하지만 정부의 역할이 과도하게 강조되는 것은 잘못이다. 메이지기의 많은 관영공장이 실패한 것처럼, 또한 식산흥업정책이 결실을 맺는 일이 적었던 것처럼, 정부의 직접적 권업정책이 꼭 성공했다고는 할 수 없다. 일본의 공업화 초기국면에서 주도산업이었던 면방적업과 제사업은 관영공장에서 생겨났다기보다 민간 기업에서 발전했다. 중공업과 광산업의 경우에는 관업이 민간에 싼 값에 불하된 것이 큰 계기가 되었지만 불하

수출용 자동차

소자원국 일본은 자원을 해외에 의존하고 수입해서 가공한 후 수출하는 무역형 국가이다. 정부는 이러한 특성을 바탕으로 구미(歐美)를 모델지표로 삼도록 지도하고 유도했는데, 기술력과 판매력으로 구미 기업과 경쟁해 온 민간 기업은 관(官)과의 조정을 도모하면서 기업 규모의 확대를 모색해 왔다. [그와 달리] 미국으로부터 종종 제기되는 무역불균형문제는 일본에서 관민(官民)의 조정 과정이 잘 보이지 않는다는 것이 그 원인 중 하나이다.

할 당시에는 많은 관영사업이 경영난에 빠져 있었고, 그 후의 발전은 그것을 재건한 민간의 경영노력에 힘입은 바가 컸다.

제2차 세계대전 후의 산업정책에서도 특정 산업을 육성하기 위해 정부가 경제자원을 집중시키는 직접적인 산업육성책이 실시되는 일은 적었고, 그런 경우에도 그 성과가 꼭 양호하지는 않았다. 오랫동안 호송선단행정護送船團行政[2]하에서 보호되어 온 일본의 금융업계가 세계적인 금융

---

2   대장성 · 일본은행에 의한 금융행정(금융규제정책)을 일컫는 말이다. 가장 효율성이 낮은 금융기관을 포함해 모든 금융기관에 문제가 생기지 않도록 사전에 조정함으로써 금융시스템 거래의 안전성을 확보하는 방식이다. 정부의 시장개입 · 규제를 의미하는 말이기도 하다. 2차 대전 중 물자 수송을 위해 편성된 선단의 항해속도가 가장 느린 배를 기준으로 결정된 것에서 유래한다. 글로벌화로 인한 부실채권문제로 금융권이 부실해지자, 1998년 대장성을 해체하고 금융청으로 감독업무를 이관했다.

자유화 속에서 곤경에 직면해 있는 사실, 그에 반해 글로벌 마켓에서의 격렬한 경쟁에 부대껴온 자동차 메이커나 전기電機 메이커가 경쟁 우위를 획득하게 된 사실을 비교해 보면 좋겠다.

정부의 가장 중요한 일은 구미의 모델을 염두에 두고 장래성 있는 산업이나 일본경제가 나아갈 방향을 산업계에 제시한 것이었다. 민간은 그 정책의 방향성을 기본적으로는 공유했지만 항상 '정부'의 지시대로 행동하지는 않았다. 때로는 정책에 저항하거나, 수정을 제언하거나, 민간의 정보를 제공하는 등 관민의 코디네이션을 통해 관의 정책목표 달성에 협력하면서 동시에 스스로의 기업목적을 실현해 나갔다.

또한 정부의 산업육성정책은 특정 기업에게 재량적으로 이루어진 것이 아니고 일정한 룰에 따라 기회균등주의적으로 이루어졌기 때문에, 기업은 명시된 기준을 만족시키기 위해 경영노력을 기울이게 되었고 미세한 차이를 찾아 우량기업들 사이에서 격렬한 경쟁이 일어나게 되었다.

인간의 전략적 중요성 재확인

이같이 보면, 메이지 이후 일본의 경제발전은 긴밀한 관민의 협력관계를 기조로 하면서도 기본적으로는 시장경제의 틀 속에서 달성되어 왔다고 할 수 있을 것이다. 시장경제라는 것은, 말할 것도 없이, 시장에서 발신된 정보(물가, 임금, 이자율이나 상품정보)를 시그널로 해서 개별 경제주체가 자신의 의사와 선택을 따라, 생산과 소비행동을 수행하는 구조를 가리킨다.

이러한 개별 주체의 경제활동이 집합한 결과로서 근대 일본경제가 실현되어 온 것이라고 한다면, 그간의 행보를 자본주의체제의 전개라든가, 기업조직이라든가, 기술의 자연사적 진화라든가, 노동력·자본·자연자원의 증대와 같은 매크로 숫자의 움직임만으로 보는 것은 불충분하다.

한 사람 한 사람의 기업가나 기술자, 그리고 현장에서 일해 온 노동자, 소비자의 구체적인 경제적 행위에 좀 더 빛을 비추지 않으면 안 된다. 이것은 경제현상에서 인간이 갖는 전략적 중요성을 재확인하는 것이기도 하다.

이런 관점에서 이 책에서는 근대 일본의 경제발전을 기업가 행동의 궤적 속에서 그려내 보고자 한다. 근대 일본의 경제발전을 짊어진 기업가는 어떻게 해서 출현했을까? 그들은 어떠한 신조와 이념을 가지고 있었을까? 그들은 각 시대의 제약에 구속되면서도, 어떻게 창의적인 아이디어를 고안했을까? 기업가·경영자의 특성은 시대와 함께 어떻게 변화했고 일본 경제사회의 변화에 어떻게 반영되었을까? 자본가와 경영자와의 관계는 어떻게 변화했을까? 이상과 같은 점을 가능한 많은 기업가의 사례를 통해 검토해 보고자 하는 것이 이 책의 목표이다.

기업자사학의 계보

기업자사학의 시점

이와 같이 기업자활동의 측면에서 경제사를 보자는 것은 결코 기업가라는 인간이 역사를 움직이는 만능의 힘을 가졌다고 주장하는 것이 아니다. 경제활동이 경제의 자연법칙 그대로 돌아간다는 소박한 결정론과 동일하게 모든 것이 인간에게 달렸다고 단정하는 것 역시 균형을 잃은 관점이다. 체제나 관행, 역사의 흐름과 같은 개인의 힘으로는 거역하기 어려운 제약 속에서 기업가 개개인이 어떻게 행동했는지 그리고 그들의 집합이 어떻게 경제의 관행과 궤도를 바꾸었는지에 우리의 관심이 있다.

이러한 입장은 학문적으로는 '기업자사학entrepreneurial history'이라고 불리며 세계 학계에서 이미 시민권을 획득했다. 따라서 이것에 관해 약간의 설명을 해둔다.

경제학에서는 통상 토지(자연자원), 노동, 자본 이 세 가지를 본원적 생산요소라 부른다. 그러나 현실에서는 이 세 가지 생산요소의 존재만으로 상품이 만들어지지 않는다. 예를 들면 여기에 1,000평의 토지, 100명분의 노동력, 생산설비, 원재료를 살 돈이 1억 엔 있다고 하자. 그러나 그것만으로는 아무것도 상품은 생산되지 않는다. 이 생산요소를 사용해서, 어떤 방법으로, 어떤 노동력의 배치로, 무엇을 만들 것인가를 누군가가 정하지 않으면 생산은 이루어지지 않는다. 누가 그것을 결정하는지에 따라 만들어지는 상품도 달라지고 생산량에도 차이가 생긴다.

즉 경제활동을 행하기 위해서는 세 가지 생산요소를 결합시키는 인간의 역할이 불가결하다는 결론이 된다. 이러한 생산요소를 결합시키는 주체를 가리켜 '기업가entrepreneur'라고 부른다. 18세기의 프랑스 경제학자 리처드 캉티용R. Cantillon이나 장 밥티스트 세이J.B. Say는 경제활동을 수행함에 있어 기업가의 중요성을 지적했다.

'경제인'의 가정

그러나 그 후 경제학의 흐름 속에서 기업가의 역할은 점차 경시되어 갔다. 그것은 기업자활동이라는 것이 인간의 행동에 관계되는 것이고 질적인 것이어서 양적으로 정식화하기 어려운 성격을 가지고 있기 때문이다. 토지는 면적으로, 노동은 인원수나 시간으로, 자본은 기계나 금액으로 어느 정도 계측할 수 있지만 인간적이고 주체적인 기업자활동은 그 대소의 측정이 곤란하다. 따라서 경제학은 오랫동안 인간이라는 존재가 경제활동을 할 때 주어진 경제자원을 가장 효율적으로 사용한다는 전제하에 분석을 행해왔다. 사업활동을 행할 때는 이윤극대화를 지향하고 소비행동에서는 효용(만족도)을 극대화하는 인간, 즉 '경제인homo economicus'을 가정해왔다. 역으로 말하면 이것은 같은 생산요소라면 누가 사용하더라도 같은 양을 생산하게 됨을 의미한다. 따라서 경제를 발전시키기 위해서는 무엇보다 생산요소의 증대를 도모하는 것이 필요하다.

이상의 가정을 전제로 하면, 이용 가능한 자연자원(토지)이나 인구(노동력) 그리고 자본(기계설비 등)이 증가하지 않으면 경제는 정체한다. 세상에는 주어진 경제자원을 가장 효율적으로 사용하는 사업가도 있지만 그렇지 않은 사업가도 있다. 전자에게 그 보수로서 이윤이 지불되면 후자는 그것을 모방하고, 전체적으로 그 사회에 있어서 자원 이용의 효율성이 높아진다. 하지만 이런 과정이 반복되면서 전자가 얻고 있던 이윤은 점차 줄어들어 결국 제로가 된다. K.마르크스는 이윤율 경향적 저하의 법칙에 따라 자본가의 사업욕이 뒷받침해 온 자본주의 경제는 활력을 잃고, 결국 사회주의에 길을 양보하게 될 것이라고 예언했다.

슘페터이론

하지만 그렇게 생각하지 않은 경제학자가 있었다. 체제로서의 자본주의와 사회주의의 우열이 활발히 논의되고 있던 1940년대에 조지프 슘페터J.A. Schumpeter(1883~1950년)라는 경제학자는 자본주의 역사에서 인구의 증가나 자본 공급의 증대와 같은 생산요소의 증가가 없을 때에도 왜 경제는 정체하지 않았는지, 경쟁이 있음에도 불구하고 어째서 이윤이 소멸하지 않았는지 묻고, 그것은 '기업자'에 따라 생산요소의 결합 방식이 변화되어('신결합'이라고 부른다) 왔기 때문이라고 했다. 슘페터는 이와 같은 행위를 '혁신innovation'이나 '창조적 파괴creative destruction'라고 명명하고 다섯 가지로 분류한다.

(1) 신제품 혹은 새로운 품질의 제품 생산

(2) 새로운 생산방법 도입

(3) 새로운 시장 개척

(4) 원료 혹은 반제품의 새로운 공급원 획득

(5) 새로운 조직의 실현

슘페터는 이와 같은 '혁신'을 수행하는 '기업자'는 그것에 의해서 창업자 이윤을 손에 넣을 수 있다고 했다. 이윤은 혁신이 모방됨에 따라 소멸하게 되지만, 혁신이 부단히 연속하는 한 이윤은 존재하고 자본주의 경제는 발전이 가능해진다. 역으로 말하면 '혁신'을 가져오는 '기업자'야말로 자본주의적 경제발전의 원동력이 된다(『經濟發展の理論』).

이와 같이 슘페터는 인간의 주체적 역할에 착목함으로써 경제의 다이나믹한 움직임을 설명하는 데 성공했지만, 그가 경제발전의 원동력으로서 주목한 것은 '혁신'의 수행자로서의 '기업자'이지 단순한 '자본가', '사업가', '경영자'가 아니었다. 그리고 이 '기업자'가 '혁신 수행자'인 이상, 많은 경우 기존의 질서나 관행에 대한 파괴자나 일탈자가 될 수밖에 없다.

보통의 사업가가 행하고 있는 것과 같은 방식으로는 새로운 제품이나 새로운 생산방법은 탄생하지 않는다. '비연속', '창조적 파괴'가 필요하다. 또한 '혁신'은 미지의 세계로 향하는 도전이기 때문에 '불확실성'과 '리스크'가 동반된다. 새로운 제품, 새로운 생산방법, 새로운 시장 개척 등으로 성공한다는 보장은 없다. 따라서 '기업자'에게는 면밀한 계산합리성은 작용하지 않는다. 또한 '기업자' 행동의 동기는 이윤동기가 아닌 경우도 있다. 슘페터는

슈페터(1883~1950)

오스트리아-헝가리 출신 경제학자. 제1차 세계대전 후, 오스트리아공화국의 재무장관, 그 후 비더만은행의 은행장을 지냈지만 곧 본대학 교수를 거쳐 미국으로 건너가 하버드대학의 교수에 취임. 뒤에 귀화했다. 자본주의사회의 동태를 '이노베이션'이란 개념으로 설명하는 등 독창적인 경제이론을 전개했다.

(1) 사적 왕국이나 자신의 왕조를 건설하려는 몽상과 의지

(2) 승리자 의지. 즉 투쟁의욕이나 성공 그 자체에 대한 획득 의욕

(3) 창조의 기쁨

등을 '기업자'의 동기로 들고 있다. 어느 쪽이든 슈페터에게 있어서 '기업자'는 '경제인'의 범주로는 속하기 어려운 특성을 지닌 사람들이다(瀨岡誠『企業者史學諸說』, 榎本悟『アメリカ經營史學の研究』).

기업자사학의 발전

이러한 슈페터의 생각에 이끌려 1948년 미국의 하버드 대학에 '기업자사연구센터Research Center in Entrepreneurial History'가 설립되었다. 그 배경에는 제2차 세계대전 후, 경제학의 관심이 일부 단기적인 문제에서 장

기의 문제, 즉 경제성장이나 경제발전으로 옮겨갔다는 경제학 연구 경향의 변화가 있었다. 경제성장이나 경제발전의 원동력은 무엇인가라는 점에 경제학자의 관심이 높아짐에 따라, 슘페터이론이 각광받게 되었다. 또 하나의 배경으로는 실천적 요청이 있었다. 제2차 세계대전 후, 서구 자본주의 진영의 맹주가 된 미국은 대외원조정책을 대대적으로 전개했지만 초기에는 그 정책이 '달러와 도구'의 공여라고 불렸듯이, 피원조국에 자금과 기술만 주면 경제성장이 일어날 것이라는 신념에 기초하여 입안되었다. 그러나 거액의 자금과 선진기술을 피원조국에 쏟아 부어도 훌륭한 성과를 얻을 수 없다는 현실이 점차 명백해졌다. 자금이나 기술, 그리고 노동력을 잘 결합시켜 사용하는 인적 자원, 그 중에서도 특히 기업자의 역할에 사람들의 관심이 모아졌다.

기업자사연구센터의 '기업자사학'은 슘페터이론을 축으로 하면서도 그것을 확장시켰다.

첫째, '기업자' 개념을 확장시켰다. 새로운 사업이 일어나 보급될 때에는 보통 발명가가 있고 그 발명을 사업화하는 혁신자가 나타나며 모방자가 그것을 추종하는 프로세스를 따르는 경우가 많다. 하지만 경제발전의 원동력으로서 슘페터가 착안한 것은 혁신자였다. 그러나 현실에서 최초의 혁신자는 실패하고, 모방자 혹은 두번째 이후의 후발주자가 성공하는 경우가 많다. 그것이 실제로 경제발전에서 더욱 중요한 의의를 가진다. 혹은 이노베이션이 도입되더라도, 그 이후에 작은 개선이 축적되면서 비로소 중요한 경제적 의미를 갖는 일이 있다.

즉, 새로운 사업을 '창시한다'는 것이 아니라 그것을 '확대하고', '유지'하는 것 또한 매우 중요한 기업자활동이다. 이러한 이유로 '혁신가'뿐만이 아니라 '경영자'나 '관리자' 또한 '기업자'에 포함시켜야만 한다. 이것이 기업자사연구센터의 리더 A.H. 콜Cole 등의 기업가 개념이었다(中川

敬一郎譯, 『經營と社會-企業者史學序說』).

이는 기업자의 비연속적 · 비약적 측면뿐 아니라 연속적 · 점진적 측면의 중요성에도 주목하는 것이다. 경제학의 언어로 말하자면, 발전은 '균형'에서 '불균형'(창조적 파괴)을 만들어 내는 것만으로 생겨나는 것이 아니라 '불균형'에서 '균형'을 향해서 나아가는 프로세스, 즉 '경쟁'에 의해서도 이루어진다.

이러한 생각은 I.M. 커즈너Kirzner를 비롯해 오늘날의 경제학자 W. J. 애버나씨Abernathy, A.D. 챈들러Chandler, M. 포터Porter 등에 의해 더욱 발전되어, 혁신을 슘페터의 '근본적 혁신'(혹은 '구축적 혁신')과 일상적인 개량 · 개선인 '점진적 혁신'('통상적 혁신')으로 구분하고, 양쪽 모두에 적극적인 의미를 부여하려는 견해가 지배적이다(安倍悅生, 「革新の概念と經營史」; 米倉誠一郎, 「企業者精神の發展過程」).

확실히 슘페터의 '기업자' 개념에 따른 기업자사의 경우, 이단자나 소수의 비즈니스 히어로의 역사가 되기 십상이다. 또한 특히 외국에서 개발된 기술이나 제품, 지식이나 제도를 도입하고 거기에 개선을 가한 일본에서 글로벌한 의미에서의 '혁신자'는 극히 소수에 불과하다.

그러나 국제적으로는 모방자, 추종자였다고 하더라도 각 시대의 일본에서는 '혁신자'이거나 '점진적 혁신'이 세계적으로 중대한 임팩트를 준 경우가 있다. 이런 관점에서 이 책에서도 '기업자'나 '기업가'라고 할 때에는 콜류의 개념을 채용하여 '혁신자'뿐 아니라 '경영자', '관리자', '기술자' 등도 포함하기로 한다.

현대 대기업과 경영자

기업자사연구센터(리더 A.H. 콜)의 기업자사학이 갖는 두 번째 특징은 기업자활동이 개인만이 아니라 기업자 팀에 의해서 수행된다고 생각한 점이다. 즉 슘페터가 상정한 것은 전술한 바와 같이 유래를 찾기 힘든 재능이나 아이디어, 그리고 영웅주의적인 정신을 가진 개인으로서의 기업자였다.

그러나 기업자의 가장 중요하면서도 결정적인 기능은 의사결정이다. 통상 개인기업에서조차 사업주 혼자서 의사결정을 하는 것은 드물며, 원안 작성이나 실행과정에서는 직속 부하나 스태프의 도움을 받아서 행하게 된다. 하물며 회사기업에서는 사장을 포함한 톱 메니지먼트(최고경영자)가 조직화되고 이것이 의사결정팀이 된다. 이와 같이 콜 등에게 있어 기업자 개념은 기업자 팀으로까지 확장되었는데, 다시미들(중간 간부)까지 포함해 경영자조직의 역할을 명확히 정식화한 것은 챈들러였다.

챈들러는 19세기 후반 이후 미국에서 대두된 대량생산·대량판매체제를 가능하게 한 요인이 무엇인가에 대한 의문을 제기하고, 미국 대기업의 조직변화를 세밀히 추적하였다. 그 결과 그가 도출해낸 해답은 다음과 같은 것이었다. 현대 대기업은 이전의 기업이 하나의 공장이나 영업소밖에 갖고 있지 않고 생산이나 판매 어느 한 쪽만 하는 단일 기능밖에 없었던 것에 비해 복수의 공장이나 영업소를 거느리고 생산에 종사할 뿐 아니라 판매나 원료·중간재의 조달도 직접 행하는 복수 사업단위 기업이나 복수 직능기업이 되었다. 그리고 이와 같이 복수 사업단위와 복수 직능을 갖기 때문에, 기업 내부에서 물건(상품), 돈, 사람이 흐르게 되었다.

따라서 기업 내부에서 경영자원의 흐름을 총괄하고, 조정하고 감시하는 조직이 필요해진다. 이렇게 해서 현대 대기업에서는 전문 봉급경영자professional salariesd manager로 구성된 계층적 경영자조직managerial hierarchy이 성립했고, 이런 의미에서의 '경영자기업managerial enterprise'의 출현이야말로 미국의 경제발전을 뒷받침했다고 할 수 있다(小林袈裟

治 외 번역, 『經營者の時代』).

그 후 챈들러는 미국, 영국, 독일의 약 100년에 달하는 기업발전을 비교사적으로 연구하여 1990년에 『스케일 앤드 스코프scale and scope』라는 제목의 대작을 집필했다. 여기서 그가 발견한 것은 경제발전에 있어서 '혁신' 그 자체보다 '투자'가 가장 중요하다는 명제였다. 확실히 신제품이나 새로운 제조방법이 경제과정에 도입될 때는 발명가나 그것을 사업화하는 파이오니어(혁신자)가 필요하다. 그러나 파니오니어가 항상 성공하는 것은 아니었다.

혁신이 기업적으로 성공하여 한 나라의 경제나 산업에 큰 영향을 미치기 위해서는 그 후 생산과정이나 유통과정에 투자하고 원재료의 조달에서 제품 판매의 과정까지 기업 내에 통합해야 했다. 또한 통합의 결과 발생한 복잡한 관리기능을 원활히 수행하기 위해서 매니지먼트에 대규모 투자를 실시하여 기업의 '조직능력organizational capability'을 높여야 했다. 즉 챈들러는 한 번뿐인 '혁신'보다도 그 후 이루어지는 '조직능력'의 향상이야말로(이를 실현한 기업을 '선두기업'= first mover라고 한다) 중요한 의미를 가진다고 보았다.

이와 같은 '경영자기업'이나 '조직능력'을 축으로 현대자본주의의 다이너미즘을 이해하려고 한 챈들러의 학설은 근대에서 현대에 이르기까지 대기업 체제의 전개를 명쾌하게 설명했으며 오늘날 전 세계의 경영사연구에 강한 영향력을 가진 학설이 되었다. 신제품이나 새로운 제조방법의 개발, 사업화, 그에 대한 개선 · 개량이 대기업의 오랜 세월 이어진 대규모 연구개발체제 속에서 생겨나는 경우가 많은 현대 경제의 상황에도 이 학설은 적합하다. 개인주의적 의사결정보다 집단주의적 의사결정을 중시하는 일본의 경우에도 챈들러의 관점은 기업자활동을 분석하는 데에 유용한 관점을 제공한다.

그러나 챈들러적 관점에 따르면 개성 넘치는 슘페터적 기업자의 자본주의 경제에서의 역할은 저절로 뒤편으로 물러나게 된다. 그것은 이미 슘페터에서 콜로 전개되어 온 '기업자사학'에서 빠져나온 것이라고 독자는 생각할 것이다. 분명 챈들러적 경영사에서는 조직이 중심이 되고, 얼굴이 보이는 생동감 넘치는 기업자 개인은 그다지 등장하지 않게 될지도 모른다.

그러나 반드시 그런 것은 아니다. 경영자조직이라고 해도 그것은 무기적으로 움직이지 않는다. 그것은 어디까지나 인간의 집단이다. 조직을 움직이는 것은 인간이다. 비슷한 경영자조직이라도 기업이 다르면 각자의 특색이 있고, 다른 전략이 등장한다. 같은 기업에서도 최고경영자top가 교체되면 전략이 바뀌는 경우가 적지 않다. 대기업에서 조직의 관성력이 커졌다고는 해도, 인간의 주체적 행동이 상황을 바꾸는 경우는 여전히 많다. 이러한 의미에서 챈들러이론도 '기업자사학'의 계보로 이어진다.

또한 챈들러적 기업자가 역사적으로는 물론 현대에서도 모든 것을 뒤엎지는 않는다는 점에 주의해야 한다. 경제발전 혹은 기업성장의 초기국면에서는 역시 슘페터적 개인 기업가가 활약할 무대가 크고, 그것이 나중 단계가 되면, 챈들러적 경영자조직의 역할이 커진다.

또한 미국의 실리콘 밸리로 대표되는 오늘날의 벤처 비즈니스는 명백히 슘페터적 개인 기업가들에 의해 만들어지고 있다. 한편으로 챈들러적 경영조직은 이른바 대기업병에 걸려 경직화하여 기업가정신을 잃어버리는 경우도 많다.

그 때문에 오늘날의 일본에서 전형적으로 볼 수 있듯이, 상황을 타개하는 리더나 사내 벤처의 출현이 기대되고 있다. 따라서 기업자활동의 역사를 볼 때 개인으로서의 기업가나 조직으로서의 기업가 양쪽 모두에 초점을 맞춰야 한다.

실리콘밸리

반도체 디바이스의 개발과 생산을 행하는 반도체 메이커가 집중된 샌프란시스코 교외의 계곡지대의 별칭. 실리콘은 고분자 규소화합물의 총칭으로, 게르마늄 등과 함께 반도체와 절연체의 중간 성질을 갖기 때문에 반도체라고 불린다. (PPS통신 제공)

기업가와 문화 · 사회구조

하버드대학 기업자사연구센터의 기업자사학에서 보이는 세 번째 특색은, 문화 · 사회구조와 기업자활동의 관계에 지대한 관심을 기울인 점이다. 이미 서술한 바와 같이, 슘페터에게 '기업자'란 그가 살아가는 사회의 문화나 가치체계, 전통적 관습 등으로부터 종종 이탈하는 존재였다. B.F. 호제리츠Hoselitz 등은 소수자 집단이나 이교도, 이단파에서 종종 혁신적 기업가가 출현한 점에 주목하고, 사회적으로 마지널(marginal, 주변적)한 위치에 있는 사람들일수록 기존의 질서나 기존의 사회적 가치에 저항하기 쉬우며, 그것이 혁신의 원천이 된다고 하는 '마지널 맨marginal man'[3] 가설을 제시했다. 이것도 슘페터의 가설과 궤를 같이 한다(瀬岡, 앞의 책).

이와 같은 생각에 대하여 콜, T.C. 코크란Cochran 등은 역으로 사회에 지배적인 문화적 가치가 기업자활동에 영향을 미친다고 생각한다. 기업자활동의 원천은 무엇인가 하는 점에 관심이 있던 그들은 슘페터와 같이 그것이 우연적으로 일어난다고 생각하는 것에 불만이 있었다. 그들은 사회의 문화구조가 그 사회의 기업자활동을 활발하게 만들거나 침체시키고, 기업자활동의 특성을 규정한다고 생각했다. 이러한 생각에 이끌려 예컨대 D.S. 란데스Landes나 J.S. 소여Sawyer는 다음과 같이 생각했다. 프랑스에서는 기업의 가족적 성격이 행동을 보수적이나 비혁신적으로 만들고, 프랑스인 특유의 개성적 소비가 대량생산 체제의 확립을 저지하는 요인이 되며, 이들이 상승효과를 가져와 프랑스 경제의 정체를 초래했다고 본다. 이에 대해 경제적 개인주의나 개척자 정신을 존중하고 영리활동을 긍정하는 프로테스탄티즘의 영향이 강한 미국에서는 비즈니스에 적합한 풍토가 형성되어 있어 그것이 왕성한 기업자활동의 강한 자극제 역할을 했다고 여긴다.

이러한 사회의 문화구조가 기업자활동에 미치는 규정성을 중시하는 콜, 코크란 등의 견해는 어떤 종교적 신앙이나 전통적 습속을 지키기 위해 근대 공업화를 계속 거부하는 사회가 존재하는 것을 상기한다면 어느 정도 수긍할 수 있을 것이다. 또한 비슷한 경제환경하에서 미국과 일본의 기업가가 상이한 행동을 취하는 것은 왜일까와 같은 문제에 대해서도 콜과 코크란의 생각은 유용한 관점을 제공한다. 그러나 이러한 견해

---

3. 주변인, 경계인(境界人). 두 개 이상의 이질적인 사회나 집단에 동시에 속하여 양 쪽의 영향을 받으면서도, 그 어느 쪽에도 완전히 속해 있지 않은 사람을 말한다. 예컨대 유대인이나 미국의 흑백 혼혈인 등이 여기에 속한다.

를 너무 고집하면 문화구조에 따라 기업자활동이 왕성한 사회와 침체적인 사회가 존재하는 것이라는 숙명론에 빠져 버린다.

현실적으로는 문화·사회의 여러 요소들이 기업자활동에 적합한 나라라고 해서 항상 활발한 기업자활동이 있었다고 할 수 없다. 역으로 기업자활동에서 불리한 나라라고 해도 그러한 상황을 돌파하여 혁신을 수행하는 기업자도 출현했다. 또한 사회의 문화적 요인 그 자체도 고정적이지 않다. 경제상황의 변화, 혹은 때로는 소수 기업자의 일탈적 행동이 발화점이 되어 그 사회의 문화구조, 가치체제가 크게 변모하는 경우도 있다.

이렇게 생각한다면 문화적 요인이 기업자활동에 주는 규정성은 인정해야 하겠지만 그것에 대항해 활동하는 생동감 있는 슘페터나 호제리츠가 말하는 유형의 기업자에게도 그 이상으로 충분히 빛을 비추어야 할 것이다.

차례

1장

에도에서 메이지로

막말 · 유신의 경제변동

근대경제성장이란?

각국 경제성장의 비교연구로 유명한 사이먼 쿠즈네츠S.S. Kuznets(1901
~1985, 1971년 노벨경제학 수상)는 근대 경제성장의 기본적 특징을 이렇게
표현했다. 즉, 전근대前近代에는 없던 높은 비율로 인구가 장기적으로 증
가하고, 동시에 그것을 상회하는 비율로 국민소득이 증가하는 것, 다시
말해 1인당 생산물이 지속적으로 성장하는 것으로 집약할 수 있다고 한
다(『經濟成長: 六つの講義』). 32쪽의 표는 선진 14개국의 근대 경제성장
을 비교한 것인데, 모든 국가가 쿠즈네츠의 조건을 충족하고 있음을 알
수 있다.

일본은 〈표 1-1〉에 나타난 선진국들 중에서는 근대 경제성장에 돌입
하는 것이 가장 늦은 나라였고, 또 가장 낮은 초기수준에서 출발한 나
라였다. 그렇지만, 그 후 가장 높은 GNP 성장률을 실현해 오늘날 서구
각 국을 따라잡고 추월하는 수준에 도달했다. 국제적으로 비교할 때,
일본경제의 특이성은 뚜렷하다. 어떻게 이 같은 급격한 성장이 가능했
을까?

〈표 1–1〉 경제성장의 국제비교

나라명	근대경제성장의 초기시점(A)	(A)의 1인당 GNP(1965년, 달러)	1965년의 1인당 GNP(달러)	초기시점에서 1965년까지의 성장률 (연율)		
				GNP(%)	인구(%)	1인당 GNP(%)
일본	1886	136	876	3.6	1.1	2.5
미국	1834~43	474	3,580	3.6	2.0	1.6
캐나다	1870~74	508	2,507	3.5	1.8	1.7
스웨덴	1861~69	215	2,713	3.2	0.6	2.6
오스트리아	1861~69	760	2,023	3.2	2.2	1.0
덴마크	1865~69	370	2,238	2.9	1.0	1.9
노르웨이	1865~69	287	1,912	2.8	0.8	2.0
이탈리아	1861~69	261	1,100	2.8	0.7	2.1
독일	1850~59	302	1,939	2.7	1.0	1.7
네덜란드	1831~40	347	1,609	2.5	1.3	1.2
스위스	1865	529	2,354	2.3	0.8	1.5
영국	1765~85	227	1,870	2.2	1.0	1.2
프랑스	1831~40	242	2,047	2.0	0.3	1.7
벨기에	1831~40	326	1,835	1.9	0.5	1.4

미국의 경제사가 알렉산더 거셴크론(1904~1978)은 일본 같은 후발국은 영국, 미국, 프랑스 등 선진국이 여러 해 개발한 기술이나 제도를 쉽게 차용·도입할 수 있기 때문에, 발전 속도는 선발국보다 빨라진다고 기술했다(A. Gershencron, *Economic Backwardness in Historical Perspective*). 이것은 '상대적 후진성의 유리함'이라고 불리는 것으로, 일본의 급속한 경제발전도 이 가설을 통해 설명되는 일이 많다. 그러나 이 설명만으로는 불충분하다. 선진국으로부터 빌려올 수 있는 기술과 제도가 존재하더라도 후발국이 그것을 받아들이고 자기 것으로 정착시킬 수 없다면 의미가 없다. 즉, 상대적 후진성의 유리함이 발현되기 위해서는 그 사회에 근대화를 위한 준비가 마련되어 있어야 한다.

에도시대의 경제성장

최근의 에도시대 경제사 연구에서 일본의 근대경제성장이 에도 후기에 태동되기 시작했다는 견해가 유력하다. 그 증거의 하나로 인구추이를 살펴보자. 오늘날의 추계에 의하면 일본의 인구는 1600년 무렵 1,200만 명, 1720년 무렵 3,130만 명이었다고 한다. 에도 전기의 증가율은 연율 0.8퍼센트로 근대의 인구증가율에 필적한다. 이 정도로 인구가 증가했다는 것은 그것에 걸맞은 생산의 증가가 있었음을 의미한다.

그런데 18세기 중반부터 19세기 초까지 인구는 정체했다. 1792년에는 3,000만 명으로 1720년 무렵과 비교해 오히려 감소했다. 이 같은 인구정체는 사람들이 빈곤 때문에 영아를 살해하거나[1] 낙태를 자행해 일어난 것으로, 결국 18세기에는 경제가 정체되어 있었음을 말하는 것이라는 설이 일찍부터 주장되었다.

이에 대해 최근의 연구는 에도시대 중기의 인구정체를 이같이 단순한 맬서스이론(인구론)으로는 설명할 수 없다고 지적한다. 확실히 덴메이기 근天明飢饉(1762~1787)이 일어난 1780년대의 동북 지방과 아사마야마淺間山[2]의 분화로 농작물이 큰 피해를 입은 간토關東 북부지방에서는 굶주림과 빈곤 때문에 인구가 감소했다. 하지만 규슈九州, 추고쿠中國, 시코쿠四國, 도산도東山道, 호쿠리쿠北陸 등은 인구가 증가하는 경향을 보였다. 간토 남부지방이나 긴키近畿에서 인구가 감소하기는 했지만 경제적 정체에 의한 것이라기보다도 도시화 때문이었다. 왜냐하면 도시에서는 남자 인구 비율이 높아 배우자가 있을 확률이 낮아지거나 결혼 연령이 높아진

---

1 원문에는 마비키(間引き)라고 표현되어 있다. 원래 밀생(密生)하고 있는 농작물 중에서 불필요하다고 판단되는 것을 뽑아버리고 적당한 간격을 유지하게 하는 것을 말하는데, 여기서 전하여 빈곤으로 인한 생활고로 영아를 죽이는 것을 말한다.

2 나가노현과 군마현의 경계에 있는 활화산이다.

결과 출생률이 낮아진다, 또한 높은 인구밀도가 재해나 돌림병으로 인한 인명 손실의 위험성을 높여 사망률이 증가하는 등의 현상이 나타났기 때문이다.

또한 에도 후기가 되면 많은 사람들이 높은 소득을 기대하며 고용기회를 찾아 농촌에서 도시로 돈 벌러 나갔는데(특히 여성), 이는 점점 더 결혼 연령을 높여 출생률 저하를 가져왔다. 생활수준과 영양수준의 향상에 따른 평균수명의 연장도 출생률을 저하시키는 방향으로 작용했다(평균수명의 연장은 유아 사망률의 감소에 의한 바가 컸다. 태어난 아이가 성인으로 성장할 확률이 높아지자 대를 잇기 위해 다수의 아이를 낳을 필요로부터 어느 정도 해방되었다). 이와 같이 에도 중기의 인구정체는 경제정체의 결과라기보다 경제발전의 결과였을 가능성이 높다.

에도시대의 유산

19세기 초부터 인구는 다시 증가하기 시작했다. 1822년에는 3,190만 명, 1846년에는 3,230만 명, 1875년에는 3,650만 명이 되었다. 농업생산의 잠재능력을 나타내는 경지면적도 신전개발新田開發 등으로 이 무렵부터 다시 증가했다. 사람들의 평균수명은 17세기의 20대 내지 30대 될까 말까 하는 정도에서 18세기에는 30대 중반이 됐고, 19세기에는 30대 후반에서 40대까지로 높아져 메이지 중기 수준에 도달했다. 일상생활수준이 확실하게 향상되었다고 봐도 좋다.

에도시대의 신분별 인구 구성에서 농민이 86퍼센트를 점했지만(상공인 6퍼센트, 무사 6퍼센트), 에도 후기에 농민은 반드시 농업 전업자는 아니었다. 농업 생산성의 향상으로 농민에게 잉여시간이 생겼고, 그것을 면방, 제사, 직물 등 비농업생산에 투입할 수 있었다.

또한, 에도시대의 농민은 토지에 속박되어 이주와 이농이 불가능했다

데라코야(寺子屋)의 발달

1810년에 쓰여진 『아스카가와(飛鳥川)』에 '(에도의 경우) 지금은 한 마을(一町)에 두세 명씩 수습 사장(師匠)이 있어서 어린 아이도 훌륭하게 글씨를 쓸 수 있다'고 기록되어 있다.

고 알려져 있지만, 미노美濃지방[3] 농민의 행동을 연구한 하야미 아키라速水融는, 19세기에 남자 농민의 50퍼센트가, 여자의 62퍼센트가 평생에 적어도 한 차례 마을 밖으로 돈벌이를 나갔다고 보고한다(新保博 외, 『數量經濟史入門』). 농업에서 비농업으로의 노동 이동이 착실하게 진행되고 있었다고 해야 할 것이다.

에도시대에 행해지던 비즈니스의 관행들도 근대 일본에게는 큰 유산이 되었다. 상가의 경영조직, 반토경영番頭經營[4]에 나타나는 소유와 경영

---

3 현재의 기후현 남부지방을 가리킨다.

4 반토(番頭)는 에도시대 상가의 사용인 중 최고직위를 가리키는 명칭이다. 뎃치(丁稚), 데다이(手代)의 위에 있어서 상점의 모든 일을 맡아 행하는 사람이다. 상점 주인을 대신해 데다이 이하를 통솔하고, 영업활동이나 가정(家政)에 대해서도 권한을 갖고 있었다. 상가에 따라서 반토 1명이 있는 경우 혹은 여러 명이 있는 복수제가 있었다. 후자의 경우 반토 중 상위자가 지배인이 되었다. 근대적 기업조직의 설립과 함께 제도로서의 반토는 소멸하였다. 본서에서는 뎃치, 데다이, 반토라는 용어를 일본의 역사적 개념으로 인정해 일본어 표현을 발음대로 표기한다.

의 분리, 복식구조의 장부를 고안한 회계기술, 가족주의적 노무관리의 관행, 뎃치제도丁稚制度에서 보이는 종업원양성제도 등등, 근대 기업경영의 전개상 중요한 원류가 된 것이 많다.

문화적·지적 유산은 더 중요할지도 모른다. 막부 말기에 데라코야寺子屋[5]는 전국에 1만1천 개나 존재했다고 알려져 있고, 서민의 취학률은 남자 43퍼센트, 여자 10퍼센트에 달했다고 한다(R. Dore, 『江戶時代の教育』). 서민교육의 보급은 그것 자체로 생활수준의 향상을 의미하지만 그 투자 효과도 중요하다. 메이지 이후 외래의 문명과 제도를 수용할 수 있는 바탕이 형성돼 있었다고 할 수 있을 것이다. 무사층의 지적 수준, 막부·번의 관료조직이 갖는 의의도 무시할 수 없다. 에도 후기, 막부나 번은 재정악화로 힘들어 했으며 그것을 재건하기 위해 각종 식산정책을 실시했다. 그 정책을 입안하고 기획한 무사관료 중 일부는 메이지 신정부에 들어가고 일부는 민간경제계로 흘러가 함께 유신 이후의 경제 근대화를 리드하는 주체가 되었다.

이상은 단편적인 증거에 불과하지만 에도시대가 결코 정체사회가 아니었음을 충분히 보여준다. 에도시대에 근대 경제성장을 위한 잠재능력은 배양되어 있었다. 그렇다고 해서 이런 사실이 에도시대의 경제가 그대로 '연속'해서 일본의 근대적 경제발전을 이끌었음을 의미하는 것은 아니다. 막말·유신기에 일본이 구미열강과 접촉하게 되었을 때 피아彼我의 경제력, 기술력, 군사력의 격차는 매우 컸다. 그 차이를 메우기 위해 관민 모두의 필사적인 노력이 이루어졌다.

그 결과, 많은 측면에서 에도시대와 메이지유신 이후 사이에 큰 '단절'

---

5 에도시대의 서민 교육시설로 한국의 서당과 유사하다. 승려, 무사, 신관, 의사 등이 교사가 되었고, 읽기, 쓰기, 주판을 가르쳤다. 교과서는 『정훈왕래(庭訓往來)』나 『동자교(童子教)』 등이었다. 메이지 이후 의무교육의 보급과 함께 소멸했다.

이 생긴 것은 사실이다. 뒤에 상세하게 보겠지만 에도시대에 번영하던 상가 중에 메이지로의 이행기에 쇠망하거나 소멸한 것이 많았지만, 다른 한편 이 시기에 두각을 나타내 일본경제의 기둥이 된 신흥기업도 많았다. 거기에도 하나의 단절이 있다. 그렇지만 지금까지 없었던 경제사회의 격동기에 일본이 파멸하지 않고 순탄하게 근대사회로 이행할 수 있었던 요인으로서 에도시대사회가 배양한 '전환능력'도 평가해야 할 것이다.

개항에 의한 경제변동

1853년, 미국의 페리 제독이 우라가浦賀 앞바다에 내항했고, 다음해인 1854년에 미일화친조약美日和親條約이 체결되어 도쿠가와막부의 쇄국체제는 종언을 맞이했다. 이어 미일수호통상조약美日修好通商條約이 1858년에 체결되었다. 곧 네덜란드, 러시아, 영국, 프랑스와도 같은 조약이 체결되어 가나가와神奈川(요코하마橫浜), 나가사키長崎, 니가타新潟, 효고兵庫(고베神戶)의 개항開港, 에도 · 오사카大坂의 개시開市로 무역이 시작되었다.

개항은 일본의 정치, 사회, 경제의 다양한 측면에 큰 영향을 주었다. 먼저 화친조약과 수호통상조약은 편무적 최혜국 조항, 영사재판권(치외법권), 관세자주권의 상실 등 일본 측에 불리한 내용을 포함한 불평등조약이었으며 그 후의 정치와 경제 각 분야에 큰 부담을 남기게 되었다. 때문에 '조약개정'이 국가적, 국민적 과제가 되었고 내셔널리즘의 고양이나 서구적 근대화정책의 추진에 일정한 역할을 수행하게 되었다.

또한 막부가 조약교섭을 둘러싸고 조정의 재가나 봉건영주인 다이묘大名들의 조언을 구한 사실은 막부의 통치능력, 특히 외교권 행사 능력의 저하를 백일하에 드러내며 이른바 존왕양이론尊皇攘夷論을 대두시켜 막부의 붕괴를 촉진시켰다. 대외 및 대내 군사경비나 개항장경비, 외교비 등이 크게 증가했지만 덴료天領[6]에서의 연공수입에 크게 의존하는 세입구조는 변하지 않아, 재정면에서도 막부의 와해가 임박하고 있었다.

경제면에서는 우선 화폐제도의 혼란과 그에 의한 물가급등이 발생했다. 통상조약의 화폐조항에서, 외국의 화폐는 동종동량同種同量의 일본 화폐와 교환할 수 있다고 규정되었다. 그 결과 대량의 금화가 유출되었다. 이는 당시의 국제적 금은비가金銀比價가 1:15였던 것에 비해 일본에서는 1:5로, 상대적으로 '금저은고金低銀高'의 상태에 있었기 때문이다. 금유출을 피하기 위해 금은비가를 국제비가와 같은 수준으로 만드는 화폐개주貨幣改鑄가 1860년에 단행되었다. 그 결과 일본의 금은비가는 국제비가로 간신히 평준화되고 금유출도 멈췄지만 통화유통량이 3배로 증가하여 물가가 눈에 띄게 상승했다.

무역의 개시와 그 영향

하이퍼인플레이션은 소득이나 부의 분배에 큰 영향을 주었다. 막말부터 유신기를 통한 인플레이션 과정에서 고용노동자의 화폐임금(명목임금)이 늦게 인상되면서 실질임금이 하락했다. 거꾸로 임금노동자를 많이 고용한 사업경영자는 이윤인플레이션을 누리고, 그 이익을 재투자하여 사업을 확대할 수 있는 기회를 얻었다. 또한, 다이묘대부大名貸 등 자산을 금융자산으로 많이 소유하던 도시의 대환전상은 인플레이션에 의해 대

---

6 에도시대 에도막부의 직할지를 부르는 이름이다. 도쿠가와막부령(德川幕府領) 또는 그냥 막부령이라고 불렸으며, 고료쇼(御料所)라고도 한다. 에도시대 전국의 토지는 황실령, 사사령(寺社領), 다이묘령(大名領), 하타모토지교쇼(旗本知行所), 막부직할령으로 나뉘어 있었다. 그 중 막부직할령은 약 400만 석(石)에 달해 전체의 15.8퍼센트에 상당했다. 전답뿐만 아니라 전국의 주요한 광산, 항만, 교통·상업의 중요지점이 편입되어 있었고, 광산으로는 사도(佐渡)나 이쿠노(生野) 등이 대표적인 예이다. 전국 68개 구니(國) 중 47개 구니에 설치되어 막부의 주요한 재원이 되었다. 여기서 구니는 일본 나라시대에서 메이지시대 초기까지 사용된 행정구역 단위이다.

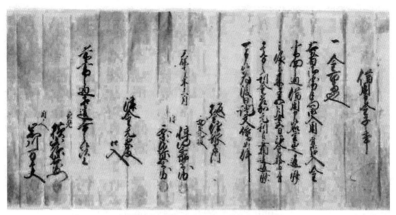
다이묘(大名)의 차금증서(借金證文)

번(藩)을 경영하면서 재정상의 다양한 이유로 환전상(兩替商) 등에게서 돈을 빌리는 다이묘가 급증한 것은 에도 중기에서 후기에 걸쳐서이다. 차금증서에는 회계관리가 서명날인하고, 가로(家老)가 기재사항을 증명해 추가 서명했지만, 특히 막말에 이르러 불량채권이 되어 돈을 떼이는 경우도 많았다.

부자산의 실질적 가치감소로 손실을 뒤집어썼다. 막말·유신기에 오사카 등에서 많은 환전상이 도산한 것은 주로 이 때문이다. 반대로 채무자에게는 인플레이션이득이 발생했다. 생활물자를 화폐로 조달할 수밖에 없던 영세농민, 도시영세민, 하급무사층이 받은 타격도 컸고, 그것은 막말의 사회불안으로 이어져 우치코와시打ち壊し,[7] 농민봉기一揆, 요나오시世直し운동[8] 등이 빈발했다.

개항에 의한 무역의 개시는 산업구조에 큰 영향을 줬다. 예컨대, 면직물이나 면사는 기계로 생산한 싼 값의 외래 수입품이 대량으로 유입되

---

7 에도시대에 농민이나 초닌(町人) 같은 중하층 신분이 호농이나 호상의 가옥, 가재, 생산용구류를 파괴하여 피해를 입힌 투쟁수단이다. 근세 계급투쟁 중에서 가장 격화한 형태 중 하나이다. 특히 도시에서는 기근 등에 의한 미가폭등을 원인으로 하는 도시 하층 민중의 쌀소동(米一揆)에 수반하는 우치코와시가 많았고, 500건 가까운 근세 도시소요의 약 절반은 우치코와시였다.

8 막말에서 메이지 초기에 걸쳐 빈민구제, 평등사회의 실현을 희구한 민중의식이다.

요코하마 외국인 상관도(橫浜異人商館之圖)
개항 후의 요코하마는 무역상인들로 붐볐다. 새로운 생사 수입선이기도 하고, 또한
금은비가(金銀比價)의 격차도 커서 외국상인이 앞 다투어 내항했기 때문이다.

면서 큰 타격을 받았다. 국내산 면직물은 제품의 품질과 용도가 수입품
과 약간 다르기 때문에 반드시 모든 방직업 지대가 타격을 받은 것은 아
니었다. 또한 값싼 외국 면직물의 수입은 종래에는 면포 구입자가 아니
었던 농촌까지 면포시장을 확대시켜, 국내 면직물업에도 자극을 주는 효
과가 있었고, 값싼 수입면사를 원사로 사용함으로써 발전의 계기를 잡
은 면직물업 지역도 있었다. 면사의 경우에는 재래의 수방手紡이 파멸적
인 타격을 받아, 메이지 중기 이후 농가의 부업에서 수입기계를 사용하
는 대규모 공장제 방적업으로 바뀌어 갔다. 동시에 국내 면작은 쇠퇴해
갔다.
　이와는 달리 생사는 당시 유럽에서의 생산이 극도의 부진에 빠져 있
던 탓에 국제경쟁력을 갖게 되어 대량으로 수출되면서 가격이 급속하게
상승해 갔다. 이는 나가노현長野縣, 도산도東山道 지방 농촌의 양잠과 제
사업의 발전을 촉진시켰는데, 국제경쟁력이 있었던 만큼 그 생산형태나
기술에는 재래적 요소가 오랫동안 남아 있었다. 단, 견업絹業의 경우 생

사수출이 늘면서 교토 니시진西陣 등 종래의 견직물업으로의 공급이 격감하기도 했다. 면업과 견업은 모두 에도시대에 고도의 발달을 보이고 있던 중요산업이었지만, 개방체계로의 이행기에 국제적 경쟁력을 갖고 있었는지 여부에 따라 그 후의 발전경로를 달리하게 되었다.

무역의 개시는 유통구조에도 큰 영향을 주었다. 오사카나 에도와 같은 종래의 전국시장을 대신해 요코하마나 고베와 같은 개항장을 중심으로 한 유통루트가 등장했고, 거기에서 외국상인과 거래하는 한 무리의 새로운 상인이 등장하게 되었다. 다만 통상조약에서 외국인의 내지거주권이 제한되고 무역이 개항장 거류지에서 이루어지는 외국상인과 일본인 매입상 · 판매상 사이의 거래로 한정된 것은(거류지무역체제) 일종의 비관세 장벽으로서 작용해 구미열강에 의한 반식민지 지배를 모면하게 되는 하나의 요인이 되었다.

메이지유신기의 경제정책

메이지유신기의 변혁들

1867년의 대정봉환大政奉還[9], 왕정복고의 대호령大号令[10]으로 메이지유신정부가 성립했다. 신정부는 막번제幕藩制라는 다중국가체제의 해체와, 그를 대신할 근대국민국가체제를 수립하기 위해 다양한 제도개혁을 단행해야 했다.

---

9 막부가 가지고 있던 정권을 천황에게 돌려준 사건을 말한다. 1867년 10월 14일, 에도 막부의 제15대 쇼군 도쿠가와 요시노부(德川慶喜)가 정권을 조정에 반환할 뜻을 전하고, 조정이 다음날일 15일 승인했다. 이로써 가마쿠라막부(鎌倉幕府) 이래 약 700년 동안 계속된 무가정치(武家政治)가 끝났다.

10 대정봉환 후에 초슈(長州)와 사쓰마(薩摩) 두 번이 중심이 되어 발령하게 한 것으로, 막부를 폐지하고 천황 밑에 새로운 직(職)을 두어 유력한 번이 공동으로 정치를 행했다.

불완전하지만 신분제도의 폐지, 직업선택이나 이주의 자유 확인, 가부나카마株仲間(막부가 공인한 독점적 동업조합)의 해산 등 봉건적 규칙들의 철폐가 이루어졌다. 1869년에는 판적봉환版籍奉還[11]이, 1871년에는 폐번치현廢藩置縣[12]이 단행되어 봉건적 영유제의 해체와 중앙집권 국가체제의 수립이 추진되었다. 또한 무사의 가록家祿을 폐지하고 대신 금록공채金祿公債를 교부하는 질록처분秩祿處分[13]이 이루어진 결과 예전 무사층의 경제력은 일부 화족이나 상급무사를 제외하고는 크게 낮아졌다. 구번채舊藩債, 구번찰舊藩札의 처리도 신정부가 승계했지만 구번채는 80퍼센트 정도가, 구번찰은 절반 이상이 버려졌기 때문에 이것들을 보유하는 상인, 특히 오사카나 도쿄의 도시상인에게 큰 타격을 주었다.

1873년 발포된 지조개정地租改正은 토지의 사유권을 확립하고 토지 소유자에게 납세의 의무를 지게 하는 동시에 지주의 권리를 공인한 점, 전

11 1869년 사쓰마(薩摩), 초슈(長州), 도사(土佐), 히젠(肥前)의 4개 번의 번주가 주도하여 전국의 각 번주가 판(版, 版目=토지)과 적(籍, 호적=인민)을 조정에 반납한 것이다. 번주의 봉건적 특권은 거의 종래 그대로였지만, 신분상으로는 지번사(知藩事)로서 천황이 임명하는 형식을 취했다. 이후 폐번치현에 이르는 번체제 해체 정책이 실질적으로 착수되었다.

12 1871년 7월, 메이지정부가 중앙집권체제를 완성한 정치적 변혁을 말한다. 판적봉환 후에도 봉건적 번체제는 실질적으로 지속되고 있었기 때문에, 이를 개혁하기 위해 단행되었다. 번을 대신해 현을 두었고, 그때까지의 지번사는 도쿄에 살게 하고, 현에는 정부에서 별도의 지사를 파견했다. 최초에는 3부 302현이었지만, 1871년 말까지 통폐합을 거듭해 3부 72현으로 감소했다.

13 메이지정부가 봉건무사단에 대한 봉록 지급을 정리, 폐지한 조치이다. 1869년 판적봉환에 의해 종래 번의 지행고(知行高=石高)는 10분 1로 삭감되었다. 그 후, 폐번치현으로 전국의 사족에 대한 가록(家祿), 전당록(典當祿) 등의 질록(秩祿)은, 메이지 신정부가 지급하게 되었다. 그러나 메이지정부에게 질록 지급은 재정부담이 너무 컸고, 이를 완화하기 위한 조치로 사족의 수산(授産)을 권유하기도 했지만, 동시에 질록 지급을 정리할 정책을 추진했다. 1875년 9월 봉록을 쌀에서 금록(金祿)으로 바꾸고, 이어 다음 해 8월 금록공채조례를 공포하여 그때까지의 녹고(祿高)에 해당하는 액면의 금록공채 증서를 일시금으로 지급하고, 이후의 봉록지급을 중단했다. 이 조치는 실업에 익숙하지 않은 사족층의 몰락을 가져왔고, 사회불안을 야기시켰다.

국적으로 통일된 정률·금납제를 확립한 점, 조세수입의 안정화를 실현시킨 점 등에서 큰 의의를 갖는 개혁이었다. 동시에 지조는 오래 동안 보관하였다가 정액화했기 때문에, 실질적 조세부담은 농산물 시황에 크게 영향을 받게 되고, 물가가 하락한 마쓰카타松方 디플레이션 때에는 조세부담이 증가하여 토지를 파는 농민이 많았다. 그러나 장기적으로는 인플레이션 경향에 있었기 때문에 토지 소유자의 실질적 조세부담이 낮아져 소득의 분배구조에도 큰 영향을 주었다. 농촌시장의 확대가 소비구조에 준 효과는 작지 않았다. 또한 지권地券의 매매나 저당권 설정이 가능해진 것은 토지의 유동자본화를 촉진시켜 회사자본의 형성에 공헌했다.

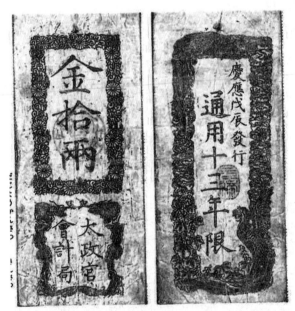

태정관찰(太政官札)의 앞면과 뒷면
'금십량태정관회계국'이라고 되어 있지만, 유통되지 않았다(일본은행금융연구소 화폐박물관 소장)

화폐·금융제도의 개혁

통일국가체제 수립을 위해서는 재정제도와 함께 체계적 화폐제도의 확립도 중요한 과제였다. 1868년 5월, 우선 정부는 긴메정지銀目停止¹⁴의 조치를 취했다. 에도시대에는 금화, 은화, 전화錢貨가 모두 본위화폐로서 통용되고 있었는데, 사실상 전국적으로 우위를 점하고 있던 긴다테金建て¹⁵로 통일함으로써 화폐개혁의 첫 발을 내디뎠다.

동시에 정부는 태정관찰太政官札(金札)이라는 불환지폐를 발행했다. 다음해 7월까지 4,800만 료兩가 발행된 태정관찰은 2,300만 료兩가 각 번藩과 민간에 대부되었고, 나머지는 정부의 재정적자를 보전하기 위해 사용되었다. 태정관찰은 국민에게 익숙하지 않았으며 신정부의 신용이 부족했기 때문에 원활하게 유통되지 못하게 되면서 대폭적인 가치하락을 피할 수 없었다.

정부는 태정관찰의 유통성을 높이기 위해 여러 가지 방책을 강구했지만 효과를 보지 못했고, 가치하락에 대해 외국으로부터 격렬한 항의를 받았다. 이 때문에 정부는 1869년, 태정관찰의 발행량을 감소시키는 동시에 그 통용기간을 5년으로 정하고, 그 사이에 주조하는 신화폐와 태정관찰의 태환을 공인한다고 포고했다. 태환지폐화兌換紙幣化¹⁶를 약속받은 태정관찰은 그 후 비교적 원활하게 유통되었고, 일단은 중앙정부지폐로

---

14 긴메(銀目)는 에도시대의 은 또는 은화를 잴 때 사용되던 단위의 명목(名目), 즉 표면상 호칭이다. 당시 쓰였던 단위의 명목에는 문(匁, もんめ), 관(貫, 1000匁), 분(分, 10분의 1 匁) 등이 있었다. 따라서 긴메정지라고 하는 것은 은의 중량으로 물가를 결정하는 거래관행을 폐지한다는 의미로 이해하면 되겠다.

15 상품가격이나 환어음의 액면금액 등이 금의 양이나 금본위제도를 채용하고 있는 나라의 화폐단위로 표시되는 것을 말한다.

16 태환지폐(兌換紙幣)란 발행자가 소유자의 요구에 응해 언제라도 본위화폐와 교환한다는 약속하에 발행하는 지폐이다. 여기서 본위화폐는 정화(正貨)라고도 하는데, 금본위제에서는 정화는 곧 금화나 지금(地金)을 가리킨다. 이러한 교환이 보증되지 않을 경우에는 불환지폐라고 한다.

신화조례에 의한 화폐

위쪽 사진은 금화의 종류들이다. 위에서부터 20엔, 10엔, 5엔, 세 번째 줄 중간이 2엔, 오른쪽이 1엔이다. 아래 사진은 위에서부터 50센(錢) 은화, 2센(錢) 동화, 1린(厘) 동화이다. (일본은행금융연구소 화폐박물관 소장)

서의 역할을 담당하게 되었다. 그러나 민부성찰民部省札, 대장성태환증권大藏省兌換證券, 개척사태환증권開拓使兌換證券 등도 발행되었고, 번찰도 여전히 통용되고 있었으며, 개항 후 유입된 양은洋銀과 각종 위조지폐贋札도 유통되고 있었다. 이 혼란을 수습하고 단일한 화폐제도를 만들어 그에 입각한 공인 화폐를 만드는 것이 긴급한 과제가 되었다.[17]

---

17 원문에는 '순정획일(純正劃一)의 화폐'로 표현되어 있으나 여기서는 의미를 풀어서 번역했다.

그래서 1871년, 정부는 료兩·훈分·슈朱를 대신해 엔円·센錢·린厘를 화폐단위로 삼고 구화舊貨 1료兩를 1엔円으로, 1엔 금화를 본위화폐로 삼는 신화조례新貨條例를 발포했다. 앞에서 언급했듯이 신화조례의 발포로 태정관찰과 신화폐의 태환이 약속되어 있었지만 정부가 포고를 통해 [신화폐가 아닌] 신지폐에 의한 태환을 공인하고 태정관찰과 신화폐의 태환은 승인하지 않기로 했기 때문에, 결국 태정관찰의 태환지폐화라는 공약은 무위로 돌아가고 말았다.[18] 태정관찰, 정부지폐의 발행량은 증가하고 인플레이션 압력은 강해지고 있었다. 정부공약의 이행을 촉구하는 외국에 대해서는 다른 방책에 의한 해결을 준비할 필요가 있었다. 국립은행의 설립은 이 과제에 답하고자 나온 것이었다.

1872년, 대장소보大藏少輔(대장차관) 이토 히로부미伊藤博文의 건의에 기초하여, 미국의 내셔널뱅크제도를 모방한 국립은행조례가 발포되었다. 정부는, 이를 계기로, 국립은행 설립 희망자가 다수 나타나 산업자금의 공급원이 되고, 아울러 불환지폐의 소각이 진전될 것으로 기대하였다. 하지만 공채 이자율이 낮았던 점과, 실제로는 설립조건이 엄격해 4개의 국립은행밖에 설립되지 못해, 성적이 불량했다.

그래서 1876년, 개정국립은행조례가 포고되었다. 설립조건이 완화된 결과, 1880년까지 실제로 153행이 설립되었다. 국립은행의 설립주체는

---

18 메이지 신정부는 화폐제도의 통일을 목적으로 1871년 신화조례를 제정했다. 금화를 화폐의 기본으로 하고, 단위도 양(兩)에서 엔(円)으로 바뀌었으며, 십진법을 채용하는 내용이었다. 무엇보다 본위화폐인 금화와는 별도로 외국과의 무역을 위해 무역은으로 1엔 은화를 통용시켰기 때문에, 금본위제를 표방하면서 실질적으로는 금은복본위제(金銀複本位制)가 채용되었다. 1872년에 정부는 구지폐를 회수하고, 유통하고 있는 지폐를 통일시키기 위해, 신지폐 '메이지통보(明治通寶)'를 발행했다. 당시의 일본에는 기술이 없었기 때문에 독일의 인쇄업자에게 원판의 제조를 의뢰했다. 이 때문에 이 신지폐는 '게르만지폐'라고도 불렸다. 한편 1엔 금화가 기술상의 문제로 발행되지 못하고, 동화도 제조소의 건설이 늦어지면서 초기에는 소량의 시주화폐(試鑄貨幣)를 제조하는 데 그쳤다. 公益財團法人 八十二文化財團 홈페이지를 참조.

금록공채를 손에 넣은 화사족華士族[19]이나 상인·지주 등 다양했지만 나중에는 상인들이 주식을 취득하는 일이 많았다.

또한 국립은행권의 발행은 현안이었던 불환지폐의 정리를 보류시키는 결과를 낳았고, 세이난전쟁西南戰爭 때에는 인플레이션을 조장하는 원인이 되었다. 하지만 상인, 지주, 화사족의 축적자금을 모아 왕성한 자금수요를 가지고 있던 농업이나 재래산업에 자금을 공급했다는 점에서 메이지 전기의 경제발전에 큰 역할을 했다.

식산흥업정책

산업근대화를 통해 '부국富國'을 도모하는 일은, '강병强兵'과 함께 메이지기의 커다란 정책목표였다. 산업근대화를 위해 제일 먼저 착수한 것은, 막말에 막부나 서남쪽 번들에 건설된 공장이나 광산을 접수하는 것에서 시작되었다. 이전 막부가 경영하던 세키구치(대포)제조장關口大砲製造場, 나가사키제철소長崎製鐵所, 요코스카제철소橫須賀製鐵所, 이시카와지마조선소石川島造船所, 해군소海軍所(쓰키지築地) 등이 그것이고, 뒷날의 도쿄·오사카포병공창東京大阪砲兵工廠, 요코스카해군공창橫須賀海軍工廠·해군조병창海軍造兵廠의 기초가 되었다. 광산에서는, 막부 경영의 이쿠노

---

19 화족(華族)과 사족(士族)을 합친 말이다. 메이지유신기에 사민평등(四民平等) 정책이 실시되었는데, 이로써 종래 사농공상 등의 봉건적 신분제가 폐지되었다. 그러나 이것으로 신분제가 없어지지 않았다. 화족·사족·평민으로 재편되었고 피차별 부락민도 잔존했다. 그 과정은 1869년 6월 판적봉환 때 공경(公卿)과 제후(諸侯, 舊藩主)를 화족으로, 평사(平士) 이상의 번사 등을 사족으로 삼은 것에서 시작된다. 그해 12월 동심(同心) 등 하사층(下士層)을 졸족(卒族)이라 했지만 1872년 1월 졸족은 폐지되고, 향사(鄕士) 등의 세습직은 사족, 기타는 평민이 되었다. 한편 농공상 3민은 평민이 되었는데, 평민이라는 명칭은 1870년 9월 '自今平民苗字被差許'라는 포고에서 처음 등장했다.

은산生野銀山 · 사도금산佐渡金山, 남부번南部藩[20]이 경영하던 고사카광산小坂鑛山 등이 관에 흡수되었다.

1870년, 관영사업을 총괄하는 기관으로서 공부성工部省 설치되었다. 공부성은 광산, 제철, 등대, 철도, 전신의 5개 사업을 관할했는데 관영방식을 취했다는 점이 특징이었다. 공부성은 1870년부터 폐지되는 1885년까지 15년 동안 합계 4,600만 엔을 지출했는데 그 반액 가까이가 1875년까지 지출되었다.

설비비를 내용으로 하는 흥업비에서는 48퍼센트를 철도 관계 사업이 31퍼센트를 광산 관계 사업이 점했다. 철도의 경우 영국에서 외채 100만 파운드, 기재機材와 기사技師를 도입하여 신바시新橋-요코하마橫浜 사이의 철도 부설을 시작으로 구舊 3도(도쿄 · 오사카 · 교토)와 개항장을 연결하는 철도가 개통되었다. 광산의 경우 1873년 시행된 일본갱법日本坑法에서 광산의 채굴권을 정부 전유專有로 하여 외자를 배제하고, 외국인 기사를 초빙하여 관에서 인수한 사도佐渡 · 이쿠노生野의 금은광산, 미이케三池 · 다카시마高島 두 탄광, 아니阿仁 · 인나이院內 · 고사카小坂 · 가마이시釜石 등의 운영에 힘을 기울였다.

공작부문에 대한 투자는 적었지만 조선 · 기계 · 화학에서는 직영공장을 두고, 모두 외국인 기사의 지도에 기초하여 서구 기술의 도입이 이루어졌다. 그중에서도 아카바네공작국赤羽工作局은 프랑스인 기사의 지도하에 공작기계나 증기기관 등을 생산함으로써 서양식 기술의 파일럿 플랜트pilot plant[21]가 되었다. 전신사업의 경우 공부성 설치 이전에 도쿄-요

---

20 모리오카번(盛岡藩)의 다른 이름이다. 여기서 남부(南部)는 지명이 아니라 남부번 영주의 성씨이다.

21 실험공장 또는 시험공장을 가리킨다. 본격적인 공장을 건설하기에 앞서 제조규모가 커질 때의 영향을 조사하기 위해 만드는 중규모의 실험공장을 가리킨다.

철도의 부설

메이지정부 식산흥업정책의 일환으로 1872년에 신바시(新橋)-요코하마(横浜) 간 철도가 개통되고, 1874년에는 오사카(大阪)-고베(神戶) 간, 교토(京都)-오사카 간 철도가 개통했다. 하지만 그 이후 정부의 재정궁핍 등을 이유로 중단을 반복했기 때문에 간선망을 정비하는데 시간이 걸렸다. ('横浜商館並びに弁天橋圖 横浜ステーション蒸氣入り車之圖並びに海岸, 洋船, 燈明臺を眺望す'로부터. 가스자료관 소장)

고사카광산(小坂鑛山)

아키타현(秋田縣) 고사카마을(小坂町)에 있는 은동산(銀銅山). 막말에는 남부번 직영이었지만, 뒤에 관영이 되어 양식제련법이 채용되었다. 1884년에 후지타구미(藤田組)에 불하되었다. 노천굴법(露天掘法)이 채용된 메이지 말기에는 광산량(鑛産量)이 증가했다. 사진은 메이지 중기 무렵일 듯.

코하마 간의 전신부설이 이루어져 있었는데 그 후에도 착착 노선 확대가 진전되어 1880년 전후에는 전국적인 전신 네트워크가 완성되었다. 우편사업은 1871년에 개시되었는데 1872년에는 벌써 지방행정의 중심지에 우편국이 설치되었으며 전국적으로 네트워크가 구축되었다.

이상의 공부성 단계의 식산흥업정책은 민간산업의 육성이라기보다도 정부 스스로 직영하려는 경향이 강했던 점, 군사산업·광산, 거기에 철도·우편·전신 등의 인프라 정비에 중점을 둔 점, 외국인 기사가 다수 고용되었던 점에서 알 수 있듯이 외래기술의 직수입에 의한 근대화가 추진된 점, 초기의 철도를 별개로 하면 외자 배제의 자세가 농후했던 점 등이 특징이었다.

민업육성

이와 같은 관영사업 중심의 식산흥업정책은 인프라 정비와, 외국기술의 선진성을 입증하는 데 적지 않은 역할을 했지만 큰 재정부담과 무역적자를 초래하여 결국 비판받았다. 약 2년에 걸친 이와쿠라사절단岩倉使節團[22]의 유럽 시찰에 참가하고 1873년에 귀국한 오쿠보 도시미치大久保利通 등은, 1873년의 정변[23]으로 권력을 장악하자 곧바로 내무성을 설치했

---

22 원문에는 이와쿠라견오사절단(岩倉遣歐使節團)으로 되어 있으나 보통 이와쿠라사절단으로 불린다. 이와쿠라사절단은 1871년에 구미에 파견된 사절단으로 정사에 이와쿠라 도모미(岩倉具視) 이하 오쿠보 도시미치(大久保利通), 이토 히로부미(伊藤博文), 기도 다카요시(木戸孝允) 등 107명이 2년여에 걸쳐 각국을 역방하여 불평등조약 개정을 시도했지만 이루지 못했다.

23 이 정변(明治6年の政變)은 1873년에 정부 내부에서 발생한 분열상을 가리킨다. 정한론을 주장하는 사이고 다카모리(西鄕隆盛)나 이타가키 다이스케(板垣退助) 등과, 구미 시찰에서 귀국해 어디까지나 내치우선을 주장하는 오쿠보 도시미치나 기도 다카요시 등이 격렬하게 대립, 그 결과 정한론을 주장한 세력이 패하면서 사이고 등이 하야하고 오쿠보를 중심으로 한 정권이 확립되었다. 1873년의 정변은 그 후의 자유민권운동의 확대나, 세이난전쟁을 비롯해서 각지에서 발생한 불평사족의 반정부 반란의 계기가 되기도 했다.

다. 시찰을 통해 구미의 근대국가체제와 높은 경제력에 놀란 오쿠보는 스스로 참의 겸 내무경에 취임하여 사이고 다카모리西郷隆盛 등의 정한론을 물리쳤다. 내치를 우선하여 내무성에 경찰·권업·지방행정을 총괄하게 하는 한편, 오쿠마 시게노부大隈重信를 대장경에, 이토 히로부미伊藤博文를 공부경에 임명하여 근대화정책을 수행할 강력한 체제를 확립했다. 경제적으로는 서구에서 받아들인 이식산업을 중심으로 관업방식의 식산흥업정책을 수정하고 재래산업의 근대화를 식산정책의 대상에 포섭하는 동시에 민업육성을 중시하는 방침을 세웠다.

그 결과 공부성 사업예산은 철도를 중심으로 축소되었지만 광산 (특히 철과 석탄) 사업은 여전히 중시되었다. 한편 내무성에서는 수입억제·수출진흥이라는 견지에서 재래산업 육성을 목표로 설정하여 농산물 가공업인 섬유산업과 농목업에 힘을 기울였다. 섬유산업으로는 대장성에서 인계받은 도미오카제사장富岡製絲場과 사카이방적소堺紡績所 외에 신마치셋시방적소新町屑絲紡績所, 센주제융소千住製絨所를 신설했다. 또한 영국에서 방적기계를 구입하여 아이치愛知와 히로시마廣島에 관영방적소를 설립하고 2000추 방적기 10기를 민간에 불하했다.

관영 및 2000추 방적이 모두 면작지에 설립된 것에서도 알 수 있듯이, 수입기계에 의한 산업근대화라고는 해도, 농업보호의 목적이 농후한 정책이었다.

농목업의 경우 나이토신주쿠시험장內藤新宿試驗場 등에서 내외품종 농산물의 재배나 외국 농기구의 시용試用, 각 부현에 대한 외국 농기구의 대여, 양잠·제사·제다製茶의 시험 등이 이루어졌다. 이렇게 내무성 단계에서도 관업이 광범위하게 이루어졌지만 민업육성이라는 방침에 따라 민간사업이나 개인에 대한 재정자금의 대부도 활발하게 이루어졌다. 관금예금官金預金이나 수출하환자금輸出荷爲替資金의 예입이라는 형태

도미오카제사장(富岡製絲場)

메이지정부가 관영공장으로서 발족시킨 것이 도미오카제사장이다. 생사는 메이지 초기 수출산업의 주력으로, 국제경쟁력을 갖추기 위해 근대적 공장시설을 필요로 한 정부가, 프랑스인 기사 폴 부류녀의 건의를 수용하여 건설하고, 공장은 1872년에 거의 완성했다. 위의 사진은 그 외관으로 벽돌로 만든 2층 건물이다. 전국에서 모인 400명의 여성 노동자에 대한 기술지도는 프랑스인 교부(敎婦)가 맡았다. 도미오카 제사장에서 생산되어 수출된 생사는 호평을 받았다. 1883년에 미쓰이가(三井家)에 불하되었다.

의 은행에 대한 융자, 해운조성海運助成의 대상이 된 미쓰비시회사三菱會社에 대한 대부, 수출 관계 상사에 대한 대부 외에 고다이 도모아쓰五代友厚, 시부사와 에이이치澁澤榮一, 이와쿠라 도모미岩倉具視, 가와사키 하치에몽(川崎八右衛門) 등에 대한 개인대부가 그것이다. 또한 각종 박람회나 공진회가 개최된 것도 민업을 장려하는 데 있어 적지 않은 역할을 했다.

관업불하

이와 같이 내무성 단계의 식산흥업정책은 모든 분야를 망라했다고 할 수 있을 정도로 광범위하게 이루어졌지만 여전히 관업에서는 적자가 계속되었다. 이런 사정이 그 무렵 파탄상태에 빠진 정부재정에 큰 부담이 되었다. 따라서 정책전환이 불가피했다. 1881년, 농상무성이 설립되어 내무성·대장성·공부성에서 실시해 온 권업사업을 계승했다. 동시에 적극적 식산흥업정책을 재정면에서 지탱해 온 오쿠마 시게노부大隈重信 대장경이 1881년 정변[24]으로 파면되면서 정책전환이 구체화되었다.

정책전환의 첫 번째는 적자가 계속되고 있던 관업을 민간에 불하하여 재정 부담을 경감하는 데 있었다. 불하는 당초 조건이 엄격했기 때문에 좀처럼 진전을 보지 못하다가, 1884년 이후 많은 경우 불하가격이 떨어지고 무이자無利息나 장기연부長期年賦 등의 조치가 취해지면서 크게 진전되었다. 1880년대 말까지 군사공업, 철도, 전신을 제외하고 모든 광산이나 공장이 민간의 손으로 넘어갔다.

관업불하에 대해서는 불하가격이 투자액에 비해 매우 저렴한 경우가 많았기 때문에 정상政商 보호적 측면이 종종 지적되었고, 또한 불하사업이 그 후 재벌의 중책사업이 된 것이 많아 재벌육성적 의도가 있었다고 알려진다.

그러나 당시상황하에서는 관업을 이어받을 수 있는 자본과 경영능력

---

24 1881년 10월, 자유민권운동이 고양하는 중에, 국회조기 개설파(國會早期改設派) 참의인 오쿠마 시게노부 및 그 지지자를 이토 히로부미 등이 정부 중추에서 추방한 사건이다. 정부는 여기에 맞춰서 개척사관유물 불하 중지, 10년 후의 국회개설을 공약했다. 이로부터 삿초번벌체제(薩長藩閥體制)가 확립되었다.

을 가진 사람들이 한정되어 있었고, 적자가 계속된 관업의 가치가 불하자본액을 대폭 하회해도 어쩔 수 없는 일이었다. 또한 불하사업이 장래 재벌의 기초가 된 것이 사실이기는 하지만, 그것은 경영난에 빠져 있던 사업을 재건한 민간기업의 경영능력에 힘입은 바가 크다는 점도 잊어서는 안 될 것이다.

둘째, 정부 재정자금의 민간 살포가 대폭 축소되었다. 민간에 대한 직접 대부는 거의 없어졌고 수출 진흥책으로서 채용되었던 지방 호농상豪農商에 대한 대부도 없어졌다. 다만 식산흥업정책이 완전히 포기된 것은 아니었다. 농상무성 관리였던 마에다 마사나前田正名는 전국의 산업을 조사하고 그것을 기초로 산업발전계획을 정리하여 '흥업의견興業意見'을 편찬했는데, 그 취지는 농업과 지방 재래산업을 진흥시키는 데 있었다.

이 구상에 기초하여 농상무성에서는 농사시험장을 설치하여 품종개량을 비롯한 농업기술의 개선에 주력했고 1890년대 말에는 부현府縣에 농공은행, 중앙에 권업은행을 설립하여 부동산금융·토지개량자금 융자의 편의를 도모했다. 또한 산업조합이나 동업조합을 조직화하여 농업이나 재래산업의 생산·유통 면에서의 개량을 유도해 갔다.

식산흥업정책의 성과에 대해서는 논의가 갈리는 점이 있다. 대부분의 관영사업이 일본의 실정에 맞지 않는 외래기술의 직역적直譯的 이식이나 관업에서 종종 나타나는 비효율성 때문에 경영난에 빠지고 재정에 큰 부하負荷를 초래한 점은 자주 지적되는 바이다. 또한 면작지에 소규모로 2000추 방적소를 설치한 예 등은 재래산업에 외래기술 및 설비를 무리하게 접목하고자 하여 실패한 사례이다. 이러한 의미에서 식산흥업정책에 의한 근대산업의 창출은 직접적이라는 점에서는 그다지 성공을 거두었다고 보기 어렵다.

그러나 관영공장이 파일럿 플랜트로서 마치 '문명개화'의 상징적 역할을 했다는 점, 오야토이외국인[25], 해외유학이나 국내 고등기술기관에 의해 육성된 기술자, 관영공장에서 기술훈련을 받은 사람들이 기술전습에 커다란 역할을 했음은 부정할 수 없다. 또한 많은 관영사업은 불하라는 파이프를 통해 민간사업 발흥의 기초가 되었다. 식산흥업정책이 산업근대화의 '마법의 지팡이'였던 것은 아니지만, 산업근대화의 리스크와 초기 비용을 정부가 부담했다는 의미에서 평가되어야 할 것이다.

마쓰카타재정과 일본은행의 창립

1876년의 개정국립은행조례로 정부지폐의 태환지폐화가 포기된 결과, 지폐(정부지폐와 국립은행권) 발행 잔고는 그해 약 1억 엔에서 1878년에 약 1억 6천만 엔으로 팽창했다. 지폐 팽창으로 1879년경부터 인플레이션이 격화되었다. 이러한 완만한 화폐·금융정책은 통화가치의 안정이나 무역수지의 개선보다도 우선 식산흥업을 도모해야 하고 그렇게 하기 위해서는 성장통화成長通貨를 공급해야 한다는 방침하에, 오쿠보大久保 내무경이나 오쿠마大隈 대장경에 의해 추진되어 왔다. 하지만 1881년 정변에서 오쿠마가 실각하면서 정책이 전환되지 않을 수 없었다.

오쿠보를 대신해 대장경이 된 마쓰카타 마사요시松方正義는, 재정긴축·지폐정리·통화안정을 재정개혁의 표면상 명분으로 내걸었다. 그를 위해 관업불하 등에 의한 재정지출의 삭감, 주조세 등의 증세, 인지

---

25 '고용된 외국인'이라는 의미이다. 일본에서 고유명사처럼 쓰이고 있어서 그냥 '오야토이'란 일본어를 그냥 두었다.(역자) 일본의 근대화과정에서 에도막부 및 각 번(藩), 이어 등장한 메이지 정부나 민간의 회사나 학교 등이 유럽, 미국의 선진문화를 서둘러 수입하기 위해 여러 분야나 부문에 걸쳐 지도자 내지는 교사로서 고용한 외국인을 말한다.

마쓰카타 마사요시(松方正義, 1835~1924)

1877년의 프랑스 만국박람회를 위해 프랑스로 건너갔다가, 서유럽 국가들을 순시하며 재정을 배운 뒤 귀국했다. 1881년 정변 후, 대장경에 취임하여 세이난전쟁(西南戰爭) 이후의 불환지폐 정리에 수완을 발휘했다. 또한 1897년에 금본위제의 채용을 단행했다. 고다이 도모아쓰(五代友厚)와 친교가 두터웠다. 고다이가 병을 얻어 죽음을 앞두었을 때 '회사와 집안에 관한 일은 마쓰카타에게 부탁했으면 한다'고 유언을 남겼다고 한다.

세 · 거래소중매인세[26] · 간장세 · 설탕세 등 신세新稅의 설치로 재정수입을 늘려 흑자재정을 실현할 것, 그것을 기초로 하여 불환지폐를 소각할 것, 수출을 장려하여 정화正貨의 축적에 노력하고 은본위태환제도銀本位兌換制度의 확립 도모할 것을 방침으로 정했다. 이러한 방책들에 의해 정부지폐는 1881년의 1억 1,200만 엔에서 1885년 말에 8,834만 엔으로 축소되었고, 정부보유 정화는 같은 기간 1,200만 엔에서 4,200만 엔으로 증가했다. 그 결과 심각한 디플레이션이 발생하였고 경제는 침체하였다. 특히 농산물 가격의 하락은 상품경제에 포섭되고 있던 소농민을 직격했다.

이어 마쓰카타는 1882년 3월 '일본은행 창립의 의議'를 건의했다. 이는 국립은행에 의한 분권적 발권제도를 대신해 중앙은행을 설립하고 거기

---

26 취인(取引)은 거래를, 취인소(取引所)는 거래소를 의미한다. 고유명사의 경우, '취인'이나 '취인소'를 그대로 쓴다.

일본은행

마쓰카타 마사요시의 중앙은행 설립 건의로 1882년 6월 공포된 일본은행 조례에 의해 같은 해 10월에 개업했다. 1884년 5월에 태환은행권 발행의 특권이 부여되었다. 이 본관 건물은 다쓰노 긴고(辰野金吾)의 설계로 1896년 3월에 준공되었다. (히구치 히로시樋口弘컬렉션 소장)

에서 태환은행권을 발행하는 제도로, 정부의 감독권이 강한 벨기에의 국립은행제도를 모델로 삼았다.

이것을 받아서 1882년 10월에 일본은행이 개업하고, 1885년부터는 태환일본은행권의 발행이 개시되었다. 아울러 국립은행은 20년 만기로 해산, 국립은행권과 일본은행권의 교환이 결정됨으로써 지폐발행은 일본은행으로 통일되었다. 마쓰카타재정하에서 재정·금융제도의 개혁은 경제에 혹독한 디플레이션 효과를 가져왔는데, 막말 이래 계속되어 온 인플레이션에 종지부를 찍고 집권적 발권제도를 확립하여 통화가치의 안정을 가져왔다는 점에서 그 후 일본경제의 발전기반을 구축하게 되었다.

막말 · 메이지기 기업가의 영고성쇠

오사카 상인의 부침

이상에서 살펴보았듯이, 막말–메이지유신기는 경제사회의 유래 없는 격변기였다. 이 시대에 기업가들은 어떠한 영고성쇠榮枯盛衰를 보였을까? 『오사카상업사자료』 제9권에는 '오사카 상가의 흥폐'라는 제목으로 다음과 같은 기사가 실려 있다(1890년 무렵에 쓴 것으로 추정된다).

> 메이지유신의 사회변동시대에는 백만의 대부호大長者도 대부분 도미노처럼 무너졌다. 이때 다행히 발군의 재략이 있어서 훌륭하게 세상 고난을 이겨내거나, 혹은 소위 말하는 전장에서의 무공을 세워 운 좋게도 유산 상속을 받게 된 부류는 각별하지만, 오사카 유서 깊은 상가들舊家 속에 자리를 잡고 유신기 전후에 융성했던 가문家筋을 찾아보면 다음과 같다.

> 고노이케 젠에몽鴻池善右衛門, 요네야 헤이에몽米屋平右衛門, 다쓰미야 규자에몽辰巳屋久左衛門, 가지마야 사쿠베加島屋作兵衛, 히라노야 고헤平野屋五兵衛, 구소쿠야 시치자에몽具足屋七左衛門, 시마야 이치베嶋屋市兵衛, 마스야 헤이에몽升屋平右衛門, 덴노지야 고헤天王寺屋五兵衛, 아부라야 히코사부로油屋彦三郎, 가지마야 사쿠고로加島屋作五郎, 가지마야 사쿠지로加島屋作次郎, 시오야 이사부로塩屋猪三郎, 고노이케 신주로鴻池新十郎, 가지마야 규에몽加島屋久右衛門. 이즈미야 기치자에몽泉屋吉左衛門, 요네야 젠베米屋善兵衛, 이즈미야 로쿠로에몽泉屋六郎右衛門, 스미야 히코고로炭屋彦五郎, 제니야 추베錢屋忠兵衛, 자코야 사부로베雜喉屋三郎兵衛, 자코야 젠고로雜喉屋善五郎, 야마가야 곤베山家屋權兵衛, 이바라키야 헤이에몽茨木屋平右衛門. 데쓰야 쇼

에몽鐵家庄右衛門, 소메야 젠타로染屋善太郎, 오우미야 규베近江屋久
(休)兵, 히노야 모헤이日野屋茂兵衛, 스케마쓰야 추베助松屋忠兵衛, 덴
노지야 추지로天王寺屋忠次郎, 가자리야 로쿠베錺屋六兵衛, 스미야 야
스베炭屋安兵衛, 오우미야 곤베近江屋權兵衛, 가바시마야 지로키치蒲島
屋治郎吉, 치구사야 가메노스케千草屋龜之助, 치구사야 헤이에몽千草屋
平右衛門

일단 이 정도이지만 이 중에서 꼽아보면 지금도 여전히 가문의 이름을
더욱 드높여 과거의 부호의 지위를 유지하고 있는 자는 아래의 몇 명에
불과하다.

고노이케 젠에몽鴻池善右衛門, 요네야 헤이에몽米屋平右衛門, 다쓰
미야 규자에몽辰巳屋久左衛門, 고노이케 신주로鴻池新十郎, 가지마야
규자에몽加島屋久左衛門, 이즈미야 기치자에몽泉屋吉左衛門, 요네야
젠베米屋善兵衛, 스미야 히코고로炭屋彦五郎, 제니야 추베錢屋忠兵衛,
치구사야 가메노스케千草屋龜之助

유신 이후에 한층 오사카의 상해商海[27]에 웅비한 자는 다음과 같다.

마쓰모토 주타로松本重太郎, 오카바시 지스케岡橋治助, 시바카와 마
타에몽芝川又右衛門, 후지모토 세이베藤本淸兵衛, 후지타 덴자부로藤田
傳三郎, 도야마 슈조外山脩造, 이노우에 야스지로井上保次郎, 오카자키
에이지로岡崎榮次郎, 도이 미치오土居通夫, 히로세 사이헤이廣瀬宰平,

---

27 경쟁과 위험이 가득한 상업계를 바다에 비유한 말이다.

후사다 규베房田九兵衛, 기타노 헤이베北野平兵衛, 가와카미 사시치로
川上左七郎, 다나카 이치베田中市兵衛, 가나자와 니헤金澤仁兵衛, 이소
노 고에몽磯野小右衛門, 아베 히코타로阿部彦太郎, 노다 기치베野田吉
兵衛 등

이들은 모두 유신 이전의 부호재산가長者富限者를 대신하여 현재
오사카의 금권金權을 자유롭게 휘두르는 사람들이었다. 그리고 이들
중 다수는 유신변동의 기회에 편승하여 적절히 재략을 발휘하거나,
혹은 불시의 요행을 얻어 단번에 출세하지 않은 자가 없다. 이런 까닭
에 이때에 어쩌다 불운을 만난 노인이 말하기를,

아아 시세時勢가 이리도 변할 줄은 몰랐구나

이런 탄식이 지금에 와서 무슨 소용이 있으랴. 적어도 선견지명과
재략이 있는 사람들은 모두 시세時勢의 변동을 이용하여 유래 없는 호
운好運을 얻었을 뿐. 저 스미토모가住友家(泉屋吉左衛門家)나 이시자키
가石崎家(米屋善兵衛家)와 같은 자들은 유신 때에 다른 명문가와 함께
거의 재산문란의 소용돌이 속에 빠질 뻔한 자, 다행스럽게도 스미토
모에는 히로세 사이헤이廣瀬宰平 씨가 있었고, 이시자키에는 오노무
라 린베小野村林兵衛 씨가 있었다. 한때의 불운을 만회했을 뿐 아니라,
지금은 당당히 다른 가문들을 압도하기에 이른 것 같다. 대저 이런 흥
폐興廢의 운은 인물과 시세가 서로 어울려 갈리는 법이라 하겠다. 그
렇다면 유신의 변동이 이미 끝을 맺게 되면서는 저 고다이 도모아쓰
五代友厚 씨나, 혹은 나카노 고이치中野梧一 씨 같은 능력과 안목이 있
는 인물이 와서 오사카의 상권을 휘어잡으려 시도했지만 시세時勢는
결국 이들의 목적을 달성할 여지를 주지 않고 끝나버렸다.

나니와부호명감(浪花持丸長者鑑)

1842년 '순위표(見立番付)'의 판(版). 이 7년 후가 (A)의 순위 발표 때가 된다. 동쪽의 오제키(大關)에 고노이게 젠에몽(鴻池善右衛門), 서쪽의 오제키에 가지마야 규에몽(加島屋久右衛門)을 배치하여, 『大阪商業史資料』 제9권의 '大阪商家の興廢'에 '大阪舊家'로 소개되고 있는 유신 전의 호상들 대다수가 이 순위표에 소개되어 있다. (三和銀行 소장)

이와 같이, 이 자료는 '메이지유신의 사회변동 시대에는 백만의 대부호 大長者도 대부분 도미노처럼 무너져 갔다'며, 당대 오사카 기업가의 부침에 대해 3가지 유형이 있었다고 지적하고 있다. 첫째, 메이지유신 전에 '융성했던 가문家筋' 36개 중 유신의 격동기에 쇠망의 길을 걸은 상가商家이다. 둘째, 이 36개 상가 중 메이지 30년(1898년) 무렵에도 "지금도 여전히 가문의 이름을 더욱 드높여 과거의 부호의 지위를 유지하고 있는" 10개 가문으로, 스미토모가住友家나 이시자키가石崎家와 같이 반토番頭에 인재를 얻어 "유신 때 다른 명문가와 함께 대부분 재산문란의 소용돌이 속에 빠질 뻔한 자"이지만 "한때의 불운을 만회했을 뿐 아니라, 지금은 당당히 다른 여러 가문을 압도하기에 이른" 자이다. 셋째, "유신 전의 부호

재산가長者富限者를 대신하여 현재 오사카의 금권金權을 자유롭게 휘두르는" 마쓰모토 주타로 이하 18명이고 "유신 변동의 기회에 편승하여 적절히 재략을 운용하거나 혹은 불시의 요행을 얻어서 단번에 출세한 자"이다.

부호순위로 보는 상가商家의 성쇠

이상은 오사카에 관한 상황인데 그렇다면 전국적인 상황은 어땠을까? 일본에서는 에도시대부터 '미타테반즈케見立番付'라고 해서 인물, 유행, 행락지, 배우役者, 화가繪師 등에 순위를 매기는 풍습이 있었는데 '부호순위長者番付'도 종종 간행되었다. 부호순위를 얼마나 신뢰할 수 있는가에 대해서는 대단히 의문스러운 부분이 있으나, 해당 시점에서 부호의 존재 상황을 조감할 수 있다는 점에서는 편리한 자료이다. 따라서 여기서는 몇 개 시점을 대상으로 부호순위를 이용하여 역사적으로 부호의 존재상황이 어떻게 변화되었는지를 추적해보고자 한다. 이용한 부호순위는 다음과 같다.

(A) 1849년에 간행된 『대일본부호감大日本持丸長者鑑』
(B) 1864년에 간행된 『대일본제상매재산가번영감大日本諸商賣分限者繁榮鑑』
(C) 1875년에 간행된 『메이지8년대일본부호상세조사대신판(최신판)明治八大日本持丸長者委細調大新板(最新版)』
(D) 1888년에 간행된 『대일본장자경大日本長者鏡』
(E) 1902년에 간행된 대일본경제회조사 『일본전국5만엔이상자산가일람日本全國五万円以上資産家一覽』

부호순위를 보여주는 문헌자료에 관해서는 다른 연차의 것도 있지만, 위의 5개를 선정한 것은 다음의 이유 때문이다. 1858년의 개항은 일본경제에 커다란 격동을 초래했다. 그것은 일부 상인에게는 큰 비즈니스 찬스를 가져왔지만 그 때문에 큰 타격을 받은 상인도 있었다. 그런 의미에서 개항 전 에도 말기의 부호 동향을 나타내는 것으로 (A)를, 개항 후의 상황을 나타내는 것으로 (B)를 선정했다. 다음으로 (C)는 메이지 초기의 상황을 보여주는 것으로 (A), (B)와의 비교를 통해 막말·메이지유신기의 격동에 의해 부호 동향이 어떻게 변화했는가를 보여주기 위하여 골랐다. (D)는 메이지 10년대 말부터의 기업 발흥기 상황을 나타내는 것으로 붐 boom이 자산가 구조에 어떤 식으로 영향을 미쳤는가를 알 수 있을 것으로 기대하여 선정했다. 이 자료에는 각 인물의 자산액도 기재되어 있다. (E)는 소위 말하는 '부호순위'와는 계통을 달리하는 자료이지만, 공업화가 드디어 궤도에 오르고 있었던 러일전쟁 전후의 상황을 나타내는 것이다. 이상의 5개 자료를 통해 개항, 메이지유신, 마쓰카타 디플레이션, 기업발흥, 공업화라는 다섯 개의 경제 대변동을 경험한 19세기 후반 약 50년 동안의 자산가구조의 변화를 조감할 수 있다.

한편, 여기서 이용한 각 부호순위에는 수백 명의 인물이 기재되어 있는데 이번에는 가장 기재인수가 적은 (D)에 채록採錄되어 있는 인원수(도합 293명)를 기준으로 하여 (A), (B), (C) 모두 상위에서 293명에 가까운 인원수를 추려냈다. 또한 각 시기 모두 중복 기재자 및 동일 가계의 인물이 상당수 포함되어 있는데, 그들은 하나의 상가商家로 보았다. 또한 (E)에 관해서는 자산액 80만 엔 이상인 자를 채택했다. (E)에서는 자산액 500만 엔 이상인 자가 102명에 달하기 때문에, (A)~(E)의 표에 이 인원수를 합하여 각 시기에 대하여 부호순위 상위 102명의 구체적인 이름을 올려두겠다(이하의 표에서 인명 등의 표기는 원사료 그대로이다).

〈표 1-2〉 부호순위나 자산가록(資産家錄)에 기재되어 있는 부호〉

	(A) 1849년 기재인수	(B) 1864년 기재인수	(C) 1875년 기재인수	(D) 1888년 기재인수	(E) 1902년 기재인수	합계 누적/실수
에도기부호	231	102	89	34	20	476/231
막말신흥부호		125	52	13	13	203/125
유신기신흥부호			129	20	6	155/129
기업발흥기신흥부호				210	35	245/210
공업화기신흥부호					279	279/279
합 계	231	227	270	277	353	1,358/974

위의 표를 통해 (A)에 기재되어 있던 231가문의 그 이후 추이를 추적하면, 각 자료에 나타나는 상가는 (B)=102가문, (C)=89가문, (D)=34가문 (E)=20가문으로, 모두 476회 등장하고 있다. 1가문 평균 2회(476/231)라는 결론이 된다. 대상의 전체 기간은 53년, 이것이 5기에 걸쳐 나타나고 있어 각 시기 사이의 간격은 평균 약 10년이다. 따라서 대략적으로 계산하면 (A)의 부호는 이 자료에서 평균적으로 20년 정도 밖에 부호·자산가 순위에 머물지 못했던 셈이다. 또한 순가수(純家數, 표의 실수) 974가문 중 747가문(77퍼센트)은 겨우 1기 동안만 랭킹에 등장했다. 부호·자산가의 교체가 격심했다고 할 수 있다.

보다 세밀하게 살펴보자. 이하에서는 편의상 (A)에 등장한 부호를 '에도기부호江戶期長者', (B)에 등장한 부호를 '막말신흥부호幕末新長者', (C)에 등장한 부호를 '유신기신흥부호維新期新長者', (D)에 새로 등장한 부호를 '기업발흥기신흥부호企業勃興期新長者', (E)에 새로 등장한 부호를 '공업화기신흥부호工業化期新長者'로 약기한다.

에도기부호(A)의 부침

우선 (A)에 등장한 231가, 즉 '에도기부호'는 어떤 상가商家였을까? 순위 상위에 오른 자들을 살펴보겠다. 동쪽의 오제키大關[28]는 오사카의 대환전상으로 다수의 번에 다이묘대부大名貸를 행한 고노이케 젠에몽鴻池善右衛門, 서쪽의 오제키는 이세마쓰사카伊勢松坂 출신의 포목점吳服店으로 교토, 에도, 오사카 삼도, 즉 점포를 가지고 환전상을 겸영한 미쓰이 하치로에몽三井八郎右衛門, 양가 모두 말이 필요 없는 호상이다. 고노이케와 미쓰이는 분가分家와 별가別家 모두 상위에 다수 등장한다. 세키와케關脇에는 오사카의 도지마미시장堂島米市場 관계 환전상으로 다이묘대부도 활발하게 전개했던 가지마야(히로오카) 규에몽加島屋(廣岡)久右衛門, 비슷하게 오사카 환전상의 시조로 불리우는 덴노지야 고헤天王寺屋五兵衛가 있으며, 고무스비小結에도 오사카의 환전상 요네야(도노무라) 헤이에몽米屋[殿村]平右衛門, 다쓰미야(와다) 야요시辰巳屋(和田)彌吉 등이 이름을 올리고 있다.

마에가시라前頭 상위에는 환전상과 포목점이 많다. 환전상으로는 에도 환전상의 노포老鋪로, 에도 중기 이후에는 요네자와米澤, 아키타秋田, 아이즈會津 등의 동북 번들을 대상으로 다이묘대부를 행했고, 간세이개혁기寬政改革期(1787~1793)에는 막부의 간조쇼勘定所 어용달 10인의 수장頭取

---

28 일본 스모의 순위표에는 동서로 나뉘어 각 계급별로 역사(力士)의 이름이 열거된다. 여기서는 스모의 계급에 상가의 순위를 빗대어 서술하고 있다. 오제키(大關)는 1909년 요코즈나(橫綱)가 최고위로 명문화될 때까지, 순위표의 최상위에 위치하는 계급이었다. 순서대로 오제키, 세키와케(關脇), 고무스비(小結)의 순서이다. 이 셋을 삼역(三役)이라 불렀다. 삼역 이하의 계급으로 막내(幕內) 역사는 모두 마에가시라(前頭)이다. 마에가시라 중 제1위를 마에가시라힛토(前頭筆頭)라고 한다. 마에가시라의 아래에 주료(十兩)가 위치한다. 주료는 막내(幕內)와 막하(幕下)의 사이에 있는 계급으로 주료 이상이 세키토리(關取)라 해서 한 사람의 스모역사로 인정받는다. 정리하면, 상위에서부터 (요코즈나), 오제키, 세키와케, 고무스비, 마에가시라, 주료의 순이다. 옛날의 반즈케(番付)에 동서로 확연하게 나뉘어져 있어 동서대항 단체전이 이루어졌다고 한다.

으로 활약한 미타니 산쿠로三谷三九郎, 오사카에서는 치구사야(히라세) 소주로千草屋(平瀬)宗十郎, 스미야(시로야마) 야스베炭屋(白山)安兵衛, 요네야(이시자키) 기베米屋(石崎)喜兵衛와 고노이케나 가지마야加島屋 일족. 포목상으로는 오우미近江 나가하마長浜 출신으로 3도에 점포를 가진 시로키야(오무라) 히코타로白木屋(大村)彦太郎, 마찬가지로 교토 후시미伏見 출신의 시모무라(다이마루) 쇼타로下村(大丸)庄太郎, 오우미 오쓰大津 출신의 이와키(마스야) 도쿠에몽岩城(升屋)德右衛門, 이세마쓰사카伊勢松坂 출신의 오즈 세이자에몽小津清左衛門, 나고야의 유력 포목상 이토 지로자에몽伊藤次郎左衛門(뒤에 마쓰자카야松坂屋가 된다) 등의 이름을 볼 수 있다. 이 밖에는 데와사카타出羽酒田의 대지주 혼마 마사카쓰本間主勝, 가가加賀의 연안운송업자廻船業者인 기야 도에몽木屋藤右衛門, 오사카의 동 제련업자 스미토모 기치지로住友吉次郎 등이 마에가시라 상위에 올라 있다.

스모의 심판인 교지行司로 올라 있는 상인으로는, 이세쓰伊勢津 출신으로 에도의 면직물 도매상問屋 다바타(하타케) 야지로에몽田端(畑)屋次郎衛門, 덴노지야에 버금가는 오사카의 노포 환전상 히라노야 고헤平野屋五兵衛, 이즈미和泉의 연안운송업자로 이하라 사이카쿠井原西鶴의 '닛폰에이타이구라日本永代藏'에도 등장하는 메시노 이타로飯野伊太郎 등이 저명하다.

그런데 이들 '에도기부호' 231가문은 다음의 (B)에서는 102가문 밖에 올라있지 않다. 다만 (B)에서 순위 밖으로 사라졌다가 나중에 순위로 부활하는 상가가 11개 있다. 그러나 이들을 합해서 113가라 하더라도 (A)~(B)라는 15년간 절반 이상의 부호가 순위 밖으로 밀려난 것은 역시 이 사이에 있었던 개항이라는 사건의 경제적 충격의 크기를 시사하고 있다.

〈A〉 1849년 부호순위(상위 102명)

랭크	지명	이름	랭크	지명	이름
行司	伊勢	野間因幡	前頭	大坂	茨屋安右衛門
行司	江戶	石橋彌兵衛	前頭	大坂	住友吉次郎
行司	桑名	山田को衛門	前頭	大坂	油屋彦三郎
行司	熊野	白 覺右衛門	前頭	大坂	平野屋五兵衛
行司	尾州	神戶文左衛門	前頭	江戶	伊勢屋四郎左衛門
行司	小田原	虎屋伊織	前頭	大坂	加島屋治兵衛
行司	柏原	龜屋依右衛門	前頭	江戶	鹿島清兵衛
行司	ナダ(나다)	菊屋治右衛門	前頭	大坂	塩屋市兵衛
行司	高岡	猪並又助	前頭	名古屋	伊藤治郎右衛門
行司	イヨ(이요)	西條藤吉屋	前頭	大坂	加島屋市兵衛
行司	エチゴ(에치고)	倉石安之介	前頭	越前	花倉與三右衛門
行司	尾州	長尾四郎左衛門	前頭	周防	熊野屋五郎右衛門
行司	アハ(아하)	北源内	前頭	大坂	山家屋權兵衛
行司		鳥居新五右衛門	前頭	大坂	島屋市兵衛
行司	名古屋	十一屋庄兵衛	前頭	肥前	松島與五郎
行司	江戶	鴻池儀兵衛	前頭	大坂	近江屋半右衛門
行司	伊勢	田畑屋次郎右衛門	前頭	大坂	加島十郎兵衛
行司	紀伊	須原角兵衛	前頭	防州	磯部儀助
行司	大坂	平野屋五兵衛	前頭	大坂	加島屋作次郎
行司	和泉	飯町佐太郎	前頭	南部	出村五兵衛
大關	大坂	鴻池善右衛門	前頭	長州	呼子屋甚六
大關	伊勢	三井八郎右衛門	前頭	高松	揚 小四郎
關脇	大坂	鹿嶋屋久右衛門	前頭	京	島本三郎九郎
關脇	大坂	天王寺屋五兵衛	前頭	近江	西澤忠左衛門
小結	大坂	米屋平右衛門	前頭	阿波	米津屋並治郎
小結	大坂	辰巳屋彌吉	前頭	京	蛭子屋八郎右衛門
前頭	出羽	本間主勝	前頭	出雲	田邊屋庄右衛門
前頭	津輕	吉尾甚助	前頭	大坂	播磨屋仁兵衛
前頭	江戶	三谷三九郎	前頭	大坂	平野屋仁兵衛
前頭	大坂	加島屋作兵衛	前頭	阿波	松浦九兵衛
前頭	加賀	木屋藤右衛門	前頭	紀伊	才田屋傳兵衛
前頭	紀伊	濱中八郎右衛門	前頭	大坂	米屋伊太郎
前頭	江戶	白木屋彦太郎	前頭	江州	猫田富士崎

前頭	大坂	鴻池庄兵衛	前頭	大坂	平野屋四郎五郎
前頭	讚岐	天野助九郎	前頭	アキ(아키)	加計八右衛門
前頭	平戸	増冨又右衛門	前頭	肥後	出井忠左衛門
前頭	大坂	鴻池善五郎	前頭	土佐	小田清左衛門
前頭	備中	井筒屋伊右衛門	前頭	大坂	近江屋休兵衛
前頭	大坂	千草屋宗十郎	前頭	大坂	雜喉屋三郎兵衛
前頭	大坂	炭屋安兵衛	前頭	紀州	垣内孫左衛門
前頭	大坂	鴻池又右衛門	前頭	京	大和屋庄右衛門
前頭	堺	湊 太左衛門	前頭	大坂	枡屋平兵衛
前頭	大坂	米屋喜兵衛	前頭	ミノ(미노)	入江新助
前頭	京	下村庄太郎	前頭	兵庫	北風重兵衛
前頭	近江	安武太左衛門	前頭	大坂	助松屋仁兵衛
前頭	岐阜	丹波屋與三右衛門	前頭	ミノ(미노)	野田仙次
前頭	大坂	鴻池市兵衛	前頭	キイ(키이)	北村角兵衛
前頭	京	岩城德右衛門	前頭	京	伊豆藏吉右衛門
前頭	松前	小津清右衛門	前頭	大坂	加島清右衛門
前頭	日野	中井源三郎	前頭	江州	白木屋九右衛門
前頭	江戸	仙波太郎兵衛	前頭	ブンゴ(분고)	土井仁右衛門

이 시기에 순위에서 사라진 상가를 보면, 일반적으로는 순위표상 '마에가시라前頭'의 하위 클래스가 많았다고 할 수 있으나 '교지行司' 20개 상가 중 11개가 사라졌고, '마에가시라' 상위 클래스에서는 모두 오사카의 유력 환전상 고노이케 젠에몽가鴻池善右衛門家, 가지마야 규에몽가加島屋久右衛門家, 히라노야 고헤가平野屋五兵衛家, 덴노지야 고헤가天王寺屋五兵衛家의 4개 상가의 분가나 별가, 거기에 오바야 지에몽가大庭屋治右衛門家 등이 사라졌다.

이에 반해 (B)~(C)사이의 20년간은 102가문(혹은 후에 부활하는 가문을 포함해 113가문)에서 89가문(마찬가지로 뒤에 부활하는 가문을 포함해 92가문)으로, 감소하는 정도는 작아지고 있다. 개항에 따른 충격을 극복하면 '에도기부호'는 메이지 초기까지는 어떻게든 부를 유지할 수 있었다. 그러

나 (A) 및 (B)에서 순위표의 상위에 위치해 있던 요부코 도리진로쿠가呼子
鳥甚六家(長州), 센바 타로베가仙波太郎兵衛家(江戶), 아마노스케 구로가天野
助九郎家(讚岐), 우시쿠비 주로자에몽가牛首十郎左衛門家(加賀), 이노 사타로
가飯野佐太郎家(和泉), 스케마쓰야 추베가助松屋忠兵衛家(大坂) 등이 (C)에서
는 '은거지부隱居之部'에 자리한 것은 메이지 초기 이들 상가의 가운家運이
어떠했는지를 시사하고 있는 것으로 보인다. 이 시기에 순위 밖으로 밀
려난 상가를 보면 교토의 시마모토 산로큐로가島本三郎九郎家, 오사카의
하리마야 니헤이가播磨屋仁兵衛家, 환전상 마스야 헤이에몽升屋平右衛門[29]의
분가나 별가로 보여지는 마스야 헤이베가升屋平兵衛家, 에도의 도요타 쇼
베이가豊田庄兵衛家, 이세의 오우가 야마토야相賀大和屋, 오사카의 덴포야
고에몽가傳法屋五右衛門家, 아와지의 다이나카 신베가鯛中新兵衛家, 이즈미
의 해운업자 가라카네야唐金屋 등을 들 수 있다.

〈B〉 1864년 부호순위(상위 102명)

랭크	지명	이름	랭크	지명	이름
勸進元	伊勢本宅	三井八郎右衛門	前頭	江戶	三谷三九郎
差添人	大坂泉攝	天王寺屋五兵衛	前頭	庄內	本間久四郎
行司	大坂	三井元之助	前頭	大坂	米屋平右衛門
行司	大坂	住友吉治郎	前頭	江戶	伊勢屋四郎左衛門
行司	讚岐	天野助九郎	前頭	大坂	千草屋惣十郎
行司	江戶	森川五郎左衛門	前頭	大坂	鴻池善五郎
行司	大坂	傳法屋五左衛門	前頭	京	下村庄太郎
行司	大坂	播磨屋仁兵衛	前頭	大坂	炭屋安兵衛
行司	大坂	太刀屋正右衛門	前頭	江戶	白木屋彦太郎
行司	京	島本三郎九郎	前頭	京	岩城德右衛門
行司	大坂	助松屋忠兵衛	前頭	薩州	湊 太左衛門

---

29 원문에는 升屋兵右衛門으로 되어 있으나 升屋平右衛門(1764~1836)의 오기인
   것 같다.

行司	大坂	炭屋善五郎	前頭	大坂	鴻池庄十郎
行司	京	茶屋四郎次郎	前頭	京	蛭子屋八郎左衛門
行司	大坂	袴屋仁右衛門	前頭	大坂	近江屋猶之助
行司	河内	雷 五郎兵衛	前頭	大坂	鴻池市兵衛
行司	江戸	島田八郎左衛門	前頭	大坂	米屋喜兵衛
行司	越前	牛首十郎左衛門	前頭	尾州	伊東治郎左衛門
行司	名田	御殿喜平治	前頭	津	田畑屋治郎右衛門
行司	和泉	飯 佐太郎	前頭	長州	熊屋五郎左衛門
行司	河内	銀地長右衛門	前頭	徳島	米津屋兵治郎
行司	河内	別所中山	前頭	津輕	吉尾甚助
行司	大坂	川崎屋仁兵衛	前頭	大坂	加嶋屋作次郎
行司	大坂	万屋仁兵衛	前頭	平戸	増冨又左衛門
行司	大坂	大和屋仁兵衛	前頭	大坂	嶋屋市兵衛
行司	大坂	柴屋孫四郎	前頭	大坂	近江屋休兵衛
行司	江戸	上田傳之助	前頭	越後	渡邊三左衛門
行司	大坂	茶屋吉左衛門	前頭	京	井筒屋善右衛門
行司	江戸	豊田庄兵衛	前頭	周防	磯部義助
行司	京	漆葉屋加兵衛	前頭	松坂	小津淸左衛門
行司	京	伊豆藏吉右衛門	前頭	大坂	茨木屋安右衛門
行司	大坂	肥前屋又兵衛	前頭	大坂	炭屋彦五郎
頭取	大坂	鴻池新十郎	前頭	江戸	鹿島淸兵衛
頭取	加州	木屋藤左衛門	前頭	江戸	鴻池義兵衛
頭取	江戸	奥田仁左衛門	前頭	大坂	鴻池伊兵衛
頭取	江戸	上田三郎左衛門	前頭	名古屋	關戸治郎
頭取	紀州	白 覺左衛門	前頭	近江	松前屋小八郎
頭取	紀州	濱中八郎左衛門	前頭	周防	關屋庄右衛門
頭取	兵庫	北風庄右衛門	前頭	紀伊	栖原學兵衛
頭取	長州	呼子屋甚六	前頭	近江	外村與左衛門
頭取	大坂	加嶋屋五兵衛	前頭	大坂	加嶋屋重郎兵衛
頭取	大坂	塩屋孫左衛門	前頭	小倉	屋江彦右衛門
頭取	京	三井三郎助	前頭	大坂	米屋長兵衛
頭取	大坂	枡屋平右衛門	前頭	江戸	板倉屋五郎兵衛
頭取	江戸	仙波太郎兵衛	前頭	江戸	竹川彦太郎
頭取	江戸	三井治郎左衛門	前頭	藝州	加計八右衛門

大關	大坂	鴻池善右衛門	前頭	大坂	雜喉屋三郎兵衛
大關	大坂	加嶋屋久左衛門	前頭	江戶	川村傳左衛門
關脇	大坂	平野屋五兵衛	前頭	大坂	山家屋權兵衛
關脇	大坂	辰巳屋久左衛門	前頭	名古屋	笹屋宗助
小結	三都吳服店	越後屋八郎右衛門	前頭	江戶	田原屋庄右衛門
小結	大坂	加嶋屋作兵衛	前頭	大坂	山家屋權兵衛

다음으로 (C)~(D)의 13년 동안 89가문(앞의 기술과 같은 의미로 92가문)
에서 34가문(동 37가문)으로 격감한다. 이 시기에 탈락한 주요한 상가를
보면 우선 오사카의 노포 환전상이 많다. 덴노지야 고헤가天王寺屋五兵衛
家를 필두로 히라노야 고헤이가平野屋五平家, 가지마야(오사다) 사쿠베가
加島屋(長田)作兵衛家 및 사쿠지로가作次郎家, 스미야 야스베가炭屋安兵衛家,
아부라야 히코사부로가油屋彦三郎家, 오우미야 규베가近江屋休兵衛家, 스케
마쓰야 추베가助松屋忠兵衛家, 가자리야 로쿠베가錺屋六兵衛家, 오우미야
한자에몽가近江屋半左衛門家 등이다. 또한 에도의 미타니 산쿠로가三谷三九
郎家, 시마다구미島田組 일족, 이즈미의 연안운송업廻船 및 금융업자 이노
사타로가飯野佐太郎家, 에도의 이시바시 야베가石橋彌兵衛家, 구마노의 시
로 가쿠에몽가白覺右衛門家, 가가의 연안운송업자 기야 도에몽가木屋藤右
衛門家, 사누키의 아마노 산쿠로가天野三九郎家, 이세 출신으로 3도에 포목
점을 가지며 한때는 미쓰이와 패권을 다투었던 이와키 마스야(岩城升屋)
일족이나 이즈쿠라 기치에몽가伊豆藏吉右衛門家, 에도의 방물小間物 도매상
센바 다로베가仙波太郎兵衛家이나 이세야 시로자에몽가伊勢屋四郎左衛門家,
에치젠越前의 하나쿠라 요자에몽가花倉與左衛門家, 효고의 연안운송업자廻
船業者 기타카제 주베가北風重兵衛家, 반슈播州의 고후쿠이치바(곤도) 니자
에몽가豪福市場(近藤)仁左衛門家, 사쓰마의 이나코자와 리헤이가稻小澤利兵
衛家 등 앞 시기에는 순위표 상위에 이름을 올렸던 전국적으로 저명한 호

상이 순위에서 사라져 갔다. 이런 의미에서 근세 이래의 상가에게 있어서 에도말기→개항→메이지유신이 커다란 격동의 시기였다고는 해도 마쓰카타 디플레이션기~기업발흥기는 그 이상으로 혹독한 시련의 시기였다고 할 수 있다.

(D)~(E)의 14년 동안에는 34가문(37가문)에서 20가문으로 비교적 감소는 적다. 다만 이 시기에 부호순위에서 사라진 상가에는 유명한 명문가가 많다. 중세 이후의 추고쿠中國 지방의 토호로 에도시대에는 철산업鐵山業, 주조酒造, 강배川船로 번성했던 가케 하치에몽가加計八右衛門家(佐々木氏, 상호는 스미야炭屋), 기슈紀州 출신의 어업가漁業家에서 에도에 점포를 두고 마쓰마에松前의 에조치바쇼우케蝦夷地場所請 경영으로 재산을 일군 스바라 가쿠베가栖原角兵衛家, 히젠肥前의 포경가捕鯨家 마스토미 마타자에몽가益富又左衛門家, 오우미 히노近江日野의 호상 나카이 겐자에몽가中井源左衛門家, 주인선朱印船 무역 가문의 계보를 잇는다고 여겨지는 오가 초에몽가大賀長右衛門家, 에도의 환전상이자 후다사시札差[30]였던 나가오카(고노이케) 기헤가中岡(鴻池)儀兵衛家 등이 있다. 이즈모出雲의 다타라 제철 경영과 산림업으로 유명한 다나베 초에몽가田部長右衛門家, 이타미伊丹의 주조가酒造家 고니시 신에몽가小西新右衛門家('시라유키白雪')는 (E)에서 양가 모두 자산액이 60만 엔이 되어서, 이 부호 순위(80만 엔 이상)에서는 제외되었다.

---

30 에도시대에 하타모토(旗本)나 고케닌(御家人)의 대리로서 녹미(祿米) 수령을 청부 맡고 돈놀이 따위를 업으로 하던 사람을 가리킨다.

〈C〉1875년 부호순위(상위 102명)

랭크	지명	이름	랭크	지명	이름
勸進元	東京	三井八郎右衛門	行司	横浜	丸屋善八
差添人	大坂	鴻池善右衛門	行司	東京	伊勢屋勝三
大年寄	加賀	木屋藤左衛門	行司	西京	炭屋善五郎
大年寄	平戸	増冨又左衛門	行司	尾張	神戸文左衛門
大年寄	大坂	住友吉治郎	行司	横浜	高島屋傳次郎
大年寄	東京	三谷三九郎	行司	ナダ(나다)	御殿喜平次
大年寄	大坂	辰巳屋久左衛門	行司		恩地長左衛門
大年寄	熊本	吉文子屋勘左衛門	行司		大黑屋六兵衛
大年寄	大坂	鴻池新十郎	行司	大坂	塩屋孫四郎
行司	東京	伊勢屋四郎左衛門	行司	西京	平野又左衛門
行司	大坂	鴻池市左衛門	行司	東京	丁字屋甚兵衛
行司	東京	白木屋彦太郎	行司	大坂	錺屋六兵衛
行司	東京	三井元右衛門	行司	箱館	加島屋久太郎
行司	大坂	天王寺屋五兵衛	行司	東京	堀越角次郎
行司	伏見	下村庄右衛門	行司	東京	和泉屋甚平
行司	西京	岩城升屋德右衛門	行司	東京	島屋佐平
行司	西京	三井肇右衛門	行司	東京	京屋彌平
行司	東京	板倉屋清兵衛	行司	東京	井上千次郎
行司	横浜	三井八郎右衛門	行司	西京	鈴木幸七
行司	名古屋	大丸屋正三郎	行司	西京	大野屋金平
行司	東京	小津清左衛門	行司	西京	佐藤忠助
行司	大坂	越後屋八郎右衛門	行司	西京	大村太平次
行司	東京	大丸屋正右衛門	行司	大坂	米屋清吉
行司	大坂	岩城德治郎	行司	大坂	京屋新平
行司	東京	田端屋治郎右衛門	行司	大坂	伏見屋佐助
行司	西京	島田八郎左衛門	行司	大坂	大和屋喜十郎
行司	東京	長谷川治郎兵衛	行司	大坂	近江屋休右衛門
行司	長崎	小野善治郎	行司	東京	山本喜兵衛
行司	西京	内藤佐助	行司	西京	德島屋源七
行司	西京	茶屋四郎左衛門	行司	備中	藤屋茂平
行司	河内	別所中山	行司	加賀	木屋九兵衛
行司	アハ(아하)	北傳内	行司	西京	池田屋傳次郎
行司	大坂	小野善九郎	行司	東京	錢屋功兵衛

行司	東京	本庄善九郎	行司	周防	出雲屋清六
行司	大和	雷 五郎兵衛	行司	近江	伊丹屋七右衛門
行司	大坂	栖屋半右衛門	行司	東京	利倉屋金三郎
行司	西京	伊豆藏吉左衛門	行司	兵庫	桑名屋仙藏
行司	出羽	本間又太郎	行司	大坂	山本伊右衛門
行司	西京	布袋屋善九郎	行司	東京	橋本長左衛門
行司	東京	板倉清右衛門	大關	東京	小野善助
行司	東京	須原屋茂兵衛	大關	大坂	平野屋五兵衛
行司	東京	和泉屋市兵衛	關脇	大坂	鴻池市兵衛
行司	東京	金田市兵衛	關脇	大坂	加嶋屋久左衛門
行司	東京	黑江屋太兵衛	小結	出羽	本間久四郎
行司	東京	大倉屋喜八	小結	サツマ(사쓰마)	湊家太左衛門
行司	大坂	近江屋桂口	前頭	大坂	加嶋屋作兵衛
行司	大坂	紅屋音次郎	前頭	東京	鹿島清兵衛
行司	横浜	中島屋喜助	前頭	東京	嶋田八郎右衛門
行司	横浜	長崎屋彌三郎	前頭	大坂	千草屋宗十郎
行司	横浜	海老屋文左衛門	前頭	大坂	炭屋安兵衛
行司	横浜	越前屋清兵衛	前頭	伊勢	田畑屋治郎右衛門

〈D〉 1888년 부호순위(상위 102명)

랭크	지명	이름	자산액 (10만엔)	랭크	지명	이름	자산액 (10만엔)
	大阪	鴻池善右衛門	300	前頭	ナゴヤ(나고야)	伊藤治郎右衛門	50
	東京	三井八郎右衛門	300	前頭	大阪	河盛仁兵衛	50
	出羽	本間久四郎	250		トヨケイ(도요케이)	小林吟次郎	50
大關	伊丹	小西新右衛門	200	前頭	高知	淺井藤十郎	50
大關	大阪	住友吉左衛門	200	前頭	松前	栖原幸右衛門	50
	東京	岩期彌之介	150	前頭	高知	川崎源十郎	50
	東京	鹿島清兵衛	90	前頭	東京	大阪屋正三郎	50
	伊勢	三井元右衛門	80	前頭	尾州	關戸市郎兵衛	50
	東京	大倉喜八郎	70		大阪	真島襄一郎	40
關脇	大阪	平瀬龜之助	70		大阪	廣瀬宰平	40
關脇	東京	鹿島清左衛門	70	前頭	紀伊	濱中八郎右衛門	40
	東京	安田善次郎	60	前頭	大阪	石崎喜兵衛	40
	大阪	藤田傳三郎	60	前頭	江州	藤野四郎兵衛	40
	大阪	加島屋(廣岡)久左衛門	60	前頭	米子	鹿島治介	40

	大阪	和田久左衛門		前頭	マツマイ(마쓰마이)	安武太左衛門	40
小結	伊セ(이세)	田中治郎右衛門	60	前頭	東京	中井新兵衛	40
小結	津輕	吉尾甚助	60	前頭	ブゼン(부젠)	玉江新左衛門	40
前頭	阿波	久次米兵次郎	60	前頭	大阪	豊田字右衛門	40
前頭	薩摩	湊 太左衛門	60	前頭	江州	外村與左衛門	40
前頭	東京	下村正右衛門	60	前頭	馬關	加藤龍助	40
前頭	東京	田端治右衛門	60	前頭	マツマイ(마쓰마이)	藤野伊兵衛	40
前頭	肥前	土井忠右衛門	60	前頭	巴城	大岡與左衛門	40
前頭	備中	大原孝四郎	60	前頭	岡山	佐佐木善三郎	40
前頭	紀伊	栖原角兵衛	60	前頭	周防	万代和平	40
前頭	東京	堀越角次郎	60	前頭	岡山	國富大三郎	40
前頭	伯州	近藤喜八郎	60	前頭	平戸	増富又右衛門	40
前頭	伊セ	小津清右衛門	60	前頭	東京	永岡儀兵衛	40
前頭	大阪	逸身佐兵衛	60		名古ヤ(나고야)	宗像宗右衛門	30
前頭	大阪	芝川又右衛門	60		京都	三井束右衛門	30
前頭	周防	磯部儀助	60		大阪	平井利兵衛	30
前頭	大阪	山口吉郎兵衛	60	前頭	江州	安部市郎左衛門	30
前頭	大阪	殿村えつ(에쓰)	60	前頭	東京	竹原文右衛門	30
	大阪	磯野小右衛門	50	前頭	高知	河島幸十郎	30
	伏見	下村源藏	50	前頭	東京	高崎長右衛門	30
	大阪	下村清兵衛	50	前頭	防州	紀藤惣助	30
	大和	木屋又右衛門	50	前頭	大阪	殿村伊太郎	30
	大和	土倉正三郎	50	前頭	高知	小松金吾	30
	東京	三井元之助	50	前頭	大阪	中原庄兵衛	30
	備中	小野善太郎	50	前頭	エチゴ(에치고)	市島德三郎	30
	阿ハ(아하)	友成彦太郎	50	前頭	山口	風間八郎兵衛	30
	阿ハ(아하)	美馬儀一郎	50	前頭	美ノ(미노)	渡部甚吉	30
	美作	金田傳一郎	50	前頭	エチゴ(에치고)	市島德次郎	30
前頭	阿波	西野保太郎	50	前頭	高知	島内武重	30
前頭	阿波	三木與吉郎	50	前頭	伯州	近藤平左衛門	30

前頭	備前	野崎武吉郎	50	前頭	藝州	加計八右衛門	30
前頭	馬關	德永源兵衛	50	前頭	加州	島崎德平	30
前頭	松前	西川唯兵衛	50	前頭	下總	高梨半左衛門	30
前頭	東京	小西利右衛門	50	前頭	丹ゴ(단고)	三上金兵衛	30
前頭	イヅモ(이즈모)	田部正右衛門	50	前頭	東京	青地幾次郎	30
前頭	東京	松本市左衛門	50	前頭	大阪	莊保勝莊	30
前頭	加州	生島嘉藏	50	前頭	大阪	岩田又兵衛	30

〈E〉1902년 부호순위(상위 102명)

지명	이름	자산액(만엔)	지명	이름	자산액(만엔)
東京	三井八郎右衛門	8,000	大阪	外山忠三	800
東京	岩崎彌之助	8,000	東京	田村利貞	800
東京	岩崎久彌	8,000	神奈川	田中新七	800
大阪	住友吉左衛門	6,000	大阪	高松長左衛門	800
大阪	鴻池善右衛門	6,000	京都	杉本新左衛門	800
大阪	平瀬龜之助	3,000	東京	杉村甚兵衛	800
大阪	廣岡久右衛門	3,000	兵庫	小寺泰次郎	800
大阪	和田久左衛門	2,000	大阪	鴻池新十郎	800
神奈川	原 善三郎	2,000	兵庫	日下部安左衛門	800
兵庫	辰馬吉左衛門	2,000	大阪	木原忠兵衛	800
兵庫	辰馬半右衛門	2,000	大阪	大家七平	800
大阪	芝川又右衛門	2,000	兵庫	大江ウタ(우타)	800
兵庫	川崎正藏	2,000	京都	稲垣貞次郎	800
神奈川	大谷嘉兵衛	2,000	大阪	石崎忠兵衛	800
大阪	山口吉郎兵衛	1,500	兵庫	石井榮十郎	800
京都	辻 忠郎兵衛	1,500	大阪	生島嘉藏	800
京都	下村正太郎	1,500	大阪	五百井長兵衛	800
大阪	岡崎榮次郎	1,500	大阪	尼崎伊三郎	800
大阪	逸新佐兵衛	1,500	東京	三井八郎兵衛	600
京都	安盛善兵衛	1,000	東京	堀越角次郎	600
山形	本間光輝	1,000	京都	西川幸兵衛	600
京都	藤原忠兵衛	1,000	大阪	外山修三	600
大阪	藤田傳三郎	1,000	大阪	土居通夫	600

大阪	廣瀬宰平	1,000	東京	澁澤榮一	600
神奈川	平沼專藏	1,000	東京	鹿島清右衛門	600
京都	中井三郎兵衛	1,000	東京	大倉喜八郎	600
京都	内貴清兵衛	1,000	大阪	内海まき(마키)	600
神奈川	高島嘉右衛門	1,000	京都	上田清兵衛	600
長崎	高木与作	1,000	東京	雨宮敬次郎	600
京都	杉浦三郎兵衛	1,000	東京	淺野總一郎	600
大阪	白山善五郎	1,000	東京	森村市左衛門	500
長崎	杉山德三郎	1,000	大阪	村山龍平	500
大阪	下村清兵衛	1,000	京都	村井吉兵衛	500
東京	川崎八右衛門	1,000	長崎	松田庄三郎	500
大阪	金澤仁兵衛	1,000	長崎	本田西男	500
東京	鹿嶋ノブ(노부)	1,000	東京	古河市兵衛	500
東京	鹿島清兵衛	1,000	京都	藤井源四郎	500
京都	井上七右衛門	1,000	大阪	廣海仁三郎	500
兵庫	伊藤長次郎	1,000	長崎	中山文樹	500
大阪	伊藤忠兵衛	1,000	京都	塚本与惣治	500
兵庫	泉 仙介	1,000	京都	白木玉(外村)彦太郎	500
兵庫	生島五郎兵衛	1,000	長崎	栗江与惣治	500
大阪	阿部彦太郎	1,000	大阪	川上佐七郎	500
東京	渡邊治右衛門	800	神奈川	加藤八郎右衛門	500
神奈川	渡邊福三郎	800	山形	風間幸右衛門	500
神奈川	若尾幾造	800	長崎	岡部忠太郎	500
東京	安田善次郎	800	神奈川	臼井儀兵衛	500
東京	三井得右衛門	800	大阪	右近權左衛門	500
大阪	松本重太郎	800	京都	上河トミ(도미)	500
東京	中井新右衛門	800	愛知	伊藤次郎左衛門	500
山形	長谷川吉三郎	800	三重	伊藤小左衛門	500

　결국, (A)~(E) 5기 연속으로 부호순위에 오른 것은 17개 가문이었다. 여기에 도중 기간에는 빠졌지만 (E)에서는 다시 순위에 들어온 3가문을 더하면 20가문, (A)에서 231가문이었으니 50년에 걸쳐서 부호의 지위를 유지할 수 있었던 가문은 10퍼센트에도 미치지 못한 것이 된다.

〈표 1-3〉 1849~1902년에 연속해서 부호순위에 게재된 상가(商家)

지명	이름	1888년 자산액(만엔)	1902년 자산액(만엔)
東京	三井八郎右衛門	300	8,000
大坂	鴻池善右衛門	300	6,000
大阪	住友吉左衛門	200	6,000
大阪	廣岡九右衛門	60	3,000
大阪	平瀬龜之助	70	3,000
大阪	和田久左衛門	60	2,000
京都	下村正太郎	60	1,500
東京	鹿島清兵衛	90	1,000
山形	本間光輝	250	1,000
大阪	石崎喜兵衛	40	800
東京	中井新右衛門	40	800
京都	大村彦太郎		500
愛知	伊藤次郎左衛門	50	500
三重	浜中八郎左衛門	40	400
三重	小津清左衛門	60	300
三重	長谷川治郎兵衛		300
愛知	糟谷縫右衛門		200
東京	田中治郎左衛門	60	100
大阪	殿村平右衛門	60	100
兵庫	嘉納治郎右衛門		80

지명과 인명은 1902년의 것에 따른다

이 20가문은 위의 〈표 1-3〉과 같은데, 미쓰이, 고노이케, 스미토모를 비롯하여 모두 상당히 저명한 상가이다. 히로오카(가지마야) 큐에몽가廣岡 (加島屋)久右衛門家, 히라세(치구사야) 가메노스케가平瀬(千草屋)龜之助家, 와 다(다쓰미야) 규자에몽가和田(辰巳屋)久右衛門家, 이시자키(요네야) 젠베가石 崎(米屋)善兵衛家, 도노무라(요네야) 헤이에몽가殿村(米屋)平右衛門家는 에도 시대 오사카의 유력 환전상이다. 나카이(하리마야) 신에몽가中井(播磨屋)新

右衛門家는 1714년에 개업, 간세이기寬政期에는 간조쇼勘定所 어용달을, 메이지유신기에는 신정부의 회계관 어용을 명받은 에도의 노포 환전상이며, 1883년에 창설한 나카이은행中井銀行은 1927년의 금융공황까지 존속했다. 이상의 구舊 환전상 다음으로 많은 것은 포목상吳服商이다. 앞에서 언급한 시모무라(다이마루) 가문下村(大丸)家, 오무라(시라키야) 히코타로가大村(白木屋)彦太郎家, 다바타야 지로에몽(다나카지로에몽)가田畑屋治郎右衛門(田中治郎右衛門)家, 이토 지로자에몽가伊藤次郎左衛門家, 오즈 세이자에몽가小津淸左衛門家 외에도 이세 마쓰사카 출신의 하세가와 지로베가長谷川次郎兵衛家 등은 에도에 점포를 가진 에도시대의 대표적인 포목상이며, 교호기享保期(1716~1735)를 개업연대로 하는 시모무라 가문下村家를 제외하고 모두 17세기에 창업한 노포였다. 또한 가시마 세이베가鹿島淸兵衛家는 에도의 구다리자케下り酒[31] 도매상으로 간세이기에는 막부의 간조쇼勘定所 어용달이 되었으며 유신기에는 상법회소商法會所 회계총괄元締에 임명된 가문이다. 가노 지로에몽가嘉納治郎右衛門家는 나다灘의 유력 주조가문('기쿠마사무네菊正宗')이며 혼마가本間家는 잘 알려진 대지주이다. 이렇게 본다면 에도 말기부터 메이지 중기의 경제 격동기에 여전히 유지할 수 있을 정도의 거대자산을 축적할 수 있었던 에도기 상가는 금융 관계 상인과 포목, 주류 등 가미가타上方[32]에서 에도로 수송되어 소비되던 물건을 취급한 도시상인들이었음을 알 수 있다.

---

31 가미가타(上方), 즉 교토에서 생산되어 대소비지인 에도로 수송되어 소비된 술을 가리킨다. 에도시대 전기는 이타미자케(伊丹酒)와 이케다자케(池田酒)가 제일가는 브랜드였지만, 에도시대 후기가 되면서 후발주자인 나다자케(灘酒)가 시장을 석권했다. 이것은 비교적 내륙에 위치한 이타미(伊丹)나 이케다(池田)와 비교할 때, 바다 가까이에 위치한 나다가 에도로의 수송상 유리했기 때문이다. 地酒藏元會 홈페이지(kuramotokai.com/glossary/word/下り酒)

32 보통 천황이 있던 교토 부근이나 간사이(關西) 지방을 가리킨다.

막말신흥부호의 부침

(B)에서는 상위 227가문을 꼽았는데, 이 중에서 102가문은 '에도기부호'이고, 125가문은 새롭게 등장했다(신규 진입률 55퍼센트). 이 125개 '막말신흥부호'의 그 이후의 추이를 추적해 보면 (B), (C), (D), (E)를 합쳐서 203회 순위에 등장한다. 1가문당 평균 1.6회이다. 앞에서 서술한 바와 같이 '에도기부호'의 경우 5기에 걸쳐서 평균 2회 랭킹에 등장했는데, '막말신흥부호'의 경우에는 4기에 1.6회이므로 살아남을 확률이 보다 낮았다고 할 수 있다.

'막말신흥부호'는 어떠한 상가였을까? 교토의 차야 시로지로가茶屋四郎次郎家, 오노小野(이즈쓰야井筒屋) 일족, 고노이케의 이헤 · 쇼주로 · 신주로伊兵衛 · 庄十郎 · 新十郎 등 고노이케 일족, 오사카의 환전상 스미야(시라야마) 히코고로가炭屋(白山)彦五郎家 및 젠고로가善五郎家, 오와리번尾張藩의 어용상인 '산케슈三家衆' 중 1명으로 전당포質商와 미곡상을 경영한 세키도가關戶家, 역시 오와리번의 어용상인 '조치슈除地衆'의 1명으로 철상鐵商 오카야 소스케가岡谷惣助家, 부젠豊前 고쿠라小倉에서 사탕가게로 시작하여 목화상, 전당포, 연안운송廻船, 주류 및 간장 양조에서 지주경영까지 다각화해 어용상인이 된 다마에 신에몽가玉江新右衛門家, 에도의 환전상으로 간세이기에는 막부의 간조쇼勘定所 어용달이 되고 유신기에는 상법회소 회계총괄元締이 된 다케하라 분에몽가竹原文右衛門家, 오우미상인으로 마쓰마에 교역으로 잘 알려진 후지노 시로베가藤野四郎兵衛家, 에치고의 약재상에서 사카타酒田의 혼마가本間家에 버금가는 동해[33] 쪽 연안지방의 대지주가 된 이치시마가市島家, 포목상인 이세상인伊勢商人 가와키타 규다유가川喜田久太夫家와 교토상인 가시와바라 마고자에몽가柏原孫左衛門

---

33 원문에는 '일본해'로 표현되어 있는데, 여기서는 한국 동해로 바꾸었다.

家, 다이코쿠야 사부로베가大黑屋三郎兵衛家, 고카쇼五箇莊 상인(오우미상인) 도노무라 요자에몽가外村與左衛門家과 마쓰이 규자에몽가松居久左衛門家, 히노日野의 조제약업자 쇼노 겐조正野玄三 등 창업기를 17세기 혹은 18세기 초까지 거슬러 올라갈 수 있는 상가가 상당히 많이 보인다. 한편 간세이기에 행상을 시작하여 1831년에 에도에 점포를 가진 오우미近江 에치군愛知郡 출신의 고바야시 긴에몽가小林吟右衛門家초긴丁吟) 등은 신흥상인의 대표격이지만, 이러한 초긴 타입의 상인은 그다지 많지 않은 것으로 보인다. (B)의 1864년은 개항 5년 후이므로 아직 그 경제적 영향이 별로 나타나지 않았을지도 모르고, 전통적 상가에 부負의 영향이 있었다고 하더라도 '부호순위'에는 반영되지 않았을지도 모른다. 혹은 오히려 전통적 상가 중에도 개항에 따른 환경변화에 적응하여 급격히 부를 축적한 자가 있었다고 보는 것이 타당할지도 모른다.

〈표 1-4〉 1864~1902년에 연속해서 부호순위에 게재된 상가(商家)

지명	이름	1888년 자산액 (만엔)	1902년 자산액 (만엔)
大阪	白山善五郎		1,000
京都	杉浦三郎兵衛		1,000
大阪	鴻池新十郎		800
京都	柏原孫左衛門		300
三重	川喜田久太夫		300
愛知	岡谷惣助		300
愛知	關戸森彦	50	200
東京	鹿嶋利右衛門		100
滋賀	小林吟右衛門	30	100
新潟	渡邊淸松		100
新潟	市島德次郎		100
新潟	佐藤市左衛門		100
大阪	藤野四郎兵衛	40	100

지명과 인명은 1902년의 것에 따른다.

그런데 이 '막말신흥부호'가 그 이후에도 왕성하게 계속 발전한 것은 아니었다. ⓒ에서는 부호 순위에 남아 있는 자는 52가문 (이후 부활하는 자를 포함하여 56가문)으로 격감하고 ⓓ에서는 13가문(동 21가문), ⓔ에서도 마찬가지로 13가문으로 감소했다. Ⓑ~ⓒ까지의 감소율로는 '에도기부호'의 그것(102가문에서 89가문으로)보다 '막말신흥부호'의 그것(125가문에서 52가문)이 압도적으로 크다. 또한 메이지기에 들어선 후에도 오노구미小野組 일족, 오사카의 환전상 스미야炭屋 일족, 호시큐星久라는 이명을 가진 마쓰이 규자에몽가松井久左衛門家, 다케하라 분에몽가竹原文右衛門家, 다마에 신에몽가玉江新右衛門家, 도노무라 요자에몽가外村與左衛門家 등이 ⓓ시점 전에 랭크에서 사라지는 등, 지위가 하락한 상가가 많았다. 결국 '막말신흥부호'로 ⓔ까지 부호·자산가 순위에 머물 수 있었던 것은 위의 표에 나타난 13가문에 불과했다('막말신흥부호'의 약 10퍼센트). 그리고 이 13가문도 초긴 등을 제외하면 대부분 에도 중기 이전에 기원을 둔 전통적 도시상가였다.

이상의 관찰 사실은, 개항 전후에 급격히 축재하는 상인이 다수 나타났지만 그들의 축적기반은 여전히 취약했고 그 이후의 유신기→마쓰카타 디플레이션→기업발흥기→공업화의 진행 과정에서 많은 수가 도태되어 갔음을 시사하고 있는 것처럼 여겨진다.

유신기신흥부호의 부침

ⓒ에서는 270가문을 선정했는데, 그 중 '에도기부호'는 89가문, '막말신흥부호'는 52가문, 나머지 129가문이 '유신기신흥부호'였다(신규 진입률 48퍼센트). '유신기신흥부호'는 어떤 상가였을까?

첫째, 에도기의 가부나카마株仲間 출신 상인이 아직도 상당수 관찰된다는 점이다. 즉, 도쿄의 경우, 이즈미야(요시무라) 진베이和泉屋(吉村)甚平와 교야(무라이) 야헤이京屋(村井)彌平 (양자 모두 정기 파발꾼定飛脚[34] 도매상), 구로에야(가시와바라) 다헤이黑江屋(柏原)太兵衛(칠기·생칠塗物·生漆 도매상), 스하라야 모헤이須原屋茂兵衛(기슈 출신의 서점, 막부 어용 서점), 나가이(야마토야) 구로자에몽長井(大和屋)九郎左衛門(이세 출신의 포목상), 다이코쿠야(에노모토) 로쿠헤이大黑屋(榎本)六兵衛(면직물이나 마직물, 외래품 취급업, 환전상), 이와시야(마쓰모토) 이치자에몽鰯屋(松本)市左衛門(약종 도매상), 기노쿠니야(구로노) 다헤이紀伊國屋(黑野)太兵衛(목재 도매상), 오사카야 마고하치大阪屋孫八, (구다리로소쿠蠟燭[35], 약재 도매상), 고니시 리에몽小西利右衛門(구다리자케 도매상), 다카사키야 초에몽高崎屋長右衛門(주류업酒渡世), 가고시마 세이자에몽鹿兒島淸左衛門(구다리자케 도매상) 등을 볼 수 있다. 또한 이미 가에이연간(1848~1853)에 몰락했을 가가加賀의 연안운송업자 제니야 고헤錢屋五兵衛도 순위상으로는 '하리다시張出[36]'로 올라 있다. 그러나 오사카의 경우에는 새로 등장한 것이 14가문 밖에 없으며, 또한 에도기 이래 유력상인의 이름은 그다지 보이지 않는다. 대신 요코하마에서 11명, 고베와 효고에서 3명이 순위에 오른 것과 같이, 에도 말기에서 막말·유신기에 대두했다고 여겨지는 상인이 순위에 올라 있다. 몇 개의 사례를 들어보자.

호리코시 가쿠지로堀越角次郎는 고우즈케노쿠니上野國 우스이군碓水郡

---

34 히캬쿠(飛脚)는 에도시대에 편지, 돈, 화물의 송달을 업으로 하던 사람이다. 여기서는 파발꾼으로 번역했다.

35 구다리모노는 가미가타(上方)에서 에도로 보내져 소비되는 상품을 말한다. 대표적인 것이 구다리자케(下り酒)이다. 로소쿠(蠟燭)은 밀초이다.

36 스모용어로 스모에서 순위표란 밖에 따로 기록해서 제자리를 차지하지 못하고 튀어나와 있는 것, 또는 거기에 기록된 역사를 말한다. 예컨대, 요코즈나(橫綱)이 3명 이상 있는 경우 순위표(番付表)의 정해진 곳 외의 장소에 게재된 요코즈나를 의미한다. 소정의 장소에 게재된 '정요코즈나(正橫綱)'보다 아래에 위치하는 것으로 이해되었다. 1994년부터 순위표에서 사라졌다고 한다.

후지쓰카무라藤塚村(현 다카사키시高崎市) 출신으로, 덴포연간(1830~1843)에 에도에서 포목상을 개점했다. 개항 후에는 발 빠르게 요코하마로 진출하여 서양 옷감洋反物 거래상이 되었고, 이를 통해 막대한 부를 쌓아 토지투자도 했던 신흥상인으로, 후일 요코하마정금은행橫浜正金銀行(이후의 도쿄은행)의 설립발기인이 되기도 했다. 초지야(스기무라) 진베丁字屋(杉村)甚兵衛는 초지야(고바야시) 긴에몬丁字屋(小林)吟右衛門의 에도점 봉공인이었던 자로, 1847년 독립하여 개항 후에는 서양직물을 취급하며 급성장한 신흥상인이었다.

오쿠라 기하치로大倉喜八郎는 후술하는 바와 같이 에치고노쿠니越後國 기타칸바라군北蒲原郡 시바타新發田(현 시바타시)의 마치토시요리町年寄 집안에서 태어나 1854년에 에도로 나와 건어물 가게에서 봉공했다. 1856년에 독립하여 총포점을 개업, 요코하마에서 네덜란드 · 미국 상인들에게 수입한 무기를 막부군과 관군 양쪽 모두에게 납품하여 막대한 이윤을 남긴 대표적인 정상이며 이후 오쿠라 재벌大倉財閥을 일으킨다.

니시무라(이세야) 가쓰조西村(伊勢屋)勝三는 시모우사노쿠니下總國 사노번佐野藩(사쿠라지번佐倉藩支藩) 가로家老[37]의 아들로 태어났다. 1865년 이세야 가쓰조伊勢屋勝三라는 이름으로 니혼바시日本橋에 총포점을 개업, 막부에 무기를 납품했다. 유신 후에는 오무라 마스지로大村益次郎의 권유로 1870년 홍콩의 제화공을 초빙하여 사족수산사업士族授産事業으로서 쓰키지築地에 이세카쓰제화공장伊勢勝製靴工場을 설립하나 실패, 1877년 요다 · 니시무라조합제피장依田 · 西村組合製皮場으로 재출발, 1884년 사쿠라구미櫻組로 개칭하고 육군성에 군화를 도맡아 납품했다. 후일 사쿠라구미는 오쿠라구미大倉組 등의 투자를 받아 일본제화주식회사가 되었다. 그

---

37 다이묘의 중신으로 가무(家務)를 총괄하는 직으로 가신들의 우두머리였다.

밖에 1875년에는 이세카쓰흰벽돌제조소伊勢勝白煉瓦製造所를 설립, 후일 관영 후카가와흰벽돌석제조소深川白煉瓦石製造所를 불하받아서 시나가와 흰벽돌品川白煉瓦을 설립했다.

마루야 젠시치丸屋善七는 마루젠주식회사의 창시자로 하야시 유테키早矢仕有的라는 이름으로 더 잘 알려져 있다. 유테키는 미노노쿠니美濃國 사사노무라笹野村(현 기후현 무기초武儀町)의 의사가문에서 태어나 고향에서 의사로 개업했다. 에도로 진출하여 의사로 활동하면서 양의학과 영학英學을 배웠고, 다시 게이오기주쿠에서 후쿠자와 유키치福澤諭吉에게 사사했다. 1867년 요코하마로 진출하여 병원에서 근무하는 한편 서점을 개업했다. 이듬해에 회사조직인 마루야상사丸屋商社를 설립해 후쿠자와의 서적을 판매하는 외에 서양서적과 잡화를 수입했다. 약국을 개설하기도 했다. 후일 후쿠자와 문하생과 함께 유한책임회사 마루젠상사丸善商社로 개조했다. 그 밖에 요코하마정금은행, 무역상회, 메이지생명의 설립과 경영에 관해서도 후쿠자와에게 협력을 아끼지 않았다.

이소노 고에몬磯野小右衛門은 초슈長州 하기萩에서 태어나 시모노세키에서 미곡선물거래米相場를 하고, 1847년 18세의 나이에 오사카로 건너가 도지마미시장堂島米市場에 뛰어든다. 미곡선물거래로 막대한 이윤을 남겼던지 유신정부에 군비 700료兩를 헌금했다. 1871년에는 2년 전에 거래가 정지된 도지마미회소堂島米會所를 시모노세키의 제도를 도입하여 부흥시킬 것을 출원하여 승인을 받았다. 1876년 도지마미상회소堂島商會所가 개설되자 대표사장頭取에 취임, 이후 오사카 상품거래와 주식시장에서 실력자가 되었다. 1891년에는 제4대 오사카상업회의소 회장會頭으로 선출되었다.

〈표 1-5〉 1888~1902년에 연속해서 부호순위에 게재된 상가(商家)

지명	이름	1888년 자산액(만엔)	1902년 자산액(만엔)
東京	岩崎彌之助	150	8000
兵庫	川崎正藏	20	2000
大阪	芝川又右衛門	60	2000
兵庫	辰馬半右衛門	25	2000
神奈川	原善三郎		2000
大阪	山口吉郎兵衛	60	1500
大阪	逸身佐兵衛	60	1500
大阪	廣瀨宰平	40	1000
大阪	藤田傳三郎	60	1000
京都	藤原忠兵衛	25	1000
大阪	金澤仁兵衛	25	1000
大阪	生島嘉藏	50	800
大阪	木原忠兵衛	30	800
大阪	松本重太郎	20	800
東京	安田善次郎	60	800
東京	澁澤榮一	20	600
大阪	伊藤九兵衛	20	300
東京	菊池長四郎	25	300
大阪	木村作五郎	20	300
大阪	政岡德兵衛	20	200
大阪	豊田卯右衛門	40	200
東京	靑地四郎左衛門	30	100
大阪	岡橋治助	30	100
東京	高津伊兵衛	20	100
滋賀	塚本定右衛門	20	100
東京	長井利兵衛	20	100
德島	西野喜右衛門	50	100
東京	前川太郎兵衛	20	100
千葉	茂木七郎右衛門	20	100
東京	守田治兵衛	25	100
東京	浜口吉右衛門	20	100

岡山	大原孝四郎	60	90
大阪	瀬尾喜兵衛	25	80
奈良	土倉庄三郎	50	80
岐阜	源邊甚吉	30	80

지명과 인명은 1902년의 것에 따른다

이상에서 본 인물은 모두 빨라야 19세기 중반, 대부분 개항 이후에 개업했으며 서양옷감洋反物, 화포, 신발, 벽돌, 수입서적 등 무역에 관계된 비즈니스 혹은 개항 이후 일본에 들어온 제품을 취급하는 비즈니스로 대두한 기업가였다. 오직 이소노 고에몽磯野小右衛門만은 쌀선물거래米相場라는 에도시대 오사카의 전통적인 상업 비즈니스에서 두각을 드러낸 인물로, 오사카미곡시장의 기능이 동요하던 막말·유신기에 시모노세키에서 시행되던 선물거래시스템을 오사카에 도입했다는 점에서 역시 신기원을 연 신흥상인이었다. ⓒ가 나타난 해는 개항(1859년)부터 헤아려 16년, 그 수가 아직 적다고는 해도 창업 100년 이상에 이르는 노포와 어깨를 나란히 할 정도의 자본력을 축적한 신흥 비즈니스맨이 등장하고 있었던 점은 주목해야 할 것이다.

지금까지 본 것처럼 '유신기신흥부호'에는 에도기 이래의 상가로 이 시대에 가운이 상승했다고 보여지는 자와 막말·유신기에 급격히 지위가 높아진 자의 두 가지 유형이 존재했다. 그러나 그들의 운명은 '에도기부호'나 '막말기신흥부호'의 운명보다도 훨씬 허무한 것이었다. 129명의 '유신기신흥부호' 중에서 ⓓ에 이름을 남긴 것이 20명, ⓔ에 이르러서는 고작 6명으로 떨어지고 말았다. 그 중에서도 한때 달콤한 꿈을 꾸기도 했으나 에도 전기와 중기 이래의 전통적 상인은 그 지위를 유지하기 어려웠다. ⓔ까지 자산액 80만 엔 이상의 자산가로 머무를 수 있었던 6명은 이소노 고에몽磯野小右衛門, 오쿠라 기하치로大倉喜八郎, 가시마 세이자에몽

鹿島清左衛門, 호리코시 가쿠지로堀越角次郎, 오타 도쿠쿠로大田德九郎(도쿄), 스기무라 진베杉村甚兵衛인데, 전통적 상인은 가시마 정도로 그 밖에는 막말 이후에 대두된 신흥상인이었다고 할 수 있다.

기업발흥기신흥부호의 부침

(D)에서는 277가문을 뽑았는데 그 중에서 '에도기부호'는 34가문, '막말 신흥부호'는 13가문, '유신기신흥부호'는 20가문, 나머지 210가문이 '기업발흥기신흥부호'였다. (C)의 경우와 비교하여 신규 진입률은 현저히 높아졌다(48퍼센트에서 76퍼센트로). '기업발흥기신흥부호'로서 어떠한 인물이 등장했는지 검토해보자.

도쿄에서는 미쓰비시三菱의 이와사키 야노스케岩崎彌之助 · 히사야久屋, 야스다 젠지로安田善次郎, 시부사와 에이이치澁澤榮一 등의 초거물 외에도 조선업의 가와사키 쇼조川崎正藏, 미쓰비시에 들어갔다가 미쓰이에 입사 후 가네보 전무이사專務取締役 등을 역임한 아사부키 에이지朝吹英二, 『도쿄니치니치신문東京日日新聞』의 저널리스트인 동시에 긴자에서 약제상을 개업하는 등 실업가이기도 했던 기시다 긴코岸田吟香, 저널리스트인 후쿠치 겐이치로福地健源一郎(오우치櫻痴), 오우미 출신의 포목상 마에카와 다로베前川太郎兵衛 · 쓰카모토 사다에몽塚本定右衛門, 야마사간장의 도쿄 지점出店 히로야(하마쿠치) 기치에몽廣屋(浜口)吉右衛門, 가다랑어포 상인鰹節商 '닌벤'의 다카쓰 이헤高津伊兵衛 등을 들 수 있다. 또한 요코하마에서는 생사판매상賣込商으로 유명한 하라 젠자부로原善三郎의 이름을 볼 수 있다.

오사카에서는 후지타 덴자부로藤田傳三郎, 마쓰모토 주타로松本重太郎, 히로세 사이헤이廣瀬宰平 같은 메이지기 오사카재계의 거물이 등장한다. 그 밖에 제당 · 제지업의 마지마 조이치로眞島襄一郎, 변호사이자 설탕상인이기도 했던 데라무라 도미요시寺村富吉, 서양옷감 수입상에서 고베의 서양은 매매로 재산을 일군 시바카와 마타에몽芝川又右衛門, 환전상 이쓰미 사효에逸見左兵衛·기하라 추베木原忠兵衛, 서양옷감 상인에서 환전상 경영, 그리고 제148국립은행(후의 야마구치은행)을 일으킨 야마구치 기치로베山口吉郎兵衛, 사카이의 직물 도매상 가와모리 니헤이河盛仁兵衛, 면직물 도매상에서 제34국립은행을 세운 오카하시 지스케岡橋治助, 우쓰보靭의 말린 정어리 도매상에서 제42국립은행을 세우고 오사카상선大阪商船이나 일본 면화에서도 요직에 있었던 다나카 이치베田中市兵衛, 비료상인에서 히라노방적平野紡績과 제42국립은행 창설에 참여한 가나자와 니헤이金澤仁兵衛, 조면繰綿[38] 도매상에서 오사카방적大阪紡績의 주주가 된 아키마 신자부로秋間新三郎, 서양옷감 수입상으로 이토만伊藤萬의 전신인 이토 큐베伊藤九兵衛 외에도 메이지기 오사카의 주식회사 기업 중 다수에서 대주주가 된 세오 기헤瀨尾喜兵衛, 가메오카 도쿠타로龜岡德太郎, 노다 기치베野田吉兵衛 등, 오사카 근대화의 주역이 된 인물이 이 시기에 등장한다.

지방에 살고 있는 인물들도 상당수 보인다. 오우미近江의 아베 이치로자에몽安倍一郎左衛門·후지이 젠스케藤井善介, 구라시키倉敷의 지주이며 구라시키방적을 세운 오하라 고시로大原孝四郎, 니시노미야西宮의 양조가문 다쓰우마가辰馬家, 아와아이阿波藍의 오쿠무라 가조奧村嘉藏·미키 요키치로三木與吉郎·구지메 효지로久次米兵次郎, 깃코망의 다카나시가高梨家·모기가茂木家, 오카야마의 제염업자 노자키 부키치로野崎武吉郎, 요시노吉野의 산림지주 도쿠라 쇼자부로土倉庄三郎 등이다. 오오하라, 미키, 노자키, 도쿠라 외에도 미마 기이치로美馬儀一郎(아와阿波), 와타나베 진키치渡辺甚吉(미노美濃), 시마우치 다케시게島内武重(고치高知) 등 전국 유수의 대지주가 발견되는 것도 이 기간의 특징이다.

---

38 목화에서 씨만 뺀 솜의 형태를 말한다. 원면(原綿)이라고도 한다.

이렇게 보면 에도기 이래의 전통적 상인이 새롭게 '기업발흥기신흥부호' 속에 등장하는 경우는 거의 없었던 것으로 판단된다. 다수의 '기업발흥기신흥부호'는 막말~메이지 초기에 대두한 사람들이고, 그들은 이 시기에 와서야 '부호·자산가'로 인지되었다고 여겨진다. 그러나 '기업발흥기신흥부호'도 한 세대로 끝나는 경우가 많았다. 이 210명 중에서 (E)의 80만 엔 이상 자산가 순위에는 35명밖에 등장하지 않은 것이다. 막말·유신기~기업발흥기에 성장한 '기업발흥기신흥부호'가 메이지 20년대에서 30년대[39]의 공업화기를 극복하기 위해서는 다른 조건이 필요했다고 할 수 있다. 86쪽의 표에 '기업발흥기신흥장자' 중에서 (E)의 80만 엔 이상 자산가 순위에 살아남은 인물을 열거해둔다. (D)에서 자산액 100만 엔 이상인 자는 모두 (E)까지 살아남았다.

공업화기신흥부호들

(E)에서 자산액 80만 엔 이상인 자는 353명에 달한다. 이 중에서 (E)에서 처음으로 부호순위에 등장한 자, 즉 '공업화기신흥부호'가 279명, 신규 진입률은 79퍼센트로 전체 5기 중 가장 높다. 공업화가 종래와 다른 출신의 기업가를 많이 배출했다는 것을 시사한다.

'공업화기신흥부호'의 주요한 인물을 살펴보자. 우선 도쿄에서는 아사노 소이치로淺野總一郎, 선물거래相場·무역에서 철도·전력업으로 손을 뻗은 아메노미야 게이지로雨宮敬次郎, 비료상 이와데 소베岩出惣兵衛, 조선업의 오아키 기쿠사부로緖明菊三郎, 출판사 하쿠분칸博文館의 오하시 신타로大橋新太郎, 면사 도매상·방적업의 가시마 만페이鹿島萬平, 금융의 가와사키 하치에몽川崎八右衛門, 식품의 고쿠부 간베國分勘兵衛, 사진재료의 고

---

39 참고로 메이지 20년은 1887년이고, 메이지 30년은 1897년이다. (역자)

니시 로쿠에몽小西六右衛門, 일본우선日本郵船의 곤도 렌페이近藤廉平, 초긴
⁴⁰의 별가로 직물상인 사쓰마 지혜薩摩治兵衛, 건설의 시미즈 미쓰노스케
清水滿之助, 미쓰비시의 쇼다 헤이고로莊田平五郎, 기계수입상 다카다 신조
高田愼藏, 가마이시제철소釜石製鐵所의 다나카 초베田中長兵衛, 미쓰이의 나
카미가와 히코지로中上川彦次郎(1901년에 사망), 시계의 핫토리 긴타로服部
金太郎, 면사 · 면화상인 히비야 헤이자에몽日比谷平左衛門, 후루카와 이치
베古河市兵衛, 미쓰이의 마스다 다카시益田孝, 모리무라 이치자에몽森村市
左衛門, 일본은행의 야먀모토 다쓰오山本達夫, 요코하마 무역상으로는 아
베 고베安部幸兵衛 · 오타니 가효에大谷嘉兵衛 · 다카시마 가에몽高島嘉右衛
門 · 히라누마 센조平沼專藏 · 와카오 이쿠조若尾幾造 등을 들 수 있다.

오사카에는 조선朝鮮 무역상 이오이 초베五百井長兵衛, 마쓰마에松前 도
매상 · 미곡상에서 내외와타회사內外綿會社⁴¹ · 오사카상선 등 많은 회사의
투자가로 성장한 아베 히코타로安倍彦太郎, 해운업자 아마가사키 이사부
로尼崎伊三郎 · 우콘 곤자에몽右近權左衛門 · 오야 시치헤이大家七平 · 히로
우미 니사부로廣海二三郎, 이토 추베伊藤忠兵衛, 은행업 이노우에 야스지로
井上保次郎, 매약상賣藥商 우키타 게이조浮田桂造, 주식중매인 가가 이치타
로加賀一太郎, 면사상 마에카와 젠자부로前川善三郎 · 히라노 헤이베平野平
兵衛, 오사카상업회의소 사장頭取 도이 미치오土居通夫, 골동품상 도다 야

40 1831년에 에도에 점포를 가진 오우미(近江) 에치군(愛知郡) 출신의 고바야시 긴에몽
(小林吟右衛門)이다. (역자)

41 중국에 활약한 일본자본에 의한 방적업(在華紡이라 했다)의 대표적 존재였다. 1887년
8월 오사카의 조면(繰綿=원면) 도매상 네 곳을 중심으로 창립(자본금 50만 엔)되었고,
국산면 외에 타타상회(たた商會)와 제휴하여 인도면과 미국면도 취급했다. 3대 면화상
사의 하나였는데, 러일전쟁 후에는 산지 직매(直買) 움직임에 뒤떨어져 면상업을 축소
했다. 오사카연사(撚絲, 1903), 일본방직(1905)를 매수하여 방적업에 진출했다. 중국
에서의 면 관계품 상업의 경험을 전제로 대륙진출론자 가와무라(川邨利兵衛) 이사의 주
창으로 1911년 상하이에 제3공장(2만추)을 건설하여 공장 신설에 의한 재화방의 효시
가 되었다.

시치戶田彌七, 은행 경영자로 도야마 슈죠外山修造, 빌 브로커bill-broker[42] 후지모토 세이베藤本清兵衛, 아사히신문의 무라야마 료헤이村山龍平, 서양 옷감 상인 야마구치 겐도山口玄洞, 조선업의 한타 류타로範多龍太郎 등이 있다.

아이치愛知에서는 막말에 긴자이近在에서 나고야로 나와 급격한 성장을 이룬 포목상 다키 헤이에몽瀧兵右衛門과 그의 별가인 다키 사다스케瀧定助나 가스가이 조에몽春日井丈右衛門, 미에三重에는 미에방적을 일으킨 이토 덴시치伊藤傳七의 동족 이토 고자에몽伊藤小左衛門, 식초 양조업자 나카노 마타자에몽中埜又左衛門, 시가滋賀에서는 포목상 도노무라 우헤이外村卯兵衛, 교토에서는 양지洋紙 취급상 나카이 사부로베中井三郎兵衛, 생사 상인으로 이후 초리상사蝶理商社가 되는 오하시가大橋家, 간장 양조업 가자마 하치자에몽風間八左衛門, 포목천吳服太物 상인 구마가이 이치베熊谷市兵衛, 교토주식거래소京都株式取引所・교토전등 등을 설립하여 교토의 시부사와 에이이치라고 불린 다나카 겐타로田中源太郎, 포목 도매상 우치키 세이베內貴清兵衛, 염색 포목 도매상染吳服御商 니시무라 지헤이西村治兵衛, 유젠자수友禪刺繡 직물 무역상 니시무라 소자에몽西村總左衛門, 담배왕이라 불린 무라이 기치베村井吉兵衛, 철물상에서 뒤에 유아사전지湯淺電池를 설립한 유아사 시치자에몽湯淺七左衛門, 효고에는 청주 양조업 이즈미 센

---

42 은행과 어음인수업자 등의 금융기관 상호간, 혹은 금융기관과 상인 사이에서 어음의 매매를 행하는 업자이다. 구미에서도, 특히 영국에서는 할인시장이 특히 발달하여 잉글랜드은행, 시중은행, 빌 브로커의 3자 중심으로 할인시장이 구성되어 있다. 그런데 빌 브로커라고 해도 단지 어음매매의 중개만을 업으로 하는 런닝 브로커가 아니라, 자신의 계산으로 어음매매를 행하는 디스카운트 하우스(할인상사)가 특히 중요하여 할인시장의 중심적인 역할을 수행하고 있다. 일본에서는 콜시장이 발달했기 때문에, 빌 브로커가 아니라 단자회사(短資會社)라는 명칭으로 주로 콜거래를 중개하고 있었는데, 1971년 6월 어음매매시장의 창설과 함께 어음매매의 중개도 행하고 있다.

스케泉仙介('이즈미마사무네泉政宗')·와시오 규타로鷲尾久太郎('시라이즈미志ら泉')·오사베 분지로長部文次郎('오제키大關'), 토지개발 고데라 다이지로小寺泰次郎, 지주 이토 초지로伊藤長次郎, 토지개발에서 일본모직·미나토가와개수회사湊川改修會社 등의 설립에 참가한 고소네 기이치로小曾根喜一郎, 후쿠오카 탄광주 가이지마 다스케貝島太助·마쓰모토 겐지로松本健次郎 등을 찾아볼 수 있다.

제조업 특히 중공업 관계의 기업가는 아직 적지만, 면방적업의 발달과 결합된 섬유 관계 상인, 무역 관계 상인, 광산업 관계자 등이 많이 관찰되는 것은 착실하게 시대가 변하고 있음을 말해준다.

자산가의 연속성·비연속성

이상, 에도 말기에서 메이지 중기 사이의 다섯 시점에 대해서 (A), (B), (C), (D), (E)의 부호순위 구성을 추적해 왔다. 이 작업으로부터 근세에서 근대에 걸친 자산가·기업가의 연속성과 비연속성에 관해서 어떤 것을 이야기 할 수 있을까?

관찰대상기간에는 ①개항, ②메이지유신, ③마쓰카타 디플레이션, ④기업발흥, ⑤공업화라는 다섯 개의 큰 경제변동이 포함되어 있는데, 자산가 구조에 영향을 미쳤다는 점에서는 ③과 ④의 영향이 가장 컸던 것으로 보인다. 확실히 231가문인 '에도기부호'는 개항에 따른 경제변동에 의해서일 것이다, (B)에서는 그 절반 이상이 부호순위에서 탈락했으나, (C)에서는 여전히 89가문이 부호순위에 남아 있었다. 또한 '막말신흥부호'나 '유신기신흥부호' 중에서는 에도 전기와 중기에 기원을 둔 전통적 상가가 상당수 포함되어 있었다. 이런 점을 보더라도 개항이나 유신의 경제적 격동은 전통적 상가에 영향을 미쳤다고는 해도 전면적인 타격을 입혔다고는 할 수 없고, 메이지 초기까지 지위를 유지하거나 경우에 따라서는 오히려 가운家運을 상승시킨 상가도 존재했다.

그러나 마쓰카타 디플레이션~기업발흥기에는 이들 전통적 상가에 거대한 시련이 닥친 것으로 보인다. (D)의 부호순위에는 '에도기부호'는 34가문, 125가문이었던 '막말신흥부호'는 13가문, 129가문이었던 '유신기신흥부호'는 20가문밖에 남지 않았던 것이다. 그리고 이 시기에 살아남은 상가도 공업화가 진행된 메이지 30년대 중반(1902년 전후)까지 다시 도태되었으나, 탈락 비율은 마쓰카타 디플레이션~기업발흥기 정도로 크지는 않았다.

최근 학계에서는, 개항 전후인 막말에서 유신기에 걸쳐 도시의 전통적 상인을 대신하여 지방 혹은 도시 근교의 신흥상인들이 급속하게 대두하고, 그들이 유신기 이후의 일본 산업화를 뒷받침한 자산가·기업가층이 된 점이 종종 지적된다. 여기에서 언급한 부호순위로 보면 (B), (C) 단계에서는 상위 이백 수십 명의 부호순위에서 이러한 신흥상인이 조금 등장하고 있지만 아직 다수를 점할 정도는 아니었다. 이는 실제로는 부호가 되었어도 '순위'에 오르기까지는 타임 래그time lag가 있었던 것을 나타내는 것일지도 모른다. 하지만 순위 작성자에게 영향을 미쳤을 것으로 생각되는 세간의 평가를 아직 많은 신흥상인들이 획득하지 못하고 있었음을 보여주는 것이리라.

어느 쪽이든 '막말신흥부호'나 '유신기신흥부호'는 전통적 상인과 신흥상인이란 두 가지 타입으로 구성되어 있었는데, 흥미로운 점은 그들의 대부분이 (D), (E)의 부호순위에서 탈락해 버렸다는 점이다. 즉, '막말신흥부호'와 '유신기신흥부호'의 합계가 254가문이었는데, (E)에서 19가문으로 격감해 버렸던 것이다. 앞서 '에도기부호'가 메이지기에 쇠퇴했음을 지적했는데, '막말신흥부호'와 '유신기신흥부호'의 메이지기 후퇴는 그이상이었다. 이 점에 대해 말하자면, 일부라고는 해도 '에도기부호'에게 보이는 어떤 종류의 강인성을 오히려 재인식해야 마땅할지도 모른다.

막말~메이지 초기에 급성장한 비즈니스맨이 다수를 점하게 된 것은 '기업발흥기신흥부호'에서였다. 이 시기에 부호랭킹에 새로 등장하는 에도기상가는 거의 사라졌다. 그러나 이러한 '기업발흥기신흥부호'도 한 때의 꿈을 꾼 것에 불과하다. 그들 대부분은 (E)의 부호랭킹에서 자취를 감추었고, 공업화의 파도를 타고 등장한 더욱 새로운 기업가들에 의해 다시 대체되었다.

반토경영

위에서 살펴본 바와 같이 막말 · 유신기~메이지기에 있어 다수의 에도기상가가 자취를 감추었다. 특히 에도 · 오사카 · 교토 등 도시상인의 쇠퇴가 두드러졌다. 도시상인의 후퇴는 에도 후기부터 나타난 현상이었지만, 일반적으로는 다음과 같은 점들을 쇠퇴의 요인으로 들 수 있다.

첫째, 쇄국정책 및 분권적 영국체제領國體制하에서는 대자본을 축적한 도시상인이라도 무역사업에 진출하거나 지방의 생산시설에 투자하는 것이 곤란했기 때문에, 축적된 자본은 막부나 다이묘에게 대부하거나 토지를 집적하는 데 투자되었다. 이로 인해 도시상인들은 생산과 유통에서 분리되었고, 새로운 시장경제에 대한 적응력을 상실했다.

둘째, 도시의 선진적인 생산기술이나 상업 · 금융의 노하우가 점차 지방이나 농촌으로 전파되어 도시상공업 · 금융의 우위성에 그늘이 생겼다.

셋째, 도시상인은 막번권력으로부터 영업상의 여러 특권을 부여 받는 경우가 많았는데, 그만큼 그들이 어용금이나 대부借上 등 권력으로부터 오는 요구를 거절하기 어려웠다. 특히 막말 · 유신기에 부상富商은 막부와 도막倒幕 양쪽으로부터 거액의 군용금 조달 명령을 받았는데 이들 대부분이 회수되지 못했다.

넷째, 유신 후에는 가부나카마株仲間의 해산으로 도시상인에게 부여되었던 여러 특권이 폐지되었다.

다섯째, 분세이기(1818~1830) 이후에는 연속된 화폐개주와 화폐증발로 경제는 인플레이션 기미를 보이고 있었는데, 이로 인해 부상의 화폐자산 가치가 크게 떨어졌다. 또한 유신기의 폐제개혁으로 번찰이 휴지조각이나 다름없어지는 등, 부상의 자산 가치가 크게 감소했다.

여섯째, 막말의 개항에 의해 삼도三都를 중심으로 유통기구가 크게 동요하는 한편, 개항장을 중심으로 한 새로운 유통루트가 등장하여 도시상인의 상권이 위협받는 처지가 되었다.

요컨대, 거시적으로는 시장환경의 변화나 정치경제 정세의 변화가 에도기 도시상가에게 큰 영향을 미쳤다고 할 수 있으나 문제는 이러한 환경조건의 변화에 많은 도시상가가 왜 대응할 수 없었던 것인가 하는 점이다.

에도기 대상가의 다수에서는 소유와 경영의 분리, 이른바 반토경영番頭經營의 관행이 성립되어 있었다. 1723년에 제정된 고노이케가鴻池家의 가훈 '가정기록각家定記録覚'은 "본가 상속인은 가독家督[43]을 물려받고, 또 적자에게 물려줄 때까지 윤번輪番의 마음으로 제사가법諸事家法을 소중히 지키고", "가독이라는 지위는 선조로부터 잠시 맡아 놓은 것임을 명심해야 한다"고 기록한다. 즉 가독과 가산은 당주當主 개인의 것이 아니고 선조로부터 '잠시 맡아 놓은 것'으로, 자손에게 물려줘야 하는 것이라고 규정되어 있다. 따라서 당주의 역할은 '윤번', 즉 다음 사람에게 넘겨줄 때

---

43 가독상속(家督相續)이라는 것은 민법의 옛 규정으로, 호주가 사망하거나 은거했을 때 한 사람의 상속인이 호주의 신분이나 재산을 상속하는 것을 말한다. 또한 그 제도 자체를 가리키기도 한다. 일반적으로는 적출(嫡出) 남자 중에 연장자가 상속했다. 제2차 대전 후의 민법 개정으로 폐지되었다.

까지의 당번에 불과한 것이라고 규정되어 있다. 따라서 경영상 당주의 권한이 제한되어 있는 것은 당연했다. 1716년의 '선조의 규범 및 가무家務'는 당주가 결격자라면 적자에서 폐하고 다른 상속인을 찾아야 한다고 했는데, 직계 실자를 대신해서 동족 자제나 봉공인이 가독을 잇는 경우에는 당주 개인의 재산처분권은 더욱 약해질 수밖에 없었다.

미쓰이에서도 뒤에 서술하는 바와 같이 동족의 소유권 행사에는 강한 제약이 부과되어 있었다.

교토의 상가에서도 유사한 가훈을 볼 수 있다. "대저 가문家을 일으키는 것도 망가뜨리는 것도 모두 자손의 마음가짐에 달려 있다. 정주(亭主=가장)된 자는 그 가문의 이름이나 재산을 자신의 것이라고 생각해서는 안 되고, 선조로부터 지배 역할을 잠시 맡아두고 있음을 알고, 가문의 이름에 먹칠을 하지 않도록 자손을 가르쳐"(교토·니시무라 히코헤이가西村彦兵衛家), "가독은 소소한 것이라도 내 것으로 취해서는 안 되고, 빠짐없이 모두 선조의 것을, 자신이 지키고 경영하는 몸이기 때문에, 방심하지 말고 가업을 소중히 하는 데 소홀하지 않고, 정진하고 힘씀이 마땅하다"(교토·무카이가向井家) 등이다.

이와 같이 에도 중기 이후의 대상가에서는 당주 개인의 재산처분권이나 경영재량권에 엄격한 제한을 두어, 당주는 고잉 컨선going concern(계속적 사업체)인 '이에家' 비즈니스의 한 기관으로 위치해 있었던 것이다. 이와 같은 소유 시스템하에서는 소유에 기초한 지배나 경영은 행하기 어려울 것이다. 하물며 '이에'가 당주 가족뿐 아니라 동족은 물론이고 봉공인까지도 포함하는 관념으로 여겨졌다면, 형식상의 소유자인 당주의 경영상 권한은 약할 수밖에 없었다. 이렇게 해서 가산家産의 운용, 경영의 의사결정은 지배인이나 반토에게 이양되게 되었다.

오우미상인이며 동시에 국학자였던 반코 게이伴蒿蹊는 "각 상점의 지배

(인– 역자)는 특히 주인을 대신하여 가게를 맡아 다스리는 소임이라 몹시 중하다"(『주종심득서主從心得書』)고 쓰고, 메이지 초기에 에도기 오사카 상가의 관습을 조사한 '오사카상업습관록大坂商業習慣錄'은 "지배인은 곧 원로이기 때문에, 고조子僧[44], 뎃치丁稚 기타 상점 전체의 사람들, 혹은 주인이라 하더라도 조심해야 할 정도의 자이다. 만약 그 상점에 관한 중대사가 있다면, 주인까지 감금할 수 있는 세력을 가진 자이다"라고 기록하고 있다.

동족기업은 일반적으로 그 영업재산을 동족에게 계승시키려는 성향을 가진다. 그리고 구미歐美의 경우에는 이를 동족의 일원이 스스로 경영을 계승해 가려는 의지가 강하고, 따라서 소유와 경영의 분리는 그다지 진전되지 않았다. 이에 반해 일본의 에도기 상가에서는 가독을 상속하는 당주가 반드시 경영에 관한 의지나 능력과 같은 기준으로 선택되는 것은 아니어서 경영은 반토들에게 위임되었다.

이런 반토경영의 메리트는 경영이 소유자 가족의 자의성에 의해 침해받을 가능성이 줄어든다는 점에 있다. 실제로 미쓰이가에서 동족들은 다양한 명목을 붙여 오모토카타大元方(다음 장의 '미쓰이가의 오모토카타제도' 참조)로부터 임시자금을 끌어오려고 획책하거나 다른 곳에서 돈을 빌렸지만, 이를 억제한 것이 오모토카타를 맡은 반토들이었다. 반토경영은 방만경영의 방지, 가산의 분산 억제에 크게 공헌했으며 에도시대 상가가 수세대에 걸쳐 영속할 수 있었던 하나의 큰 요인이 되었다.

그러나 지배인·반토가 위임받은 것은 대부분 일상적인 관리업무였을 뿐, 전략적 의사결정까지 포함된 것은 아니었다는 점에 주의해야 한다. 또한 지배인·반토들에게 경영위임이 이루어질 경우, 많은 상가에서는

---

44 상점 등에서 일하는 나이 어린 사내 점원이다. 사환 중 어린 아이를 가리킨다.

동시에 '가훈', '가헌', '상점규정(店掟)', '상점제도店制' 등이 제정되어 가산 유지·운용, 상속법, 장부를 대조해 계산을 확인하는 방법(장부를 적는 방법), 봉공인의 노무관리, 취급상품 등의 룰이 정해졌다. 가훈에서 가장 중시된 덕목은 가업의 영속적 유지였고, 따라서 '신의정지新儀停止'[45]나 '조법묵수祖法墨守'[46]가 많은 경우 기본이념이 되었다. 고용경영자는 이러한 미리 정해진 룰에 입각하여 일상적 관리업무를 수행했으며 재량권에는 제한이 있었다.

또한 에도시대의 고용경영자들은 대부분 유소년기부터 해당 상가에서 트레이닝을 받고 주인 가문에 대해 충성심을 보여, 준가족구성원으로 인정받아 비로소 지위에 오를 수 있었던 존재들이었다. 에도기 상가의 핵심적 노동력은 뎃치봉공丁稚奉公에서부터 꾸준히 근무해 올라오는 고가이봉공인子飼奉公人[47]이었다. 데다이手代－지배인을 거쳐 별가別家가 되는 자는 대부분 유년시절부터 봉공한 자들이었고, 이에 반해 겐푸쿠元服[48] 이후에 고용된 자('中年者'라 불린다)는 대부분 중요한 사무를 담당할 수 없었다.

대상가의 봉공인 교육은 그 상가에서의 과거 경험이나 노하우에 기반

---

45 신의(新儀)란, '구의(舊儀)'나 '선례(先例)'에 대해 새로운 의법(依法), 규식(規式), 사정(事柄) 등을 가리키는 말로 중세나 근세에 자주 사용되었다. 종래에는 보이지 않던 양상, 사태, 방법 등도 폭넓게 포섭하는 말이고, 중세에는 본래 영주로부터 그 권익을 인정받고 있던 상인조직에 대항하면서 새롭게 대두해 활동하기 시작한 상인을 '신의상인(新儀商人)'이라 부르곤 했다. 따라서 여기서는 불확실한 상황에서 새로운 사업을 벌이지 않는다는 의미로 이해하면 된다.

46 조법 즉 선조로부터 내려오는 법도를 굳게 지킨다는 의미이다.

47 고가이(子飼い)라는 말은 상가(商家)나 직인(職人) 가문에서 아이였을 때부터 봉공인이나 제자로서 양육된 사람을 가리킨다. 이들이 능력을 인정받아 뎃치(丁稚)나 반토(番頭)에 임명되는데, 이른바 내부승진의 차례를 기다리는 사람들이다.(역자)

48 나라시대 이래 일본에서 성인을 나타내는 것으로 행해진 의식. 통과의례 중 하나이다. 남자가 성인이 되어 머리모양이나 복장을 고치고, 처음으로 관을 쓰는 의식이다. 겐푸쿠의 시기는 일정하지 않지만, 11세부터 17세 사이에 행해진다.

한 것으로, 요구되는 지식이나 기능이 완만하게 변화하는 경우에 적합한 교육법이었다. 그러나 사회경제나 기업경영 내부에 큰 변화가 발생했을 때에는 과거의 경험이나 노하우의 대부분은 쓸모가 없어져 버린다.

이와 같이 의식의 측면에서도, 교육의 측면에서도, 반토들은 각 상가의 전통적 경영방침에서 자유롭게 행동하기는 극도로 어려웠으며 이것이 막말·유신기와 같은 패러다임 전환의 시기에는 경영혁신을 방해하는 커다란 요인이 되었다.

2장
미쓰이 · 스미토모 · 고노이케의 위기와 타개

미쓰이와 미노무라 리자에몽

미쓰이가문의 오모토카타제도

상술한 바와 같이 막말 · 유신~메이지기에 많은 상가가 사라져가는 상황에서 어떻게든 위기를 극복해 재생에 성공한 에도기 상가도 있다. 78쪽의 〈표 1-3〉과 같이 살아남은 자들은 대체로 에도기에도 부호였으나 동급의 대부호 중에서도 소멸한 자들이 많았기 때문에, 자산규모만이 생존의 조건이었던 것은 아니다. 이 동란기에 경영을 유지하기 위해서는 가정상家政上이나 경영상 무엇인가 개혁이 필요했다. 따라서 그 사례로서 미쓰이와 스미토모의 개혁을 추진했던 미노무라 리자에몽三野村利左衛門과 히로세 사이헤이廣瀬宰平에게 스포트라이트를 맞추어 검토해보기로 하자.

잘 알려진 대로 미쓰이가는 1673년 미쓰이 다카토시三井高利가 이세 마쓰사카伊勢松坂에서 나와 교토와 에도에 포목점 에치고야越後屋를 개업한 것에 기원을 두고 있다. 1682년에는 에도에 환전상점을 개설, 그 후에도 교토 · 에도 · 오사카 3도 및 마쓰사카에 포목점과 환전상점을 잇달아 개점, 겐로쿠기元祿期(1688~1704)까지는 누구나 인정하는 호상이 되었다. 미쓰이의 상법은 혁신으로 가득했다. 혁신 첫 번째는 '현금정찰제'와 '점두판매'라는 소매 수법이고, 두 번째는 가미가타上方(교토 부근)의 옷감吳服을 대량으로 염가에 사들이는 매입방법이었다. 환전업에서는 막부가

에도 스루가초(駿河町)의 미쓰이 에치고야(越後屋)의 그림

미쓰이에서는 에도 후기가 되면 포목(吳服) 부문보다 환전(兩替) 부문이 호조를 보였고, 막말에서 유신기에 걸쳐서는 그런 경향이 더욱 현저해졌다. 미노무라 리자에몽의 의견으로 미쓰이가는 금융업을 주력으로 삼기에 이르렀고, 1904년에 에치고야는 주식회사 미쓰코시오복점으로 개편되어 미쓰이가로부터 분리되었다. 이 그림은 분세이(文政) 무렵의 것으로, 그림 중앙에서 약간 왼쪽의 검게 칠해져 있는 건물로부터 좌측은 환전상점(兩替店), 노렌이 나와 있는 쪽은 포목점(吳服店)이다.

가미가타上方에서 에도로 하는 송금과 미쓰이 자신과 다른 에도상인이 에도에서 가미가타로 송금하는 것을 묶는 국고환어용御金藏爲替御用을 맡아 막대한 운용이익을 얻었다.

1694년 창업자인 다카토시의 사후, 6명의 아들과 3명의 사위 합계 9명의 상속인들은 유산을 분리상속하지 않고, 공동재산으로 하여 운용하기로 서약했다. 1710년에는 미쓰이동족三井同苗의 전 재산을 일괄관리하는 기관으로서 오모토카타大元方를 설치했다. 오모토카타는 미쓰이의 각 영업점(포목점, 환전상점)에 출자하는 형식을 취했고 각 영업점은 매기 일정 비율의 '공납금功納金'을 오모토카타에 납입하게 되어 있었다. 1722년 2대 당주 다카히라高平(다카토시의 장남)는 아버지의 유서를 기본으로 '소치쿠

유서宗竺遺書'라고 불리는 유서를 적고(소치쿠는 다카히라의 법명) 오모토카타의 자본금元手金을 220퍼센트로 분할하는 동시에 누대에 걸쳐 지분 권리자의 원금에 관한 분할청구를 인정하지 않는, 오모토카타에 의한 미쓰이 전 재산의 일괄관리를 가법家法으로 제정했다. 이후 오모토카타의 지분권은 미쓰이 9가문(후일 11가문)만 소유할 수 있었으며 동시에 소유권의 분할청구와 분할처분은 인정되지 않았으므로, 소유는 완전히 봉쇄적이며 영속적인 것이 되었다. 이와 같은 소유방식은 게르만의 촌락공동체에서 볼 수 있는 '총유總有'라는 소유형태와 비견될 만한 것으로 여겨진다. 이런 오모토카타에 의한 총유제는 일시 중단된 시기(1774~1797년)가 있었으나 오랜 세월 유지되어 미쓰이가문의 가산이 분산되는 것을 방지하는 데 공헌하여 동족 번영의 커다란 요인이 되었다.

이렇게 하여 다카토시의 사후에도 미쓰이가의 경영은 순조롭게 발전하여 오모토카타의 운용자산액은 1710년의 6,457관목貫目에서 1774년에는 약 13배인 8만 2,063관목으로 증가했다. 그러나 그후 에도 후기의 업적은 결코 훌륭하다고 할 수 없었다. 특히 포목점의 경영이 계속 정체되어 막부 말기에는 극도의 부진에 빠졌다. 환전상점은 덴포기(1830~1844년) 무렵까지는 비교적 순조롭게 발전했으나, 그 이후에는 거듭된 화재, 어용금, 다이묘대부, 동족에 대한 대부 등 장기고정자금과 불량채권 증가로 어려움에 처했다. 오모토카타의 운용자산도 1867년에는 5만 8,302관목으로 1774년의 70퍼센트 정도로 감소했지만, 막말 인플레이션을 고려하면 실질적으로는 훨씬 가치가 감소했을 것이다. 막말의 미쓰이가에서는 이런 상황 때문에 때때로 검약령儉約令이 내려졌다.

곤경을 구한 미노무라 리자에몽

이렇듯 막말에 궁핍한 상황에 처해 있던 미쓰이는 더욱 중대한 위기에 직면하게 된다. 1859년의 요코하마 개항과 동시에 미쓰이의 에도 본점(포목점)은 막부로부터 외국방어용금어용外國方御用金御用의 명령을 받았다. 어용 내용은 무역품의 입찰대금을 막부로부터 맡아 수출한 초닌町人에게 대금을 지급한 뒤 남은 잔금을 환爲替을 이용하여 에도에 보내는 것이었다. 앞에서 소개한 금고환어용御金藏爲替御用의 경우에도 그랬지만 막부공금을 맡는 것은 큰 메리트가 있었다. 공금을 맡아 그것을 막부에게 납입하기까지의 기간 동안 무이자로 이 자금을 운용할 수 있었기 때문이다. 자금조달이 곤란했던 미쓰이는 이 어용을 수용함과 동시에 스스로도 외국인을 대상으로 한 옷감吳服을 판매하기 위해 즉시 요코하마에 지점出店을 개설했다. 그러나 옷감판매는 부진했다. 이에 요코하마점의 데다이手代[1]들은 [영업 부진을 만회하고자] 당시 자금수요가 왕성했던 요코하마 상인들에게 공금을 이용한 부정대출을 실시했다. 결과적으로 이는 투기적인 무역상인에게 대출한 것이었고, 머지 않아 거액의 불량채권이 발생하여 회수불능 사태에 빠졌다.

미쓰이는 이런 불미스러운 사건을 내부에서 처리하려 했으나 이윽고 막부의 귀에 들어가게 되었다. 막부는 이러한 약점을 잡아 1864년부터 3년간 합계 266만 료兩나 되는 어용금 상납을 미쓰이에 명했다. 당시의 오모토카타의 자산액이 약 100만 료兩에 불과했기 때문에, 도저히 부담할 수 없는 무거운 액수였다. 그러나 이에 응하지 않으면 공금을 즉시 납입해야 한다. 미쓰이는 궁지에 몰렸다. 미쓰이는 어용금을 대폭 면제해 줄 것을 청원하게 되었다.

---

1. 에도시대 상가에 고용된 사람으로 뎃치(丁稚)와 반토(番頭)의 중간 신분에 위치했다.

그 무렵 미쓰이의 에도환전상점에 출입하던 미노카와 리하치三野川利八(태생은 木村姓)라는 자가 있었다. 기무라는 1821년 데와出羽 쇼나이번 사庄內藩士의 아들로 태어났다고 전해지나, 유소년 시절부터 가족과 함께 방랑 여행을 했다. 이윽고 1839년 에도로 흘러들어와 후카가와深川의 말린 정어리 도매상問屋 마루야丸屋에 봉공한다. 마루야에서 정직근면한 점을 인정받아 이윽고 막부의 간조부교勘定奉行 오구리가小栗家의 야토이추겐雇仲間²이 되었다. 그 후 25세에 간다神田 미카와초三河町의 설탕상인砂糖商 혹은 별사탕상인金平糖商이라고도 불리는 기노쿠니야紀ノ國屋라는 소상인 미노카와의 양자로 들어간다. 이 무렵부터 미노카와 리하치라는 이름을 썼다.

쓰라린 고생을 다한 뒤 1852년에는 제니환전상錢兩替³을 개업하게 되었다. 미쓰이와는 전혀 비교도 안 되는 영세환전상小兩替商이었으나 만엔萬延의 화폐개주⁴ 때에 간조부교勘定奉行⁵ 오구리 고우즈케노스케타다마사가小栗上野介忠順家에 출입하고 있던 터라 개주 정보를 사전에 입수하여 덴포금화天保小判를 사들여 막대한 이익을 거두었다.

---

2 추겐(仲間 또는 中間)은 에도시대에 무사의 시중을 들며 잡무에 종사한 자를 통틀어 일컫는 말이다.

3 에도시대에 동전의 매매를 주체로 한 자본이 적은 환전상을 가리킨다. 제니야(錢屋)라고도 불렀다. 거대한 자본력을 갖는 본환전상(本兩替)과 달리, 쌀이나 기타 상품판매를 겸했고, 그 다메센(溜錢)을 가지고 동전의 환전을 행하여 수수료를 얻었다. 에도, 오사카에 중간조직이 결성되었고 막부로부터 가부나카마(株仲間)으로서 공인되었다.

4 만엔(萬延) 원년인 1860년에 이루어진 에도막부에 의한 개주정책이다. 미일화친조약에서 부분적으로 자유화된 교역으로 국내외의 금은비가의 차이 때문에 고방(小判), 금화)이 대량으로 유출되었다. 금의 대량유출을 막기 위해 종래보다 금의 함유량을 줄여서 고방을 주조했다. 이 때문에 일본 국내에서는 인플레이션이 발생했다. 본서의 제1장 메이지유신기의 경제정책 참조.

5 지샤부교(寺社奉行), 마치부교(町奉行)과 함께 에도막부 3부교 중 하나였다. 막부재정의 운영이나 각 구니(國)에 파견되어 있던 대관(代官)의 통솔, 막부직할지의 수세(收稅), 금전이나 곡물의 출납, 영내(領內) 인민들의 소송 등을 관장했다.

어용금의 감면을 청원하기 위해 간조부교 오구리와의 연줄을 원했던 미쓰이는 미노카와에게 알선을 의뢰했다. 미쓰이 에도환전상점의 지배인이었던 사이토 센조齋藤專藏(후일 純造)가 만엔개주 때의 미노카와의 기민한 행동에 주목하고 있었기 때문이다. 미노카와는 제대로 공부한 적이 없어 무학無學이기는 했으나 명석하며 교섭에 발군의 재능을 가지고 있었다. 오구리의 연줄을 이용한 어용금 감면 교섭은 성공을 거두었다. 비슷한 경영상태에 있던 다른 부상도 어용금의 감면을 간청했으나 미쓰이의 감면액은 특별한 것이었던 모양이다.

다만, 어용금 감면의 대가로 미쓰이는 새로운 어용에 임명되었다. 이는 에도간조쇼대부금어용江戶勘定所貸付金御用이라는 것으로, 요코하마의 관세수입 10만 료兩를 기금으로 에도 시중에서 상품담보의 대부사업을 청부하는 것이었다. 미쓰이는 이 어용을 수행하기 위하여 오모토가타 직속의 미쓰이어용소三井御用所를 신설하고 미노카와를 지배인으로 고용하게 되었다. 고가이子飼い 봉공인에서 승진해 온 반토番頭들의 서열이 확립되어 있던 미쓰이와 같은 노포에서는 이와 같은 일은 이례적인 대발탁이었다. 막부가 지정한 어용이었다고는 하나, 실태는 막부로부터 맡은 자금을 운용하면서 발생한 불량채권을 처리하기 위해서 미노카와가 생각해낸 것으로 보인다. 또한 기금 10만 료兩도 요코하마점의 상납불능금 12만 료兩에 가까운 것으로 보아 미쓰이가 부담한 것으로 생각된다. 미노카와는 이러한 경위로 등용되었으나 미쓰이에 들어가면서 미쓰이三井, 미노카와美野川, 본가인 기무라木村에서 한 글짜씩 따와 미노무라 리자에몽三野村利左衛門으로 개명했다.

양다리를 걸친 미쓰이
미노무라를 책임자로 하는 미쓰이어용소는 연달아 막부어용에 임명

유신 당시의 미쓰이가 사람들

앞 줄 좌측부터 미쓰이 다카요시(三井高喜), 총령가(總領家)인 미쓰이북가(三井北家)의 다카요시(高福), 미노무라 리자에몽(1821~77), 뒷줄 좌측부터 사이토 슌조(齋藤純造), 미쓰이 다카아키(高朗). 다카요시(高喜)는 미스이은행 창업 당시 중역으로 뒤에 총장(頭取), 다카요시(高福)는 은행의 총대총장(總代總長). 미쓰이동족의 결속을 도모하고, 막말~메이지 초기의 혼란을 극복할 지도자들이다.

되었다. 막부의 여러 기관의 출납사무를 담당한 한편, 1867년 막부가 조법祖法을 깨고 에도·요코하마통용금찰江戶橫浜通用金札, 관8주내한정통용금찰關八州內限定通用金札이라는 지폐를 발행했을 때는, 막부의 명을 받아 미쓰이어용소가 이를 취급하게 되면서 스스로 태환준비금을 준비하는 등 협력했다. 이것들은 막말 막부의 재정금융정책의 책임자였던 간조부교 오구리와 미노무라 사이의 밀접한 관계에 기반한 것이었다.

에도에서 미노무라가 이끄는 어용소가 막부와의 관계를 심화하고 있던 상황에서 미쓰이의 본거지인 교토나 오사카에서는 근황파勤皇派와의 접촉을 시작했다. 교토는 근황파의 중심지였고 에도나 오사카는 좌막파

佐幕派가 우위를 점하고 있었다. 어느 쪽에 언제 붙을지 판단을 잘못하면 상점이 망할지도 몰랐다. 교토에서는 총령가総領家로서 일족을 이끄는 입장이었던 미쓰이 다카요시高福와 다카아키高朗 부자, 오사카에서는 환전상점의 반토 스이타 시로베(히사노리)吹田四郎兵衛(久則) 등이 근황파와 연락을 취하고 있었다.

미쓰이가와 사쓰마번薩摩藩과의 관계는 1865년에 사쓰마번이 발행한 류큐통보琉球通寶를 여러 지방(구니國)에 유통하려 했을 때, 미쓰이가에서 오사카환전상점을 통해 교환어용引替御用을 인수하였고, 다음해에는 사쓰마번이 전매품을 매각했을 때 그 대금의 환어용爲替御用을 인수한 적이 있었다. 사쓰마번은 1866년에 맺은 초슈長州와의 밀약에 입각하여, 1867년 4월에는 사이고 다카모리西郷隆盛가 시마즈 히사미쓰島津久光를 수행하여 교토에 들어가 5월에 도사번과 도막倒幕의 밀약을 성립시킨다. 그해 4월에 가로家老 고마쓰 다테와키小松帯刀와 사이고가 교토의 미쓰이가를 방문했다. 표면상으로는 미쓰이가가 소장하고 있는 문천상(文天祥, 남송의 충신으로 '正氣歌'의 작자)의 서적을 전람하는 것이 목적으로 되어 있었지만 미묘한 시기였던 만큼 다른 비밀 이야기가 오고갔을 가능성이 높다.

그해 10월 도쿠가와 요시노부德川慶喜는 대정봉환을 상주하고 있었는데, 끝까지 무력에 의한 막부타도를 주장하는 이와쿠라 도모미岩倉具視 · 사이고 다카모리西郷隆盛 · 오쿠보 도시미치大久保利通 등은 12월 9일에 왕정복고 쿠데타를 결행, 이듬해 1월에는 도바鳥羽 · 후시미伏見 전투가 발발한다. 그 전날 밤 미쓰이는 사쓰마번의 요청을 받아 군자금 1,000료兩를 제공하고 다시 조정으로부터 금곡출납소환어용달金穀出納所爲替御用達[6]을 의뢰받아 금곡출납소에 월말에 1,000료兩를 상납했다. 또한 마찬가지

---

6 에도시대 막부의 공용금(公用金)을 오사카, 교토, 오쓰(大津) 등으로부터 에도로 보내기 위해 취결한 환이다. 환어용달을 인수했다는 말은, 이 공금환을 맡았다는 의미이다.

로 환어용달爲替御用達이 된 오노小野 · 시마다島田와 함께 1만 료兩를 헌금했다. 그 후 미쓰이는 금곡출납소가 회계사무국으로 개칭되자 동시에 오카와세카타御爲替方 미쓰이구미三井組라는 명칭으로 신정부의 금융사무에 종사하고 회계적립금 300만 료兩의 조달, 태정관찰의 발행, 천황의 동행(東幸, 도쿄행)자금의 조달, 상법사商法司 · 통상사通商司정책의 추진 등 유신정부의 재정 · 금융정책과 밀접한 관계를 형성해 갔다.

신정부 지지로 전환

신정부의 앞날이 반드시 낙관적이지는 않았으므로 그들의 금고지기가 되는 것은 상당히 위험한 일이었다. 특히 도바 · 후시미 전투 전야에 신정부 측에 붙은 것은 큰 결단이었다. 결과적으로 미쓰이의 지지는 재정 기반이 취약했던 신정부에게는 극도로 중요한 의미를 가졌으며 미쓰이에게는 에도시대의 호상에서 정상과 재벌로 탈바꿈하는 계기가 되었다.

대정봉환 선언 후에도 도막파와의 주전론을 전개하던 오구리 고즈케노스케小栗上野介는 도바 · 후시미 전투 이후 파면되어 고즈케노쿠니上野國[7]로 돌아갔다. 에도를 떠나는 오구리에게 미노무라는 1,000료兩를 담은 상자를 보내 미국 망명을 권유했다고 한다. 그러나 오구리는 1868년 윤4월 관군에 의해 참살당한다. 미쓰이에게 있어서 미노무라 등용은 막부에 대한 어용금대책의 원 포인트 릴리프(구원투수)였을 것이므로 오구리가 죽고 막부가 무너진 지금, 미노무라도 강판당할 상황이었다. 그러나 미노무라는 계속해서 미쓰이에 머물렀을 뿐 아니라 미쓰이의 경영에 더욱 중요한 역할을 담당했다.

앞에서 말한 것처럼 근황파, 신정부와의 관계를 가진 것은 교토에 있

---

7 가미쓰케노쿠니라고도 불리는 옛 지명인데, 지금의 군마현에 해당한다.

던 미쓰이동족과 미쓰이 오사카환전상점이었다. 분명 재정기반을 가지지 못했던 신정부가 자금조달 방법으로 우선 채용한 것은 부상들로부터 회계적립금 300만 료兩의 징모徵募와 불환지폐 태정관찰의 발행으로, 이는 모두 후쿠이번사福井藩士 미쓰오카 하치로三岡八郎(유리 기미마사由利公正)가 발안한 것이었다. 태정관찰의 유통 촉진을 위해 상법사가 설치되고, 그 하위 조직으로 상법회소商法會所가 설치되었다.

태정관찰의 유통은 가미가타上方로부터 시작되었는데, 정부는 이를 전국으로 확대할 필요가 있다고 하여, 미쓰이 오사카환전상점의 반토 스이타 시로베吹田四郎兵衛와 오노구미小野組의 반토 니시무라 간로쿠西村勘六를 상법사 지사知事에 임명, 1868년 8월부터 시작되는 천황 동행에 태정관찰 300만 료兩를 휴대하는 오쿠보 도시미치를 수행하도록 했다. 스이타가 도쿄에 도착하자마자 도쿄에서는 이미 성립되어 있던 상법회소를 중심으로 태정관찰을 유통시키기로 계획되어 있었다. 미쓰이는 상법회소 회계감독元締頭取에 임명되어 있었기 때문에 이 어용에 몰두해야 했으나, 실질적으로 이를 추진한 것은 미노무라가 책임자로 있던 미쓰이어용소였다. 여기에 신정부와의 관계는 종래의 가미가타上方 중심에서 도쿄 중심으로 이동하게 되었다. 스이타에서 미노무라로 바톤 터치가 이루어진 것이다.

신정부 측으로 돌아선 후 미노무라의 행동은 민첩했다. 1868년 9월, 미쓰이는 외국인 무역상사 이사 감독에 임명되었다. 이는 도쿄 개시開市에 대비하여 도쿄의 유력상인에게 무역업무 및 그와 관계되는 금융업무를 경영하는 합본기업合本企業을 설립하게 하고, 외국의 대자본에 대항하여 무역독점을 꾀하려는 것으로, 정부의 어용인 것처럼 되어 있었으나 실은 미노무라가 구상한 것이었다. 1867년 일찍이 효고兵庫 개항에 즈음하여 막부가 같은 구상을 낸 적이 있었다. 오구리 고즈케노스케에 의해 구상되었던 효고상사兵庫商社가 그것으로, 막부는 미쓰이를 중심으로 이 상회를 설립하려 했으나, 막부의 장래에 불안감을 갖고 있던 미쓰이가 이 간청을 거절하면서 고노이케 젠에몽鴻池善右衛門 등의 오사카 상인들에 의해 설립되었다. 도쿄무역상사는 이 효고상사 구상의 재현을 도모한 것으로, 미노무라는 오구리가 가진 외국 주식회사에 대한 지식을 계승했던 것이다.

중앙은행이 되는 기대

그런데 상법사 · 상법회소를 통해서 태정관찰을 대부하여 그 신용공여기능으로 전국적 상품유통기구를 장악하고자 했던 유리재정由利財政은 결국 태정관찰의 약한 유통력 때문에 좌절되고 말았다. 그 결과 1869년 오쿠마 시게노부大隈重信가 재정담당자로 등장하였다. 오쿠마재정으로 이행하면서 상법사가 폐지되고 대신에 통상사通商司가 각 개항장에 설치되었다. 통상사의 하위조직으로 내국상업 및 외국무역을 담당할 기관으로 통상회사, 거기에 자금을 공급하는 환회사爲替會社가 설립되었다. 그 정책적 의도는 환회사가 태정관찰을 준비금으로 하여 발행하는 환회사지폐爲替會社札를 가지고 태정관찰과 교환하여 산업자금을 공급하는 데 있었다. 미쓰이는 전국 8도시에 설치된 통상 · 환爲替회사의 설립에 참가하여 거액의 출자를 했으나, 도쿄에서는 미쓰이의 활동이 특히 현저하여 도쿄무역상사가 도쿄통상회사로 재편성 되는 등 통상 · 환爲替회사 운영의 주도권을 장악했다.

그러나 이 통상사 정책도 성공을 거두지 못했다. 따라서 정부는 1871년 폐번치현과 거의 동시에 신화조례新貨條例를 공포하여 화폐제도 통일에 나섰다. 동시에 그해 6월 미쓰이는 신화폐어발행환조합어용新貨幣御發行爲換座御用에 임명되었다. 이는 신구화폐의 교환사무와 지금地金 회수를 명받은 것이었으나, 더 중요한 부분은 화폐유통을 촉진하고 장래에 도쿄와 기타 지역에 '진성은행眞成之銀行'을 설립하도록 노력하라는 명을 받은 것이었다. 게다가 이 어용은 마찬가지로 관금을 취급하는 가와세카타爲替方였던 오노구미와 시마다구미에게는 주어지지 않고 오직 미쓰이에게만 제시되었다. 당시 대장성의 수뇌는 이노우에 가오루井上馨와 시부사와 에이이치澁澤榮一로, 그들과 미노무라 사이의 밀접한 관계가 배경에 있었다고 한다. 어찌되었건 미쓰이는 중앙은행이 된다는 기대에 부풀어 있었다.

미쓰이는 이 어용의 임무를 다하기 위해 즉시 가와세자爲替座(환조합)라는 새로운 조직을 만들어 미쓰이동족의 출자로 태환지폐를 발행하는 은행의 설립원서를 제출한다. 동시에 은행건물로서 도쿄 가이운바시海運橋 가부토초兜町의 가와세자爲替座에는 5층짜리 양식건물인 미쓰이구미 하우스의 건축이 시작되었다. 10월에는 다카요시高福·다카아키高朗·다카요시高喜 등 미쓰이의 주인들은 도쿄로 옮겨가 도쿄오모토카타東京大元方를 설립했다. 도쿄오모토카타는 종래 교토에 있었던 오모토카타를 대신하여 미쓰이의 헤드쿼터가 되었다. 그리고 미노무라는 그들의 실질적인 지배자가 되었다. 이렇게 하여 미쓰이의 은행 설립 준비는 착착 진행되었고, 대장성에 제출한 설립원서도 일단 승인되었다. 하지만 그 후의 일은 미쓰이의 기대와는 다르게 흘러갔다.

당시 신화조례 후의 은행제도, 화폐제도의 모습에는 두 가지 구상이 있었다. 하나는 이토 히로부미가 주장한 것으로 현재 당면한 최대의 문제는 난발되고 있던 불환지폐(태정관찰)를 소거하는 것이니 우선 태정관찰을 국채로 교환하여 지폐회사(은행)는 이 국채를 저당으로 정부로부터 공인 받은 지폐를 발행한다는 것이다. 이는 미국의 내셔널뱅크를 모방한 분권적 발권제도의 구축을 목표로 한 것이었다.

미쓰이 구미하우스(훗날 제1국립은행)

미노무라 리자에몽이 1872년에 도쿄 가부토초(兜町)의 가이운바시(海雲橋) 옆에 화양절충(和洋折衷) 5층 건물인 미쓰이구미하우스를 설립했다. 건물의 설계와 시공은 쓰키지(築地)호텔관을 지은 시미즈 요시스케(淸水喜助)가 맡았다. 높이 36미터, 정면의 폭 27미터, 앞뒤 길이 51미터로 주위를 압도하는 건조물이었다. 1873년, 제1국립은행이 탄생하자 건물을 그에 양도하고, 미쓰이는 쓰루가초 미쓰이하우스로 이전했다.(그림 : 미쓰이문고 소장(상), 시부사와사료관 소장(하))

다른 하나는 미쓰이와 같은 부상에게 중앙발권은행에 해당하는 '뱅크 오브 재팬'을 설립시켜 신화폐와 태환하는 지폐를 발행하도록 하는 안으로, 사쓰마번 유학생 출신의 요시다 기요나리吉田淸成가 영국의 골드뱅크를 모델로 하여 주장한 것으로 오쿠마 · 이노우에 · 시부사와 등의 지지

태환증권(兌換證券)

1871년에 발행된 것. 미쓰이구미가 염원했던 사립은행 설립안은 각하되고, 그에 대한 보상으로 미쓰이가와세자(三井爲換座)의 태환증권 발행이 승인되었다. (일본은행 금융연구소 화폐박물관 소장)

를 받았다.

후자의 안에서는 태정관찰의 소거는 일단 연기하게 되지만 강력한 중앙은행이 생기고 여기에서 발행하는 화폐에 신용이 붙으면 정화준비를 넘어서는 발권이 가능해지며, 정부도 이를 통해 융자를 받을 수 있다는 재정상의 메리트가 있었다. 미쓰이에게 '진성은행眞成之銀行'을 설립하도록 종용한 것은 오쿠마·이노우에·시부사와 등으로, 이는 이토가 미국에 가 있는 동안 이루어졌다.

그러나 이토 귀국 후, 은행논쟁(1872)이 일어나, 이토의 강력한 주장으로 은행제도는 이토안을 따르게 되었고, 미쓰이의 은행설립 허가는 취소되었다.[8] 대신 대장성태환증권大藏省兌換證券과 개척사태환증권開拓使兌換證券의 발행업무가 미쓰이 가와세자(환조합)에 인가되었다(石井寬治, 『大系日本の歷史12 開國と維新』).

미쓰이 오노조합은행

일단 좌절되었다고는 해도 미쓰이는 은행설립을 포기한 것은 아니었다. 대장성도 은행제도의 중심에 미쓰이를 놓을 의향을 여전히 가지고 있었다. 1871년 12월, 대장대보大藏大輔(대장차관)인 이노우에 가오루井上馨의 사저로 호출되어 오쿠마·이노우에·시부사와 등과 면담한 미쓰이동족과 미노무라 등은 포목업 부문을 미쓰이의 경영에서 분리하도록 권고 받았다. 포목업은 미쓰이의 조업祖業이며 그 상점은 '본점'이라고 불려왔으나, 막말 이래로 부진을 거듭했으며 메이지 들어서는 한층 경영이 악화된 상태였다. 대장성은 경영상태가 좋지 않은 포목업이 미쓰이가 진출하려는 은행경영에 누를 끼칠 것으로 염려했던 것이다. 이렇게 하여 미쓰이는 포목업 부문의 분리를 단행했다. 분리는 '미쓰이三井'와 '에치고야越後屋'를 한 글자씩 따와 미쓰코시가三越家라는 가공의 한 가문을 창설하고, 여기에 포목점 영업을 양도하는 형식으로 이루어졌다. 미쓰이는 미쓰코시의 소유자로서 이후에도 계속 감독하지만, 손실에 대해서는 무한책임을 지지 않는 체제를 만들어 둔다는 것이 목적이었다.

그런데 신정부 성립 이래 국고금의 출납업무는 미쓰이구미·오노구

---

8 은행논쟁에 대해서는 다음의 워킹페이퍼를 참조하기 바란다. 鎭目雅人, 「紙幣統合への道程 : 明治初年の'銀行論爭'再考」, WINPEC Working Paper Series No. J1903, 早稻田大學 現代政治經濟研究所, 2019년 6월.

미 · 시마다구미 등의 가와세카타爲替方가 담당했고, 이 세 가문은 경쟁관계에 있었다. 따라서 가와세자어용爲替座御用(환조합어용)을 미쓰이만 받은 것에 대해 오노 · 시마다구미 양측은 불만을 표시하며 함께 이 업무에 참가할 것을 출원했다. 하지만 공금을 취급하는 가와세카타爲替方와 신구화폐 교환업무가 주업무인 가와세자爲換座'는 전혀 다른 업무라는 이유로 기각되었다. 그러나 폐번치현 후에 재정제도의 중앙집권화와 세제의 통일화를 목표로 하는 대장성은, 가와세카타에 의한 공금취급을 정리하여 이 업무를 점차 가와세자로 이행시킬 의향이 있었다. 또한 종래에 여러 상인이 담당하고 있던 부현의 관금官金 취급 업무에 관해서는 부현(府縣) 가와세카타를 설치하여 일단은 가와세카타 세 가문에게 이를 집중시켰다가 머지않아 설립될 국립은행으로 이전하려는 의도를 가지고 있었다. 실제로 가와세자어용을 인수한 이래로 미쓰이의 가와세자는 본래 업무에 더해 관금 취급 업무를 늘리고 있었다.

이러한 상황이었기 때문에, 오노구미 또한 기회를 놓치지 않기 위해, 미쓰이와 마찬가지로 은행 설립을 추진하여 고다이 도모아쓰五代友厚 등을 통해 대장성에 손을 쓰고 있었다. 이러한 미쓰이 · 오노 양가의 은행 설립원에 대해 새로운 발권은행=국립은행의 조례안을 기초하고 있던 대장성은, 1872년 4월 시부사와의 사저에 미쓰이 · 오노 양가 수뇌를 호출하여 양가가 공동으로 하나의 은행을 설립하도록 종용했다. 미쓰이와 오노는 가와세카타로서 격렬하게 경쟁해 왔고, 각자 단독으로 은행을 설립하겠다고 생각해 왔기 때문에, 양측 모두 이 안에 난색을 표했다. 그러나 이노우에 · 시부사와 등이 관금취급 정지를 암시하며 위협한 이상 양가는 대장성의 말에 따르지 않을 수 없었다. 이렇게 해서

---

9 가와세자의 일본어 표기가 爲替座로도 爲換座로도 표기되어 있다.(역자)

스루가초(駿河町) 미쓰이 구미하우스

1874년, 니혼바시(日本橋) 스루가초에 세운 것. 1876년에 미쓰이은행이 되지만, 미쓰이구미의 총본부가 설치되어 있었기 때문에 미쓰이하우스라고도 불렸다. 그림의 우측에는 가이운바시(海雲橋)에 위치한 제1국립은행의 누각이 보인다. (미쓰이문고 소장)

그해 5월 미쓰이오노조합은행三井小野組合銀行의 설립원서가 제출되어 8월에 인가를 받았다. 동시에 가와세카타는 폐지되어 대장성과 도쿄부와 오사카부, 궁내성 등의 관금취급업무는 미쓰이오노조합은행에게 이전되고, 대장성 이외의 성청省廳 및 부현의 공금취급업무만 미쓰이와 오노에게 남겨지게 되었다. 나아가 11월에 국립은행조례가 공포되자 대장성의 요청으로 이 은행은 제1국립은행이 되어 1873년 8월 개업한다. 이에 앞선 2월에는 가와세자의 명의가 폐지되어 가와세자의 은행화는 좌절되었다.

오노 · 시마다구미의 파산

게다가 미쓰이는, 은행이 설립되면 본점으로 사용하기 위해 건설에 착수하여 이제 막 준공된 도쿄 가이운바시 가부토초 미쓰이하우스를 제1

국립은행에게 양도하도록 강요받았다. 때문에 미쓰이는 스루가초駿河町에 새로 스루가초 미쓰이구미하우스를 건설해야 했다. 또한 제1국립은행의 초기 임원진은 사장에 미쓰이 하치로에몽三井八郎右衛門과 오노 젠스케小野善助, 이사 6명은 미쓰이와 오노로부터 각 3명씩, 지배인은 미노무라 리자에몽이라는 포진이었지만, 1873년 6월에 대장성을 막 퇴임한 시부사와 에이이치가 총감역에 취임하여 실권을 잡게 되었다.

제1국립은행 설립 후, 미쓰이와 오노는 남은 관금취급업무인 부현 가와세카타, 각 청廳 가와세카타 인수로 각축을 벌였다. 이들 관금의 액수가 크고, 미쓰이와 오노는 그것을 운용하여 큰 이익을 올리고 있었다. 그런데 관금을 취급하는 자는 종래 맡은 돈의 3분의 1에 해당하는 저당을 제공하면 되었는데 대장성은 1874년 10월 22일 맡은 돈의 액수만큼 저당액수를 인상한다고 포고했다. 동시에 증저당분增抵當分의 상납기한을 12월 15일까지로 설정했다. 이때 미쓰이의 필요 저당액은 216만 7,000엔, 상납완료 금액은 63만 3,350엔 밖에 되지 않아, 잔액 153만 3,650엔을 급히 조달해야 했다. 미쓰이에게는 막말에 거액의 어용금이 부과된 때에 필적하는 위기였다.

결과적으로는 미쓰이는 오리엔탈뱅크[10]에서 자금을 차입하는 등 기한 내에 자금을 조달하여 이 위기를 모면했다. 이에 반해 오노와 시마다는 자금을 마련하지 못하여 도산했다. 어째서 미쓰이만이 이 위기를 넘길 수 있었을까? 대장성과 밀접한 관계를 맺고 있던 미노무라가 발 빠르게 저당 증액에 관한 정보를 입수한 점, 미쓰이에서는 맡은 돈 중에서 관금

---

10 19세기 영국령 인도제국에 있었던 식민지은행이다. 홍콩에서 최초의 은행이었고, 동시에 홍콩에서 처음으로 지폐를 발행한 은행이기도 하다. 1893년 공황으로 도산할 때까지 일본 국채의 발행을 적극적으로 인수했다. 관련하여 오리엔탈 뱅크에 대한 보다 상세한 내용은 立脇和夫, 『明治政府と英国東洋銀行(オリエンタル・バンク)』(中公新書), 1992년을 참조.

이 차지하는 비율이 오노·시마다 만큼 높지 않았던 점, 관금의 운용이 오노만큼 방만하지 않았던 점, 오리엔탈뱅크로부터 차입하는 데 성공하는 등 미노무라를 비롯한 데다이手代의 행동이 민첩했던 점 등이 요인으로 꼽힌다. 다만 이때 오리엔탈뱅크에서 빌린 100만 달러의 변제기간이 2년 후에 돌아왔을 때, 미쓰이는 변제할 능력이 없었다. 궁지에 몰린 미노무라는 오쿠마 시게노부에게 부탁하여 정부미政府米 수출을 미쓰이물산이 인수하고, 그 수출대금을 미쓰이가 오리엔탈뱅크에서 차입한 돈을 변제하는데 유용할 수 있도록 했다.

미쓰이은행 설립

오노와 시마다 두 구미의 파탄은 경제계에 큰 불안을 주어 제1국립은행이나 미쓰이도 파산하는 것이 아닌가 하는 풍문까지 돌아 금융은 핍박해졌다.[11] 또한 2년 전에 국립은행조례가 공포되었음에도 불구하고 설립조건이 까다로워 실제로는 4곳 밖에 설립되지 못했고, 발행은행의 확립은 대장성의 기대처럼 흘러가지 않았다. 이에 또 다시 대장성은 남은 호상 미쓰이를 보호하여 은행제도를 재구축한다는 방향으로 전환하지 않을 수 없게 되었다. 우선 1875년, 대장성은 출납료출장소出納寮出張所를 각지에 개설하여 여기에 국고금출납사무를 맡기기로 하고, 그 실무의 많은 부분을 미쓰이에게 담당하도록 했다. 이에 따라 제1국립은행이 담당하던 국고금출납업무의 태반은 다시 미쓰이에게 맡겨지게 되었다. 또한 대장성은 은행설립조건을 완화하는 국립은행조례개정의 준비를 추진하는 한편, 국립은행 이외의 통상은행 개설도 승인하는 방향으로 움직이고 있었는데, 이때 염두에 둔 것은 미쓰이에 의한 사립은행 설

---

11 금융핍박이라는 용어가 자주 등장하는데, 이는 금융시장에서 자금 수요가 공급을 초과하여 자금조달이 곤란해지는 상태이다. 이에 대응하는 말로 금융완화가 있다.

三井銀行創立之大意

미쓰이은행 창립원서(創立願書)

1876년 4월, 미쓰이구미는 일본 최초의 민간은행인 미쓰이은행을 설립했다. 자본금 200만 엔, 총장에는 미쓰이 다카요시(高福)가 취임했다. (미쓰이문고 소장)

립이었다.

이 같은 상황 속에서 1876년 7월 1일, 사맹회사私盟會社 미쓰이은행三井銀行이 자본금 200만 엔으로 개업했다. 총장에는 미쓰이 하치로에몬(다카요시高福)가 취임했으나 경영의 실권을 장악하고 있던 것은 총장대리부장總長代理副長 미노무라 리자에몽이었다. 다만 미쓰이은행이 발족할 때에 리자에몽은 병상에 있었고 이듬해 사망했으므로, 양적자養嫡子인 미노무라 리스케三野村利助가 뒤를 이었다. 설립 당초에는 미쓰이환전상점 이래의 상업금융 외에 관금취급업무 및 미쓰이물산과 공동으로 실시한 정부미의 매입 청부 업무 등이 중심이 되었다.

미쓰이물산 설립

또한 미쓰이은행 개업과 같은 날인 1876년 7월 1일, 미쓰이물산이 설립되었다. 이노우에 가오루井上馨는 1873년 6월 시부사와와 함께 정부 부내의 의견 대립 때문에 대장성을 사직하고, 그해 오카다 헤이조岡田平藏와 상사商社를 설립했다. 이는 당초 오카다구미라고 불렀으나, 뒤에 센슈회사先收會社가 되었다. 도쿄에 본사를, 오사카에 지사를 두었다. 육군성 어용의 모직물과 무기의 수입을 비롯하여 동·석탄·차·왁스蠟 등 많은 상품을 취급했다. 특히 쌀 거래가 큰 비중을 차지하고 있었다.

그런데 1875년 12월, 이노우에가 정계로 복귀하면서 센슈회사가 해산하게 되었는데, 이것이 미쓰이물산이 설립되는 하나의 흐름이 되었다. 한편 미쓰이는, 앞에서 살펴본 바와 같이, 포목업부문을 분리했지만, 그 후 미쓰이국산방三井國産方이라는 기관을 설치하여 생사와 차, 이즈칠도伊豆七島 산물[12], 그 외에도 정부미의 수출업무에 나섰다. 이것 또한 정부의 직수출기구 구축정책에 편승한 것이었다. 이 미쓰이국산방과 센슈회사가 합체하여 탄생한 것이 미쓰이물산이며 그 총감(사장)에는 이노우에의 부하로 센슈회사에 있었던 마스다 다카시益田孝가 취임했다.

물산설립에 있어 미쓰이는 동족인 미쓰이 다케노스케三井武之助(다카나오高尙)와 미쓰이 요노스케三井養之助(다카아키高明)를 미쓰이 일족에서 분적分籍시켜 물산의 소유자로 삼았다. 이는 물산이 파탄했을 때 이 둘만 책임을 지고 미쓰이동족 전체나 미쓰이은행에 누를 끼치지 않도록 배려한 조치였다. 하지만 실직적으로는 미쓰이의 사업이었다.

---

12 오시마(大島), 도시마(利島), 니이지마(新島), 고즈시마(神津島), 미야케지마(三宅島), 미쿠라지마(御藏島), 하치조지마(八丈島)의 7개 섬을 가리킨다. 1878년부터 도쿄도(당시에는 도쿄부)에 속해 있다. 7개 섬 모두가 후지화산대에 속하는 화산섬이다. 이즈칠도의 특산물로는 오시마의 낙농, 동백기름, 니이지마의 기하치조(黃八丈) 등이 있었다.

미노무라의 가정과 점제개혁

이상에서 살펴본 바와 같이 막말의 어용금문제 해결과 함께 미노무라 리자에몽의 커다란 공적은 미쓰이 사업의 리스트럭처링restructuring을 추진한 것이었다. 포목업은 미쓰이의 조업이며 미쓰이 발전의 기반을 구축한 사업이었으나 막말에는 극심한 부진에 빠져 있었다. 또한 환전부문도 채권의 회수불능으로 힘들어하고 있었고, 게다가 운용자금원 중 하나였던 막부공금도 막부의 와해로 이용할 수 없게 되었다. 한편 미노무라의 미쓰이 입사와 거의 동시에 1866년 창설되어 미노무라가 사실상 주재자가 된 미쓰이어용소는 당초 막부 관계 어용을 처리하기 위한 기관이었으나, 신정부 성립 후에는 정부 어용을 담당하는 기관이 되어 좋은 성적을 올렸다.

1873년 6월 말에는 오모토카타의 각 점포에 대한 투융자액 약 63만 엔 중 포목점에 대한 것이 약 36만 엔, 환전상점에 약 18만 엔이었던 것에 대해, 어용소는 고작 1,250엔에 불과했다. 그런데 1872~73년의 이익금 약 28만 엔 중에서 어용소의 이익은 26만 엔을 점했고, 환전상점은 약 1만 5천 엔에 불과했다.

어용소의 호성적은 미노무라의 발언권을 높였다. 미노무라는 어용소를 중심으로 미쓰이 사업의 재편성을 도모하여 어용소 금융사업의 은행화=미쓰이은행의 설립과, 포목업부문을 대신할 상품취급업무의 육성=미쓰이물산의 설립으로 미쓰이를 에도시대의 호상에서 재벌로 거듭나는 길을 열었다.

이와 비견할 만한 미노무라 리자에몽의 공적은 가정家政 개혁을 단행한 것이다. 미노무라는 1866년에 '어용소통근지배御用所通勤支配'라는 대우로 미쓰이에 들어왔는데, 이때에는 어용소에 한정된 사용인이었다가, 이듬해 정규 사용인으로 승격되었다. 그 후에는 고가이子飼い, 반토들을

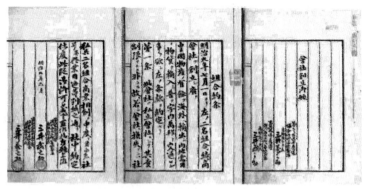

1876년 6월, 이노우에 가오루(井上馨)가 오카다 헤이조(岡田平藏)·마스다 다카시(益田孝)에게 경영을 맡기고 있던 상사(商社) 센슈회사(先收會社)를 미쓰이가 계승하고, 미쓰이분가(分家)인 미쓰이 요노스케(養之助, 高明), 다케노스케(武之助, 高尚)을 사주(社主), 마스다를 사장으로 삼았다. 이익이 나지 않더라도 미쓰이동족에게 손이 발생하지 않도록 배려한 것이다. 이렇게 한 뒤 미쓰이물산(三井物産)을 설립했다. 훗날의 미쓰이물산주식회사이다. (미쓰이문고 소장)

뒤로 하고 이례적인 승진을 거듭하여 1871년에 도쿄오모토카타가 설치되었던 때에는 사용자 중에서는 서열 2위의 지위에 올라 있었다. 1873년 4월 오모토카타총괄에 임명되어 가정家政의 전권을 위임 받은 미노무라는 개혁에 박차를 가했다.

실은 바로 직전 미노무라는 그해 6월에 창립 예정인 제1국립은행의 임무에 전념하겠다는 이유로 미쓰이에서 사퇴할 뜻을 밝히고 퇴임한 후의 미쓰이 경영에 대해서 상세한 의견서를 제출했다. 여기서 미노무라는 가정개혁의 필요성을 호소했다. 또한 정부어용은 중요한 임무이지만 관리가 하는 말은 믿을 것이 못되고 우리 자신 외에는 아군이 없음을 명심할 것, 사용인에 대해서는 점원수의 삭감과 상벌을 명확하게 하는 한편 일을 잘 하는 자는 머슴下男이라 하더라도 발탁할 것, 지배인은 점포에 대한 책임을 인식할 것 등을 충고했다.

그러나 미노무라의 사의는 진의가 아니었다. 미노무라의 이례적인 발탁과 그가 진행해 온 경영방침의 변혁에는 당연히 미쓰이 내부의 동족이나 데다이手代의 반발이 있었다. 다른 한편으로 미쓰이 단독으로 중앙은행적 역할을 수행하는 은행을 설립한다는 미노무라의 구상을 실현하기 위해서는 미쓰이나 시부사와로부터 종용받고 있듯이 가정개혁을 단행하여 미쓰이의 가업적 성격을 불식시켜야만 했다. 미쓰이 단독으로 은행을 설립하려는 시도가 미쓰이오노조합은행, 나아가 제1국립은행으로 변경할 수밖에 없었던 가장 큰 이유는 가정개혁이 철저하지 못했던 점 때문이라고 생각했다. 미노무라는 권한을 장악하기 위해 사의표명이라는 연극을 한 것이었다.

미쓰이물산회사 본점

1900년 무렵의 본점 건물. 1893년, 자본금 100만 엔의 미쓰이물산합명회사로 개조하고 규모를 확대. 1897년의 연매출 5,700만 엔대였던 것이 러일전쟁 후인 1907년에는 2억 3,500만 엔대로, 전쟁을 계기로 온갖 상품을 다루는 종합회사가 되어 비약적으로 성장했다. 1909년, 주식회사로 개조되었고, 동시에 발족한 미쓰이합명회사(三井合名會社)가 지주회사로서 전 주식을 소유했다. (미쓰이문고 소장)

미쓰이가의 소유권과 경영권의 분리

아니나 다를까 동족이나 간부 지배인들은 미노무라의 사의 번복을 촉구했다. 또한 이노우에 가오루는 미쓰이 동족과 지배인들을 사저로 호출한다. 이 직후에 미노무라는 동족으로부터 가정개혁의 전권을 위임 받았다. 위임장이 교부될 때에는 시부사와 에이이치가 참석하여 미노무라의 후견인으로서 그를 감시하는 역할을 위촉 받았다. 이렇게 하여 미노무라는 이노우에나 시부사와 등의 지원을 받아 개혁의 준비를 마무리지었다.

미노무라의 개혁은 다기에 걸쳤는데 가장 중요한 점은 미쓰이의 사업에 대한 동족 소유권과 경영권한을 제한하는 것이었다. 전술한 바와 같이 미쓰이에서는 1710년 이래로 오모토카타라는 조직이 미쓰이의 전 재산을 관리하는 구조로, 즉 '총유제'의 원칙하에 운영되고 있었다. 반토들에게의 경영위양이 있었다고 해도 최종적인 소유권과 경영권은 동족에게 있다고 여겨져 왔다. 미노무라는 이를 개혁하려 했다.

1874년 8월에 제정된「오모토카타개정조목大元方改正條目」과「오모토카타규칙大元方規則」은 이런 미노무라의 의도를 표현한 것이었다. '무릇 오모토카타大元方는 미쓰이 일가의 대기초大基礎로서 선조에게 물려받은 신체를 맡아 이를 보호하는 중대한 사무소로서 본디 동족同苗 자신의 소유에 있지 않다. 따라서 오모토카타가 명령한 바의 규칙은 곧 선조가 현세에 직접 명하는 것으로 알고, 주종主從 모두가 조금이라도 위반해서는 안 된다. (중략) 예컨대, 오모토카타는 지토地頭[13], 동족은 관리, 각 점포는 밭, 총데다이總手代는 농민이다. (중략) 지토에 해당하는 동족은 일가를 보호

---

13 에도시대에 지교토리(知行取り)의 하타모토(旗本)를 말한다. 지교토리는 녹(祿)을 토지로 받거나 봉록으로 생활하던 사람을 가리킨다. 또 각 번에서 지교지(知行地=封土)를 받고, 조세 징수권을 가지고 있던 가신도 지토라고 했다. 지토의 유래는 원래 헤이안시대(平安時代) 말기 소령(所領)을 중앙의 권문세가에 기진하고, 재지(在地)에 있으면서 장원의 관리를 담당했던 장관(莊官)이었다.

미쓰이은행 본점

위의 사진은 1885년 무렵, 아래의 사진은 1929년 당시. 발족 당시, 미쓰이은행은 도쿄·쓰루가초에 본점을 두고, 전국에 30개의 분점·출장소를 설치했다. 그 후, 나카미가와 히코지로(中上川彦次郎)의 개혁을 거쳐 미쓰이재벌의 중심적 사업으로서 발전을 거듭, 전전까지 5대 도시은행(미쓰이, 미쓰비시, 스미토모, 야스다, 다이이치)의 수위를 점하고 있었다. (미쓰이문고 소장)

유지하고, 부와 영광의 영속을 바란다면, 농민에 해당하는 총데다이를에게 자손과 같이 후히 은혜를 베풀고, 자애로써 잘 따르는 것을 전무專務로 삼아야 한다', '주종主從 공동 소유의 재산身代'('개정조목'), '미쓰이구미의 가산은 미쓰이구미의 소유이지 미쓰이 씨三井氏에 있지 않다. 지금부터 그 분계分界를 명확히 하고 억지로 사유화해서는 안 된다'('규칙'). 즉 오모토카타의 재산이라는 것은 선조 대대로 물려받아 온 것으로 미쓰이구미의 것이지 미쓰이동족三井同苗의 것이 아니다. '주종 공동 소유의 재산', 즉 사용인도 포함하여 미쓰이 전체의 것이며 동족, 반토가 힘을 합쳐이를 영원히 지키고 유지해 나가야 한다는 것이다. 미노무라에게 미쓰이는 미쓰이가의 가족기업이 아닌 법인체였다.

이런 생각은 사실상 미쓰이의 경영본체로서 자리잡은 미쓰이은행의 창립에서 구체화되었다. 즉 1876년에 공표된 「미쓰이은행 창립의 대의」는 '현 미쓰이구미의 이름을 폐하고 그 업을 계승하고 나아가 사립미쓰이은행이라고 칭한다. 가장家長 고인雇人의 의를 끊고 새롭게 하여 함께 사우社友가 되고, 한마음으로 협력同心戮力하여 각자의 이익을 나누어 오랫동안 기쁨을 함께 하고자 한다. 이것이 창립의 대의이다'라고 하여 미쓰이구미를 계승하여 미쓰이은행을 일으키는 것, 여기에는 가장-사용인의 주종관계를 폐하여 동족 및 사용인이 평등한 사우로서 출자하는 것임을 분명하게 밝혔다.

미쓰이은행의 자본금은 200만 엔으로 하여 오모토카타로부터 100만 엔, 동족으로부터 50만 엔, 사용인으로부터 50만 엔을 갹출하게 되었는데, 이에 대해서는 미쓰이은행 임원, 미쓰이동족, 미쓰이구미 오모토카타 중역들 사이에서 '맹약서'가 교환되어 "이미 회사법을 만든 이상에는 이 은행의 자본은 주주일동의 것으로써 미쓰이씨 일족의 것이 아니다. 또한 구舊 미쓰이구미 오모토카타의 자재資材는 미쓰이씨 일족의 공유물이 아니며 동족 각기의 사유물 또한 아니다"라고 약속되었다.

여기서 오모토카타의 출자분은 100만 엔이지만, 오모토카타의 재산 자체가 동족과 사용인의 '주종 공동 소유의 재산'이었으므로, 동족만의 것이 아니라고 할 수 있다. 따라서 순수한 미쓰이동족의 출자금은 50만 엔, 출자비율은 25퍼센트가 된다는 것을 의미했다. 더구나 동족의 출자금은 미쓰이은행에서 대출받은 50만 엔을 원자原資로 하고, 이 주식에 대한 배당은 이 빚이 변제될 때까지는 그 이자와 상쇄되어 동족에게 지급하지 않기로 했다. 동족은 오모토카타가 지불하는 정액금定額金과 장래에 받을 은행 배당금 외에는 오모토카타로부터 일체 경제적 원조를 받지 않게 되었다.

미노무라의 역할

이와 같이 미노무라의 개혁은 동족에게는 가혹한 것이었다. 그 배경에는 미쓰이의 자산은 에도시대부터 이어진 것이라기보다는, 막말 이래에 미노무라 등이 필사적인 노력으로 증식시켜온 것이라는 자부심이 있었을 것이다. 미노무라는 미쓰이의 사업, 특히 미쓰이은행에 대한 동족의 지배, 간섭을 최대한 배제하고, 법인조직으로서 미쓰이의 유지와 발전을 꾀했다.

오모토카타의 재산을 '주종 공동 소유의 재산'이라는 입장에 서서 스테이크홀더stakeholder(이해관계자)로서의 사용인의 권리를 인정하고자 했던 미노무라의 개혁은, 사용인이 지분소유권에서 배제되어 있던 에도시대의 규정에서 확실히 벗어나 있었다. 따라서 동족은 미노무라의 개혁에 저항했다. 미노무라의 사후(1877년), 오모토카타의 재산은 '미쓰이 일족의 공유물로써'라고 고쳐졌고 미쓰이은행의 동족출자금이 50만 엔에서 100만 엔으로 증액되는 등 동족의 권리는 부활하였다. 그 때문에 많은 경영사가들은 미노무라의 개혁은 에도시대 이래의 오모토카타의 원칙을 부

미쓰이광산회사 창립취의서

1888년, 정부로부터 미이케탄광(三池炭礦)이 불하된 것을 계기로 1892년에 설립. 1911년에 자본금 2,000만 엔의 주식회사로 성장했고 미이케 외에 치쿠호(筑豊)의 탄광을 매수하여 석탄업을 중심으로 한 광산회사가 된다. (미쓰이문고 소장)

정하는 것이었다고 생각한다. 그러나 에도시대에는 동족만이 오모토카타의 구성원이었다고는 해도 미쓰이가산三井家産 소유의 본질은 총유, 즉 개인소유권의 행사에 강한 제약이 걸린 공동소유였다. 또한 영업조직의 운영, 자산의 운용은 사실상 사용인에게 맡겨졌고 오모토카타의 자산 형성에 사용인이 크게 공헌해왔다. 따라서 미노무라식 개혁은 오모토카타 원칙의 연장선상에 있고 자본보전기구로서의 오모토카타의 기능을 한층 진화시켰다고 하겠다.

이상, 미노무라 리자에몽은 막말·유신기에 경영곤란에 직면한 미쓰이에 있으면서 사업과 가정의 변혁에 큰 공적을 남겼다. 출신도 분명하지 않고 문맹無筆이었다고 전해지는 미노무라와 같은 인물에게 개혁을 맡긴 것도 놀랍지만 이러한 과감한 인재의 등용과 과거와 어느 정도 단절하는 개혁이 없었다면 창업 200년에 달하는 호상이라 할지라도 그 시대를 살아남을 수 없었을 것이다. 1876년 7월 1일, 미노무라가 구상해왔던 사업전환의 도달점이라고도 할 수 있는 미쓰이은행의 개업식 날 미노무라는 암에 걸려 출석하지 못했다. 그리고 이듬해인 1877년 2월 21일 57세의 나이로 서거했다.

미노무라가 단행한 개혁은 물론 시대의 제약을 받았다. 관금취급업무를 기초로 한 은행영업을 사업의 기둥으로 세운다는 미노무라의 정상적政商的 사업전략은, 전술한 바와 같이 그것을 추진하는 과정에서도 정부 은행정책의 변화에 휘둘렸지만, 그 후에는 관변측官邊筋에 대한 불량채권의 증대, 관금취급에 따른 비효율적인 지방점포를 떠안는 디메리트 등 미쓰이은행의 경영에 큰 짐을 남겨 정상노선政商路線으로부터의 탈피가 필요해졌다. 또한 미노무라의 가정개혁은 동족, 사용인의 불만을 키워 그의 사후 과거로의 회귀가 발생하는 등 새로운 개혁을 필연적인 것으로 만들었다. 이런 의미에서 미노무라의 개혁만으로 미쓰이의 에도기상인에서 재벌로 가는 길이 열린 것은 아니었다. 그러나 미노무라의 존재가 없었다면 미쓰이의 운명은 상당히 달라졌을 것이다.

스미토모와 히로세 사이헤이

스미토모와 벳시동산

스미토모가住友家는 16세기 말에 사카이堺에서 하쿠스이白水라는 외국인에게 동에서 은을 추출하는 '남반부키[14]'라는 은동銀銅을 분리하는 비법을 전수받아 이것으로 큰 이익을 봤다고 전해진다. 1623년 무렵 교토에서 오사카로 나와 동 정련업과 동 무역상을 경영했다.

스미토모의 발전은 막부의 무역정책과 밀접한 관계가 있었다. 간몬기寬文期(1661~1672)에 동은 수출 총액 중 약 70퍼센트를 차지할 정도로 중요 수출품이 되었다. 따라서 막부는 그 품질유지에 신경을 써서 남반부키로 추출한 은동銀銅만을 수출하기로 했다. 정련과 집하를 오사카로 한정하고 동 정련 영업권銅屋株[15]과 동 무역 영업권銅貿易株을 설정했기 때문에 17세기 말의 오사카는 약 1만 명의 동 정련업자가 활동할 정도로 동 정련업의 중심지가 되었다. 그중에서도 스미토모는 동 정련업과 동 무역업에서 복수의 영업권을 소유하여 특별한 지위를 점했다. 스미토모는 17세기 후반

---

14 남반시보리(南蛮絞り)라고도 한다. 옛날부터 일본의 동광석에는 은이 포함되어 있었는데, 동에서 은을 분리하는 기술이 없었다. 무로마치시대에는 동이 일본의 주요한 수출품으로, 은을 제거하는 기술을 가진 중국에는 싼값에 수출되고 있었다. 1591년 무렵 스미토모 씨의 시조, 소가 리에몽(蘇我理右衛門)이 센슈(泉州=和泉=오사카 남부) 사카이(堺)에서 남만인(포르투갈 또는 스페인 사람)으로부터 동에서 은을 분리 회수하는 방법을 전수받았다고 한다. 이 방법은 스미토모가에서 1804~1805년에 간행한 『고동도록(鼓銅圖錄)』에 상세하게 기술되어 있다.

15 에도시대에 관허(官許) 동업 조합의 일원으로서 갖는 지위나 그에 따르는 특권이다. 전하여, 널리 직업·영업상의 특권 또는 이권의 의미로 쓰였다. 여기서는 영업권으로 번역한다.

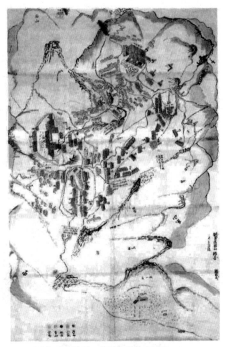

벳시동산회도(別子銅山繪圖)

벳시동산은 1690년에 발견되었고 다음해부터 갱도를 파기 시작했다. 채광기간이 긴 것으로는 세계에서 드문 대(大)동산으로, 스미토모재벌의 유성을 뒷받침한 모체이기도 하다. 이 그림은 1840년, 개갱 150주년을 기념하여 제작된 것으로 산속의 시설이 상세하게 그려져 있다. (미쓰이문고 소장)

동산銅山 경영에도 나섰다. 동북지방의 광산으로부터 시작되었는데 1691년 막부로부터 청부를 허가받은 이요伊子[16]의 벳시동산別子銅山 개발이 가장 중요한 의미를 가진다.

스미토모의 벳시 경영에는 다른 광산에서 볼 수 없는 주목할 점이 있었다. 첫째, 다른 광산에서는 동 산출고에 상관없이 정액 영업세運

16　지금의 에히메현(愛媛縣)에 해당한다.

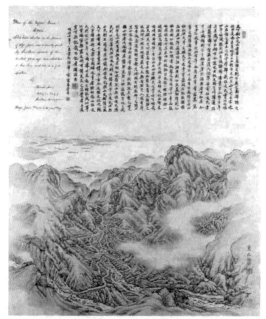

1874년의 벳시동산도(別子銅山圖)

가파르고 험한 주름 잡힌 산줄기를 관통하듯이 길이 나 있다. 갱도를 파기 시작해 1880년에 우차길(牛車道)이 열리기까지 동산이 생산한 조동(粗銅)의 반출이나 사람들 식량 등의 반입은 오로지 나카모치(中持)라 불리는 운반업자가 짊어지고 이 산길로 옮겼다. 이와 관련하여 1874년이라는 해는 본문에서 후술하게 되는 프랑스인 기사 루이 라로크(Louis Claude Bruno Larroque)가 고용된 해이기도 한다. (스미토모사료관 소장)

上[17]의 상납을 요구받는 일이 많았지만, 벳시에는 동 산출고에 비례해 영업세를 납부하는 방법이 적용된 것이다. 이 방법은 산출이 부진할 경우 경영에 유리하게 작용했다. 둘째, 스미토모가 장기 가행稼行(채굴)을 상정

---

17 운조(運上)나 묘가(冥加)는 에도시대에 있었던 잡세(영업세)이다. 운조는 상업 · 공업 · 운송업 · 어업 등에 종사하는 자에게 부과되었고, 일정한 세율을 정해 상납시켰다. 市場運上, 問屋運上, 紙漉運上, 諸座運上 등이 있다. 이에 대해 신불(神佛)로부터 받은 가호를 묘가(冥加)라고 해서 그 예전(禮錢)을 묘가전(冥加錢)이라 했는데, 에도시대에는 영업을 허가받은 상공업자로부터 수익의 일부를 헌금 등의 형식으로 상납하게 했다. 醬油屋冥加, 質屋冥加, 旅籠屋冥加 등이 알려진다.

하여 거액의 투자를 행하고, 그 결과 1702년에 영대청부가행권永代請負稼行權을 획득한 것이다. 에도시대의 광산은 우량 광산에서도 장기 가행을 상정한 경영을 찾아볼 수 없어 자연히 단기에 끝나는 난굴濫掘(亂掘)이나 황폐가 보통이었다. 하지만 벳시는 영대가행권의 취득으로 장기적 시점에 입각한 경영이 가능했다. 스미토모는 벳시에 대해 장기채굴계획을 세워 막부의 보조금이나 매청미買請米(시가보다 낮은 가격으로 막부에서 쌀을 사들임)를 확보하는 등 다른 광산에서는 볼 수 없는 합리적 경영을 행하여 이후 250년 동안 스미토모의 달러박스를 만들어냈다. 벳시의 채굴량은 가장 많았을 때(겐로쿠기元祿期) 연간 250만 근을 넘었다. 다른 동산銅山은 아키타의 아니동산阿仁銅山이 연간 150~160만 근이었던 것을 제외하면 대략 100만 근 이하였기 때문에 발군의 우량 광산이었다. 하지만 에도 말기가 되면, 벳시의 채굴고는 60만~70만 근까지 감소했다. 게다가 광산의 숙명인 엔초후카지키遠町深舖[18]의 문제에 직면하게 된다. 엔초遠町라는 것은 광산 채굴이 계속되면서 필요 자재인 신탄薪炭이나 갱목坑木의 조달이 어려워지는 것을 말하며 후카지키深舖는 갱도가 깊어짐에 따라 운반, 통기, 배수가 곤란해지는 것을 말한다.

모두 비용 상승 요인이었지만 특히 심각했던 것은 용수가 증가한 것이었다. 스미토모의 도동棹銅[19]은 막부가 사들이는 것으로 되어 있었는데 국

---

18 엔초후카지키(遠町深舖)의 결과에 대해서는 벳시대수해(別子大水害)를 정리해 놓은 다음의 페이지를 참고하기 바란다. http://www.besshi.net/hp/eco/01/004/01.html.

19 에도시대에는 각 지방 동산의 조동(粗銅=荒銅)은 오사카로 회송되어 오사카의 정련소에서 교동(鉸銅)이나 간취동(間吹銅)으로 정련되어 이것을 다시 수출용인 도동(棹銅)이나 지역 판매용인 정동(丁銅), 환동(丸銅), 장도동(長棹銅), 기타 여러 종류의 동으로 정련되었다. 조동에는 은을 포함한 것이 많아서 남만부키로 은을 제거한 동을 교동이라고 한다. 도동은 에도시대에 대외수출용으로 만들어진 동으로 봉(棒) 형태로 되어 있었다.

제적 경쟁력을 확보한다는 관점에서 매입가격을 낮게 유지하고 있었기 때문에, 코스트 인상은 타격이 되었다. 또한 막부 어용의 동 가격에 대한 대가로 스미토모는 막부로부터 싼 가격으로 쌀을 공급받고 있었는데 이 가격 역시 조금씩 시장가격에 근접해 갔다.

스미토모는 1662년에 오사카에서 환전상점를 개업했다가 일시 중단 후 1743년에 재개했다. 분카기文化期(1804~1818)에 에도에서 환전상점을 열어 후다사시札差²⁰가 되었고, 다야스田安・시미즈清水・히토쓰바시가一橋家의 구라모토藏元²¹가 되었다. 분세이기文政期(1818~1830)의 화폐개주에 서는 금은교환소가 되어 특별한 지위를 가진 환전상으로 인정받게 되었고, 이 때문에 막부와 번으로부터 어용금 상납을 강요받아 이에 따른 재정핍박도 나타났다.

히로세 사이헤이의 발탁

이렇게 막말에서 유신기에 걸쳐 스미토모에는 차례로 경영위기가 찾아왔지만, 이 난국에 대해 결연히 맞선 것이 히로세 사이헤이広瀬宰平였다. 히로세는 1828년 5월 5일, 오우미노쿠니近江國 야스군野洲郡 야부무라八夫村(현재의 추즈초中主町)의 구가 기타와키가北脇家의 차남으로 태어났다. 아명은 고마노스케駒之助, 유신 후에 사이헤이로 개명했다. 9살 때, 벳시 동산의 지배인이던 삼촌 기타와키 지에몽北脇治右衛門에 이끌려 벳시로 옮겼고, 11세 때부터 벳시동산에서 봉공하기 시작했다.

---

20 에도시대에 하타모토(旗本)나 고케닌(御家人)의 대리로서, 녹미(祿米) 수령을 청부 맡고, 또 돈놀이 따위를 업으로 하던 사람을 가리킨다.

21 에도시대에 다이묘나 하타모토 등이 자영(自領)의 산물을 팔기 위해 오사카, 오즈(大津), 사카이(堺) 등의 도회지에 설치한 구라야시키(藏屋敷)의 구성원으로 장물(藏物)의 출납을 행했다. 구라모토는 17세기 중엽부터 구라마이(藏米)를 중매하는 초닌(町人)이 임명되었고, 금은(현금) 출납을 담당하는 가케야(掛屋)를 겸해 거부를 축적했다.

1855년, 가장家長 스미토모 기치자에몽住友吉左衛門의 추천으로, 전 스미토모 에도점의 지배인이었던 히로세가広瀬家의 양자가 된다. 1865년, 사이헤이는 벳시동산의 총지배인으로 승진한다. 스미토모로서는 이례적인 발탁이었다.

1866년, 막부는 어용동御用銅 매입과 매청미買請米제도를 중지했다. 매청미는 8,300석 정도에 달했고 벳시동산에서 일하는 사람들 3,000명의 양식이었다. 이 때문에 스미토모는 그때까지 시가의 반액 이하로 광부들에게 공급하고 있던 쌀의 가격을 2배로 인상했다. 그 결과, 광부들의 폭동이 일어났다. 히로세는 주인 기치자에몽吉左衛門을 수행하여 교토로 가 막부의 고관에게 진정하는 동시에 광부들에 대한 설득활동을 했다. 다

히로세 사이헤이(廣瀬宰平, 1828~1914)

숙부의 연으로 11세에 벳시동산의 출납장(勘定張)에 급사로 출사. 37세에 동산 총지배인이 되어 수도 없이 찾아온 위기에서 동산을 구했다. 유럽 광산기술을 배운 히로세는 프랑스인 기사를 고용하여 다이너마이트나 코크스의 사용, 광산철도, 공중케이블의 부설 등 광업의 근대화를 추진했다. 한편, 1878년의 오사카상법회소(大阪商法會所) 설립에 즈음해서는 고다이 도모아쓰(五代友厚) 회장 아래에서 부회장을 지냈다. (스미토모사료관 소장)

전전(戰前) 오사카 우나기다니(鰻谷)의 스미토모 저택(스미토모사료관 소장)

음 해, 5,800석으로 줄기는 했지만 매청미가 부활했고 또한 히로세가 분
주히 움직인 덕분에 마쓰야마번松山藩(당시 벳시동산은 막부직할령이었는데,
마쓰야마번이 맡아서 관장했다)에 의한 폭동 주모자 처분도 관대해져서 히
로세는 광부들의 깊은 신뢰를 얻었다. 그러나 이것은 위기의 서막에 불
과했다.

제2의 위기는 보신전쟁戊辰戰爭 때 있었다. 1686년, 도바·후시미 전
투가 일어났을 때 다카마쓰번高松藩과 마쓰야마번이 조적朝敵으로 간주
되고 있었기 때문에, 도사번의 한 개 부대가 마쓰야마번의 가와노에川
之江[22] 진영을 점령하고 벳시동산을 압류하여 니하마新居浜에 있는 동산
분점의 뒤주米櫃에 봉인해버렸다. 또 그해 1월에는 오사카 우나기다니
鰻谷의 스미토모가의 동 창고銅藏도 사쓰마번에 의해 압류되었다. 도막

---

22 에히메현의 동쪽 끝에 있는 지역이다.

파는 스미토모의 동산사업을 막부의 직영사업으로 생각하고 있었던 것이다.

이 위기에 대해 히로세는 벳시가 막부직할령幕領이기는 하지만 그 개발과 운영은 스미토모가 독자적으로 행해 왔음을 설명하는 동시에 오사카에 가서 신정부의 실력자 이와쿠라 도모미나 도사번 출신으로 신정부의 참의가 된 고토 쇼지로後藤象二郎 또한 사쓰마번 요인에게 부탁해 동산의 계속 가행을 탄원했다. 그 사이 벳시를 접수할 때 도사번 부대 안에 있던 가와타 고이치로川田小一郎(후에 미쓰비시에 근무하다가 일본은행 총재가 됨)의 이해가 있었다고 전해진다.

오사카부지사가 된 고토 쇼지로에게 숙소로 우나기다니의 저택 일부를 제공하고, 다시 신정부가 1868년 윤4월에 화폐사貨幣司의 지서를 두려고 했을 때는 용지 2,000평을 상납하는 등 필사의 노력을 기울였다. 그 결과, 벳시동산의 계속 가행권이 승인되었고 우나기다니의 동 창고銅藏에 대한 봉쇄도 해제되었다. 또한 그 사이에 나가호리정련소長堀吹所가 사쓰마번에 의해 봉쇄되어 제동사업製銅事業이 조업불능에 빠졌을 때, 기민하게 벳시 산기슭의 다스카와立川로 제동소를 옮기는 안을 건의하고 그 실행을 추진했다.

또한 이때 승인된 벳시의 가행권은 당분간 승인되었을 뿐 장기간 이루어진 것은 아니었다. 스미토모는 히로세를 앞세워 영대가행권永代稼行權 확보를 위해서 관변에 대한 로비를 계속했다. 1869년에는 자진하여 1,000료兩를 정부에 납세하여 가행권의 보증으로 삼고 다른 한편으로 벳시의 재건을 추진하고 있었다. 이러한 스미토모의 청원에 대해 정부는 광산입법을 기초 중이라는 이유로 인가하지 않았지만 1872년 '광산심득서鑛山心得書'를 포고하고 이듬해 1873년에 이를 법제화한 '일본갱법日本坑法'을 발포하여 땅속 광물은 모두 정부 소유물이라는 광업전유주의鑛業專有主義와 일본인만 광산 가행자가 될 수 있다는 본국인주의本國人主義를 수립했다. 이 원칙에 따라 민간 광산업자의 청부가행請負稼行이 승인되었고 스미토모의 벳시 가행권도 이때 확립되었다.

이러한 우여곡절의 프로세스를 거친다고 해서 기존의 광산업자가 모두 가행권을 유지할 수 있었던 것은 아니었다. 예컨대, 오사리자와동산尾去澤銅山은 모리오카번盛岡藩의 직영에서 메이지 초기 무라이(가기야) 모헤村井(鍵屋)茂兵衛의 청부가행으로 옮겨지게 되었다. 하지만 모리오카번의 외국상인으로부터 빌린 차입금의 명의가 무라이로 되어 있었고 무라이가 이를 변제하지 못했다는 구실로 대장성이 청부가행을 몰수하고 말았다. 스미토모의 벳시에게도 이런 종류의 위기는 당연히 있었기 때문에 막부와의 관계를 서둘러 단절하고 신정부 지지로 돌아섰고, 정부 요인의 친분을 얻기 위해 분주했던 히로세의 기민한 활동이 스미토모로 하여금 위기를 벗어나게 했다.

히로세의 개혁

이렇게 하여 당면한 위기는 모면했지만 경영상의 궁핍은 여전했다. 이러한 가운데 외부에서 벳시동산을 10만 엔에 팔지 않겠는가 하는 이야기가 전해졌고 스미토모 본가의 반토들 중에서도 그렇게 하자는 분위기가 생겨나게 되었다. 하지만 이에 대한 이야기를 듣게 되자 히로세는 맹렬하게 반대하며 경영 합리화를 통해 동산 경영을 계속해 갈 것을 주장, 대세를 뒤집고 매각론을 철회시켰다.

스미토모에서는 역대 오사카의 본점에 근무하는 반토들이 최고 경영간부였고 히로세는 그와 동격으로 알려진 벳시동산 총지배인이었지만, 그때까지 본점에서 이루어지는 의사결정에 참가하지 못하고 있었다. 막말 · 유신기의 존망 위기에 직면하여 본점 반토들이 유효한 대책을 강구하지 못하고 있을 때, 혜성같이 등장한 히로세가 전략적 의사결정과 그 수행에 발군의 능력을 보여준 것이다. 히로세는 고가이子飼い 봉공인이어서 외부로부터 발탁된 미노무라와는 이 점에서 달랐지만 주류가 아닌 인물이 개혁에서 리더쉽을 발휘했다는 점에서는 유사한 점이 있다. 또 1868년 7월에는 에도 아사쿠사(淺草, 후다사시업札差業), 나카바시(中橋, 환전업)의 폐쇄, 벳시동산을 영업의 중심에 둘 것 등이 결정되었다. 1870년에는 막말의 스미토모에서 최고 경영 간부였던 오이분老分 [23] 다카와라 겐베鷹藁源兵衛와 이마사와 우헤今澤卯兵衛가 차례로 사망했다. 이런 경위로 유신기 스미토모의 개혁은 히로세를 중심으로 추진되게 되었다.

히로세가 행한 개혁의 첫 번째는 동산 경영의 합리화였다. 스미토모로 돌아온 히로세는 우선 1870년부터 다음해에 걸쳐 벳시의 '제사갱신諸事更新' 방침을 내고 작업원에 대한 현물지급의 폐지, 작업시간의 엄수, 능률에 의한 광부의 등급 분류, 감봉, 적재적소適材適所, 선승을 초빙하여 산민山民 교화 지도, 복장의 양복으로의 변경, 고베에 제동판매점 개설, 등을 실시했다. 1872년에는 '벳시동산개혁법', 1873년에는 급여제도, 신분제도, 취업규칙, 복무규정 등을 제정하여 근대화와 합리화를 추진했다. 합리화에 의한 경비절감을 도모할 것, 고가이子飼い 봉공인과 '중년자', 즉 중도채용자에 대한 차별 철폐 등 실력주의의 도입에 의한 모럴moral의 향상이 개혁의 목적이었다.

서양기술의 도입

이어서 히로세는 서양식 기술의 도입에 의한 벳시의 재생에 착수했

---

23 오이분 또는 로분이라고 해서 장로나 선배, 지배인의 리더에 해당하는 사람이다.

다. 신정부 성립 후 구막舊幕시대의 도자銅座[24]가 광산사鑛山司로 바뀌면서 히로세는 1868년 9월부터 1869년 1월까지, 1871년 4월부터 1872년 1월까지 2회에 걸쳐 출사했다. 신정부는 화폐 원료의 확보라는 차원에서 금·은·동을 생산하는 각 광산에 주목하고 있었고, 서양의 기술과 기계를 도입하여 지금地金[25]의 증산을 꾀하고, 아울러 선진기술의 보급을 도모하고자 했다. 일찍이 부국富國을 위해서는 광산업이 중요하다고 정부 고관에게 호소해 온 히로세는 그 경험과 지식 때문에 광산사로 출사 명령을 받은 것이다. 그 곳에서 프랑스인 광산기사 프랑수아즈 코와뉴J.F. Coigne와의 만남은 지극히 중요한 의미를 가졌다. 코와뉴를 수행해 관영 이쿠노은산生野銀山에 출사한 히로세는 스미토모 본가에 "이쿠노광산은 서양 기계를 도입해 성대하게 가행(채굴)하고 있다. 벳시동산에서 이루어지는 구래의 고식적인 방법으로는 근대화가 어렵다"는 취지의 편지를 보냈다.

이곳에서의 경험과 지식에 근거해, 히로세는 1870년에는 일본 민간 광산에서는 처음으로 벳시광산에 화약을 사용했다. 1872년, 히로세는 코와뉴의 벳시 시찰을 정부에 신청해 허가를 받았다. 코와뉴는 다음해 6월, 벳시를 시찰해 채광법採鑛法과 운반로運搬路에 불비함이 있음을 지적한 뒤, 그 개선에 대해 몇 개의 구체적인 대책을 시사했다. 이보다 앞선 그해 2월에는 프랑스 릴리엔탈상회Hecht,. Lilienthal & Co. 요코하마지점의 알선으로 프랑스인 동산기사 루이 라로크L. Larroque를 고용했다. 1874년 3월, 벳시

---

24 에도시대 전국에서 산출된 동의 정련, 매매를 통제한 기관이다. 동은 수출품, 무역결제 수단으로서 중요시되었기 때문에, 오사카상인 등이 조직한 도자는 간조부교, 오사카 마치부교, 나가사키부교의 지배와 통제 하에 있었다. 전후 3회 개폐가 있었으나, 1766년의 도자는 메이지유신까지 계속되었다. 지금(地金)은 화폐의 재료가 되는 금을 포함한 금속을 말한다.

25 화폐의 재료가 되는 금을 포함한 금속을 말한다.

에 부임한 라로크는 지질학적, 광물학적 조사를 실시, 1875년 11월, 이를 기초로 서양의 채광採鑛·야금학冶金學의 견지에서 '벳시동산사업계획서別子銅山目論見書'를 제출하여 벳시 개혁의 기본방침을 천명했다.

실은 라로크 이전에 스미토모는 영국인 기사 R.J. 프레쉬 빌에게도 벳시 개혁에 관한 의견을 구했다. 1875년 6월에 의견을 제시한 프레쉬 빌은 장래에 연료와 자재보급의 측면에서 광산사업소의 중심지, 채광장, 제련소의 위치에 대해 현상現狀의 발본적 변경을 주장하고 이에 따른 설비 건설안을 제시했다. 이 안은 장래 발전성을 생각할 때 가장 합당했지만 현업現業에 지장이 생기며 시간과 비용이 막대하다는 점이 결함이었다. 이에 대해 라로크는 현업을 계속 유지하고 당면한 현업에서 나오는 수익으로 장래의 기업자금起業資金을 확보하여 점진적으로 개혁을 추진해 가는 방안을 제시했다. 구체적으로는, 광산사업소의 중심은 종래대로 동산 봉우리의 남쪽에 둘 것, 광산 운영에는 출광로出鑛路를 확보하는 것이 매우 중요하므로 이를 위해서는 입갱(竪坑, 수직갱도)을 팔 필요가 있으니 동연사갱東延斜抗[26]를 개착할 것, 그것에 가까운 다카하시高橋에 서양식 제련소를 건축하여 조동粗銅의 제련을 행할 것, 니하마新居浜의 가네코가와金子川 하구惣開新田에 장래 최종 제련소를 건설할 것을 염두에 두고 다카하시에서 니하마까지의 운반 차도를 건설할 것, 용수 처

---

26 벳시광상(別子鑛床)의 동쪽 끝에 해당하는데, 지하 깊은 곳에 미스마(三角)라는 곳이 있어 거기에 훌륭한 광석이 무진장 매장되어 있다는 사실이 전부터 알려져 있었다. 1874년 스미토모가의 요청을 받은 라로크가 이 한 곳을 선정해 사갱(斜坑)을 파서 미스마의 부광체(富鑛體)에 도달하게 하고, 그 사이에 계단식으로 수평 갱도를 개착하여 광상과 만나게 한다. 채굴한 광석은 사갱에 집약하여 출광(出鑛)시킨다는 신생벳시광산안을 제기했다. 단, 당시 일본의 광산에서는 혼지키(本舖)라는 큰 갱도가 5尺(1.5m)× 6尺(1.8m) 정도였는데, 라로크의 동연사갱은 20尺(6m)×9尺(2.7m)이나 되었다. http://geo.d51498.com/ksjjr840/touen.9.html을 참고.

라로크의 사업계획서

라로크는 부임하자 산중의 전전(戰前) 고아시다니(小足谷) 사택에 머물며 낯선 외국 생활을 하루하루를 보냈고, 산 전체를 걸어 다니며 조사연구에 몰두했다고 한다. 그 성과가 동연사갱(東延斜坑)의 개삭(開削) 등 많은 플랜을 제안한 이 사업계획서이다. (스미토모사료관 소장)

리를 위해 이미 착수 중인 고아시타니小足谷 소수도疎水道[27]의 개착을 촉진할 것을 제안했다.

라로크안의 실시

라로크의 벳시 근대화 플랜은 기획의 원대성, 내용의 치밀성, 실시의 현실성 모두에서 뛰어났다. 특히 스미토모의 어려운 재정 상황을 고려하여 재래기술과 양식기술을 혼합함으로써 현업現業 운영을 방해하지 않고, 또한 비교적 저렴하게 개혁을 실시할 수 있도록 플랜이 짜여 있어서 히로세의 구상과 잘 어울렸다. 히로세는 라로크의 견적서를 "그 가치 10만 엔의 것으로, 천세千歲의 후락後樂을 축복드립니다"라고 하여 라로크

---

27 관개, 급수, 주운(舟運), 발전 등을 위해 산을 깎아 만든 수로를 말한다.

를 "우리 광업에 있어 큰 공이 있을지언정 과실 하나 없는 사람"이라고 격찬했다.

라로크의 초빙 비용은 여비 외에 월급 600달러였다. 22개월의 고용 계약이었기 때문에 봉급 1만 3,200달러(약 1만 3,200엔)였던 셈이다. 라로크 플랜의 가치가 히로세가 말한 것처럼 10만 엔이었다고 한다면 스미토모에게는 정말로 가치가 있는 투자였다.

다만 라로크 플랜에서도 총 사업비는 약 67만 엔에 달했다. 이것은 당시 벳시의 연간 순이익의 7년분에 상당했다. 라로크는 1875년 12월, 고용계약이 만료되었을 때 이런 대사업은 일본인만으로는 이룰 수 없다며 고용계약의 연장을 희망했다. 동시에 라로크를 소개한 릴리엔탈상회도 스미토모에서 자본이 부족하다면 자금을 원조하겠다고 제안했다. 그러나 히로세는 이 양자의 제안을 높이 평가하면서도 사절했다. 라로크안에서는 외국인 기사 고용 비용이 총 사업비의 20퍼센트를 차지하고 있었던 점, 외국인 기사에게 경영까지 맡기고 있던 관영광산에서는 기술편중이 강하고, 투입 비용에 비해 성과가 좋지 않은 점, 광산 경영에 외국 자본을 도입하는 것에 대한 우려 등이 그 이유였다. 하지만 일본갱법에 의해 본국인주의本國人主義가 강조되고 있던 것도 영향을 주었을 것이다.

대신 히로세는 벳시 근대화 플랜을 일본인의 자력으로 실시하기 위해 1876년 고원雇員인 시오노 몬노스케塩野門之助와 마스다 요시조增田芳藏 두 사람을 프랑스의 광산학교에 유학시켰다. 시오노는 원래 시마네번사島根藩土로 외무성에 근무하고 있었는데 라로크를 고용할 때 통역으로 채용된 인물이다. 그는 라로크와 함께 일하고 그 사업계획서目論見書를 번역하는 중 광산기술에 흥미를 느껴 스스로 유학을 신청했다. 1881년 12월에 귀국 한 시오노는 한때 히로세와 의견이 맞지 않아 스미토모를 떠났지만 나중에 이바 데이고伊庭貞剛에게 다시 불려와 제련소의 시사카지마

四阪島 이전 사업에 크게 공헌했다.

라로크안에 의한 벳시 근대화 플랜은 1876년부터 점차 실행에 옮겨졌다. 그 결과 벳시의 동 생산량은 1868년 422톤에서 1880년에는 1,000톤을 초과, 1890년에 2,000톤, 1897년에는 3,000톤 대에 달하고 메이지 말에는 9,000톤 가까이에 이르렀다. 막말, 근세기술의 한계에서 노산老山으로 피폐한 것처럼 보였던 벳시동산은 훌륭하게 부활하여 재벌로 발전하는 스미토모의 '재원財源'이 되었다.

다각화경영

1968년 스미토모에서는 벳시를 경영의 중심에 두는 방침이 발표되었는데, 벳시의 경영이 호전됨에 따라 히로세는 다른 부문으로의 사업전개도 단행했다. 1871년에 고베에 동 판매점을 설치했다. 에도시대에는 스미토모의 동을 막부에서 매입하고 있었지만, 정부로의 매각이 없어졌기 때문에 직판점을 개설한 것이다. 이 고베지점은 조선무역 등 무역사업 진출의 거점이 되었고, 나중에는 장뇌樟腦나 제다製茶의 위탁판매도 행했다.

같은 해, 오사카 도미시마초富島町에 창고土藏를 구입하고 이듬해 오사카 우나기다니鰻谷에 있던 본점 영업부를 이곳으로 옮겨 창고업과 그에 부수하는 금융업을 시작했다. 스미토모에서는 1869년에도 에도의 점포 두 곳을 폐지하여 금융업에서 철수했지만 도미시마지점出店에서는 부속 창고를 이용하여 기탁상품을 저당으로 하는 대부업, 즉 창고금융업並合業[28]을 개시했다(나미아이並合는 저당을 말한다).

창고금융업並合業은 훗날 고베지점이나 오노미치지점尾道支店에서도

---

28 쌀이나 잡곡 등의 상품을 담보로 한 금융, 즉 저당에 의한 대금업을 말한다. 간단히 창고금융업으로 번역했다.

메이지 중기의 벳시동산(상)과 벳시동산 제1차 근대화 달성 기념 양배(洋杯)(하)

벳시동산의 제1차 근대화(採鑛·選鑛·製鍊의 일관작업과 수송력 증강)는 1879년에 히로세의 지도로 시작되어 큰 성공을 거두었기 때문에 스미토모 재생의 계기가 되었다. (아래 사진은 스미토모사료관 소장)

행해져 순조로운 발전을 보였다. 1889년에는 대부잔고 약 71만 엔이 되어 충분히 은행의 규모에 달했다. 따라서 스미토모 내부에서는 창고금융업을 발전시켜 은행을 설립해야 한다는 의견이 나오게 되었다. 히로세는 '앉아서 이익을 거두는' 은행은 '환전상의 변형과 변칭에 불과한' 것이고, 실업實業[29]이 아니라며 이를 물리쳤다. 결국 히로세 재임 중에 스미토모는 은행을 설립하지 못했다. 이것은 히로세에 대한 불만을 양성하는 하나의 원인이 되었지만 창고금융업이 히로세의 의도에도 불구하고 훗날 스미

---

29 히로세가 말하는 실업(實業)은 농업, 상업, 공업, 수산업 등 생산과 판매에 관계되는 사업이다. 이런 의미의 실업에 대응하는 말은 허업(虛業)이다.

스미토모 소유 최초의 증기선 '하쿠스이마루(白水丸)'

영국제 증기선으로 이 배의 구입을 계기로 스미토모는 해운사업에 나서게 된다. (스미토모사료관 소장)

토모은행의 기초가 된 것임은 확실하다.

1872년에는 증기선 하쿠스이마루白水丸를 구입해 오사카—이요伊予(현재의 에히메현) 간의 제동製銅과 물자 수송을 담당했는데 계속해서 증기선의 매입을 늘려 일반 화객貨客(화물과 승객)도 취급하게 되어 해운업에도 진출했다. 도미시마지점은 원래 하쿠스이마루의 발착장으로 개설되었다. 1877년부터는 제동 판매를 위해 직원을 파견한 것이 계기가 되어 조선에 지점을 설치하고 조선으로의 해운과 무역업에도 나섰다.

제조업부문에서는 제사업, 제다업, 장뇌제조업 등 수출 관련 사업을 중심으로 진출했다. 단, 이들은 비교적 투자 규모가 작았고 경영도 불안정하여 뒷날 철수하게 되었다. 제동製銅 관계로는 1881년에 고다이 도모아쓰五代友厚 등과 함께 오사카제동大坂製銅을 설립했다. 일본 최초의 민간 신동공장伸銅工場으로 벳시에서 생산된 동의 판로확보를 목적으로 설립되었는데 히로세는 개인 자격으로 사장에 취임했다. 1899년, 스미토모에 인수되어 스미토모신동장住友伸銅場이 되었는데 오늘날의 스미토모금속공업住

스미토모신동소(伸銅所)

벳시산 동에서 동판, 동선, 동관을 생산하고 나중에는 합금을 제조했다. 1897년에 일본제동(日本製銅)을, 1899년에 오사카제동을 스미토모가 매수해 만든 스미토모 신동장(伸銅場)이, 그 후 스미토모 신동소, 스미토모 신동강관(伸銅鋼管)으로 명칭을 바꾸었다가 1935년에 스미토모 제강소와 합병하여 스미토모 금속공업이 된다. 스미토모 금속광산과 함께 스미토모의 가업인 동상(銅商)의 전통을 잇고 있다.

友金屬工業의 기초가 되었다. 또한 벳시동산에서는 야마네습식제련소山根濕式製鍊所를 건설하여 유산硫酸(황산) 제조와 제철업에 나섰다.

그 외에도 히로세는 고다이 도오아쓰에게 협력하여 오사카상법회의소大阪商法會議所나 오사카주식거래소大阪株式取引所, 간사이무역사關西貿易社의 창설에 관여하여 오사카재계에서도 중진이 되었다. 1884년에는 세토나이瀨戶內의 해운업자가 대동단결하여 오사카상선大阪商船을 설립했는데, 증기선을 보유하고 마쓰카타 디플레이션으로 인한 해운 불황에 신음하던 스미토모의 사정도 있어서 히로세는 이해가 대립할 뿐 의견이 모아지지 않았던 선주들의 조정에 노력하였고, 회사 설립 후에는 사장에 취임했다.

무엇보다 이러한 히로세의 다양한 기업자활동 모두가 성공한 것은 아니었다. 그 대부분이 벳시를 사업의 중심에 둔다는 방침과는 다소 모순

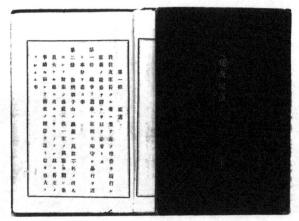

스미토모가법(住友家法)(스미토모사료관 소장)

된 사업 분야로의 진출이었고 사업 성적이 꼭 좋은 것도 아니었다. 그 때문에 히로세가 재임 중일 때 혹은 퇴임한 뒤에 철폐되어 버렸다. 게다가 히로세는 발전성 있는 은행업으로의 진출에 소극적이었다. 이러한 의미로 수익사업에 집중하는 전략 전개를 도모한 미쓰이의 미노무라三野村에 비하면 히로세의 사업 전략은 다소 일관성이 부족했다고 할 수 있다.

'부당이득을 추구하지 않는다'

히로세의 공헌은 미노무라의 경우와 마찬가지로 스미토모의 가정개혁을 단행한 점이다. 1877년 2월 스미토모가의 제12대 가장家長 기치자에몽도모치카吉左衛門友親는 병 때문에 히로세 사이헤이를 총리대인總理代人에 지명했다. 총리대인은 '상법상 모든 사무를 총괄하고 수많은 고용인을 통제하는' 권한을 갖는 것으로 되어 있었기 때문에 히로세는 스미토모가의 경영권한을 이양받게 되었다. 히로세가 첫 번째로 단행한 것은 인재의 등용이었다. 공부성 광산기자였던 오시마 도모키요大島供淸, 오사카 상등

재판소上等裁判所 판사로 히로세의 조카였던 이바 데이고伊庭貞剛, 대장성
과 내무성의 관료였던 가가와 가쓰미加川勝美, 공부성 광산료鑛山寮 관리
였던 히로세 히로시広瀬坦, 도쿄부사범학교 교사였던 다나베 사다키치田
邊貞吉 등 훗날 스미토모에서 활약한 다양한 인재를 영입하여 주요한 지
위에 배치했다.

1882년 1월, 히로세는 가장의 명을 받아「스미토모가법住友家法」을 제정
했다. 전문 19관款 170개조로 이루어진 방대한 것이었다. 제1관은 '가헌家
憲'이라 칭하여, 벳시는 '만세불후萬世不朽[30]의 재원(財源)으로, 이 사업의 성
쇠는 우리 일가의 흥폐에 관해 중차대하여 달리 비교할 만한 것이 없다'
고 스미토모에서 벳시의 절대적인 위치를 분명히 했다. 또한 '우리 영업
은 확실함을 가장 중시하고 시세의 변천과 이재理財의 득실을 헤아려 그
를 흥폐興廢해야지, 조금이라도 부당한 이익을 쫓아 가벼이 행동해서는
안 된다'라고 오늘날에도 종종 언급되는 스미토모의 사업 정신이 명확히
기록되어 있다. 단, '확실', '부당이익을 추구하지 않는다'가 자주 인용되
지만 동시에 '시세의 변천과 이재의 득실을 헤아린다'와 적극성이 명기
되어 있는 것에도 주목해야 한다. 또한 가독상속에 대해서는 부적격자라
면 적남嫡男이라도 이를 폐해야 한다고 규정하고 있다.

직제에 대해서는 1879년에 톱 메니지먼트 조직으로 본점에 중임국(重
任局)이 설치되어 가장家長, 총리대인, 지배인, 지배인보조로 구성되었다.
중임국은 스미토모 일가의 사업을 총괄 결행하는 것으로, 중요 사항은
이곳에서의 합의제로 결정되었고 '가장이라 할지라도 독단전행할 수 없
다'고 규정되어 있었다. 그런데 1882년의「스미토모가법」에 있는 중임국
규정에서는 합의제 규정이 자취를 감추었고 총리인(히로세)이 '정관에 의

---

30 영원히 썩거나 사라지지 않는다는 뜻이다.

스미토모 도모이토(住友友純)(상)와 그의 구미 시찰 당시(하)

아래의 사진은 1897년 파리에서. 왼쪽부터 요시다 신이치(吉田真一), 스즈키 마사야 (鈴木馬左也), 도모이토, 무라마쓰 도요키치(村松豊吉). (스미토모사료관 소장)

거하여 우리 영업상 모든 사무를 총리감독한다'고 개정되어 총리인의 권한이 강화되었다.

또한 이「스미토모가법」특징 중 하나는 가산, 상속, 분가 등 이에제도 家制度에 관한 규정이 거의 없었다는 점이다. 반면 인사제도, 고용인 대우, 회계 제도 등에 대해 상세한 규정이 마련되어 있었다. 생산현업부문이 큰 스미토모에서는 종업원도 다수이면서 다양했고 그만큼 노무관리도 꼼꼼해야 했다. 또한 현업부문이 멀리 벳시에 있고 그것을 본점에서 관리해야 하는 이상, 회계관리도 엄격해야만 했다. 이러한 사정이 스미토모가법을 메니지먼트 중시형 규정으로 만든 요인이었다고 생각된다.

내부에서의 히로세 비판

그 뒤에도 가법은 부분적으로 개정·증보를 추가했지만 1891년 10월에 근본적으로 개정되었다. 그 전해인 1890년은 벳시 개갱開坑 200년을 맞아 벳시는 근대화 플랜의 진행으로 활황을 보이고 있었다. 그러나 호사다마라고 이 해에 12대 도모치카友親와 13대 가장 기치자에몽도모타다吉左衛門友忠가 연이어 병사하는 사태가 발생했다. 일단 도모치카의 처 도쿠登久가 14대 가장이 되었지만 후계사後繼嗣 문제는 스미토모가의 가장 중요한 일이 되었다. 이런 와중에 가법의 개정이 이루어졌다

신가법의 특징은 우선 '가헌'과 '가법' 부분이 독립한 것이었다. '가헌'은 가문에 관한 규정이었고 '가법'은 영업에 관한 규정이었다. 여기에 '가家'와 '점店'의 분리가 더욱 명확해졌다. 또한 신가법에서는 28장 230조로 구가법보다 60개조나 조항이 늘어났다. 점내 룰의 형식적 정비가 더욱 이루어져 '스미토모의 법치주의'가 진전된 것이다. 내용적으로는 가장이 미성년자 또는 여자, 가무家務를 감당할 수 없을 경우에 총리인 또는 지배인이 일체의 가무를 처리 할 수 있도록 한 점, 총리인은 가家 및 점店의 쌍방을 총리감독할 수 있도록 한 점 등 총리인의 권한을 더욱 강화한 것이 큰 특색이었다.

잇따라 가장이 사망한 사정이 여기에 반영되어 있다고 할 수 있겠지만, 동시에 그것은 히로세 사이헤이의 좋게 말하면 리더십, 나쁘게 말하면 독재체제가 강했음을 의미하는 것이었다.

한편 후계사後繼嗣 문제에 대해서 히로세는 이바 데이고에 자문하면서 1892년 4월 교토 도쿠다이지가德大寺家의 긴이토公純 6남 다카마로隆麿를 스미토모가의 양적자로 맞이하여 도모타다友忠의 여동생 마스萬壽와 결

혼시켰다. 이듬해 다카마로는 15대 가장 기치자에몽도모이토吉左衛門友純(호는 순스이春翠)를 습명했다. 구게公家[31]이자 사이온지 긴모치西園寺公望의 친동생인 도모이토의 스미토모가 입적은 스미토모에 일종의 프레스티지(사회적 명망)를 주었다.

그러나 사실상 가장을 선임할 때까지의 독재적 권위를 손에 넣게 된 히로세 사이헤이에 대해 스미토모 내부로부터 비판의 목소리가 일어나게 되었다. 그 저류에는 벳시의 근대화는 차치하고라도, 히로세의 리더십으로 전개한 사업의 성적이 신통치 않았던 점, 그에 대해 내부로부터 강했던 은행 설립 요구에 히로세가 완고하게 거부한 점 등 사업전략상의 비판이 있었다. 또한 중임국에서의 합의제를 유명무실화하고, 히로세 독재체제를 추인하는 내용의 가법개정을 단행한 점에 대한 불만도 있었다.

마침 1893년경 서양식 제련이 보급되고, 석탄을 주연료로 사용하면서 니하마에서는 연해煙害(대기오염)가 심해졌다. 이 때문에 농민들로부터 원망의 소리가 높아져, 스미토모는 이러한 공격을 받게 되었다. 이 사태에 대한 대응을 둘러싸고 벳시 이사였던 오시마 도모키요大島供淸는 스미토모를 사직하고, 히로세의 방침은 시대에 맞지 않다고 날카롭게 비판했다. 히로세는 이쿠노은산生野銀山에서 오시마의 재능을 발견하고 스미토모로 영입했다. 오시마는 벳시 근대화에 공헌한 인물이었다. 이렇게 엄중한 국면을 맞이하여 히로세는 스스로 물러날 결의를 다지고 사표를 제출, 1894년 11월 총리인을 사임했다.

---

31 원래 천황과 조정을 의미하는 말이었는데, 전하여 조정의 관리를 의미하게 되었다. 특히 무사정권 성립 후에는 부케(武家), 부케슈(武家衆)에 대해 조신(朝臣) 일반을 구게, 구게슈라 불렀다. 쉽게 이야기해서 무가시대에 조정에 출사한 사람을 가리킨다.

아노미 상태일 때의 기업가

미쓰이의 미노무라, 스미토모의 히로세, 두 사람 모두 막말~유신에 이르는 격동기에 공통되는 부분이 많은 과제를 짊어진 반토였다. 하나는 양가의 영업기반이었던 막부어용사업이 없어지는 것에 어떻게 대처할 것인가, 신정부 측으로 어떻게 빨리 방향전환을 할 것인가의 문제였다. 또 하나는 경제환경의 변화로 에도 후기 이래 쇠퇴해 가던 가업을 어떻게 재구축할 것인가, 그를 위해 어떻게 가정개혁을 추진할 것인가의 문제였다. 그리고 두 사람 모두 주가主家의 재정상황이 위기 상태에 있었을 때 경영의 책임을 감당해야 했다는 점에서도 공통점을 가진다. 따라서 이러한 문제를 해결하기 위해서는 관행궤도로부터의 일탈이 필요했다. 루틴한 업무만을 소화한다든지 일찍이 존재했던 대상가의 반토들과 같은 행동으로는 그들에게 부과된 임무는 완수할 수 없었다. 화합和이나 합의제를 중시하는 경영 스타일이 아니라 일종의 독재적 권력이 필요했다. 미노무라와 히로세는 바로 그러한 불안정한 아노미 상태에서 요구되는 기업가의 역할을 다했다.

따라서 이러한 상태가 끝나면 그들의 임무는 끝난다. 미노무라의 사후, 히로세의 퇴진 후, 미쓰이와 스미토모 양가에서는 제2단계의 개혁이 이루어진다. 사람들은 이것을 보고 미노무라와 히로세의 근대 기업가로서의 한계를 지적한다. 또 미노무라나 히로세의 기업자활동이 기본적으로 정상적政商的이었다고 하여 그 전근대성을 지적한다. 확실히 그럴 것이다. 그러나 막말~유신기에 많은 대형 상가가 무너져 사라진 것을 생각할 때, 빈사상태에 있던 상가를 제2단계 개혁으로 이끌 때까지 소생시킨 역할은 다시 높게 평가되어야 할 것이다.

고노이케와 도이 미치오

고노이케가의 부진

오사카의 고노이케 젠에몽가鴻池善右衛門家는 에도시대의 대표적인 호상이다. 전술했듯이, 메이지유신 이후에도 상당한 정도로 대자산가의 지위를 유지했지만 미쓰이나 스미토모 같이 근대 일본경제의 무대의 주역이 되지는 못했다. 다양한 요인이 얽혀 있지만 미노무라三野村나 히로세廣瀬와 같이 개성이 강한 개혁자가 없었던 것이 큰 원인이 되었다.

고노이케가는 17세기 초 셋쓰노쿠니攝津國 이타미고노이케무라伊丹鴻池村에서 청주의 양조와 에도로의 납품에 성공해서 재산을 모았다. 뒤에 연안운송업32, 상품거래를 행하고 마침내 환전상점兩替店을 창업했다. 17세기 말에는 다이묘대부大名貸 중심의 대부업으로 전문화했다. 겐로쿠기元祿期(1688~1703)에는 32개 번의 다이묘와 거래하게 되는, 오사카 제일의 호상이 되었다.

고노이케가의 경영은 18세기 중엽까지는 급성장을 보였으나, 이후에는 정체상태가 되었다. 다이묘대부大名貸의 불량채권화, 이자 미지불 등이 경영악화의 큰 요인이었지만 그 상황을 타개할 수 있는 유리한 자금운용처를 찾기 위한 노력이 없었다는 점이 보다 근본적인 부진의 원인이었다. 에도 후기에는 막부 어용금, 유신기에는 신정부로부터 회계적립금 외의 과징이 있었던 것은 미쓰이의 경우와 같았지만 고노이케의 경우는 거기에 더해 긴메정지銀目停止 조치와 다이묘대부大名貸 채권의 대폭적인

---

32 원문에서 회조업(回漕業, 廻漕業)은 회선운조(回船運漕)의 약칭이다. 회조토이야(問屋) 또는 운조토이야(問屋)이라고도 한다. 회조라는 것은 에도시대부터의 관용어로, 해상에 있어서 화물의 운송이나 취급을 행하는 운송업무를 의미한다. 여기서는 연안운송업으로 번역했다.

호라이샤(蓬萊社)

1873년에 설립되어 1874~1875년에 제당업과 제지업으로 진출할 것을 염두에 두고
설비투자를 했지만 자금난으로 실패했다. 서양식 제당업과 제지업의 국산화는 첫 시
도였다. 설비나 채권 일체는 마지마 죠이치로(眞島襄一郞)에게 양도되었다.

말소로 큰 타격을 받았다. 이렇게 막말·유신기에 고노이케도 큰 위기를
맞이하고 있었는데, 미쓰이나 스미토모와 달랐던 점은 이 시대의 정변에
대해 중립적 혹은 소극적인 움직임을 취했다는 점이다. 막말의 개항기에
는 막부가 기획한 효고상사兵庫商社에서, 신정부가 들어선 이후에는 오사
카통상大阪通商, 환회사爲替會社에서, 고노이케는 오사카 금융계의 중심으
로서 중요한 역할을 다했다. 하지만 신정부에의 협력 혹은 정부어용에서
이익을 얻는다는 점에서는 미쓰이나 오노만큼 적극적이지 않았다.

　1873년, 고노이케는 오사다(가시마야) 사쿠베長田(加島屋)作兵衛, 다카키
(히라노야) 고헤高木(平野屋)五兵衛, 와다(다쓰미야) 규자에몽和田(辰巳屋)久左
衛門, 이시자키(고메야) 기헤石崎(米屋)喜兵衛 등 앞에서 살펴본 부호순위에
도 나타나는 오사카의 다른 유력 환전상 및 고토 쇼지로後藤象二郎, 다케
노우치 쓰나竹內綱(도사번 사족, 요시다 시게루吉田茂의 아버지), 우에스기 나
리노리上杉齊憲, 하치스카 시게아키蜂須賀茂韶 등의 화사족과 호라이샤蓬萊

社라는 공동기업을 설립한다. 호라이샤는 연공미매입청부貢米買請, 부현가와세카타府縣爲替方, 관금취급, 위험청부危險請負[33] 등의 은행 유사업무와 더불어 제지・제당・탄광업 등을 경영하고자 설립된 것으로, 당초 계획으로는 자본금 445만 엔의 거대기업이었다.

유력한 오사카 환전상을 규합해 관공금 취급업무를 행하고자 하는 이 회사가 순조롭게 운영되었다면 미쓰이나 오노에게 충분히 대항할 수 있는 세력이 될 수 있었을 것이다. 그러나 실제로 이 회사는 성공을 거두지 못했다. 원래부터 이 회사는 오사카 환전상이 갖고 있던 번채藩債을 믿고 기획된 것이었다. 즉 고토後藤 등이 번채를 처분하면서 오사카 환전상에게 유리해지도록 정부에 손을 쓴다는 조건으로, 오사카 환전상에게 출자 약속을 얻어냈던 것이다. 그러나 고토 등의 공작은 성공하지 못했고 오사카 환전상들의 번채 상환액은 3분의 1정도로 줄어버려서 원래 호라이샤의 사업에 그다지 관심 없던 환전상들은 출자나 사업 참가에 열의를 보이지 않았고 호라이샤는 설립된 지 겨우 3년 만에 와해되어 버리고 말았다.

진척 없는 가정개혁

1877년 고노이케가鴻池家는 제13국립은행을 설립했다. 자본금은 25만 엔이고 주주 34명은 고노이케 젠에몽을 비롯해 고노이게의 본가・분가・별가에 속한 이들이었다. 당시 다수 설립된 오사카의 국립은행 가운데 제130국립은행과 함께 최대 규모였지만 예금 획득이나 대부에 열의를 보이지 않고 자기자본을 중심으로 공채매입을 자금운용의 중심에 두는 소극적 경영방식을 취했다. 그 결과 1897년에 만기해산으로 고노이케은

33　현재의 보험회사의 전신으로 간주되고 있다. 메이지 초기 법률로 이 명칭이 정해졌다.

34은행

오사카의 섬유 관계 유력상인들이 1878년에 자본금 10만 엔으로 발족시킨 은행. 은행장은 오카하시 지스케(岡橋治助). 오사카 고라이바시(高麗橋) 4초메에 있었다.

행鴻池銀行이 되었을 때는 자본금 규모에서 제32 · 제34 · 제58 · 제79 · 제130국립은행에 뒤처지게 되었다.

또한 1883년에는 오사카 최초의 창고회사인 오사카창고회사를 설립했지만 이 역시 실적부진으로 1886년에는 농상무성에 보호를 출원해야 하는 어려운 상황에 빠졌다. 뒷날 영업성적은 호전되지만 1917년 은행 전업화專業化 방침으로 미쓰이에 매각된다.

이밖에도 고노이케는 메이지 초기에 몇 개의 신사업에 손을 댔지만 모두 큰 성공을 거두지 못했다. 고노이케에서는 오모토카타제도大元方制度가 확립되어 있던 미쓰이나 기치자에몽가吉左衛門家에 가산이 집중되어 있던 스미토모가住友家와 달리, 본가인 젠에몽가善右衛門家 외에 유력한 분 · 별가가 존재해 본가로의 자본집중도가 비교적 낮았다. 따라서 거액의 다이묘대부大名貸를 행하는 경우에는 본가를 중심으로한 유력 분 · 별가들의 공동출자로 이루어지는 케이스가 많았다. 앞의 제13국립은행의 설립도 그 관행을 답습한 것이었다. 그리고 경영의 실권은 어릴 때부터 고가이子飼い 반토들, 특히 오이분老分(고노이케류의 호칭)이라 불리는 고

참 반토들이 장악하고 있었다.

막말·메이지 초가 되면 분·별가 중에는 본가가 지원하지 않으면 안 되는 곳도 많아져 본가에게 무거운 짐이 되어 있었다. 이 때문에 제13국립은행 설립 때에는 분·별가의 주식을 본가가 맡아두는 형식으로 자본의 집중이 이루어졌고, 1879년에는 분·별가제도의 폐지가 시도되었지만 경영면에서는 여전히 오이분의 권력이 강해 가정개혁은 진척되지 못했다. 이런 상황에서 고노이케가의 쇠퇴를 우려한 당시 오사카부 지사 다테노 고조建野郷三의 알선으로 도이 미치오土居通夫가 고문으로 영입되었다.

도이 미치오의 등장

도이 미치오土居通夫는 1837년 이요노쿠니伊予国(현재 에히메현) 우와지마번宇和島藩士의 집에서 태어났다. 막말에 번을 벗어나 도막운동倒幕運動에 참가했는데 주로 오사카에서 활약한다. 신정부가 발족하자 오사카친다이大阪鎭台[34]의 장관이 된 우와지마번주 다테 무네나리伊達宗城를 수행하여 외국사무국에 출사, 고다이 도모아쓰五代友厚의 부하로 일했다. 한때 관직에서 사임하기도 했지만 1872년 사법성에 출사해 이후 12년간 사법계에서 일해 1882년 오사카공소재판소大阪控訴裁判所 중죄재판장重罪裁判長이 되었다.

도이는, 도막운동에 참가하고 있을 때에도 오사카 센바船場의 부상 다

---

34 구 일본육군 편제상의 단위로, 해당 지방의 경호를 맡았다. 1871년 4월 어친병(御親兵=친위대)이 설치되고, 6월에 동산(東山, 이시마키石巻)과 서해(西海, 고쿠라小倉)의 두 개 친다이(鎭臺)가 설치되는데, 7월 폐번치현이 이루어지면서 그때까지의 친다이를 폐지하고 새롭게 도쿄, 오사카, 친제(鎭西, 구마모토熊本), 도호쿠(東北, 센다이仙臺)의 4개 친다이를 설치했다. 1873년 1월에는 나고야와 히로시마에도 친다이가 신설되었다. 규모는 1만 6천 정도. 1888년 사단제가 채용됨에 따라 사단으로 개편되었다.

카이케야 사부로베高池屋三郞兵衛의 신변보호를 해 준 적이 있었고, 외국 사무국이나 재판소에서 일할 때에도 오사카상인들과 어울렸기 때문에, 스미토모의 히로세 등으로부터 재계에 들어올 것을 권유받기도 했다.

1884년, 도이는 재판관을 사임하고 고노이케가에 들어간다. 도이의 임무는 가정개혁에 있었던 듯 1886년에 분·별가의 정리를 단행했다. 당시의 『도쿄니치니치신문東京日日新聞』은 이때 옛날부터 고노이케가에 출입하는 분·별가 300명이 약간의 위로금淚金을 받고 향후 출입을 금지당했다고 쓰고 있다. 이어 1889년에는 '고노이케가헌법鴻池家憲法'을 제정, 1898년에 다시 개정하였다. 고노이케가는 가헌 제정에 도이의 사법관으로의 경험과 식견을 활용할 수 있을 것으로 여겼던 것 같다. 이 가헌에서는 가주家主의 권한을 명문화해 제약하고 '가정회家政會'라는 동족자본 관

제11대 고노이케 젠에몽(鴻池善右衛門, 이름 幸方)

고노이케가는 폐번치현 당시 76개의 번(藩)과 거래가 있었기 때문에, 손해가 막대했다. 하지만 대대로 이어온 금융전업(金融專業)의 전통이 있어서 오사카의 상인들이 새로운 사업을 일으킬 때에는 절대적인 신용이 있었다. 그 때문에 이름이 필요한 대사업(오사카창고[1883], 일본생명보험, 오사카저축은행의 설립 등)에는 모두 11대 젠에몽이 사장을 지냈다. (『サンワのあゆみ』에서)

리기구를 두는 등 형식적으로는 종래의 가훈보다 정리된 것이었지만, 그 내용은 기본적으로 가문의 전통적인 경영관행에 따른 것이었다. 예컨대, 오이분老分 · 지배인 · 데다이手代 · 분가 등에 관한 규정은 내용적으로는 거의 교호시대享保(1716~1735)에 정해진 것과 거의 변하지 않았다.

도이 미치오가 고노이케에 들어간 당시의 가주家主 10대 유키토미幸富는 풍류에 몸을 맡기고 하이쿠俳句를 지으며 하루하루를 보내고 있었다. 하이쿠를 취미로 하고 있던 도이도 "일가의 사람들로 하여금 하이카이俳諧를 즐기고, 유유자적하는 가운데 저도 모르는 사이에 감화를 주고, 방침을 지시하여 서서히 개혁을 완수"(『土居通夫君傳』)하는 것을 방침으로 삼고 있었다. 여기에는 도이가 대영단大英斷을 내리는 것을 방해하는 복잡한 가정家政 사정이 있었을 것이다. 고노이케의 정체가 전통적 경영자층의 보수성에 있었다고 생각됨에도 불구하고, 오이분제도老分制度에 손을 댈 수 없었던 도이의 개혁은 철저할 수 없었다.

일본생명, 오사카저축은행의 성공

1889년, 고노이케 젠에몽鴻池善右衛門은 오우미近江의 히로세 스케사부로弘世助三郎와 오사카 은행가들을 규합해 설립한 일본생명의 사장에 영입되었다. 당시 세간에서 이해받지 못하던 생명보험의 신용을 얻기 위해 호상으로 국내에 널리 알려진 젠에몽에게 사장 취임을 요청한 것이다. 동시에 고노이케가도 동사의 대주주가 되었다. 오이분 아시다 야스사부로芦田安三郎와 별가의 구사마 사다타로草間貞太郎를 이사로, 도이를 상담역으로 파견했으나 젠에몽은 완전히 명목적인 사장으로 기업자 직능을 수행하지 않았다. 젠에몽은 1890년에 초대 일본은행 오사카지점장으로, 퇴임한 후에도 오사카 금융계의 지도자로 활약하고 있던 도야마 슈조外山脩造의 권유로 히라세 가메노스케가平瀬龜之助家, 야마구치 기치로베가

오사카저축은행의 광고전단

고노이케를 은행장에, 소토야마(外山), 히라세(平瀬), 야마구치(山口) 등이 경영자로 이름을 올리고 있다.

山口吉郎兵衛家와 함께 오사카저축은행을 설립하고 사장에 취임했다.

일본생명은 창업 이래 눈부신 발전을 거둬 10년이 채 되지 않아 업계 수위에 올랐지만 1903년 젠에몽이 사장을 그만두자 이후 고노이케가는 가지고 있던 주식도 점차 매각해 갔다. 오사카저축은행도 부행장 도야마 外山가 경영을 맡아 순조롭게 발전했다. 1900년경에는 저축은행 업계 제 1위가 되었고, 메이지 말기에는 예금고로 오사카 은행계에서 발군의 1위가 되었다. 그러나 1900년 공황 때 예금인출소동을 만나 고노이케은행이 지원하지 않으면 안 되었던 점, 저축은행의 임원은 무한책임제로 되어 있었던 점 등의 이유로 1903년 젠에몽은 사장을 사임했다. 이후 저축은행과의 관계는 희미해졌다.

일본생명, 오사카저축은행은 모두 그 뒤 현저한 발전을 이루고, 고노이케가를 대신해 지주持株와 경영 양쪽에서 야마구치 기치로베가山口吉郎兵衛家가 주도권을 쥐게 되어 야마구치재벌山口財閥 형성의 큰 기반이 되었다. 고노이케가가 이 두 회사로부터 물러난 것은 '신의정지新儀停止'를

창업 당시의 고노이케은행

제13국립은행은 1897년, 개인 경영의 보통은행으로 전환, 고노이케은행으로서 재발
족했다. 또한 1900년에는 합명회사 고노이케은행이 된다. (『サンワのあゆみ』에서)

제일로 여기는 가법家法에 따른 것이었지만, 도이 역시 그 방침에 이의를
제기하지 않았다.

고노이케의 안정

이렇게 해서 고노이케의 상대적 지위는 차츰 저하되었다. 11대 가주의
장인인 미쓰이 다카야스三井高保가 이를 걱정해 이노우에 가오루井上馨의
소개를 받아 외교관이었던 시마무라 히사시島村久라는 인물을 간부로 추
천했다. 1899년 시마무라는 고노이케은행 이사에 취임하자마자, 오이분
나가타 히코사쿠永田彦作와 아시다 야스사부로芦田安三郎를 파면하는 등
경영진의 쇄신을 단행했다. 또한 각기 1만 엔의 위로금涙金으로 39개 별
가와의 관계를 끊었다. 비슷한 시기, 고노이케의 오이분 중 한 사람이며
고노이케은행 도쿄지배인 아시다 준자부로芦田順三郎의 의형으로, 대장
성 관료에서 제74국립은행 사장을 지내고 당시에는 아무 일도 맡고 있지
않던 하라다 지로原田二郎도 고노이케에 들어왔다. 1907년, 고노이케은행

전무이사가 되어 최고 실력자가 된 하라다는 은행과 창고업으로 고노이 케의 사업을 한정한다는 시마무라의 방침을 철저하게 지켜 일본생명과 오사카저축은행으로부터의 철수를 추진했다. 동시에 은행경영에서는 '예금은 빚'이라는 신념을 갖고 점포의 축소와 안전성을 우선하는 자금운용을 채택했다.

이에 따라 고노이케은행은 제13국립은행 이래의 결손을 회복하고 경영의 안전성을 되찾았지만 다른 한편으로는 장래성 있는 거래처의 개척에는 소극적이었다. 이러한 고노이케가 세습재산의 보전, 화폐자산의 축적, 견실한 이식利殖을 제일로 하는 도이, 시마무라, 하라다의 경영방침은 대부자본가의 전형적인 행위였고 고노이케가를 오랫동안 부호의 일각에 머무르게 하는 데는 성공을 거두었지만 일본경제의 정식 무대에서 활약하는 재벌로 변신하게 만드는 데는 실패했다.

이러한 경영방침에 대해 고노이케은행 내부에서도 머지않아 비판의 목소리가 나왔다. 결국 1919년 고노이케은행의 주식회사로의 개조와 함께 하라다는 퇴임하고 일본은행 출신의 가토 하루히코加藤晴比古가 입행했다. 가토의 방침에 따라 고노이케은행은 마침내 지점망의 강화, 예금은행화 등 적극적인 경영으로 방침을 바꾸어 어느 정도 지위를 회복했다. 그러나 1899년 당시 고노이케은행은 뒷날 산와은행三和銀行으로 합병되는 다른 2개 은행, 즉 34은행과 야마구치은행과 비교할 때 예금 및 대출잔고에서 34은행과 거의 비슷했고, 야마구치은행의 2배 정도였다. 하지만 1926년에는 34은행의 3분의 1, 야마구치은행의 2분의 1 정도로 축소되어 있었다. 1931년 이 세 은행이 합병하여 산와은행이 되었을 때는 자본금에서 34은행 3,940만 엔, 야마구치은행 2,750만 엔이었던 것에 비해 고노이케은행은 500만 엔에 불과했다. 300여년 계속된 고노이케가의 주요사업은 근대은행으로 계승되었지만 고노이케가는 그곳에서 더

야마구치은행(山口銀行) 본점

제3대 야마구치 기치로베(山口吉郎兵衛)가 1879년에 설립한 제148국립은행도, 1898년 보통은행으로 전환하여 야마구치은행으로서 재발족했다. 총이사에 신문기자 출신으로 일본은행 오사카지점을 막 그만둔 마치다 추지(町田忠治)를 영입하여 오사카시내에 점포를 증설하고 예금을 증강하는 등, 적극적인 경영자세를 보였다. 이 본점은 도조즈쿠리(土蔵造り)로 되어 있어서 당시 주목을 모았다.

이상 주도적인 입장에 위치할 수 없었다.

도이의 재계활동

그런데 고노이케가의 가정개혁에 있어서 도이의 역할은 한정되어 있었지만 그 자신은 이를 발판으로 삼아 오사카재계에서 큰 영향력을 갖게 되었다. 1887년에 설립된 오사카전등大阪電燈 사장이 된 것을 비롯해 일본유리제조日本硝子製造, 나가사키전등長琦電燈, 오사카실업은행大阪實業銀行, 메이지방적明治紡績, 한카쿠철도阪鶴鐵道, 오사카마차철도大阪馬車鐵道, 기와철도紀和鐵道, 오사카형기大阪衡器, 오사카염직大阪染織, 나니와전차궤도浪速電車軌道, 오사카토지건물大阪土地建物, 도요기선어업東洋汽船漁業, 산인가스山陰瓦斯, 셋쓰토지摂津土地, 다이쇼저금은행大正貯金銀行, 게이한전철京阪電鐵 등의 사장에 취임했고 임원으로서 관계한 회사는 수십 개에 달했다.

그보다 더 중요한 것은 1895년 선임된 이래 1917년에 타계할 때까지 오사카상업회의소 회장의 지위에 있었다는 사실이다. 당시의 상업회의소는 거의 유일한 종합경제단체로서 큰 영향력을 가졌다. 특히 도쿄와 오사카의 회의소가 권위를 가지고 있어 그 회장은 재계천황이라고 불릴 정도였다. 따라서 22년 반 동안 회장 자리에 있었다는 것은 도이가 유례가 드문 조정능력을 갖고 있었음을 시사한다.

1903년, 현재의 오사카 덴노지공원天王寺公園을 중심으로 개최된 제5회 내국권업박람회는 해외 참가국이 13개국, 입장객이 530만여 명에 달하는 공전의 규모로, 1970년의 만국박람회에 비교될 수 있는 사업이었다. 오사카상업회의소 회장으로서 도이는 내국권업박람회의 유치와 개최에 힘을 다했다. 도이가 관계한 사업은 오사카전등이나 일본생명을 비롯해 고노이케가가 출자자로 참여한 기업이 적지 않았고 내국박람회에 대해서도 유치운동비로서 고노이케은행은 1만 엔을 융통하고 있었다. 도이의 재계인활동이 어느 정도 고노이케의 명성과 재력을 배경으로 이루어졌다는 사실은 부정할 수 없다.

3장
정상들의 시대

정상政商들의 무대

정상이란 무엇인가?

정상政商이란 일반적으로 정치가나 정부 고위관료와의 유착을 이용하여 경제활동 상의 특권을 얻거나 정책을 자신의 이익에 유리한 방향으로 유도하여 부를 축적한 사업가나 기업을 가리키지만, 원래는 메이지기에 등장한 이 타입의 사업가를 의미하는 역사적 범주이다. 정상이란 말을 처음으로 사용된 것은 야마지 아이잔山路愛山의『현대금권사現代金權史』(1908년)로, "정부가 직접 간섭하여 민업民業의 발달을 계획함에 따라 저절로 발생한 인민의 한 계급이다. 우리는 임시로 이를 이름 붙여 정상이라고 한다"고 정의하고, "메이지 초기에 그 시대가 만들어낸 특별한 시세時世에 생겨난 특별한 계급"이라고 적고 있다.

즉 아이잔은, 민간자본의 발달이 늦어진 상황 속에서 구미 열강들의 압력을 받아 급속하게 자본주의화를 도모해야 했던 당시의 일본에서는 국가가 주도하여 자본주의 형성의 담당자를 보호·육성할 수밖에 없었고 거기서 정상이 생겨나게 되었다고 파악한다.

정상이 등장하는 토양

메이지기에 왜 정상이 생겨난 것일까? 구체적으로 그 첫 번째 요인은 정부 주변에 많은 비즈니스 찬스가 있었던 점이다. 우선 자금면에서 보면 당시에는 일부 부호를 제외하고는 자본의 축적이 충분하지 않았고 자본시장도 발달하지 못했다. 또한 은행도 영세한 예금자금을 모아 그것을 상공업자에게 빌려준다는 본래의 금융중계기관의 기능을 충분히 수행하지 못하고 있었다. 한편, 이 시대에는 지조地租를 중심으로 한 조세가 자금 흐름에 큰 비중을 차지하고 있었다. 이 조세를 자금원으로 정부는 다양한 식산정책을 실시한다. 그것은 비즈니스 측면에서 보면 정부 주변에 많은 비즈니스 찬스가 있었음을 의미했다.

그 중 하나가 관공금예금이었다. 중앙정부도 지방정부도 다수의 납세자로부터 조세를 모아야 했는데 정부가 직접 징수기구를 갖지 못했을 때에는 전국적으로 지점을 가진 금융업자에게 부탁할 수밖에 없었다. 금융업자 입장에서 보면 관공청官公廳으로부터 그 징수를 위탁받은 돈은 납세자 등으로부터 납입을 받은 후에 관공청에 납부할 때까지 일정기간의 유예가 있었던 데다가 그 기간 동안은 무이자였기 때문에, 운용자금원으로서 상당히 매력적인 것이었다. 전술했듯이 미쓰이나 오노, 그리고 후술하는 야스다 젠지로安田善次郎 등은 이러한 정부 어용을 통해 치부했다.

정상이 생겨나는 두 번째 계기는 식산흥업정책에 있었다. 다시 언급할 것도 없이 구미 선진경제에 대한 캐치 업catch up은 가장 중요한 국가목표였는데 민간의 자생적 발전을 기다리기만 해서는 선진경제와의 갭이 너무 컸다. 그래서 정부가 외국의 생산기술이나 경영방식을 도입하여 스스로 경제발전의 담당자로서 등장할 필요가 있었다. 이는 후발국에서는 공통적으로 보여지는 현상이다. 이미 언급한 바와 같이 메이지 정부도 예외가 아니어서 정부 스스로 많은 관영사업을 일으켰다.

관영사업은 그 자체로 공급면에서 경제에 임팩트를 주지만 관영사업에서 발생하는 수요가 있고 관영사업에서 민간으로 전해지는 기술이나 노하우도 중요했다. 또한 민간에 보조금을 주어 산업육성을 도모했다. 2000추 방적이나 해운업에 대한 보호정책은 그 사례이다.

또한 큰 의미를 가진 것은 관업불하였다. 이미 언급한 바와 같이 관영사업은 경영적으로 꼭 양호했던 것은 아니다. 따라서 불하가격이 정부의 투하자본에 비해 싼 값이었다고 해도 당시의 관영사업의 수익으로부터 자본 환원[1]하여 얻을 수 있는 자산가격과의 비교라는 관점에서 보면 부당하게 싼 값이었다고 하기 어려울 것이다. 그러나 불하받은 자들의 입장에서 보면 초기투자는 크게 경감되었고 무엇보다도 미지의 사업을 일으킬 때 발생하는 초기 시행착오 비용을 정부가 부담해 주었다는 사실이 컸다.

셋째, 많은 정보가 정치가나 관료에게 편재되어 있었던 점이다. 정변으로 권력의 구도가 자주 바뀌었고 그에 따라 정책이나 법령, 제도도 변경된다. 이미 소개한 것처럼 미쓰이나 오노 등은 정부의 은행제도정책의 변동에 좌우되는 일이 적지 않았고 스미토모 역시 광업정책이 안정될 때까지 광산가행鑛山稼行을 안정시킬 수 없었다. 또한 오사카의 환전상들은 화폐정책이나 번채처분藩債處分의 영향을 크게 받았다. 한발 앞서 관변官邊과 통하여 정보를 캐치하는 것이 이 시기에 매우 중요했던 것이다. 더욱이 외국의 선진기술, 경영조직 등 경제정보도 당시에는 정부 당국 쪽이 보다 접근하기 쉬웠다. 예를 들면 정부의 오야토이외국인 기사들과 접촉할 기회를 얻는 것은 외국문명을 섭취하는 빠른 길이었다.

---

1 주식이나 채권 등에서 정기적으로 들어오는 배당, 이자, 지대 등의 예상 수익을 시장이 자율로 나누어 합산함으로써 의제(擬制) 자본을 산출하는 절차이다. 어떤 투자안으로부터 얻을 수 있는 장래의 예상수입에서 예상비용을 뺀 이익의 흐름을 토대로 적당한 할인율을 사용하여 현재가치를 구하는 일이다.

넷째, 외국인 배제정책과의 관련이다. 외국자본의 배제, 외국인 지배의 배제는 메이지정부의 기본방침이었다. 막말에서 메이지기에 있어 새로운 비즈니스 찬스를 활용한다는 점에서는 일본인보다 외국상인 쪽이 자금면, 기술면, 정보면에서 훨씬 유리한 입장에 있었다. 더구나 구막시대舊幕時代에 막부나 각 번이 군수품을 수입하거나 군수공장을 건설할 때 외국에서 차입한 금액은 상당한 금액에 달했고 그 대가로서 각국에 다양한 이권이 주어졌다. 예컨대 사가번佐賀藩은 군함대금 미지불에 대한 대가로서 글로버에게 다카시마탄광高島炭鑛의 공동경영권을 줄 수밖에 없었다. 메이지기에 들어서 막부나 각 번들로부터 신정부에 인계된 외채는 600만 달러라는 거액에 달했고 이에 대한 처리를 잘못하면 경제의 중요 부분이 외국인의 손에 넘어갈 가능성이 있었다.

이러한 상황 속에서 막부는 수호통상조약을 체결하면서 외국인에 대한 내지자유통행권 부여를 거부했는데 메이지 신정부도 외국인배제정책을 추진했다. 일본갱법日本航法으로 광산가행의 본국인주의를 내세워 외국인에게 채굴권이 넘어가는 것을 불가능하게 하거나, 당초 미국인에게 부여되어 있던 신바시-요코하마 간 철도부설권을 회수한 것은 그 전형적인 사례였다. 또한 외국상인들의 손에 장악되어 있던 무역 상권을 탈환하기 위해 무역상사의 육성에 힘쓰고 나아가 직수출하려는 상사에게 자금을 대부하는 등의 방책을 취했다. 많은 외국인 기사나 교사들이 정부에 의해 초빙되었으나 대부분 단기간 고용이었고 그 후에는 일본인 기사나 교사를 육성하고자 했다. 이러한 외국인배제정책은 다른 측면에서 보면 일본인에 대한 보호·육성정책을 의미하는 것이었다.

이와 같이 자본시장이나 금융시장이 미성숙했고, 또한 외래기술이나 지식을 계속 도입하면서도 일본인의 손으로 자본주의적 발전을 도모해야 한다는 조건하에서는 정부와 특정업자 사이의 밀접한 협력관계가 필

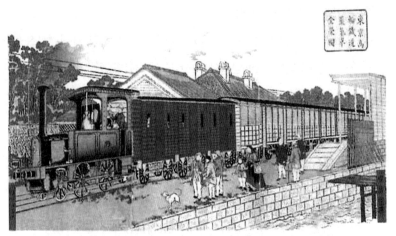

도쿄다카나와철도증기차전영도(東京高輪鐵道蒸氣車全榮圖)

증기로 달리는 기차는 문명개화의 심볼이었다. 신정부는 이 철도의 부설권을 정부로 회수하는 등 내셔널한 정책을 차례로 실시하며 '부국강병(富國强兵), 식산흥업(殖産興業)'의 길을 서두른다. (물류박물관 소장)〈그림〉도쿄다카나와철도증기차전영도(東京高輪鐵道蒸氣車全榮圖)

연적일 수밖에 없다. 그리고 이 경우 정부가 기대한 기능을 완수할 수 있는 경제주체는 현실적으로 그렇게 많이 존재하지는 않았다. 예를 들면 관공금을 취급하기 위해서는 금융업무 경험이 있는 자로서 전국적인 지점망 등 그 나름의 시설을 보유한 자가 안성맞춤이었다. 이데올로기적으로도 '부국강병' 등 정부에 공감sympathy하는 자가 바람직하다. 또한 정부가 기대하는 기능이 시종일관 잘 이루어지고 있는지 여부를 모니터링하기 위해서는 정치가나 관료들이 늘 접촉할 수 있고 영향력을 미칠 수 있는 인물이어야 했다. 이렇게 생각하면 정부가 보호·육성할 수 있는 인물은 한정되어 있었고, 여기에 정상이라 불리는 자들이 등장하는 토양이 생겨난 것이다.

후쿠자와 유키치의 정상론

다만 이러한 정상에 대한 보호·육성정책은 효율적인 자원배분을 방해할 가능성이 크다. 특정 인물에 대한 보호 때문에 신규진입이 규제될 경우 보호되고 있는 소수에게 초과이윤이 발생한다. 보호받고 있는 자는 이 초과이윤을 지키기 위하여 이 이윤의 일부를 정치가나 관료에게 사례로 지불하는데 여기에서 정치적 스캔들이 일어난다. 여기에 정상 비판의 근거가 있다. 그러나 이는 자본이나 경영자원(인재, 기술, 경영조직 등)이 풍부하게 존재하고 그것들을 시장에서 상당히 자유롭게 조달할 수 있는 경우에 통하는 논리이다. 새로운 시대의 경제활동에 적합한 경영자원을 가진 자들이 다수 존재하여 경제정보를 얻을 수 있고 자본을 쉽게 조달할 수 있는 환경이었다면 정부의 직영사업은 물론 민간경제인의 보호·육성은 최소한으로 하고 경제활동은 시장에 맡겨야 했을 것이다. 그러나 그러한 환경이 아니고 또한 관민에서 목표가 공유되고 있을 경우에는 관민이 서로 기능을 보완하면서 일체화되어 경제활동에 임한다는 것은 그 나름의 합리성을 가진다.

그러나 시장이 발달하여 자유로운 진입이 가능한 환경이 정비된 단계에 이르러서도 정상보호정책이 계속된다면 그것은 효율성을 해친다. 정상이란 이러한 역사적 견지에서 평가되어야 할 존재인 것이다.

대표적 정상으로 여겨지는 이와사키 야타로岩崎彌太郞와 친했던 후쿠자와 유키치福澤諭吉는 『어용상인론御用商人論』(1887년 집필)에서 정상의 존재이유를 일정 부분 인정하면서 그 폐해에 대해 다음과 같이 논하고 있다.

여론은 자칫하면 어용상인의 폐해를 비난하여 호되게 공격하는 법이다. 원래 어용상인이란 특별히 공식적으로 그 명칭이 있는 것이 아니다. 보통의 사족상인士族商人 중에서 다소 재기 있는 인물이 갖가지 인연을 가지고 관변의 유력자에게 접근, 마침내 교제를 두터이 하여 사담사어私談私語의 길을 열어서, 몸은 민간에 있으면서도 마치 정부의 분위기 속에 서식하는 모양새로 상인사회商人社會의 중진이 되어 온갖 거래가 술술 풀릴 뿐 아니라, 일본정부의 법률상에도 상사商事의 일에 관계되는 것이 적지 않기 때문에, 그것들을 청원하거나 혹은 관민협의 때에도 스스로 무언無言의 특권을 가지고, 혹은 정부 관계 당국으로부터 물건을 사고 물건을 팔아 또는 토목공사를 일으킬 때에도 많은 경우 이 상인 · 상회의 손에 일을 인수하는 관행과 함께 항상 어용상인의 이름을 얻은 자들이다. 우리도 그 폐해를 모르는 바는 아니나, 다만 이를 공격하기만 하면 저주를 퍼붓는 것과 같다. (중략) 본래 이런 종류의 상인들이 은밀히 정부 당국의 세력을 빌려 그 힘에 의지하여 경영하면 일은 상당히 쉽게 하여 안전하게 이익을 얻을 수 있을 것 같지만, 이익을 다투는 인간세계에서 상매경영商賣經營[2]은 지극히 곤란할 터인데도 그 곤란을 겪지 않고 얻기 어려운 이익을 쉽게 얻는 것은 곧 상매상商賣上의 대의에 입각한 도리상道理上 기이한 모습이기 때문에, 원래부터 오랫동안 할 수 있는 것이 아니다. 혹시라도 이렇게 납득하기 어려운 상법을 가지고 영원히 행하고자 한다면, 결국에는 우리 상매사회商賣社會의 기풍에 부패를 초래하고 그 화禍는 일본 전국의 이재理財에 파급되어 다시 구할 수 없는

---

2 상매(商賣)는 이익을 얻기 위해 사거나 팔거나 하는 자체를 말하고, 경영은 어떤 확실한 목표를 가지고 계획을 세워 기업을 성장시키고 수익을 올리는 것을 말한다. 엄밀하게는 구별된다. 하지만 여기서 상매경영이라고 하는 것은 '상매를 경영한다'로 이해하여 '이익을 얻기 위해 장사를 한다'로 이해하면 될 것 같다. 다만, 후쿠자와의 경우 이미 서양의 기업이나 회사에 대한 이해를 갖고 있었을 것으로 보아 '기업을 경영한다'는 의미도 담고 있을 것 같다. (역자)

지경에 이르게 될 것이다. 우리는 우리 일본국의 운명을 점쳐 이렇게까지 부패를 예기할 수 없기 때문에, 저 어용상인의 운명은 도저히 영구히 할 수 있는 것이 아니라고 지금부터 단정할 수밖에 없다. (중략) 지금의 실상으로는 정부의 세력이 무한하기 때문에 민간에 드러나지 않는 어용상인이 있는 한 도저히 일본국의 영원융성은 전망할 수 없다. 따라서 우리는 굳이 고집스럽게 지난 과거를 묻는 것이 아니라면, 그저 올해 오늘부터 여러 상인들이 마을을 고쳐먹고 순수한 독립 상인이 되어, 간접적으로든 직접적으로든 관의 보호에 의지하지 않고, 일가일사一家一社의 사업을 준비하여 일본정부의 상인이 되는 것이 아닌, 일본국의 상인이 될 것을 희망해 마지않는다.

그런데 한 마디로 정상이라고 해도 다양한 유형이 있는데, 1963년에 『정상』이란 책을 쓴 가지니시 미쓰하야楫西光速는 이를 세 가지 유형으로 분류한다.

　　第1형 - 구막시대舊幕時代부터의 특권상인으로, 유신 후에도 발전한 미쓰이三井 · 스미토모住友 · 고노이케鴻池

　　第2형 - 출신은 대체로 낮지만, 맨손으로 동란에 편승한 이와사키岩崎 · 가와사키川崎 · 후지타藤田 · 오쿠라大倉 · 후루카와古河 · 야스다安田 · 아사노淺野

　　第3형 - 메이지 정부의 관료 출신으로, 정상의 후견인 역할을 한 시부사와澁澤 · 고다이五代

메이지기의 기업가는 어떠한 형태로든 정부와 접촉하여 기업자활동을 전개한 자가 많으며, 그런 의미에서는 정상이 많다. 그러나 여기서는 제

1형에 관해서는 이미 서술했고 제3형에 관해서는 '비즈니스 리더'의 항에서 검토할 것이기 때문에 제2형의 정상에 관해서 살펴보고자 한다.

정상의 구체상(1)- 이와사키 야타로

정상 이와사키 야타로

미쓰비시三菱의 창시자 이와사키 야타로岩崎彌太郎는 종종 전형적인 정상으로 간주되어 온 기업가이다. 야타로는 1834년 12월 11일, 도사노쿠니土佐國 아키군安藝郡의 지게낭인地下浪人 집에서 태어났다. 도사번은 세키가하라 전투関ヶ原の戦い 후 야마우치山内가 들어와 성립했는데, 그 이전의 영주 초 소카베長曾我部(長宗我部)의 가신단을 회유하기 위해 향사제도鄕士制度가 만들어졌다. 향사는 가신단 내의 조시上士와 가시下士의 중간 지위였고 보통 농경에 종사하다가 비상시에 번병藩兵으로 군무에 종사하는 것이 원칙이었다. 뒤에 향사직의 매매가 허락되었지만 40년 이상 향사로 근무한 자는 신분을 잃더라도 묘자대도苗字帶刀[3]를 허락받아 지게낭인이라고 불렸다.

소년시절부터 도사의 유학자에게 배워 시문에 두각을 나타냈고 1854년 21세 때 에도에 나가 쇼헤이코昌平黌[4]의 교수였던 아사카 곤사이安積艮

---

3 에도 시대에 혈연관계를 나타내는 가문의 명칭(姓·名字=苗字)를 쓰고, 큰 칼을 허리에 차는 무사의 특권이, 평민 신문에서도 쇼야(庄屋)나 어용상인 등 일부에 특례로서 허락되는 것을 말한다.

4 에도막부의 학교였다. 쇼헤이자카학문소(昌平坂學問所)나 세이도(聖堂)이라고도 했다. 막부 초기의 문교를 담당한 하야시케(林家)의 사숙이었다가 뒤에 간사(神田) 유시마(湯島)로 옮겨 공자묘나 학료(學寮)를 세워 그 땅을 공자가 태어난 땅에 빗대어 쇼헤이자카라 이름을 붙이고 세이도라 칭했다. 간세이(寬政)의 개혁 당시 주자학을 정학(正學)으로 1797년 막부의 학문소로서 쇼헤이코라 했다. 서민들의 입학은 금지시켰고 막신(幕臣)이나 번사들의 자제를 교육했다. 1871년 폐교되었다.

済의 문하에 들어간다. 그러나 다음해 아버지가 술자리에서 쇼야庄屋[5]와 싸움을 벌여 서둘러 귀향했지만 아버지 야지로弥次郎도 야타로도 무사신분을 몰수당하고 마을에서 추방되는 처분을 받았다. 추방이 해제된 1858년, 한때 도사번 정치의 중핵이었던 요시다 도요吉田東洋 문하에 들어가 사회문제에 대한 안목을 넓혔다. 도요의 추천으로 1859년, 번에 출사해 나가사키와 오사카 출장을 명받았지만 근무하지 않았고 도요가 암살되면서 실의의 시기를 보냈다.

그러나 도사번에서 세력이 강한 근황파를 대신해 요시다 도요의 흐름을 잇는 개혁파가 번정에 등장해 고토 쇼지로後藤象二郎, 후쿠오카 다카치카福岡孝弟, 이타가키 다이스케板垣退助 등이 번의 중추부를 구성하면서 사태가 변했다. 고토 등은 도요의 정책을 계승하여 식산흥업정책을 건백, 이에 기반하여 번藩 내의 생산물 판매, 함선·총포 기타 병기, 기계류의 구입 등을 목적으로 하는 가이세이관開成館이 1866년에 설립되었다. 여기서 야타로는 말단직원下役으로 근무하게 되었다. 야타로는 고토를 따라 가이세이관 나가사키상회에 부임했는데, 고토가 정사政事로 분주해지면서 주임에 발탁되었다. 야타로는 여기에서 상거래 경험을 쌓았는데, 특히 도사번의 나가사키 무역을 모두 관리하면서 많은 외국상인과 다투며 친교를 쌓은 것이 훗날 큰 자산이 되었다. 영국의 글로버 T.B. Glover, 얼트W.J. Alt, 미국의 월슈 홀W. Hall, 프러시아의 구니프레르L. Kunifler, 오스카 하트만O. Hartmann, 네덜란드의 시큐트, 벨기에의 아드리

5　에도시대 마을의 정사(政事)를 맡아보던 무라카타삼역(村方三役)의 우두머리로 지금의 촌장에 해당한다. 법령전달, 연공납입결산사무, 농민관리 등 영주지배체제의 말단행정관이었지만, 신분은 농민이었다. 쇼야는 주로 간사이 지방에서 통용되던 호칭이다. 간토 지방에서는 나누시(名主)나 기모이리(肝煎)라고 부른다. 참고로 무라카타삼역(村方三役)은 간토에서는 나누시(名主)·구미가시라(組頭)·햐쿠쇼다이(百姓代), 간사이에서는 쇼야(庄屋)·도시요리(年寄)·햐쿠쇼다이(百姓代)로 구성되었다.

이와사키 야타로(岩崎彌太郎, 1834~1885)

이와사키가 일으킨 미쓰비시회사와 정부계 공동운수회사는 운임경쟁 등으로 격렬하게 경쟁했고, 이는 역으로 경영을 압박했다. 피폐해진 두 회사는 정부의 중개로 일본우선회사로 합병하는데, 이와사키는 그 실현을 보지 못하고 사망했다.

안J. Adrian 등이 나가사키 시대에 거래선으로서 만난 상대였다. 당시의 외국상인은 지나치게 비싼 가격으로 상품을 판매하거나 일본 측과 여러 가지 분쟁을 일으키기도 했다. 일본 측도 자금부족으로 외국에서 차관을 얻어야 하는 일이 많았다. 야타로는 이런 가운데에서 상재商才를 연마했다.

1869년 야타로는 가이세이관 오사카상회(정식명칭은 土佐藩 開成館 貨殖局 大阪出張所)로 자리를 옮긴다. 오사카상회는 도사번의 외국무역을 임무로 하고 있었는데, 다른 번의 무역도 취급했고 종래 구라야시키藏屋敷가 담당하고 있던 국내 상업에도 손을 댔다. 야타로는 여기에서도 역량을 발휘해 이례적인 스피드로 출세하여 다음해에는 도사번 오사카번저大阪藩邸의 최고책임자最上席가 되었다. 오사카상회에서는 영국 상인 얼트와 벨기에의 아드리안상회로부터 기선 3척을 구입했는데 이것이 야타로가 해운업에 손을 대는 계기가 되었다.

쓰쿠모상회에서 미쓰비시상회로

앞에서 언급했듯이, 정부는 무역과 국내상업을 담당할 상사商社로 대도시에 통상회사通商會社를 설립하고 번이 운영하던 구라야시키와 상회소에 대한 금지조치를 내렸다. 도사번도 가이세이관을 번에서 분리해야 하는 상황에 처했다. 이렇게 해서 사상회私商會로서 쓰쿠모상회九十九商會가 설립되었지만 실질적으로는 도사번의 상사부문商事部門이었고 야타로가 지휘를 맡았다. 쓰쿠모상회는 번 소유의 기선 4척을 빌려 연안운송업에 나서는 동시에 각 지역 특산물의 취급, 무역업무, 나아가 광산업, 제다업 등을 행했다.

1871년 폐번치현이 단행되자 쓰쿠모상회를 완전하게 번에서 분리할 필요가 생겨 고토 쇼지로와 이타가키 다이스케 등은 야타로에게 쓰쿠모상회를 인수하도록 설득했다. 이에 야타로는 장래 자신의 회사로 한다는 약속하에 우선 1872년 1월, 쓰쿠모상회를 인계하여 미쓰카와상회三ツ川商會를 발족시켰다. 미쓰카와라는 명칭은 도사번사土佐藩士로 쓰쿠모상회의 간부였던 가와다 고이치로川田小一郎, 이시가와 시치자이石川七財, 나카카와 가메노스케中川亀之助의 이름에 공통으로 들어간 글자 '가와川'와 관련된 것으로, 표면적으로는 이 세 사람의 공동사업으로 되어 있었다. 그러나 중요한 거래는 야타로(또는 도사야 젠베土佐屋善兵衛) 명의로 이루어지고 있었기 때문에 중요한 자산은 야타로의 소유가 되어 있었음을 알 수 있다.

이어서 다음해인 1873년 3월, 미쓰카와상회는 미쓰비시상회三菱商會로 개칭하고 야타로는 사주가 되었다. 미쓰비시라는 이름은 이미 쓰쿠모상회 선박의 깃발에 사용되어 온 문양으로, 이와사키가의 가문家紋인 산가

이와사키가의 3단 마
름모 문양(산가이비시
문양, 三階菱紋)

야마우치가의 3개의 측
백나무 잎 문양(미쓰가
시와문양, 三ッ柏紋)

미쓰비시회사의 마크

미쓰비시회사 마크의 유래

이비시三階菱와 도사번주 야마우치가의 미쓰가시와三ッ柏를 합성했다고
알려져 있다. 이렇게 해서 야타로가 명실상부하게 리더십을 장악한 미쓰
비시상회는 본격적으로 해운업에 진출해 간다.

라이벌 우편증기선회사

막말 개항 이래 영국의 P·O사[6]가 1859년 나가사키-상하이 간에 정기
항로를 개설한 것을 시작으로, 1867년에는 동사가 요코하마-상하이-홍
콩 항로를 개설했다. 프랑스의 메사제리 인푸레아례Messageries Imperiales

---

6 정식 명칭은 The Peninsular and Oriental Steam Navigation Company로,
1837년 영국여왕의 칙허를 얻어 설립된 회사이다. 1837년에 영국정부의 포르투갈과
스페인으로의 우편운송업무계약을 획득, 1840년에는 이집트의 알렉산드리아로의 우
편우송도 획득했다.

해운회사도 요코하마-상하이 항로를 시작했다. 미국의 퍼시픽 메일 Pacific Mail 회사도 1865년 샌프란시스코-요코하마-홍콩 항로를 열었고 1867년에는 요코하마-고베-나가사키-상하이 라인을 개설했다. 외국 해운회사는 대형기선을 사용해 화객貨客 수송력에서 압도적 우위를 갖고 있었기 때문에 일본의 해운은 외국세력에 장악될 것처럼 보였다. 이 때문에 정부는 해운업 육성을 계획해 1870년에 연안운송업조합廻船問屋과 파발꾼조합定飛脚問屋를 조직해 회조회사廻漕會社를 설립했다. 회조회사의 배는 모두 정부 소유의 배이거나 번이 소유한 배로, 도쿄-오사카 간의 정기항로를 개설해 정부의 연공미年貢米 수송을 주요 업무로 했다. 그러나 사용된 배의 다수가 노후선이었던 점, 인사부터 운임까지 전반적으로 정부의 규제가 강했던 점 등 때문에 실적이 부진, 결국 1년이 지나지 않아 해산하고 말았다.

그래서 정부는 1872년 8월에 정부 소유 선박과 폐번치현으로 정부 소유가 된 구번舊藩 소유 선박을 불하하여 일본국우편증기선회사를 설립하게 했다. 회사 설립에 큰 역할을 한 미쓰이 외에 고노이케, 오노, 시마다 등도 출자에 참가하여 회조회사보다 훨씬 민간회사에 가까웠지만, 역체두駅遞頭(현재의 우체국장) 마에지마 히소카前島密가 사무를 감찰하고, 운임이나 규칙의 변경이 정부의 강한 규제하에 놓이는 등 반관반민적半官半民的 회사였다. 우편증기선회사는 매년 정부 보조금을 받아 도쿄-오사카, 이시노마키石卷-하코다테函館, 한신阪神-류큐琉球 등의 항로를 개설해 연공미나 우편물의 수송을 담당했다.

이처럼 정부의 극진한 보호를 받는 우편증기선회사의 출현은 많은 민간 연안운송업자에 위협을 주어 도산하는 자가 잇따랐다. 그러나 이 와중에 미쓰비시상사는 선전했다. 1873년 4월에 야타로는 미국 유학 중이던 동생 야노스케彌之助에게 "대장성이 밀어주고 있는 일본우편증기선회사와 우리 미쓰카와상회는 호각지세의 씨름을 하고 있다. 우편증기선회사는 대장성의 배 15, 16척을 불하받아 정부의 위세를 빌려 그 세력이 매우 사납지만 우리 미쓰카와는 가와다 고이치로川田小一郎 등을 지휘하여 회사의 규칙도 엄중히 정해 안팎의 인망을 모으기 위해 노력한 결과, 작년부터 우편증기선회사와 접전을 벌이고 있다. 최근에는 오사카, 도쿄에서의 인망은 말할 필요도 없이 천하의 사람들은 미쓰카와가 우세함을 알고 우리 회사에 의뢰하게 되었다"라고 자신만만한 편지를 보내고 있다.

실제로 우편증기선회사는 지조금납화地租金納化 조치로 연공미 운송이 감소한 점, 오노구미·시마다구미의 도산으로 자금조달이 어려워진 점, 미쓰이의 지지자였던 이노우에 가오루井上馨에 대해 오쿠마 시게노부大隈重信가 대장성의 실권을 장악한 점 등의 사정으로 경영은 계속 어려워지고 있었다.

사가의 난과 대만출병

이렇게 해서 반관반민의 일본국우편증기선회사와 정부의 보호를 받지 못한 미쓰비시상회의 경쟁 구도가 형성되었는데, 그 경쟁의 종지부를 찍고 역으로 미쓰비시가 정부와 밀접한 관계를 맺게 되는 사건이 잇따라 일어났다. 1874년 2월, 정한론征韓論에서 패배해 하야한 에토 신페이江藤新平가 이른바 사가의 난佐賀の亂을 일으켰는데, 정부는 기민하게 규슈로 병력을 동원해 이를 즉각 진압했다. 이때 2척의 배를 동원해 군수품 수송을 맡은 것이 그 달에 본점을 도쿄로 이전한 미쓰비시상회였다. 그것이 정부와 밀접한 관계를 맺는 첫걸음이 되었다.

계속해서 4월, 대만에 표류한 류큐琉球(현재 오키나와)인 54명이 현지에서 살해된 것을 파악하고 일본 정부는 대만출병을 단행하기로 결의했다. 여기에는 국내 불만분자의 관심을 다른 곳으로 돌리기 위한 목적도 있었

이와사키 야노스케(岩崎彌之助, 1851~1908)

형 야타로 사후, 미쓰비시회사의 사장에 취임. 미쓰비시샤(三菱社)를 설립하고, 광업, 조선 등의 다각화를 도모했다. 1893년, 야타로의 장남 히사야(久彌)를 사장으로 합자회사로 개조하고 미쓰비시재벌 발전의 기초를 닦았다.

다. 오쿠보 도시미치大久保利通는 이 때문에 사전에 영국과 미국의 양해를 얻었고 군수 수송에는 외국 배를 용선傭船할 계획을 마련하고 있었다. 하지만 막상 일이 닥치자 미국을 비롯해 여러 국가들은 국외중립을 선언하고 자국 선박의 사용을 거부했다. 정부는 급히 외국으로부터 배를 구입하는 동시에 일본국우편증기선회사의 출동을 요청했지만 우편증기선회사와 관계가 깊고 대만출병에 소극적이었던 이노우에 가오루가 정부를 떠나 있었고, 군수 수송을 감당하고 있는 사이에 미쓰비시에게 화물을 빼앗기지 않을까 하는 우려 때문에 결국 움직이지 않았다.

　대만출병에 정치생명을 걸고 있던 오쿠보나 오쿠마는 궁지에 빠졌다. 야타로는 마쓰카타 마사요시松方正義를 통해 오쿠보 등에 접근하여 적극적인 운동을 전개한다. 한편, 오쿠보나 오쿠마 등도 독립 경영을 하는 미쓰비시의 발전에 주목하고 있었다. 이런 경위로 1874년 7월, 정부는 미

도쿄 에도바시(江戸橋)의 미쓰비시회사 창고
이 그림에는 4동 뿐이지만, 7동으로 건축되어 '나나쓰구라(七ッ藏)'로 불렸다. (히구치 히로시[樋口弘] 컬렉션 소장)

쓰비시에게 '번지해운어용蕃地海運御用'을 명령하고 미쓰비시와의 사이에 '해운담당약정海運担当約定'을 교환했다. 1,567만 달러라는 거금을 투입해 구입한 3척을 포함 정부 소유선 13척이 미쓰비시에게 위탁되었고 미쓰비시는 자사 선박을 추가해 군대·군수품 수송의 거의 대부분을 담당해 승전에 공헌했다.

그리고 전후에도 '해운담당약정'에 의해 정부 배 13척은 계속해서 미쓰비시에 위탁되었기 때문에, 라이벌인 일본국우편증기선회사를 일거에 앞질렀다. 대만출병이 한창일 때에도 미쓰비시는 국내해운에서도 우편증기선회사와 격렬한 경쟁을 계속했다. 호라이샤蓬萊社, 센슈회사先収會社 등 대형 고객의 획득에 성공했고 인수 관물官物 수송도 증대시켜 라이벌 회사에 타격을 주었다. 이렇게 해서 우편증기선회사는 1875년 5월, 해산에 몰렸고 그 선박도 미쓰비시에 무상으로 교부되기에 이르렀다. 미쓰비시상회는 미쓰비시기선회사三菱汽船會社로 개명하고 오쿠보와 오쿠마의 신임을 얻어 정상으로서 지위를 비약적으로 높였다.

확장하는 미쓰비시

대만정벌 후, 정부는 해운업 육성의 필요성을 더욱 통감하고 미쓰비시에게 상하이항로를 열도록 종용했다. 미쓰비시도 그에 부응해 일본 최초의 외국항로로서 1875년 요코하마─상하이 정기항로를 열었다. 그러나 이 항로에 미국의 퍼시픽 메일이라는 강력한 회사가 취항해 있어서, 곧 양사 사이에 격렬한 운임인하 경쟁이 일어나 미쓰비시를 곤경에 처하게 했다.

여기에서 1875년 5월, 오쿠보는 이른바 해운3책海運三策을 정원正院[7]에 제출한다. 해운 육성을 ①민영자유주의에 맡길 것인가, ②민영 회사를 합동시킨 뒤, 이를 보호 육성할 것인가, ③관영으로 할 것인가의 3개안에 대한 의견을 물었다. 그러나 귀추는 명확했다. 자유방임하의 민영에서는 외국 해운회사에 대해 승산이 없다. 국가의 재정사정에서 보면 관영은 불가능했다. 민영보호정책밖에는 취할 만한 길이 없었다.

보호정책을 취하기 위해서는 그 대상이 필요했다. 그러나 그것도 실적으로 보아 미쓰비시 이외에는 없었다. 이렇게 해서 오쿠보, 오쿠마의 계획대로 일이 진행되어 7월에 미쓰비시가 지정되며, 앞의 정부 배 13척의 무상 임대와 연간 25만 엔의 조성금(보조금) 15년 간 교부라는 파격적인 특혜가 주어졌다. 그 대신에 미쓰비시는 우편물 및 관유물官有物을 탁송할 것, 정부의 명령에 의한 항로를 개설할 것, 필요할 때는 정부의 징용

---

7 1871년의 관제개혁으로 설치된 태정관(太政官)의 최고관청이다. 좌원(左院), 우원(右院)과 함께 3원으로 구성되었고, 정무일반을 취급했다. 1877년 폐지되었다. 일본어로는 세이인, 또는 쇼인이라고 부르나 여기서는 그냥 정원으로 두었다.

에 응할 것, 정부에 의한 회계감사를 받을 것, 그때 다시 개명한 우편기선미쓰비시회사郵便汽船三菱會社의 이름으로 해운 이외의 사업을 하지 않을 것이 규정되었다(이 규정들을 정한 것을 '제1명령서'라고 한다). 또한 해운회사합동이라는 방침에 의거해 해산한 일본국우편증기선회사의 기선 18척도 무상으로 미쓰비시에 교부되었다.

이런 보호정책에 힘입어 미쓰비시는 외국해운회사에 대한 경쟁력을 높였다. 적자를 내기에 이른 퍼시픽 메일 회사는 1875년 가을이 되자 선박과 설비 전부를 미쓰비시에 양도할 것을 신청했다. 미쓰비시는 매수비용 81만 달러를 15년 분할상환, 연리 2퍼센트의 유리한 조건으로 정부에서 대부받아 매수에 성공했다. 다음해에는 P·O기선이 미쓰비시에 경쟁을 도전해 왔다. 야타로는 "항해 대권을 우리 황국에 회복함에 있다. 따라서 오늘날에는 결코 과거의 조치를 따라 해서는 안 된다"라고 사원들에게 격문을 날리며 자신의 월급을 절반으로 깎고, 간부들은 3분의 1을 깎아 도전에 대응했다. 또 정부도 미쓰비시가 행하는 화주의 하환荷爲替 금융을 위한 자금을 대부하고 미쓰비시의 화주 확보를 지원했다. 그 결과, P·O사도 1876년 8월에 일본의 연안항로를 포기하게 되었다.

국내해상권 장악

이렇게 해서 내외의 라이벌을 밀어낸 미쓰비시는 기선에 의한 일본 해운업을 독점하려는 기세를 보이며, 사원 1,351명(그중 선원 1,148명), 외국인 388명(그중 선원 355명)을 거느린 대기업이 되었다. 그러나 미쓰비시는 큰 보호를 받고 있는 만큼 운항조성금(보조금)의 항로별 용도가 규정되어 있었다(제2명령서). 그렇게 정부의 강한 규제를 받고 있었다. 그런데 이를 벗어날 기회가 찾아왔다.

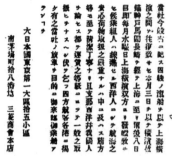

『도쿄니치니치신문(東京日日新聞)』에 게재된 상하이항로 개설 광고

도쿄마루(東京丸) 이하 니가타마루(新潟丸), 가나가와마루(金川丸), 다카사고마루(高砂丸)를 갖추고, 일본 최초의 외국정기항로가 되었다. (『丸の內百年のあゆみ 三菱地所社史』 상권에서)

　　1876년 강화도사건, 신푸렌新風連의 난[8], 하기萩의 난[9] 때에도 미쓰비시는 군수 수송을 맡았지만 최대의 관수官需는 1877년 2월부터 시작된 세이난전쟁西南戰爭에 의해 발생했다. 정부의 사선社船 징용명령을 받은 미쓰비시는 즉각 이에 응하여 7개월에 걸쳐 자사 선박 38척을 동원했다. 이때 정부군은 육군 5만 여 명, 둔전병屯田兵 600명, 순사대巡査隊 1만 1천 명, 해군 2천 명이라는 대규모였지만 미쓰비시가 대병력과 그를 위

8　경신당(敬神堂)의 난이라고도 한다. 1876년 구마모토에서 일어난 사족의 반란이다. 이 해, 금록공채조례가 발령되어 사족의 경제적 몰락이 특히 현저해졌고, 사족층 사이에 메이지 신정부에 대한 불만이 팽배해 있었다. 쇄국양이를 여전히 주장하는 경신당은 일찍부터 신정부의 양화정책에 격한 분노를 안고 있었는데, 1876년 3월의 폐도령 발포를 발단으로 동년 10월 당 수령 오타 구로토모오(太田黑伴雄) 등이 궐기했다. 백수십 명에 의한 무장집단으로 구마모토 친다이(鎭臺) 사령장관(種田政明)과 현령(安岡良亮) 등을 참살했지만, 다음날 친다이(鎭臺)에 의해 진압되었다. 경신당의 난은 아키즈키의 난(秋月の乱), 하기의 난(萩の乱)의 도화선이 되었다.

9　메이지 초기 불평사족에 의한 반란의 하나이다. 초슈번사로 메이지 신정부 참의, 병부대보(兵部大輔=차관) 마에바라 잇세이(前原一誠)가 수구주의의 입장에서 정부를 떠나 향리의 불평사족에게 추대되어 1876년 10월 28일에 반정부의 기치를 들고 봉기, 하기(萩)를 공격했다. 그러나 신정부군에 진압되고, 그해 12월 마에바라 이하 8인이 참수형에 처해졌다.

한 군수품을 기민하게 전장으로 운송한 것이 정부군 승리에 큰 원인이 되었다.

동시에 미쓰비시는 이로 인해 막대한 이익을 얻었다. 세이난전쟁 중에 미쓰비시가 얻은 어용선 수입은 약 300만 엔, 이익은 121만 엔이라는 거액에 달했다. 거대한 이익을 얻은 미쓰비시는 대만출병 이래 정부로부터 무상으로 임대하던 선박 30척 중 현재 사용 중인 배의 대가를 120만 엔으로 견적하고, 그 전액을 50년 분할 상환으로 지불하겠다고 신청해 허가받았다. 그러나 이 지불 방법은 연부年賦 이자할인 일괄변제라는 것으로, 미쓰비시는 원금 120만 엔을 상납한 것이 아니었다. 즉, 연부 기한 전에 전액을 일괄 변제하는 경우에는, 잔존기간의 금리합계를 원금에서 공제하는 특수한 계산방법이 적용되었다. 이 때문에 미쓰비시는 실질적으로는 상당히 싼 가격으로 정부 소유 선박을 자기 소유로 만들 수 있었고, 정부 규제로부터 벗어나는 길을 열었다. 또한 세이난전쟁 중에 국내의 일반 수송을 맡을 배가 부족하다고 해서 미쓰비시는 기선 7척을 외국에서 구입하기로 하고 80만 달러의 대출을 정부에 신청해 인가받았다. 이렇게 해서 1877년 말에는 미쓰비시의 소유 기선은 61척으로 35,467톤에 달했다. 이것은 전국 기선 총 톤수의 73퍼센트에 달하는 것으로, 미쓰비시가 완전하게 국내 해상권을 장악했음을 의미했다.

미쓰비시에 대한 공격

그러나 미쓰비시가 지나치게 강한 존재가 되면서 당연히 그에 대한 반발이 나타나게 되었다. 해운업 그 자체의 독점적 지위도 물론이거니와 하환업무荷爲替業務 도쿄해상보험에의 출자에 의한 해상보험업무, 창고업무 등의 겸영사업도 미쓰비시의 독점력을 강화하는 것으로 보였다. 왜냐하면 미쓰비시는 자신의 회사가 맺은 하환荷爲替[10]을 이용하는 자에게는 다른 해운회사에 화물을 위탁하는 것을 허락하지 않았고, 자사의 하주荷主에게는 도쿄해상보험에서 보험을 드는 것과 자사의 창고에 위탁할 것을 요구했기 때문이다.

미쓰비시에 대한 반발은 중소 기선회사에서도 있었지만, 미쓰비스에게 대항할 수 있는 것은 미쓰이밖에 없었다. 미쓰이와 깊은 관계에 있던 일본국우편증기선회사가 해산한 뒤 화물수송을 미쓰비시에게 위탁하지 않을 수 없었던 미쓰이는 미쓰이물산의 마스다 다카시益田孝가 중심이 되어 1881년 1월, 도쿄풍범선회사東京帆船會社를 설립했다. 이 회사는 어느 정도 미쓰비시의 아성을 공략할 수 있었지만 경영적으로는 사정이 좋지 않았다.

미쓰비시에 대한 공격은 정쟁과 얽혀 있었다. 미쓰비시의 옹호자로 여겨졌던 오쿠보 도시미치는 1878년에 암살당했고, 또 다른 비호자였던 오쿠마 시게노부는 1881년 소위 '1881년의 정변'으로 실각했다.

1881년의 정변은 정당정치를 중심으로 하는 헌법을 제정하여 국회를 개설해야 한다는 오쿠마나 후쿠자와 유기치 등의 주장에 대해 프러시아식 제정헌법帝政憲法을 주장하던 이토 히로부미나 이노우에 가오루 등의 정치적 대립에 의해 일어난 사건이었다. 하지만 경제적 이권도 얽혀 있었다. 1881년 8월, 개척사開拓使[11]의 관유물을 사쓰마 출신의 고다이 도

---

10 원격지 간의 매매 거래에서, 판매자가 구매자를 지불인으로 하고 자기 또는 은행을 수취인으로 하여 화물을 담보물로 한 환어음을 가리킨다.

11 메이지 초기 홋카이도(北海道)의 개척 및 경영을 위해 설치된 행정기관이다. 1869년 설치되었다가 1882년 폐지되었다. 단기간이기는 했으나 홋카이도 발전의 기초를 다지는데 있어서 큰 역할을 했다. 특히 1870년에 차관에 취임하였다가 1874년에 제3대 장관이 된 구로다 기요타카(黑田淸隆)의 공적은 컸다. 그의 '가라후토포기론(樺太放棄論)' 및 '홋카이도경영10개년계획'의 두 가지 건의는 이후 홋카이도의 방향을 결정지었다.

마스다 다카시(益田孝, 1848~1938)

막부 하급 관료의 아들로 태어났지만, 이노우에 가오루(井上馨)의 지우를 얻어 대장성에 출사. 그후, 미쓰이물산회사가 설립되자 사장에 취임. 메이지기 내내 미쓰이의 발전을 주도하고, 그 지도적 지위에 있었다. 1914년, 미쓰이합명 이사장에 단 다쿠마(團琢磨)를 앉히고, 본인은 은퇴한 뒤 유유자적하며 여생을 보냈다. (미쓰이문고 소장)

모아쓰五代友厚 등에게 불하하는 것이 발표되자 오쿠마는 그에 반대했고 후쿠자와 등도 그것은 사쓰마 출신의 구로다 기요타카黑田淸隆 개척사장관 등 삿초벌薩長閥 정치가와 삿초 출신 정상의 뒷거래라고 비판했다. 이에 대해 정부 주류파는 반주류파인 오쿠마, 이타가키 다이스케, 고토 쇼지로 등이 후쿠자와와 짜고 정부를 타도하려고 했고, 거기에 미쓰비시가 자금을 제공하고 있다고 생각했던 것이다.

미쓰비시는 1875년경부터 홋카이도항로를 개설하고 있었는데, 세이난 전쟁 후에 과잉 선박을 활용하기 위해 홋카이도항로에 주력, 1882년부터는 개척사의 화물수송을 전면적으로 청부하게 되어 있었다. 이 때문에 개척사의 관유물 불하는 미쓰비시에게도 큰 이해가 걸려있다고 생각되었던 것이다. 또, 1880년 3월, 야타로는 1874년에 정부로부터 고토가 불하받았지만, 경영난 때문에 사실상 자딘 메더슨Jardine, Matheson and Co.,

Ltd.의 손으로 넘어간 다카시마탄광高島炭鑛을 후쿠자와와 오쿠마의 알선으로 매수하고 있었는데, 이것도 삿초벌로부터 비판의 대상이 되었다.

1881년의 정변 후, 미쓰비시에 대한 공격은 한층 더 격렬해졌다. 자유경제주의자 다구치 우키치田口卯吉의 『도쿄경제잡지東京經濟雜誌』는 1881년 11월부터 5회에 걸쳐 "미쓰비시 회사의 조성금(보조금)을 논하다"라는 기사를 실었다. 그 내용은 미쓰비시는 정부로부터 막대한 조성금을 받아 놓고서도 해운업에 그 돈을 투자하지 않고 주식거래소, 은행, 해상보험, 철도, 탄광에 투자해 [해운업의] 운임을 인하하지 않고 독점의 횡포로 국민에게 과중한 부담을 주고 있다는 것이었다. 다른 저널리즘도 엇비슷하게 이에 호응했다.

1881년 10월에 결성된 이타가키, 고토 등의 자유당自由黨도 오쿠마가 이끄는 개진당改進黨과 대립하고 있었기 때문에 미쓰비시를 공격했다. 자유당의 연설회에서는 큰 곰大熊(오쿠마)과 바다 허깨비海坊主(야타로)를 처형하는 어트랙션(여흥)이 펼쳐져 청중을 열광시켰다. 1882년에 이타가키와 고토는 외유에 나가기로 되어 있었는데, 이 서양행 경비 조달을 전부터 친한 야타로에게 부탁했다가 거절당하고 미쓰이가 그것을 떠맡은 것도 자유당이 미쓰비시를 공격한 이유였다고 전해진다.

공동운수의 설립

이와 같은 반反 미쓰비시의 기운 가운데, 미쓰비시에 대항할 수 있는 해운회사를 신설하려는 움직임이 나타났다. 1881년 말쯤부터 미쓰이와 밀접한 관계에 있는 이노우에 가오루 참의와 농상무성의 시나가와 야지로品川彌二郞 등은 시부사와 에이이치澁澤榮一, 마스다 다카시益田孝, 시부사와 기사쿠澁澤喜作(에이이치의 사촌형), 고무로 시노부小室信夫, 호리 모토이堀基 등과 상의해 새로운 해운회사 설립 준비를 시작했다. 신회사 설립원은 1882년 7월에 제출되었다. 시나가와 야지로는 신회사 설립 발기인에 당시 저리자금대부원을 제출하고 있던 도쿄풍범선회사, 홋카이도 운수회사, 엣추풍범선회사越中風帆船會社, 운소사運漕社의 4개 회사를 추가하고, 이들을 불러 해운회사와 합동한 뒤 공동운수회사를 설립하도록 권장했다. 당시 조선에서 임오군란이 일어나 정부는 미쓰비시 이외에도 군수 수송을 위해 징용할 해운회사가 필요하다고 생각하고 있었다. 이렇게 약간의 곡절이 있기는 했지만 1882년 10월 공동운수회사가 설립되었다.

공동운수의 자본금 600만 엔 중 260만 엔을 정부가 선박으로 현물출자했다. 그 대신에 공동운수는 전시 및 비상시에는 정부의 징용에 응할 것, 화물수송 이외의 업무 금지, 정·부사장은 창립 후 3년간 정부가 임명하고 이사도 정부의 인가를 필요로 할 것, 회사 업무나 경리도 정부가 수시로 검사할 것, 주주총회 의결사항의 집행은 정부의 인가를 필요로 할 것 등의 규제를 받게 되었다. 이와 같이 공동운수는 기존의 해운회사, 연안운송업자의 합동으로 성립되었지만, 사장·부사장에 해군 소장과 대좌가 취임하는 등, 일본국우편증기선회사 이상으로 관업적 성격이 강해졌다.

그 사이 정부는 미쓰비시에 대해서 1882년 2월에 '제3명령서'를 하달해 해운업 이외의 겸영을 재차 금지했다. 또 오래된 선박의 갱신, 소유 선박의 증강을 명령하는 동시에 운임인하 명령 권한을 명기해 제한을 추가했다. 다른 한편 미쓰비시는 공동운수의 설립 계획을 듣자, "2개 회사의 병립은 경쟁으로 해운의 쇠퇴를 가져오고, 국가의 손실을 초래할 것이다"라는 반대의견을 야타로의 이름으로 정부에 제출했다. 하지만 그것이 자유당의 『자유신문自由新聞』에 특종 보도되면서 도리어 여론의 반발을 불러와 공동운수의 설립을 지켜볼 수밖에 없었다.

1883년, 영업을 개시한 공동운수는 미쓰비시와 경합하는 항로를 차례 차례 개설했다. 당초에는 선박 수에서 미쓰비시가 훨씬 우세했다. 그러 나 1884년 말이 되자 기선 33척의 미쓰비시에 대해 공동운수가 기선 24 척과 풍범선 15척을 보유하게 되면서 양자 사이의 격차가 좁혀졌다. 두 회사 사이에 격렬한 경쟁이 전개되었다. 특히 운임 인하 경쟁이 격렬해 서 1884년에는 화물 요금이 단번에 40퍼센트나 인하되었다. 화물중량을 낮게 계량해 운임을 실질적으로 할인하는 등의 경쟁도 행해졌다. 이렇게 채산을 도외시한 경쟁이 이루어진 결과 양사의 경영이 악화되었다. 특히 공동운수는 1884년에 적자까지 냈다. 이렇게 되자 잡다한 모임에 불과했 던 공동운수에서는 내분이 일었고 정부 부내에서도 비판이 고조되었다. 공동운수의 주식은 떨어졌고, 이 기회를 틈타 미쓰비시는 공동운수 주식 을 매집해 1884년 말에는 미쓰비시가 공동운수 주식의 과반을 지배하기 에 이르렀다.

미쓰비시와 공동의 합병

1885년 1월, 농상무경 사이고 쓰쿠미치西郷從道는 양사 대표를 불러 경 쟁의 폐해를 설명하고, 운임 등에 대해 협의하도록 권고했다. 2월에는 양사 간에 협정이 체결되었다. 당시 야타로는 병상에 있었는데, 협정이 체결된 것은 야타로가 죽기 이틀 전이었다. 그러나 협정은 불과 1개월 만에 깨졌다. 양사가 몰래 협정을 파기하는 행동에 나섰기 때문이다.

그러나 미쓰비시는 야타로의 사망 전부터 가와다 고이치로川田小一郎 등이 외무경 이노우에 가오루와 접촉해 공동운수와의 합병을 위한 공작 을 추진하고 있었다. 야타로의 사후에는 야노스케, 가와다, 쇼다 헤이고 로莊田平五郎 등이 보다 유연한 태도로 내담內談을 진행했다. 양사의 과당 경쟁을 우려하던 정부도 해군 출신의 공동운수 사장 · 부사장을 퇴임시키고, 농상무성 소보少輔[12]인 모리오카 마사즈미森岡昌純를 사장, 농상무권소보權少輔[13] 서기관 가토 마사요시加藤正義를 부사장에 임명해 합병의 포석을 놓았다. 이렇게 해서 1885년 7월에 미쓰비시 측은 합병을 승인했다. 공동운수 측은 여전히 미쓰이 등이 저항했으나, 이노우에 등의 설득으로 승인할 수밖에 없었다.

1885년 9월, 미쓰비시와 공동운수가 합병해 일본우선이 성립했다. 자본금은 1,100만 엔으로 미쓰비시의 주주에게 500만 엔(10만 주), 공동운수의 주주에게 600만 엔(12만 주)이 교부되었다. 공동운수의 주주에는 미쓰비시 관계자가 다수여서 실질적으로 미쓰비시의 지주 비율이 우세해졌다. 또 공동운수의 주식이 분산되어 있던 것과 달리 미쓰비시는 이와사키가에 집중되어 있었기 때문에 이런 측면에서도 미쓰비시 쪽이 유리했다. 사장에는 공동운수의 모리오카森岡가 취임했고, 간부에는 미쓰비시에서 쇼다, 곤도 렌페이近藤廉平, 가토 다카아키加藤高明, 야마모토 다쓰오山本達雄, 요시가와 다이지로吉川泰二郎 등 미쓰비시의 간부 클래스가 이동했다. 공동운수에서 고무로小室나 호리堀가 들어왔지만 차츰 미쓰비시측이 우세해져서 모리오카의 후임 사장에는 요시가와, 다음에는 곤도가 취임했다. 이렇게 해서 일본우선은 표면상 미쓰비시와 별도의 회사로 설립되었지만 사실상 미쓰비시의 방계회사가 되었다.

다각화를 모색

이상에서 언급했듯이 미쓰비시는 해운업을 중심으로 발전해 왔다. 일본우선이 성립하여 해운업이 직영에서 이탈한 후, 미쓰비시는 야노스케

---

12 메이지 초기 각 성(省)의 대보(大輔, 차관) 다음에 오는 지위였다.
13 소보의 권관으로 정원 외의 소보이다.

의 지휘하에 '바다에서 육지로' 전략을 전환하고 재벌화를 추진해 간다. 그러나 그 맹아는 이미 야타로시대에 있었다.

1872년에 야타로는 구 도사번의 공장을 불하받아 장뇌樟腦 제조와 제사업에 진출했지만 성공하지 못하고 1875년에 폐쇄했다. 그밖에 제다업製茶業과 신탄업薪炭業에도 손을 댔다. 쓰쿠모상회 때인 1871년에는 신구번新宮藩에 매각한 기선의 대금 지불이 체납되자, 해당 번으로부터 탄광의 가행권을 취득했다. 1873년에는 빗추備中[14] 마쓰야마번주松山藩主로부터 요시오카동산吉岡銅山을 1만 엔에 매수했다. 이 광산은 초기에 경영난을 겪었지만 양질의 광맥을 발견하고 근대기술을 도입함으로써 생산고가 급증해 미쓰비시 수익원의 하나가 되었다. 1875년에는 보이드상회 Boyd & Co.,와 공동출자로 요코하마에 미쓰비시제철소를 만들었다. 그것은 배의 수리공장으로, 당초 미쓰비시의 배만을 취급하다가 점차 다른 회사의 의뢰에도 응하게 되었다. 막대한 이익을 올린 세이난전쟁 후에는 미쓰비시의 소유가 되었다. 일본우선을 설립하면서 일부가 나가사키조선소長崎造船所로 옮겨졌고, 또 다른 일부는 일본우선에 양도되어 1895년에 요코하마선거橫浜船渠가 되었다(요코하마선거도 1935년에 미쓰비시중공업에 합병된다).

1876년에는 하환업무를 시작했다. 당시 격렬한 경쟁 상대였던 P·O사와 대항하기 위해서 하주에게 하환 금융의 편의를 제공하는 것이 유리한 무기가 된다고 보았기 때문이었다. 하환 업무는 대장경 오쿠마 시게노부에게 출원해 정부로부터 대부금을 얻어 실행되었다. 그것은 1880년 3월에 미쓰비시환점三菱爲替店이 된다. 해운업 업무 이외의 업무를 금지하는 '제1명령서'가 있었기 때문에 미쓰비시환점은 어디까지나

---

14 현재 오카야마현의 서부에 해당하는 지역이다.

해운업의 부대업무라고 주장했다. 미쓰비시환점은 창고업을 겸영하였고, 화물 보관에 더해 보관화물을 저당으로 하는 대부(창고금융업並合い)도 이루어졌다. 환점爲替店은 마쓰카타 디플레이션의 영향을 받고, 다시 공동운수와의 경쟁에 영향을 받아 경영부진에 빠졌다가 1885년에 폐쇄되었다. 그러나 그해 우스키번사曰杵藩士와 시마바라번사島原藩士들에 의해 설립된 제119국립은행과 제149국립은행이 파탄하고, 같은 우스키번 출신인 쇼다 헤이고로莊田平五郎를 통해 미쓰비시에 구제요청을 해 왔다. 미쓰비시는 이를 승낙하고 두 은행을 제119국립은행으로서 합병시킨 뒤, 미쓰비시의 아래에 두고 경영하기로 했다. 그것이 뒷날 미쓰비시합자 은행부가 되어 미쓰비시은행三菱銀行으로 이어지게 된다.

야타로는 해운업 발전을 위해서 해상보험이 필요하다는 것을 일찍부터 인식하고 직접 보험업의 겸영을 생각하고 있었지만, 대장성은 그 겸영을 허가하지 않았다. 그래서 시부사와 에이이치의 요청에 응해, 1878년 설립된 도쿄해상보험東京海上保險에 필두주주로서 자본참가했다. 미쓰비시는 도쿄해상보험에 임원을 파견하는 외에 각지의 지점에서 동사의 대리업무를 취급하는 등 관계를 강화했다. 1896년에 쇼다가 회장이 되어 유력한 준직계회사가 되었다. 또한 1881년에는 후쿠자와 유기치의 문하가 설립한 메이지생명明治生命에도 출자하고 임원에도 미쓰비시 관계자가 취임하여 밀접한 관계를 가졌다. 이밖에 1880년에 설립된 무역상회, 1881년에 화족조합華族組合에 의해 설립된 일본철도日本鐵道, 고이와이농장小岩井農場 등도 야타로가 관계한 사업이었다.

다카시마탄광의 매수
이렇게 야타로는 해운업에서 얻은 이익을 기반으로 여러 사업에 다각적으로 진출했지만 뒷날 재벌 형성과의 관련으로 볼 때 가장 중요한 것은 다카시마탄광高島炭鑛과 나가사키조선소長崎造船所였다. 다카시마탄광은 에도시대부터 사가번佐賀藩이 채굴해 왔다. 막말 나가사키에 찾아온 글로버가 영국의 자딘 메더슨 상회Jardine Matheson의 나가사키대리점을 맡아 사가번의 무역업무에 관계하는 중에 다카시마탄이 양질임을 알았다. 당시 아시아에서는 서구 각국의 기선을 위한 석탄 수요가 많아, 글로버는 다카시마탄을 상하이 방면으로 수출했다. 사가번의 군함대금 미불을 대신해 다카시마탄광의 채굴권을 얻은 글로버는 1867년, 사가번 산물방産物方[15] 지배인 마쓰하야시 겐조松林源藏와 공동출자로 다카시마탄광의 경영에 착수했다. 그러나 글로버상회가 파산하면서 최대 채권자인 네덜란드무역회사가 다카시마탄광을 관리하게 되었다.

1872년, 구舊 사가번주 나베시마가鍋島家는 네덜란드무역회사와의 공동출자로 다카시마탄광을 경영하겠다고 정부에 출원했다. 그러나 비슷한 시기에 정부는 외국자본이 광산을 경영하는 것을 금지하는 '광산심득서鑛山心得書'를 공포했기 때문에, 이 출원을 기각하고 다카시마탄광을 정부에서 접수하기로 했다. 1874년 정부는 글로버상회의 파산관재인破産管財人에게 40만 달러를 지불하고 다카시마탄광을 접수하고, 그것을 고토 쇼지로後藤象二郎에게 50만 엔에 불하했다. 당시 고토는 앞에서 언급한 호라이샤蓬萊社의 경영부진으로 거액의 채무를 지고 있었는데 다카시마탄광을 수중에 넣으면 경영을 재건할 수 있을 것으로 생각했다. 그러나 불하대금을 지불할 여유가 없었기 때문에, 고토는 자딘메더슨상회로부터 거액의 돈을 빌리고 그에 대한 대가로 동 상회에 다카시마탄의 판매권을 주었다. 그 후에도 고토는 방만한 경영으로 다카시마탄광의 기계나 설비 구입 대금을 자딘 메더슨상회에 지불하게 하고 다시 차입을 거듭,

---

15 국산방(國産方), 산물회소(産物會所)라고도 한다. 에도 중기 이후, 번이 영내에서 생산되는 국산의 장려 또는 통제를 행하기 위해 설치한 기관이다.

그 대가로 실질적인 경영권을 동 상회에 넘겼다.

옴짝달싹 못하게 된 고토를 보다 못해 미쓰비시에게 구제를 알선한 사람은 후쿠자와 유기치였다. 또한 야타로에게도 고토는 가이세이관 시대 이후로 도사번의 상사였고, 야노스케의 부인은 고토의 딸이었다. 야타로는 고토의 부채 60만 엔과 정부에게 빚진 25만여 엔을 대신 떠맡을 것, 다카시마탄광과 자딘메더슨의 관계를 일체 끊을 것, 고토에게는 10년간 매년 1만 5천 엔씩 지불할 것 등의 조건으로 1881년 3월 다카시마탄광을 매수했다. 약 100만 엔이 필요했던 것인데, 다카시마탄광만의 수지계산으로는 비싼 쇼핑이었다. 야타로는 다카시마탄의 수송을 외국선박에게서 되찾을 수 있고 이것이 해운업에 메리트를 가져올 것이라고 생각해 매수에 나섰던 것이다. 그 의도는 적중해 다카시마탄광은 미쓰비시의 달러박스가 되었다.

나가사키조선소의 입수

다음으로 나가사키조선소에 대해 살펴보고자 한다. 막부는 페리 내항 다음해, 네덜란드로부터 구입한 군함의 수리장소로 나가사키제철소를 만들었다. 그것은 뒷날 나가사키아쿠노우라제철소長崎飽浦製鐵所로 개칭되었는데, 네덜란드인 기사가 초빙되어 당시로서는 상당한 규모의 대공장이었다. 계속해서 1863년에 막부는 군함 제조를 위해 네덜란드인 기사를 초빙하여 나가사키우라카미무라후치長崎浦上村淵에 다테가미군함타건소立神軍艦打建所(뒷날 다테카미조선소로 개칭)를 기공했다. 하지만 1864년에 프랑스 기술을 도입하여 요코스카제철소橫須賀製鐵所 건설을 진행 중이기도 해서 다테가미조선소는 완성을 보지 못한 채 메이지를 맞이했다. 구 막부에서 경영하던 이들 공장은 메이지 정부에 관수되었다. 그중 요코스카조선소는 해군공창海軍工廠이 되었고 나가사키아쿠노우라조선소는 효고조선소兵庫造船所와 함께 공부성 소관이 되어 관영 조선소가 되었다. 나가사키아쿠노우라조선소에는 선거船渠(dock)가 없었는데, 1869년에 글로버와 고다이 도모아가 건설한 고스케독小菅 dock를 매수했다. 미완성인 다테카미조선소 쪽도 프랑스인 기사를 초빙해 1879년에 완공되었다.

그러나 1880년 이후, 나가사키조선소의 업무는 아쿠노우라와 다테카미가 거리상 떨어져 있었고 해운업의 중심이 점차 한신阪神 지역으로 이동하게 되자 점차 축소되어 갔다. 정부는 요코스카해군공창에 힘을 쏟기 위해서도 효고조선소와 함께 나가사키조선소도 1880년 3월 공포된 '공장불하개칙工場拂下槪則'에 따라 민간에 맡기기로 결정했다.

1883년 6월, 공부성은 나가사키조선소의 민간에 대한 임대를 결정하고 1884년 6월에 이와사키 야타로를 임대자로 지정했다. 나가사키조선소에서 수리하고 있던 것은 대부분 미쓰비시의 선박이었기 때문에 미쓰비시에게 유리했다. 그러나 당시에는 미쓰비시와 공동운수의 사이에 격렬한 경쟁이 벌어지고 있을 무렵이었다. 반 미쓰비시였던 정부가 왜 임대자로 미쓰비시를 선택했을까? 현실적으로 임대 조건을 만족시키는 후보자가 미쓰비시 외에는 없었다는 것이 큰 이유였다. 하지만 손실이 큰 나가사키조선소를 미쓰비시에 억지로 떠맡게 함으로써 미쓰비시의 경쟁력을 약화시키려는 속뜻이 있었다고도 전해진다.

이 임대는 다른 관영공장과 마찬가지로 장래에 불하할 것을 염두에 둔 것이었다. 정부는 임대 단계에서 사업자의 경영능력을 살펴보고, 그 결과가 양호하면 불하한다는 방침이었다. 미쓰비시는 임대 후, 요코하마미쓰비시제철소의 외국인 기사를 옮기고, 신규로 외국인 기사나 오사카철공소大阪鐵工所, 오사카포병공창大阪砲兵工廠 등으로부터도 기술자나 공원工員을 빼내, 경영의 개량에 노력해 그때까지 목조선 밖에 건조하지 못하던 상태에서 철제선 건조가 가능한 수준으로 기술수준을 높였다.

1883년 2월에 야타로는 사망했지만, 뒤를 계승한 야노스케가 1887년 4월 나가사키조선소의 불하를 출원해 6월에 인가받았다. 나가사키조선소의 자산가격은 459,000엔으로 평가되었지만, 50년 분할상환을 즉시 일시금으로 지불하는 조건으로 91,017엔으로 감액되었다. 1868년부터 1883년까지 나가사키조선소에 대한 정부의 누적투자액이 628,000 엔이었음을 고려하면 싸게 산 것이었다.

불하 후, 미쓰비시는 도쿄공업학교東京工業學校나 고부대학교工部大學校의 졸업생을 채용해 기술자를 양성하고 조선공장을 확대시켰다. 1889년에는 686톤급 강철선 3척을 오사카상선으로부터 발주받아 2년 후에 완성시켰다. 나가사키조선소는 다테가미立神, 무코지마向島, 고스케小菅 등 3개의 선거를 보유해 민간조선공장 중 최고의 지위를 구축하였고 미쓰비시의 또 하나의 달러박스로서 재벌형성에 크게 기여했다.

이와사키 야타로라는 인물

이와사키 야타로에 대한 인물평은 많다. 야타로를 '정상'의 전형이라고 하는 견해는 상식처럼 되어 있다. 이상에서 보았듯이 확실히 야타로의 기업자활동은 정부의 보호와 특혜를 받는 일이 많았다. 그의 활동은 고토 쇼지로, 오쿠보 도시미치, 오쿠마 시게노부, 이타가키 다이스케 등 정치가와의 인맥관계를 제외하고는 말할 수 없고 그의 치부致富가 메이지 정부의 군사정책이나 외자배제정책에 편승한 것이었던 점은 틀림없는 사실이다.

그러나 특정 정치나 관료와의 유착관계만이 그의 경제적 성공을 이끌었다고 하는 것은 적절하지 않다. 그 이면에 야타로의 탁월한 기업가 재능이 있었음을 간과해서는 안 된다. 지게낭인이라는 낮은 신분 출신으로 가이세이관에 말단직원으로 들어갔으면서도 순식간에 주임으로 발탁된 점, 오사카로 옮기자마자 도사번을 대표하는 경제관료의 지위에 올라 쓰쿠모상회를 맡게 된 점, 강력한 외국 해운회사나 정부가 밀어주는 일본국우편증기선회사나 공동운수와의 경쟁에서 승리한 점 등은 야타로의 비범한 재능을 보여준다.

야마지 아이잔山路愛山은 이와사키 야타로를 높이 평가하고 그 성공의 비결로 첫째, 전제주의專制主義, 둘째, 세심함, 셋째, 인재주의를 들고 있다. 여기에서 전제주의는 미쓰비시가 야타로의 강력한 리더십 하에 운영되어 왔음을 의미한다. 아이잔은 야타로의 전제주의가 있었기 때문에 비로소 미쓰비시가 정상이면서도 정부의 지배나 낙하산 관료의 발호에서 벗어날 수 있었고, 정부에만 의지한 오합지졸에 의해 운영된 공동운수를 이길 수 있었다고 지적한다. 또한 "여론정치, 주식제도, 투표로 사람을 뽑는 조직은 왕왕 범인凡人에게 좋은 위치를 주고, 인재人才에게 굴욕감을 안겨주기 쉽다"고 하여 야타로의 전제주의가 도리어 인재주의, 즉 유능한 인재를 발탁하는 것을 가능하게 했다고 한다.

미쓰비시의 사람들

야타로가 인재의 등용과 양성에 열심이었던 것은 잘 알려져 있다. 미쓰비시의 후계자들에 대해서는 다음 장에서 기술하겠지만, 미쓰비시에는 창업 공신으로 불리는 이시카와 시치자이石川七財와 가와다 고이치로川田小一郎가 있었다. 이시카와는 도사의 아시가루足輕[16]의 집에서 태어났고 야타로보다 6살 연상이었다. 두 사람은 1870년 번의 명령으로 오사

---

16 발이 가볍고 잘 달리는 병사를 의미한다. 중세나 근세에 보통은 잡역에 종사하다가 전시에는 보병이 되는 자이다. 전국시대에는 활, 창, 철포 부대 등의 병사로 활약했다. 에도시대에는 각 번의 보졸(步卒)을 아시가루라고 해서 사분(土分)과 구별했다.

카상회의 내정정찰內情偵察을 했을 때 만났고, 이시카와는 야타로의 생각에 공명하여 번직藩職을 버리고 쓰쿠모상회에 들어갔다. 한편, 가와다는 도사의 촌장 집에서 태어나 뒤에 번에 출사했다. 유신 때에는 스미토모의 벳시를 접수하러 갔다가, 전술했듯이 히로세 사이헤이와 의기투합해 스미토모의 벳시 가행권 유지에 협력했다. 역시 1870년에 오사카의 도사번 진야陣屋[17]에 근무할 때 야타로와 알게 되어 쓰쿠모상회에 입사했다. 이시카와는 대담하고 강인한 인물이었지만 그에 비해 가와다는 견실하고 치밀한 두뇌의 소유자였다고 한다. 야타로는 "황폐한 토지草萊를 개간하는 힘力은 우리 이시카와에게 허락하고, 파종하고 곡식을 심는 공功은 우리 가와다에게 허락했다"고 말했다고 한다. 야타로의 리더십은 분명했지만 이시카와와 가와다는 야타로의 파트너적인 존재이기도 했다.

이시카와는 주로 해운 관계 사업을 총괄하고, 가와다는 광업경영에 힘을 발휘했다. 1882년 이시카와의 사망 후 공동운수와의 격렬한 경쟁 및 일본우선의 성립 과정에서는, 가와다가 쇼다 헤고로莊田平五郎와 함께 크게 활약했다. 야타로가 "사업에 관한 일은 모두 가와다에게 들어라"라고 유언한 것처럼 야타로 사후에는 가와다가 사실상 야노스케 사장을 압도하는 존재가 되었다. 그러나 가와다는 1891년 야타로의 적자 히사야久弥가 미국유학에서 돌아오자 물러났고, 이미 1889년에 취임한 일본은행총재에 전념했다.

야타로의 사촌동생인 도요카와 료헤이豊川良平는 미쓰비시 외부로부터 인재를 등용하는 데 큰 역할을 수행했다. 도요카와는 오사카에서 야타로

---

17 중세 장원(莊園)의 관리자들이 근무하던 관청이다. 에도시대에는 군다이(郡代), 다이칸(代官), 하나모토(旗本) 등이 임지 혹은 지교지(知行地)에 소유한 관청이다. 그밖에 무성(無城)의 다이묘, 고다이요리아이(交代寄合) 등의 거관(居館)도 진야라고 한다.

도요카와 료헤이(豊川良平, 1852~1920)

에게 몸을 의탁한 뒤 게이오기주쿠慶應義塾에서 공부했다. 1878년 미쓰비시상업학교三菱商業學校가 개교하자 사실상 교장으로서 청년 교육에 힘썼다. 1880년에는 동양경제신문사의 사주가 되었으며 다구치 우키치田口卯吉의 자유경제주의에 대항하여 보호주의 입장에 서서 미쓰비시를 변호했다.

도요카와의 큰 공헌은 게이오기주쿠 출신의 쇼다 헤이고로, 아사부키 에이지朝吹英二, 요시카와 다이지로吉川泰二郎, 제국대학 출신의 곤도 렌페이近藤廉平, 스에노부 미치나리末延道成, 가토 다카아키加藤高明 등 뒷날 미쓰비시의 경영을 떠맡을 인재를 다수 미쓰비시에 알선한 일이다. 도요카와는 1889년 제119국립은행 은행장이 되었고, 그 후 미쓰비시합자은행부, 미쓰비시창고 등 미쓰비시 경영에도 참여하게 되었다. 하지만 본령은 재계와 정계활동에 있었고 그쪽 측면에서 미쓰비시의 발전에 기여했다.

분고노쿠니豊後國 우스키번사臼杵藩士의 집에서 1848년 태어난 쇼다 헤

이고로는 고등교육을 받은 사람 가운데 가장 빨리 두각을 나타낸 경영자였다. 게이오기주쿠를 졸업한 후, 후쿠자와의 신임을 바탕으로 기주쿠의 교사가 되어 오사카분교에 부임했다. 여기서 도요카와의 추천을 받아 1875년 미쓰비시상회에 들어간다. 야타로는 쇼다의 학식과 판단력을 높이 평가해 미쓰비시의 '사칙社則'이나 '부기법'을 작성하게 했다. 1878년에는 야타로의 조카와 결혼해 1880년에는 최고 간부의 제일 등급인 간지管事[18]에 취임했다. 도쿄해상보험 설립 때에는 야타로에게 출자를 헌책했고 메이지생명 창설 때에도 설립전망서를 작성했으며 창설 후에는 두 회사의 중역이 되었다. 또한 앞에서 기술한 것처럼, 제119국립은행과 제149국립은행의 파산 때에는 그 구제를 야타로에게 중개해 미쓰비시가 은행업으로 진출하는 단서를 제공했다. 일본우선을 설립할 때에도 이면공작을 추진해 창립 후에는 이사와 취체역을 지냈다. 1886년 미쓰비시회사에 복귀한 후 미쓰비시합자 본사 지배인이 되어 일관되게 미쓰비시의 경영에 중추적 위치를 점했다. 1889년 런던 체재 중에 야노스케에게 마루노우치丸の內 빌딩가의 건설을 진언한 것은 잘 알려져 있다.

이처럼 미쓰비시에서는 일찍부터 고등교육을 받은 사람을 채용하고 있었다. 야타로는 그들 '학자서생류學子書生流'의 직원은 손님 접대에 세련되지 못한 점이 있지만 성실하고 학식이 있어 곤란한 문제에 대처하는 데 뛰어나다고 평가했다.

야타로는 자식 교육에 열심이었다. 적자 히사야를 게이오기주쿠에서 공부하게 하고, 뒤에 미국에 유학시켰다. 차남 히데야秀彌와 양자 도요야

---

18 청말에서 중화인민공화국 성립 이전에 사용되던 명사로, 전장(錢莊)·전당포(質屋) 등이나 지주·부호의 집에서 경영을 위탁받은 지배인, 집사, 반토(番頭)를 가리키는 말이다.

豊彌(남작 고 준조鄕純造의 사남)도 영국 캠브리지대학에서 공부했다. 장녀
는 도쿄제국대학 졸업 후 미쓰비시에 입사했다. 장녀를 뒷날 외교관으로
자리를 옮겨 외무·총리대신이 된 가토 다카아키加藤高明와 결혼시켰다.
사녀도 도쿄제국대학을 졸업했으며, 외무성에 들어가 외무대신에서 태
평양전쟁 후 총리대신이 된 시데하라 기주로幣原喜重郎와 결혼시켰다.

야타로와 17세 차이가 나는 동생 야노스케는 도사의 번교에서 공부한
뒤, 오사카로 나와 한학과 영어를 공부하고 1872년부터 1년 반 동안 미국
에 건너갔다. 귀국 후, 1877년에 고토 쇼지로의 장녀와 결혼했다. 제4장
에서 기술하듯이 미쓰비시에 대한 그의 최대 공적은 야타로의 사후 일본
우선이 설립되어 해운업이 미쓰비시의 직영에서 이탈했을 때 '바다에서
육지로'의 전략전환을 훌륭하게 실현하여, 탄광, 광산, 조선, 은행, 부동
산 등 근대적인 분야를 미쓰비시의 중핵산업으로 육성한 것에 있다. 야
노스케의 해외유학에 대해서는 알 수 없는 점이 많지만 젊어서 미국의
근대산업과 근대기술을 접할 기회가 있었던 것이 강하게 영향을 미치고
있는 것 같다. 또한 야노스케의 장남 고야타小弥太도 도쿄제국대를 중퇴
하고 캠브리지에 유학했다.

이렇게 야타로 자신은 야인野人이었지만 그의 자제는 해외에 유학보내
는 등 높은 교육을 받게 했다. 또한 야타로는 후쿠자와 유기치의 '실업입
국론實業立國論'에 공명하여 후쿠자와와 그 문하생이 관계한 요코하마정
금은행橫浜正金銀行과 메이지생명明治生命에 출자했으며 게이오기주쿠 졸
업생을 다수 채용했다. 이런 사실들은 야타로가 일종의 지적 엘리트 지
향을 갖고 있었음을 엿볼 수 있게 한다. '지모知謨', '권략權略', '교제交際'
를 무기로 하고 있었다는 야타로의 또 한 측면으로서 합리주의적 사고도
놓쳐서는 안 될 것이다.

정상의 구체상(2) - 야스다 젠지로

야스다 젠지로의 전반생

야스다 재벌의 창시자 야스다 젠지로安田善次郎는 막말~유신기의 동란을 이용해서 급성장한 대표적인 기업가 중 한 사람이지만 개인적 재산의 축적이라는 점에서는 제2차 세계대전 전의 일본에서 가장 크게 성공한 인물이었다.

야스다 젠지로는 1838년, 엣추越中 도야마富山의 변두리에서 태어났다. 어릴 적 이름은 이와지로岩次郎였다. 야스다가安田家는 대대로 농민이었으나, 젠지로의 아버지 젠에쓰善悦 때 최하급 무사의 신분을 사들여 무사 신분의 말단에 올랐다. 그러나 집이 가난해서 아버지와 함께 농사를 짓거나 꽃을 팔아 가계를 도왔다. 데라코야寺子屋[19]에서 뛰어난 재능을 보여, 데라코야를 마친 12세 무렵에는 편지나 장부의 대리 작성을 부탁받을 정도였다고 한다. 데라코야를 졸업한 뒤 야채 등을 파는 행상을 하는 한편, 책의 필사写本를 부업으로 했다. 가장 자신있어 했던 것은『다이코키太閤記』로, 기노시타 도키치로木下藤吉郎의 출세 이야기에 감동해 "어떻게 일하느냐에 따라 어떤 대업이라도 이룰 수 있다"는 철학을 얻었다. 젠지로는 수공업자職人가 되려고 하다가 어느 날, 농민이 땅에 엎드려 맞이해야 하는 번의 재무관료勘定方の役人가 오사카의 상인을 멋진 가마에 태워 호위하는 모습을 보고 상인이 되고자 다짐했다고 한다.

이렇게 젠지로는 상인으로 출세하기 위해서 1858년 에도로 나온다. 우

---

19 일본의 에도시대에 보급된 서민 교육기관으로 한국의 서당과 유사하다. 주로 교토 주변 지역의 사원에서 마을의 아이들을 대상으로 읽기, 쓰기, 산술 등을 가르쳤기 때문에 데라코야(寺子屋)라는 이름이 붙었다. 지금의 도쿄인 에도에서는 '히쓰가쿠쇼(筆學所)' 또는 '요도히쓰가쿠쇼(幼童筆學所)'라고 불렸다.

야스다 젠지로(安田善次郎, 1838~1921)

환전상점(兩替店)인 야스다상점에서 출발하여 금융업을 기반으로 재벌을 형성했다. '천하의 구두쇠'라는 평도 있으나, 만년에 도쿄대학의 야스다강당이나 히비야공회당을 기부했다. '사람들이 갚지 못할 정도의 돈을 빌려줘서는 안 된다. 변제할 수 있는 최대한을 빌려주고, 열심히 일하게 해서, 변제하도록 하는 것이 금융상인의 도리다'라고 사용인들에게 가르쳤다고 한다.

선 방물상점小間物屋에 봉공하다가 4년 후에 니혼바시日本橋 고부나초小舟町의 김과 가쓰오부시鰹節 도매상이면서 환전업을 겸업하는 상점으로 옮겨 2년 동안 일한다. 이 시기에 환전상으로서 가장 중요한 화폐를 감정하는 안목을 키웠다.

1864년, 젠지로는 26세 때 25료兩의 자본금으로 닌교초人形町에 소액환전錢兩替과 건어물 소매를 겸하는 야스다야安田屋를 개업한다. 환전업에는 막부나 번의 어용을 맡아 금화와 은화를 취급하는 큰 규모의 본환전本兩替과 보조화폐를 주로 취급하는 소액환전錢兩替이 있었다. 젠지로의 자본으로 보면 소액환전 중에서도 영세업자일 수밖에 없었다. 하지만 여기서 젠지로는 대부호千兩分限者[20]가 되기 위한 몇 가지 맹세를

---

20 천 료(千兩)의 재산을 가지고 있는 부호라는 뜻이다. 여기서 천 료는 절대적인 액수가 아니라 어림잡아 '엄청 많다'는 의미를 담고 있다고 생각된다.

한다.

독립독보獨立獨步의 자세로 다른 사람에게 의지하지 않고, 거짓말하지 않고 정직하게 생활한다, 근검절약에 힘써 생활비는 수입의 10분의 8로 줄이고 나머지 20퍼센트는 저축한다, 주택에는 10퍼센트 이상을 들이지 않는다 등의 맹세였다.

개점 후 젠지로는 분초를 아껴가며 일했던 것 같다. 동업자의 신용을 얻어 개업한 다음해에 벌써 마을 환전상조합両替町組의 간사肝煎=世話役를 맡게 된다. 1866년에는 고부나초의 가옥을 430료兩에 구입해 이전, 야스다상점安田商店으로 개칭했다. 주택에는 10퍼센트 이상의 자산을 쓰지 않는다는 그의 신념을 고려할 때 개업 3년째에 이미 대부호가 된 것이다.

고금은古金銀의 교환

에도시대에는 금·은·전 세 가지 화폐가 통용되고 있었기 때문에, 환전업이란 세 가지 화폐 사이의 환전을 담당하는 것이 원래의 업무였다. 그러나 수수료가 얼마 되지 않았다. 따라서 본환전 같은 곳에서는 환전업무 자체는 큰 수익원이 아니었고, 대부나 어음 발행 등이 중요한 업무였다. 그런데 막말에 사정이 크게 변했다.

먼저 분세이기文政期(1818~1820년) 이래, 막부가 종종 화폐개주를 해왔기 때문에 여러 화폐가 유통되고 있었고 개항 후에는 서양은도 유입되었다. 같은 고방小判(소액 금화) 1료兩라도 발행 연차에 따라 품위와 중량이 달랐기 때문에 교환비율도 달랐다. 이를 구별할 수 있는 확실한 안목을 가진 환전상이 아니면 일을 할 수 없었다. 둘째, 금·은·전 사이의 환전은 시중에 형성된 시세로 이루어지고 있었는데, 에도 중기까지는 매일매일의 시세가 그렇게 크게 변하지 않았다. 하지만 개항 이후에는 화폐제도가 혼란스러워 시세가 크게 변동했다. 경향적으로는 금화가 비싸지고, 다음으로 은화가 비쌌고 동전錢貨의 가치는 하락했다. 하지만 이러한 현상은 후대에 보니 그렇다는 뜻이고 당시 사람들 입장에서는 이해할 수 없었다. 따라서 환전업의 리스크가 높았고 신용할 수 없는 환전상의 경우 고객들이 떠나갔다. 환언하면 신흥 환전상에게는 절호의 비즈니스 찬스가 열리고 있었던 것이다.

막말의 화폐제도에서 큰 문제가 된 것은 일본의 금은비가金銀比價가 1:5 였던 것에 대해 해외에서는 1:15로, 일본에서는 금저은고金安銀高였고 해외는 금고은저였다는 점이다. 금화가 유출되고 은화가 유입되었다는 말이 된다. 그 때문에 외국상인들은 앞 다투어 금화를 모으려고 했다. 한편, 금화유출을 막기 위해 막부는 1860년에 화폐개주를 단행했다. 이를 위해서는 고금은古金銀을 모으고, 대신에 신주화를 살포해야 했다. 어떤 경우이건 환전상에게 부탁할 수밖에 없었다. 젠지로는 많은 환전상이 휴업으로 내몰리고 있는 가운데, 막부의 어용을 맡아 고금은의 교환업무를 통해 막대한 이익을 얻었다. 1867년 야스다상점의 자본은 연초에 659 료兩였던 것이 연말에는 약 3배인 1,983료兩가 된다. 이 이익의 대부분은 고금은 교환 수수료였을 것이라 생각된다.

또 에도시대에는 세 가지 화폐가 유통되고 있었지만 거래 때마다 감정이나 단위를 변경해야 하는 불편함이 있었다. 많은 양을 거래할 경우에는 신용 있는 환전상이 포장해 둔 봉인된 금화묶음(이를 '쓰쓰미킨包金'[21]이라 한다)이라면, 두말없이 수수하기로 되어 있었다. 환전상은 쓰쓰미킨에 대해 수수료를 징수했는데, 막말이 되자 리스크를 우려해서 쓰쓰미킨을

---

21 에도시대에 금좌(金座)에서 종이로 싸서 봉인한 금화를 말한다. 일정한 개수를 모아서 종이로 포장한 뒤 봉인하고 환전상이 날인한 것을 말한다. 은을 같은 식으로 포장한 것은 '쓰쓰미긴(包銀)'이라 한다.

소액금화(小判) 25료(兩)의 쓰쓰미킨(包金)

출처: JapaneseClass.jp 홈페이지에서.

하는 환전상이 줄어들었다. 젠지로는 이 업무를 취급하였고, 이를 통해서도 막대한 이익을 얻었다고 한다.

본환전상 면허증을 얻다

이렇게 수중에 있던 자금 25료兩로 장사를 시작한 젠지로는 겨우 3년 만에 2,000료兩나 되는 자산을 손에 넣었다. 그리고 메이지기에 화폐·금융의 혼란을 틈타 한층 더 축적을 거듭했다. 전술한 바와 같이 유신정부는 1868년 태정관찰을 발행했지만, 이 불환지폐의 신용이 낮아 큰 폭으로 가치가 하락했다. 태정관찰을 발행하면서 정부는 환전상에게 태정관찰을 대부하고 태정관찰의 유통 촉진을 의뢰했다. 많은 환전상이 기피했지만 젠지로는 이를 적극적으로 인수했다. 그뿐만 아니라 태정관찰의 가치가 지속적으로 하락하고 있는 상황에서도 태정관찰 보유자가 정화正貨와의 태환을 요구해 올 경우 이에 응했고, 태정관찰을 담보로 하는 대부에도 응했다. 이렇게 해서 꽤 싼 가격으로 태정관찰을 사들였다. 그런데 1869년 정부가 태정관찰의 발행량을 감소시키는 한편, 1872년까지 주조하는 신화폐와 태정관찰의 태환을 약속했기 때문에, 이후 태정관찰의 시세가 회복되어 안정된 추세를 보였다. 보유하고 있던 태정관찰의 가격이 상승하면서 젠지로는 다시 막대한 이익을 얻었다. 1869년 1월에 5,263료兩였던 자산은 다음해 1월 14,284료兩로 3배 증가하였다. 그리고 1872년에는 대망의 본환전本兩替 면허증도 손에 넣었다. 당시 도쿄의 본환전은 9개에 불과했고 모두 노포 환전상이었다. 야스다상점은 순식간에 최고의 지위에 올라섰다.

야스다가 치부할 수 있었던 또 하나의 원천은 공채 매입에 있었다. 정부는 1873년 이후 폐번치현과 함께 구번채舊藩債 처리 및 질록처분을 위해 다종다양한 공채를 발행하였다. 발행량이 거액이었고 생활이 궁핍해 있던 사족들이 서둘러 팔았기 때문에 공채가격은 급속하게 떨어졌다. 그러나 대다수 환전상은 정부의 장래에 대해 불안감을 가지고 있어서 공채 매입을 망설이고 있었지만 젠지로는 고수익을 올릴 수 있다고 보고 이를 적극적으로 사 모으거나 이를 저당으로 한 대부에 응했다.

그런데 [공채 매입을 위한] 이 자금은 어디에서 얻었을까? 젠지로가 급격하게 재산을 축적했다고는 하나 미쓰이 등에 비하면 아직 액수가 적었다. 사실 젠지로는 관공금 취급을 통해 운용자금을 확보했다. 1874년, 그동안 관공금을 취급해오던 가와세카타爲替方 중 오노구미小野組와 시마다구미島田組가 도산하면서 미쓰이구미三井組만 남게 되었다. 그 틈을 이용해 젠지로가 사법성 어용을 취급하고 가와세카타를 배명한 것을 계기로 도쿄재판소나 토치기현청 등 연이어 관공금을 취급하게 되었다. 야스다상점의 총예금에서 차지하는 관공금 예금의 비율은 1875년 1월에는 38퍼센트에 불과했지만 1877년 1월에는 78퍼센트가 되어, 제1국립은행과 미쓰이은행의 뒤를 잇는 것이었다. 관공금을 취급하기 위해서는 공채를 정부에 저당으로 내놓을 필요가 있었다. 젠지로는 구입한 공채를 저당으로 내 놓고 관공금을 맡은 뒤 다시 그 자금으로 공채를 구입했다.

제3국립은행과 야스다은행의 설립

이리하여 젠지로는 은행을 설립할 수 있을 만큼의 자력을 축적하기에 이르렀다. 1876년 국립은행조례가 개정되자 젠지로는 자본금 20만 엔의 제3국립은행을 설립했다. 부호인 가와사키 하치에몽川崎八右衛門, 료고쿠兩國의 환전상이었던 이치카와 고조市川好三, 오사카의 오다 헤이베小田平兵衛 등과 함께 만든 은행이었지만 실질적으로는 젠지로의 은행이었다.

이어서 3년 후인 1879년 야스다은행을 창립해 야스다상점을 은행으로 전환시켰다. 자본금은 20만 엔으로, 전체 주식을 야스다가安田家가 소유하고, 은행장에는 야스다 우노키치安田卯之吉(양자로 훗날 젠시로善四郎로 개명)가 취임했다. 국립은행조례가 타 은행의 겸직을 금지하고 있었기 때문에 젠지로는 감사가 되었다. 하지만 실질적으로는 제3국립은행의 은행장이었던 젠지로가 전면적으로 지휘했다.

이런 경위를 거쳐 젠지로의 은행업은 제3국립은행과 야스다은행을 수레 두 바퀴로 삼아 운영하게 되었다. 젠지로는 타인과의 공동기업인 전자를 '정전正戰'에, 야스다가의 개인 기업인 후자를 '기전奇戰'에 사용했다.[22]

제3국립은행과 야스다은행 모두 초기에는 관공금 취급이 큰 의미를 가졌다. 특히 농상무성과 사법성의 관금은 운용자금 면에서 크게 공헌했다. 미쓰이은행 · 제1국립은행과 비교하면 관공금 예금이 적었지만, 제3국립은행과 야스다은행이 발전할 수 있는 큰 발판이 되었다.

제3국립은행은 1882년에 제15국립은행과 제1국립은행에 다음가는 도

---

22 여기서 말하는 정전(正戰)과 기전(奇戰)은 장기용어로 보인다. 전자인 정전은 '정당한 전쟁'이라는 의미이고, 후자인 기전은 그에 대비되는 개념으로 읽힌다. 따라서 정전은 대외적이고 공식적인 업무를 지칭하는 것으로 보이고, 기전은 내밀한 거래를 의미하는 것이 아닌가 싶다.

제3국립은행에서 발행한 1엔 지폐의 앞면

오른쪽에 은행장인 야스다 젠지로의 이름, 왼쪽에 지배인인 야스다 추베(安田忠兵衛)의 이름이 인쇄되어 있다. 제3국립은행의 점포는 도쿄 고부나초(小舟町)에 있던 야스다상점의 창고건물을 사용했고, 행원도 야스다상점에서 전출시켰다. (『安田銀行六十年誌』에서)

쿄의 유력은행 제44국립은행을 흡수 합병했다.

이 대형 합병은 금융업자로서 젠지로의 지위를 향상시켰고 그 뒤에 계속되는 젠지로의 은행합동 전략의 단서가 되었다. 또한 이 합병은 제44국립은행의 기반이었던 홋카이도北海道와 도호쿠東北 지방으로 진출하는 발판을 마련하였다는 점에서 야스다가 재벌로 발전하는 중요한 계기가 되었다.

야스다계 은행의 증가

결과적으로 1884년에는 제3국립은행과 야스다은행은 예금량에서 미쓰이은행과 제1국립은행에 다음가는 큰 은행이 되었다. 그러나 1882년에 일본은행이 설립되고 1887년부터 국고출납사무가 통일되어 일본은행이 취급하게 되면서 관공금의 비중이 감소했다. 그런데 젠지로는 일본은행이 창설되면서 이사에 임명되어 일은의 중추업무인 할인·계산·주식 등 3부의 국장을 겸무했다. 이때 미쓰이의 미노무라 리스케三野村利助도 이사가 되었는데, 노포인 미쓰이에 견줄 정도의 평가를 받게 된 것은 젠지로에게 큰 도움이 되었다.

그뿐이 아니었다. 젠지로는 이사로서 일은 지점이 설치되지 않은 지방에 대해서는 지방은행을 일은의 대리점으로 하여 여기에 관금 취급 업무를 위탁하자고 제안, 승인을 받았다. 이것이 일은 대리점이 된 각지 유력 은행을 젠지로가 흡수 합병하는 계기가 되었다. 또한 1884년과 1891년에 각각 제3국립은행과 야스다은행이 자금 부족상태에 빠졌을 때 일은이 두 은행에 융자를 내주었다. 이 역시 일은의 이사였던 젠지로와 일은의 관계와 무관하지 않았을 것이다.

관금 취급은 감소했으나 제3국립은행과 야스다은행은 1887년과 1896년 사이에 민간예금을 급속히 증가시키고, 이 자금을 주식투자에 운용해 거액의 이익을 올렸다. 동시에 지방은행과의 관계를 심화시켜 갔다.

젠지로가 지방은행으로 촉수를 뻗은 것은 이보다 빠른 1870년대 후반부터였다. 다수의 국립은행이나 사립은행의 설립을 원조하고, 이 은행들이 경영난에 빠졌을 때는 구제했으며, 주식을 취득하거나 임직원을 파견하는 등 야스다계 은행의 수를 늘려 나갔다.

이 전략은 은행 설립 붐이 일어난 청일전쟁 후 한층 더 진전되어 야스다계 금융망이 전국적으로 확장되었다. 예컨대 1895년에는 효고의 가와니시 세이베川西淸兵衛(일본모직 창설자) 등과 공동으로 일본상업은행을 설립했다. 불입자본금 80만 엔 중 20만 엔을 야스다가 인수하였고, 상담역에 젠지로가 취임하는 등 야스다 측에서 이사를 파견했다. 사실상 야스다가 경영권을 장악했다. 고베에 본거를 둔 일본상업은행의 설립은 간사이關西 이서以西의 영업기반이 약했던 야스다에게 메리트를 가져왔다. 1896년에는 가나자와金澤의 구 번주 마에다가前田家와 도쿄미곡거래소東京米穀取引所 관계자와 함께 메이지상업은행을 불입자본금 300만 엔으로 설립했고 야스다가는 그 중 약 18퍼센트의 주식을 보유했다. 또 같은 해

도쿄 혼조(本所) 가메자와초(龜澤町)에 있던 메이지상업은행(明治商業銀行) 혼조지점
제3은행 다음으로 주요한 방계은행으로, 본점은 니혼바시구(日本橋區) 혼후나초(本船町)에 있었고, 야스다 젠시로(善四郎)가 은행장이었다.

메이지상업은행의 예금흡수기관으로서 가나자와에 긴조저축은행金城貯蓄銀行이 설립되었는데, 여기에도 야스다가 참가했다.

이 외에도 같은 시기 네무로은행根室銀行, 시나노저축은행信濃貯蓄銀行, 군마상업은행群馬商業銀行의 설립에도 관여했다.

1901년에는 은행공황이 발생하여 중소 은행의 파탄이 잇따랐을 때, 젠지로는 파탄 은행의 구제에 나서 이 은행들을 계열 은행에 편입시켰다. 그해 제9은행(구마모토熊本)과 제22은행(오카야마岡山), 1902년의 교토은행, 1903년의 제17은행(후쿠오카福岡) 등이 그러한 사례이다. 그 결과 1903년 말 야스다계 은행은 13개에 달했고, 그 예금 잔고 총계는 4,550만 엔(전국 예금 총액의 6.8퍼센트)을 기록하여 미쓰이은행을 앞질렀다. 야스다계 은행의 점포는 홋카이도에서 구마모토까지 23도도부현都道府県에 분포했다.

130은행의 구제

젠지로의 은행합동 전략은 그 후로도 계속되었다. 그중에서도 1904년에 있었던 130은행에 대한 구제는 금융사에서 가장 유명한 사건이다. 130은행은 1878년 오사카 경제계의 거물 마쓰모토 주타로에 의해 설립된 제130국립은행을 전신으로 1898년에 보통은행으로 전환한 유력 은행이었다. 특히 청일전쟁 후 급성장했는데 대규모 융자처인 일본방직의 경영악화로 1904년 자금사정이 어려워졌다. 그래서 130은행은 정부와 일본은행에 구제를 요청하여 일은으로부터 100만 엔의 융자를 받았다. 그럼에도 여전히 부족하다고 판명되자 정부는 젠지로에게 130은행의 구제를 의뢰했다.

그때까지 130은행에 거의 관계가 없던 젠지로는 130은행에 대한 조사를 실시한 뒤 재건의 가망이 없다고 판단하고 구제를 포기했지만, 러일전쟁 중 대은행의 도산이 가져올 영향을 우려한 정부가 재차 젠지로에게 요청했고 오사카 재계도 간청하여 결국 이를 받아들였다. 정부가 연이율 2퍼센트, 5년 거치로 저리자금 600만 엔을 빌려주는 것이 조건이었다. 130은행은 일은이 구제 대부를 실시하면서 젠자부로善三郎가 은행장에, 젠지로가 상담역이 되어 영업을 재개했고, 오사카의 금융위기는 일단 모면하게 되었다.

그러나 이때의 정부 구제는 훗날 비판을 불러 일으켰다. 의회에서 아무리 전시 중이라 하더라도 일개 사립은행에 이 정도로 거액의 구제자금을 주는 것은 부당하다는 정부문책결의가 가결되고, 회계검사원도 이를 부당하다고 인정했다. 세간에도 젠지로가 자신의 이익을 도모하기 위해 구제를 빙자해 유리한 조건을 획득했다는 평가가 있었다. 젠지로는 자신이 직접 은행을 신설하는 데는 소극적이어서 비탄에 빠져 있는 은행을 산하에 편입시켜 금융으로 지배하려는 교활한 인물로 여겨졌다. 이에 대해 젠지로는 어디까지나 '국가에 대한 봉공奉公'이자 '자선심의 발로'라고

130은행

오사카 고라이바시(高麗橋) 3초메가 본점. 청일전쟁 후 배상금의 유입으로 은행들은 호황을 경험했고, 이 은행도 규모를 확장하고 있었다. 하지만 일본방적의 체화(滯貨), 즉 상품이 팔리지 않아 1904년 6월 17일부터 임시휴업에 빠졌고, 결국 파탄을 맞이했다.

반박했다.

야스다 계열화의 특징

130은행을 계열 하에 편입시킴으로써 야스다계 은행은 그 때까지 취약했던 오사카 금융시장에서 확고한 지위를 구축할 수 있었다. 그런 의미에서 이것은 젠지로가 예외적으로 손해를 본 케이스였다고 알려져 있지만, 장기적으로는 야스다 금융망의 확립에 있어서 중요한 포석이 되었다고 할 수 있다. 하지만 이러한 전망하에서 혹은 순수한 이윤동기만으로 젠지로가 이 구제에 나섰다고 보는 것은 적절하지 않을 것 같다. 당시 정부나 일은에는 은행이 파산했을 때 대은행이 사적 자본의 이해를 넘어 금융시스템 전체의 안정을 위해 일정한 역할을 해야 한다는 생각이 있었던 것 같다. 일은의 이사나 감사를 지낸 젠지로가 그러한 기대에 부응하려 했던 측면이 있었던 것은 부정할 수 없다.

〈야스다은행 관계 은행〉

관계 시점	은행명
1876년 12월	제3국립은행
1891년 12월	제103국립은행
1893년 1월	제82국립은행
1895년 11월	일본상업은행
1896년 7월	메이지(明治)상업은행
1896년 9월	긴죠(金城)저축은행
1898년 11월	네무로(根室)은행
1900년 3월	시나노(信濃)금융은행
1900년 6월	군마(群馬)상업은행
1901년 5월	제9은행
1901년 7월	제22은행
1901년 7월	제98은행
1902년 1월	교토(京都)은행
1903년 6월	제17은행
1903년 10월	히고(肥後)은행
1904년 7월	130은행
1907년 5월	제58은행
1907년 10월	고치(高知)은행
1908년 10월	시나노(信濃)은행
1909년 6월	오가키(大垣)공립은행
1911년 6월	쇼류(正隆)은행
1917년 3월	제36은행
1920년 6월	간사이(關西)저축은행
1921년 5월	시나가와(神奈川)은행
1921년 10월	도치기이토(栃木伊藤)은행
1923년 1월	데코쿠(帝國)상업은행
1924년 10월	도야마(富山)은행
1928년 3월	히고(肥後)협동은행
1935년 12월	하카타(博多)은행

주: 淺野俊光, 『安田善次郎』에서 인용

위의 표에 제시한 바와 같이 러일전쟁 후에도 야스다는 경영난에 빠진 은행의 구제에 노력해 계열하에 편입시켜 갔다. 그 중에는 '만주' 최초의 청일합작은행인 세류은행正隆銀行의 구제와 계열화도 있었다. 이 은행은 1906년에 '만주' 최대 무역항이었던 잉커우쓸口에 설립되었으나 재만在滿 일본 상인의 힘이 아직 약했던 터라 부진에 빠져 있었다. 당시 요코하마 정금은행横浜正金銀行의 은행장 다카하시 고레키요高橋是淸가 세류은행의 구제를 젠지로에게 요청했다. 다카하시와는 일은 이사로 재직 중일 때부터 친하게 지내고 있었다. 젠지로가 세류은행의 구제에 나선 또 하나의 이유는 젠지로 자신이 청일전쟁 때부터 중국에 대한 투자에 관심을 가지고 있었기 때문이다.

또한 본점이 오사카에 있던 제58은행도 부산, 서울, 인천, 평양에 지점을 갖고 있던 은행인데, 젠지로가 이를 1907년에 구제한 뒤 1909년에 130은행에 합병시켰다. 이렇게 해서 야스다의 금융망은 중국 동북부와 조선에까지 확대되었다.

메이지가 끝나가던 1911년 말 현재, 야스다계 은행은 야스다·제3·일본상업·메이지상업·130은행을 중핵으로 17행에 달했고, 일본 및 '만주'·조선에 171개 지점을 거느리게 되었다. 그 예금 합계는 전국 보통은행과 저축은행의 예금 총액에서 8퍼센트를 점했다.

야스다의 은행 비즈니스가 갖는 큰 특징 중 하나는 다수의 계열은행을 가지고 있었다는 점이다. 당시 도시은행 중 미쓰이와 미쓰비시는 계열은행이 적었다. 가와사키·제1·스미토모는 계열은행을 가지고 있었으나 계열화의 시기가 야스다보다 늦었고 계열은행의 규모가 작았으며, 결합은 느슨했다. 둘째, 지점망이 도시에 편재되어 있던 다른 도시은행에 비해 야스다는 계열은행과 합쳐서 전국적으로 지점망을 가지고 있었다. 따라서 예금과 대부 모두 지방의 비중이 높았다. 영국에서는 지방의 소은행이 합병하면서 대은행으로 성장해 가는 현상이 있었고, 독일에서는 대은행이 지방의 중소은행을 자본적으로 지배하여 이를 사실상 지점화함으로써 거대화해 가는 현상을 볼 수 있었다고 한다. 하지만 일본은 도시의 대은행과 지방의 중소은행이 상대적으로 독립해 있었고, 전자가 후자를 지배하거나 지점화하는 경우는 별로 없었다. 은행의 집중은 지방 중소은행끼리의 합동을 통해 전개되었다. 야스다의 경우 이와는 달랐다. 도시 금융시장과 지방 금융시장을 연결시키는 형태로 금융망을 구축해 갔다.

전국적인 금융 시장의 활용

일본은 일반적으로 지방의 은행은 지주, 상인, 고리대금업자 등의 자본을 중심으로 설립되어 예금과 대출에서도 지주나 지방 상공업자와의 관계가 깊고 금리는 높았다. 이에 대해 미쓰이, 미쓰비시, 스미토모와 같은 재벌계 은행은 처음부터 대은행으로 산하 사업의 자금 수요를 충족시키거나 잉여자금을 효율적으로 운용하는 것이 임무였다. 도시를 중심으로 저리로 예금을 모을 수 있었고, 특히 1900년대에 발생한 몇 차례의 공황 이후에는 이들 대은행으로 예금이 집중되었기 때문에 굳이 고금리의 지방자금을 흡수할 필요가 없었다. 또한 대기업 혹은 우량기업을 대출처로 가지고 있었기 때문에 자금운용 측면에서도 지방의 소액대출에 적극적일 필요가 없었다. 그렇다면 왜 야스다만 지방은행의 지배에 열심이었을까?

산하 사업의 금융소통을 큰 목적으로 했던 다른 재벌계 은행과 달리 야스다는 금융중개업무, 즉 예금을 모아 대출 또는 유가증권에 투자하여 그 차익을 얻는 것을 사업의 본질로 삼았다. 따라서 우선 가능한 자금이 많아야 했는데, 야스다는 산하에 큰 사업 회사가 없었기 때문에 거기에

야스다은행의 합병 광고

'이번에 야스다, 제3, 메이지(明治), 상업, 시나노(信濃), 교토, 130, 일본상업, 22, 히고(肥後), 네무로(根室), 시나가와(神奈川)의 각 은행을 합병하고, 그 지점을 당행 지점으로 삼아 은행 일반업무에 더욱 편의를 도모하고자 하오니 아무쪼록 잘 부탁드립니다' (『安田銀行六十年誌』에서)

서 발생하는 유휴자금을 예금으로 흡수할 수 없어서 가능한 전국적으로 지점망을 두고 예금을 모아야 했다. 둘째, 지방은 일반적으로 고금리였지만 마진도 컸다. 또한 야스다의 도시 대출처는 중소기업이 많고 대출 금리가 높았다. 따라서 지방의 고금리 자금을 도시에서 운용해도 채산이 맞았다. 셋째, 전국에 계열은행과 지점망을 가지고 있어서 자금의 효율적인 이용이라는 점에서 메리트가 있었다. 지방에서는 지방산업의 특성 때문에 자금수급에 있어 계절성이 컸지만 야스다는 금융망을 활용함으로써 자금을 잉여 지역에서 부족한 지역으로 돌릴 수 있었다. 이것은 야스다의 계열하에 편입된 지방은행에게도 메리트로 작용했다.

하지만 고금리이면서 소액이자 부동성浮動性이 높은 지방의 예금이나, 소액이면서 리스크가 큰 지방 상공업에 대한 대출은 은행의 경영비용을 높일 가능성이 있었다. 전근대적인 고리대 경영을 하던 지방 중소은행이 경영난에 빠져 야스다에 구제를 요청한 것도 이 때문이었다. 그 은행들을 재건한 것이기 때문에 젠지로에게는 그만큼의 수완이 있었다고 해야 할 것이다. 젠지로는 곤경에 처한 은행이 상담을 요청해 올 경우 "처음에는 관계가 없는 것처럼 가장하고, 그 다음은 친절을 보이며, 마지막에는 생사여탈권을 내 손에 넣는"(山路愛山, 『現代金權史』) 수법으로 냉철하게 주판을 두드려 엄격한 정리안을 마련해 실시했다고 한다. 계열에 편입시킨 다음에는 야스다재벌의 헤드쿼터인 야스다호젠샤保善社에서 해당 은행에 임원을 파견하고, 야스다 일족이 감독을 맡았다. 호젠샤의 통제는 세세한 부분까지 미쳐 각 은행의 대출 등에 있어서는 호젠샤로부터의 제약이 강했다고 한다. 또한 수수하고 박봉에 만족해야 했던 고가이子飼い 출신 점원들을 각 은행에 보내 철저한 합리화를 도모했다.

이러한 젠지로의 수법은 인정이 없고 돈벌이만 생각한다는 세상 사람들의 불평을 샀지만, 지방 은행업의 합리화에는 큰 효과가 있었다.

야스다의 다각화

젠지로는 1921년 9월에 암살되지만 2년 후인 1923년 11월, 야스다계 은행 22행 중 11행이 대등합병하여 자본금 1억 5,000만 엔의 야스다은행이 발족했다. 예금 잔고는 5억 6,765만 엔 이상으로, 제2위인 미쓰이은행의 4억 1,754만 엔을 훨씬 뛰어넘었다. 야스다은행의 성립은 젠지로 사후 지도자로 영입한 유키 도요타로結城豊太郎의 손에 의해 이루어진 것이지만 젠지로가 추진해 온 지방은행의 연합을 통한 일대 금융망의 확립이라는 전략의 집대성이었다고 할 수 있다. 젠지로 생전에 그가 개인적 수완과 신용으로 총괄해 온 야스다계 은행은 단일 조직체로 재편성되면서 야스다재벌의 중핵으로 보다 강력한 기능을 담당하게 된다.

야스다는 금융재벌이라고 불리지만 다각화의 움직임도 있었다. 우선 1880년에는 생명보험회사인 교사이고햐쿠메이샤共済五百名社를 발족시켰다(훗날 야노 쓰네타矢野恒太가 일으킨 교사이생명보험회사로 합류, 다시 야스다생명이 된다). 1870년대 말부터 1880년대 말까지 젠지로는 시부사와 에이이치와 오쿠라 기하치로가 발기한 사업에 참가하는 일이 많았다. 창고

회사, 긴유회사均融會社, 도쿄가스회사東京瓦斯會社, 데이코쿠帝國호텔, 일본수출미상사, 모지축항회사門司築港會社 등이었는데 대체로 성공하지 못했다.

이어 젠지로는 철도업에 깊은 관심을 보였다. 료모선兩毛線[23], 미토선水戸線[24], 고부선甲武線[25] 같은 철도의 발기에 참가하고 출자했다. 청일전쟁과 러일전쟁 후에도 철도에 대한 투자를 증대시켜 갔으나, 사업을 지배하는 데까지 이르지 못했다. 소유 주식의 대부분은 1906년 성립된 철도국유법으로 정부에 매수되었다.

1883년에 설립된 도쿄전등회사東京電燈會社에도 출자해 한때 이사가 되기도 했지만 후일 주식을 처분하고 경영에서 손을 뗐다.

1887년에는 도치기현栃木縣의 맹우 스즈키 요조鈴木要三가 세운 시모쓰케제마방직下野製麻紡織에 투자하여 젠지로는 실질적인 경영자로서 이 회사를 지배했다. 1903년에는 오우미마사방직近江麻絲紡織 및 오사카마사大阪麻絲와 합병하여 일본제마日本製麻, 1907년에는 홋카이도제마北海道製麻와 합병해 데이코쿠제마帝國製麻를 성립시켰다. 야스다가가 필두주주였던 데이코쿠제마는 공업부문에 있어서 야스다의 주요 사업이 되었다. 경공업에서는 1899년에 나니와방적浪華紡績을 경매로 손에 넣었으나 업적부진으로 1906년에 해산했다.

중공업 분야에서는 하코다테선거函館船渠, 우라가선거浦賀船渠에 대한 투자 외에 후카가와제정소深川製釘所가 힘을 기울였던 사업이었다. 이것은 다카하시 고레키요高橋是清의 권유로 시작한 사업이었다. 젠지로는

---

23 1888년 5월 개통된 도치기현 고야마시(小山市)의 고야마역에서 아사카가시(足利驛)의 아사카가역까지를 연결하는 철도노선이다.
24 1889년 1월 개업한 고야마역에서 미토역까지를 연결하는 철도노선이다.
25 1889년 4월 개업한 신주쿠역과 다치카와역 사이를 연결하는 철도노선이다.

사업 준비를 위해 1896년 무렵부터 기술자를 미국에 보내고, 다시 미국인 기사를 불러 준비한 뒤 1899년 개업했다. 이 제정소는 기계설비는 최첨단이었으나 수입품과의 경쟁에 밀리면서 적자를 냈고 결국 야스다재벌의 기간사업으로 성장하지 못했다. 1900년에는 리벳[26]을 제조하는 덴마철공소天滿鐵工所의 채무를 제3은행이 인수하면서 철공소를 취득했다. 1904년 이후에는 기계기구 제조로 전환하였고, 1909년에는 야스다철공소가 되었다. 제1차 세계대전 때 육군용으로 일본 최초로 화물자동차를 제조하는 등 업적이 늘었지만, 대전 후에 부진에 빠졌고 결국 1922년에 매각되었다. 1887년에는 홋카이도 구시로아토사누부리釧路跡佐登에서 유황산 경영을 시작했고 그 부대사업으로 철도, 창고업, 탄광업도 시작했다. 하지만 이것들도 메이지 말까지 정리 또는 축소되었다.

비금융부문의 실패

이와 같이 야스다 젠지로는 보험, 광산, 방적, 제정製釘, 창고, 기계, 조선, 비료, 해운 등 은행업 이외에도 다양한 분야에 진출했지만, 대체로 성공을 거두지 못하고 대부분 메이지 말까지 정리되거나 축소되었다. 성공하지 못한 원인은 다각화에 대응할 수 있는 조직구성이나 인재양성이 미흡했기 때문이다. 1887년 젠지로는 동족의 단결과 사업 지배 체제의 정비를 목적으로 사맹조직으로서 야스다호젠샤安田保善社를 만들었다. 야스다가 10개 가문에 대한 통제, 재산의 보전, 이익의 배분, 동족과 사업과의 관계, 상속 등에 대해 상세한 규정을 정했다.

다만 실태는 젠지로가 전권을 쥐고 호젠샤의 실무는 야스다은행에서 행하는 방식으로 이루어졌다. 또한 은행업 이외의 사업도 야스다은행 혹

---

26 금속판이나 강재 등을 있는 징, 대갈못이다.

야스다합자회사(상)와 주식회사 야스다은행 본점(하)

위의 그림은 1893년경, 아래 그림은 1907년경. (『安田銀行六十年誌』에서)

은 제3국립은행의 사원이 파견되어 업무를 담당했다. 그러나 이것만으로 광범위한 야스다가의 사업을 관할하기가 곤란했을 것이다. 1899년, 신상법의 실행을 계기로 야스다상사합명회사安田商事合名會社가 설립되었고 여기서 방적, 제정製釘, 해상운송, 창고를 총괄하게 되었다. 야스다상사의 자본금은 100만 엔으로 야스다은행의 2배였으며, 야스다상사는 은행과 함께 야스다 사업의 양 날개로 자리매김하게 되었다. 야스다상사합명회사는 1911년에 야스다상사주식회사로 조직이 개편되었고, 다음해에는 지금까지 사맹조직私盟組織이었던 호젠샤가 합명회사로, 합명회사 야스다은행도 주식회사 야스다은행으로 조직이 바뀌었다. 이렇게 조금씩 재벌의 형태를 갖춰갔지만, 야스다의 비금융부문은 여전히 경영이 호전되지 않았다.

그 이유는 첫째, 금융부문에 대한 대규모 투자와는 대조적으로 야스다
상사에 대한 자금 투입이 큰 제약하에 놓여 있었기 때문이다. 둘째, 인재
면에서도 야스다상사의 전임 스태프가 극히 빈약했다. 산업부문의 전문
경영인은 적었고 대부분 은행 직원이 일시적으로 겸했다. 게다가 소수의
전임 스태프도 단기간에 야스다를 떠나는 경우가 적지 않았다. 셋째, 야
스다상사의 조직이 통일성 없이 잡다하게 모인 사람들로 이루어져 있어
서, 대규모 산업경영을 행할 수 있는 관리조직이 아니었다. 산업경영을
행할 때에는 각 분야의 전문적 기술이나 지식을 필요로 하는 법이다. 따
라서 전체 사업을 총괄하는 리더십이 필요할 뿐만 아니라 각 사업 분야
를 경영할 때에는 전문 스태프나 조직에 대한 권한 위양이 필요하다. 젠
지로는 은행가로서 야스다계 금융망을 총괄할 수 있는 수완을 가지고 있
었다. 하지만 이런 방식이 산업경영에는 적절하지 않았던 것이다.

부하들을 수족으로 여기는 개인주의자

야스다 내부에서도 양적자養嫡子가 된 호젠샤 부총장 젠자부로善三郎 등
의 의견을 따라 러일전쟁 후 조직개혁이나 인사제도의 쇄신이 단행되었
다. 예컨대 호젠샤에서는 이사제도理事制度가 마련되어 있어, 동족이 아
니어도 이사로 등용될 수 있었고 호젠샤 전임 스태프의 채용도 이루어졌
다. 젠자부로의 연고로 도쿄제국대학 출신 등 고학력자에 대한 직접채용
도 이루어졌다. 그러나 이사는 경영의 의사결정자라기보다 관리직 신분
에 지나지 않았기 때문에 뛰어난 능력자가 임명되지는 않았다. 따라서
대부분 단기간 내에 사임했고 호젠샤의 직원도 결국 전임직원이 아니라
은행의 겸임직원 중심이 되었다. 또한 고학력자의 정착률도 낮았다.

이와 같이 야스다의 조직과 인사개혁은 뒤늦었는데, 그것은 조직과 인
사에 대한 젠지로의 다음과 같은 생각에 근거를 둔 것으로 보인다.

세간에서는 야스다의 부하 중에는 인재가 없다, 야스다는 인재를 받아들이지 않는다고들 혹평한다지만, 정말 평판이 맞을지도 모르겠다. 나는 미쓰이나 미쓰비시와 같이 '소위 인재'라는 이를 모으는 일에는 굳이 노력하지 않았기 때문이다. (중략) 나는 원래 스스로 계획하고 스스로 실행하는 것을 주의主義로 하고 있는 자이다. 즉 스스로 사령관이 되고 참모장이 되는 것이기 때문에, 조금도 막료가 필요하다고 느낀 적이 없었다. 그렇다고는 해도 어떤 일이든 비단 혼자서는 일을 할 수 없는 법이다. 절실하게 부하를 필요로 하는 것은 물론이지만 그들은 모두 내가 명령하는 것에는 절대로 복종해서 나의 의지를 확실히 행하는 자에 한한다. 한 마디로 말하면 완전히 자신을 죽이고 나의 수족이 되어 나를 위해 일하는 자여야 한다. (『富之礎』)

젠지로의 비금융사업은 성공을 거두지 못했지만 젠지로는 이 꿈을 젠지로와 같은 도야마富山 출신인 아사노 소이치로淺野總一郎에게 부탁했다. 젠지로는 "나는 자금을 수습하기만 하면 된다, 일은 아사노가 한다"(小汀利得, 『安田コンツェルン讀本』)고 말했다고 한다. 동양기선東洋汽船, 아사노시멘트淺野セメント, 쓰루미매축鶴見埋築 등 아사노가 행한 대부분의 사업에 젠지로는 자금적 원조를 했다. 도쿠토미 이이치로德富猪一郎(蘇峰)는 아사노에 대한 추모문에서 "아사노 군은 엔진, 야스다 군은 석탄이었다"(淺野泰次郎 외, 『淺野總一郎』)고 말하고 있다. 젠지로와 아사노의 관계는 아사노가 "야스다재벌의 산업부문적 성격을 가지고 있었다"(『七〇年史』, 日本セメント)고 말할 수 있다. 또한 젠지로는 모험적 기업가 아메노미야 게이지로雨宮敬次郎에게도 적극적으로 자금원조를 했다. 젠지로는 스스로 금융부문 이외의 분야에서 결코 성공을 거두지 못했지만 다양한 분야에 대한 사업욕구는 가지고 있었던 것이다.

야스다 젠지로는 사업활동 초기에는 관금 취급이나 태정관찰의 매점으로 치부했고 일은에서 요직에 오른 덕분에 정상의 일각에 자리를 잡지만, 미쓰비시나 미쓰이와 비교하면 정상으로서의 성격은 약하다. 실제로 "야스다 씨의 자기중심주의", "세상 풍조에 개의치 않고, 오로지 일가의 부를 이루는 것에 급급해서 그 외에는 알지 못한다", "시부사와 남작은 경국제민經國濟民의 생각을 가지고 몸을 일으킨 사람이다. 그 사람은 처음부터 공公의 사람으로서 그가 행한 사업도 공의 사업이다. 야스다 씨의 경우는 사私의 사람으로서 그 엄청난 부는 곧 야스다가 일가의 부일 뿐이다. 시부사와 야스다 두 사람을 같은 종류의 부자라고 생각하는 것은 완전히 틀린 것과 같다"(『現代金權史』, 『現代富豪論』)고 야마지 아이잔山路愛山이 말한 것처럼, 젠지로는 개인주의적 비즈니스의 대표적 존재였다고 간주되어 왔다.

인간, 야스다 젠지로

젠지로는 동시대 세상에서는 평판이 좋지 않은 기업가였다. 그 이유는 젠지로가 희대의 '인색가吝嗇家', '좀생이ケチ', '수전노守錢奴'로 알려졌기 때문이다. 이를 둘러싼 젠지로의 에피소드는 많다.

첫 번째 아내는 낭비벽이 있다고 해서 이혼했다. 하루 밤낮을 바둑으로 싸운 상대가 돈을 빌려달라고 하자 일과 놀이는 별개라며 단호하게 물리친 이야기가 전해진다. 친분에 의한 기부를 싫어해서 1911년에 제생회濟生會가 설치되고 정부가 남작 직위 수여를 암시하며 부호에 기부를 요청했을 때 야스다 클래스의 부호가 100만 엔을 낸 것에 비해 젠지로는 30만 엔을 기부하는 데 그쳤던 일도 오랫동안 인구에 회자되었다.

이런 이야기들은 자주 언급되는 에피소드이다. 젠지로가 일생 신념으로 삼았던 것은 '극기克己'의 인생관이었다고 한다. 자기를 이기고 근검생활하는 것이 그의 인생철학이어서 스스로를 근검당송옹勤儉堂松翁이라 칭했다. 그러나 젠지로는 만년에 도쿄제국대학에 야스다강당을 기부하고, 도쿄시정회東京市政會에 거액을 기부했다. 재단법인 야스다수덕회安田修德會를 설립하는 등 자기 나름으로는 사회공헌사업을 행하고 있었다. 또한 풍류다취미風流多趣味로, 예술가에게도 은밀하게 원조의 손길을 내밀고 있었다. 젠지로에게 있어 이치에 맞지 않는 의리나 인정에 의한 지출은 견딜 수 없는 것이었다.

일단 사업을 시작하면, 젠지로는 권위나 인정에 얽매이지 않고, 냉철하고 가차 없이 행동했다. 대부할 때는 엄격하게 위험을 피했고, 은행 구제에서도 제시한 조건이 혹독했다. 이런 자세로 차례차례 다수의 은행을 장악해 간 것이 반발을 산 두 번째 원인이었다.

1922년 9월 28일, 오이소大磯의 별저에서 젠지로는 아사히 헤이고朝日平吾라는 우익의 칼에 찔려 84세에 횡사했다. 아사히는 사회적 의분 때문에 사건을 저지른 것으로 보였지만, 젠지로에게 기부를 요청했다가 거절당한 금전적 문제도 있었던 것으로 보인다. 나중에 프롤레타리아 작가 미야지마 스케오宮嶋資夫는 젠지로를 모델로 해서『돈金』(훗날『황금만다라黃金曼陀羅』로 제목이 바뀜)이라는 작품을 썼다. 다이쇼 데모크라시의 대표적 문화인 요시노 사쿠조吉野作造는『중앙공론中央公論』에 이에 대한 감상을 써서 젠지로의 삶을 비판하고 아사히의 행위에 대해 일정한 이해를 나타냈다. 요시노가 보더라도 젠지로와 같은 기업가는 사리만을 추구하는 전통적 상인으로밖에 보이지 않았던 것이다.

그러나 독립독행獨立獨行이나 냉철한 계산합리성 같은 젠지로의 특성은 결코 전근대적인 것이 아니다. 그것은 오히려 은행 경영자에게 요구되는 중요한 자질일 것이다. 젠지로에게 결여된 점은 독재제獨裁制로 일관할 뿐, 근대 대규모 산업 경영에 필요한 조직 구성이나 인재 양성에 관심이 적었다는 점이다.

정상의 구체상(3) - 후지타 덴자부로

군화제조의 후지타 덴자부로

후지타 덴자부로藤田傳三郎는 초슈長州 출신으로 번벌藩閥[27]을 이용하여 정상적 활동을 전개했던 인물로 알려져 있다. 덴자부로는 1841년 초슈의 하기萩에서 태어났다. 후지타가藤田家는 대대로 주조업을 경영해 온 호상으로, 덴자부로는 4남이었다. 16세 무렵부터 경영난에 빠진 맏형의 간장 양조업을 이어받는 등 일찍부터 사업경험을 쌓았다. 그러나 존왕양이론尊皇攘夷論이 일어나자 지사志士와 교류하고 있던 덴자부로는 가업을 내던지고 국사에 헌신, 다카스기 신사쿠高杉晋作를 스승을 모시고 기병대에 들어갔다. 이 때 기도 다카요시木戸孝允, 야마다 아키요시山田顯義, 도리오 고야타鳥尾小彌太, 이노우에 가오루井上馨, 야마가타 아리토모山縣有朋 등과 맺은 인맥이 후일 덴자부로가 정상으로 활약할 때 재산이 되었다.

유신 후 덴자부로는 기도木戸의 권유로 실업계에 투신한다. 초기 그의 행동에 대해서는 야담으로 전해지고 있을 정도로 다양한 에피소드가 있으나, 그 진위는 알 수 없다.

1869년 초슈번이 육군국陸軍局을 폐지하고 총포탄환 등을 불하했을 때, 덴자부로는 이를 독점 인수하여 오사카로 운반했다. 이 때 덴자부로는

---

27 같은 번 출신자가 정부의 요직을 독점하고 정치를 자신들의 이해관계에 따라 움직이고자 했던 정치적 그룹을 말한다. 메이지유신 초기의 사쓰마(薩摩), 초슈(長州), 도사(土佐), 히젠(肥前) 4개 번에 의해 이루어졌고, 폐번치현 이후에는 사쓰마와 초슈 2개 번에 의해 이루어졌다.

후지타 덴자부로(藤田傳三郎, 1841~1912)

후지타구미위조화폐사건(藤田組贋札事件)에서는, 후지타와 친분이 있는 이노우에 가오루(井上馨)가 독일 체재 중에 지시하여 위조하게 하고, 이를 사업자금으로 삼으려 한 것이라는 풍설이 나돌았다. 정상(政商) 후지타와 초슈벌(長州閥)과의 관계를 규탄하기 위해 조작된 사건이었다는 설도 있다.

병부兵部 다이후大輔(차관) 야마다 아키요시山田顯義를 방문, 그로부터 군화 제조를 권유받아 오사카 고라이바시高麗橋 2초메丁目에 군화점을 열고, 독일인 기사를 초빙하여 오카와초大川町에 공장을 세웠다. 이것이 덴자부로 사업의 시작이었다. 1873년에는 친형인 구하라 쇼자부로久原庄三郎와 후지타 시카타로藤田鹿太郎가 오사카로 올라와 이 사업에 가세했다.

군화제조를 시작한 덴자부로는 육군 어용달로서 다른 군수품을 납입하는 것 외에 불필요한 화약을 불하받아 초석을 추려내는 사업이나 토건업에도 진출하게 되었다. 이와사키 야타로岩崎彌太郎의 군수품 수송과 마찬가지로, 대만출병이나 불평사족의 난이 잇달아 발생하자 덴자부로는 큰 이익을 얻었다. 오사카 친다이鎭台[28]의 사령장관에 초슈 기병대 출신인 도리오鳥尾가 취임한 것도 행운으로 작용해 덴자부로는 오사카 초슈벌

---

28 메이지 초에 각지에 두었던 군대를 가리키며, 뒷날 사단에 해당한다. 따라서 오사카 친다이는 오사카를 지키기 위해 배치된 군대를 말한다.

정상政商으로서 지위를 다져갔다.

특히 이노우에 가오루와의 관계가 밀접했던 모양이다. 1876년 후지타 삼형제는 이노우에와 협약서를 교환했다. 이 협약서에는 이노우에에게 가산 처분권을 부여하고 덴자부로는 지배인의 마음가짐으로 근무한다는 조항이 있다. 이는 상당히 기이한 느낌을 주는 것으로 덴자부로가 이노우에의 비호를 받으며 사업을 진행하던 사정을 여실히 보여준다. 게다가 이 해에 이노우에는 전부터 경영하던 센슈회사先收會社(이 회사에 대해서는 미노무라 리자에몽 부분에서 다루었다)를 정계복귀와 함께 해산하고 그 사업을 미쓰이에게 양도함으로써 미쓰이물산 탄생의 계기가 되었다. 이 센슈회사 오사카지점은 후지타가 [해산 후의] 정리를 맡아 사실상 덴자부로에게 인계되었다. 이와 더불어 이노우에의 부하였던 나카노 고이치中野梧一가 감독역할로 후지타의 사업에 합류했다. 덴자부로가 이노우에의 부하子分인 것처럼 기재되어 있는 위 협정서가 교환된 것은 이러한 사정 때문이었을 것이다.

후지타구미 탄생

덴자부로가 다시 거액을 벌어들인 것은 세이난전쟁西南戰爭 때였다. 덴자부로는 나카노와 함께 정부의 군수품 용달에 지명되어 군화를 필두로 식량이나 피복 등 온갖 군수물자의 조달을 독점 인수했다. 또 군대에서 필요한 잡역부와 인부의 조달을 알선했는데, 여기서 번 돈이 상당했다고 한다. 더욱이 전쟁터에서는 콜레라가 유행했고 덴자부로가 석탄산(페놀)을 매점하고 있었으므로,[29] 이것으로도 상당한 이익을 거두었다.

그러나 덴자부로는 너무나 많은 폭리를 취했다 해서 세상 사람들의 원

---

29 막말 메이지기에는 콜레라가 유행할 경우 석탄산(페놀) 등으로 소독했다고 한다.

망을 샀다. 이런 와중에 1879년 9월, 후지타구미위조지폐사건藤田組贋札事件이라는 괴사건이 발생했다. 교토 이서以西에 있는 부현들의 납세금 속에서 발견된 위조지폐가 후지타구미藤田組가 유포한 것이라는 고발이 후지타구미의 이전 고용인 중 한 사람에 의해 이루어지면서 덴자부로 이하 후지타구미의 간부가 경찰에 구속된 사건이다. 혹독한 심문에도 불구하고 증거가 나오지 않자 덴자부로 등은 무죄로 풀려나고, 후일 다른 사람이 진범으로 체포되어 법적으로는 일단락되었다. 후지타구미가 범인이었는지 여부는 제쳐두고라도 정상 후지타구미의 이미지가 그만큼 좋지 않았다는 점을 나타내는 사건이었다. 1883년에 나카노가 의문의 자살을 한 경위도 있어 훗날까지 이 사건을 둘러싼 세간의 풍문은 끊이지 않았다.

1877년 덴자부로는 먼저 오사카로 불렀던 쇼자부로庄三郎와 시카타로鹿太郎, 거기에 나카노를 사원으로 하여 후지타덴자부로로상사藤田傳三郎商社를 조직했다. 1881년에는 이를 후지타구미로 개칭, 1893년에는 상법의 시행과 함께 합명회사조직으로 전환했다. 자본금은 60만 엔으로 덴자부로가 절반을 출자했다. 1878년에 창립된 오사카상법회의소大阪商法會議所에 대해서는 고다이 도모아쓰五代友厚에게 협력하고 고다이 사후인 1885년 11월에는 제2대 회장이 되었다. 위조지폐사건의 여운이 채 가시기도 전에 오사카 재계의 리더가 된 것은, 터무니없는 소문을 극복할 수 있을 정도의 세력이 덴자부로에게 있었음을 시사하는 것이리라.

광산경영

1880년 무렵부터 후지타구미는 광산으로 진출하고자 전문기사를 초빙하여 광산을 탐색하게 하거나 기사를 유럽에 파견하고 많은 광산을 개발했다. 그러나 소규모였던 탓에 수지가 맞지 않아 결국 포기했다. 후지타구미의 광산경영이 본격화한 것은 1884년에 정부로부터 고사카동산小坂銅山을 불하받으면서였다. 고사카동산은 관영 광산 중 이익 순위로 5위에 올라 우량 광산으로 여겨지고 있었지만 후지타구미에게 약 27만 엔에 불하되었다. 투하한 정부자금이 약 54만 엔이었으므로 상당히 유리한 조건이었다. 그러나 불하 당초에는 고사카의 경영상태가 양호했으나 점차 은銀 고갈이 확실시되면서 경영이 곤경에 처하게 되었다.

애초에 자본금 60만 엔의 후지타구미에게 고사카의 불하대금 약 27만 엔은 큰 부담이었다. 특히 당시에는 운전자금조차 부족한 상황이었다. 후지타구미는 이노우에 가오루의 알선으로 초슈의 구舊 번주 모리가毛利家로부터 20만 엔을 빌려 이 매수자금을 조달했다. 후지타의 행동에 우려를 갖고 있던 모리가는 이 대출을 해주면서 모리가가 인선한 감독을 후지타구미에 파견할 것, 후지타구미가 투기에 손대는 것을 금지하는 등 다양한 조건을 걸어두고 있었지만 고사카광산은 결손의 연속으로 변제기간 5년 후까지 한 푼도 갚지 못했다. 이에 모리가는 제2차, 제3차 융자를 내어 1903년까지 누계 180만 엔 상당의 융자를 하기에 이르렀다. 이

후지타 덴자부로 사저

오사카 미야코지마구(都島區) 아미지마(網島)에 있었다. 현재는 재단법인후지타미술관이 들어서 있다.

사이 모리가는 후지타구미에게 철저한 사업혁신을 촉구하고 후지타가의 생활태도, 소비생활에도 세세한 주문을 했다. 하지만 덴자부로에게는 낭비벽과 투기벽이 있었는지 차입금은 눈덩이처럼 불어났다. 180만 엔은 당시로서는 대단히 큰 금액이었다. 모리가와 같은 구舊 대번大藩의 화족이 얼마나 거대 자산가였는지를 알 수 있는 대목이긴 하나, 이렇게까지 후지타구미에게 쏟아 넣을 수밖에 없었던 것은 손을 떼면 이익은 고사하고 본전까지 날리게 될 위험이 있었기 때문이다. 그렇게 되면 좋든 싫든 후지타구미와 공동운명체가 될 수밖에 없다. 하지만 1896년부터 1898년에 걸쳐 제3차 융자가 이루어질 때 모리가는 후지타구미가 광산사업에서 철수하고 뒤에 서술하게 되는 가시마만鹿島灣 간척사업에 전념해야 한다는 조건을 붙였다(武田晴人, 『財閥の時代』).

구하라 후사노스케의 광산 재생

이런 경위로 후지타구미도 고사카의 폐산을 결의하고 구하라 쇼자부로久原庄三郎의 적자인 후사노스케房之助에게 그에 관한 사무처리를 맡기기로 했다. 후사노스케는 1869년 하기에서 태어나 13세 때 상경하여 상법강습소(후일 도쿄상업학교)에 입학, 그리고 게이오기주쿠慶應義塾에서 공부한 뒤 모리무라 이치자에몽森村市左衛門이 경영하는 모리무라구미森村組를 거쳐 1891년 후지타구미에 입사하여 고사카광산에 부임한 인물이다.

그런데 후사노스케는 후지타구미 수뇌부의 명령을 무시했다. 후사노스케는 고사카광산을 은산으로 경영해서는 장래성이 없다고 생각했다. 하지만 흑광黑鑛[30]이라는 특수한 광석이 풍부하게 매장되어 있었기 때문에. 기술적 어려움이 있기는 하지만 광석에서 동銅을 잘 분리해낼 수 있

---

30 금, 은, 구리, 아연 등을 함유한 암회색 광석이다.

고지마만(兒島灣) 후지타농장의 니시키농구(錦農區) 수납작업장

고지마만에 면한 후지타무라(藤田村)는 1899년 이래 후지타 덴자부로가 간척해 생긴 마을이다. 후지타구미는 소작경영을 주로 하는 후지타농장을 경영했는데, 1922년에 소작쟁의가 발생하자 이후 후지타구미는 대규모 직영농장에 힘을 기울여 기계화 농업을 운영했다.

는 정련법만 개발한다면 경영이 호전될 것이라고 예상하고 있었다. 후사노스케는 신진 기술자인 다케다 교사쿠武田恭作(藤田鹿太郎의 사위)를 오모리광산大森鑛山에서 영입하고 기술자들을 독려하여 흑광자용정련법黑鑛自溶精鍊法을 연구하고 개발하도록 했다. 후사노스케는 후지타구미의 본점을 통하지 않고 이노우에와 모리가에게 이 계획을 제시하여 고사카광산을 정리 대상에서 일시적으로 제외시킬 것을 승낙하게 한 뒤, 추가융자 약속을 받아냈다.

1900년, 고사카광산 기술자는 나마코부키生鑛吹[31]라는 일본의 동 정련 기술을 획기적으로 바꾸는 정련법 개발에 성공함으로써 폐광 직전이었

---

31 동이 용광로를 통해 제련되던 시대의 용련법(溶鍊法) 중 하나이다. 동 제련에 쓰는 광석에는 황동광(黃銅鑛)이나 황철광(黃鐵鑛)이 포함되어 있는 경우가 많아 현재는 부유선광(浮游選鑛)으로 황철광이나 맥석(脈石)을 분리하여 정광(精鑛)으로 만든 다음 제련을 행하지만, 20세기 초까지는 이 기술이 없었다. 따라서 동의 품위는 낮았고, 철이나 유황 성분이 높은 광석을 제련해야 했다. 그 때문에 용광로에 넣기 전에 광석을 미리 배소(焙燒)하고, 용광로에서는 코크스나 석탄을 많이 썼다. 이 연료의 연소로 용광로의 온도를 유지하고 용광로 안에서 환원하게 한 간겐부키(還元吹)와, 광석을 배소하지 않고 용광로에서 철과 유황을 산화시켜 이를 열원으로 삼아 되도록 연료를 쓰지 않고 용련(溶鍊)하는 방법이 있었다.

던 고사카광산은 멋지게 부활했다. 고사카광산의 동 생산량은 급상승을 계속했고, 1907년에는 국내 제1위의 동산銅山이 되어 후지타구미의 경영 재건에 크게 공헌했다.

후지타구미의 분열

광산업으로 진출하면서 후지타구미는 육군 어용달업과 토건업을 오쿠라 기하치로大倉喜八郎와 함께 설립한 내외용달회사內外用達會社 및 일본 토목회사로 이전했다. 광산업과 함께 덴자부로가 착수한 중요한 사업으로 가시마만鹿島灣간척사업, 즉 후지타농장의 건설이 있다. 가시마만 간척은 이미 에도시대부터 이루어져 왔으나 대규모 토목공사가 필요했기 때문에 그것을 실현하는 것이 간단하지 않았다. 메이지에 들어와 많은 사족들이 자신들의 수산사업援産事業[32]으로 출원했지만, 세분화된 간척은 바람직하지 못하다 하여 우여곡절 끝에 덴자부로가 개발권을 얻었다. 지역민의 반대가 거세어 공사 착수가 늦어졌으나 1899년에 마침내 착공, 1916년까지 대부분 완성되었다. 약 1600정보 규모의 후지타농장이 개발되면서 일본 최초의 직영 기계화 농장이 탄생했다. 오카야마항岡山港이나 육군 비행장도 설치되었고 공장부지, 상업부지, 주택지 등도 순차적으로 개발되어 제2차 세계대전 후에는 임해공업군이 이곳에 들어서게 되었다. 이 개발자금에 관해서도 후지타구미는 모리가로부터의 차입금에 크게 의존했다.

이상 언급한 것 외에도 덴자부로는 다양한 사업에 관계했다. 일본의 민간 유산硫酸 제조회사의 효시인 오사카유산제조회사의 설립(1880년),

---

32 말 그대로 산업을 주어서 밥벌이를 하게 한다는 의미이다. 직업이 없는 사람이나 가난한 사람들을 일정한 장소에 모아 놓고, 작업을 주어 생계를 유지할 수 있도록 하는 일이다.

오쓰大津-나가하마長浜 사이를 운항하는 비와코琵琶湖 기선사업이었던 다이코기선회사太湖汽船會社의 설립(1882년), 시부시와 에이치·마쓰모토 주타로 등과 함께 설립하고 초대 사장이 된 오사카방적회사(1882년), 한카이철도阪堺鐵道(1884년), 산요철도山陽鐵道(1886년)의 설립에 참가, 미나토가와개수회사湊川改修會社(1897년), 우지가와전기宇治川電氣(1906년)의 발기 설립 등을 들 수 있다. 다만 이 사업은 모두 덴자부로 개인으로 참가한 것이지 후지타구미의 사업으로서 전개한 것은 아니었다. 덴자부로와 이들 기업과의 관계는 비교적 짧은 기간에 약해졌다.

고사카광산 재건에 성공하자 후지타구미는 1903년에는 모리가의 감독에서 벗어나 자주경영을 회복했다. 1905년에는 후지타구미의 자본금을 300만 엔으로 증액했고, 후지타구미는 덴자부로와 이미 사망한 시카타로의 적자 고타로小太郎, 은퇴한 쇼자부로의 적자 후사노스케房之助 3인을 출자사원으로 하는 합명회사가 되었다. 그런데 비슷한 시기에 덴자부로는 '가헌家憲'을 제정하고 덴자부로 가문을 '종가宗家'로 정한 뒤, 자신이 창시한 사업은 모두 덴자부로의 적자 및 그 상속자가 계승해야 한다고 주장하여 동족 간 불화를 일으켰다. 이 제안은 고타로와 후사노스케의 승인을 얻지 못했고, 1905년 두 사람은 각자 약 470만 엔의 재산을 분여 받아 후지타구미에서 퇴사했다. 후지타구미는 덴자부로의 단독 소유가 되었다.

재벌이 되지 못한 후지타구미

후지타구미에서 퇴사한 후 고타로는 분여금을 토지나 주식 등에 투자했으나 후사노스케는 곧바로 아카사와광산赤澤鑛山을 매수하여 이를 구하라광업소久原鑛業所 히타치광산日立鑛山이라 명명해 개업했다. 후사노스케는 고사카시대의 부하들을 모으고 채광과 정련에 최신기술을 도입했으며 광산 전화電化에도 열심이었다. 동시에 각종 광산의 매수를 추진해 매광정련사업買鑛精鍊事業을 적극적으로 전개했다. 그 결과 구하라광업소는 눈부시게 발전하여 1910년대 중반에는 후루카와古河, 후지타藤田에 다음가는 동 생산업자가 되었다.

제1차 세계대전 후에도 광산업은 발전했으나 이에 머물지 않고 해운, 조선, 제철, 상사, 전기기계 등의 여러 분야로 다각화를 추진했다. 후사노스케는 후지타구미가 미쓰비시나 오쿠라와 함께 같은 정상활동을 개시했으면서도 메이지 후기에 미쓰비시는 물론 오쿠라에게도 뒤처진 것이 후지타구미가 다각화에 소극적이었기 때문이라고 판단, 후지타구미 수뇌부의 경영방침에 의문을 가졌다고 한다. 후사노스케의 다각화 전략도 매끄럽게 전개되지는 못했고 거기에 고난도 있었지만, 어찌되었건 후일 닛산콘체른日産コンツェルン의 씨가 뿌려진 것은 사실이었다. 또한 구하라광업의 전기기계 부문에서 출발한 히타치제작소는 고사카광산에 있던 고다이라 나미헤이小平浪平에 의해 그 발전의 길이 열렸다고 할 수 있다 (宇田川勝,『新興財閥』).

이렇게 보면 고타로와 후사노스케의 이탈은 후지타구미의 발전에는 큰 마이너스 영향을 줬다고 해야 할 것이다. 그것은 동족자본의 결집을 방해했을 뿐 아니라 후지타구미의 인재형성에 부정적인 효과를 초래했다고 생각되기 때문이다. 구하라 후사노스케久原房之助와 고다이라 나미헤이가 있었다면 후지타구미는 상당히 다른 길을 걷지 않았을까?

또한 자금 면에서 후지타구미는 모리가에게 차입금을 변제한 뒤, 기타하마은행北浜銀行에 융자를 의존했다고 한다. 그러나 이 기타하마은행도 제1차 세계대전 직전에 파산하고 말았고 후지타구미는 스스로 후지타은행을 창설한다. 하지만 제1차 세계대전 후에 벌어진 은행 간의 치열한 예금경쟁 속에서 후지타은행은 패배하여 1927년 금융공황 때 폐쇄되고 말았다. 동족자본의 결집에 실패하고 자기 은행의 설립 시기를 놓친 것이 후지타구미가 재벌로 성장하지 못한 또 하나의 요인이 되었다. 정상으로서의 성공이 반드시 재벌의 성립으로 이어지지 않는다는 것을 보여주는 하나의 사례이다.

덴자부로는 1912년 3월, 72세의 나이로 생을 마감했다. 덴자부로에 대해서 미쓰이물산의 마스다 다카시益田孝는 두뇌명석하고 근대교육을 받지 못했음에도 과학적 사고에 뛰어나고 타인의 의견을 잘 경청하였으며 실패하더라도 굴하지 않는 초지일관의 자세를 가진, 불가사의한 조정능력의 소유자였다고 평가한다. 또한 덴자부로는 고미술품이나 고문화재에 큰 관심을 가지고 수집에 힘을 기울였다. 적자인 헤이타로平太郎도 이를 이어받아 국보 9점, 중요문화재 45점을 포함한 2대에 걸친 컬렉션은 이전 후지타가 본가였던 후지타미술관(오사카시 미야코지마구 아미지마초 大阪市都島區網島町)에 보존되어 있다.

정상의 구체상(4) – 오쿠라 기하치로

군수품으로 돈을 번 오쿠라 기하치로

있지, 있어. 이번 전쟁(주–러일전쟁을 말한다)으로 돈을 번 사람이 꽤 있지. 주요 인물을 꼽아보면 일본 제일의 돈 부자로 알려져 있는 이와사키 일가나 무역과 광산을 양 옆에 끼고 있는 미쓰이 일가, 30년 전 세이난전쟁에서 소문이 자자했던 후지타 덴자부로 등은 별도로 치더라도, 육군성의 어용을 받아 통조림류를 공급했던 오쿠라 기하치로 大倉喜八郎와 해군성의 어용을 받은 다카다 신조高田愼藏는 동서의 두 오제키大關라 할 수 있지.

메이지시대 빈민문제 연구가로 『일본의 하층사회日本之下層社會』를 쓴 것으로 유명한 요코야마 겐노스케橫山源之助의 『메이지대부호사明治大富豪史』에 나오는 말이다. 여기서 오쿠라 기하치로는 대표적인 '죽음의 상인'으로 불리고 있다. 그가 보신전쟁戊辰戰爭 이래 러일전쟁에 이르기까지 초슈벌(長州閥)과 밀착하면서 전쟁이 일어날 때마다 군수품 납입이나 수송으로 치부한 전형적인 정상이었기 때문이다.

기하치로는 1837년, 에치고노쿠니越後國[33] 기타칸바라군北蒲原郡 시바타성新發田城 아래의 시타마치下町[34]에서 태어났다. 그 가문에 대해서는 종래 "오오나누시大名主로 묘자대도苗字帶刀를 허락 받은 격식 있는 가문"이라고 알려져 왔으나 고바야시 마사아키小林正彬에 의하면 이는 부정확한 사실로 시바타新發田의 다섯 마치토시요리町年寄 중 한 사람으로 상당한 자산가였다고 한다(『政商の誕生』).

1853년 아버지가, 이듬해에는 어머니가 사망하자 1854년 기하치로는 에도로 나왔다. 품에 가진 것은 누나에게 받은 20료兩가 전부였다. 에도에 도착해서 아자부麻布 이이쿠라飯倉의 가쓰오부시상점에서 더부살이 점원이 되었고 주인에게 양자를 부탁 받을 정도로 근면하게 일했다. 3년 후 독립해서 오쿠라야大倉屋를 옥호屋號로 하는 건물상乾物商[35]을 연다. 그러나 정세가 긴박하게 돌아가던 막말, 요코하마에서 총포가 활발히 수입되는 광경을 보고는 1866년 간다神田 이즈미바시和泉橋에 오쿠라야大倉屋

---

33 지금의 니가타현(新潟縣)을 가리킨다.

34 도시의 평지에 펼쳐져 있는 상업지역이나 번화가를 가리킨다. 에도시대 영주인 다이묘가 사는 성 주변으로 사무라이, 사원, 상공업자들이 지역별로 분포되어 있었는데 이를 보통 조카마치(城下町)이라고 불렀다. 여기서 성 아래 시타마치라고 하는 것은 조카마치를 가리킨다.

35 건물상(乾物商)의 건물과 간물(干物)은 모두 말린 것을 가리키는데, 엄밀하게 구별되어 쓰였다고 한다. 건물(かんぶつ)은 주로 식물석 식품을 건조시킨 것이고, 간물(ひもの)은 어패류를 건조시킨 것이었다.

라는 옥호로 총포점을 열었다. 기하치로는 요코하마의 외국상인으로부터 무기를 구입해서 근황파와 좌막파 양쪽에 팔았다. 막부와 번들이 앞다투어 무기를 원하던 시기였다. 막대한 이익을 얻었지만 [대치하던] 양쪽 모두에 팔았으니 위험도 컸다. 기하치로의 용기를 보여주는 몇 가지 에피소드가 남아있다.

기민한 정상

기하치로가 기회를 포착하는 데 매우 재빨랐다는 사실은 메이지가 되자 외국무역업으로 변신한 점에서 찾아볼 수 있다. 1872년 4월, 기하치로는 미국과 영국으로 건너간다. 이 시기 사비를 들여 혼자서 서양에 가는 것은 드문 일이었다. 이때 런던에서 이와쿠라사절단岩倉使節團의 오쿠보 도시미치大久保利通, 기도 다카요시木戶孝允, 이토 히로부미伊藤博文 등과 만났다. 과연 우연한 만남이었을까?

이듬해 귀국한 기하치로는 곧바로 각 성省의 어용달 인수를 목적으로 오쿠라구미상회大倉組商會를 설립한다. 취급한 것은 군수품이 중심이었고 관청과의 관계가 깊었다. 구미歐美의 회사조직을 참고하고 쓰가루津輕藩 번주나 시바타新發田藩 번주의 출자 협력을 얻어 조합조직으로 시작했다. 쓰가루번은 막말, 동북지방 유일의 근황파 번으로서 무기조달에 곤란을 겪고 있었는데 이를 기하치로가 구해 주었다. 그 공에 대한 보답으로 쓰가루 번주가 5만 엔을 출자했다. 1875년에는 런던에 지점을 두었다. 일본의 회사가 외국에 지점을 둔 최초의 사례라고 전해진다. 이 시기의 기민함은 특필해야 할 것이다.

1874년 대만출병이 일어나자 오쿠라구미는 육군성으로부터 군수물자의 조달과 인부·기술자의 모집에 관한 어용달을 인수했다. 당초 정부는 미쓰이 등에게 요청했다가 거절당하면서 오쿠라구미가 인수한 것이

오쿠라 기하치로(大倉喜八郎, 1837~1928)

오쿠라재벌 사업활동의 특징은 군수(軍需)를 비롯한 국가에 대한 적극적인 의존과 대륙진출에 있었지만, 오쿠라 개인으로서는 오쿠라상업(현재의 도쿄경제대학)을 설립하고 고베오쿠라공원 기부한 것으로도 알려져 있다.

다. 용선계약用船契約 중이던 미국 선박으로부터 국외중립을 이유로 계약을 파기당해 운송 중이던 식량이 상하고 대만에서 말라리아로 인해 오쿠라구미가 조달한 인부들 중에서 다수의 사망자가 나오는 등 이 어용에서 오쿠라구미는 그다지 이익을 얻지 못했다. 그러나 번벌 정치가의 신뢰를 얻어내는 성과를 얻었다.

1876년 조일수호조규가 체결되자 정부의 요청에 응해 오쿠라상회 부산지점을 개설하여 조선무역에 나섰다. 이것이 조선, 대륙 진출의 발판이 되었다. 이 때 시부사와 에이이치와 상의하여 부산에 은행을 설립했는데, 후일 이 은행은 제1국립은행에게 위임되어 동행의 부산지점이 되었다. 1877년에 세이난전쟁이 일어났을 때에는 육군 어용달로서 여기저기 뛰어다니는 한편, 육군 어용선을 빌려서 대흉작이었던 조선에 구제미를 보내는 등 기민하게 행동했다.

1884년에는 인도무역에 진출하는 등 오쿠라구미의 무역사업은 눈부시게 신장했다. 1887년에는 후지타구미와 손을 잡고 내외용달회사를 설립해 여기에 군수관계 사업을 이관시켰다. 1893년에는 오쿠라구미상회를 합명회사 오쿠라구미로 개조하고 내외용달회사를 여기로 흡수하였다. 역시 군수 관계 업무가 주된 일로, 특히 청일전쟁과 러일전쟁 때에는 이 일로 거대한 이익을 얻었다. 오쿠라구미가 군용식량 공급을 독점하고 있었기 때문에 폭리를 탐한다고 해서 비판을 받았다. 전쟁터로 보내는 통조림에 돌멩이가 채워져 있었다든가, 소고기 통조림을 먹은 병사가 검은 피를 토했다는 등의 소문도 돌았다.

이권과 투자

오쿠라구미에게 있어서 더욱 중요했던 것은 청일·러일전쟁 후 '만주', 대만, 조선 등에서 다양한 이권을 획득한 점이었다. 대만에서는 대만철도와 대만은행의 설립에 참가한다. 조선에서는 1902년에 부산항 매립사업을 위해 부산매축주식회사釜山埋築株式會社를 설립, 1903년부터는 농지매수를 추진하여 약 2,300정보의 오쿠라농장을 건설했다.

'만주' 진출의 첫걸음은 1904년에 군용 오쿠라제재소를 설립한 것으로, 압록강 유역의 삼림을 개발했다. 1907년에는 봉천奉天 시내의 마차철도로 심양마차철도공사瀋陽馬車鐵道公司를 설립했다. 이 밖에도 임업, 광산, 방적, 직포, 피혁, 제재, 제지 등의 분야에서 합작기업을 만들었다. 1908년에는 미쓰이물산, 다카다상회高田商會와 손을 잡고 태평공사泰平公司를 만들었다. 이는 일본의 무기를 중국 군벌에게 판매하는 회사였다.

이와 같은 대륙에서의 직접투자 중에서 가장 중요한 것은 본계호광산本溪湖鑛山에 대한 투자였다. 오쿠라구미는 러일전쟁 중에 일본군에 종군하여 자원조사를 실시, 본계호의 석탄이나 철광이 유망하다는 것을 간파하고 러일전쟁 후 관동군총독부의 인가를 얻어 1906년부터 탄광 경영을 개시했다. 철산鐵山을 취득한 경위에 관해 전쟁의 혼란 중에 마적에게 구매한 것이라는 설도 있다. 하지만 청국 정부가 합작을 요구했기 때문에 오쿠라구미는 1910년 청국 정부와 합작으로 본계호매광유한공사本溪湖煤鑛有限公司를 설립했다. 절반씩 출자하기로 하고 오쿠라구미는 탄광설비를 현물출자했다. 이어 철산에 있어서 제철업도 이 합작사업에 추가되었고, 회사 이름도 매철공사煤鐵公司로 변경되었다. 관영제철소의 기술지도를 받아 1914년 본계호 제1고로高爐가 조업을 개시했다. 그 선철銑鐵은 아사노 소이치로가 만든 일본강관日本鋼管에도 공급되었다.

기하치로는 국내에서도 다양한 사업에 관계하고 있었다. 도쿄전등, 데이코쿠호텔, 도쿄제강, 일본제화, 우지가와전기宇治川電氣, 닛신제유日淸製油, 데이코쿠극장帝國劇場, 일본피혁, 데이코쿠제마帝國製麻, 일본화공日本化工, 대일본맥주, 니타카제당新高製糖, 도쿄모직, 오쿠라제사, 교리쓰화재共立火災 등이다.

사업 외에도 1898년에 오쿠라상업학교(현재의 도쿄경제대학), 1900년에 대만협회학교(현재의 다쿠쇼쿠대학拓植大學)을 설립했다. 또 구舊 다이묘나 절 · 신사寺社, 그리고 중국에서 미술품이나 도검 · 가구류를 사 모아서 이를 공개하는 오쿠라슈코관大倉集古館을 만들었다.

오쿠라 기하치로는 전형적인 정상, 혹은 일본의 제국주의 첨병이라 불린다. 이상의 사정을 감안한다면 확실히 그랬을 것이다. 다만 기업자 기회를 날카롭게 탐지해내는 후각, 그 활동력vitality, 기민함, 위험을 무릅쓰는 용기에는 놀랄만한 무언가가 있다. 손쉽게 큰 이득만 취하는 어용상인은 아니었던 것이다. 1928년 4월 향년 91세로 장수를 누리고 세상을 떠났다.

정상의 구체상(5) – 가와사키 쇼조

류큐무역 체험으로 세상에 등장한 가와사키 쇼조

가와사키 쇼조川崎正藏는 자주 이와사키 야타로岩崎彌太郎와 비교되고, 그 자신 역시 이와사키에 대항심을 가지고 있었다고 알려져 있다. 야타로보다 3살 아래로 사쓰마 출신이라는 점과 처해있던 상황도 비슷했고, 해운업에서 조선업으로 진출한 것도 공통적이다. 게다가 쇼조는 야타로의 미쓰비시상회에게 항복한 일본국우편증기선회사의 부사장을 지냈다.

가와사키 쇼조는 1837년, 가고시마성鹿兒島城의 조카마치 다이코쿠초大黑町에서 태어났다. 무사 신분의 집이었지만, 조부 쇼지로는 포목상吳服商이나 방물상小間物商을 하며 어용상인으로서 부유했다고 한다. 아버지 리에몽利右衛門은 상인으로서의 자질이 없어 몰락한 행상인이 되었다가 쇼조가 15살 때 43세의 젊은 나이로 세상을 떴다. 장남인 쇼조에게 일가의 생계가 걸려 있었지만 빈궁의 나락에 빠져 가족을 숙부에게 맡기고 1853년 17세 때 나가사키로 나왔다. 나가사키로 나온 뒤에는 하마자키 다헤이지浜崎太平次상점에서 뎃치丁稚[36]로 고용된다. 하마자키는 사쓰마번과 밀접한 관계를 가지며 류큐밀무역에서 거액의 이익을 얻고 오사카, 나가사키, 홋카이도에도 지점을 둔 모험적 해상海商이었다. 다만 가와사키 쇼조 연구가인 미시마 야스오三島康雄는 쇼조가 하마자키상점에 고용된 것은 그 수년 전 사쓰마에 있을 때로 나가사키로 나온 것은 전근이었을 것이라고 추정하고 있다(『造船王川崎正藏の生涯』).

어찌되었건 1863년까지 10년 동안 쇼조는 나가사키에서 지냈다. 그가

---

36 도제, 견습생, 계시를 가리키는 말이다. 계시란 공장·상점 따위에서 기한을 정하고 견습하는 소년을 말한다. 일본어의 '丁稚あがりの支配人'이라는 표현은 견습 점원 또는 견습생 출신으로 지배인에 오른 사람을 의미한다.

맡은 일은 나가사키에서 외국상인에게서 납품받은 견직물, 사라사更紗[37] 등을 오사카나 가고시마로 보내 팔아치우는 것이었다. 네덜란드상관에 나가서 중국인과 교섭하고, 무역실무를 맡았던 이 10년 동안의 경험은 정말이지 귀중한 것이었을 것이다. 또한 쇼조는 밤에 영어 공부를 했다고 한다.

1863년 쇼조는 오사카로 옮기고, 포목呉服, 나막신下駄 등의 잡화를 오사카에서 들여와 가고시마 등으로 보내 파는 작은 상점을 개업했다. 그러나 1869년에는 상점을 폐쇄하고, 사쓰마번사들이 오사카에 설립한 설탕회사에 입사해 시간을 보냈다. 1871년 쇼조는 다시 도쿄로 옮겼는데, 1873년 무렵부터 대운이 트였다. 당시 류큐는 일본이나 청국, 어느 쪽에 귀속될 것인지가 결정되지 않아 정치문제로 비화되었다. 류큐의 귀속 문제와 관련있다고 판단한 정부는 1873년, 설탕 등 류큐의 국산조사國産調査를 쇼조에게 위탁했다. 쇼조가 하마자키 다헤이지상점에서 근무하고 있어 류큐의 사정을 잘 알고 있을 것이라고 여겼기 때문이었다. 5개월 동안 류큐에 머물며 조사를 마친 쇼조는 대장성 역체두驛遞頭 마에지마 히소카前島密에게 류큐―한신阪神 사이에 정기항로를 열고 물산, 우편, 사람의 왕래를 촉진시켜야 한다고 제안했다. 또한 만약 허가를 받을 수 있다면 쇼조 자신이 이 항로를 개설할 의사가 있다고 진정했다.

마에지마는 항로 개설은 찬성하나 민간인에게 이를 맡길 수 없다며, 대신 쇼조에게 일본국우편증기선회사에 들어갈 것을 권유하고 이 회사의 부회장으로 추천했다. 마에지마는 오쿠보 도시미치大久保利通의 심복

---

37 현재 바티크라고 불리어 자바 사라사뿐만 아니라 인도나 말레이시아제 등 온 세계의 사라사를 총칭하고 있다. 다섯 가지 빛깔을 이용하여 인물, 조수, 화목(花木) 또는 기하학적 무늬를 물들인 피륙. 또는 그 무늬를 가리킨다. 화포(花布)라고도 한다. 사라사(saraça)는 포르투갈어이다.

이었다고 알려져 있어 쇼조가 사쓰마 출신이라는 사실로 득을 보았을지도 모른다. 하지만 그때까지의 류큐무역, 설탕거래 실적이 높이 평가되었다고 보는 것이 타당할 것이다.

설탕에서 선박으로

앞에서 살펴보았듯이, 일본국우편증기선회사는 이와사키의 미쓰비시에게 패한다. 양자가 경쟁하고 있는 와중에 쇼조는 이와사키에게 외국기선회사에 어부지리를 주지 않도록 미쓰비시가 우편증기선회사를 매수하도록 의뢰했다. 하지만 이와사키가 이에 응하지 않았다. 대신 쇼조의 재능과 수완을 높이 산 이와사키는 쇼조에게 미쓰비시 입사를 권유하고, 쇼조도 이에 응해 1875년부터 3년 정도 미쓰비시의 간지管事가 되었다.

그러나 쇼조는 이대로 미쓰비시에 머무를 의사가 없었다. 1876년 9월, 쇼조는 조선소 건설자금 50만 엔의 대출을 마에지마를 통해 대장성에 출원한다. 하지만 권업자금의 부족 때문에 3만 엔의 융자를 얻는 데 그쳤

가와사키 쇼조(川崎正藏, 1837~1912)
관영조선소를 불하받았지만, 정상으로서의 이미지는 약하다. 1890년에는 귀족원의원에 당선. 1896년 주식회사로 개조하면서 사장에서 고문으로 물러났다.

다. 그 대신 주는 보상이었을까, 쇼조는 류큐에서 오는 조세품租税品인 설탕이나 직물을 실어와 판매할 권리를 얻었다. 이 특권은 쇼조가 친분을 가지고 있던 사쓰마 출신의 마쓰카타 마사요시(松方正義, 당시 대장차관大藏大輔, 권업두勸業頭, 수산국장授産局長을 겸임)의 후원으로 획득한 것이었다. 쇼조는 1877년, 오사카에 관당취급소官糖取扱所를 설치하고 이 업무를 맡았다. 여기서 나오는 이익이 막대해서 이것이 조선소 건설자금의 원천이 되었다고 알려져 있다. 미시마 야스오는 쇼조를 '정상政商'이라고 한다면 이 특권 부여의 의미를 강조해야 할 것이라고 서술하고 있다(三島編, 『阪神財閥』).

관당취급소를 대리점에 맡기고, 쇼조는 도쿄로 옮겨 1878년 4월 도쿄 쓰키지築地의 관유지를 빌려 쓰키지조선소築地造船所를 열었다. 막부의 조선 기사였던 야스이 사다야스安井定保를 월급 200엔이라는 고액으로 고용하고, 고심 끝에 80톤의 서양식 선박 홋카이마루北海丸를 완성시켰다. 다만, 당시는 서양식 선박에 대한 수요가 아직 적었고, 그에 비해 경쟁회사도 있어서 판매에 어려움을 겪었다. 하지만 쇼조는 선박의 진수식에 관민 명사를 초청하고 신문광고도 내는 등 마케팅에 열심이었다. 이어서 쇼조는 1880년에 고베의 히가시데마치東出町 관유지를 빌려 다음해 3월에 가와사키효고川崎兵庫조선소를 개설했다. 이는 미나토가와湊川의 대안에 위치한 관영효고조선소의 불하를 노린 포석이었다고 알려져 있다. 그러나 도쿄와 효고 두 곳에 조선소를 가진다는 것은 자금적으로 힘든 일이었다. 이를 힘겹게 떠받치고 있었던 것은 관당취급소와 해운업에서 나오는 이익이었다. 해운업에 대해서는, 쇼조는 이미 많은 선박을 보유하고 있었고, 류큐항로 등에 취항시켜 상당한 이익을 얻고 있었다.

동시에 쇼조는 당시 미쓰비시와 대항하는 해운회사, 도쿄풍범선회사나 공동운수회사의 설립에 발기인으로 참가했으며 이로 인해 공동운수는 쇼조가 운영하던 두 조선소의 큰 고객이 되었다. 1883년 당시 공동운수는 가와사키조선소가 건조한 선박 11척을 소유하게 되었다.

민영조선소로서 재출발

1886년, 쇼조는 관영효고조선소를 임대한다. 이 조선소는 막말에 가가번加賀藩이 건설한 것을 폐번치현 후 공부성이 승계한 것이었다. 공부성은 근처에서 미국인이 경영하고 있던 벌칸철공소Vulcan Iron Works를 매수하여 이곳으로 조선소를 옮기고, 다시 미국 쓰레진상사의 제철소를 매수하여 설비를 확충했다. 관영효고조선소도 경영성적이 꼭 좋지만은 않았다. 그래서 임대가 결정된 것인데, 이를 둘러싸고 구舊 막신으로 이시카와지마石川島조선소를 경영하던 히라노 도미지平野富二 측과 격렬한 경쟁이 전개되었다. 결과적으로 조선 실적에서 쇼조를 상회하던 히라노를 제치고 쇼조에게 임대가 결정되었다. 쇼조가 먼저 출원했다는 점, 히라노에게는 이시카와지마조선소가 이미 불하되어 있었다는 점이 이유로 거론되지만 당시 대장경이었던 마스카타 마사요시나 이노우에 가오루가 쇼조를 지지했기 때문이라고 알려진다.

임대 후 쇼조는 사무원, 기술원, 직공의 삭감을 단행하고 임금을 삭감하는 등 합리화에 애썼다. 관영시대에 오사카상선이 주문한 3척의 철선을 완성시키고, 민영조선소로서 재출발하게 되었다. 쓰키지조선소의 시설도 효고로 이전하여 사업을 고베로 집중할 방침을 명확히 한 쇼조는 이어서 효고조선소의 불하를 출원했다. 이것이 1887년 7월에 승인되어 효고조선소는 완전하게 쇼조의 소유가 되었다. 불하조건은 약 18만 엔, 50년 연부상환이었는데 실제로는 5만 9,237엔을 일괄 즉납하고 불하받았다. 정부의 투하자금이 약 77만 엔이었기 때문에 이에 비하면 엄청나게 싼 쇼핑이었던 셈이다.

효고조선소 불하 이후 쇼조는 관당취급소나 하마자키 다헤이지浜崎太平次에게 사들인 사카이堺방적소(원래 사쓰마번의 가고시마방적소가 이전한 것) 등의 경영에서 손을 떼고 조선업에 집중했다. 가와사키조선소는 1896년에 주식회사 가와사키조선소가 되기까지 가와사키 쇼조의 개인기업으로 운영되었다. 그 동안 수입 중에서는 선박이나 기계器械의 수선이 큰 비중을 점하고 있었지만 오사카상선이 주문한 10척을 비롯해 80척의 새로운 선박도 건조했다. 청일전쟁이 순풍이 되었을 것이다. 또한 교량이나 각종 기계機械의 제작, 수선도 행했다. 미시마의 연구에 의하면 1893년부터 1896년 9월까지의 총수입 약 282만 엔, 이익 약 95만 엔으로, 매상고이익률은 35퍼센트로 고율이었다. 직공은 1887년 620명에서 1896년 1,390명으로 두 배 늘었다. 가와사키조선소는 눈부신 발전을 보였다.

마쓰카타 고지로를 후계자로

쇼조는 당초부터 공부대학교工部大學校에서 조선학이나 기계학을 전공한 사카 다토坂湛, 다나카 야스시게田中泰重, 야마자키 겐지로山崎鉉次郎 등의 젊은 기사를 차례로 채용하여 기술 향상에 많은 노력을 기울였다. 쇼조는 스스로 진두지휘하여 영업활동에 나섰고, 수주품의 납기엄수를 영업상의 철칙으로 삼았다고 한다. 자금면에서는 공동운수회사 등에서 친밀해진 시부사와 에이이치澁澤榮一의 제1국립은행에 의지했다. 이렇게 해서 쇼조는 조선왕으로 불리기까지 화려한 기업자활동을 전개했다.

더구나 청일전쟁을 계기로 일본의 해운업은 비약적인 발전을 이루었고, 1896년에는 조선장려법造船獎勵法이 공포되어 일본 조선업은 한층 더 발전할 수 있는 시기를 맞이하고 있었다. 가와사키조선소도 미쓰비시나 가사키조선소三菱長崎造船所 등에 대응하기 위해서 선거船渠(dock) 등에 대한 설비투자를 해야 했는데, 개인기업으로는 필요자금을 조달하는 것이 곤란해 주식회사화가 현실 과제가 되었다. 하지만 1884년 무렵부터 쇼조의 건강이 악화되었고, 이에 후원자인 마쓰카타 마사요시나 친우인 모리무라 이치자에몽森村市左衛門 등의 충고를 받아들여 가와사키조선소의 주식회사 전환과 자신의 은퇴를 결의했다.

하지만 쇼조에게는 후계자가 될 만한 사람이 별로 없었다. 1885년에 두 아들이 연이어 사망하고, 1896년 당시 삼남은 10살에 불과했다. 게다가 게이오기주쿠慶應義塾에 들어간 삼남은 문학에 열중하여 가와사키조선소의 경영자가 되는 것을 거부하고 1903년에는 상속인으로서의 지위까지 내려놓았다. 이 때문에 조카이면서 가와사키조선소에서 근무하고 있던 요시타로芳太郎가 양적자養嫡子가 되었지만 요시타로도 경영자로서는 역량이 부족한 것 같았다. 이런 이유로 혈연자 중에서 후계자를 발견하지 못한 쇼조는 마쓰카타 마사요시 수상의 삼남 고지로幸次郎을 주식회사 가와사키조선소의 사장으로 영입하고 요시타로를 부사장에 앉혔다. 마쓰카타 고지로는 예일대학과 소르본대학에서 유학하고 귀국 후에는 마사요시의 비서를 하고 있었다. 당시 31세의 청년으로 사장에 취임한 뒤, 대형 선거船渠 건설에 착수하는 등 적극적 경영에 노력하고 가와사키조선소를 미쓰비시나가사키조선소에 견줄 만한 근대 조선소로 발전시켰다. 하지만 이는 뒷날 가와사키가川崎家와 가와사키계 기업집단을 분리하는 원인이 되었다.

60세에 가와사키조선소의 경영에서 물러난 쇼조는 그 후에 가와사키조선소의 주식 2만 주(이 조선소 전체 주식의 50퍼센트)에서 나오는 배당을 기초자금으로 토지나 산림의 매수, 조선에 대한 토지투자나 고베가와사키은행神戸川崎銀行의 창설, 고베유신신문神戸又新新聞의 매수에 의한 고베신문神戸新聞의 설립 등을 행했다. 만년의 쇼조는 왕년 혁신적 기업가로서의 모습이 사라지고 성공해 유명해진 자산가로서 가산보전家産保全의 자세가 농후해졌다고 한다. 저명한 미술품 수집가가 되었고 호장豪壯한 5채의 별장을 두고 부호의 은거생활을 즐겼다. 1912년 12월 76세로 사망했으며 500만 엔의 유산을 남겼다. 이를 상속한 요시타로가 제1차 세계대전 중의 조선造船 붐에 편승하여 더욱 자산을 늘렸는데, 불어난 자산은 요시타로가 사망한 1920년에 설립된 합자회사 가와사키 총본점으로 계승되었다. 단, 중핵사업인 가와사키조선소의 경영을 오랫동안 마쓰카타 고지로에게 위탁하고 있었기 때문에 가와사키 총본점은 가와사키계 사업의 경영총괄기구로서의 기능을 상실하고 가와사키가의 재산을 보전하는 기구로 전락하고 말았다.

가와사키 쇼조는 관당官糖 취급이나 효고조선소의 불하, 그리고 정계의 유력자 마쓰카타 마사요시의 비호하에 있었던 점 등 때문에 창업기에는 확실히 정상적政商的 요소가 있었다. 하지만 그 이후의 활동을 보면 이와사키나 오쿠라 등에 비해 정상으로서의 성격이 약하다. 재계와 정계에서 화려하게 활동하는 일도 없었고 별로 추문도 없다. 비교적 수수한 기업가였다고 할 수 있을 것이다.

도수공권의 기업가들(1) - 아사노 소이치로

아사노 소이치로의 방법

아사노 소이치로淺野總一郎도 자수성가해 재벌을 일으킨 기업가 가운데 한 명이다. 아사노는 1848년 3월 10일, 엣추노쿠니越中國 히미군氷見郡 야부타무라薮田村(현재의 도야마현 히미시)의 의사 집안에서 태어났다. 아명은 야스지로泰治郎. 장남이었으나 그가 태어나기 전에 매형이 양적자가 되었기 때문에 6세 때 친척이며 역시 의사였던 미야자키宮崎가에 양자로 들어갔다. 양부는 야스지로를 의사로 만들려고 했으나 성격이 맞지 않아 14세 때 친가에 돌아와 버린다. 친가로 돌아온 야스지로는 치지미유자縮帷子[38]의 제조판매, 간장 제조판매, 벼훑이의 판매 등 여러 사업에 손을 댔으나 모두 실패했다.

1866년 봄, 18세 때 부근의 호농 가마나카가鎌仲家의 데릴사위로 들어가 이름도 소이치로惣一郎로 고쳤다. 양부를 설득해 대자리莚나 골풀 돗자리疊表 등 농산가공품을 취급하는 산물회사를 설립하고 일본해 연안뿐만 아니라 홋카이도까지 영업을 확장했다. 일시적으로 성공하기도 했지만, 유신기의 혼란 중에 실패해 양가養家 가마나카가에서 쫓겨나고 말았다. 친가에 돌아와서도 사업에 손을 댔으나 실패를 거듭할 뿐이었다. 실패할 때마다 채무가 쌓여 "소이치로惣一郎가 아니라 손이치로損一郎"로 불릴 정도였다고 한다.

1871년 5월, 소이치로는 작정하고 도쿄로 나온다. 품에는 27엔밖에 없었다. 소이치로는 설탕물이나 대나무 껍질, 신탄薪炭 등을 판매해 겨우 입에 풀칠할 수 있었다. 신탄을 판매하던 중 외국상관으로부터 석탄 납입을 의뢰받은 것을 계기로 석탄상을 시작한다. 이것이 그의 재산을 모으는 첫걸음이 되었다. 톤당 3엔 50전에 매입한 대량의 석탄 가격이 톤당 7엔으로 상승했고, 이를 일본국우편증기선회사에 납입함으로써 엄청난 이익을 얻었다고 한다. 또한 당시 요코하마시 가스국에서 가스 제조 때 부산물로 나오는 코크스를 처리하는 데 애를 먹고 있었는데, 소이치로惣一郎가 이를 듣고 관영 후카가와시멘트제조소深川セメント製造所와 교섭하여 판로를 확보하는 데 성공했다. 톤당 50전에 들여와서 후카가와시멘트제조소에는 톤당 7엔에 납입했다는 거짓말 같은 이야기지만, 그것으로

---

38 잔주름이 있는 여름 홑옷을 가리킨다.

소이치로는 3~4만 엔을 벌었다고 한다.

그뿐만이 아니었다. 오지제지王子製紙도 소이치로부터 코크스를 매입하게 되었는데, 이 과정에서 오지제지의 초지부抄紙部 총감 시부사와 에이이치澁澤榮一가 소이치로의 근면성실한 태도를 높이 평가해 지우를 얻은 것이 큰 의미를 갖게 된다. 세이난전쟁 때 요코하마에서는 석탄이 부족해 가격이 폭등했지만, 아사노는 시부사와의 소개장과 100엔을 받아 규슈에서 석탄을 매점함으로써 수만 엔의 이익을 얻었다.

1880년, 관업불하가 공포되자 아사노 소이치로(이 무렵에는 이미 總一郎이라고 개명한 상태였다)는 후카가와시멘트제조소 불하원拂下願을 내고, 1883년 임대를 거쳐 1884년 불하 승인을 받았다. 소이치로가 불하를 받을 수 있었던 것은 시부사와의 조력이 있었기 때문이다. 당시 후카가와시멘트제조소의 경영이 부진한 상태여서 함께 신청한 미쓰이는 창고로, 미쓰비시는 별장용지로 불하를 희망한 상태였다. 시부사와도 시멘트사업에 경험이 없는 소이치로가 운영할 수 있을지 의아해하며 철회할 것을 촉구했지만, 소이치로가 너무나 열심이어서 그 근면함을 높이 사 관변에 중개했다고 한다.

불하는 아사노 명의로 받았지만 아사노공장은 소이치로 3만 엔, 시부사와 1만 5천 엔 출자에 의한 익명조합匿名組合 형태로 운영되었다. 시부사와의 대리로서 오카와 헤이자부로大川平三郎(오지제지의 기사. 시부사와의 아내 치요의 언니의 아들이었다. 치요가 시부사와의 사촌이었으니 오카와는 사촌의 아들이기도 했다)가 공장 운영에 참여했다. 아사노공장은 직공 37명의 작은 공장이었지만 소이치로가 선두에 서서 분투해 경영을 궤도에 올려놓았다. 고쿄皇居의 조영造營, 육군 포대의 건조, 오타루小樽 축항, 철도건설 등의 시기에 관수官需가 발생해 아사노공장의 발전을 뒷받침했다. 1898년에는 자본금 80만 엔(아사노 33만 5,000엔, 시부사와 20만 엔, 오

아사노(淺野)의 상표

오른쪽은 1885년에 등록된 것. 아사노 소이치로가 요코하마에서 신탄상(薪炭商)을 경영하고 있을 무렵, 어느 단골가게에서 영수증에 도장 찍는 것을 잊어버리고 부채의 손잡이 부분에 날인한 에피소드에서 비롯되었다고 한다. 왼쪽은 1919년에 수출용으로 등록한 통칭 '빨간 마크'. 수출 전용 상표로서 최초의 것이었다. (일본시멘트 간행, 『七十年史』으로부터)

카와 11만 엔, 야스다 젠지로 10만 엔, 처제의 남편인 오다카 고고로尾高幸五郎 5만 5,000엔 출자)으로 합자회사가 되었고, 1913년에는 아사노시멘트주식회사가 되었다. 그 후 다른 시멘트회사를 합병해 일본 시멘트업계의 최고 기업이라는 지위를 확립했다.

도쿄만 매립사업

소이치로는 시멘트사업 외에도 여러 사업에 진출했다. 시부사와나 오쿠라와 손을 잡고 1883년에 창설한 이와키탄광磐成炭鑛, 도쿄가스(1885년)의 설립 참가, 아사노회조부廻漕部(1886년) 창설, 1886년에 석유 수입을 기도한 아사노석유부石油部(1893년) 설치, 동양기선(1896년)의 설립, 이시카리석탄石狩石炭(1906년)의 설립 등이다. 이 가운데 중심사업이 된 것은 동양기선을 중심으로 한 해운업, 일본강관으로 결실을 맺은 조선·철강업, 그리고 도쿄만 매립사업이었다.

소이치로는 석탄상 시절부터 미쓰비시의 독점에 반감을 품고 공동운수의 설립에도 참가했다. 그러나 미쓰비시와의 싸움이 패배로 끝나자, 아사노는 1886년 아사노회조부를 설립했다. 외국에서 낡은 배를 구입해

1890년 당시의 아사노(淺野)공장

1883년, 후카가와(深川)에 있던 관영시멘트공장이 아사노의 경영하에 놓이게 되자, 명칭을 '아사노공장'으로 했다. 다음해에는 정식으로 불하을 받아, 대증설공사를 실행해 1887년에 완성했다. (일본시멘트 간행, 『七十年史』으로부터)

상당한 성공을 거두었지만 청일전쟁 때 대부분의 배를 징용당한 일도 있어서, 1896년 항해장려법 발표를 계기로 내항內航 해운을 단념하고 외항外航을 목적으로 하는 동양기선을 설립했다. 시부사와, 야스다, 오쿠라, 모리무라森村 등의 자금 협력을 얻어 영국 조선회사로부터 6,000톤급 대형 준객선準客船 3척을 구입해 샌프란시스코 항로를 열었다. 때마침 미국으로의 이민이 활발해지고 있었기 때문에 이 회사는 양호한 성적을 거두었다. 또 세간의 이목을 모은 사건이 있었다. 1904년 외국배와의 경쟁에 대항하기 위해 덴요우마루天洋丸, 치요마루地洋丸, 순요마루春洋丸(1만 3,000톤, 20노트) 등 대형 고속선 3척을 미쓰비시조선소에 발주한 일이었다. 3척의 건조 비용은 1,500만 엔으로 막대했지만 야스다의 금융력과 시부사와의 신용이 이를 뒷받침했다. 이렇게 제1차 세계대전 중의 해운 붐에 편승해 동양기선은 큰 비약을 이뤄 일본우선과 오사카상선에 다음가는 큰 해운회사가 되었다. 그러나 제1차 세계대전 후의 반동 불황하에서 소이치로의 적극정책이 예상을 벗어나 부진에 빠졌고, 샌프란시스코항로나 남미항로를 일본우선에 넘기고 화물 전문 해운회사로 전환할 수밖에 없었다. 금융상 지원자 야스다 젠지로가 1921년에 흉도에 쓰러진 것도 영향을 미쳤다.

강관사업은 원래 오쿠라 기하치로大倉喜八郎가 계획한 사업이었다. 오쿠라는 강관 제조사업에 진출하고자 관영 야하타제철소八幡製鐵所의 기사 이마이즈미 가이치로今泉嘉一郎에게 조사를 위촉했던 바, 매니스먼식 Mannesman式으로 불리는 이음매 없는 강관이 우수하다는 회답을 얻었다. 오쿠라는 이마이즈미를 고용해 새 회사를 설립했다. 오쿠라 입장에서는 '만주'에서 계획 중이던 본계호매철공사本溪湖煤鐵公司에서 조강粗鋼을 수송해 강관을 제조하려고 생각했다. 하지만 강관사업의 장래성에 대한 불안 때문에 주식모집은 여의치 않았고, 매니스먼식에 의할 경우 높은 비용 때문에 오쿠라구미 내부에서도 비판이 높았다. 결국 오쿠라 기하치로도 일단 이 사업을 포기할 수밖에 없었다.

그런데 아사노 소이치로의 사위로 동양기선의 간부였던 시라이시 모토지로白石元治郎가 인도 선철銑鐵 매입에 관해 이마이즈미의 의견을 접한 것이 발단이 되어 시라이시가 이마이즈미의 강관사업에 참가하기로 이야기가 정리되었다. 이마이즈미와 시라이시는 제일고등학교와 도쿄제국대학의 동기생으로 보트부 동료였다. 시라이시의 설득으로 아사노 소이치로와 시부사와 에이이치, 그리고 오쿠라 기하치로 등이 출자해 1912년 일본강관이 성립했다. 사장에는 시라이시가 취임했고, 이마이즈미는 기사장, 거기에 두 사람의 고등학교 친구인 이토 고지로伊藤幸次郎가 지배인에 취임했다. 일본강관은 처음에는 기술이 미숙해 트러블이 속출했지만 제1차 세계대전의 발발과 함께 활황을 보였다.

도쿄만매립사업은 소이치로의 사업 중 특필할 만하다. 소이치로는 도쿄만의 도아사해안遠淺海岸을 매립해 대공업지대를 조성한다는 계획을 세웠다. 구미시찰의 경험으로 1만 톤급의 배가 접안해 자재를 부릴 수 있

아사노 소이치로(淺野總一郎, 1848~1930)

'인간은 운을 스스로 획득해야 한다'를 신념으로 삼고 있었다. 다카하시 고레키요(高橋是清)는 다음과 같이 쓰고 있다. "『운이 잠들거나 기다려야 한다는 것은 거짓말이다. 운은 물 위를 흐르고 있다. 목숨을 걸고 뛰어들어 잡는 배짱과, 잡은 운을 키울 노력이 없으면 운은 내게 오지 않는다』라고, 항상 말하고 있었다. 1930년에 83세로 구미시찰에 나서 베를린에 식도암 발병 사실을 알게 되었다. 『어짜피 죽을 운명이라면 사업을 서둘러야 하지 않겠는가』라는 것도 이 사람답다."

는 장소가 필요하다는 것을 깨달았다고 하지만, 소이치로는 시멘트 사업이나 해운업에 유리한 사업이라고 생각했을 것이다. 당초의 안은 600만 평을 조성한다는 장대한 것이었기 때문에, 도쿄시회의 승인을 얻는데 이르지 못했다. 1908년 그 일부로 쓰루미鶴見・가와사키川崎지구, 150만 평의 조성을 가나가와현에 신청해 허가받았다. 너무나 대규모 사업이었기 때문에 시부사와도 주저했지만 아사노의 부탁을 받은 야스다는 삼일 밤낮 현지에 나가 조사한 뒤 협력을 약속한다. 야스다와 시부사와, 거기에 요코하마 상인의 자금 원조를 얻어 1912년 쓰루미매축조합鶴見埋築組合(14년에 쓰루미매립주식회사가 된다)을 설립해 1913년부터 착공했다. 공사는 1930년 무렵까지 이루어졌지만 도쿄를 배후지로 한다는 유리한 조건에 힘입어 제1차 세계대전 이후 신흥공업군의 무대로서 비상한 발전을 이루었다. 소위 게이힌공업지대京浜工業地帶의 기초가 마련된 것이다.

아사노 자신도 아사노시멘트 가와사키공장을 건설하고 나아가 1916년에는 제1차 세계대전에 의한 선박부족을 예상하고 요코하마조선소(다음해 아사노조선소)를, 또 미국의 대일對日 철재수출 금지를 감안해 조선소의 철재 자급을 계획하여 18년에 아사노제철소를, 양쪽 모두를 쓰루미에 설립했다. 그 후 아사노제철소는 1920년에 아사노조선소에 합병되었고 1936년에는 쓰루미제철조선주식회사로 개칭한 뒤, 1940년에 다시 일본 강관과 합병했다.

왕성한 기업가 정신

이와 같이 아사노 소이치로의 사업은 시멘트, 석탄, 해운, 매립조성, 조선, 철강으로 확대되어 갔다. 이들 사업을 총괄하기 위해 1914년에 아사노합자회사를 설립, 다시 1918년에는 아사노동족주식회사를 설립하여 아사노합자를 합병하여 동족 콘체른[39]의 모습을 갖추었다. 1916년에 제5은행을 인수하여 이를 니혼추야은행日本晝夜銀行(1918년에 아사노추야은행으로 개칭)으로 만들었다. 1912년에 산하에 둔 니혼추야저축은행(1918년에 아사노추야저축은행으로 개칭)과 함께 금융계에도 진출했으나 제1차 세계대전 후 경영부진에 빠져 이 은행들을 야스다에게 양도했다.

아사노재벌은 금융부문에 관해서는 야스다재벌의 보완을 받았다고 할 수 있으나, 지금까지 살펴본 바와 같이 아사노의 사업들은 야스다나 시부사와 혹은 오쿠라 등과 공동출자에 의한 것이 많아 동족적 결합의 관점에서 느슨했다는 것도 사실이다.

아사노 소이치로를 정상이라고 부르는 것이 꼭 적절하다고는 할 수 없다. 관영 후카가와시멘트제조소를 불하받은 것이 큰 계기가 된 것은 사

---

39. ^생산·유통·금융 등 다양한 업종의 기업들이 법적으로 독립되어 있으면서 특정 은행이나 기업을 중심으로 긴밀하게 관련되어 있는 기업 결합 형태를 말한다.

실이지만 당시 이곳은 경영이 곤란하다고 인식되고 있었고, 더구나 관변과 유착하여 특권을 얻었다는 이미지도 아니다. 소이치로는 '사업욕의 화신'이라고 불리고 세간에서도 그다지 평판이 좋은 인물이 아니었으나, 그 왕성한 기업가정신起業家精神에는 놀랄만한 무언가가 있다. 새로운 비즈니스 찬스를 발견하고 재빠르게 실행에 옮기는 데에 소이치로는 다른 사람들보다 한 단계 뛰어났다. 자금이 축적되기를 기다리지 않고 야스다나 시부사와의 자금과 신용을 활용하여 사업을 수행한 소이치로의 행동양식은 제2차 세계대전 후 고도성장을 견인했던 기업가의 모습을 앞서 보여준 것이다.

도수공권의 기업가들(2) - 후루카와 이치베

'운運 · 둔鈍 · 근根'의 후루카와 이치베

후루카와 이치베古河市兵衛는 에도기 상가의 뎃치봉공丁稚奉公 출신으로 자수성가하여, '운運 · 둔鈍 · 근根'을 모토로 스스로 재벌을 일으킨 유니크한 인물이다.

이치베는 1832년 3월 16일, 교토 오카자키岡崎에서 양조업을 운영하는 야마토야大和屋(기무라가木村家)의 차남으로 태어났다. 아명은 미노스케巳之助였다. 기무라가는 대대로 쇼야庄屋를 맡아왔는데, 조부 때에는 번영했으나 부친 때 가산이 기울어 두부가게를 업으로 했다. 8세 때 이치베는 한때 교토 가라스마烏丸의 누이모노시縫物師[40] 집에 봉공하려 했으나 실패

---

40 재봉이나 자수를 직업으로 하는 사람을 가리킨다. 하지만 에도시대에는 대부분 재봉이나 자수가 집에서 이루어지고 있었기 때문에, 하나의 직업으로 인정하지 않았다고 한다. 아마도 여기서 말하는 누이모노시의 집이라고 하는 것은 공가(公家)나 무가(武家) 또는 부유층에 전속되어 공장제 수공업처럼 여러 사람이 모여서 자수를 놓거나 바느질을 해서 제품으로 만드는 곳이 아니었을까 싶다.

후루카와 이치베(古河市兵衛, 1832~1903)

후쿠카와는 '운(運)·둔(鈍)·근(根)'을 칭하여 '운(運)은 하늘이 이를 이루고, 둔(鈍)과 근(根)은 내가 이를 이루어야 한다'고 했다. 도쿠도미 소호(德富蘇峰)는『고쿠민신문(國民新聞)』시대에 이를 해설해 '운은 곧 내가 얻어 이를 이루려고 해서는 안 된다'지만 '둔(鈍)의 경우에는 그 이루는 바, 옆에 사람이 없는 것과 같다. 쓸데없는 걱정을 하지 말라. 외물(外物)에 지배를 받는 일 적고 나에게 지배받는 일이 많다', 근(根)은 '기근(氣根)의 근(根)으로 집착력을 의미한다', '둔근(鈍根) 이미 있으면 행운 역시 기대하지 않더라도 찾아오게 되는 것'이라고 평했다.

하고 본가로 돌아와 두부 행상을 도왔다.

이치베가 16세 때 두 번째 계모의 오빠인 기무라 리스케木村利助의 보호를 받게 되어 남부南部[41] 모리오카盛岡로 가서 백부의 일을 돕게 되었다. 이 일은 고리대금업자의 추심 담당자 같은 것이었는데, 근면함이 알려져 모리오카의 고노이케이스케점鴻池伊助店[42]의 데다이手代로 채용되게 된다.

---

41 모리오카번(盛岡藩)은 현재의 이와테현 중부에서 아오모리현 동부에 걸친 지역을 다스린 번이다. 번주가 남부(南部) 씨였기 때문에 남부번이라고도 불린다. 본문의 남부 모리오카는 이 지역을 가리키는 것이리라.

42 구사마 나오카타(草間直方)는 에도 중기와 후기에 활약한 오사카의 상인이다. 고노이케가(鴻池家)에 봉공. 출세하여 셋쓰(攝津) 아마가사키(尼崎)의 고노이케 분가 구사마가의 사위가 되어 고노이케야이스케(鴻池屋伊助)라 칭하고 환전상을 영위한다. 히고(肥後) 구마모토번(熊本藩), 분고(豊後) 후나이번(府内藩), 무쓰(陸奧) 모리오카번(盛岡藩) 등 여러 번의 어용상인으로서 활약했다.

20세 내지는 21세 때의 일이다. 고노이케이스케가鴻池伊助家는 오사카 고노이케 젠에몽鴻池善右衛門가의 유력한 별가이자, 에도 후기에는 초닌町人 학자 구사마 나오카타草間直方를 배출한 가문이다. 남부번南部藩 환어용為 替御用을 맡고 있었기 때문에, 모리오카에 지점을 두고 있었다. 여기서 이치베는 환전업무뿐 아니라 상품거래도 손을 댔던 것 같다. 생사 취급에서 성공해 고노이케이스케점鴻池伊助店으로부터 금 30료兩를 받은 적이 있다고 한다.

그러나 1854년, 고노이케이스케점은 발행하고 있던 금찰金札과 전찰錢札[43]에 대한 교환소동을 겪었고, 다음해 폐쇄되는 쓰라린 체험을 한다. 이치베는 다시금 백부 리스케의 곁으로 돌아간다. 4년 후인 1858년, 백부의 알선으로 교토 이즈쓰야井筒屋(오노구미小野組의 상호)에서 근무하고 있던 후루카와 다로자에몽古河太郎左衛門의 양자가 되어 후루카와 이치베古河市兵衛가 되었다. 이치베는 양부를 따라 행동한 후, 1862년 정식으로 오노가小野家에 출사하여 생사매매에 전념했다.

때마침 이루어진 개항으로 생사무역은 엄청난 활황을 보이고 있었는데, 무역에 종사하는 상인은 양이파 지사의 타겟이 되어 위험한 장사이기도 했다. 때문에 오노가에서는 생사무역을 금지하고 이치베에게 이를 담당하게 했다. 그러나 이치베는 상재를 발휘하여 오노가에 막대한 이윤을 안겨주었다. 이 공적으로 1869년, 이치베는 200료兩를 하사받고 별택을 지정받아 도쿄에 정주하게 된다.

도쿄에 정주하게 된 이치베는 우선 스위스인 기사를 초빙하여 1870년 도쿄 쓰키지에 기계제사機械製絲 공장을 건설했다. 고르지 못한 제사는

---

43 각각 금화와 동전을 대신에 통용되던 지폐이다. 따라서 실물로 교환을 요구할 경우 금화나 전화로 교환해 주어야 하는데, 이런 교환이 한꺼번에 밀려올 경우 교환에 응하지 못하고 지금의 뱅크런(예금인출소동)과 같은 혼란이 야기된다. (역자)

메이지 말의 후루카와광업회사(古河鑛業會社)

도쿄 야에스초(八重州町) 1번지에 있었다. (『足尾案內銅山大觀』에서)

외국인에게 기피되어 값을 후려쳐 받는 상황이었기 때문에 이를 극복하려는 의도에서 나온 것이었으나 성공하지는 못했다.

　1872년에는 오노구미의 사업으로서 오카다 헤이조岡田平蔵와 합작하여 인나이은산院內銀山과 아니광산阿仁鑛山의 경영에 착수했다. 그 후 오카다 헤이조가 사망하면서 오노구미가 단독으로 경영하게 되었고, 그 후 입수한 여러 광산을 포함하여 이치베가 주재하는 오노구미이토점小田組絲店이 이를 담당했다. 그 사이 이치베는 시부사와 에이이치나 무쓰 무네미쓰陸奧宗光와 알게 되어 그 지우를 얻게 되었다. 특히 무쓰와는 무쓰의 차남 준키치潤吉를 양적자로 맞이하여 친밀한 관계를 유지했다.

　그런데 1874년 관금취급에 드는 저당증액령으로 오노구미는 맥없이 와해되었다.[44] 오노구미의 파탄으로 이치베는 그가 담당하던 이토점絲店의 재산은 물론 주가主家에 예치해 두었던 1만 5,000엔 상당의 돈도 정부

44　저당증액령으로 오노구미와 시마다구미가 파산하게 된 경위는 제2장 미스이와 미노무라 리자에몽의 〈오노 · 시마다구미의 파산〉을 참조할 것.

에 몰수되어 무일푼이 되었다. 양가養家도 이치베와 절연했다. 당시 이치베 43세, 중년의 나이로 인생의 재출발을 도모해야 할 처지가 되었다.

동산으로

이치베는 독립하면서 지금까지 해왔던 생사무역과 광산업에서 활로를 모색했다. 몰수당한 인나이와 아니 등 7개 광산에 대한 불하를 정부에 출원했으나 이치베에게는 자금력도 신용도 없었기 때문에 허가될 리가 없었다. 이치베는 한 가지 계책을 생각해낸다. 오노구미가 경영하던 광산 중에서 유망하다고 전망되는 니가타현의 구사쿠라草倉와 아카시바赤柴 두 동산에 대해 구舊 무쓰陸奧[45] 나카무라번中村藩의 소마가相馬家 명의로 불하를 받아 이치베와 아사노 고헤淺野幸兵衛(이치베의 오노구미 시절 동료)가 경영한다는 것이었다.

오노구미는 메이지 초기 나카무라번의 연공미 판매를 청부한 이래로 소마가와 인연을 맺고 있어서, 소마가가 3만 엔 정도의 자금 운용을 오노구미에게 위탁하고 있었다. 오노구미의 파탄으로 이 3만 엔은 회수하지 못할 것으로 여겨졌으나 정리한 결과 2만 2,000엔 정도가 소마 가문에게 돌아오게 되었다. 이치베는 이에 주목했다. 소마가의 가령家令[46] 시가 나오미치志賀直道(시가 나오야志賀直哉[47]의 조부)와 교섭하여 이 돈으로 광산을

---

45 지금의 아오모리현(靑森縣) 전부와 이와테현(岩手縣) 북부를 가리킨다.

46 권문세가에서 집안의 고용인들을 지휘·감독하고 집안일을 두루 살펴 관리하던 사람이다. 일본에서도 헤이안(安安) 시대에 친왕가(親王家) 따위의 가무(家務)나 회계를 관리하던 사람을 가리켜 가레이(家令)라고 불렀다. 메이지 이후에는 황족이나 귀족 집안의 관리인도 가레이라고 불렀다.

47 시가 나오야(1883~1971)는 메이지에서 쇼와에 걸쳐 활약한 일본의 소설가. 백화파(白樺派)를 대표하는 소설가 중 한 사람이다. '소설의 신'이라고 불리며 많은 일본인 작가에게 영향을 미쳤다. 대표작에 『暗夜行路』, 『和解』, 『小僧の神樣』, 『城の崎にて』 등이 있다.

불하받고, 광산의 가행稼行을 이치베 등에게 맡겨달라고 부탁하여 이 약속을 성사시켰다. 1875년의 일이다. 계획대로 구사쿠라와 아카시바 동산의 경영이 성공하였고, 이치베는 자력으로 광산을 경영하게 되는 첫걸음을 떼었다.

같은 방법으로 이치베는 다카마쓰번高松藩 마쓰다이라가松平家의 협력을 얻어 야마가타현山形縣 사치우동산幸生銅山의 가행권을 손에 넣었다. 이것은 경영적으로는 그다지 성공하지 못했지만 구사쿠라동산 쪽이 순조로웠으므로, 1877년 이치베는 생사업에서 철수하고 광산업에 집중한다는 결의를 다졌다. 그리고 광산업자로서의 이치베에게 커다란 도약의 계기를 마련해 준 것이 아시오동산足尾銅山이었다.

아시오동산은 에도 초기에 발견되었다고 알려져 있는데, 최고 전성기는 17세기 후반으로 메이지기에 들어서는 폐광 직전의 상황이었다. 당시 미즈마현三瀦県(규슈) 사족 소에다 긴이치副田欣一가 경영하고 있었는데, 이치베가 이를 매수하여 경영에 나섰다. 그러나 이때에도 이치베는 단독으로 인수할 수 없어 소마가의 가령 시가의 협력을 얻어 공동경영하에 가행하게 되었다. 그러나 1877년에 시작한 아시오의 경영은 고난의 연속이었다. 이치베는 경영호조였던 구사쿠라동산의 이익을 대부분 이곳에 투자했다. 그런데도 여전히 자금난이 계속되어 1880년에는 시부사와에게 이 공동사업에 대한 참가를 요청했다.

초기의 아시오동산 경영이 신통치 못한 원인 중 하나는 현장에 있었다. 당시 아시오동산에는 74개소의 채굴장소가 있었는데 이는 38명의 덕대[48]에게 청부되어 있었다. 광산주는 덕대로부터 조동粗銅(荒銅)을 매입하

---

48 원문에는 시타카세기닌(下稼人)으로 되어 있으나 우리말의 덕대와 같은 기능이어서 덕대로 번역했다. 덕대란, 광산주와 계약을 맺고 광산의 일부를 떼어 맡아 광부를 데리고 광물을 캐는 사람을 말한다.

는 것에 불과했다. 이치베는 가행의 실권이 덕대에게 장악되어 있는 생산체제를 개혁하기로 했다. 새롭게 광맥을 열고 직영화함으로써 점차 광부(갱부)를 직접 자신의 관리 하에 편입시켜 갔다.

창업기의 곤란 속에서 갱장坑長이 세 명이나 교체되었다. 이치베는 네번째 갱장으로 조카인 기무라 초베木村長兵衛를 구사쿠라동산에서 데려와 통솔을 맡겼다. 기무라의 노력으로 1881년부터 1884년에 걸쳐 속속 우량 대광맥을 만나 아시오동산의 번영이 시작되었다. 1885년에는 공부대학교工部大學校 출신의 오키 다쓰오沖龍雄의 설계로 대통동大通洞[49]의 개착에 착수했다. 이것은 종래의 국부적 채광이 아니라, 아시오산 전체에 분포되어 있는 광원鑛源을 개발할 목적으로 배수, 통기, 운반의 대동맥을 만들려는 것이었다. 이 통동으로 산 전체의 출광出鑛을 집중시키고 갱구 부근에 선광장選鑛場과 정련소를 신설하여 조업의 통일을 기하고자 했다. 이 대통동은 1896년에 완성되었다. 또한 착암기鑿巖機(削岩機)의 채용이나 동력펌프의 설치 등 기술적 개량도 적극적으로 추진했다.

아시오동산은 매수 때에는 생산액이 고작 7만 2,000근에 불과했으나, 1893년에는 그 131배에 달하는 945만 근에 달했다. 이는 전국 동 생산량의 31퍼센트를 차지했다. 제2위인 스미토모의 벳시는 이 절반에도 미치지 못했다.

이와 같은 큰 발전은 대광맥의 발견이라는 행운에 기인한 것만은 아니다. 그 배경에는 기술혁신을 위한 노력이 있었다. 1890년에는 독일 지멘스사의 권유로 수력전기를 동력원으로 결정하고 수력발전소를 건설했다. 이어 이 전력을 이용하여 배수에 전기펌프를 도입(1890년), 갱도 개

---

49 지표에서 광상(鑛床)에 이르는 주요 갱도를 말한다.

착開鑿에 지멘스의 전기식 착암기를 채용(1897년)했다. 그 후에도 광석 및 자재 운반을 위하여 통동 내부에 전기기관차를 도입했다.

선광과 정련에 있어서는 1893년에 벳서머전로Bessemer 転炉를 도입한 것이 특필할 만하다. 1891년 이치베는 기사 시오노 몬노스케塩野門之助(전에 스미토모에 있던 기사)를 미국에 보내 세계 최신의 벳서머식 동정련銅精錬을 연구하게 했다. 이 신기술의 채용으로 광석에서 정동까지의 공정이 32일에서 2일로 단축되었다. 그야말로 획기적인 기술혁신이었다.

또한 아시오동산은 이치베와 소마, 시부사와의 공동사업으로 되어 있었는데 1886년 소마가, 1888년에는 시부사와가 탈퇴하여 완전히 이치베가 점유하게 되었다. 아시오동산에 대한 공동경영권 회수를 위해 이치베는 소마가에 12만 엔, 시부사와에게 40만 엔을 지불했다. 소마가의 출자금은 2만 4,000엔, 시부사와는 2만 엔이었다. 회수 전에는 매년 배당금도 지불했으니 이치베는 양자에게 절대 손해를 끼치지 않았다(武田, 앞의 책).

이치베는 1885년에는 인나이와 아니 두 광산의 불하를 받았다. 그때까지 수차례 기각되었음에도 불구하고 이 단계에 이르러 이치베에게 불하된 것은 "이치베라는 자는 아시오와 구사쿠라 두 동산, 그 밖의 광산사업에 능숙한 자로서, 신용하기에 족하다"(『工部省沿革記録』)라고 인정받았기 때문이다. 그러나 두 광산도 피폐해져 있었다. 이치베는 관영시대의 비효율성을 극복하기 위하여 우선 인원 정리를 단행했다. 이어 대학 출신 기술자를 다수 채용하여 기계화를 추진했다. 이러한 조치들로 인해 두 광산은 되살아났다.

이렇게 이치베는 광산왕이 되었다. 1884년에는 아시오 나오리바시제련공장直利橋製錬工場과 도쿄 혼조용동소本所鎔銅所를 개설했다. 1895년에는 후자에 신동공장伸銅工場을 건설, 이것이 뒷날 닛코전기제동소가 되어

1897년부터 전기동선電氣銅線을 제조하기 시작했다.[50] 1897년에는 도쿄 마루노우치에 후루카와광업소古河鑛業所를 설립, 재벌화의 첫걸음을 내딛었다.

광독사건

아시오동산은 이른바 광독사건이 유명하다. 이것은 1890년의 대홍수로 아시오동산을 흐르는 와타라세가와渡良瀨川의 제방이 터져 동산에서 유출된 독성물질에 의해 하류 지역의 논이 황폐화되자, 농민이 동산의 조업정지를 요구하며 들고 일어난 사건이다. 특히 도치기현栃木縣 선출 중의원 의원[51] 다나카 쇼조田中正造가 그 운동의 선두에 섰고, 그가 메이지 천황에게 직소하게 되면서 대사건으로 발전했다.[52] 정부는 조사 결과에 근거하여 1896년 아시오동산 예방공사 명령을 내리고, 다음해에 다시 광독제거공사 명령을 내렸다. 이에 따라 후루카와 측은 연인원 58만 명

---

50 신동품(伸銅品)이 나올 때까지의 제조공정은 재료가 되는 금속, 즉 지금(地金)을 원재료로 하여 용해(溶解), 주조(鑄造), 압연(壓延), 추출(抽出), 잡아 늘리기, 단조(鍛造) 등의 가공을 거쳐 판(板)·조(條), 관(管), 봉(棒)·선(線)의 형태로 가공하는 3가지 공정으로 나뉜다.

51 원문에는 대의사(代議士)로 되어 있다. 대의사라는 말은 일본의 제국의회에서 비공선(非公選)의 귀족원의원에 대해 국민으로부터 직접 선출되는 공선 의원이라는 의미에서 사용되었다. 일본에 있어서 국회의원은 보통 중의원 의원과 참의원 의원을 통칭하는 것으로 이해되며, 이 중에서 대의사는 "국민을 대신해서 국회에서 의사에 참여하는" 중의원 의원을 가리키는 말로 지금도 종종 쓰이고 있다.

52 에도시대에 일본의 일반민중(농민이나 초닌)이나 하급무사를 원고로 한 소송은 원칙적으로 관할 관청(奉行所)이 담당하게 되어 있었다. 이 원칙을 피해 직접, 장군이나 막각(幕閣)에 호소하는 행위를 직소(直訴)라 불렀다. 또한 본래의 절차나 담당자를 건너뛰고 이루어지는 행위라 해서 월소(越訴)라고도 불렀다. 구체적으로는 외출 중인 가마에 뛰어드는 경우가 많았고, 그것을 가마호소(駕籠訴)라 불렀다. 다나가 쇼조 역시 당초 재판 등의 준법적인 수단으로 반대운동을 전개했지만, 여러 방해에 부딪쳐 최후의 수단으로 천황에게 직소하게 된 것이다. 천황이 외출 후 돌아오는 것을 히비야공원 근처에서 기다리고 있다가 천황에게 직소를 시도했다고 한다.

에 달하는 노동력과 104만 엔의 경비를 들여 예방공사와 탈황장치脫硫裝置 설치를 행하고, 정부도 와타라세가와 치수공사에 착수함으로써 일단락되었다. 그러나 이 사건은 아시오동산의 경영을 한때 위기로 몰아넣고 후대에까지 과제를 남기게 되었다. 지금까지도 이 사건은 일본의 '공해 제1호' 사건으로 전해지고 있다.

이치베는 1903년 71세로 세상을 떴다. 이치베는 "광업 하나에만 전념한다(鑛業專一)"는 기본방침을 두고 있었던 만큼 다각화나 재벌화가 늦었다. 그러나 이치베가 쌓아 올린 광산업을 기초로 3대째인 도라노스케虎之助(이치베의 친자)와 4대째인 요리스미從純의 시대에 후루카와는 전선, 금속, 전기기기, 고무, 화학, 경금속, 생명보험, 운수, 은행 등 여러 분야로 진출하여 재벌화의 길을 걷게 되었다.

후루카와 이치베는 일개 소상인에서 온갖 고생 끝에 광산왕에까지 올랐다. 그 생애는 파란만장했으나 생사무역이나 광산경영의 성공에서 쉽게 상상되는, 그런 투기꾼相場師이나 광꾼山師은 아니었다. 또한 정상적政商的 활동이 치부의 원천이었다고도 할 수 없다.

시부사와 에이이치는 미노무라 리자에몽과 마찬가지로 이치베를 "무無學이면서도 비범한 재능을 갖춘 인물"이라고 평가하고, 이치베 자신은 '운運·둔鈍·근根'을 성공의 비결로 꼽았다. 분명 '운'이 뒤따랐지만 그것만이 전부는 아니었다. 자신은 "기계를 싫어한다"고 했지만 광산 근대화를 위한 노력에는 주목할 만한 점이 있었다. 또한 이치베는 광산 현장에는 그다지 가지 않고 각 광산의 책임자에게 빈번하게 편지를 보내어 세세한 부분까지 지시했다고 한다. 광산왕이라는 이미지와는 달리 견실하고 진지한 기업가였던 것으로 생각된다.

도수공권의 기업가들(3) - 마쓰모토 주타로

서양옷감상인으로 출발한 마쓰모토 주타로

마쓰모도 주타로松本重太郎는 고다이 도모아쓰五代友厚 사망 후, 후지타 덴자부로藤田重太郎와 함께 오사카의 비즈니스 리더가 된 기업가이다. 이 시이 간지石井寬治는 마쓰모토가 절정기에 있을 무렵인 1897년에 대해 조사하고 마쓰모토가 중역으로 있던 회사가 29사에 달하고 그 중 12사는 사장이었던 점, 이에 대해 시부사와 에이이치澁澤榮一는 23사의 중역을 지냈고 그 중 12사의 사장 내지는 회장이었던 점, 19세기 말에 자산액과 소득액에서 오사카에서는 스미토모 기치자에몽住友吉左衛門 다음의 지위에 올라 시부사와와 거의 호각이었던 점을 제시하며 마쓰모토가 과연 '오사카의 시부사와'라 불리기에 적합한 기업가였다고 서술한다(「百三十銀行と松本重太郎」).

그러나 마쓰모토 주타로라는 이름이 지금은 오사카에서도 그리 알려져 있지 않게 되었다. 마쓰모토는 어떤 기업가였을까?

주타로는 1844년 10월 5일, 단고노쿠니丹後國[53] 다케노군竹野郡 다이자間人의 농가에서 태어났다. 아명은 마쓰오카 가메조松岡龜藏. 10세 때 교토의 포목상吳服商 히시야 간시치菱屋勘七에 뎃치봉공으로 입사한다. 3년 후, 오사카로 나와 덴마天滿의 포목상 와타야 리하치錦屋利八 쪽으로 옮겨 여기서 십 수 년 동안 근무했다. 와타야는 오사카의 유력 포목 도매상問屋 중 하나로, 여기에서 그는 상인으로 활약하는 데 필요한 소질을 키울수 있었다. 1868년 24세 무렵 독립하여 마쓰모토 주타로로 개명했다. 마침 효고와 오사카의 개항이 이루어진 해이다. 마쓰모토는 민첩하게 서양

---

[53] 현재의 교토부 북부지역을 가리킨다.

마쓰모토 주타로(松本重太郎, 1844~1913)

서양 옷감 상인으로 성공한 마쓰모토는 오사카의 실업계로 진출하여 은행, 방적회사
나 철도 등 폭넓은 산업분야에서 기업을 일으켰다. 지도력을 발휘하여 오사카 경제
계의 리더 중 한 사람이 되었다.

옷감[54] 브로커를 시작한다. 정말이지 기민한 움직임이지만, 오사카에는 이
미 야마구치 기치로베山口吉郎兵衛, 이토 구베伊藤九兵衛, 히라노 헤베平野平
兵衛 등 서양 옷감을 취급해 급부상한 상인이 있었다. 주타로도 그 정보
를 듣고 있었을 것이다. 처음에는 행상이었지만, 1870년에는 벌써 동구
東區 히라노마치平野町 4초메丁目에 '단주丹重'를 옥호屋號로 하는 점포를
열었다.

　주타로가 큰 비약을 이룬 것은 세이난전쟁西南戰爭 때였다. 이 때 주타
로는 군용 라사羅紗를 매점하여 막대한 이익을 얻었다고 한다. 이것은 그
의 투기거래였을 뿐 후지타구미藤田組 등와 같이 관군 어용의 입장에서
돈을 번 것은 아니었다.

---

54 단모노(反物)는 피륙, 즉 옷감을 지칭한다. 따라서 요탄모노(洋反物)를 '서양 옷감'으로
　번역했다.

제130국립은행의 설립

이러한 경위로 서양 옷감 상인으로서 일정한 지위를 쌓은 주타로는 1878년, 동구東區 고라이바시高麗橋 3초메에 자본금 25만 엔으로 제130국립은행을 설립했다. 단고노쿠니丹後國 요사군与謝郡(현재 교토부) 출신의 호농이자 치리멘 도매상縮緬問屋으로 막말에 존양운동(존왕양이운동)에 참가하여 아와번阿波藩 번사가 된 고무로 시노부小室信夫와 손을 잡고 미야즈宮津나 후쿠치야마福知山의 번사를 설득하여 금록공채를 자본금으로 출자시키는 데 성공했다. 초대 은행장에는 고무로의 부친 사키조佐喜藏가, 이사에는 시부야 쇼자부로澁谷庄三郎(오사카의 면화상), 이나다 사시치로稻田佐七郎(오사카의 서양 옷감 상인), 마쓰모토 세이초쿠松本誠直(미야즈의 주주)가 취임했고 주타로는 이사 겸 지배인이 되었다. 1880년에는 주타로가 은행장에 선임되었다.

이시이 간지石井寬治 등의 연구를 통해 제130국립은행의 경영을 조금 살펴보도록 한다. 이 은행은 오사카 외에 교토부, 시가현滋賀縣, 나고야시 등에 지점과 출장소를 두고 좋은 성적을 거두었다. 영업성적이 좋았던 이유는 휴일이 없는 서비스, 수수료 무료인 송금, 높은 예금금리 등 고객에 대한 서비스에 있었다. 주타로가 다수의 신설기업에 관여하고 있었기 때문에, 그쪽 관련 예금이나 대출도 많아졌다. 다만 이 극진한 고객 서비스와 주타로 관계 기업과의 깊은 유착이 뒷날 이 은행이 차질을 빚는 원인이 된다.

이렇게 해서 1896년에는 예금액이 252만 엔, 대출액이 278만 엔에 달했다. 이는 예금액 248만 엔, 대출액 311만 엔의 스미토모은행과 견줄 수 있는 규모로, 오사카에 있는 은행 중 최고의 자리를 점했다. 고노이케가鴻池家의 제13, 오카하시 지스케岡橋治助 등 오사카의 포목상 관계자에 의해 설립된 제34, 오사카의 노포 환전상 치구사야千草屋의 제32 등 유력한 다른 오사카의 국립은행들이 모두 예금액에서는 100만 엔 이하, 야마구치가山口家의 제148이 약간 100만 엔을 넘길 정도였기 때문에 제130의 급성장은 괄목상대할 만한 것이었다. 1898년, 국립은행의 만기해산에 따라 제130국립은행은 보통은행으로 전환하여 '130은행'이 된다. 130은행이 된 뒤 이 은행은 136은행, 오사카흥업은행, 고니시小西은행, 니시진西陣은행, 후쿠치야마福知山은행, 87은행을 합병하고, 1902년 말에는 자본금 325만 엔, 오사카·교토·시가滋賀·후쿠이福井·후쿠오카福岡에 15점포를 거느리는 대은행이 되었다. 1898년 10월에 주타로는 오사카은행집회소 위원장이 되어 오사카를 대표하는 확고부동한 은행가가 되었다. 하지만 이 무렵부터 130은행의 경영이 이상해졌다. 그것은 주타로가 확장한 다른 사업의 동향과 깊은 관계가 있기 때문에, 이하에서는 그에 대해 검토하기로 한다.

방적과 철도

우선 주타로의 서양 옷감 사업과 관계 깊은 사업으로 1882년에 설립된 오사카방적大阪紡績이 있다. 이 회사의 설립 경위는 다음 장에 나오는 야마노베 다케오山邊丈夫 항에서 상세하게 서술하겠지만, 시부사와 에이이치澁澤榮一·마스다 다카시益田孝·오쿠라 기하치로大倉喜八郎 등 도쿄 자본과 화족 자본에 의한 방적회사 계획과 마쓰모토 주타로松本重太郎·후지타 덴자부로藤田傳三郎 등에 의한 방적회사 계획이 합체한 것이었다. 95명의 주주 중 56명이 오사카상인이었고, 불입자본(납입자본) 구성에서도 오사카상인의 출자 비율이 31퍼센트를 점했다. 오사카의 마쓰모토·후지타 등의 알선으로 오사카에 입지가 정해졌다. 창립 후에는 후지타 덴자부로가 초대 사장에, 마쓰모토가 이사에, 그리고 고무로 시노부小室信夫가 경영하는 치리멘 도매상의 반토 가마타 세이조蒲田淸藏가 상무지배인商務

支配人에 취임하는 등 오사카 쪽의 역할이 컸다. 그 뒤에도 오사카 상인의 지주비율이 높아져 주타로는 1887년 1월에 사장이 되어 1898년 1월까지 그 직에 있었다. 다만 후술하듯이 경영은 실질적으로 공무지배인工務支配人 야마노베 다케오, 상무지배인 가마타 세이조, 가와무라 리헤川邨利兵衛 등에게 맡겨져 있었다.

1884년에는 원래 정부의 방적기계를 임대받아 성립한 시부타니방적소澁谷紡績所의 경영이 부진한 상태였기 때문에, 이를 시부타니 쇼자부로澁谷庄三郎에게서 매수하여 다음 해에 도지마방적소堂島紡績所로 개칭하였다. 1895년 1월에는 방적과 면포를 겸업하는 일본방적을 설립해 사장이 되었고, 다음 해에는 도지마방적소를 여기로 흡수합병시켰다. 또한 1896년에는 수입직물 중 가장 수요가 많았던 모슬린muslin의 국산자급을 기획하여 이나바타 가쓰타로稻畑勝太郎를 비롯해 오사카의 외래물품상舶來物品商과 함께 모슬린방적毛斯綸紡績을 창설해 사장이 되었다. 그 밖에 교토제사京都製絲, 내외면內外綿, 오사카모사大阪毛絲 등의 설립에도 관여하고, 설립 후에는 중역이 되었다.

철도업은 주타로에게 또 하나의 기둥이 되는 사업분야였다. 1884년, 주타로는 후지타 덴자부로 등과 함께 사실상 일본 최초의 사철인 한카이철도阪堺鐵道를 설립했다. 이 철도의 경영은 순조로워서 높은 수익을 올릴 수 있었다. 그 때문에 주타로는 다시 사카이堺에서 와카야마和歌山까지 36마일의 철도 부설을 계획했는데, 비슷한 계획이 다른 곳에도 추진되고 있어서 이를 통합해 1895년 난카이철도南海鐵道를 설립하고 그 사장이 되었다. 난카이철도는 1898년에 한카이철도를 흡수합병, 이로써 난바難波-와카야마를 잇는 철도가 완성되었다.

1886년, 주타로 등이 발기인이 되어 성립한 산요철도山陽鐵道는, 1892년까지로 고베-미하라三原 구간의 부설을 완료했다. 1890년 불황의 영향

메이지 말의 난카이철도(南海鐵道)

순 민간자본에 의한 최초 증기철도를 개업한 한카이철도(阪堺鐵道)의 후신이다. 한카이철도의 난바-사카이 구간에 사카이-와카야마 구간이 더해져 1888년, 난카이철도에 통합된 뒤 1907년에 전화(電化)했다.

으로 부진한 탓에 공사가 멈춘 채 사장인 나카미가와 히코지로中上川彦次郎가 사임해 버리고 말았다. 1892년 사장에 취임한 주타로는 차입금과 사채社債 발행을 통해 자금을 조달함으로써 미하라三原-히로시마廣島 구간의 철도 부설을 1894년까지 완성시켜 청일전쟁기의 군사수송에 공헌했다. 그 뒤, 1898년 이후 산요철도는 미타지리三田尻에서 시모노세키下關까지 궤도를 연장하고 간몬연락선關門連絡船을 매개로 규슈철도九州鐵道와의 연결을 실현시켰다.

그 외에 나니와철도浪速鐵道, 한카쿠철도阪鶴鐵道, 나나오七尾鐵道 · 부슈철도豊州鐵道(뒤에 규슈철도), 사누키철도讚岐鐵道 등의 철도에도 관계하며 주타로는 서일본 철도망 형성에 크게 기여했다. 다이코기선太湖汽船, 나이코쿠해운內國海運, 오사카운하회사 등 해운업에도 관계했다.

기타 사업으로는 일본정당日本精糖, 오사카알카리, 오사카맥주, 일본화재보험, 일본교육생명보험, 메이지탄광明治炭鑛 등 많은 회사의 설립 내지 경영에 참가했다.

주타로는 이들 관계 회사 중 많은 곳에서 사장, 이사 혹은 상담역, 감사역의 지위에 있었다. 당연히 이들 회사에 일상적으로 출근할 수는 없었다. 따라서 [회사에 대한] 관리가 충분하지 못했다. 1897년 무렵이 되면, 은행가가 이렇게 많은 기업에 관계할 수 있느냐는 비판이 일었다. 그해 7월 오사카를 방문한 이와사키 야노스케岩崎彌之助 일은 총재는 오사카와 고베의 은행가들을 모아놓고 "지금의 은행가는 다른 여러 잡다한 사업을 겸하는 자가 있지만 앞으로 소은행을 합병하여 대은행을 설립하게 되면 결코 오늘날과 같은 겸업으로는 그 본분을 다할 수 없을 것이다", "어떤 사람이라 하더라도 유한한 지식을 가지고 무한한 사업을 처리하는 것은 어렵다", "나도 역시 앞으로 여러분이 되도록 분업의 방침으로 해 주실 것을 희망하는 사람이다"(「岩崎日本銀行總裁の演說」『東洋經濟新報』)라고 충고했다.

마쓰모토의 실패

이와사키 일은 총재나, 같은 시기에 같은 발언을 한 마쓰카타 마사요시松方正義 대장상은 다기업에 관계하는 위험한 기업가로서 오사카의 마쓰모토 주타로나 다나카 이치베田中市兵衛, 가나자와 진페金澤仁兵衛 등이을 생각했음이 틀림없을 것이라고 이시이 간지石井寬治는 지적한다. 실제로 주타로가 이사로 있던 오사카알카리는 1895년에 40만 엔의 누적 적자를 안고 있던 적도 있어 스스로 물러나지 않을 수 없었다. 이런 정세에 있었기 때문에, 그 후 주타로는 오사카방적, 나아가이면內外綿, 오사카모사毛絲 등의 임원도 사임했지만 다른 회사에 대해서는 여전히 계속 관여하고 있었다.

그러나 1901~1902년 공황 때 주타로 관계 기업 중 몇 곳은 심각한 영업부진에 빠져 130은행의 경영에 악영향을 주게 되었다. 그 중에서 특히 심각했던 것은 일본방적이었다. 이 회사는 제품 품질이 열악했던 점이나 커다란 비중을 점한 중국시장에서의 판매부진 때문에 경영부진 상태에 빠졌고, 이를 130은행에서 받은 융자로 호도하고 있었다. 1904년 6월에 130은행이 파산할 당시, 일본방적에 대한 융자가 170만 엔에 달했고 그 대부분이 불량채권이 되어 있었다.

또 130은행은 은행장 마쓰모토 주타로 자신이나 서양 옷감을 판매하는 마쓰모토상점에도 거액의 융자를 해주고 있었다(합계 약 165만 엔). 1901~1902년 공황에서 서양 옷감 상인들도 큰 타격을 받았는데 마쓰모토상점도 예외가 아니었다. 여기에 주타로 관계 기업에 대한 융자로, 주타로가 채무보증을 하고 있던 것도 적지 않았다. 이로 인해 역시 130은행 파산 당시 주타로에 대한 융자 약 124만 엔의 회수가 불능한 상태였다.

이것들은 130은행 본점에서 발생한 불량채권이었는데, 교토·후쿠이·모지門司 등에서도 다액의 융자가 회수불능 상황에 놓이게 되었다. 결국 앞에서(야스다 젠지로의 항 참조) 이야기했듯이 1904년 6월, 130은행은 휴업하지 않을 수 없었고 이 은행의 재건은 정부의 특별융자를 받은 야스다 젠지로의 손에 맡겨지게 되었다.

결국 마쓰모토 주타로는 130은행에 약 101만 엔을 변제한 뒤 동행의 은행장 뿐만 아니라 관계하고 있던 회사에서 전부 물러났다.

'오사카의 시부사와'가 되지 못하고

130은행이 차질을 빚었던 원인은 무엇보다 은행장 마쓰모토 주타로가 이 은행을 자신이 관계하고 있는 사업의 금융기관으로 이용한 점에 있었다. 하지만 그뿐이 아니었다. 이 은행은 주타로의 생각을 따라 "인물이 견실하고 수완과 기량 모두 우수하다고 판단한 자에게는 그 담보품의 유무는 애써 엄격하게 묻는 바 없이, 거액의 자금財을 대여했다"는 인물 본위의 융자방침을 취하고 있었다고 알려져 있다. 또한 이 은행은 거래가 '민첩하고 활발'해서 오사카의 상가商家에게는 인기가 있었다고 한다(石井, 앞의 책). 이는 앞에서 지적했듯이 고객서비스를 중시하는 경영방침이 겉으로 드러난 것인데, 달리 이야기하면 방만한 경영으로 흐르는 은행의 기풍을 만들어내기도 했다. 본점뿐만 아니라 지점에서도 거액의 융자가 회수불능 상태에 빠지고 말았는데, 이 역시 이러한 관리체제의 불비에 의한 것이었다고 생각된다.

돌이켜보면 마쓰모토 주타로는 너무 많은 사업에 손을 댔고, 그것들을 자기 자신이나 친한 사람들만으로 경영하려고 했던 점에 약점이 있었다. 그러나 주타로와 같이 관여하는 사업 범위가 광범해지면 사실상 어떤 회사에서도 최고 경영자의 직책 수행이 곤란해진다. 프롤로그에서 소개한 A.D. 챈들러가 지적했듯이 복수 사업단위, 복수 직능단위를 가진 대기업에서는 계층적 경영자조직과 그에 대한 권한 위양이 중요해진다. 시부사와도 많은 기업에 관계했지만 형식상은 사장 자리에 앉는 일이 적었다. 그는 상담역 같은 지위에서 각 기업을 감독하고, 실무에 대해서는 자신의 영향력이 미치는 사람에게 이를 맡겼다. 이런 이유로 마쓰모토는 진정한 의미에서 '오사카의 시부사와'가 될 수 없었다.

하지만 마쓰모토 주타로의 과감한 기업자활동이 갖는 의의가 망각되어서는 안 된다. 오사카방적(현재의 동양방적東洋紡績), 난카이철도(현재의 난카이전철南海電鐵), 산요철도(현재의 JR西日本), 일본화재보험(현재의 일본화재해상보험), 오사카맥주(현재의 아사히맥주) 등 그가 만든 기업은 여전히 활약을 계속하고 있다. 또한 130은행을 통해 행한 융자로 발전의 기초를 쌓아올린 기업도 적지 않다. 그런 의미에서 마쓰모토 주타로는 벤처 비즈니스의 엔젤이기도 했다.

130은행의 파탄 후 마쓰모토 주타로는 은퇴했다. 은행에 대한 정리가 끝난 뒤에도 다시 실업계로는 돌아오지 않았다. 호화로운 도지마堂島의 본저本邸를 떠나 우에혼마치上本町의 임시거처에서 칩거하다가 단골 목수가 제공한 거주지에서 노후를 보냈다. 1913년 6월 20일 사망, 향년 70세였다.

4장
회사제도 · 재벌과 고용경영자

회사제도의 보급

회사법제의 정비

회사제도는, 에도시대에도 선구적으로 보이는 것이 없었던 것은 아니지만 '콤파니compagnie'[1]라는 외래어가 그대로 사용된 것처럼 메이지기 일반인에게 신기한 것이었다. 신정부나 시부사와 에이이치澁澤榮一·후쿠자와 유키치福澤諭吉 등의 지식인은 『입회약칙立會略則』, 『회사변會社辨』 등 회사설립에 관한 텍스트를 발행하거나 서양 회사제도의 도입을 주장했다. 1872년 제정된 국립은행조례에 의거해 설립된 국립은행은 유한책임제를 명기하고, 주식의 매매양도를 인정하거나, 이사회取締役會(중역

---

1   영어의 company를 의미하는 프랑스어이다. 1862년 11월에 해외무역조사를 위해 파견된 하코다테부교소(箱館奉行所)의 겐준마루(健順丸)가 올린 보고서에 상사(商社) '콤파니'와 그 메커니즘에 대해 설명했다고 한다. 특히 이 조사에 동행한 하코다테의 마치토시요리(町年寄) 에비코(蛯子砥平)에 의한 보고 '上海表御試商法取扱事情奉申上候書付'에서 '콤파니'를 '조합이 행하는 교역(商)'이라고 정의한 뒤, '개인이 교역하는 것보다 여러 명이 출자한 많은 자금으로 교역을 행하는 편이 이익이 클 뿐 아니라, 각국에 지점 출장소를 두고 정보를 수집하여 이익이 많은 것에 투자(商賈)하거나, 혹은 분할하여 투자(交易)함으로써 리스크를 줄일 수 있다, 이 콤페니라는 제도는 각국이 채용하여 큰 이익을 올리고 있고, 또 관이 개입하지 않고 자치운영이기 때문에 관의 감독하는 수고가 들지 않는 '좋은 법(良法), 좋은 시스템(仕組み)'이기 때문에 일본에서도 차차 연구했으면 좋겠다'고 글을 맺었다. 결론적으로 당시의 '콤파니'란 상사를 의미하는 것이었음을 알 수 있다. '막말의 일본과 프랑스'(藤井良治)의 '콤파니' 항목 참조. http://www12.plala.or.jp/diapason/mu_mo_-_ri_bentofuransu/mu_mono_ri_bentofuransu.html.

회) · 주주총회의 규정을 마련하는 등 주식회사제도의 형식을 갖추고 있었다.

이렇게 해서 마쓰카타디플레이션 후에는 철도, 방적, 은행, 보험, 전등 등 서양에서 온 이식산업 분야에서 유력한 주식회사가 생겨나게 되었다.

한편, 정부는 일찍부터 상법 제정에 나서 1878년 일본에 온 독일 학자 로에슬러K.F.H. Roesler에게 상법 초안을 기초하도록 했다. 그 결과 몇 가지 초안이 작성되었지만 상법 공포로 결실을 맺은 것은 1890년 3월이었다. 소위 구舊상법에서 기업은 독립적인 재산을 소유하고 독립적인 권리 · 의무를 갖고 소송의 원고 · 피고가 되는 주체로 인정되며, 회사기업은 합명회사 · 합자회사 · 주식회사로 분류되었다. 구 상법은 그 후 시행이 연기되었지만 회사법 부분은 1893년 7월부터 시행되었다. 구상법은 99년에 신상법으로 대체되었다. 신상법에서는 회사의 법인격이 한층 더 명확하게 규정되었으며 구상법의 설립면허주의를 대신해 준칙주의가 채용되었다. 또 주식양도의 자유가 명기되었고 무기명주식이나 우선주 발행이 인정되었으며 회사형태에서는 구상법의 분류에 주식합명회사가 추가되었다. 신상법은 1908년에 개정되어 발기인과 이사의 책임을 명확히 하고, 회사의 해산규정을 엄밀하게 하는 등 그 내용이 강화되었다.

구상법 시행 3년 후인 1896년, 회사 총수는 4,596개사로 그중 2,583개사(56퍼센트)가 주식회사였다. 또한 회사 불입자본금 총액 중에서 주식회사의 비중이 90퍼센트에 달했다. 유럽에 정착하기까지 수 세기가 걸렸다는 주식회사제도가 상법 시행 직후 일본에서 이 정도로 신속하게 보급된 것은 놀랄 만한 일이다. 그 후에는 비중이 낮아지기는 했으나, 역시 구미 국가들과 비교해 일본에서 주식회사의 비중이 높았던 것은 사실이다. 그러나 1931~1937년에도 여전히 회사 총수의 75퍼센트, 불입자본금의 38

퍼센트는 동족회사였기 때문에 앞에서 언급했던 이식산업 분야를 제외하면 법인기업, 특히 주식회사 기업이 이 정도로 많이 설립될 필요가 실체적으로 있었는지 의심스럽다. 그럼에도 불구하고 이 같은 현상이 보이는 것은 가족기업과 개인기업의 '법인화'나 주식회사화를 촉진하는 세제 개정이 종종 이루어져 왔다는 사실과 함께, '회사'가 근대 비즈니스의 상징으로 여겨지고 있었기 때문이리라. 그런 의미에서는 '발돋움'[2] 현상이었다고 할 수 있다.

메이지기 회사제도의 특질

앞에서 기술했듯이 이식산업 분야에서는 일찍부터 주식회사제도가 채용되었다. 이식기술이 회사제도라는 소프트웨어와 불가분의 관계에 있다고 인식된 점, 이식산업이 일정 규모 이상의 자본을 필요로 했고 미지의 분야이기 때문에 리스크가 높을 것으로 생각되었으며, 이 같은 대규모 투자를 부담할 수 있을 정도로 개별 자본이 성장하지 못한 점 등이 주된 이유였다. 이렇게 조기에 성립된 일본의 주식회사는 어떤 특질을 갖고 있을까?

1898년에 방적회사는 63사 중 33사에서 주주가 300명 이상이며, 최대 주주라도 지주비율 10퍼센트를 넘는 자가 거의 없어 주식 소유의 분산은 현저하게 진전되어 있었다. 다만 많은 방적기업에서 10대 주주의 지주비율이 20~50퍼센트를 차지하고 있었다. 결국 당시의 방적회사에서는 비

---

2 원문에는 '背伸び'라고 되어 있어 원래 그 뜻은 키를 크게 보이려고 하거나 높은 곳에 있는 물건을 잡기 위해 발뒤꿈치를 든 상태에서 몸을 펴고 손을 뻗는 행동을 말한다. 여기서 전하여 자기 실력 이상으로 일을 하려고 애쓰는 모습도 역시 '背伸び'라고 했다. 메이지기 일본의 경우 당시의 경제발전 단계를 고려할 때 비상하게 회사가 많이 설립되었고, 그것이 마치 발돋움을 통해 키를 키우려는 모습과 같아서 '발돋움' 현상이라고 설명한 것이다.

교적 소수 대주주의 공동출자를 중심으로, 그들의 사회적 신용, 혈연·지연 관계를 이용해 사회 각층으로부터 널리 주식자금을 조달하고 있었다. 또한 대주주들이 복수 방적회사의 대주주를 겸하는 경우가 많았다. 이와 같은 다각적 투자가 또 하나의 특징이었다.

철도회사에서도 사정은 아주 비슷해서 1898년에 회사당 평균 735명의 주주가 있었다(방적회사는 456명).

여기서도 1902년의 데이터에 의하면 분산 소유의 경향이 보인다. 지주비율 20퍼센트를 넘는 최대주주는 거의 없었지만 10대 주주의 지주비율은 무시할 수 없을 만큼 컸다. 또한 철도회사의 경우 초기에는 개인주주가 많았지만, 점차 유력 자산가나 기관투자가가 복수의 기업에 분산투자하게 되었다고 알려져 있다(杉山和雄, 「株式會社制度の發展」).

구미에서는 원래 소수의 사업가가 조직한 파트너십이 사업의 확대와 함께 출자자 수를 서서히 늘려가 주식회사로 성장하는 경로를 밟았고, 최초의 파트너들이 주식회사가 된 뒤에도 중핵적 기능자본가로서 기업경영을 맡았다.

이에 대해 후발국으로 신속하게 외래의 기술과 설비를 도입해야 했고 그를 위한 장치로서 주식회사를 단기간에 구축해야 했던 일본에서는 유력한 중핵적 기능자본가의 성장을 기다릴 수 없었다. 따라서 정부나 유력지도자의 리더십에 의지하거나, 혹은 혈연과 지연, 그 밖의 연고를 찾아 사회 각층으로부터 자금을 모을 수밖에 없었다. 당시 그런 자금을 가지고 있던 사람은 화족, 지주, 구舊상인들이었지만 그들은 대부분 특정기업의 경영에 적극적으로 참가할 의사가 없었고, 투자로부터 안정적인 배당을 기대하는 대금업자(금리생활자)적 성격의 자본가에 지나지 않았다. 혹은 주식의 가격상승에 의한 자본 이득capital gain을 노리고 있었다. 이러한 투자행동에서는 리스크를 분산할 필요가 있기 때문에 특정기업에 전 자산을 투자하는 것은 회피하고 다수 기업에 분산투자하는 것을 선호했다. 예를 들면 고슈甲州[3] 출신의 부호 아메노미야 게지로雨宮敬次郎는 요코하마에서 무역사업으로 부를 이룬 뒤, 주식투자로 타겟을 전환하여 자산형태를 안전하고 유리한 쪽으로 차츰 전환하는 '재산갈아타기법財産乘換法'을 주창하고 투자기업을 바꿔갔다.

이렇게 메이지기의 주식회사는 특정 기업의 경영에 깊은 관심을 가진 중핵적 자본가가 없고, 비슷한 규모의 렌트너Rentner(대금업자=금리생활자)적[4] 자본가들이 모여 있는 집합소 같은 성격을 가질 수밖에 없었다. 그리고 이런 특징은 기업경영에 영향을 미치게 되었다.

대주주와 고용경영자

첫째, 앞에서 살펴본 바와 같은 자본가를 대상으로 하는 기업자본의 모집이었기 때문에 회사는 다수의 주주로부터 출자를 모으기 위해 사회적 신용이 있는 대주주를 이사에 세우게 되었다. 모리카와 히데마사森川英正는 1905년에 대기업(은행·철도는 자본금 200만 엔 이상, 다른 것은 100만 엔 이상) 75사에서 고용경영자(자본가에게 급료로 고용되어 기업경영을 맡는 사람, 즉 salaried manager를 가리킨다)가 이사회에 한 사람도 없는 기업이 43사였다고 분석한다(『日本經營史』).

이런 대주주는 복수 회사의 겸임중역이 되었다. 그들은 비상근인데다

---

3 가이노쿠니(甲斐國)의 별칭이다. 가이노쿠니는 지금의 야마나시현(山梨縣) 전 지역을 가리킨다.

4 렌트너화(レントナー化) 또는 렌트너적(レントナー的) 성격이라는 표현이 있다. 주주가 주가상승을 통한 이익 실현을 목적으로 주식을 보유하게 되는 것을 렌트너화라 한다. 렌트너(Rentner)라는 독일어에서 비롯된 표현으로 맑스경제학에서도 '불로소득을 얻는 특권층'을 지칭하며 사용되었다. 기업에 있어서 소유와 경영의 분리로 주주가 되는 목적이 기업 지배만이 아니라 자본이득(capital gain)을 얻을 목적으로 주식을 매입하는 경우가 많아졌다.

가 특정 업무에 대해 전문적 지식과 관심을 갖고 있지 않았고, 업적만 엄중히 감독·감시하고 자금운용과 이익처분 등에 대해서 발언하는 존재에 머물렀다. 자연스럽게 일상적 관리업무나 경영정책의 입안 등 일체의 업무는 '지배인'과 '기사장' 등 관리직 사원에게 위임되었다. 즉, 실질적으로 관리직 사원이 톱 매니지먼트의 역할을 수행했다. 에도기부터 이루어지던 '반토경영番頭經營'의 전통이 이러한 경영이양을 용이하게 했다고 할 수 있지만 복수 기업에 출자한 만큼 훨씬 더 메이지기의 기업소유자─주주의 특정 기업에 대한 귀속의식은 약했다. 또한 메이지기에는 대주주 중역으로부터 관리직 사원에 대한 경영권 이양의 룰이 애매했고 에도시대와 같이 주종관계적 성격이 짙게 남아 있었기 때문에, 분규가 자주 발생했다. 오사카방적의 야마노베 다케오山邊丈夫나, 히라노방적平野紡績·아마가사키방적尼崎紡績·셋쓰방적攝津紡績의 지배인과 공무장工務長을 겸직하고 있던 기쿠치 교조菊池恭三는 그 전형적 사례였다.

둘째, 이러한 출자구조 때문에 기업은 고배당이나 정률배당을 요구하는 주주들의 압력을 의식하지 않을 수 없었다. 감가상각이나 내부유보를 희생해 고배당을 하는 일이 방적회사 등에서 자주 목격되었다.

재계인의 등장과 금융메커니즘

셋째, 주식회사의 주식자금 조달에 있어서 시부사와 에이이치, 도이 미치오土居通夫, 후지타 덴자부로藤田傳三郎, 오쿠라 기하치로大倉喜八郎, 다나카 겐타로田中源太郎, 아사노 소이치로浅野總一郎, 마스다 다카시益田孝 등 당시 유력 경제 지도자 혹은 '재계 얼굴마담'이 기업 프로모터로서, 자산가가 미지의 분야에 대한 투자를 응낙하는 데 결정적 역할을 수행한 점이다.

또한 메이지기의 신규 사업은 많은 경우 이식산업이었고 그에 관한 기술정보와 금융적 지원을 얻기 위해서는 정부와 강한 커넥션을 가진 인물이 기업설립에 필요했다. 그들은 회사가 설립된 후에도 여러 계통의 자본가 그룹 간 이해 대립을 조정하는 역할이 기대되었다.

후술하듯이 오사카방적에서 고용경영자인 야마노베 다케오가 대주주들로부터 공격받았을 때 야마노베를 지지하고 지켜준 것은 동사의 설립을 주도한 시부사와 에이이치였다. 이들 경제지도자도 복수 기업의 지분 자본가에 지나지 않았지만, 그들 중에서 조정능력이 있는 소수의 사람들이 상업회의소와 은행집회소 등의 요직을 맡아 '재계인'의 지위를 획득해 출자의 다소와 관계없이 개별기업에 강한 영향력을 갖게 되었다. '재계인'이 자신들의 기업을 넘어 일반 경제계에 강한 영향력을 가진 것은 오늘날에도 일본의 큰 특색으로 여겨지는데 당시에 그 원형이 생겨난 것이다. 재계리더형 기업가의 대표 사례로 뒤에서 시부사와 에이이치와 고다이 도모아쓰를 살펴본다.

넷째, 유력 주주는 다수의 기업에 분산투자했지만, 그들도 역시 축적의 바닥은 얕았고, 따라서 자신의 자금만으로 다수 기업의 출자에 응하는 것은 불가능했다. 이것을 타파한 것이 주식분할불입제와 은행의 주식담보금융이었다. 신상법에서는 자본금의 전액이 아닌, 4분의 1만 납입하면 일단 회사 설립이 가능했기 때문에 불입은 분할해 장기간에 걸쳐 이루어지는 것이 보통이었다. 또한 은행은 일부 불입이 끝난 주식을 담보로 하는 금융을 시행했고, 이것이 타사 혹은 담보로 제공된 회사의 추가 불입자금이 되었다.

1896년 당시 도쿄 소재 국립은행의 담보부 대부금 중 81퍼센트는 주식담보였고, 오사카의 경우는 61퍼센트에 달했다. 그 주식담보금융은 일본은행의 민간은행에 대한 주식담보금융에 의해 유지되고 있었는데, 민간은행에 있어서는 기업주주인 상인·지주의 신용력이 높았고 상인·지주를 통해 중복금융을 하는 편이 금융거래 코스트가 낮았기 때문이라고 지적된다. 하지만 이러한 기업금융 메커니즘은 표면상으로는 주식자본에 의존하면서도 실제로는 은행신용에 의존하는 일본 주식회사 금융의 특징을 만들어 냈다. 이것은 금융완만⁵ 때에는 기업설립 붐을 과열시키고, 역으로 금융핍박⁶ 때에는 은행 대출이 정체됨으로써 다수 기업의 금융적 파탄을 초래하는 등 오늘날에도 계속되는 폐해를 낳게 되었다.

고용경영자의 승리

러일전쟁 후부터 다이쇼기大正期가 되면, 주식회사의 구조는 상당한 변모를 이루게 된다. 방적회사의 사례를 통해 살펴보면 다음과 같다. 1913년이 되면, 비슷한 규모로 출자하고 있던 렌트너적 대주주의 일부가 탈락하고, 다른 대주주 중에 주식을 집중하는 자가 나타났다. 주식을 집중한 대주주가 실질적인 경영자가 되는 움직임이나, 종래 경영을 위임받은 관리직 사원이 주식을 소유해 대주주로 되는 경향, 또 은행과 생명보험 회사 등 기관투자자의 주식 소유 등이 보이기 시작했다. 결과적으로 상위 주주로 소유가 집중되는 현상이 나타났다. 철도회사에서도 왕년의 화족 대주주나 개인 주주가 서서히 탈락하고, 예전 주주 중에서 주식을 집중하는 자, 혹은 미쓰이계와 미쓰비시계의 개인 혹은 기업의 주식 취득이 나타나기 시작했다.

기시와다방적岸和田紡績의 데라다 진요모寺田甚與茂 일족, 구라시키방적倉敷紡績의 오하라 마고사부로大原孫三郞, 미에방적소三重紡績所의 이토 덴

---

5 은행으로부터 자금 조달이 쉬운 상태를 가리킨다. 금융완화와는 미묘한 차이가 있다. 금융완화는 금융긴축에 대응되는 개념으로 시중의 통화량을 억제하던 정책에서 늘리는 정책으로 전환한다는 동적 개념으로 이해할 수 있을 것 같다.

6 금융시장에서 자금 수요가 공급보다 많아 자금 조달이 어려워지는 상태를 가리킨다.

시치伊藤傳七, 오사카합동방적의 다니쿠치 후사조谷口房藏 등은 균등적 출자자[7]로부터 대주주가 된 사례였다. 그들은 단지 대주주였던 것에 만족하지 않고 스스로 톱 매니지먼트를 담당하게 되었다. 아마가사키방적에서 사장이 된 기쿠치 교조는 고용경영자가 점차 주식을 집적한 사례였다. 기쿠치의 사례는 경영 지배권을 쥐기 위해 스스로 자본가가 될 필요가 있었다는 점에서 제2차 세계대전 후의 경영자 지배와 다르지만, 톱(최고경영자)에 취임할 수 있었던 기초가 경영자 직능에 있었다는 점에서 주목할 만한 변화였다.

또한 소유를 동반하지 않은 전문경영자의 수도 증가했다. 모리카와 히데마사에 의하면 1913년 단계에 대기업 115사 중 65사는 이사 가운데 전문경영자가 있었고, 그중 26사는 2명 이상의 전문경영자를 갖고 있었다. 이런 종류의 전문경영자는 특히 러일전쟁 이후 눈에 띄게 나타나기 시작했다. 일반적으로 그들은 사외社外에서 이적한 사람이 많았지만, 점차 내부에서 승진하는 자가 증가했다. 또 전문학교 출신의 고학력자와 기술자가 많았던 것도 특징이었다.

이러한 전문경영자의 대량 진출을 낳은 것은 말할 것도 없이, 첫째, 공업화가 진행됨에 따라 기업경영이나 기술에 대해 전문적 지식을 갖지 못했고, 둘째, 그러한 것에 관심이 없는 비상근 렌트너적 대주주 중역으로는 톱 매니지먼트 직무를 수행하기 곤란해졌고, 셋째, 일정한 학식과 사회적 시야를 갖고 기업 내부에 신망을 얻은 사람이 아니면 기업경영을 행할 수 없게 되었기 때문이다.

이 경향은 그 후에도 더욱 강해졌다. 모리카와의 조사에서는 1930년

---

7 균등적(均等的) 출자자(出資者) 또는 주주라는 표현이 본문에 여러 번 등장한다. 여기서 균등적이라는 의미는 어느 한 출자자 또는 주주의 투자 규모가 두드러지게 크지 않고 비슷한 규모의 투자자가 다수 존재한다는 의미로 이해된다.

당시 대기업 154사 중 135사가 전문경영자 이사를 가지고 있었고, 그 중 41사에서 이사의 과반을 전문경영자가 차지하고 있었다. 그리고 전문경영자의 과반은 신규 채용 이후 일관되게 그 회사에 근무하며 내부승진제를 통해 이사에 취임한 인물이었고, 사외에서의 이적자 그룹은 5퍼센트 정도로 감소했다. 이런 의미에서 '경영자혁명'은 이미 제2차 세계대전 전에 상당히 진행돼 있었다고 볼 수 있다.

전문경영자의 등장(1)- 야마노베 다케오

오사카방적大阪紡績의 설립

이상에서 살펴본 바와 같이, 일본의 주식회사에서는 비교적 이른 시기부터 고용경영자로의 경영 위양이 나타났다. 그러한 초기 사례로서 야마노베 다케오山邊丈夫를 검토해 보자.[8]

에도시대에 목면木綿이 서민의 옷감 소재로서 대량 소비되면서 면업綿業은 꽤나 발전하던 산업이었다. 그러나 막말 개항 이래 면제품이 수입되면서 일본의 재래 면업은 점차 압박을 받게 되었다.

정부는 수입 억제를 위해 서양식 방적업을 일으키기로 방침을 정하고 1878년 영국에서 방적기계紡機를 구입해 아이치愛知와 히로시마廣島에 관영방적소를 설립하였다. 또한 1879년부터는 역시 영국제 방적기계를 구입하여 이를 민간에 불하했다. 그 결과 전국에 10개소의 방적소가 설립되었으며 그 후에도 정부나 지방관청의 보조로 방적소가 차례로 설립되었다.

---

8 야마베 다케오라고 읽기도 하지만 여기서는 그냥 야마노베 다케오라고 읽는다.

그러나 설치한 방적기계의 규모로부터 '2,000추錘'[9] 방적'이라 불리는 이들 방적소는 몇 가지 사례를 제외하고는 기업적으로 성공하지 못했다. 2,000추라는 규모가 너무 작았던 점, 면작 보호를 위해 사용된 국산 면화가 단섬유短纖維여서 장섬유長纖維용으로 제작된 영국 방적기계에 맞지 않았다는 점, 수력이 동력원으로 사용되었는데 수량이 적은 일본의 하천에서는 이것이 부적합했던 점 등이 부진의 원인이었다.

이러한 상황에서 1879년경부터 당시 제1국립은행 은행장으로서 무역수지의 동향을 보고 있던 시부사와 에이이치는 면사 수입액이 거대하다는 사실을 접하고 국익의 관점에서 방적사업을 일으키는 것이 급선무라고 판단, 종래부터 대규모 기계방적업회사를 설립할 계획을 세우고 있었다. 그는 도쿄의 실업가와 면업 상인에게 회사 설립에 참가하기를 권유하고 하치스카가蜂須賀家, 모리가毛利家, 마에다가前田家, 우에스기가上杉家 등에게도 출자를 의뢰해 동의를 얻었다.

자금 조달의 전망이 선 시부사와는 기술지도와 사업운영을 맡을 인물을 찾는 것이 시급하다고 생각했다. [시부사와는] 정부가 추진한 2000추 방적의 실패는 앞에서 언급한 요인 외에도 기술자나 경영자가 결여되어 있었기 때문이라고 보고 있었다. 앞선 방적소에서는 외국인 기사가 초빙되어 있었지만 기계 설치공 정도의 지식밖에 없는 자가 많았고, 무엇보다 일본인 직공과의 커뮤니케이션이 어려웠다. 이런 이유 때문에 시부사와는 각 방면으로 인물을 물색했고 그중에서 부상한 인물이 제1국립은행원 쓰다 쓰카네津田束의 친구 야마노베 다케오였다.

---

9 여기서 추(錘)라는 것은 방추(紡錘)를 말한다. 방추는 방적공장 사진에서 방적기계에 걸려 있어 실이 감기는 도구를 말한다. 이것이 몇 개이냐에 따라 방적공장의 규모가 가늠되었다. 당시 일본에서 사용된 방적기계의 경우 한 라인에 보통 2000개 정도의 방추가 걸려 있었다고 한다. 따라서 2000추 방적이라고 하면 하나의 라인만 있는 소규모 방적회사였다.

방적기사 야마노베 다케오

야마노베는 1851년, 이와미노쿠니石見國[10] 쓰와노津和野 번사 집에서 태어났다. 번에서 운영하는 학교 요로칸養老館에서 배운 뒤, 1870년 도쿄로 상경하여 쓰와노번(현재 島根縣) 출신 영학자[11] 니시 아마네西周가 운영하는 학교塾 이쿠에이샤育英舍와 나카무라 게이우中村敬宇가 운영하는 도진샤同人社에 입학했다. 그 후 오사카의 게이오기주쿠慶應義塾 분교分舍에서 공부하고 이쿠에이샤育英舍와 게이오기주쿠에서 교편을 잡았다. 1877년, 구 쓰와노 번주의 양자 가메이 고레아키龜井兹明가 영국에 유학하게 되면서 야마노베는 그 수행원으로서 런던으로 건너갔다. 시부사와가 방적회사 설립 계획을 세우고 있을 무렵, 그는 런던대학에서 경제학이나 보험학 등을 공부하고 있었다. 그러던 어느 날, 시부사와로부터 편지를 받았다. 영국에서 방적기술을 배워 당시 구상 중인 방적회사에 협력해 주었으면 한다는 취지의 편지였다. 생각지도 못한 제안에 야마노베는 망설였지만, 아버지와 친구가 보낸 편지가 동봉되어 있기도 해서 이 제안을 받아들였다.

야마노베는 곧바로 킹스칼리지로 전학하여 기계공학을 배운다. 이어 방적업에 대한 연구는 이론만이 아니라 공장에 가서 실습하지 않으면 의미가 없다고 생각하고, 당시 세계 방적업의 최첨단지인 맨체스터로 주거지를 옮겼다. 맨체스터에서 그는 몇 개 방적공장을 방문하거나 신문광고를 내서 실습생으로 채용해 줄 곳을 찾았지만 극동의 나라에서 온 생판 모르는 사람을 받아들여줄 곳은 없었다. 한 달 정도 지난 후 맨체스터 근교의 도시, 블랙번시Blackburn에 방적공장을 갖고 있는 W.E.브릭스Briygs

---

10 지금의 시마네현 서부 지역에 해당한다.
11 일본에서 이루어지는 영국이나 미국 등 영어 및 영어권 나라들에 관한 학문이나 문화 전반의 것을 가리킨다. 좁은 의미로는 영어나 영문학을 지칭한다.

야마노베 다케오(山邊丈夫, 1851~1920)
영국에서 킹스칼리지 등에서 공부하고 귀국, 오사카방적에서는 주야 2교대제의 채용이나 링(ring)방적기의 선정으로 경영개선이나 발전에 노력했다. 1900년, 대일본 면사방적동업연합회 위원장에 취임했다.

라는 인물을 만나 희망을 이루게 되었다.

블랙번은 당시 아시아에 수출할 면직물이 생산되던 곳이었다. 브릭스라는 인물은 일본을 포함한 아시아에도 여행한 적이 있는 인물로 영국 하원의원이기도 했다(加藤幸三郞, 「山邊丈夫と近代紡績業」). 야마노베는 교습료로 150파운드를 지불하고 1879년 9월부터 매일 브릭스의 공장으로 출근했다. 이 교습료는 시부사와가 야마노베에게 보낸 1,500엔의 연구비에서 지불되었다. 당시로서는 상당한 거금이었다. 시부사와는 뒤에 "죽기 살기의 심정으로 (돈을) 냈다"[12]고 회고했다.

야마노베의 연구는 방적업 일체에 관한 것이어야 했다. 타면打綿 공정, 방적 공정, 마무리 공정과 같은 생산 공정은 물론, 면화의 매입, 제품의 판매방법, 포장이나 출하 등 유통과정까지 방적회사 경영에 필요

---

[12] '清水の舞台から飛び降りる'에서 나온 말이다. 기요미즈데라(清水寺)의 무대가 높은 벼랑 위에 튀어나오게 지었으므로 여기서 뛰어 내린다는 것은 거의 죽음을 각오한다는 의미이다. 즉 죽기 살기로 과감하게 어떤 일에 도전한다는 의미를 갖는다.

한 모든 것을 배우고자 했다. 이렇게 해서 1880년 5월, 일본인으로서는 최초로 영국 방적업의 이론과 실제를 배운 야마노베는 용감하게 귀국길에 올랐다. 귀국에 즈음하여 야마노베는 영국의 유명한 방적기회사 플랫Platt사나 하그리브스Hargreaves사로부터 방적기와 증기기관 등을 사들였다.

7월에 귀국하자마자 야마노베는 시부사와와 상담하여 공장입지 선정에 나섰다. 당초 원동력으로 수력을 상정하고 있었기 때문에 야마노베는 각지의 하천유역을 조사했다. 하지만 일본의 하천에서는 안정된 수력을 얻기 어렵다는 사실을 알고 계획을 증기력 이용으로 변경했다.

호성적을 거둔 오사카방적

그런데 거의 같은 시기에 오사카에서도 마쓰모토 주타로松本重太郎나 섬유관계 상인들 사이에서 방적회사를 세우려는 기운이 싹트고 있었다. 양쪽에서 같은 계획이 추진되고 있던 것을 알게 된 시부사와와 마쓰모토는 서로 면담한 뒤 계획을 합치기로 합의했다. 그리고 마쓰모토나 후지타 덴자부로藤田傳三郎가 분주하게 뛰어다닌 덕분에 오사카부大阪府로부터 임대가 승인된 니시나리군西成郡 산겐야무라三軒家村의 토지가 공장용지로 선정되었다. 회사 이름도 오사카방적회사大阪紡績會社로 결정되었다. 산겐야무라는 바다에 가까워서 석탄이나 면화의 반입이 편리했으며, 노동력 공급원으로서도 적합했다. 자본금은 화족, 도쿄 상인, 오사카 상인 등 95명이 출자해 모은 25만 엔이었다. 당시로서는 거대기업이었다.

오사카방적은 창업 당초부터 눈부신 성적을 냈다. 그 성공요인으로 보통 다음과 같은 점들이 지적된다. 첫 번째 요인은 대규모 생산의 장점이었다. 앞에서 언급했듯이 2000추 방적이 부진했던 원인 중 하나는 소규모성에 있었는데, 오사카방적은 방적기계 1만 500추로 종전 방적소의 5

배 규모로 출발했다. 증기력을 동력으로 사용할 경우, 하나의 보일러로 증기를 발생시켜 터빈을 돌리고 샤프트(회전축)로 벨트를 회전시켜 다수의 방적기를 운전하게 된다. 따라서 보일러 하나의 증기로 움직이는 방적기의 수가 증가하게 되면 어느 정도까지는 단위 생산당 동력 코스트가 낮아지게 된다. 오사카방적의 단위당 석탄 소비량은 다른 방적소보다 훨씬 적었다.

두 번째 요인으로는 노동자의 2교대제 실시로 주야로 작업이 이루어진 점이다. 영국에서 구입한 기계설비는 고가였다. 자본이 싸고 노동력이 고가인 선진국에서는 고가의 기계설비를 도입하여 노동과 치환하는 것에 큰 메리트가 있지만 당시 일본과 같이 저렴한 노동력이 풍부한 나라에서는 고가의 기계설비를 도입하는 것이 경영에 큰 부담이 된다. 그러나 기계설비를 주야 구분 없이 24시간 움직여도 이자비용은 12시간 가동하는 경우와 같기 때문에 주야 작업으로 생산고가 2배로 늘어나면(실제로는 야간작업의 경우 능률이 떨어지기 때문에 2배까지는 증가하지 않지만), 단위 생산당 이자비용은 반으로 떨어진다. 주야 2교대제 채용은 이렇게 영국의 기술을 일본의 환경에 적합하게 만든 경영상의 아이디어였다. 주야 2교대제의 실시와 함께 오사카방적은 공장 조명을 석유램프에서 (자가발전에 의한) 전등으로 교체했다. 이는 화재의 위험성을 회피시킬 뿐만 아니라 야간작업의 능률 향상에 공헌했다.

세 번째 요인은 다음과 같다. 종래 일본의 방적소는 국내 면작綿作 보호라는 목적도 있어서 국산면화를 사용하고 있었는데, 오사카방적은 이를 중국면, 나아가서는 인도면으로 교체했다. 이들 외국면은 저렴하고 풍부했을 뿐만 아니라 일본면화보다 장섬유여서 영국제 방적기에 훨씬 적합했다.

네 번째는 적절한 제품 전략이었다. 당시 일본에서는 재래 면직물의

오사카방적(大阪紡績)

1882년 오사카 다이쇼구(大正區) 산겐야(三軒家)에 창설되었다. 메이지 초기의 방적 공장으로서는 다양한 측면에서 획기적이었다. (東洋紡績 소장)

원사原絲가 되는 태사太絲 시장이 가장 컸다.[13] 그리고 이는 일본 재래의 수방사手紡絲나 메이지 이래 발명된 가라방사[14] 그리고 인도사가 장악하고 있던 시장이었다. 한편, 영국에서 수입된 세사는 기술적으로도 가격적으로도 고급 제품이었는데, 오사카방적은 이 세사시장에서의 경쟁을

---

13 면사의 굵기는 주로 영국식 면 번수(番手)로 표시하는데 굵기에 따라 태사, 중사, 중세사, 세사, 극세사로 분류한다. 태사는 24번수 이하, 중사는 24~40번수, 중세사는 40~60번수, 세사는 60~120번수, 극세사는 120번수 이상이다. 우리나라는 영국으로부터 방적기술을 도입한 일본을 거쳐 기술이 도입된 탓에 영국식 번수를 사용한다. 영국식 번수는 1파운드(pound · lb) 무게의 실이 840yds(yard · yd)일 경우 1번수라고 한다. 따라서 1파운드의 무게로 840yds인 실타래를 몇 개 만들 수 있느냐로 번수를 정한다. 같은 1파운드로 840yds 실타래를 100개 만들 수 있으면 100번수가 된다. 번수의 수가 크면 클수록 실의 굵기가 작아지는 이치이다. KOTITI 연구원 홈페이지 참조.

14 가라방(ガラ紡)은 자투리면이나 낙면(落綿) 등을 사용해서 굵은 면사를 만드는 방적법이다. 메이지 초기 나가노현의 가운 다쓰치(臥雲辰致)가 발명했다. 실은 굵고 부드럽지만 약하다. 오비심(帶芯), 면모포(綿毛布), 버선바닥재료(足袋底地) 등으로 사용된다. 동력원으로 수차를 사용하기 때문에 수차방적이라고도 부른다.

피하고 20번수 전후의 태사 생산에 집중하는 전략을 취했다. 이 작전은 보기좋게 적중하여 오사카방적은 태사시장에서 인도사, 수방사, 가라방사를 조기에 구축할 수 있었다. 또한 이 작전을 수행하기 위해 오사카방적이 종래의 면사 유통기구에 그다지 의존하지 않고 직접 유통기구를 창출하여 방직업 지역에 판 점, 거기에 필요한 운전자금을 시부사와의 제1국립은행이나 마쓰모토의 제130국립은행이 지원한 점도 컸다.

이렇게 해서 오사카방적은 좋은 성적을 거두었고 주주들에게도 후한 배당을 주었다. 그때까지 방적회사로는 돈을 벌 수 없다고 생각되고 있었기 때문에 공전의 대규모 회사인 오사카방적의 성적은 투자가의 이목을 집중시켰다. 야마노베는 "투자가는 주가의 등락이나 배당이 어떻게 될 것인지에만 관심을 가질 뿐 기업의 장기적 발전이라는 점에는 조금도 관심을 갖고 있지 않다. 그러나 이러한 현상은 어쩔 수 없는 일이다. 따라서 회사의 실업實業을 담당하는 사람은 회사의 기초를 공고하게 하고 융성을 도모하는 동시에 가능한 배당을 많이 해서 주주의 환심을 사지 않으면 안 된다"고 말하고 있다. 오사카방적은 높은 배당으로 주주의 요구에 응답한 것이다.

면방적의 간사이 집중

오사카방적의 호성적에 자극을 받아 1890년 전후부터 간사이關西 지방에 덴마방적天滿紡績, 나니와방적浪花紡績, 히라노방적平野紡績, 가나킨제직金巾製織, 셋쓰방적攝津紡績, 선수방적泉州紡績, 아마가사키방적尼崎紡績, 기시와다방적岸和田紡績 등이 속속 설립되었다. 1889년에 도쿄에 설립된 가네가후치방적鐘淵紡績도 효고공장, 요도가와공장淀川工場을 건설하고 본거지를 사실상 간사이로 옮겼다. 이들은 모두 많든 적든 오사카방적의 경영을 모방했다. 이렇게 해서 1891년에는 벌써 국내 면사 생산고가 수

가네가후치방적(鐘淵紡績)의 효고(兵庫) 직포시험공장의 내부
1905년. (『鐘紡百年史』에서).

입고를 상회하고 1897년에는 면사 수출고가 수입고를 능가하기에 이르렀다. 방적업은 서양에서 이식된 근대산업 중 가장 빨리 자립한 산업이 되었고 일본 산업혁명의 주도부문이 되었다. 오사카는 '동양의 멘체스터'라 불리며 공업도시로서 발전해 가는 기초를 마련했다.

오사카방적은 그 후에도 차례로 혁신을 수행했다. 우선 첫째로 1889년에 오사카직포회사大阪織布會社를 설립하고 직포업에 진출했다. 면사만으로는 외국제품에 대항할 수 있는 상황이 되었지만, 면직물업의 근대화는 지체되고 있었다. 후에 오사카직포회사는 오사카방적에 합병되어 겸영직포兼營織布 부문으로서 동사의 중핵사업이 된다. 1900년에는 야마노베가 도미渡美하여 당시 최신예 직기였던 노스롭자동역직기Northrop自動力織機를 구입해 직포부문의 증강에 노력했다(단, 노스롭자동역직기는 일본에서 최초로 도입한 것인데, 오사카방적에서는 당분간 자동부문은 사용되지 않았다).

둘째, 오사카방적은 1892년에 실화失火로 공장설비의 절반을 상실하는 위기에 직면했다. 하지만 야마노베는 오히려 이를 기회 삼아 복구하면서 당시 세계적으로 최신예였던 링방적기를 도입했다. 종래의 뮬방적기가 조작에 상당한 숙련을 요했던 것에 비해 링방적기는 미숙련 여공도 조작이용이했고 태사 생산에 적합하여 생산성이 현저하게 향상되었다. 그 후 다른 일본의 방적회사도 증설하면서 앞다투어 링방적기를 도입했고 뮬방적기를 고집한 과거의 스승 영국의 방적업을 추월했다.

셋째, 오사카방적은 1890년에 상하이上海와 조선에 견본을 보낸 것을 계기로 면사의 수출을 시작했다. 청일전쟁 후 영국 면사나 인도 면사와의 경쟁에서 승리하여 중국과 조선에 대한 수출이 비약적으로 증가했다. 1898년에는 오사카방적이 생산한 면사의 약 절반은 중국이나 조선 등 아시아로의 수출에 쓰이게 되었다. 1893년부터는 면포 수출도 시작되었고, 국내 면사 시장의 성장이 둔화된 1900년경부터는 중국·조선으로의 면포 수출에 힘을 기울이게 되었다. 오사카방적은 같은 전략을 취한 미에방적과 가나킨제직과 격렬한 경쟁을 전개했지만 이 3사는 1906년에는 미쓰이물산과 손을 잡고 조선 수출을 위해 산에이면포조합三榮綿布組合, 중국 동북부('만주') 수출을 위해 일본면포수출조합이라는 조합을 결성했다. 공통의 상표를 정하여 중국 재래 면포나 영국 면포, 미국 면포와의 경쟁을 극복해 갔다. 이어 오사카방적은 이 중에서 가나킨제직을 흡수합병하고(1906년), 1914년에는 미에방적과 합병하여 동양방적주식회사東洋紡績가 되었다. 또한 기숙사를 설치하여 여공의 원격지 모집을 시작한 점, 중국면·인도면·미국면 등을 혼합하여 사용하는 혼면기술을 발달시켜 원면 코스트의 절감을 실현한 점 등도 중요한 경영혁신이었다.

주주와 고용경영자

그런데 오사카방적 발족 당시의 사장은 후지타 덴자부로藤田傳三郎, 이사는 마쓰모토 주타로松本重太郎와 제1국립은행 오사카지점장 구마가야 다쓰타로熊谷辰太郎였다. 설립 프로모터였던 시부사와 에이이치는 상담역에 취임했다.

이에 반해 야마노베 다케오는 공무지배인工務支配人에 등용되었다. 1887년 1월, 후지타를 대신해 마쓰모토가 사장에 취임하고 이사에도 약간의 변경이 있었는데, 대주주의 대표가 임원에 취임하는 스타일에는 변화가 없었다. 주식회사 형태의 기업 운영에 경험이 별로 없던 당시, 사장이나 이사의 중요한 역할은 다른 배경이나 계보를 갖는 많은 주주들의 의견과 이해를 어떻게 조정할 것인가에 있었다. 앞서 살펴본 야마노베의 말에 나타나 있듯이 당시의 주주는 투자의 성과에 민감하고 잔소리가 많은 까다로운 존재였다. 따라서 최고경영자에게 요구되고 있던 자질은 조정 능력과 정재계에서 차지하는 신망이었다. 후지타, 마쓰모토, 시부사와 등은 이 역할을 수행했다.

그들은 평소 회사에 출근하지 않고 경영 실무를 야마노베나 상무지배인商務支配人 가마타 세이조蒲田淸藏(원래 단바丹波 치리멘縮緬 도매상의 반토. 1891년부터는 면화 도매상 아키바 신자부로秋馬新三郎 상점의 반토였던 가와무라 리헤川邨利兵衛가 상무지배인이 되었다)에게 맡겨두고 있었다. 야마노베나 가마타, 가와무라는 임원이 아니라 사용인의 신분이었지만 실질적으로는 경영자의 역할을 수행했다. 발족 당시의 월급이 사장 30엔, 이사 20엔이었던 것에 대해 공무·상무지배인의 월급이 50엔이었다. 공무·상무지배인의 역할이 얼마나 컸는지 알 수 있다.

그러나 경영상태가 악화되면 대주주들의 잔소리가 많아진다. 주주들은 사장이나 이사의 책임보다도 야마노베나 가와무라와 같은 고용경영자의 책임을 추궁하고, 사장이나 이사도 주주 편에 선다. 1900년 경, 청일전쟁 후의 반동불황으로 오사카방적뿐만 아니라 일본의 방적회사 모두가 곤경에 직면했지만 야마노베는 마쓰모토 사장 등의 대주주 그룹으로부터 비판을 받았다. 야마노베는 1895년 당시 이미 이사가 되어 있었지만, 여전히 주주들로부터는 사용인 취급을 받고 있었다. 야마노베도 소침해져서 도쿄 아스카야마飛鳥山의 시부사와를 방문해 사임을 자청했다. 그러나 시부사와는 야마노베에게 확고한 지지를 표명하고, 현직에 그냥 있도록 설득했다.

1898년이 되면서 오사카방적의 경영이 호전되었다. 마쓰모토가 병에 걸리는 등 사태가 크게 변했다. 이번에는 마쓰모토가 사임을 표명하고 대신 야마노베가 사장에 취임하게 되었다. 마쓰모토는 주주총회에서 "나 자신 이 회사의 이사로서 종사해 올해로 15년, 그 사이 여러분에게 충분한 만족을 주지 못했음에도 여러분의 추천으로 오늘날까지 지속했다. 어느새 오늘날에는 공업도 현저하게 진보했고, 종래와 다르게 다른 사람의 이름으로 일을 도모할 수 없다. 크게 경비를 절감하고 생산액을 늘리고 다른 일에 관계하는 것이 적고 오로지 사무에 종사하는 사장을 두어야 하는 때가 되었다. 나로서는 어쩔 수 없는 사정이어서 사임할 수밖에 없었다"(「大阪紡績會社株主總會決議錄」)고 연설하고 사장을 그만두었다. 마쓰모토가 지적하고 있듯이 기업규모가 확대하고 내외의 경영환경이 복잡해지면서 오로지 대주주의 자격만으로 임원의 자리에 앉아 평소 회사에 출근하지 않는 겸임임원으로는 경영자의 직능을 다하는 것이 차츰 곤란해졌다. 관리자 직능이나 기술지식을 가진 전문경영자가 필요하게 된 것이다. 야마노베의 오사카방적 사장 취임은 이러한 전문경영자 지배의 시대가 개막했음을 알리는 사건이었다.

그렇다고 해도 야마노베의 사장 취임은 오사카방적의 실질적인 권력자 시부사와의 지원으로 실현되었다고 볼 수 있으며, 또한 사장 취임 시점에서 야마노베 자신도 이미 오사카방적의 제7위 대주주가 되어 있었다. 이 당시에는 전문경영자라고 해도 상당한 정도로 소유를 기초로 하지 않으면 최고경영자에 오를 수 없었다.

야마노베 다케오의 공적

오사카방적의 성공을 모두 야마노베의 공적으로 돌릴 수 없다는 주장은 사실일 것이다. 겨우 1년 정도의 영국 현지 연수를 통해 얼마나 세계 최첨단의 방적기술을 습득할 수 있었는지 의문이 든다. 실제로 오사카방적의 초기 기사들은 야마노베가 꼭 현장에서 기술 지도를 행한 것은 아니라고 증언하고 있다.

또한 오사카방적은 창업 당시의 화려한 성적에 비하면, 20세기에 접어들 무렵부터 경영성적에서 가네보鐘紡, 미에방적, 아마가사키방적 등의 후진에게 추월당하게 되었고 기술적으로도 처지게 되었다. 1914년 미에방적과 합병하여 동양방적이 될 때에는 미에방적주 1주에 대해 오사카방적주가 0.8주로 평가되는 등 상대적으로 기업력이 저하되어 있었다. 또한 오사카방적 창업기에 성공할 수 있었던 것은 기술적인 측면뿐만 아니라 주야겸업晝夜兼業의 도입, 태사에 집중한 점, 원면 매입이나 제품 판매가 뛰어났다는 점, 제1국립은행 등의 지원으로 운전자금의 확보가 이루어진 점 등 경영관리, 마케팅, 재무관리 측면에 그 요인이 있었다고도 할 수 있다. 경영면에서 가마타蒲田나 가와무라川邨 및 그들에게 협력했던 구舊 섬유 관계 상인들의 역할도 재평가해야 할 것이다.

그러나 1년 뿐이라고 해도, 영국의 방적공장에서 당대 세계 최첨단의 기술 및 경영을 야마노베가 직접 견문한 것의 효과 역시 가볍게 보아서는 안 된다. 오사카방적에서는 창업에 즈음하여 오카와 에이타로大川英太郎(시부사와의 조카), 오카무라 가쓰마사岡村勝正(야마베의 재종형제), 사사키 도요키치佐々木豊吉(제1국립은행 사사키 유토스케佐々木勇之助의 동생), 가도다 아키토시門田顯敏(시부사와의 지인)를 방적 실습생으로 채용했다. 오사카방적이 개업하자 그들이 현장의 제일선에서 지휘했는데, 그들은 야마노베가 영국에서 구해 번역한 '방적기술서'와 앞선 방적소에서의 현장

다이쇼 초년의 동양방적 삼헌가 공장내부

(『大阪府寫眞帖』에서)

훈련, 그리고 기계 설치를 위해 영국에서 건너 온 기사로부터 방적기술을 배웠다고 한다.

이 '방적기술서'의 원서가 무엇이었는지는 알 수 없지만 야마노베가 붙인 번역어는 오늘날에도 방적업계에서 전문용어로 계속 남아있다고 한다. 종래 방적소의 현장 담당자가 외국인 기사로부터 보고 흉내를 내면서 스스로 기술을 습득한 것에 비하면 오사카방적의 4명에게는 기본이 될 만한 입문서가 있었던 것이다. 그럭저럭 그들에게는 이론을 배울 기회가 있었다는 사실이 갖는 의의는 특별히 지적되어야 할 것이다.

또한 직포업으로의 진출, 링방적기의 선택, 노스롭자동역직기의 도입 등은 야마노베의 의사결정으로 이루어진 것이었다. 마쓰모토 등이 대주주로서 발언권을 가지고 있던 시대에 설비투자 등에 소극적이었던 오사카방적이 야마노베의 사장 취임 이후 적극적인 확대전략으로 전환한 것도 야마노베의 기업자활동과 관련하여 이해해야 할 것이다. 야마노베가 오사카방적, 나아가서는 일본 공업화의 주도산업이 된 방적업의 핵심인물 중 한 사람이었다는 점은 확실하다.

전문경영자의 등장(2) - 기쿠치 교조

기쿠치 교조, 히라노방적의 기사로

오사카방적의 성공에 자극을 받아 간사이에 속속 방적회사가 설립된 것은 앞서 이야기한 대로이다. 후에 합병하여 대일본방적(현재의 유니치카)이 되는 히라노방적平野紡績, 아마가사키尼崎紡績, 셋쓰방적摂津紡績 3사도 그 사례에 속한다. 이 3사에서 기사로 채용된 기쿠치 교조菊池恭三는 야마노베 이상으로 전문경영자에 가까운 인물이었다.

기쿠치는 1859년 이요노쿠니伊予国 니시우와지마西宇和島 가와카미무라川上村(현재의 야마타하마시八幡浜市)의 쇼야庄屋 집안에서 태어났다. 1876년 오사카로 나와 오사카영어학교(제3고등학교의 전신)에 입학, 이후 상경하여 공부대학교工部大學校에 입학해 선박기계공학을 전공, 공학사 학위를 취득했다. 1885년 졸업 후, 해군 요코스카조선소横須賀造船所에 취직했다가 1887년 오사카조폐국으로 옮겼다.

기쿠치 교조(菊池恭三, 1859~1942)

공부대학교(工部大學校)를 졸업한 기쿠치는 영국 체재 중에 링방적 기술을 배웠다.

기쿠치가 오사카에 온 해, 주인선무역朱印船貿易[15]으로 유명한 히라노의 명가 스에요시가末吉家의 일족 스에요시 간시로末吉勘四郎와 우쓰보쵤[16]의 비료상 출신으로 오사카상선 부사장이었던 가나자와 니헤金澤仁兵衛 등은 자본금 35만 엔으로 히라노방적平野紡績을 설립했다. 히라노는 에도시대부터 유력한 면업지대였고 가나자와金澤의 비료상이 면작 비료가 되는 말린 정어리(비료용) 등을 취급하고 있었기 때문에 방적업에도 관심이 있었다. 히라노방적의 창설자들은 오사카방적과 마찬가지로 외국인 기사가 아닌 일본인 기사를 통해 경영하고 싶어 했다.

그러나 당시 오사카에서는 대학 출신의 기술자가 매우 적었다. 그런데 히라노방적 창립발기인 중 한 명의 친척으로 요시무라 초사쿠吉村長策(후일 오사카의 덴마바시天滿橋와 덴진바시天神橋의 설계로 유명해진 토목기사)라는 자가 있어서 그가 공부대학교工部大學校 동창이었던 기쿠치를 추천하

---

15 해외도항 허가장인 주인장(朱印狀)을 가진 주인선에 의해 이루어진 무역을 주인선무역이라고 한다. 무로마치시대의 류큐무역에서도 행해졌는데, 도요토미(豐臣秀吉) 시대에 본격적으로 실시되어 에도시대 쇄국에 이르기까지 가장 성했다. 주인선무역이 융성했던 원인으로 세키가하라전투 후 일본 국내 산업의 발전, 은 산출량의 증가, 왜구로 인한 중국과의 교통단절에 대한 대책으로 중국 이외의 곳에서 교역을 행할 필요성이 있었다는 점 등이 거론된다. 주인선 기업주에는 시마즈(島津), 나베지마(鍋島), 가토(加藤), 호소카와(細川) 등 주로 서남지역의 다이묘들, 교토의 스미노쿠라 료이(角倉了以)와 차야 시로지로(茶屋四郎次郎), 오사카의 스에요시 마고자에몽(末吉孫左衛門), 나가사키의 스에쓰구 헤이조(末次平藏)와 아라키 소타로(荒木宗太郎) 등 주요 상업도시의 상인, 그리고 외국인과 중국인도 있었다. 도항처는 남중국, 인도차이나, 말레이반도, 필리핀 등이고 그중에서도 고치, 캄보디아, 샴, 루손의 4곳이 많았고 일본마을(日本町)도 발달했다. 수출품은 동, 철, 장뇌(樟腦), 일용품 등이었고 수입품은 생사, 견직물, 면포, 피혁, 소목(蘇木), 아연, 주석, 설탕 등이었다. 1척에 100~1,000관 이상의 은과 상품을 가지고 상품을 매입, 남양 각지 시장에서 100퍼센트 이상의 순이익을 올렸다. 그러나 막부가 쇄국방침으로 무역에 제한을 가하게 되면서 1631년 봉서선(奉書船)제도가 실시되었고, 1685년 본격적으로 쇄국정책이 실시되자 해외도항은 전면적으로 금지되었다. 대신 네덜란드 동인도회사의 상권이 확대되었다.

16 오사카부 오사카시 서구 지역을 가리키는 명칭이다. 현재의 우쓰보혼초(靭本町) 및 에노코지마(江之子島) 2초메(丁目) 동부와 대략 겹친다.

였다. 기쿠치는 방적에는 완전 아마추어라며 주저했으나 영국 유학을 허락해준다면 입사하겠다는 조건으로 이를 수락했다.

1887년 10월 기쿠치는 영국의 맨체스터로 건너가 야마노베가 하숙하고 있던 리치몬드라는 사람의 집에 하숙하며 낮에는 방적공장에서 실습을 경험하고 밤에는 맨체스터 테크니컬 스쿨에 다니며 방적의 원리를 공부했다. 리치몬드의 집에는 그 이후에도 핫토리 슌이치服部俊一(오와리방적尾張紡績), 다카쓰지 나라조高辻奈良造(가나킨제직金巾製織) 등이 하숙했다. 기쿠치의 유학기간은 약 1년이었지만 공부대학교 출신 기사였기 때문에 기술 습득이라는 점에서는 야마노베보다 유리했을 것이다. 방적기 매입도 그의 임무였다. 당시 영국에서는 36번수 이상의 방사에는 뮬방적기가 좋고, 그 이하에서는 조작이 용이한 링방적기가 적합하다고 여겨지고 있었다. 기쿠치는 일본 제품시장의 특성과 기능 수준을 고려하여 링방적기를 구입했다.

1888년 11월 귀국한 기쿠치는 지배인 겸 공무장工務長에 취임했다. 사장인 가나자와가 역시 타사와 겸임하고 있는 비상근 사장이었기 때문에 기쿠치는 히라노방적의 경영을 전면적으로 총괄하는 지위에 올랐다. 기쿠치의 지휘하에 히라노방적은 순조롭게 발전하여 1889년 개업당초 5,000추였던 방적기가 1895년에는 2만 8,648추가 되었고, 1898년에는 노다방적野田紡績을 합병하여 3만 4,800추가 되어 유력 방적회사의 일각을 점하게 되었다.

그러나 기쿠치의 기대는 점차 배신당하게 되었다. 가나자와 사장을 비롯해 히라노방적의 주주와 이사들이 기술자로서의 기쿠치의 능력은 인정하면서도 '기술자는 중역이 될 수 없다'는 당시 오사카 경제계의 통념을 의심하는 일 없이 대주주·이사와 명확한 선을 긋고 있었다. 한 푼도 출자하지 않은 기사는 기계와 다를 바 없으며 기계를 운전하기만 하면 된다는 태도였다. 가나자와 사장이 동생인 니사쿠仁作[17]를 부지배인에 앉히고 1893년 기쿠치를 제치고 이사 나아가 사장대리에 임명하자 기쿠치의 불만은 높아져 갔다.

아마가사키방적의 스카우트

1889년 아마가사키尼崎 지대는 일본 최상의 면화인 사카조면坂上綿의 산지였다. 이를 배경으로 아마가사키의 면화상 중 나카쓰카 야헤이中塚弥平, 구 아마가사키 번사 히라바야시 마사토모平林昌伴, 아마가사키의 자산가 기자키 리이치로木咲利一郎, 거기에 오사카 이쓰미은행逸身銀行의 후쿠모토 모토노스케福本元之助, 기하라은행木原銀行의 가하라 추베木原忠兵衛, 가시마은행加島銀行의 히라오카 신고로廣岡信五郎 등이 아마가사키방적을 설립했다. 하지만 이 회사에는 우수한 기술자가 없었다. 어느 날 후쿠모토가 기쿠치를 방문했다. 아마가사키방적에 기사로 와줬으면 한다는 것이 방문한 이유였다. 당시 후쿠모토는 약관 24세로 양가養家인 후쿠모토 성을 쓰고 있었지만 환전상 이쓰미가逸身家에서 태어나 이쓰미은행의 전권을 잡고 있던 기백이 충만한 은행가였다. 후쿠모토의 인물됨에 매료된 기쿠치는 "히라노방적이 허락한다면 옮길 수 있다"고 대답했다. 이렇게 하여 기쿠치의 거취는 히라노방적의 가나자와와 후쿠모토의 교섭에

---

17 가나자와 니사쿠(1861~1928)는 15세 때 본가인 선대 가나자와 니헤(金澤仁兵衛)가 사망하면서 본가에 들어거 견습, 사무보조를 지냈다. 1877년 다나카 이치베(田中市兵衛) 등이 제42국립은행을 설립하자, 선발되어 대장성은행학전습소에서 배운 뒤, 다시 오사카로 돌아와 이 은행에 입행했다. 1881년 장남인 니사쿠(仁作) 사망과 함께 가독을 상속하고 2대 니사쿠를 습명(襲名)하고 가업에 종사했다. 1888년 본가 가나자와 니헤가 히라노방적 사장에 취임하자 니사쿠가 지배인에 취임, 직고의 처우개선과 업적 회복에 노력했다. 원료면화 수입세, 면사 수출세 폐지에 대해 업계를 대표하여 활동, 제품의 수입 방지나 수출 장려책을 입안해 실행했다. 히라노방적 사장이 된 뒤 1902년 히라노방적과 셋쓰방적이 합병하면서 일시 퇴직했다가 1907년 셋쓰방적의 이사, 동생인 히라노 헤이베(平兵衛)가 사망한 뒤에는 그 후임 이사에 취임했다.

맡겨지게 되었다. 가나자와는 후쿠모토에게 기쿠치의 유학비용 일부인 2,000엔을 부담할 것, 기술고문으로서 기쿠치가 히라노방적을 겸무한다는 조건을 받아들인다면 바라는 대로 해주겠다고 이야기했다. 아마가사키방적 입장에서는 불만스러운 조건이었으나, 주저하는 아마가사키방적의 주주들을 후쿠모토가 설득하여 공무지배인 자격으로 기쿠치의 아마가사키방적 입사가 결정되었다.

아마가사키방적에서 기쿠치는 기계의 선택, 설치, 운전개시 등 히라노방적에 있을 때보다 자유롭게 능력을 펼칠 수 있었다. 개업 당초부터 1만 추 규모를 가지고 전등조명을 갖춘 근대공장이었다. 그 이상으로 중요한 혁신은 종래 일본의 방적회사가 태사 생산에 특화되어 있던 것에 대해, 수입면사가 강한 경쟁력을 가지고 있던 32번수 중사 연사撚絲[18]의 생산에 과감히 뛰어든 것이었다. 이때부터 아마가사키방적은 중사와 세사에 강한 방적회사라는 특색을 가지고 업계에 독자적 기반을 구축하게 되었다.

후쿠모토는 기쿠치를 잘 이해하여 당초부터 기쿠치를 이사로 삼고자 이사회에 자문을 구했으나 여기서도 대주주의 반대가 있어 실현되지 못했다. 그러나 1893년 사장에 취임한 후쿠모토는 대주주의 반대를 누르고 기쿠치를 이사에 발탁했다. 이는 오사카방적의 야마노베가 이사에 취임한 1895년보다도 빠른 것이었다.

아마가사키방적에서 기쿠치는 다시로 주에몽田代重右衛門이라는 상재에 능한 인물의 보좌를 받을 수 있었다. 기쿠치보다 5살이 많은 다시로는 미노노쿠니美濃國에서 태어나 어려서부터 많은 경험을 통해 면업인으로 성장했고, 오사카에서 면사상綿絲商을 경영하고 있었다. 1893년 아마

---

18 여러 개의 실을 합쳐 꼰 실이나 꼬는 행위를 가리킨다.

가사키방적에 평사원으로 입사한 뒤 풍부한 경험을 구사하여 면화 매입과 면사 판매에 유래를 찾기 힘든 상재를 발휘하여 후쿠모토와 기쿠치를 보좌하는 이사가 되었다. 중·세사 생산에 특화한다는 전략은 다시로가 발안했다고 한다. 방적사 연구의 고전으로 알려진 『본방면사방적사本邦本邦綿絲紡績史』의 저자인 기누가와 다이치絹川太一는 "기책종횡奇策縱橫의 후쿠모토, 견실총명의 다시로, 두 사람의 장점을 능숙하게 수용해 가는 기쿠치의 기량이 모여서 비로소 만사가 정리되었을 것"이라고 평가하며, 아마가사키방적은 후쿠모토, 기쿠치, 다시로 세 사람의 절묘한 견제와 균형으로 성립되었다고 서술한다.

3사 겸임 기사장

아마가사키방적이 설립된 그 해(1889년), 오사카 도쇼마치道修町의 홍화상紅花商 다카다 규에몽高田久右衛門, 환전상 다나카 진베田中甚兵衛, 이토 규베伊藤九兵衛, 서양옷감상 히라노 헤이베平野平兵衛 등에 의해 셋쓰방적摂津紡績이 설립되었다. 히라노 헤이베는 히라노방적의 사장 가나자와 니헤의 친척이었기 때문에 회사를 설립하면서 기술자로서 기쿠치를 빌려달라고 신청, 가나자와도 이를 승낙했다. 이로써 기쿠치는 히라노방적, 아마가사키방적, 셋쓰방적 3사의 지배인 겸 공무장이 되었다.

라이벌 회사에 기술자 차용을 부탁하고 부탁 받은 쪽도 이를 승낙한다는 것은 정말이지 목가적으로 보이지만 가나자와 사장도 후쿠모토도 빈틈없이 주판을 튕기고 있었다. 기쿠치를 차용하는 대가로 기쿠치의 유학비의 분담금으로서 셋쓰방적은 히라노방적에게 600엔, 아마가사키방적에게 700엔을 지불하기로 약속해야 했다. 이것으로 셋쓰방적은 1,300엔의 부담, 아마가사키방적도 앞서 히라노방적에게 지불한 2,000엔 중 700엔이 돌아왔으니 1,300엔을 부담한 셈이다. 결과적으로 히라노방적은 아마가사키방적과 셋쓰방적으로부터 합계 2,600엔을 수취했다. 기쿠치의 유학 비용이 3,000엔이었다고 하니 이 점에서는 히라노방적이 가장 큰 이득을 본 것이 된다. 좌우간 기술자가 주도하던 시대였다. 기술자의 양성에는 많은 비용이 들었다. 이를 분담할 수 있었던 것은 3사 모두에게 큰 메리트였다.

다만 히라노방적과는 결국 기술자를 경원했던 가나자와와 뜻이 맞지 않아 1898년 연을 끊게 된다. 하지만 그 후 히라노방적이 부진에 빠져 1902년 셋쓰방적에 흡수 합병되면서 다시 기쿠치가 관계하게 되었다.

최초의 국산 가스사 방출

기쿠치는 아마가사키방적과 셋쓰방적이 직접적인 경쟁관계가 되지 않도록 셋쓰방적은 태사 생산에 특화시키고 그 규모의 경제를 이용한 비용 절감을 통해 수출시장에서 비중을 늘려가는 전략을 취했다. 아마가사키방적에서는 중·세사 생산에 집중하여 국내에서 외국면사와 대항하는 전략을 취했다. 아마가사키방적에서 중·세사 생산에 특화하기까지 어려움이 있었다. 특히 42번수 연사絲撚에서는 이토나레糸馴れ[19]가 좋고 보푸라기가 적으며 광택이 좋은 영국 실과 기술격차가 뚜렷했다.

1896년, 기쿠치는 다시 영국으로 건너가 현지의 기사에게 가르침을 청했으나 그 노하우를 알려주는 사람은 없었다. 그러던 차에 방문한 어느 방적공장에서 실을 물에 적시고 있는 현장을 목격하고 여기서 습연법濕撚法을 생각해 냈다. 이어 기쿠치는 미국으로 건너가 42번수 연사에는 미국의 굿 미들링Good middling과 미들링middling이라는 원면을 혼면하는 것이 가장 좋다는 것을 발견했다. 이 습연법과 혼면기술로 인해 아마가사

---

19 정확히 무슨 뜻인지 알 수 없으나 누에고치에서 뽑아낸 견사를 몇 가닥 꼬아서 만든 실이 매끄럽다는 의미일 것으로 생각된다.

키방적은 영국 제품에 손색이 없는 42번수 연사 생산에 성공, 1899년에는 국내의 42번수 연사 생산의 68퍼센트를 점했다. 또한 이번 양행洋行에서 가스사방적(실을 가스로 태움으로써 보풀을 제거하고 광택이 나는 실이 된다)에 관해서도 조사하여 자신이 고문을 맡고 있던 일본방직에서 일본 최초의 가스사 방출紡出을 실현시켰다. 1906년에는 아마가사키방적의 별개회사로서 동양방직東洋紡織을 세우고 타사가 아직 손대지 않았던 세수細手 면포 생산에 진출했다. 세수 면포도 수입품에게 압도당하고 있던 분야였으나 이 회사의 제품은 얼마 지나지 않아 수입품을 압도하고 해외로 수출하기에 이른다. 동양방직은 1908년에 아마가사키방적에 합병되어 동사의 수익부문이 되었다.

기쿠치는 1893년 아마가사키방적의 이사가 되었고, 1897년에는 셋쓰방적 상무이사가 되었다. 1901년에는 후쿠모토가 이쓰미은행의 파탄의 책임을 지고 아마가사키방적의 사장을 사임하면서 그의 뒤를 이었다. 셋쓰방적에 있어서도 1915년 다케오 지에몽竹尾治右衛門이 사장에서 퇴임한 후 사장이 되었다. 이렇게 해서 기쿠치는 기술자로서 입사한 3사를 명실 공히 지배하게 되었다. 이 사이에 기술자를 경원 혹은 경시하는 오사카의 풍조를 감지하여 은밀히 오사카 상인이나 장사에 관해서도 공부하고 오사카 사람들의 근검절약정신이나 실리주의를 받아들였다. 그가 회사의 원료 매입이나 상품 유통 등 상업 관련 사항에도 열심이었던 이유였다. 또한 그는 조금씩 아마가사키방적과 셋쓰방적의 주식 매입을 늘려 두 회사의 사장이 되었을 때에는 아마가사키방적에서는 최대 주주, 셋쓰방적에서는 제7위 주주가 되어 있었다. 오사카방적에서의 야마노베 다케오와 마찬가지로 기쿠치도 전문경영자로서의 직능만으로는 최고경영자의 지위에 오르는 것이 곤란했을 것이다.

대일본방적의 탄생

1918년 아마가사키방적과 셋쓰방적이 합병하여 대일본방적이 탄생했다. 이미 언급한 바와 같이 두 회사는 제품시장에서 경쟁하는 일이 적었으나 제1차 세계대전 후 인도면의 수입난으로 셋쓰방적이 곤란에 직면한 점, 중국시장에 대한 수출에서 공통의 문제를 안게 된 점이 합병의 요인이 되었다. 그에 앞서 14년에 오사카방적과 미에방적이 합병하여 동양방적이 탄생하고 가네가후치방적도 많은 방적회사를 합동하여 대방적회사가 되어 있었기 때문에, 이들에 대한 대항이라는 의미도 있었다. 기쿠치가 양사의 사장이었던 것도 물론 합병을 촉진하는 요인이 되었다.

대일본방적의 초대사장이 된 이후 기쿠치의 기업자활동도 눈부시다. 1916년에는 면방적업의 장래를 보고 견사방적絹絲紡績 및 모사방적毛絲紡績에 착수할 필요성을 느끼고 일본견모방적日本絹毛紡績을 설립하고 1923년 대일본방적에 합병시켰다. 중국으로의 수출이 현지 민족 방적회사의 융성, 중국의 관세 인상, 일본의 임금 급등 등의 사정으로 곤란해지고 있었기 때문에 1919년에는 칭다오靑島에, 이듬해에는 상하이上海에 공장을 건설했다. 또한 제1차 세계대전 후 면화 수입이 곤란해지면서 면사의 대체품으로 인조견사(레이온)가 주목을 받기에 이르렀다. 하지만 기쿠치는 재빨리 대일본방적의 자회사로서 1926년에 일본레이온을 설립, 우지공장宇治工場을 건설하여 1927년부터 생산을 개시했다. 오늘날의 유니치카는 1969년, 니치보=ㅌ ボ ー(1964년 대일본방적의 사명 변경)와 일본레이온의 합병으로 성립한 것이다.

은행가로서

은행가로서의 기쿠치에 대해서도 언급해 두기로 한다. 기쿠치가 처음으로 은행에 관계를 맺게 된 것은 1915년 34은행의 감사역이 되었을 때였다. 1918년에는 이 은행의 고야마 겐조小山健三 은행장의 권유로 이사에 취임했다. 하지만 1923년에 고야마가 사망하면서, 뜻하지 않게 기쿠치가 34은행의 은행장에 추대되었다.

34은행은 오사카 굴지의 목면木綿 도매상인으로 메이지기 오사카의 다수 기업에도 투자한 오카바시 지스케岡橋治助 등이 설립한 제34국립은행을 기원으로 한다. 오사카의 섬유업계를 영업기반으로 하는 견실한 은행이었는데, 특히 1899년에 전 문부성차관 고야마를 은행장으로 맞이한 이후에 한층 발전하여 오사카를 대표하는 상업은행이 되었다.

기쿠치는 면업을 본업으로 하는 그가 34은행 은행장으로 지명된 것을 "마치 정조가 더럽혀진 것 같은 느낌이 있다"고 말했다고 하나 취임한 뒤에는 적극적으로 기업자활동을 전개했다. 기쿠치가 은행장에 취임한 이후의 다이쇼 말기부터 쇼와 초기는 간토대진재關東大震災, 금융공황, 금해금, 쇼와공황, 금수출재금지 등 차례로 경제계에 혼란이 발생했고 특히 은행계가 크게 동요한 시대였다. 많은 약소은행은 예금인출사태나 파탄을 맞이하여 소멸되거나 타행에 흡수되었다. 이 와중에 34은행은 1924년부터 1933년까지 예금과 대출을 거의 배로 증가시켰고, 지점망을 25점포에서 112점포로 확대했다. 이는 기타하마은행北浜銀行의 후신인 세쓰요은행摂陽銀行이나 도쿄의 30은행, 와카야마의 43은행 등을 차례로 합병한 기쿠치의 적극노선에 의한 것이었다.

그리고 이런 기쿠치의 은행합동의 최후를 장식한 사업이 1933년의 산와은행三和銀行 창설이었다. 산와은행은 34은행, 야마구치은행山口銀行, 고노이케은행鴻池銀行의 합병으로 성립되었다. 추진자는 당시 일본은행 오사카지점장이었던 나카네 사다히코中根貞彦(초대 산와은행 은행장이 된다)라고 알려져 있으나, 당사자인 나카네는 이를 부정하며 "(기쿠치) 군의 주장이 없었다면 이 합병은 실현되지 못했다"며 기쿠치가 주도자였음을

1932년, 34은행 은행장 기쿠치가 일본은행 오사카지점장인 나카네를 방문해 야마구치(山口)와 고노이케(鴻池) 두 은행과의 합병 알선을 의뢰했고, 그 결과 이듬해 산와은행(三和銀行)이 탄생했다. 신 은행의 본점은 구(舊) 고노이케은행의 본점(오사카시 중앙구 이마바시今橋)을 쓰게 되었고, 은행장에는 나카네가 취임했다. (『サンワのあゆみ』에서)

시사했다.

기쿠치에 관해서 나카네는 "말년의 기쿠치 군은 방적인紡績人으로서보다 은행가로서의 색채가 강하게 드러나 있다"고 평가했다. 또한 34은행의 상무였던 사노 마사키요佐野正淸는 "옹은 기술자 출신에 어울리지 않는 경제이재經濟理財의 길에 밝은 분이었다. 주판(셈)에 대한 확실한 판단력과 결단력이 풍부하여 은행가에 딱 맞는 소질을 갖추고 계셨다"고 말했다.

또한 제2차 세계대전 후 대일본방적의 사장이 된 하라 기치베이原吉平는, 기쿠치의 사람 됨됨이를 다음과 같이 소개한다. 방적인 기쿠치의 경영방침은 물심양면에서 오는 철저한 합리화에 있었다. 극력 낭비를 배제하여 생산을 늘리고, 자본 축적에 힘을 기울일 것을 요청했다. 사원이 연필 1자루, 펜촉 1개 지급받을 때에도 지금까지 쓰던 것을 제출하여 쓸 수 없게 되었음을 증명하도록 했다. 이 정도의 합리주의였기 때문에 비로소 일본의 방적업은 민간의 자력으로 세계와의 경쟁에서 승리할 수 있었다는 것이 하라의 평가이다.

기쿠치가 관계한 히라노방적, 아마가사키방적, 셋쓰방적, 34은행은 그야말로 오사카 상인자본의 아성이라고 할 수 있는 기업이었다. 여기에 사족 출신, 공부대학교工部大學校 출신의 엘리트가 뛰어들어 온갖 고생을 경험하며 오사카 상법을 몸에 익혔다. 한편 오사카상인들도 기쿠치의 리드로 근대 공업자본, 근대 은행자본으로 전화하는 길을 찾아낼 수 있었던 것이다.

전문경영자의 등장(3) - 이와시타 세슈

이와시타 세슈

메이지 말기부터 다이쇼기의 오사카에서는 공업화가 눈에 띄게 진행되었다. '물의 도시'에서 '연기의 도시'로 변모한 것이다. 동시에 사철 교외전차가 크게 발전하였다. 한신阪神(1905년), 난카이철도南海鐵道의 전화電化(1907년), 미노오아리마전기궤도箕面有馬電氣軌道(1910년), 게이한전기궤도京阪電氣軌道(1910년), 오사카전기궤도(1914년) 등이 부설되었고, 다이쇼기를 통해서 현재의 교외 주요 노선이 대부분 완성되었다. 이 오사카의 공업화, 사철의 발달을 생각할 때, 절대 빼 놓을 수 없는 기업가가 있다. 바로 이와시타 세슈岩下淸周이다.

이와시타 세슈岩下淸周는 1857년 신슈信州[20]에서 마쓰시로松代 번사의 아들로 태어났다. 18세에 상경하여 도쿄상법강습소, 미쓰비시상업학교

---

20 시나노(神濃), 즉 지금의 나가노현(長野縣)을 가리킨다.

에서 배운 뒤, 1878년 미쓰이물산에 입사했다. 1880년에는 미국 근무, 1883~1888년 사이에는 프랑스지점장이 되었다. 1889년에 미쓰이물산을 그만두고 시나가와전등品川電燈을 설립했으나 1891년 나카미가와 히코지로中上川彦次郎의 부름을 받고 미쓰이은행 부지배인이 되었다. 당초 세슈는 중용되어 가네보鐘紡나 오지제지王子製紙의 중역이 되었지만, 결국 나카미가와와 뜻이 맞지 않아 1895년 미쓰이은행 오사카지점장이 되었다. 이후 세슈는 오사카 재계와 깊은 연을 맺게 된다.

오사카지점장으로서 세슈는 적극노선을 취하고, 인물 본위로 거래했으며, 종래 대은행이 경원하던 거래소 중매인이나 투기꾼에게도 대부했다. 청일전쟁 후 공황 때 세슈는, 미쓰이은행에 융자를 구하는 오사카 경제계의 요청에 응하여 오사카지점의 대부 한도액 150만 엔을 500만 엔으로 인상할 것을 요구했으나, 본점에서 이를 받아들이지 않았다. 세슈는 부임 당시 미쓰이와 관계가 깊었던 정치가 이노우에 가오루井上馨의 간청도 있고 해서 오사카의 후지타 덴자부로藤田傳三郎와 두터운 거래관계를 맺기로 했었는데, 본점이 이를 우려했던 것이다.

결국 세슈는 요코하마지점장으로 좌천될 위기에 빠졌으나 돌연 세슈가 이를 거부하고 미쓰이은행에서 나와 독립하기에 이르렀다.

기타하마은행으로

1896년 미쓰이은행 퇴직 후 세슈는 기타하마은행의 창립에 관여했다. 이 은행은 오사카주식거래소大阪株式取引所 이사장 이소노 고에몽磯野小右衛門이나 후지타 덴자부로 등에 의해 거래소 관계자의 금융 편의 도모를 목적으로 설립되었다. 은행장은 초대 구하라 쇼자부로久原庄三郎, 이어서 도쿄제국대학의 초대 총장 와타나베 히로모토渡辺浩基, 세유카이政友會의 하라 다카시原敬가 역임하고, 후일 세슈가 그 자리에 취임했으나 실질적으로는 일관되게 '이와시타의 기타하마' '기타하마의 이와시타'였다.

세슈는 은행은 예금과 대부금 사이의 마진을 취하는 장사라고 여겨지고 있던 당시, 투자은행의 구상을 가지고 기타하마은행의 경영에 임했다. 1898년에는 신참 은행임에도 오사카축항공채인수은행이 되어 동업자를 놀라게 했다. 또한 한카쿠철도阪鶴鐵道, 반탄철도播但鐵道, 가라쓰흥업철도唐津興業鐵道, 합동방적合同紡績, 와카야마수력전기, 동양포경東洋捕鯨, 미노오아리마전기궤도, 일본제강, 대일본셀룰로이드 등의 사채社債를 차례차례 인수했다.

세슈의 이러한 은행 경영방침은 그의 공업입국론과 깊게 연결되었다. 세슈와 같은 시기에 일본은행에서 나와 오사카의 야마구치은행에 입사하여 동행의 발전에 기여한 마치다 추지町田忠治(후일 정치가가 되어 대장대신大蔵大臣 등에 취임)는 오사카의 은행가 스타일에 대해 다음과 같은 취지의 발언을 남겼다. 마쓰모토 주타로松本重太郎, 도야마 슈조外山脩造, 오카바시 지스케岡橋治助, 다나카 이치베田中市兵衛 등의 메이지 중기 오사카 은행계의 중심인물은 은행경영을 하면서 동시에 다양한 사업에도 손을 대는 타입의 사람들이었다. 그 후계 세대인 마치다町田나 34은행의 고야마 겐조小山健三 등은 은행가는 우선 사업에서 떨어져 사업을 감독하는 입장에 있어야 한다는 생각을 갖고 있었다.

이에 대해 세슈는 은행가의 입장에서 사업에 적극적인 관심을 보이는 타입으로 제1세대와도, 또한 마치다나 고야마와 같은 제2세대와도 다른 주의와 방침의 소유자였다고 한다.

세슈가 은행 이외의 어떤 사업에 관계했는지 검토해 보도록 하자. 1904~1905년 경, 세슈는 시부사와 에이이치 외에 동서東西 실업가들의 찬동을 얻어 '만주'에 청일 합작으로 영국수도전기營國水道電氣를 설립하고 사장이 되었다. 이 회사는 뒤에 만철에 흡수되는데, 그의 지론을 실행에 옮긴 사업으로 주목된다. 고바야시 이치조小林一三의 항에서 상세하게 이야기하겠지만, 1907년에는 미노오아리마전기궤도(현재의 한큐전철阪急電鐵)를 창립했다. 미쓰이은행 시절의 부하였던 고바야시 이치조를 전무로 기용하는데, 기타하마은행은 출자나 사채 응모에서 이 철도를 자금 면에서 전면적으로 지원했다.

1910년 오사카전기궤도(현재의 긴테쓰 나라선近鐵奈良線)가 설립될 때에도 적극적으로 참가했다. 그러나 오사카전기궤도大軌는 사업을 착수하면서 큰 곤란에 직면했다. 그것은 오사카와 나라를 연결하기 위해서 난공사 지역인 이코마산生駒山을 어떻게 통과할 것인가 하는 문제였다. 처음에는 케이블을 부설할 예정이었으나, 세슈는 기술자 하야미 다로速水太郎나 토목건축업자 오바야시 요시고로大林芳五郎의 의견을 받아들여 터널로 하는 안을 주장했다. 공사비가 비싸지더라도 앞으로의 철도는 스피드가 생명이 될 것이라고 생각했기 때문이다. 그러나 이 터널공사는 750만 엔이라는 거액의 비용을 요하는 것이었다. 오사카전기궤도의 자본금은 300만 엔에 불과했다. 거액의 차입금을 필요로 했다. 세간의 의혹 속에서 사장 히로오카 게이조廣岡恵三와 감사역 노무라 도쿠시치野村徳七는 사직, 세슈는 난국을 이어받아 사장에 취임했다. 1914년 오바야시구미大林組의 노력으로 이코마터널이 개통되자 오사카전기궤도의 개통이 훨씬 앞당겨졌다.

세슈와 오바야시 요시고로의 관계는 특별한 것으로 서로 영향과 협력을 주고 받는 부분이 많았다. 오바야시는 1864년 오사카 우쓰보靭의 북해산 건물乾物 도매상 집안에서 태어났으나 토목건축 청부업에 뜻을 품고 도쿄에서 수업修業한 뒤 오사카로 돌아와 개업, 1892년 오바야시구미를 설립했다. 아사히방적공장朝日紡績工場의 건축 등에서 두각을 드러낸 오바야시는 1903년에 오사카에서 개최된 제5회 내국권업박람회의 여러 시설에 대한 건축을 대부분 혼자 도맡아 청부하여 전국적으로 유명한 토목·건축업자가 되었다. 그 후, 도쿄중앙정차장의 상부건축을 청부 받아 명성이 한층 높아졌다. 오바야시와 세슈가 만난 것은 1905년이었다. 이마니시 린자부로今西林三郎(오사카상선 지배인, 한신전철 사장, 오사카상업회의소 회장 등을 역임)가 수주를 많이 받아 자금조달에 힘들어 하고 있던 오바야시를 보고 알선했다고 전해진다. 세슈와 오바야시의 관계가 깊어진 것은 세슈·고바야시 이치조小林一三의 미노오아리마전기궤도의 부설공사를 오바야시구미가 청부받아 완성시킨 것이 계기였다. 미노오아리마전기궤도는 뒤에 나오듯이 설립 당초 자본금이 모이지 않아 개업이 위태로웠으나, 오바야시는 노선 개통을 통해 세간을 진정시키는 것이 선결과제라며 불과 1년이라는 단기간에 이를 완성, 세슈·고바야시를 궁지에서 구원했다.

인정과 의리가 두터운 사람

1911년부터 시작된 연장 3,388미터의 광궤[21] 복선인 오사카전기궤도의 이코마터널 공사는 당시로서는 난공사였다. 취약한 지반과 용수湧水[22] 때문에 골머리를 앓으며 굴착공사는 지지부진해 앞으로 나아가지 못했다. 게다가 1913년 1월 대규모 낙반사고가 발생하여 20명의 희생자가 나왔다. "오사카전기궤도가 위태롭다"는 목소리가 커졌고 이와시타에 대한 비판의 목소리도 높아졌다. 오바야시는 여기서도 의협심을 발휘하여 이

---

21 철도노선의 궤간(軌間)이 표준궤간인 1,435밀리미터보다 넓은 것을 말한다. 일본에서는 1,067밀리미터 궤간을 협궤라고 하는데, 그보다 넓은 것을 가리키는 경우가 많다.

22 지표에서 솟아나오는 지하수를 말하는데, 특히 터널공사나 지하갱도에서 용수를 만나면 기술이 발달하지 못했던 당시에는 공사인부들의 생명까지 앗아가는 무서운 존재였다. (역자)

듬해 1914년 2월에 보란 듯이 터널공사를 완성시켰다. 후일 오바야시는 기타하마은행사건으로 이와시타가 책임추궁을 당했을 때, 자신의 사재를 이와시타에게 제공할 뜻을 밝히기도 했다.

메이지방적明治紡績의 정리를 맡아 이를 재건한 수완으로 방적업계에서 두각을 나타낸 다니구치 후사谷口房藏도 이와시타 세슈가 후원한 실업가 중 한 명이었다. 청일전쟁 후의 반동공황으로 수많은 방적회사가 영업부진에 빠졌다. 은행은 방적회사에 융자하는 것을 위험하게 여겨 기피하는 경향이 있었다. 다니구치도 자금조달에 어려움을 겪고 있었다. 우연한 기회에 알게 된 다니구치의 인품을 높게 평가한 세슈는 다니구치에게 융자를 약속한다. 그 후, 세슈는 위기에 빠진 방적회사는 합동을 통해 불황을 극복해야 한다고 보고, 1898년 미쓰이물산의 야마모토 조타로山本條太郎 등과 도모하여 방적합동기성동맹회를 조직하고 다니구치를 중심에 앉히고 방적합동을 추진했다. 1900년 다니구치는 아사히방적朝日紡績을 매수하고 이를 오사카합동방적(1931년, 동양방적에 합병)으로 개칭하고, 이어지는 몇 년 동안 덴마방적, 주코쿠방적中國紡績, 메이지방적을 오사카합동방적에 합병함으로써 오사카방적회사를 만들어 냈다. 세슈는 뒤에서 다니구치를 계속 지원했다.

오사카가스大阪瓦斯의 사장이었던 가타오카 나오테루片岡直輝도 세슈의 지원과 보호를 받았다. 오사카가스는 원래 1896년에 설립되었는데, 당초에는 경영부진으로 자본금이 모이지 않아 회사의 존재가 유명무실했다. 그래서 1900년 아사노 소이치로淺野總一郎가 오사카가스 주식의 과반수를 취득, 아사노는 경영진의 쇄신이 필요하다며 일본은행 오사카지점장을 사직한 가타오카에게 사장을 맡겼다.

가타오카는 극도의 난항을 겪은 자본금 조달문제를 미국 자본을 도입하는 것으로 해결했지만, 예상치 못한 간섭이 들어왔다. 시가 관리하는

오사카전기궤도(大阪電氣軌道)의 차량과 이코마산(生駒山)의 터널공사

오사카전기궤도는 1914년에 개업했는데, 이때 완성된 이코마터널은 전체 길이가 3.3킬로미터에 달했고, 복선용(複線用)으로는 당시 일본에서 가장 긴 터널이었다. 뒤에 이 회사는 오사카 우에혼마치(上本町)에서 나라(奈良) 사쿠라이(櫻井)까지를 건설하고, 요시노철도(吉野鐵道)와 이가전기철도(伊賀電氣鐵道)를, 그리고 같은 계열의 산구급행전철(參宮急行電鐵)이 이세전기철도(伊勢電氣鐵道)와 요로전철(養老電鐵)을 합병함으로써 긴키일본철도(近畿日本鐵道)의 전신이 되었다.

도로를 사용하는 오사카가스가 외자와의 제휴를 극비리에 진행하면서 오사카시의 감정이 상했던 것이다. 이에 대해 시가 오사카가스에 일정한 보상금을 낼 것을 요구하면서 문제가 복잡해졌다. 결국 오사카 재계의 장로 후지타 덴자부로와 그 뜻을 이어받은 세슈의 조정으로 자치체와 영리회사 사이의 보상계약이 최초로 성립, 오사카가스는 그 후 순조롭게 발전하게 되었다.

세슈는 오사카가스의 감사역에 취임하고, 동사의 자본금 조달난에 대해 기타하마은행에 의한 주식 인수라는 형태로도 협력했다. 후일, 가타오카는 "이와시타 군은 대단히 인정과 의리가 두터운 남자였다. 자신이 유망하다고 생각한 자는 철저하게 후원하는 두목기질이 있었다"고 회고한다. 가타오카는 기타하마은행이 파탄했을 때, 이 은행과 관계 깊은 오사카전기궤도와 오바야시구미의 구제에 진력했는데, 이는 세슈의 은의恩義에 대한 보답이었을 것이다.

세슈는 발명의 재능에도 관심이 깊어, 도요다 사키치豊田佐吉의 직기織機에 주목하여 그의 자동직기 연구를 지원, 도요다식직기豊田式織機[23]의 설립에 협력했다. 모리나가제과森永製菓의 모리나가 다이치로森永太一郎에 관해서는 우연히 아카사카赤坂에 있는 모리나가의 가게에서 구입한 양과자가 마음에 들어 지원했다.

이와시타 세슈의 실패

이 밖에도 세슈는 많은 회사를 금융적으로 지원했으나 그 만큼 실패도 있었다. 사이가전기상회才賀電氣商會나 일본쇼유회사日本醬油會社[24]에 대한 융자가 그 사례이다.

사이가전기상회는 메이지 중기 무렵부터 전국 각지의 전기·전철회사에 기계를 팔고 건설공사 일체를 청부했을 뿐 아니라 회사의 설립, 주식모집, 경영참가에까지 손을 뻗어 창업하고 몇 년 지나지 않아 전기

---

23 1907년 2월 자본금 100만 엔의 도요타식직기주식회사(豊田式織機株式會社)가 설립되었다. 사장에는 다니구치 후사조(谷口房藏)이 취임하고 도요타 사키치(豊田佐吉)는 상무이사 기사장에 취임했다. 원문에 있는 '도요타식역직기(豊田式力織機)'는 '도요타식직기(豊田式織機)'의 오기인 듯하다. 『トヨタ自動車75年史』 제1부 제1장 제2절 제1항.

24 장유(醬油)는 일본식 간장이다. 그냥 '간장'이라고 번역하면 '일본식'이라는 뉘앙스가 빠지는 것 같아 일본어 발음인 '쇼유'로 번역했다.(역자)

왕으로 불리게 된 사이가 도키치才賀藤吉라는 인물이 설립한 회사였다. 메이지 말년까지 전기·전철 약 100사를 거래처로 갖고 있었는데, 전기사업의 장래성에 주목하고 있던 세슈의 기타하마은행이 이 회사에 금융지원을 했다. 하지만 사업이 너무나도 급격히 팽창했고, 그 결과 사이가는 자금조달에 어려움을 겪게 되어 결국 1914년 파탄에 빠지고 말았다.

또한 일본쇼유는 발명의 천재라고 칭송받던 스즈키 도자부로鈴木藤三郎가 간장의 신식양조법을 개발했다고 해서 고 세이노스케鄕誠之助와 마고시 교헤이馬越恭平 등 동서의 유력 실업가가 1907년에 발기한 회사로 세슈도 참여했다. 그러나 이 신식양조법에 결함이 있는 것이 밝혀져 결국 약 220만 엔의 손실을 내기에 이르렀고, 최대 채권자였던 고노이케은행鴻池銀行과 일본쇼유 주주와의 사이에 분쟁이 발생했다. 나카노 부에이中野武營나 아사부키 에이지朝吹英二 등의 조정에도 불구하고 고노이케은행이 대부금 회수를 주장하였고, 이에 일본쇼유는 해산할 수밖에 없는 상황에 이르렀다. 이 와중에 회사의 장래성에 기대하는 기타하마은행의 세슈는 고노이케은행의 하라다 지로原田次郎와 날카롭게 대립했다. 이는 야심적인 사업가를 좋아하는 세슈의 버릇이 엉뚱한 결과를 초래한 사건이었다고 할 수 있다.

1914년 간사이재계關西財界를 뒤흔들고 이와시타 세슈의 실업가 생명을 끝장내는 사건이 발생했다. 세간에서 '기타하마은행사건'이라고 불리는 것이다.

1914년 이와시타가 사장이었던 오사카전기궤도는 우선주 200만 엔을 모집했으나 결과는 뜻대로 되지 않았다. 이를 계기로『오사카니치니치신문大阪日日新聞』은 4월 오사카전기궤도, 오바야시구미, 기누가와수력전기鬼怒川水力電氣 등에 대한 융자가 불량채권화하고 있다고 폭로하며 기타하마은행을 공격, 동행은 예금인출사태를 겪게 되었다. 기타하마은행은 주식거래소, 미곡거래소, 삼품(면화 · 면사 · 면포)거래소와 깊은 관계를 갖고 있어 이 은행의 이 파탄은 오사카재계에 공황을 발생시킬 우려가 있었다. 이에 일본은행이 특별금융을 실시하여 위기는 일단 회피되었다. 세슈는 책임을 지고 사임, 전 재산을 변상금으로 내놓고 새로운 경영진에게 뒷일을 부탁했다. 그러나 7월, 신경영진이 결손을 600만 엔이라고 견적해 발표한 것이 또 다시 예금자의 불안을 일으켜 예금인출사태(뱅크런)가 재연되었다. 일본은행도 더 이상 어쩔 수 없었고, 기타하마은행도 결국 휴업하지 않을 수 없었다. 그 후 나카하시 도쿠고로中橋德五郎와 가타오카 나오테루片岡直輝 등에 의해 정리가 이루어졌고, 1919년 기타하마은행은 세쓰요은행攝陽銀行[25]으로 이름을 바꾸고 재출발하게 된다. 이에 '이와시타의 기타하마'는 자취를 감추게 되었다.

투자은행론

1915년 이와시타 세슈는 배임 · 횡령죄와 상법위반으로 기소되었다. 불량채권화한 세슈의 개인투자를 기타하마은행의 돈으로 메우거나, 세슈가 기타하마은행에서 정실적 융자를 행했다는 것이 죄상에 올랐다. 또한 1908년에 기타하마은행이 증자했을 때 세슈는 지인이나 행원의 명의를 빌려서 증자가 있었던 것처럼 위장하고, 이 증자 신주新株를 담보로 하는 대부를 이 가공의 명의인에게 실시하는 한편, 이 증자 신주를 시장에서 순차 매각하여 자금을 회수한 것이 상법위반에 해당한다고 판단되었던 것이다.

재판에서 세슈가 유죄로 판단된 것은 이 사건을 포함해 7건이었다. 전

---

25 1926년 6월에 34은행에 합병되었다. 銀行圖書館 銀行變遷史데이터베이스(https:// www.zenginkyo.or.jp/library/hensen/).

변호사였던 작가 가이하라 다쿠海原卓는 이 7건의 공판과정을 상세하게 검토하고, 7건 모두를 유죄로 판단한 것이 타당했는지 의심해봐야 한다고 말한다(『世評定しからず 銀行家岩下清周の闘い』). 예를 들면 기타하마은행의 융자가 회수불능이 되었다고 해도 그것이 명확하게 예견되어 있던 일인지 혹은 이와시타 개인이나 이와시타와 가까운 자들의 이익을 위함이었다면 몰라도, 그렇지 않다면 배임죄를 적용하는 것은 잘못이라고 가이하라는 주장한다.

재판은 1916년 6월의 제1심으로 시작되어 공소심,[26] 대심원,[27] 다시 공소심 환송을 거쳐 1921년 11월까지 계속되었다. 세슈의 행장行狀[28]에는 일절 사심이 없었다는 점은 인정받았으나 판결은 징역 3년의 실형판결이었다. 이 기간 동안 세슈에게는 수많은 동정 여론이 모였고, 오사카의 실업가들은 세슈의 감형탄원서를 제출했으나, 효과를 보지는 못했다. 또다시 세슈는 대심원에 상고했으나 기각되어 1923년 4월부터 10개월간 복역했다.

기타하마은행사건에 관해서는 정치적 음모설이 있다. 당시 중의원이었던 세슈는 전 기타하마은행 은행장이었던 하라 다카시原敬나 가쓰라 다로桂太郎, 고토 신페이後藤新平, 데라우치 마사타케寺内正毅 등과 친했다. 사건은 『오사카니치니치신문』의 공격기사가 발단이 되었고 하라 다카시 계열의 『오사카신보大阪新報』와 기타하마은행의 관계도 고발대상이 되어 있었다. 사건은 반 세유카이反政友會 세력의 음모라는 것이다. 또한 앞에서 언급했듯이 이와시타와 친했던 후지타 덴자부로가 1912년 3월 사망했다. 그 적자인 헤이타로平太郎와 이와시타의 관계는 덴자부로 시절과

---

26 항소심으로 우리나라의 고등재판소에 해당한다.
27 현 최고재판소의 옛날 명칭으로 우리나라의 대법원에 해당한다.
28 죽은 사람의 평생 경력을 쓴 기록이다.

같지 않았고, 기타하마은행의 위기 때에도 후지타구미는 그다지 지원하지 않았다고 한다.

그러나 세슈 자신도 이용당할 약점을 가지고 있었던 것은 분명했다. 세슈는 단기상업금융을 중심으로 해야 한다는 영국식의 사운드뱅크(건전경영)의 입장에 서지 않고, 은행은 유망한 산업에는 장기융자를 하거나 그 주식 또는 사채를 인수해야 한다는 투자은행론적 입장에 서 있었다. 이러한 이와시타의 행동에 대해 사운드뱅크론에 선 은행가 아카시 데루오明石照男는 "분명 은행 경영자와 사업회사 사이의 이른바 공모 관계가 얼마나 은행에 누를 끼치는지 실증한 것이라 하지 않을 수 없다"고 말하고 있다(明石照男・鈴木憲久, 『日本金融史』).

'50보 앞을 내다 본' 사람

또한 『이와시타 세슈전岩下淸周傳』에는 많은 재계인이 이와시타를 추억하며 쓴 글이 수록되어 있다. 은행가로서 이와시타의 돈을 빌려주는 방식이 상당히 조잡했다고 말하는 사람들이 많다. 세슈가 인물 본위로, 사업의 장래성을 중시해 대부했다거나 투자했다고 알려져 있지만 이것이 자칫 정실적인 것이 되거나 예상과는 다른 상황을 발생시켰을 것이다. 또한 미지불 주식을 처리하면서 기타하마은행의 자금을 유용하는 등 세슈는 목적이 좋다면 수단은 다양하게 구사할 수 있다고 생각하는 면도 있었다. 그런 점에서 은행가로서 세슈의 절도節道에는 문제가 있었다고 해야 할 것이다.

세슈는 밝고 활기찬 성격으로 생각한 것은 무엇이든 단도직입적으로 말해버렸다. 가식 없이 말했으며 서슴없이 독설을 내뱉었다고 한다. 오만하다는 평가도 있었다. 이코마터널 공사 사고로 20명의 사망자가 나왔을 때 "이만한 규모의 공사이니 이 정도의 희생은 어쩔 수 없다"고 발언해 물의를 일으켰다. 따라서 언론의 평판도 좋지 않았다. 기타하마은행의 과감한 경영은 동업자들이 놀랄 정도여서 반감을 샀다.

그렇다고는 해도 이와시타 세슈가 남긴 것은 역시 높게 평가받아야 할 것이다. 『이와시타 세슈전』에 기고한 재계인 다수의 의견은 이와시타가 관계한 사업은 모두 장래성이 있었던 것으로 10년 내지 20년을 견뎌냈다면, 이와시타는 훨씬 더 대단한 대실업가로서 공을 세웠을 것이라고 인정한다. 『이와시타 세슈전』의 편찬회 대표가 된 나카지마 구마키치中島久萬吉(가쓰라 타로桂太郎의 비서관을 거쳐 후루카와재벌에 들어가 요코하마전선제조古河電氣工業 등의 사장을 역임한 후, 재계단체 일본공업구락부의 이사장이 되고, 1932년 상공대신이 된다)는 전기의 '서문'을 "군(이와시타)은 그 성공으로 죽고, 그 실패로 살았다"고 끝맺고 있다. 그것은 이와시타가 사랑한 천재적인 사업가 고바야시 이치조小村一三, 오바야시 요시고로大林芳五郎, 다니구치 후사조谷口房藏, 도요다 사키치豊田佐吉, 모리나가 다이치로森永太一郎, 가타오카 나오테루片岡直輝 등의 사업이 그 후 대성공을 거둔 것으로 증명되었다.

"100보 앞을 내다보는 자는 광인 취급을 받고 50보 앞을 내다보는 자는 많은 경우 희생자가 된다. 1보 앞을 보는 자가 성공자이며, 현재를 보지 못하는 자는 낙오자이다". 이것은 고바야시 이치조 등이 세슈에게 종종 듣던 말이다. 그리고 고바야시는 이와시타가 시대의 희생자였다고 말한다.

아사노 소이치로淺野總一郎나 다니구치 후사조가 술회했듯이, 이와시타 세슈의 본령本領은 공업자본가에 있었지만 오늘날의 벤처 비즈니스의 엔젤과 같은 역할을 수행하기도 했다. 엔젤은 자신의 자금을 사용하여 스스로 리스크를 감수해야 하며, 타인의 예금을 맡은 은행가가 해야 할 일이 아니라는 논의는 당연히 있을 수 있다. 다만 그 방만한 경영이나 잘못된 결과 등 공통성에만 주목하여, 토지라는 저당물건만을 보고 방만한 대부를 행했던 최근 버블기 은행가의 행동과 이와시타의 행동을 같은 선상에 놓는 것은 합당하지 못한 것은 아닐까?

1915년, 이와시타 세슈는 일체의 공사公事를 버리고 은혜를 입은 사람들이 제공한 후지산富士山 기슭의 들판에 펼쳐진 '후지농원不二農園'에 은거했다. 10개월의 복역기간을 제외하고 이 땅에서 1928년 3월 사망할 때까지 전원생활을 보냈다. 세슈도 젊었을 때 세례를 받았고 세슈의 아내 유카코幽香子도 카톨릭 신자였다. 장남 소이치壯一는 성공회 신부가 되었다. 그는 부친이 후원한 한센병을 위한 고야마후쿠세이병원神山復生病院의 원장이 되어 독신으로 생애를 그 사업에 바쳤다. 또한 삼녀인 기요코龜代子[29]도 영국 유학 후 성심여자학원의 수녀가 되었다.

비즈니스 리더의 역할(1) – 시부사와 에이이치

동서의 혁신적 기업가

〈일반적으로, 근대화를 늦게 시작한 나라일수록, 선발국이 오랜 세월에 걸쳐 개발해 온 여러 기술이나 제도를 차용할 수 있는 환경에 있으므로 발전 스피드는 선발국보다 빨라진다〉

이는 미국의 유명한 경제사가 A. 거셴크론A. Gerschenkron이라는 학자가 이야기한 설로, '상대적 후진성의 유리성'이라 불리는 것이다. 그러나

---

29 이와시타 기요(龜代)로 표기되기도 하나 후지성심여자학원 홈페이지의 '후지농원100주년'에 기요코(龜代子)라고 되어 있어 이에 따른다.

선진국에서 빌려올 수 있는 기술이나 제도가 존재하더라도 후발국이 그 것을 받아들여 자신의 것으로 정착시킬 수 있을 것인지의 여부는 다른 문제이다. 그것을 실현하기 위해서는 외부로부터 자극을 받았을 때 거기에 재빠르게 적응할 수 있는 능력, 즉 전환능력이 그 나라에 갖춰져 있어야 한다.

그보다 더 중요한 것은 선진국과의 문명 격차를 지각하고 그것을 메우려는 의식이 사람들에게 생겨나는지 여부이다. 오랫동안 그 나라의 사회·경제의 전통적 관습과 시스템에 완전히 익숙해져 있던 사람들에게 새로운 문명·기술·제도를 받아들이는 것은 과거와의 단절을 의미하기 때문에 심리적인 부담이 발생하기 마련이다. 막말의 '양이攘夷'운동은 그 것이 겉으로 드러난 단적인 예일 것이다. '양이'가 '문명개화'로 전환되기 위해서는 사람들의 의식과 행동에 변혁이 나타나야 했다.

그리고 이러한 국민의 의식이나 행동의 변혁에는 일군의 지도적 지식인의 존재가 불가결하다. 메이지 일본의 경우에도 대다수의 국민은 외적 변화의 의미를 이해하지 못했다. 지각했다 하더라도 그것에 대응하는 행동을 주저하고 있었다. 사회 전체가 변혁에 도전하기 위해서는 발 빠르게 서양의 앞선 문명에 관한 정보를 얻고 피아彼我의 갭을 인식하여, 혁신적 기업자활동에 나서 진보를 향한 이데올로기를 창출할 비즈니스 리더들의 출현이 필요했던 것이다. 그리고 사실 메이지 일본은 이와 같은 혈기animal spirit를 가진 많은 혁신적 기업자를 배출했다.

그 중에서도 동쪽의 시부사와 에이이치澁澤榮一와 서쪽의 고다이 도모아쓰五代友厚는 대표적인 인물이었다. 이 두 사람에게 초점을 맞춰 메이지기 비즈니스 리더의 특징을 생각해 보도록 하자.

막말 동란기에 성장한 시부사와 에이이치

시부사와 에이이치의 유니크함은 그 출신에 있다. 시부사와 에이이치는 1840년 무사시노쿠니武藏國 한자와군榛澤郡 치아라이지마血洗島(현재의 사이타마현埼玉縣 후카야시深谷市)에서 태어났다. 시부사와가는 농업 · 양잠 외에도 남옥藍玉의 제조 · 판매와 전당포質屋까지 경영하는 호농으로, 묘자대도苗字帶刀가 허락된 집안이었다. 이런 풍족한 가정환경 속에서 에이이치는 당시의 농촌 소년으로서는 이례적으로 오랜 기간 교육을 받았다. 8세 때부터 7년 동안 근방에서 뛰어난 한학자로 이름난 사촌형 오다카 아쓰타다尾高惇忠에게 사사하며 사서오경을 깨우치는 한편, 『국사략國史略』, 『일본외사日本外史』, 『십팔사략十八史略』, 『문명사략文明史略』 등을 독파했다. 이 교육으로 에이이치는 『논어』의 대부분을 암송할 수 있게 되었다고 한다. 아울러 오다카는 미토학水戶學[30]에 정통해 있었기 때문에, 그 영향을 받아 에이이치는 점차 존왕양이사상尊皇攘夷思想에 경도되어 갔다.

10대 중반에 교육기간이 끝나고 에이이치는 가업인 농경, 양잠, 쪽잎 藍葉의 매입, 남옥의 제조 · 판매에 종사했다. 이 무렵 시부사와가는 번주 안베 셋쓰노카미安部攝津守로부터 500료兩의 어용금 상납을 명받았다. 상

---

30 『대일본사(大日本史)』의 편찬 과정에서 미토번(水戶藩)에 성립한 학풍이다. 주로 주자학에 의하면서 신도(神道)나 국학(國學)도 받아 들였고, 일본사에서 권력의 정통성 문제에 강한 관심을 보이는 점이 특징이다. 전기와 후기로 나눌 수 있는데, 전기를 대표하는 것은 아사카 단파쿠(安積澹泊), 구리야마 센포(栗山潛鋒), 미타케 간란(三宅觀瀾) 등 17세기 후반에 도쿠가와 미쓰쿠니(德川光圀) 주위에 모인 학자로 존왕경막(尊王敬幕)의 역사관을 주창했다. 후기 미토학은 후쿠다 유코쿠(藤田幽谷), 아이자와 야스시(會澤安) 등 18세기 전반에 번주 도쿠가와 나리아키(齊昭)가 등용한 학자에 의해 주장되었고 강렬한 존왕양이사상으로 제번(諸藩)의 개혁파에 큰 영향을 주었다. 막말에 가까워지면서 급속하게 지도력을 상실했으나 메이지의 천황제국가에 있어서 국민교화정책이나 그 국가체제의 사상적 지주를 이룬 '국가' 관념에는 이 미토학의 현저한 영향이 인정된다. 또한 에도시대에는 미후학(水府學), 덴포학(天保學) 등으로도 불렸는데, 미토학이라는 호칭으로 통일된 것은 메이지유신 후기이다.

당한 자산가였다고 할 수 있고 에이이치 역시 이런 환경 속에서 상재商才를 연마할 수 있었을 것이다. 그러나 에이이치는 오다카나 그 동생 초시치로長七郞의 영향을 받아 존왕양이운동에 가세한다. 오다카를 리더로 하여 요코하마의 외국인 거류지를 습격하는 계획을 세웠다. 1863년 에이이치 24세의 일이다. 외국인 거류지에서 외국인을 살상하면 외교문제로 비화하여 막부가 궁지에 빠지고, 그렇게 되면 도막倒幕[31]의 길이 열릴 것이라는 발상이었다. 그러나 이 계획은 교토에서 일어난 정변을 보고 온 초시치로의 만류로 중지된다.

관헌의 추궁을 피하기 위해 에이이치는 교토로 망명, 지인이었던 히토쓰바시가一橋家 요닌用人[32]의 알선으로 히토쓰바시가의 가신이 된다. 히토쓰바시가의 가신이 된 에이이치는 이 가문의 영지였던 반슈播州[33] 연공미와 목면의 판매시장 개척, 번찰 정리 등 재정개혁과 군인징모兵隊徵募에서 두각을 나타내 히토쓰바시 요시노부一橋慶喜의 신용을 얻었다. 출사 2년 후에는 히토쓰바시가의 오칸죠쿠미가시라御勘定組頭가 되어 25석7인

---

31 에도막부 타도를 지향하는 정치운동이다. 협의로 양이주의(攘夷主義)를 벗어나 중앙집권국가 수립을 지향하는 막부토멸운동(幕府討滅運動)을 말하여, 존왕양이운동이나 대정봉환운동(大政奉還運動)과 구별된다. 존왕양이운동은 무력봉기로까지 발전했지만 민중적 기반을 획득하지 못하고 실패했다. 사쓰에이전쟁(薩英戰爭)이나 바간전쟁(馬關戰爭)을 거쳐 배외주의를 버리고 부국강병에 의한 중앙집권국가를 지향하는 세력이 대두해 삿초동맹(薩長同盟) 결성 후 도막운동은 본격화했다. 제2차 초슈정벌(長州征伐)에서 초슈번은 기병대의 활약으로 막부군을 물리쳤다. 도사번(土佐藩)이 추진하는 공의정체론(公議政體論)은 통일국가로의 평화적 이행을 목표로 무력도막파와 대항했고 도막파가 도막의 밀칙을 손에 넣은 1867년 11월 9일, 대정봉환을 실현시켰다. 그러나 고고쇼회의(小御所會議)에서 도막파가 반격, 보신전쟁(戊辰戰爭)을 통해 도막파의 주장이 실현되었다.

32 에도시대 무가의 직명이다. 상설직은 아니었지만 가신 중에서 유능한 자를 발탁하여 재정이나 서무 일체를 보게 했다. 막부의 소바요닌(側用人) 등이 이에 해당했다 쇼군(將軍)을 가까이에서 보좌하고 막정(幕政)에 참가했기 때문에 로주(老中)를 능가하는 권세를 휘두른 자도 있었다.

33 하리마노쿠니(播磨國)의 다른 이름으로 현재의 효고현(兵庫縣) 서남쪽 지역을 가리킨다.

부치25石7人扶持³⁴를 지급받았다. 이례적인 발탁이라고 할 만하다.

1866년, 히토쓰바시 요시노부一橋慶喜가 15대 쇼군에 올라 에이이치도 막신幕臣이 되었다. 에이이치는 후일 일찍이 도막운동에 참가했던 사정 때문에 막신이 되는 것에 번민이 있어 물러나고자 했다. 하지만 예기치 않게 파리만국박람회에 대표사절로 파견되게 된 요시노부의 동생 도쿠가와 아키타케德川昭武의 수행원으로 참가하게 된다. 1867년 요코하마를 출발한 일행은 프랑스 외에도 영국, 독일, 네덜란드, 벨기에 등을 순방했다. 약 2년간의 여행이었다. 에이이치에게 성장 도상에 있던 자본주의 국가는 보고 듣는 모든 것이 놀라웠음에 틀림없다. 에이이치는 일찍이 자신에게 존왕양이사상을 불어넣은 고향의 오다카 아쓰타다에게 다음과 같은 편지를 썼다.

서양의 개화문명은 알고 있던 것보다 훨씬 놀랄만한 것들뿐, 실로 천하의 기운은 도저히 사람의 지혜로 알 수 있는 바가 아닙니다. (중략) 제 소견으로는 아무리 생각해도 깊게 외국을 접하고 또 장점도 배워 우리를 이롭게 하는 것 외에는 [방법이] 없고, 이는 곧 천리天理에 의해 오는 것이라고 생각됩니다. 몇 해 전과는 정반대인 것 같지만, 지금 일본을 고립獨立시킨다는 것은 좀처럼 생각할 수 없는 것 같습니다. 삼가 고견을 듣고자 합니다.

실로 에이이치의 눈은 이 여행을 통해 세계로 크게 열렸다.

---

34 지금 식으로 이야기하면 연봉이 25석에 7명 가족의 가족수당으로 7인분의 부치(扶持)를 받았다는 말이다. 1인부치(一人扶持)가 1일에 현미 5홉(合)으로 계산되었기 때문에 7인부치는 월마다 7명×5홉×30일=1,050홉으로 1석 5되(升)를 받는다는 뜻이고, 해마다 12석 6말(斗)를 받았다는 뜻이 된다. 참고로 10홉(合)=1되(升), 10되=1말(斗), 10말=1석(石)이었다.

시부사와 에이이치(澁澤榮一, 1840~1931)

미쓰이가의 사람들과 함께(앞열 우측에서 두 번째). 시부사와는 후술하는 서쪽의 고다이 도모아쓰(五代友厚)와 함께 서구자본주의 국가를 직접 경험하여 실업가로서 산업국가로의 길을 열었다. 시부사와는 '합본조직(合本組織)'이라고 했고, 고다이는 '회사합력(會社合力)'이라고 했는데, 모두 회사의 중요성을 지적했다.

대장성 출사

1868년 11월 막부가 와해되고 왕정복고가 이루어졌다는 소식을 듣고 시부사와는 서둘러 귀국한다. 이듬해인 1869년 에이이치는 오쿠마 시게노부大隈重信 대장성 대보大輔=(차관)의 종용으로 대장성에 출사해 조세정租税正에 취임한다.[35] 1871년 오쿠마가 참의가 되면서 이노우에 가오루井上馨가 오쿠마의 뒤를 이었다. 에이이치는 상사인 이노우에와 친분을 쌓

---

35 당시 시부사와는 민부성(民部省) 가이세가카리(改正掛)로서 조세정(租税正)을 겸무했다. 가이세가카리는 1869년 12월 20일에 민부성에 설치된 부국으로, 1870년 8월 6일에 대장성으로 이관되었고 1871년 9월 11일 대장성과 민부성이 재통합할 때 폐지되었다. 메이지정부에 필요한 제도개혁의 소안(素案)을 작성했다. 이때 오쿠마는 민부성과 대장성의 대보를 겸하고 있었다.

았다. 이노우에와의 만남은 이후 에이이치가 나아갈 방향을 크게 결정짓게 된다. 에이이치는 이노우에와 함께 화폐·금융·재정제도의 조사·연구와 개혁에 임했다. 또한 이때 대장성은 회사설립을 계몽하기 위하여 『회사변會社辨』과 『입회약칙立會略則』을 간행했는데, 이는 시부사와가 발안한 것이었다. 합본기업合本企業, 특히 주식회사제도는 유럽 체재 중에 시부사와가 가장 감탄했던 서양의 경제제도였다. 이를 가능한 빨리 일본에 도입하고 싶어 했던 시부사와의 열의를 잘 알 수 있다.

그러나 1873년 에이이치는 정부예산 절약에 의한 재정정리안이 정부 내에서 받아들여지지 않자 이노우에와 함께 대장성을 사직하고 관직에서 물러났다. 이때부터 경제인으로서 시부사와의 활동이 시작된다.

제1국립은행 창설

이상에서 살펴보았듯이 시부사와 에이이치는 부유한 호농상豪農商 집에서 태어나 초야의 지사를 거쳐 무사가 되었고, 유신 후에는 정부관료가 되었다. 고작 10년 남짓한 기간 동안 변화무쌍했다. 이 과정에서 시부사와는 확실히 에도시대의 사농공상이라는 신분질서 속에 머물 수 없는 존재가 되었다. 시부사와는 여러 계층이 서로 겹치는 경계적marginal 위치에 몸을 둔 사람이 되었다.

메이지기의 혁신적 기업자에는 시부사와와 유사한 마지널 맨marginal man이 많다. 본서에 등장한 이와사키 야타로岩崎彌太郎, 야스다 젠지로安田善次郎, 후지타 덴자부로藤田傳三郎, 아사노 소이치로淺野總一郎 등은 모두 이에 해당한다.

변혁기에는 왜 마지널 맨이 활약하는 것일까? 진부한 설명일지도 모르지만 기존 계층의 코어부분에 위치하는 사람보다도 마지널 맨이 기존 각 계층의 가치체계로부터 자유로웠기 때문일 것이다. 변혁기에 요구되는

제1국립은행 지폐

시부사와 에이이치의 요청으로 1873년에 설립된 제1국립은행은, 미쓰이구미(三井組)와 오노구미(小野組)의 공동출자였다. 자본금 244만 엔, 은행장에는 미쓰이 하치로에몽(三井八郎右衛門, 다카요시[高福])과 오노 젠스케(小野善助)가 취임했고, 관을 그만둔 시부사와가 총감역을 맡았다. 오노구미 파산 후에는 시부사와가 은행장이 되었다. (일본은행금융연구소화폐박물관 소장)

의식의 뉴딜New Deal[36]에는 민첩함이 필요했던 것이다.

그렇다고 하더라도 고작 10년에 불과한 기간에 잇달아 활동의 장을 바꾼 에이이치의 민첩함에는 놀라움을 금할 수 없다. 그와 동시에 궁벽한 무사시노쿠니武藏國의 일개 호농상의 아들이 이 정도로 변신할 수 있었던 유신기의 높은 사회적 유동성에도 새삼 주목하지 않을 수 없다. 한계적 계층의 출현을 허용하고 세습적 신분의 가치를 절대시하지 않으며 능력과 업적을 중시하는 가치관이 널리 침투해 있었던 것이 시부사와를 낳은 사회적 기반이었다고 할 수 있을 것이다.

관직에서 물러난 시부사와에게 최초의 비즈니스는 제1국립은행에 관

---

36 '변혁'이나 '재출발' 등을 의미한다고 할 수 있다.

여한 것이었다. 이미 살펴본 바와 같이 제1국립은행은 미쓰이구미와 오노구미의 공동출자로 설립되었으나 두 구미의 사이가 좋지 않았기 때문에 시부사와가 총감역總監役에 취임할 수 있었다. 취임 이후 점차 실권을 장악했고, 이후 시부사와는 43년 동안 제1국립은행에 군림했다. 이 은행은 시부사와에게 있어서 경제활동의 모태가 되었다.

그 무렵부터 시부사와는 연이어 많은 회사·기업을 설립한다. 초지회사抄紙會社(후일 오지제지王子製紙), 공동운수共同運輸(후일 우편기선미쓰비시회사郵便汽船三菱會社와 합병하여 일본우선日本郵船), 오사카방적大阪紡績(현재의 동양방적東洋紡績), 홋카이도탄광철도北海道炭礦鐵道, 삿포로맥주札幌麥酒, 도쿄인조비료東京人造肥料(후일 대일본인조비료大日本人造肥料, 현재의 닛산화학日産化學), 이시카와지마조선소石川島造船所, 제국호텔 등 너무 많아 셀 수 없을 정도이다. 평생 관계한 회사는 500사에 달한다고 하는데, 이사 등 임원으로 있었던 회사만 들면 49사이다. 벽돌제조, 제망製網, 인조비료, 보험, 조선造船, 제지, 가스, 맥주 등 구미의 기술이나 지식을 도입한 새로운 산업과, 철도나 축항 같은 인프라스트럭처에 관련된 것이 많았던 것을 알 수 있다.

오거나이저로서의 시부사와

그리고 이것들은 모두 거액의 자본을 필요로 하는 사업이었다. 시부사와가의 동족가계수지同族家計收支를 연구한 시마다 마사카즈島田昌和에 의하면, 시부사와가 스스로도 대자산가로서 이들 기업에 출자하거나 대부를 했고, 이로부터 얻을 수 있는 인컴 게인income gain(배당수입 등)과 보유주식의 가격상승에 의한 캐피털 게인capital gain(주식가치 상승 등에 의한 수입)을 통해 신규 사업에 계속 투자했다고 한다「産業の創出者·出資者經營者」. 그러나 이들 사업을 병행하는 이상 시부사와가의 자금만으로 꾸려 나가는 것은 곤란했다. 시부사와는 "소자본을 모아서 대자본으로 만드는", 즉 합본주의로 이를 해결하고자 했다. 그리고 이것이야말로 시부사와가 유럽에서 배운 가장 큰 지혜였다. 회사설립의 프로모터(발기인)로서 활약한 점, 이것이 가장 특기할 만한 시부사와의 기업자활동이었다.

오거나이저로서의 시부사와의 역할은 회사설립에 그치지 않았다. 상법강습소, 도쿄상법회의소, 도쿄주식거래소東京株式取引所, 도쿄은행집회소, 도쿄어음교환소 등 비즈니스 단체의 창시자로서 뛰어난 수완을 발휘했다. 도쿄상법회의소東京商法會議所(1878년 설립)는 불평등조약[37]의 개정을 두고 교섭할 때, 경제계의 여론형성을 위해 오쿠마 시게노부나 이토 히로부미가 시부사와에게 설립을 권장했다고 알려져 있다. 하지만 다른 측면에서는 초닌町人을 위한 구제기관으로 기능해 온 에도초카이쇼江戸町會所(1771년 설립)를 계승한 도쿄(에이젠營繕)회의소가 해산되면서 "실업가로서 상호 연락을 도모하고 상공업 발전에 기여하는 데 있어서 유력한 단체가 없는 것은 정말 불안하다"(시부사와)고 생각하는 상공업자를 위해 결성된 것이다. 초대 회장에는 시부사와가 취임했다. 그 밖에 시부사와는 수많은 재계단체에 관계하고, 재계에서 발생하는 문제들을 조정했다. 조정하는 역할 외에도 경제계나 기업의 입장을 대표하여 정치ㆍ외교ㆍ교육ㆍ문화 등의 광범위한 분야에 대해 발언하였다. 또한 정부의 정책이나 방침을 기업이나 재계단체에 전달하고 정부와 재계를 매개하는 역할을 수행했다. 시부사와는 그야말로 일본 특유의 소위 '재계인' 제1호였다.

그렇다면 어째서 시부사와 에이이치는 오거나이저로서 활약할 수 있

---

37 1858년에 에도막부가 미국주일총영사 해리스와 체결한 미일수호통상조약을 말한다. 영사재판권을 규정했고, 관세자주권을 부정하는 불평등조약이었다.

었을까? 그 주요한 이유 중 하나는 합본주의 그 자체에 있었던 것으로 보인다.

주식회사제도로

구미열강의 경제적 압력 속에서 급속도로 근대화를 도모해야 했던 후진국 일본에서 합본제도, 그중에서도 주식회사제도는 적합한 자본조달 방법이었다. 왜냐하면 철도, 방적, 은행, 보험, 제당, 제지, 전등 등 서양에서 이식된 산업의 기업起業에는 대자본이 필요했고 높은 리스크를 각오해야 했기 때문이다. 단독으로 이것을 감당할 수 있는 개별자본의 성장은 늦어지고 있었고 그것이 가능했을지도 모를 구도시상인은 높은 리스크를 감당할 용기가 없었다. 근대공업부문에 단번에 대량의 자금을 투입하려 한다면 주식회사제도에 의존하는 수밖에 없었다.

그러나 그 실현이 반드시 용이하지는 않았다. 먼저 첫째로 에도시대에는 주식회사조직이 없었기 때문에, 사람들에게 그 메커니즘을 이해시킬 필요가 있었다. 시부사와가 『회사변』, 『입회약칙』 등 회사에 관한 계몽서 출판에 힘쓴 것은 이 때문이었다.

둘째, 본래 주식회사제도에서는 해당 기업의 사업내용이나 수익성 등에 관한 정보가 투자가에게 공개되고 투자가는 그것에 기반하여 투자 여부를 결정하는데, 자본시장이 성장하지 못한 자본주의 초기단계에 이것은 불가능한 일이었다. 이와 같은 상태에서는 유력한 발기인이 리더십을 발휘하여 혈연이나 지연 그 밖의 연고를 찾아 사회의 다양한 계층으로부터 자금을 모을 수밖에 없었다. 당시 그러한 자금을 가지고 있던 것은 화족, 지주, 대상인들이었만 그들은 대체로 신산업에 대한 투자에 소극적이었다. 그러나 그들의 사회적 지위prestige가 높았기 때문에 그들에게 출자를 승낙하게 함으로써 다른 소자본가를 안심시켜야만 했다. 즉 메이지기의 주식회사는 '봉가장奉加帳'[38] 방식으로 출자를 모집했는데, [사람들로부터] 기부금을 모으기 위해서는 필두인筆頭人[39]이 필요했다.

이런 사정 때문에 메이지기의 자본가들은 그룹을 형성하고 있는 경우가 많았다. 예를 들면 시부사와가 설립을 주도한 오사카방적에 거액의 주식출자를 한 마에다가前田家, 하치스가가蜂須賀家, 모리가毛利家 등의 화족 출자 그룹이나 오사카에서는 다나카 이치베田中市兵衛 그룹, 후지타 덴자부로藤田傳三郎 그룹, 마쓰모토 주타로松本重太郎 그룹, 오카바시 지스케岡橋治助 그룹 등의 자본가 그룹이 있었다. 그들은 투자에 있어 공동보조를 맞추는 경우가 많았다. 그들은 각자가 지역의 명망가顔役이자 회사설립 봉가장의 필두인이었으나, 시부사와는 이들을 넘어서는 전국적 규모의 필두인이었다. 각 지역의 자본가 그룹이 가진 자금량을 넘어서는 대규모 주식회사의 경우에는 여러 그룹의 출자 참가를 요청해야 한다. 이 경우 필두인은 다수 그룹을 규합하는 수완과 그룹 간의 출자 균형을 맞추는 조정능력을 겸비해야 했다. 시부사와가 바로 이런 인물에 해당했다.

---

38 사원이나 신사의 조영(造營), 수선, 경전간행 등의 사업(勸進)에 대해 금품 등의 기진(寄進=奉加)를 행한 인물의 명칭, 품목, 수량을 열거해 기록한 장부를 말한다. 기진장(寄進帳)이라고도 했다. 원래 이런 사항은 권진의 취지 등을 기록한 권진장(勸進帳) 말미 같은 곳에 열거하는 것이 보통이지만, 기진활동이 활발해진 헤이안시대 말기부터 가마쿠라시대에 걸쳐 본래의 권진장과는 별도로 봉가장을 작성해 기진자의 인명과 그 내용에 대해 기재하게 되었고, 권진에 참가한 봉가자의 소원 등이 부기되는 등 독자적인 형태의 장부로 발전해 갔다. 에도시대가 되면 일반 행사에 이루어지는 기부에 대해 기부자와 그 내용을 기록하기 위해 작성된 장부를 봉가장이라 부르게 되었다. 여기서 발전하여 '봉가장방식'이라는 것은 어떤 집단에서 그 구성원이 서로의 인간적 사귐을 고려해서 금전적 부담 등을 하게 하거나 서명하게 하는 것을 말한다. 즉, 국가나 마을에서 벌인 사업을 위해 자금을 모을 때 많은 사람들이 내니까 나도 내야 하지 않을까 하는 마음을 이용해 '자발적'이라는 미명하게 거두는 것이다. 이 기부행위를 촉진시키기 위해 명망가의 기부를 요청하게 되면 이 명망가의 이름을 보고 다른 사람들이 떠밀려 기부하게 되는 것을 말한다.

39. 명망가 중에서 제일 앞장서 돈을 내는 사람을 말한다.

오사카방적회사와 상표

1883년부터 조업을 시작해, 후발국의 기술적 열위(劣位)를 불식시키고, 메이지 20년대(1888년 이후)에 급성장을 이루었다. 오사카방적의 성공이 후속기업의 참입(參入)을 촉진시켰다. (東洋紡績 소장)

1882년에 설립된 오사카방적은 이런 시부사와의 능력이 유감없이 발휘된 대표적 사례이다. 이 회사의 자본금 25만 엔은 당시의 일본에서는 파격적인 규모였는데, 시부사와의 설득으로 마에다, 하치스가, 모리 등의 화족 그룹, 목면 도매상 등의 도쿄상인 그룹, 마스다 다카시益田孝나 오쿠라 기하치로大倉喜八郎 등의 도쿄 부호, 후지타 덴자부로나 마쓰모토 주타로松本重太郎, 스미토모 기치자에몽住友吉左衛門 등의 오사카 부호, 합계 95명으로부터 조달되었다.

셋째, 시부사와와 같은 오거나이저의 역할은 회사 설립 때에만 한정된 것이 아니었다. 주식회사의 자본금이 이상과 같은 방법으로 모였기 때문에 회사는 자본가 그룹의 대표를 이사에 줄줄이 올릴 수밖에 없었다. 그러나 이러한 대주주는 보통 리스크 분산을 위해 다수의 주식회사에 분산 투자하고 있었기 때문에 여러 회사의 중역을 겸임하고 있었다. 이들은 비상근인데다가 특정 업무에 대한 전문지식을 갖고 있지 않았으며, 업적이나 이익처분에만 관심을 갖는 존재였다. 자연히 일상적 경영관리업무나 경영정책의 입안에 관한 일체는 지배인이나 기사장 등의 관리직 사원에게 위임되었다.

회사설립 프로모터에게는 사실상의 톱 매니지먼트 직책을 담당할 관리직 사원을 선임하고 감독하는 것이 상당히 중요한 일이었다. 다시 오사카방적의 경우를 보자. 시부사와는 개업에 앞서 니시아마네주쿠西周塾의 영재로 알려졌으며 당시 영국 유학 중이던 야마노베 다케오에게 연수비를 보내 방적기술을 습득하게 하고 귀국 후에는 공무지배인의 자리에 앉혔다. 오사카방적의 성공 요인 중 하나가 야마노베의 등용에 있었다는 것은 잘 알려진 바와 같다.

덧붙여서 오거나이저는 회사설립 후 그 지위가 중역이건 아니건 회사의 운영에 상당한 책임을 져야 했다. 이미 언급했듯이, 당시의 대규모 주식회사는 서로 다른 계열의 자본가 그룹들이 다양하게 모여 있던 곳이었기 때문에 주주들 사이의 분규가 종종 발생했다. 그리고 출자자 중 다수는 회사의 사업내용보다도 수익성과 이익처분에 더 많은 관심을 갖고 있었기 때문에 회사는 고배당 혹은 정률배당을 요구하는 주주의 압력을 끊임없이 의식해야 했다. 사실상 톱 매니지먼트를 담당한 관리직 사원은 많은 경우 주주가 아니거나 소액주주였기 때문에, 경영방침에 대해 대주주로부터 종종 비난을 받았다. 오사카방적에서도 야마노베 다케오는 후일 이사가 되어 명실상부 톱 매니지먼트를 담당했으나 여전히 대주주에게는 사용인 같은 취급을 받아 종종 공격에 노출되었다. 이때 야마노베를 지지하며 지켜준 것은 이 회사의 사장도 이사도 아닌 상담역에 불과했던 시부사와였다. 이런 조정능력 역시 오거나이저에게 요구되었던 것이다.

시부사와의 실업사상

그렇다면 오거나이저는 어떤 자질을 겸비해야 했을까? 다시 말하자면 어째서 시부사와는 오거나이저가 될 수 있었을까? 그 이유는 요컨대 '번벌藩閥 정부의 권위', 그중에서도 특히 이노우에 가오루井上馨와의 밀접한 접촉에 있었다고 할 수도 있을 것이다. 분명 메이지기의 신규 사업은 많은 경우 이식산업이었고, 그에 관한 기술정보나 금융적 지원을 얻기 위해서는 정부와의 강한 커넥션이 필요했다. 그러나 과연 그뿐이었을까? 정부요인, 정치가와 긴밀한 관계를 가진 실업가는 시부사와 외에도 많이 있었다. 시부사와는 오히려 '정상政商'이라는 이름으로 불리는 경우가 적은 실업가였다. 시부사와의 '재계인'이나 '명망가'로서의 힘, 카리스마의 원천을 찾기 위해서라도 우리는 여기에서 전전 일본 실업계에 많은 영향력을 가졌다고 알려진 시부사와의 언설과 사상을 살펴봐야 한다.

시부사와 에이이치의 사상은 유교논리를 기본으로 하고 있으며 그 자신의 표현에 따르면 '도덕경제합일설道德經濟合一說'이라 불린다. 그 에센스는 다음과 같다.

공익公益은 곧 사리私利, 사리는 능히 공익을 낳는다. 공익이 될 정도의 사리가 아니라면 진정한 사리라고는 할 수 없다. (중략) 상업에 종사하는 사람은 부디 이 의의를 오해하지 말고 공익이 될 만한 사리를 영위했으면 한다. 이 모든 것이 일신일가一身一家의 번영을 가져올 뿐 아니라 동시에 국가를 부유하게 하고, 사회를 평화롭게 만들기 때문이다. (중략) 부를 쌓고 영달하는 행위와 인간의 도리인 인의도덕이 과연 병행될 수 있는 것일까? 세간에서는 자칫 이 둘의 관계를 오해하여 인의도덕을 행하면 이용후생利用厚生의 길에 어긋나고, 부귀영달을 바란다면 자연히 인도人道에 부족한 부분이 생긴다고 해석하는 사람도 없지 않다. 그러나 나는 이 양자는 어디까지나 합치평행合致平行할 수 있음을 믿어 의심치 않는다. (중략) 정업正業의 업체業體[40]라면 공익과 사리는 거의 동일한 것이고, 장사하는 사람이 자신의 이익을 위하여 업체를 경영하는 것은 곧 나라에 충성하는 것과 어찌 다르겠는가, 전혀 차이가 없다고 보아도 좋다.

요컨대 '사업이 정업이라면 공익과 사리는 일치한다'는 것이 시부사와가 가장 주장하고 싶었던 것이다. 단순한 논지이며 각별히 감명을 받을 언설이 아니다. 그러나 그것은 전통적 교의에 대한 중대한 수정이었다.

사농공상의 도쿠가와 사회에서는 뿌리 깊은 '천상관賤商觀'이 있었다. "상인의 마음은 수공업자나 농민百姓과 달라, 열심히 노력하지 않고 가만히 앉아 이익을 취하는 자이다"(오규 소라이荻生徂徠)라거나, "초닌町人이라는 자들은 단지 사무라이들의 녹을 빨아먹을 뿐으로 달리 득 될 것이 없는 자이다, 실로 쓸모가 없는 식충이다"(하야시 시헤이林子平), "(상인은) 다만 이利는 알고 의義를 모른다. 자신을 이롭게 하는 것만 생각한다"(야마가 소코山鹿素行)는 식으로, 시대의 오소독시orthodoxy에서는 앞의 인용문에서 시부사와가 말하는 것과 같이 '인의도덕'과 '생산식리生産殖利'는 양립할 수 없는 것이었다. 금이나 동전 같은 '돈'은 더러운 것이며

---

40 원문에 나와 있는 '정업(正業)의 업체(業體)'는 정당하게 경영하는 또는 장사하는 업체라는 의미이다. 정업에 대응하는 것으로는 사기나 협잡 등을 들 수 있을 것 같다.

정치적 엘리트인 무사는 부를 추구하지 않고 의義의 길에 정진해야만 했다. 그만큼 '사리'를 추구하는 상인의 사회적 위치는 낮았다.

시부사와가 막말에 유럽으로 갔을 때 놀랐던 점은 서양에서는 비즈니스맨이 군인이나 정치가와 대등한 관계에 있었던 점, 벨기에 왕이 그 나라에서 생산한 철을 팔았던 점, 왕후 귀족도 비즈니스에 관심을 가지고 있었던 점 등이었다고 한다. '생산(자산형성)식리'나 '이용(실용우선)후생'은 업신여길 것이 아니라 입국의 기초라는 것을 배웠다. 그리고 그것을 위해서는 시부사와는 비즈니스맨의 사회적 위신을 높이고, 유망한 인재가 실업계에 들어갈 모티베이션을 높여야 한다고 생각했다. 시부사와에게는 천상의식賤商意識의 극복이 과제로 느껴졌던 것이다.

의식변혁을 위하여

1873년 시부사와는 관에서 물러나며 대략 다음과 같은 말을 남겼다.

국가의 기초는 상공업에 있다. 정부의 관리는 평범한 사람이어도 좋다. [하지만] 상인은 현재賢才이어야 한다. 상인이 현명하려면 국가의 번영을 유지해야 한다. 예로부터 일본인은 무사를 귀히 여기고, 정부의 관리가 되는 것을 무한한 영광으로 받아들였으며, 상인이 되는 것을 치욕이라고 여긴 것은 애초에 본말이 전도된 것이다. 일본의 현재 급선무는 일반 인심으로 하여금 애써 이런 그릇된 견해를 버려 상인의 품위를 높이고, 인재를 독려하여 상업계로 향하게 하며, 상업사회를 사회의 최상위에 위치시킴으로써, 상인은 곧 덕의德義의 표본, 덕의의 표본은 곧 상인이라는 그런 영역에 도달시켜야 한다.

또한 1889년, 도쿄고등상업학교東京高等商業學校(현재의 히토쓰바시대학—橋大學)의 제1회 졸업식에 참석하여 다음과 같이 연설한다.

> 일본에서는 무훈무공武勳武功으로 유명한 사람을 칭찬하게 됩니다만,……결국 이 망상을 만들어내는 것도 상업의 지위가 낮다고 잘못 생각하고 있기 때문이라고 알고 있습니다. 제가 상인의 한 사람이기 때문에 이런 말씀을 드리는 것도 주제 넘는 일입니다만, 상인이 명예로운 지위가 아니라고 누가 말했습니까? 저는 상업으로 국가의 홍익鴻益을 이룰 수 있습니다. 공업으로 국가의 부강 역시 도모할 수 있습니다. 상공업자의 실력은 능히 국가의 위치를 높이는 근본이라 해도 좋지 않을까 생각합니다.

이렇게 시부사와는 '사리' 추구가 '의'에 어긋나지 않음을 강연과 언론을 통해서, 또한 무엇보다도 스스로가 발기한 회사의 주식자금을 모집하는 기회를 통해 거듭 역설했다 이렇게 함으로써 시부사와는 신시대의 '실업'이 전통사회의 '농공상'과 완전히 별개의 것이라는 관념과 의식을 사회에 침투시킨 것이다.

이것은 근대산업에 대한 인재의 공급이라는 점에서 절대적인 효과를 가져왔다. 막말·유신기에 유학留學이나 독서를 통해 서양 선진국들과 일본의 갭을 지각하여 변혁의 필요성을 인식하고 그 실현에 책임을 느낀 엘리트층이 속속 실업계에 투신하게 되었기 때문이다. 시부사와의 가장 큰 공헌은 이와 같은 의식변혁의 이데올로기를 창출한 점에 있었다고 할 수 있다.

시부사와 사상의 함정

그러나 시부사와의 경제논리에는 함정이 있었다. 지금까지 검토했듯이, 시부사와의 '도덕경제합일설'은 본래 비즈니스의 사회적 위신을 높이기 위한 언설이었다. 그것은 레토릭rhetoric(수사적 표현)이었다고도 말할 수 있을지 모른다. 그러나 그 레토릭은 다른 의미를 파생하게 되었다.

시부사와가 가장 자주 인용한 『논어』의 한 구절은 "부유함과 고귀함은 사람들이 원하는 바이지만, 도道로써 하지 않으면 얻어도 머무르지 않고, 가난함과 천함은 사람들이 싫어하는 바이지만, 도로써 하지 않으면 얻어도 떠나지 않는다"(『澁澤榮一自敍傳』)였다. 이는 "재산과 지위는 사람들이 원하는 것이다, 정당한 이유로 손에 넣은 것이 아니면 그것에 눌러앉아 있을 수 없다. 가난함과 천함은 사람들이 싫어하는 것이다. 정당한 이유가 없는데 그렇게 되었다면 거기에서 벗어날 수가 없다"는 의미인데, 시부사와는 "정당한 도리로 얻은 부귀라면 괜찮다"고 해석한다. '그 도道(정당한 도리)'라는 유보를 두고 있으나, 사리와 공익은 매개를 두지 않고 매우 직접적으로 연결된 것이다.

이는 두 가지 문제를 일으키게 되었다. 하나는 대부분의 사적 영리행위를 공적 행위라 강변하는 논리를 이끌어낸 점이다. 또 하나는 역으로 공리와 연결되지 않는 사적 영리행위는 '그 도'에 어긋나는 것으로 여겨지는 풍조가 생겨난 점이다. 이 둘은 완전히 대조적인 것처럼 보이지만 사적 영리행위의 사회적 정당성을 뒷받침하는 경제윤리의 생성을 없애버렸다는 점에서 공통되는 것이었다. 이리하여 시부사와적 이념을 신봉한 회사기업의 경영자는 자신의 비즈니스를 '국사행위國事行爲'로 의식하게 되었다. 기업은 사적 영리집단이 아니고 '공公'이기 때문에, 시민보다 상위에 위치한다는 관념을 낳게 되었다. 국가—기업—시민이라는 사회서

열이 생겨났고 기업은 국가에 봉사하고 있는 이상 새삼스럽게 시민이나 지역과의 연계를 고려할 필요가 없는 것으로 생각되었다.

이와 같이 시부사와적 이념은 명백히 비즈니스맨의 사회적 위신을 높이고 경제적 향상을 선으로 하는 가치관을 확립함으로써, 경제발전에 플러스 효과를 가져왔다고 할 수 있을 것이다. 그러나 다른 면에서 그것은 사적 영리활동을 공익·국익과 연결시켜 가치를 부여하는 사고방식이었기 때문에 전시하의 울트라 내셔널리즘 앞에서 맥없이 무릎 꿇을 수밖에 없는 일본의 비즈니스의 나약함을 초래하고 말았다.

비즈니스 리더의 역할(2)- 고다이 도모아쓰

사쓰마의 고다이 도모아쓰

고다이 도모아쓰五代友厚는 1835년 12월 26일, 사쓰마번薩摩藩의 유학자儒者 고다이 나오자에몽히데타카五代直左衛門秀堯의 차남으로 태어났다. 아버지 히데타카는 한학에 조예가 깊고 마치부교町奉行를 겸하고 있었으며, 번주 시마즈 나리아키라島津齊彬의 브레인 중 한 사람이었다고 한다. 고다이가는 가격家格도 녹봉액祿高도 높은 편에 속해 있었다. 아명은 도쿠스케德助 혹은 사이스케才助, 도모아쓰友厚로 개명한 것은 메이지가 된 이후였다. 호를 쇼인松陰이라 했다.

1854년 부친 사후, 번에 출사했다. 1857년, 나가사키해군전습소에서 공부했다. 나가사키해군전습소는 막부가 네덜란드의 해군사관을 초빙하여 막부 및 여러 번들에서 파견한 학생들에게 항해, 포술砲術, 측량, 수학 등을 가르치기 위해 설립한 것이다. 개명파開明派로 알려진 시마즈 나리아키라는 십 수 명의 번사를 이곳으로 보냈다.

전습소에는 가쓰 린타로勝麟太郎(가이슈海舟), 에노모토 가마지로榎本釜

고다이 도모아쓰(五代友厚, 1835~1885)

작가 오다 사쿠노스케(織田作之助)는 '히데요시(秀吉) 이후의, 아니 적어도 메이지기 오사카의 지도자로서 개발자로서 도모아쓰와 견줄 만한 사람은 한 명도 없다'고 고다이를 높게 평가했다. 확실히 근대 오사카의 대은인이다. 오사카를 상업도시에서 '버밍엄과 같은 공업도시'로 전환시키고, 메이지유신의 혼란기에 방향을 잃고 있던 오사카상인에게 자본주의화의 길을 지도했다. 안타깝게도 49세에 사망하고 말았다. (大阪商工會議所 소장)

次郎(다케아키武揚), 모토키 쇼조本木昌造, 사노 쓰네타미佐野常民, 사이쇼 아쓰시稅所篤, 가와무라 스미요시川村純義, 마쓰키 고앙松木弘安(데라지마 무네노리寺島宗則) 등 막말·메이지기에 정치가, 고급 기술자, 신지식인으로서 활약한 인물도 와 있었다. 다음해 일시 사쓰마로 귀국하라는 명령을 받았으나 1859년에 다시 나가사키로 유학, 그 이후 1868년까지 통산 11년 정도, 해외 여행기간을 제외하더라도 9년간, 고다이는 나가사키에서 지내게 된다. 세계로 향하는 창구이자 전국의 인물들이 모이는 나가사키에서 청년시대의 대부분을 보낸 것은 고다이가 개국사상에 눈을 뜨는 계기가 되었다. 이 기간 동안 고다이는 사쓰마 번사 마쓰키 고앙, 나미에 노큐에몽波江野休右衛門, 나카이 히로시中井弘(오슈櫻洲), 나가사키 통사通詞 호리 다카유키堀孝之, 이와세 고호岩瀬公圃, 모토키 쇼조本木昌造, 나가사키 상인으로 사쓰마 어용상인이었던 나가미 덴자브로永見傳三郎, 나가미 요네키치로永見米吉郎, 난방의蘭方醫 [41] 마쓰모토 료쥰松本良順 등과 교유하여 평생의 친구가 되었다. 토마스 글로버T.B. Glover[42]와도 친교를 거듭하여 그 비호를 받게 되었다. 뒤에 이들은 고다이의 활동을 다양한 형태로 돕게 된다.

1862년 1월, 사쓰마번 오후나부교御船奉行[43] 부역副役(보좌역)이 된 고다이는 글로버와 함께 상하이上海로 건너가 사쓰마번을 위해 약 4만 료兩로 기선 1척을 매입했다. 같은 해 4월에도 막부선 치토세마루千歲丸에 선원으로 잠입하여 상하이로 도항, 그곳에서 시장조사를 담당했다. 이때 같이 배를 탄 초슈長州의 다카스기 신사쿠高杉晋作나 사가佐賀의 나카무타 구라노스케中牟田倉之助(뒷날 해군 중장)와 친구가 되었다.

1863년 나마무기사건生麥事件[44] 처리를 둘러싸고 사쓰에이전쟁薩英戰爭이 일어났다. 나가사키에 있던 고다이는 [사쓰마로] 귀국하여 마쓰키와 함께 3척의 군함을 이끌고 가고시마만鹿兒島灣에서 대기하고 있다가 영국 군함의 기습을 받아 나포된다. 요코하마로 납치된 고다이와 마쓰키는 그 뒤 석방되지만 영국과 개전한 책임자로서 막부로부터 엄중한 탐색을 받게 되었다. 또한 사쓰마에서도 3척의 군함을 잃은 것에 대해 책임을

---

41 에도시대에 네덜란드에서 전해진 의술을 말한다.

42 스코틀랜드 출신의 상인이다. 무기상인으로 막말 일본에서 활약하였다.

43 수군이나 해상운송의 일을 담당하는 관리였다. 부교(奉行)는 명을 받들어 행정사무를 집행한다는 의미이다. 특히, 마치부교(町奉行), 간조부교(勘定奉行), 지샤부교(寺社奉行) 등 무가(武家) 시대에 행정 사무를 담당한 각 부처의 장관을 가리키기도 한다.

44 1862년 8월, 나마무기무라(生麥村)에서 시마즈 히사미쓰(島津久光)의 행렬을 방해한 영국인을 사쓰마번사가 살상한 사건이다. 영국은 막부와 사쓰마번에 범인 인도와 배상금을 요구했다. 막부는 배상금을 지불했으나 사쓰마번은 거부했다. 사쓰에이전쟁의 원인이 되었다.

묻는 목소리나, 고다이 등이 석방되면서 영국에서 금 50료兩를 받은 것 때문에 영국과 내통하고 있던 것이 아닐까 하는 풍설이 나돌았다. 순순히 포로가 된 것도 무사도에 어긋난다고 비난받았다. 신변의 위험을 피하기 위해, 고다이 등은 의사 마쓰모토의 후원을 받으며 당분간 무사시노쿠니武藏國 구마가야熊谷에서 망명생활을 해야 했다.

영국으로 도항

일단 번의 일탈자로 낙인찍힌 경력은 고다이의 이후 활동에 적지 않은 영향을 미쳤다. 고다이는 평생 사쓰마의 무단파武斷派[45]로부터 호의적인 대우를 받지 못했던 것 같은데, 이는 포로 경력과 관계있을 것이다. 정치에 상당한 관심을 가지고 있던 고다이가 뒤에 정부를 떠나 민간인이 되어 실업인으로서 출세하고자 한 것도 일부는 이 사건의 심리적 갈등에 의한 것이었다고 생각된다.

1864년, 고다이는 사쓰마로 다시 돌아가도 좋다는 허락을 받았다. 귀국하게 되자, 고다이는 장문의 상신서上申書를 써 스스로의 죄과를 인정하는 동시에 다른 한편 존왕양이파尊皇攘夷派를 날카롭게 비판하고 사쓰에이전쟁은 이들 우매한 무리를 계몽할 천금 같은 기회였다고 논했다. 오히려 취해야 할 방책은 나라를 열고 교역을 활발하게 함으로써 부국강병을 이룩하는 것이다. 상하이무역을 활발하게 전개하여 여기서 나온 이익으로 영국, 프랑스 양국에 유학생을 파견하고 광산, 고로高爐(용광로),

---

45 1797년 8월 2일 사쓰마번의 제9대 번주 시마즈 다다모치(島津忠持)의 장남으로 태어난 다다유키(忠徹)가 1816년 부친의 은거로 가독을 승계했다. 다다유키는 번정(藩政)에서 문치를 장려했다. 하지만 그 때문에 가신단 사이에 무단파(武斷派)와 문치파(文治派)에 의한 파벌투쟁이 일어났고, 그로 인해 본가 사쓰마번도 개입하여 대규모 숙청이 이루어졌다. 결국 문치파가 승리하면서 1825년에 번교 학습관(學習館)이 창설되었다. 어려워진 번의 재정을 재건하기 위해 번찰 발행이나 제지업의 전매화 등이 이루어졌다.

제약 같은 분야의 기사를 초빙한다. 요컨대 약체인 일본의 현재 상황에서는 열강과 대치하는 것은 좋은 방책이 아니고, 개국하여 선진문명을 섭취함으로서 부국강병을 도모하는 것이 중요하다고 주장한 것이다. 이는 메이지 초기에 이와쿠라견구사절단岩倉遣歐使節團이 서구 문명에 경악하여 귀국한 뒤, 신정부의 주류파가 구상한 식산흥업과 부국강병 노선의 선구를 이루는 것이었다. 존왕양이사상이 거칠게 몰아치고 있던 막말에는 이단시되던 내용이었다.

그러나 고다이 구상의 일부는 예상 외로 빨리 실현되었다. 1865년에 이루어진 사쓰마번 영국 유학생의 파견이다. 파견단은 니로 교부新納刑部(나카조中三)를 단장, 마치다 민부町田民部(히사나리久成), 마쓰키 고앙, 고다이 도모아쓰를 인솔자, 호리 다카유키를 통사로 삼아 유학생 14명, 총 19명으로 구성되었다. 유학생은 주로 번의 양학소洋學所인 가이세이조開成所에서 선발한 10대 후반에서 20대 전반의 준재들로, 군사학을 전공하는 자가 많았다. 모리 아리노리森有禮(뒷날 문부대신), 요시다 기요나리吉田清成(뒷날 농상무차관大輔), 사메지마 나오노부鮫島尚信(뒷날 외무차관大輔), 이소나가 히코스케磯永彦輔(뒷날 캘리포니아에서 포도왕이 된다), 하타케야마 요시나리畠山義成(뒷날 가이세이학교 교장) 등 훗날 저명인이 되는 인물이 많이 포함되어 있었다. 물론 당시는 밀항이었고 '세키 겐조關研藏'라는 가명을 쓴 고다이를 비롯해 전원 가명을 사용하고 있었다.

무역업에 눈을 뜨다

1865년 5월에 영국에 도착하여 유학생을 런던대학에 위탁한 후, 니로新納와 고다이는 영국 각지를 시찰하고, 마쓰키는 영국 외교당국과 절충에 나섰다. 그들은 유학생 감독이라는 명목으로 파견되어 있었지만, 실제로는 사쓰에이전쟁薩英戰爭 이후 급격하게 가까워진 영국과의 친교를 돈독히 하는 사명이나 유럽 각지의 시찰, 물자 조달의 역할을 맡고 있었을 것이다.

니로와 고다이는 맨체스터나 버밍엄Birmingham을 시찰하고 대량의 총기와 방적·방직기계(방적기 364추, 역직기 100대)를 구입했다. 기계 방적업을 일으키는 것은 이미 시마즈 나리아키라가 구상하던 것이고 고다이는 그 유지를 계승한 것이겠지만, 영국 산업혁명의 주도산업인 방적업에 주목한 것은 혜안이었다고 해야 할 것이다. 이 방적기는 1867년, 가고시마방적소鹿兒島紡績所에 설치되어 일본 최초의 양식 방적기계가 되었다. 영국인 기사 6명이 초빙되고 200명의 직공이 작업에 종사했다. 1870년 직공 약간 명과 함께 이 기계는 사카이堺로 이설되어 국영 사카이방적소堺紡績所가 되었고, 다시 뒤에 기시와다방적소岸和田紡績所로 계승되어 1933년까지 가동되었다. 가고시마방적소와 사카이방적소는 그 후 세워진 방적소에 대한 기술 전습의 장으로서 활용되는 일도 적지 않았다. 또한 고다이 일행은 유럽 대륙으로 건너가, 벨기에에서는 프랑스 국적의 몽블랑 백작C.de Montblanc(1832~1893)과 무역상사 설립 계약을 맺었다. 이 계약은 사쓰마번과 몽블랑, 그리고 벨기에와 프랑스 출자자의 합작으로, 사쓰마번이 수입하는 군함이나 각종 기계, 기타 유럽 상품을 취급하고 광산 개발, 각종 공장이나 철도, 전신 등을 건설하는 회사 설립이 목적이었다. 사쓰마번이 영국과의 관계를 심화시키면서 계획은 결국 실현되지 못했지만 외자를 도입하여 사쓰마 뿐만 아니라 일본과 세계를 시야에 넣어 종합상사를 설립한다는 이 구상은 정말이지 웅대했다. 뒷날 고다이의 사업들은 이 구상에서 싹튼 것이 많았다.

외국상인과의 관계라는 측면에서 살펴보면 이 사쓰마번 유학생 파견 프로젝트 자체가 글로버의 지원에 의해 가능해진 것이었다. 이시이 간지

石井寬治의 연구에 의하면 글로버는 이 파견에 배를 제공하고 데다이手代라일 홈R. Holme을 동행시켰을 뿐만 아니라 런던의 매더슨상회, 자딘 메더슨 상회J. Matheson 상하이지점이나 홍콩지점과 연락을 취하여 일행에게 금융상 편의를 제공했다. 즉 고다이 일행이 영국에서 물자를 구입할 때에는, 매더슨상회 앞으로 어음을 발행하고, 사쓰마번이 이를 나가사키에서 결제하는 방법이 취해졌다.

고다이에게 성장 도상에 있는 자본주의국은 보고 듣는 모든 것이 놀라움의 연속이었다. 새로운 산업이야말로 새로운 시대를 열 것이라는 확신을 가진 고다이는 여행 중 사쓰마번주에게 부국강병 제18개조를 보냈다. 여러 다이묘들이 협력하여 상사를 설립할 것, 무역을 행할 것, 방적회사를 설립할 것, 외국인 기사를 초빙할 것, 사형 폐지, 번제개혁藩制改革 등이 그 내용이었다. 광산의 경영조직, 상업회의소에 대한 지식 등도 이 여행에서 얻은 것으로 생각된다. 정말이지 실업가 고다이 도모아쓰의 자질은 이 유럽 시찰에서 크게 육성되었다고 할 수 있을 것이다.

내셔널리스트의 일면

귀국 후 1866년, 고다이는 어용인석御用人席 외국담당外國掛에 임명되어 나가사키에서 외국영사, 외국상인과의 절충에 분주하는 동시에 초슈長州 기타 도막파倒幕派 번들에 글로버로부터 매입한 무기를 공급하였다. 그 동안 가쓰라 고고로桂小五郎(기도 다카요시木戶孝允), 다카스기 신사쿠高杉晉作와 상의하여 시모노세키下關에 상사를 세우고 사쓰마-초슈의 직접 교역을 행하는 한편, [한국의] 동해東海와 세토내해瀬戸内海의 접촉지점에서 국내 상업을 제압할 계획을 세웠다. 이는 실현되지 못했지만 사쓰마의 기선 가이몬마루開門丸를 잘 활용하여 쌀, 탄약, 무기 등을 여러 번에 팔고 사카모토 료마坂本龍馬의 해원대海援隊와 함께 오사카, 에도를 중심으로 하는 교통기구를 대신할 번제교역기구藩際交易機構를 구체화시켜 갔다. 이러한 행동을 통해 가쓰라 고고로, 다카스기 신사쿠, 이노우에 몬타井上聞多(가오루馨), 이토 슌스케伊藤俊輔(히로부미博文), 사카모토 료마 등 다수의 지사와 교류하여 '사쓰마의 고다이'라는 이름은 지사들 사이에 널리 알려졌고, 그 개명적 지식은 높게 평가되기에 이르렀다.

고다이가 나가사키에서 행한 사업 중 하나로 고스게수선장小菅修船場, 소위 소로방독(주판 dock)의 건설이 유명하다. 고스게독은 사쓰마번 가로家老 고마쓰 다테와키小松帶刀, 고다이 도모아쓰, 글로버 등과, 고노이케 젠에몽鴻池善右衛門, 다쓰미야 규자에몽辰巳屋久左衛門, 치구사야 소주로千草屋宗十郎 등 오사카 환전상과의 공동출자로 건설되었다. 고스게독은 사쓰마번과 다른 번들, 외국 선박의 수리를 목적으로 건설된 일본 최초의 본격적 수선장修船場으로, 당시로서는 지금까지 없던 대공장이었다. 1869년 정부에 매입되고 뒷날 1887년에 미쓰비시에 불하되어 미쓰비시 나가사키조선소의 기초가 되었다.

신정부가 성립하자, 고다이는 참여직參與職 외국사무담당外國事務掛, 1868년에는 외국사무국 판사에 임명되어 오사카에서 근무하게 되었다. 고베神戶에서 발생한 히젠번사備前藩士와 영불 양국 병사의 충돌 사건, 프랑스 수병과 도사번사土佐藩士 사이에 일어난 사카이사건堺事件, 교토에서 일어난 영국 공사 파크스Sir H.S. Parkes 습격 사건 등에 대한 사후 처리에서 고다이는 기민하게 행동하여 그 외교적 수완을 높게 평가받았다. 또한 오사카운상소大阪運上所(세관)의 책임자로서 오사카개항규칙大阪開港規則을 정해 항만 정비, 거류지 건설에 수완을 발휘했다. 그 사이 프랑스의 몽블랑으로부터 전신 설치 청원, 미국 영사 로비넷W.M.Robinet으로부터 철도 부설 청원이 있었지만, 고다이는 통신과 교통의 정비는 국가가 직접 해야 할 사업이라고 해서 받아들이지 않았다. 전술한 바와 같이, 유럽 체재 중에 몽블랑과 합작으로 상사 설립 계약을 체결한 적이 있는 고다이였지만 본질적으로는 내셔널리스트였던 것이다.

조폐료造幣寮(현재의 조폐국)의 설치도 고다이의 업적이었다. 화폐제도의 혼란은 유신정부가 해결해야 할 중요 과제 중 하나였는데, 그를 위해서는 우선 균질한 화폐를 만들어야 했다.

고다이의 건의로 관영 화폐주조소가 오사카에 설치되게 되었다. 이때 고다이는 글로버에게 의뢰하여 홍콩에서 영국 조폐국의 중고기계를 구입하는 데 성공했다. 조폐료는 메이지 초기 최대의 서양식 종합공장이어서 유산硫酸, 소다, 코크스, 가스 등을 제조하여 이것들을 민간에 공급했다. 경영면에서도 복식부기를 채용하고 교육면에서는 닛신학사日進學舍라는 교육기관을 설치해 물리, 화학, 영어 등을 가르쳤다. 연구면에서도 세이미쿄쿠舍密局라는 화학연구소를 설치하는 등 오사카에 있어서 문명개화의 창구가 되었다.

개항 후의 새로운 국내상업과 외국무역의 전개에 대응하기 위해 정부의 권장으로 오사카에서도 통상회사와 환회사爲替會社가 설립될 예정이었다. 그 출자를 권유받은 고노이케, 나가타長田, 도노무라殿村, 히로오카廣岡, 이시사키石崎, 나카하라中原 등 당시 오사카의 유력 환전상들은 여기에 소극적이었다. 오로지 동족경영을 중시해 온 그들은 다른 가문과 공동으로 경영하는 합본기업合本企業의 형태를 이해할 수 없었다. 이러한 와중에 고다이는 오사카 초닌町人을 설득하는 데 분주하여 그들을 규합하는 데 성공했고, 설립 후에는 그 경영을 지도했다. 이 또한 오사카의 공동기업발생사에서 커다란 의의를 가지는 것이었다. 이와 같이 고다이의 활약은 눈부신 것이었고, 오사카의 경제계에서 그의 신망은 급속하게 높아졌다.

하지만 1869년 5월, 고다이는 갑자기 회계관會計官 권판사權判事[46]로서 요코하마로 전근하라는 명령을 받았다. 일반적으로 좌천이었다고들 한다. 하지만 고다이는 약 2개월 만에 회계관을 그만두었다. 재정개혁에 대한 고다이의 건의를 둘러싸고 고향 사쓰마에서 비난의 목소리가 높아진 것이 큰 이유였다고 한다. 또 하나의 이유는 고다이의 요코하마 전근 직후부터 고다이의 오사카 귀임을 요구하는 목소리가 오사카에서 일어나고 있었기 때문이다. 청년시대의 대부분을 나가사키에서 보내고, 유신 후에는 오사카에서의 일에 전력을 기울이고 있던 고다이에가 번벌藩閥 정부 안에서 편치 않았을 것이고, 오사카에 대한 애착도 있었을 것이다.

고다이의 사업전개

이런 경위로 고다이는 하야해 민간인이 된다. 오사카에서 실업가로서 제일보는 금은분석소(1869년)에서 시작되었다. 개항 후, 외국상인은 악화와 양화가 뒤섞여 있는 일본의 화폐제도에 주목하고 이를 녹여 분리함으로써 커다란 이익을 올리고 있었다. 이를 알게 된 고다이는 각종 화폐를 분석하여 지금地金을 추출하고, 이를 조폐료에 납입하는 기관의 설치를 구상했다. 이것이 금은분석소였다. 조폐료에서 외국인 기사 킨더T.W. Kinder로부터 기술을 배운 구제 요시히로久世喜弘(지사쿠治作)와 요시노스케義之助 부자를 기사로 초빙하고, 오카다 헤이조岡田平藏로부터 출자 및 경영자로서 그 반토 마스다 다카시益田孝(뒷날 미쓰이물산 사장)를 빌려와 환전상 구리 쇼사부로九里正三郎의 협력을 얻어 시작한 이 사업은 고다이

---

46 메이지유신 신정부가 1868년 2월에 설치한 3직8국제(三職八局制)의 직원 서열에는 5관이 있었다. 독(督), 보(輔), 권보(權輔), 판사(判事), 권판사(權判事) 등 5개가 그것이다. 그해 4월 태정관제에서는 8관(行政官, 神祇官, 會計官, 事務官, 外國官, 刑法官 등)으로 바뀌어 각각 지사(知事), 부지사(副知事), 판사, 권판사 등을 두었다. 관청명이나 관직명이 단기간에 변하던 시절, 고다이는 회계관 권판사였던 것이다.

의 독점적 사업이 되었고 그 이익은 이후 전개된 고다이의 기업자활동의 원자原資가 되었다.

이어 그가 착수한 것은 광산경영이었다. 1871년에 덴나광산天和鑛山을 매수한 것을 시작으로 아카쿠라동산赤倉銅山, 도치오동산栃尾銅山, 고마키무라신샤광산駒歸村辰砂鑛山, 호코쿠광산蓬谷鑛山에 손을 댔다. 1874년에는 사도금산佐渡金山, 이쿠노은산生野銀山과 함께 3대 광산 중 하나로 꼽히는 한다은산半田銀山을 입수, 종국에는 고다이가 소유한 광산이 26개소에 달해 눈 깜짝할 사이에 일대 광산왕이 되었다. 광산 경영의 본거로서 1873년에는 고세이칸弘成館을 설립했다. 다쓰키 마리코田付茉莉子의 연구에 의하면 고세이칸은 다수의 광산을 관리하기 위한 근대적 경영조직으로, 종래의 광산경영에서는 볼 수 없는 참신한 것이었다고 한다. 광산경영을 종합적으로 체크하는 메커니즘이 있었고, 부기법에도 유니크한 방법이 채용되었다. 한다은산은 설비가 모두 서양식이었고 월간 산출되는 은의 양이 30만 엔에 달했다. 이는 당시로서 최대 규모였고 뒷날 미쓰이, 미쓰비시, 후루카와 등이 광산을 경영할 때 모범이 되었다.

제람업製藍業도 고다이가 힘을 기울인 사업이었다. 쪽藍은 에도시대 이래 일본에서 중요한 의류용 염료였는데, 개항 후에는 값싼 인도산에 밀리게 되었다. 이를 개탄한 고다이는 서양 화학책에서 인도 쪽의 제조법을 알아내고, 이를 국산 쪽에 응용하고자 1876년 조요칸朝陽館이라는 조직을 설립했다. 고다이는 당시 태어난 차녀를 아이코藍子라 이름붙일 정도로 이 사업에 열의를 쏟아 부었지만 고세이간 만큼 성공을 거두지 못하고 1883년에 공장을 폐쇄하고 말았다.

1870년에 전 나가사키 통사通詞 모토키 쇼조本木昌造에게 자문하여 설립한 활판소活版所는 오사카에서 활판인쇄업의 효시였다. 또한 그해 사쓰마의 마에다 겐키치前田献吉 및 마사나正名 형제와 다카하시 신키치高橋新

吉(요시아키良昭)가 상하이에서 간행한 영화사전英和辭書을 오사카에서 판매하고, 다음해에는 이 사서辭書를 호리 다카유키堀孝之에게 증보개정增補改訂하게 하여 고다이가 직접 사서를 간행했다. 이것이 '사쓰마사서薩摩辭書'라 불리는 것이다.

1881년에는 미쓰이, 고노이케, 스미토모와 합작하여, 영국에서 수입한 기계로 동선이나 동판을 제조하는 오사카제동회사大阪製銅會社를 설립했다. 철도건설에도 활약하여 1884년에는 오사카 난바難波에서 사카이堺에 이르는 한카이철도阪堺鐵道(현재의 난카이전철南海電鐵)를 후지타 덴자부로, 마쓰모토 주타로의 협력을 얻어 실현시켰다. 이는 일본철도에 이은 일본의 두 번째 민간철도였다. 다만 이 철도는 고다이 생전에 실현을 보지 못했다.

같은 해(1884년) 고베항이 발전하면서 화물의 양륙揚陸, 운반, 보관 등을 취급하는 회사가 필요하다는 사실에 주목하여 후지타 덴자부로, 다나카 이치베田中市兵衛, 스기무라 쇼타로杉村正太郎 등과 함께 고베잔교神戸棧橋를 설립했다. 고다이는 간사이 해운업계 정비에도 진력했다. 1884년, 간사이의 선주들은 과당경쟁에 시달리다가 업자 간 조정의 필요성이 있음을 통감했다. 이 때문에 고다이는 스미토모의 히로세 사이헤이廣瀨宰平와 함께 해운업자의 대동단결을 계획하고 분주한 결과 오사카상선주식회사를 창설하는 데 성공했다.

재계를 지도

이와 같이 고다이는 그 자신이 많은 기업을 창설했을 뿐 아니라, 새로운 사업에 소극적이었던 구래의 상인층을 설득하여 새로운 산업투자에 참가시키거나, 또한 이해가 서로 대립하는 기업가를 조정하여 조직을 만드는 데 뛰어난 수완을 발휘했다. 그러나 훨씬 중요한 것은 재계지도자

오사카 도지마미소(堂島米所)

1697년, 기타하마(北浜)에서 도지마로 미곡시장이 옮겨왔고, 1730년에는 미상장회소(米相場會所)[47]가 설치되어 전국 미곡거래의 중심이 되었다. 덴마(天滿)의 야채시장(靑物市場), 어시장(雜喉場)과 함께 오사카 3대시장이라 불렸다. 1876년에 주식회사 조직으로 개조되었다. 1891년에 상·중·하·외국미의 4종류의 건미 정기거래를 실시했다.

로서 새로운 경제제도나 기관, 재계단체를 만들어 낸 것이었다.

고다이는 오사카의 두 거래소, 도지마미상회소堂島米商會所와 오사카주식거래소大阪株式取引所의 설립에도 관여했다. 도지마미상회소堂島米商會所는 에도시대에 천하의 부엌天下の台所 오사카를 상징하는 대시장이었는데, 신정부가 이를 금지하면서 1869년 거래가 정지되었다. 그 후 미곡 상인의 강력한 희망을 받아들여 1871년 부흥하였지만, 투기거래로 흐르는

---

47 일본어로 '고메소바가이쇼'라 읽는다. '고메'는 쌀이고 '소바'는 전매와 환매를 통해 차익을 얻는 거래를 말한다. 말 그대로 쌀이 새롭게 출하되기 전에 미리 가격을 결정하고 거래하는 장소로, 지금의 선물거래가 이루어지는 곳이다.

경향이 있다고 하여 정부는 여기에 다양한 규제를 가하고 있었다. 미곡 거래 기능이 쇠퇴할 경우 그 영향이 크다는 것을 깨달은 고다이는 1876년 미상회소조례米商會所條例가 제출되자, 다나카 이치베田中市兵衛와 도이 미치오土居通夫 등과 도모하여, 고노이케 젠에몽鴻池善右衛門, 미쓰이 모토노스케三井元之助, 이소노 고에몽磯野小右衛門 등과 공동으로 주식회사 조직의 도지마미상회소를 설립한 것이다. 또한 1878년, 주식거래소조례株式取引所條例가 발포되자 고다이는 고노이케 젠에몽, 미쓰이 모토노스케, 스미토모 기치자에몽住友吉左衛門, 야마구치 기치로베山口吉郎兵衛, 이구치 신자부로井口新三郎와 함께 발기인이 되어 오사카주식거래소大阪株式取引所를 설립했다.

도지마와 관련해 고다이 자신도 투기 목적의 선물거래에 참여하고 있었다.[48] 세이난전쟁西南戰爭 무렵부터 미가는 급등하는 경향을 보였는데, 1879년이 되자, 이소노 고에몽磯野小右衛門 일파의 사자 선동에 의해 도지마의 정기미定期米(선물거래)가 비상하게 폭등했다. 이에 대해 고다이는 히로세 사이헤이, 아베 히코타로阿部彦太郎, 스기무라 쇼타로 등과 상의하여 단호하게 팔자로 돌아서 폭등한 미가의 시세하락을 유도했다.

대규모로 전개되는 큰손들에 의한 전쟁으로 확대되어 시세가 심하게 변동했지만, 사자 쪽의 기세가 강해 1880년 봄 무렵에는 고다이 등 팔자 쪽이 궁지에 빠졌다. 결국 시장의 형세불온을 이유로 3월 29일 거래相場가 정지되었고 사자와 팔자 양쪽에 추가증거금이 부과되었다. 이때 오사카의 금융계를 움직여 자금을 조달한 고다이와 히로세 등과 달리 사자 쪽은 자금을 조달하지 못해 해합解合(팔자와 사자 양쪽의 매매계약을 해소하여 별도로 정한 가격으로 결제하는 것)하지 않을 수 없었고, 결국 팔자 쪽의

---

48 소바(相場)은 보통 '시세'라는 말로 쓰이지만, 경우에 따라 '투기 목적의 (선물)거래'를 가리키는 경우도 있다. 여기서는 후자이다.

승리로 끝났다.

왜 고다이는 미가의 시세하락을 도모했을까? 히로세 사이헤이의 자서전 『반생이야기半世物語』는 "빈민의 곤란을 구하기 위해", 또한 고다이의 협력자였던 시바카와 마타헤이芝川又平의 전기 『지란유방芝蘭遺芳』은 "사회정책적 견지에서"라고 밝히고 있다. 그 무렵 고다이는 다음과 같은 내용의 '지조미납론地租米納論'을 이와쿠라 도모미, 구로다 기요타카黑田淸隆, 오키 다카토大木喬任 등에게 건의했다.

세이난전쟁 후의 물가폭등과 재정적자는 지조개정으로 조세가 금납으로 바뀐 결과 농민의 조세부담이 현저하게 경감되어 세입歲入이 감소하는 한편, 부유해진 농민이 수입품을 사들이기 때문이다. 통상의 경제가經濟家가 주장하는 화폐의 수축을 통해 이 문제를 해결하고자 하는 안(井上馨 등)은 경제를 죽이게 될 것이고 수출 증가를 도모하는 안(大隈重信 등)은 시간이 너무 걸린다. 응당 취해야 할 정책은 지조를 미납米納으로 되돌려놓고, 미납 조절 권한을 정부가 되찾아 미가를 하락시킴으로써 농민의 구매력을 억제하고 수입을 억제하는 것이다.

이 지조미납안은 이와쿠라 등의 지지를 얻었지만 일단 금납으로 바꾼 지조를 미납으로 돌려놓은 것은 정치적으로 현실성이 없어 사장되고 말았다. 도지마에서 팔자 쪽에 서서 미가하락을 획책한 것은 고다이의 이런 생각을 실천한 것이었다고 할 수 있다. 또한 다수의 광부를 고용하는 스미토모의 히로세 등에게 미가폭등은 경영을 압박하는 요인이 된다. 고다이가 물가의 폭등과 무역수지의 악화 요인을 농민층의 사치와 소비과잉에 있다고 보고 그에 대한 시정을 요구한 것은 고다이의 입장이 도시자본의 옹호에 있었음을 보여주는 것이라 할 수 있다.

다만 고다이 측이 불리하다고 판단하자, 미상회소에 획책하여 추가 증거금의 액수를 인상시키거나 은행에 로비를 벌여 사자 쪽의 금융을 차단한 것은 상당히 인위적이고 강제적인 시장개입이었다고 하지 않을 수 없다. 그러나 고다이가 시장의 기능을 적대시한 것은 아니다. 다음 해인 1881년 미가가 하락하면서 도지마미상회소의 정기거래(선물거래)가 현저하게 부진해졌다. 미상회소의 존속 여부에 관해 농상무성은 오사카상법회의소大阪商法會議所에 자문을 구했고 고다이가 주도하던 동 회의소는 미상회소가 경제사회에 불가결한 기구라고 답신했다.

오사카상법회의소의 설립

경제단체로서는 오사카상법회의소(현재의 오사카상공회의소)의 설립이 고다이의 중요한 공헌이었다. 메이지유신 후의 가부나카마株仲間[49] 해산으로 오사카에서는 구래의 상관습이 문란해져 그것이 경제활동의 쇠퇴에 박차를 가하고 있었다. 오사카에서 활발하게 행해지고 있던 신용거래信用取引, 어음거래手形取引, 대량거래大量取引가 가부나카마 상인의 규칙들을 통해 유지되고 있었기 때문이다. 가부나카마는 왕왕 독점적 조직이라는 측면이 강조되기 쉬운데 이는 일면적인 평가이다. 시장경제의 질서를 유지하는 데 있어서 가부나카마가 수행해 온 역할은 경시될 수 없다. 그것이 없어진 것이다.

고다이는 이러한 상황을 타개하기 위해 확실한 나카마조합仲間組合을

---

49 에도시대의 상인, 수공업자들에 의한 특권적 결합조직이다. 막부나 각 번이 유통통제나 경찰적 단속을 행하기 위해, 혹은 영주층의 어용(御用)을 수행하기 위한 목적으로, 위에서부터 가부나카마를 설정하는 '고멘카부(御免株)'와 밑으로부터 청원에 의해 가부나카마를 인가하는 '네가이카부(願株)'가 있다. 네가이카부의 성립 이전 도시에서는 각종 상인, 수공업자의 사적인 나카마(仲間)가 결성되어 있었다. 초나이(町內)에 같은 직종에 종사하는 사람이 집주하는 경우에는 초(町) 단위로 나카마를 결성하거나, 동향 출신 상인들의 출장소(出店)끼리 나카마가 되는 일도 있었다. 하지만 많은 경우 상인은 같은 종류의 상품을 취급하는 도매상(問屋)이나 나카가이층(仲買層)이 수공업자는 같은 직종에 종사하는 사람들이 몇 명 또는 몇 십 명을 단위로 나카마를 형성했다.

오사카상법회의소(大阪商法會議所, 훗날의 오사카상공회의소)
창설 당시(상)와 1933년의 모습(하).

설치하는 것이 급무라고 생각하고 나카노 고이치中野梧一, 후지타 덴자부로, 히로세 사이헤이 등과 협의하여 1878년 9월, 오사카상법회의소를 설립하였고 회의소 발족 후에는 그 초대 회장에 선임되었다. 같은 해 시부사와 등에 의해 도쿄상법회의소도 설립되었다. 도쿄의 경우 불평등조약 개정을 위한 여론 형성을 위해 정부 당국자나 대장경大藏卿인 오쿠마 시게노부 등의 종용으로 설립되었다고 알려져 있지만, 오사카의 경우는 도매상問屋 등 밑에서부터 위로 의견이 모아지는 경향이 강했던 듯하다. 또한 오사카상법회의소 활동의 커다란 특징은 상업 나카마仲間의 설치, 어음手形의 부활과 유통 촉진, 한국의 동해 쪽 해안 지역과 가미카타上方[50] 부근을 잇는 고에쓰간江越間 철도의 부설 등을 건의하고 있듯이, 오사카의 상업·금융·운수를 활성화시키는 데 주력하고 있었던 점에 있었다. 전통적 경제질서와의 연속성 위에 오사카의 재생을 구상한 것은 고다이가 단순한 근대주의자나 진보주의자가 아니라 경제의 실상을 중시하던 리얼리스트였던 것을 보여주고 있다.

실업교육의 측면에서도 고다이는 1880년, 오사카상업강습소를 만들어 오사카 상가商家의 자제를 새로운 경제환경에 적응시키고자 노력했다. 이곳에서는 부기, 산술, 경제 등을 강의했고 개소 당초부터 생도 수가 60명을 넘겼다. 오사카상업강습소는 오사카고상大阪高商, 오사카상과대학大阪商科大學을 거쳐 현재의 오사카시립대학大阪市立大學으로 연결된다.

고다이와 오쿠보

고다이는 사쓰마번사였다. 막말부터 메이지기에 걸쳐 활약한 사쓰마번사에는 몇 개의 그룹이 존재했다. 하나는 사이고 다카모리西鄉隆盛를 중심으로 한 무훈파武勳派라고 불리는 그룹으로, 도막운동倒幕運動에서 활약했으면서도 보신전쟁戊辰戰爭 후 정부에 들어가지 않은 사람들이다. 그들은 도막운동에서 세운 무공을 자랑스러워해서 거기에 직접 참가하지 않은 번사나 정부에 들어간 문훈파를 멸시하는 경향이 있었다. 고다이는 무훈파에게 호감이 가는 존재가 아니어서 자연히 양자는 소원해졌다.

고다이와 친했던 인물은 시마즈 나리아키라島津齊彬의 서양문명섭취노선을 계승하고 사쓰마의 구화주의歐化主義 측면을 대표하던 데라시마 무

---

50 원래 천황이 사는 황거가 있는 방향을 가리키는 말이었다. 에도시대에 천황이 교토에 살고 있었으므로 교토나 오사카를 중심으로 한 기내(畿內)를 부른 명칭이었다. 넓은 의미로 기내를 비롯한 기내지방 일대를 가리키는 말로도 사용되었다.

네노리寺島宗則, 나카이 히로시中井弘 등으로, 요시다 기요나리吉田淸成, 모리 아리노리森有禮, 사메지마 나오노부鮫島尙信 등의 영국유학생도 포함된다. 그들 중 다수는 정한논쟁[51] 이후 오쿠보大久保와 친밀한 관계를 유지하고 뒷날 개명파 실무관료로서 정책을 입안하고 수행한 인물들이다. 또한 도막운동에 참가하고 훗날 정부에서 오쿠보노선을 지지한 고마쓰 다테와키小松帶刀, 도쿠노 료스케得能良介, 사이쇼 아쓰시稅所篤, 요시이 도모자네吉井友實, 후배 중에서는 마쓰카타 마사요시松方正義, 구로다 기요타카黑田淸隆 등과도 친밀했다. 특히 가로家老였던 고마쓰는 일찍부터 고다이나 데라시마 등 개국론자들을 이해해주었고 메이지 초기 오사카에서는 외국관外國官 부지사副知事로 고다이의 상사였다.

고다이와 오쿠보 도시미치가 가까워진 것은 오쿠보가 유럽여행岩倉遣歐使節團에서 귀국하여 부국강병 · 식산흥업노선을 취하게 되면서부터인 것 같다. 하야한 뒤 고다이는 오쿠보의 '지혜주머니'라 불렸듯이 오쿠보의 가장 유력한 경제정책 브레인이 되었다. 고다이는 정책 건의 외에 정치적 막후로서도 활약했는데 그중에서 가장 잘 알려져 있는 것이 1875년

---

51 정한론(征韓論)은 메이지 초기 유신정부 내부에서 주장된 정책이다. 유신정부는 성립 이후 조선 국왕에게 양국의 수호(修好)를 요구했으나 조선정부가 이에 대한 교섭을 거절한다는 내용으로 회신했다. 쇄국정책을 유지하겠다는 태도를 명확히 한 것이다. 이에 대해 일본정부 내부에서는 국욕(國辱)으로 받아들이는 의견이 강했다. 이타가키 다이스케 등은 강경출병론을 주장했다. 사이고 다카모리는 우선 자신이 사절로 조선에 건너가 교섭하고 만약 교섭이 결렬될 경우 출병해야 한다고 주장했다. 1873년 8월 17일 각의는 일단 사이고 파견을 결정했지만, 그해 9월 13일 구미시찰에서 급거 귀국한 이와쿠라 도모미, 오쿠보 도시미치 등이 내치우선 등을 이유로 강경하게 반대하면서 정부 내 대립이 피크에 달했다. 양측 대립의 중간에 있던 산조 사네토미(三條實美)가 병으로 쓰러지고 10월 24일 태정대신(太政大臣)을 대행하던 이와쿠라의 요청을 천황이 칙재하는 체재가 되면서 앞서 이루어진 각의결정이 무기한 연기되었다. 이날 사이고가 참의와 근위도독(近衛都督)을 사임, 이어 25일 이타가키, 소에지마 다네오미(副島種臣), 고토 쇼지로(後藤象二郎), 에토 신페이(江藤新平)가 하야했다. 사가의 난, 세이난전쟁, 국회개설운동, 자유민권운동에 이르는 메이지 전기 정치를 좌우하는 사건들의 발단이 되었다.

오사카회의[52]에서 보여준 활약상이었다.

관유물불하사건

오사카회의는 당시 하야해 있던 유력한 정치가 기도 다카요시木戸孝允와 이타가키 다이스케板垣退助를 정치 안정을 위해 정부로 다시 불러들이고자 오쿠보가 기획한 것이었다. 이때 고다이는 오쿠보, 기도, 이타가키, 그리고 이토 히로부미, 이노우에 가오루 등의 사이에서 연락을 담당하였고 회의의 배후조력자黒子를 맡았다. 오사카회의의 결과 기도와 이타가키의 정부 복귀가 결정되었다. 후일 고다이의 노고에 대해 칙사파견이 화제가 될 정도였다고 하니 고다이가 얼마나 큰 역할을 담당했는지 알 수 있을 것이다.

이렇게 사쓰마벌을 중심으로 하여 정부 요인과 깊은 관계를 갖고 있었다는 사실은 고다이에게 정상政商의 이미지를 부여했다. 확실히 고다이는 그 사업경영이나 재계활동에서 정부와 밀접한 관계를 가지고 있었다. 1875~1879년 사이에 고다이는 정부로부터 식산흥업자금으로 약 69만 엔을 차입했는데, 이는 개인 차입액으로는 최대의 금액으로 기록되었다. 그리고 고다이의 변제율은 8퍼센트로 채무자 중 최저였다. 고다이는 번벌藩閥의 인연을 이용하여 능숙하게 활동자금을 조달하고 있었

---

52 1875년 1~2월, 참의 이토 히로부미와 재야의 전 대장대보(대장차관) 이노우에 가오루의 주선으로, 참의 오쿠보 도시미치와 재야의 기도 다카요시, 이타가키 다이스케 등이 오사카에서 행한 일련의 비밀정치회의를 가리킨다. 그 결과 장래 국회 개설을 준비하기 위해 원로원을 설치할 것, 재판의 기초를 강고하게 하기 위해 대심원을 설치할 것, 민의를 소통하기 위해 지방관회의를 일으킬 것, 그리고 내각과 각 성, 즉 참의와 경(卿)을 분리할 것에 합의하고 기도와 이타가키는 다시 참의로서 정부에 복귀하게 되었다. 이로써 정한론 이후 조금씩 약체화되던 정부는 일단 그 보강에 성공, 4월에는 이 회의의 성과를 토대로 조(詔)가 발포되어 원로원, 대심원의 창설, 지방관회의의 소집, 입헌정체의 점진적인 채용이 선언되었다.

던 것이다.

또한 개척사관유물불하사건開拓使官有物拂下事件은 1881년의 정변을 일으키는 원인이 되었고 고다이의 악명을 높인 사건이었다. 1881년, 고다이는 히로세 사이헤이, 아베 히코타로阿部彦太郎, 나카노 고이치, 후지타 덴자부로, 다나카 이치베 등 오사카 상인과 함께 간사이무역사關西貿易社를 설립했다. 이 회사는 고다이의 유럽 체재 이후 구상해 왔던 직무역直貿易을 운영할 목적으로 설립된 것으로, 그 첫 번째 시도로 홋카이도北海道 교역을 시행하기로 했다. 그러나 실질적으로는 개척사 관유물 불하를 목적으로 한 것이고 그 사이에 고다이와 친구였던 개척사장관 구로다 기요타카黑田淸隆와의 유착이 있다는 소문이 돌았다. 그 해 간사이무역사의 대리회사로 알려져 있던 홋카이샤北海社에 38만 엔, 30년부(상환)라는 파격적인 조건으로 불하될 것이라고 보도되자 이를 비난하는 여론이 들끓었다. 삿초벌薩長閥에 대한 반감으로 정부 부내에서도 오쿠마大隈나 사노 쓰네타미佐野常民 등이 반대 목소리를 높이고 후쿠자와 유키치福澤諭吉 등 재야의 민권론자도 이에 호응했다. 결과적으로 불하는 중지되었고 고다이에게는 정상이라는 낙인이 찍히게 되었다.

'정政'을 위한 '상商'

그러나 고다이를 둘러싼 인간관계는 사쓰벌薩閥 정치가와의 인간관계에 한정되지 않았다. 고다이가 청년시대를 보낸 나가사키는 쇄국하의 일본에게 있어 세계로 향하는 창구였고 외래물자의 조달원이자 정보원이기도 했다. 고다이는 여러 지방에서 찾아오는 사람과 사귈 수 있었다. 게다가 그는 도막 번들의 병참으로서 무기, 탄약, 각종 상품들을 팔고 지사들과 안면을 트고 지내는 사이였다. 또한 글로버와의 만남은 그로 하여금 세계로 눈을 돌리게 만들었다. 나가사키 통사였던 호리 다카유키, 이와세 고호岩瀬公圃, 모토키 쇼조本木昌造, 나가미 덴자부로永見傳三郎 등은 고다이의 손발이 되었다. 오사카로 옮기고 나서는 히로세 사이헤이, 후지타 덴자부로, 다나카 이치베, 고노이케 젠에몽, 도이 미치오 등이 협력하였고 신지식인으로 알려진 가토 스케이치加藤祐一 외 시바카와 마타헤이芝川又平, 나카노 고이치中野梧一, 데라무라 후에이寺村富榮 등은 상법회의소 활동에서 브레인이 되었다. 사업에서는 환전상 구리 쇼사부로九里正三郎와 그의 조카로 뒷날 고다이의 양자가 되는 구리 류사쿠九里龍作, 기술자인 구제 요시히로久世喜弘ㆍ요시노스케義之助 부자 등이 도움을 주었고, 자금면에서는 오노구미小野組나 오카다 헤이조岡田平藏가 지원했다.

이렇게 다채로운 인간관계 네트워크가 도막운동에서 두드러진 공헌이 없었던 고다이의 활동에 커다란 무기가 되었다. 상급무사 출신이었다고는 해도 고다이는 사쓰마번이라는 틀에서 벗어난 존재가 되어 있었다. 고다이에게는 도쿠오德夫라는 큰형이 있었는데, 강직한 한학자로 비즈니스에 투신한 도모아쓰와는 기질이 달랐다고 알려져 있다. 고다이도 주변성marginality과 광역지향성廣域志向性을 가지고 있었다. 이 점에서 시부사와와의 공통성을 발견할 수 있다.

고다이의 경제활동이 정상적政商的이었다고 해도 그것으로 축재한 일이 적었던 점도 주목할 만하다. 고다이는 사후 100만 엔의 부채를 남겼다. 실업가로서의 수완은 그저 그랬을지 모른다. 그는 확실히 정치에 깊은 관심을 보였지만 그것은 자신의 비즈니스를 위한 것이라기보다 식산입국殖産立國의 이념을 국책에 반영시키기 위한 행동이었다고 해야 할 것이다. 고다이에게는 '정政'을 위한 '상商'이었지 그 반대는 아니었다.

시부사와와 고다이

시부사와와 고다이는 재계 리더형 기업가의 전형이었다. 이 두 사람에게는 몇 가지 다른 점이 있다. 전개한 사업의 측면에서 시부사와의 사업이 은행, 철도, 보험, 방적 등 서양에서 이식한 사업이 많았던 반면, 고다이의 경우에는 광산업, 제람업製藍業, 제동업製銅業 등 재래산업이 중심이었고 해당 산업들의 근대화가 관심이었다. 또한 고다이가 가부나카마株仲間의 부활, 도지마미회소堂島米會所의 부흥, 환전상 어음의 유통 촉진, 지조미납론 등 오사카의 구 경제질서 위에 경제의 근대화를 생각했던 것에 대해, 시부사와는 예컨대 서양식 은행제도에 기반을 둔 어음제도手形制度의 도입을 도모해야 한다고 생각하고 있었다. 사업의 성공이라는 점에서도 시부사와의 사업이 제1국립은행, 일본철도, 오지제지, 일본우선, 오사카방적 등 화려한 성공을 거둔 것에 대해 고다이의 사업이 경제적으로 반드시 성공한 것은 아니었다.

이는 첫째로 시부사와가 1931년 90세가 될 때까지 살았고 일본의 산업혁명이 어떻게 진행되는지 그 자초지종을 살필 수 있었던 것에 대해, 고다이는 1885년 일본의 본격적 산업혁명이 개시되기 전 49세의 젊은 나이에 세상을 떠났기 때문이다. 또한 오사카를 활동의 무대로 한 점도 고다이에게는 제약이 되었다. 고다이의 브레인이었던 가토 스케이치加藤祐一는 당시의 오사카상인에 대해 다음과 같이 말하고 있다. "간토關東 사람은 교역 같은 것에 상당히 영리하고 요코하마의 개항 당초부터 얼마 지나지 않아 곧 번창하게 되었지만, 오사카大坂는 사람들의 기질이 (무엇인가에) 나아가는 것이 매우 늦다. 일본국 안에 대상大商 부호가 많이 모인 지역은 오사카를 능가할 곳이 없을 정도이지만, 교역에 사람들의 기질이 그쪽으로 나아가지 않는 것은 교역하더라도 하지 않더라도 지금까지의 가업으로 충분하여 나서지 않는 사람, 혹은 신규 사업에 나서는 것은 가풍에 없는 것이라는 등 임시변통론을 내세워 하지 않는 사람들이 있기 때문이다"(『交易心得草』). 이런 상황이었기 때문에 고다이는 어떻게든 이런 오사카 상인들을 각성시키고 기업가정신을 환기시키는 한편, 그들의 이해를 수용하는 것이 중요하다고 느꼈던 것이다.

사상적으로는 앞서 지적했듯이 경제도덕합일주의經濟道德合一主義를 제창한 시부사와도 실업가는 국가 목적에 기여하지 않으면 안 된다고 말했지만, 그 사이 실업가는 이익을 얻음으로써 국익에 봉사할 수 있다고 했다. 이와 달리 고다이는 "천하의 번들이 뜻을 하나로 삼아 국정國政의 대개혁을 일으키고, 널리 완급緩急의 제도를 세워 부국강병의 기초를 지키고 국정을 진작하면 십여 년의 공을 기다리지 않고(오랫동안 품을 들이지 않고), 아시아에서 활보하게 될 것"을 지론으로 삼았고 더군다나 내셔널리스틱했다. 그 때문에 사업에는 영리성보다 국익성이 중시되었다.

이렇게 양자 사이에는 서로 다른 점이 적지 않지만 공통하는 점도 많다. 시부사와는 호농 출신, 고다이는 상층 무사 출신이었는데 어렸을 때부터 한학을 배운 지적 엘리트층이었다. 젊어서 고향을 떠나 격동의 시대를 몸소 체험하고 다양한 사람들과의 만남을 통해 좁은 향당의식鄕黨意識(지역의식)에서 벗어나 사농공상이라는 신분질서에 안주할 수 없는 존재가 되었다. 막말에는 해외에 나가 신지식을 얻었고 신정부의 관리가 되었다가 뒤에 민간으로 하야했다. 사업면에서는 정부의 식산흥업정책에 긴밀하게 협력하는 자세를 취한 점, 일업전심형一業專心型이 아니라 수많은 회사 기업을 일으켜 '요로즈야'(만물상)로 불릴 정도로 다각적인 사업경영을 행한 제너럴리스트였던 점, 합본기업조직合本企業組織을 채용한 적이 많았던 점, 전문적 과학기술이나 경영에 대한 지식이 충분하지 않았기 때문에 외국인이나 고등교육 혹은 해외유학을 경험한 인재를 등용한 점, 기업자 간의 협력관계를 중시하여 비즈니스단체를 설립하는 등 재계의 조직화에 열심이었던 점 등이 공통점이다. 그리고 무엇보다도 진보의 이데올로기를 창출하고, 사회경제의 대변동기에 나아가야 할 길을 모색하다 지친 대다수의 사람들을 고무했다는 점에서 양자는 같은 역할을 했다.

기업자 직능의 시대

메이지 일본은 왜 이러한 타입의 기업가를 필요로 했을까? 메이지기의 신사업은 많은 경우 외국에서의 제도와 기술 도입을 통해 가능해졌다. 이용할 수 있는 제도나 기술의 축적은 해외에 풍부하게 존재하고 있었기 때문에 발명의 재능이나 사업에 대한 전문지식은 반드시 필요하지는 않았다. 한편, 자본축적의 밑바닥은 일반적으로 얕았고 부를 가진 자가 꼭 사업의욕을 갖는 것은 아니었으며 역으로 사업의욕을 갖고 있는 자는 자본이 없었다.

이러한 상황이었기 때문에 중요한 것은 우선 첫 번째로 적확하게 경제정보를 캐치하는 능력이었다. 해외에서 이미 발달한 사업이라고 해도 그것을 후발국 일본에 도입하는 데는 리스크가 항상 따르게 마련이다. 정보의 정확함은 불가결했다. 두 번째로 필요한 것은 새로운 기술이나 지식을 활용할 수 있는 조직을 만드는 능력이었다. 이는 곧 시부사와나 고다이가 보여주었듯이 다수의 사람들로부터 자본을 규합해 주식회사를 만드는 재능이었고 경영능력, 지식을 가진 인재를 모으는 능력이었다.

따라서 신사업을 일으키고자 하는 사람에게는 우선 무엇보다도 정보통이라는 점과 종합하고 조정하는 능력이 기대되었다. 필요한 것은 유용한 정보를 보유한 정치가나 외국인과의 휴먼 넥서스human nexus(집단 내 개인끼리의 연계)였고, 비즈니스맨으로부터의 폭넓은 신용과 다른 이해

집단을 조정하는 능력이었다. 그러나 이러한 기업자 직능企業者職能은 일종의 희소자원이었다. 그래서 이러한 직능은 한 시대, 한 지역에서 한정된 인물에 집중하게 되었다. 교토에서는 다나카 겐타로田中源太郎, 나고야에서는 오쿠다 마사카奥田正香, 오사카에서는 고다이 도모아쓰, 그 사후에는 후지타 덴자부로, 다나카 이치베, 도이 미치오 등이 그 역할을 맡았고, 도쿄에서는 메이지에서 다이쇼를 거쳐 쇼와라는 오랜 기간 동안 시부사와 에이이치가 그 역할을 담당했다.

애니멀 스피리트

그들에게 기대된 역할은 기업 초창기에 있어서 정보수집과 조직 만들기에 있었기 때문에 해당 기업이 궤도에 오르면 그 사명은 끝나게 된다. 따라서 그들은 청부업자와 같이 차례로 많은 회사에 관여했다가 사라지고 또 새로운 분야에 착수한다. 그 때문에 서로 관계가 없는 분야로도 진출했고 한 가지 분야에 기초한 축재를 행하는 일이 없었으며, 미쓰이나 미쓰비시와 같은 재벌 콘체른을 형성하는 일 없이 끝났다. 또한 이들 리더형 기업가에게는 특유의 이념이 필요했다. 구미 국가들로부터 정치적 또는 경제적인 압박을 받으면서도 급속하게 근대화를 도모해야 했던 메이지 일본에서 리더들은 자기 스스로의 경험이나 시행착오에 입각하여 점진적이고 누적적으로 기술진보나 경영조직의 개선을 도모해 갈 시간의 여유를 부여받지 못했다. 일본과 선진국과의 격차를 메우기 위해서는 다양한 의미에서 과거와의 단절, 그리고 당시의 지배적 기치관과의 단절을 요구받았다. 그리고 이러한 '일탈'이나 '비약'을 추진하는 이념이 된 것은 셀프 헬프self-help(自助)나 계산합리성 같은 서양형 기업자 이념이 아니라 '사회를 위해', '나라를 위해'라는 가치관이나 리스크를 감수할 애니멀 스피리트였다. 미국의 기업자사학 연구자 G. 라니스Ranis

가 일찍이 메이지 일본의 기업자에게 나타난 강한 내셔널리즘, 국익지 향성에 착목하여 그것을 서양의 '자기중심적 기업자'와 유형을 달리하는 '공동체 중심적 기업자'라고 파악한 것도 이러한 맥락에서였다.

이렇게 보면 재계리더형 기업가는 사적 자본가로서는 일면 무서우리 만치 비합리적 측면을 가지고 있었다고 해야 할 것이다. 그러나 변혁기 사회는 종종 이런 종류의 비합리적 신조에 충실한 리더와 그 추종자의 일탈적 행동을 구하는 법이다. 메이지 일본에서 시부사와 에이이치나 고다이 도모아쓰 등의 조직적 기업자활동은 사회 전체의 입장에서 보면 합리성을 가지고 있었던 것이다.

메이지기 기업가의 특징

근대 기업가는 어디에서 왔을까

메이지기의 기업가는 어떤 계층 출신이 많았을까? 이에 대해서는 학계에서도 오래전부터 의견이 대립되었다. 지금까지의 대표적인 연구 성과를 정리하면 다음의 〈표 4-1〉과 같다. 에도시대의 신분별 인구 구성은 무사 6퍼센트, 상인과 수공업자職人 6퍼센트, 농민 86퍼센트, 기타 2퍼센트였기 때문에 어느 연구에서든 무사와 상인 · 수공업자가 인구 구성에서 낮은 비율임에도 다수의 기업가를 배출했다는 것이 된다. 따라서 문제는 무사가 주류였다고 볼 것인지, 상인이 주류였다고 볼 것인지, 무사와 상인이 균등했다고 볼 것인지였다. 단, 이들 연구에서는 메이지시대의 중요한 기업가를 대상으로 한 것이지만 어떤 인물을 중요하게 봤는지 연구자마다 의견이 달랐기 때문에 결과도 달랐다. 따라서 메이지기 기업가의 출신을 수량적으로 확정하는 것은 상당히 어렵다.

〈표 4-1〉 메이지기 기업가의 출신 (여러 견해의 비교)

견해	연구자 例	무사 %	농민 %	상공 %	기타 %	불명 %	합계 %	합계 명	비고(조사대상기, 인물 선택의 기준과 자료)		
무사설	(1)쓰치야 다카오 土屋喬雄	37	37	15	11	0	100	27	메이지기 전체	지도자	전기傳記
	(2)이시카와 갠타로石川健次郎	48	16	28	8	–	100	219	메이지기 전체	인명사전	인명사전(1953)
상인설	(3)만나리 히로시 万成博	23	22	55	0	–	100	189	1880~89년	최고 지도자	전기傳記, 사사社史, 조회照會
균등설	(4)히르슈마이어	46	26	24	0	4	100	50	메이지 20년대	저명 성공자	인명사전(1926)
	(5)아사노 도시미쓰淺野俊光 샘플	32	24	40	4	–	100	210	메이지 20년대	실업가 열전집	전기傳記, 사사社史, 지지류地誌類

출처 1. 土屋喬雄, 「明治實業家の出身身分別考察」(『日本資本主義の經營史的硏究』, 170~184쪽).
　　2. 石川健次郎, 「明治期における企業者活動の統計的觀察」(『大阪大學經濟學』第23卷4號, 85~118쪽).
　　3. 万成博, 「明治エリートの封建身分」(『ビジネス・エリート』, 53쪽, 第3表).
　　4. J.ヒルシュマイア, 「50人の代表的企業家」(『日本における企業者精神の生成』, 211~212쪽).
　　5. 淺野, 『日本の近代化と經營理念』에서.

　　원래 기업가의 출신을 문제 삼는 것은 기업가들이 어떤 사회적 환경 속에서 탄생하고 성장했고 어떤 경제적·사회적 조건이 혁신이나 경제발전에 유리하게 작용했을까, 혹은 기업가들이 어떤 가치나 사상을 갖고 있었을까 등을 해명하려는 것에 기본적인 의도가 있다. 그래서 여기에서는 그 문제와 관련해 왜 무사주류설, 상인주류설, 무사·상인균등설이 주창되었는지 소개한다.

　　무사주류설은 일찌감치 후쿠자와 유키치에 의해 주창되었다. 후쿠자와는 『시사소언時事小言』(1881년 간행)에서 "인체에 비유하면 농민이나 초닌町人은 나라의 위장이고 사족士族은 그 두뇌와 같고 또 팔과 같은 것이다. 일을 행하는 본원本源은 뇌의 자리이고, 그 활동은 뇌에 달려 있다", "사족인 자는 단지 문학이나 정치에 관해 두뇌나 팔의 역할뿐만 아니라, 최근에는 점차 농상공의 일에도 착수해 이따금 큰일을 도모하는 자들이 많다. 그중에 실패가 없는 것도 아니지만 실패하든 이득을 얻든 이를 기획하는 자는 반드시 사족에 많고 종래의 농민이나 초닌町人에게 드문 것은 왜일까? 사족의 활동은 자주 식산殖産의 세계에 들어가 또한 나라의 위장이 되어야 한다는 증거다"라며 사족이 기업가활동에도 적합하다고 했다.

쓰치야 다카오土屋喬雄는 종래의 상인은 "근대적 지식도, 근대적 감각도, 혁신적 의식도 적었다", 하지만 무사는 오히려 일찍 신지식을 흡수해 솔선해서 근대산업에 뛰어들었다고 한다.(『日本資本主義の經營史的研究』). 도하타 세이이치東畑精一도 "일본자본주의에서 기업가정신의 발휘자가 되고 산업 전사captain of industry가 된 것은 구무사가 압도적으로 많았다"라고 했다. 그 이유로 "구무사계급이 오랫동안 닦아온 훈련, 그들의 두뇌 속에 쌓아온 습숙習熟, 그것들에 의해 배양되어 온 그들의 의식, 멘탈리티mentality(심성), 재능 등은 국면을 전환해 자본주의 신사회에서도 여전히 옛날 그대로의 수준으로 유지하는 것이 가능했다. 게다가 그것들은 새로운 종류의 경영활동을 행하는 데에 가장 필요한 성질이었다"(『日本資本主義の形成者』)라고 기술하고 있다.

나카가와 게이치로中川敬一郎도 메이지기의 근대 기업은 에도시대 비즈니스의 연속선상에서 발생한 것이 아니라 해외로부터의 기술이나 조직의 도입으로 성립된 것이기 때문에 일찍부터 유학이나 해외시찰을 통해 혹은 일본에 찾아온 외국인 기사들과의 접촉을 통해, 독서를 통해, 서양 산업문명을 직접 볼 수 있는 기회가 많았던 무사계급에 보다 큰 비즈니스 찬스가 열려 있었다고 지적했다. 또한 일본의 무사는 행정관료로서 조직적 활동에서 경험을 쌓아왔기 때문에, 주식회사 조직 등을 운영하는 데 적합했다고도 지적했다. 요약하면 메이지기의 근대 기업가는 유럽과 같이 이전부터 있던 비즈니스의 실지 경험 속에서 새로운 비즈니스를 발견한 것이 아니고 외국의 산업문명에 대해 익힌 지식 속에서 비즈니스 찬스를 발견한 '독서인'적 기업가였고, 그것에는 무사가 가장 잠재능력을 갖고 있었다는 것이다(『日本的經營』).

그리고 이 무사주류설은 '사혼상재土魂商才', '국익지향', '국사의식國事意識'이 메이지기의 많은 근대 기업가에게 공통적으로 보이는 이데올로기, 가치관이었다는 주장과 연결되는 점이 많다. 메이지기 근대산업은 막부나 각 번의 직영사업, 혹은 메이지정부의 관영사업을 직접적인 계보로 하거나 그 영향에서 태어난 것이 많았다. 거기에 참가한 무사ㆍ사족계급에게 그것은 결코 개인의 '생업'이 아니고, 일종의 '국사'였다(나카가와). 상인들의 영리주의보다도 무사ㆍ사족의 국사의식, 사회지향성이 메이지기 경제발전의 원동력이 된 이데올로기였다고 여겨진다.

이에 대해 관영사업이나 식산흥업정책에 밀접하게 관련된 기업 경영자나 기술자, 저명한 비즈니스 리더에는 무사ㆍ사족 출신이 많았다고 해도 재래산업까지 포함해 대상범위를 넓히면 상인이나 지주의 역할이 컸다는 견해가 있다. 여기서는 우선 상인들의 자본축적에 주목한다. 예를 들면 153행이나 탄생한 국립은행은 당초에는 상인ㆍ지주들에 의해 설립된 것이 많았고 질록처분 이후 금록공채를 얻은 사족이 그 주식을 취득하는 일이 많았으나 그 후 사족 주주의 비율이 줄어들고 다시 상인들의 손에 돌아갔다고 지적한다(이사쿠라 고키치朝倉幸吉나 K.야마무라). 근대산업인 방적회사에서는 상인의 출자 비중이 매우 높았다(中村隆英). 경영적 측면에서도 상인들이 키워온 상재나 거래의 노하우, 재무ㆍ조직

관리 기능, 계산의 합리성이야말로 근대산업의 전제조건이 되었다고 지적한다.

예를 들면 오사카방적이나 아마가사키방적尼崎紡積에서는 사족 출신의 기술자 야마노베 다케오山邊丈夫나 기쿠치 교조菊池恭三의 역할과 함께 예전 면업 관계 상인이 원면의 매입이나 제품 판매에서 수행한 역할도 높이 평가되어야 한다. 또한 사족 출신이 근대 기업가에 많다고 해도 그것은 그들이 무사신분을 잃고 다른 직업을 구해야 했기 때문이지 사족이기 때문에 혹은 '사혼士魂'을 가지고 있었기 때문에 기업가가 된 것은 아니라는 해석도 있다. 요약하면 상인들의 두터운 자본축적과 그 계층에 싹튼 자본주의정신이야말로 높이 평가해야 한다고 생각한다.

틀에 얽매이지 않는 기업가

제3의 견해는 메이지기 기업가의 출신을 논할 때 주류가 무사인지, 상인인지 어느 한쪽에서 찾는 것은 적절하지 않고, 수량적으로는 거의 균등하기 때문에 그 특성이나 가치관·사상도 특정한 신분 기원에서 찾을 수 없다는 것이다. 앞의 〈표 4-1〉에 나오는 J.히르슈마이어Johannes Hirschmeier가 그 대표적 논자이다. 그는 출신이 메이지기 기업가 형성의 결정적 요인이 아니고, 능력과 향상심을 가진 넓은 계층에서 그 공급원을 찾아야 한다고 주장했다(『日本における企業者 精神の生成』). 또한 히르슈마이어는 유이 쓰네히코由井常彦와의 공저에서 이런 생각을 더욱 발전시켰다. 그에 따르면 메이지기 기업가 중 상급무사나 전통적인 도시상인은 적고 본격적인 지주도 거의 존재하지 않는다, 그렇다 하더라도 소작인 등 빈곤계층 출신자도 거의 찾아볼 수 없다, 오히려 무사, 상인, 농민이라는 종래의 계급구분에 꼭 들어맞지 않는 '한계적 계층자' 출신이 많았다고 지적하며 어느 정도의 교육이나 학문을 익히고 강한 향상심이나 야심aspiration을 가진 점이 그들의 공통적인 자질이었다고 주장했다(히르슈마이어·由井,『日本の經濟發展』). 같은 표에 나오는 아사노 도시미쓰淺野俊光도 무사, 상인, 농민이라는 신분만으로 논하는 것은 불충분하다고 보아 210명의 기업가에 대해 각 신분에 있어서 계층과 기업가 배출 사이의 관계를 검토했다. 이를 통해 아사노는 무사는 중하 계층, 농민은 중상 계층, 상인도 중상 계층 출신자가 많고 농상겸영이나 반사반농半士半農 출신의 인물이 중심이었다는 한계적 계층자설을 보강했다(『日本の近代文化と經營理念』).

무사·상인균등설이나 한계계층자설이 가장 타당한 결론일 것이다. 실제로 이 책에 등장한 시부사와 에이이치, 이와사키 야타로, 미노무라 리자에몽, 야스다 젠지로, 후지타 덴자부로 등은 사농상士農商 어느 쪽의 신분에도 들어맞지 않는 배경을 갖고 있었다. 고다이 도모아쓰는 상급무사 출신이었지만 생을 마칠 때까지 근엄한 무사이고자 했던 형에게 상인으로 전락한 사람이라고 경멸받았다고 한다. 메이지의 실업가에게 큰 사상적 영향을 준 후쿠자와 유키치는 무사였지만 경제관료인 부친이 근무한 나카쓰번中津藩 오사카 구라야시키藏屋敷[53]에서 태어나 오사카 상인사

---

53 에도시대 막부나 다이묘, 하타모토(旗本), 사찰이나 신사, 번의 중신들이 연공미(年貢米)나 자기 영지의 특산물을 판매하기 위해 설치한 창고 겸 거래소이다. 상품경제가 발달하면서 다이묘들은 연공미나 물산들을 팔아 그 대금으로 번의 재정을 꾸렸다. 그 때문에 구라야시키는 에도, 오사카, 오쓰(大津), 쓰루가(敦賀), 교토, 나가사키 같은 상업 중심지에 설치되었고 그중에서도 '천하의 부엌'이라 불린 오사카에 많았다. 오사카의 구라야시키는 나카노시마(中之島), 도지마(堂島) 지역에 가장 많았고 덴포연간(1830~44)에는 124개에 달했다. 세토내해(瀬戸內海) 이서의 다이묘가 대부분을 점했다. 그에 대해 에도에는 간토, 도호쿠(東北) 방면의 다이묘가 구라야시키를 많이 가지고 있었다. 구라야시키는 구라야쿠닌(藏役人), 묘다이(名代), 구라모토(藏元), 긴카케야(銀掛屋), 요키키(用聞), 요타쓰(用達) 등으로 구성되어 있었다.

회의 분위기 속에서 성장했고, 데키주쿠適塾[54]에서 난학蘭學을 배우고 후에 영학英學을 익히는 등 일종의 마지널리티maginality(주변성)를 갖고 있었다.

반대로 보면 이 같은 인물이 다수 등장한 것은 막말에 이르기까지 사농공상이라는 신분제 원리가 이완되어 있었다는 점이나 신분·계층의 유동성이 높아져 있었다는 점을 방증한다. 히르슈마이어·유이는 "막말이 되면 형식적으로는 무사 신분일지라도 사실상 상공업이나 농업에 종사하는 하급무사나 향사鄕士, 혹은 농민이나 상인 신분이라도 무사적 교양과 품성을 익힌 계층이 생기거나 사실상 한계적인 계층의 사람들이 도처에 생성되어 있었다. 또한 세습적인 신분의 가치를 절대시하지 않고 능력과 업적을 존중하는 가치관도 이들 한계적인 계층을 중심으로 침투해 있었다. 그리고 신분제사회 속에서 두드러지지 않으면서 완만하게 진행되던 농촌의 사회유동성과 함께, 그러한 한계적인 계층과 거기에 생성된 여러 가치야말로 전위적 내지 선구적인 기업가 형성의 사회적 기반이었다"고 쓰고 있다.

한계계층자설은 본서의 '프롤로그'에 소개된 호제리츠Hoselitz의 마지널맨 가설과 통한다. 또한 기업자에는 '일탈자'가 많다고 하는 슘페터 가설과도 친화성이 있다. 사회적으로 마지널(주변적)한 위치에 있는 사람일수록 기존의 질서나 사회적 가치에 저항하는 경향이 많아 그것이 혁신의 원천이 되었다고 하는 가설이다. 그리고 이 마지널맨이 메이지기 기

---

54 난학자이자 의사로 알려져 있는 오가타 고앙(緒方洪庵)이 1838년에 오사카 가와라마치(瓦町)에서 의업을 영위하면서 겸하여 연 난학 사숙이다. 정식으로는 데키데키사이주쿠(適適齋塾)라고 한다. 데키데키주쿠(適適塾)라고도 불렸다. 히지카타의 호인 '데키데키사이'에서 유래했다고 한다. 고앙은 의학에 뜻을 둔 자 이외에도 널리 양학을 가르쳤다. 하시모토 사나이(橋本左內), 후쿠자와 유키치, 무라타 조로쿠(村田藏六=오무라 마스지로大村益次郎), 오토리 게이스케(大鳥圭介), 나가요 센사이(長與專齋), 사노 쓰네타미(佐野常民) 등이 이곳 출신이다.

업가의 주류였다고 하면 그 가치체계나 사상 · 행동양식도 일방적으로 무사에서 기원했다든가, 상인에서 기원했다는 식으로 단정하는 것은 적절하지 않고 그것들을 융합해 이해해야 한다는 점을 시사하고 있는지 모른다. 물론 개개인에 대해 보면 무사적 요소가 강한 기업가, 상인적 요소가 강한 기업가가 존재하겠지만, 사회 전체로 보면 그 양자의 융합에 의해 만들어진 것이 메이지의 기업가정신이 아니었을까? 사리私利와 공익의 연결을 말한 시부사와 에이이치의 '도덕경제합일론'이나, 부호 · 상가와 사족적士族的 지식인이 상호 보완해 새로운 시대의 경제주체가 되어야 한다는 점을 말한 후쿠자와 유키치의 실업론도 그 융합의 노력이라고 볼 수 있을 것이다. 반대로 말하면 봉건계급인 무사는 부르주아지로 성장 전화轉化할 수 없다든지, 상인자본은 산업자본으로 전화할 수 없다는 등의 경직된 이론으로는 메이기의 기업가정신을 이해하는 것이 매우 곤란할 것이다.

재벌의 전문경영자

재벌이란?

'재벌財閥'이라는 말은 원래는 단지 '부호'나 '재산가 일족'을 의미하는 것이었는데, 쇼와 초기[55] 저널리즘에서 자주 사용되었다. 그 배경에는 재벌이라 불릴 만한 경제주체가 확실하게 존재하고, 이들이 부를 독점하여 일본 경제를 좌우하고 있다는 인식이 널리 퍼져 있었기 때문이다. 따라서 '재벌의 전향'이라는 말이 존재했듯, 당시 재벌이라는 말은 대체로 부정적인 이미지였다.

---

55 쇼와(昭和) 천황의 재위기간이 1926~1989년이므로 쇼와 초기는 1920년대 후반부터 1930년대 정도가 아닐까 싶다.

그 후, 경영사나 경제사 등의 학문 분야에서 '재벌'은 가치판단을 담지 않은 학술용어로 정착하게 되었다. '재벌'의 정의도 여전히 연구자 사이에 약간 상이하지만, 다수파의 의견을 정리하면 '재벌이라는 것은 부호의 가족이나 동족의 봉쇄적인(폐쇄적인) 소유하에 성립하는 다각적 사업체로 그 다각화한 사업 분야는 각각 상당한 규모의 빅 비즈니스이다'라는 식이다.

이 밖에 독자 중에도 많은 사람들이 '콘체른'이라는 말을 들어 봤을 것이다. 콘체른은 다각화한 각 사업분야를 자회사로 독립시키고, 모회사[56], 즉 본사가 그들 자회사의 주식을 소유함으로써 자회사를 지배하고자 하는 형태를 가리킨다. 메이지시대에는 산하 사업의 주식회사화株式會社化가 그다지 진전되어 있지 않았고, 지주회사持株會社라는 형태의 본사기구도 정비되어 있지 않았다, 즉 콘체른화가 이루어지지 않았다. 콘체른화가 활발하게 이루어진 것은 제1차 세계대전 전후부터였다. 그러나 콘체른화하기 전에도 앞에서 언급한 세 가지 조건, 즉 '가족이나 동족의 봉쇄적 소유', '다각화', '빅 비즈니스'는 갖추어져 있었기 때문에, 이 또한 역시 재벌이라고 부를 수 있을 것이다. 콘체른화한 후의 재벌은 '재벌콘체른'이라고 불려 재벌의 발전된 한 형태로 보아도 좋을 것이다.

재벌과 회사제도

민법과 상법의 시행이 일정에 오르자, 재벌가족은 몇 가지 문제에 직면하게 되었다. 우선, 미쓰이와 같이 동족 11가문이 재산을 '총유'(이미 서술했듯이 11가문이 공동으로 소유하고 개별 가문의 재산처분권이 제약되어 있다)하고 있는 소유형태는 개인의 재산소유권이 명료하지 못하다고 해서

---

56 원문에서는 친회사(親會社)라는 표현을 쓰고 있으나, 우리나라에서 일반적으로 쓰고 있는 모회사로 번역한다. 자회사나 손회사도 마찬가지이다.

민법에서는 인정되지 않는다. 개개의 가문에 재산을 분여하고 다시 각 가문이 재산을 서로 합쳐서 회사를 만드는 것은 가능하지만 회사 설립 후에 어떤 가문이 출자자에서 이탈할 가능성이 있고, 그 지분을 동족 이외의 자가 취득할 수도 있다. 이렇게 되면 가족·동족의 봉쇄적 소유라는 원칙은 무너지고 만다. 그렇다고 하더라도 법인화하는 쪽이 여러 가지로 유리한 점도 많다. 법인이라면 개인과는 독립적으로 권리 의무의 주체가 될 수 있고 세제상으로도 유리하다.

따라서 가족·동족의 봉쇄적 소유, 동족재산의 일괄 관리라는 원칙을 계속 지키면서 동족사업을 법인화하려는 경향이 나타나게 된다. 그럴 경우 우선 동족 외의 자본이 들어 올 수 있고 경영을 공개해야 하는 주식회사는 적당하지 않다. 합명회사나 합자회사의 형태를 채용하는 것이 적절한데, 합명회사의 경우에는 출자사원 전원이 무한책임이고 합자회사의 경우도 일부는 무한책임사원이다. 따라서 회사가 파탄했을 경우 동족 전체에 누가 될 가능성이 있다. 이 난제는 어떻게 해결되었을까?

미쓰이는 구 상법이 시행된 1893년에 사업의 네 개 부문에 대해 각각 미쓰이은행, 미쓰이물산, 미쓰이광산, 미쓰코시오복점三越吳服店 등 네 개의 합명회사를 만들었다. 그리고 동족 11가는 각기 이 네 개의 합명회사 중 어느 쪽인가 1개 회사에서만 출자사원이 되어 1개 회사의 파탄이 동족 전체로 파급되지 않도록 하여 대외적으로는 실질적으로 유한책임을 실현했다. 동시에 '미쓰이동족회'라는 조직을 만들어 그것이 네 개 합명회사의 지분권과 경영을 통할함으로써 재산을 공동일괄관리하는 전통을 지켰다.

한편 미쓰비시는 구 상법의 규정에서는 회사명에 출자자의 이름을 붙이지 않으면 합자회사에서도 전 사원이 유한책임이 되기 때문에 이와사키 히사야岩崎久彌(彌太郎의 장남)와 야노스케彌之助(彌太郎의 동생)를 출자사원으로 하는 미쓰비시합자를 만들어 미쓰이와 같은 목적을 달성했다.

그 뒤, 러일전쟁 후에 법인세제가 개정되면서 비교적 규모가 큰(주주 21명 이상) 기업의 경우 주식회사 형태를 취하는 것이 유리해졌다. 미쓰이는 미쓰이은행, 미쓰이물산, 도신창고東神倉庫(미쓰이은행의 일부였다), 미쓰이광산을 주식회사 조직으로 변경했다(1909~1911년). 미쓰비시도 미쓰이와 마찬가지였다. 1917년부터 1921년까지 미쓰비시합자도 각 사업부문을 분리하여 미쓰비시조선, 미쓰비시제철, 미쓰비시제지, 미쓰비시광업, 미쓰비시상사, 미쓰비시창고, 미쓰비시해상화재보험, 미쓰비시은행, 미쓰비시내연기관, 미쓰비시전기三菱電機 등 10개의 주식회사로 개조했다. 스미토모도 1912~1920년에 스미토모은행, 스미토모주강소住友鑄鋼所, 오사카북항大阪北港, 요시노가와수력전기吉野川水力電氣, 스미토모전선제조소를 주식회사로 독립시켰다.

주식회사의 자회사를 만든 것은 세제상의 이유도 있었지만 다각화로 증대한 자금수요를 충족시키려는 목적도 있었다. 사실, 이때 이들 회사의 주식은 제한된 범위였지만 동족 외부에도 공개되었다. 그러나 같은 시기에 재벌은 미쓰이합명, 미쓰비시합자, 스미토모합자, 야스다호젠샤安田保善社 등의 지주회사, 즉 본사를 만들어 재벌콘체른체제를 갖추었지만 이들은 합명 · 합자회사여서 그 소유는 동족 외에는 공개되지 않았다. 즉 재벌은 핵심적인 부분에서는 여전히 가족 · 동족의 봉쇄적 소유를 지킨 것이다.

그러나 전시하에서 중화학공업화의 진전과 함께 재벌 역시 동족이나 재벌금융기관으로부터의 필요자금 조달에 어려움을 겪었다. 이를 극복하고자 지주회사 자체를 주식회사로 만들거나 그곳에 외부자금의 도입을 추진했다. 여기에는 전시하에 높았던 부의 독점이나 폐쇄성 때문에 재벌에 대한 사회적 비판에 대처한다는 의도도 있었다. 1937년에 미쓰비시합자는 주식회사 미쓰비시샤三菱社가 되었고(1943년에 미쓰비시본사로 개칭), 그 후 1940년의 증자에서 이와사키가 외에서도 주식을 공모한 결과, 미쓰비시본사에서 차지하는 이와사키가의 출자 비율은 50퍼센트로 낮아졌다. 스미토모합자도 1937년에 주식회사 스미토모본사住友本社로 개조되었고 1945년의 증자 때 스미토모은행, 스미토모신탁, 스미토모생명에 신주의 6분의 1이 할당되었다. 미쓰이는 1944년 미쓰이물산을 재벌본사로 만들고 거기에 주식회사 미쓰이본사로 개칭, 3억 엔의 자본금 중 25퍼센트가 일반에 공개되었다.

이렇게 해서 재벌에서도 동족의 지주비율은 산하기업 뿐만 아니라 그 본령인 본사에서도 낮아졌고, 가족·동족의 봉쇄적 소유 시스템은 해체의 방향으로 움직이기 시작했다. 이것이 전후 재벌해체의 전제를 형성했고 그 단행을 용이하게 만든 조건이 되었음은 부정할 수 없다. 그러나 이때 본사나 산하 기업의 주식이 공개되기는 했지만 그것이 재벌 임원이나 종업원, 연고자 및 재벌 내의 상호보유 범위 정도에 그친 사실도 지적해야 한다. 가족·동족의 봉쇄적 소유 원칙은 근간에서는 무너지지 않았던 것이다. 따라서 제2차 세계대전 이전의 재벌은 주식회사제도를 충분히 활용하지 못하고 종언을 고하고 말았다.

재벌의 전문경영자

재벌이 가족·동족의 봉쇄적 소유로 성립하는 것이라고 하면, 경영도 여전히 동족지배였다고 생각될지 모르겠다. 그러나 실제로는 그렇지 않다. 이 동족적 소유 시스템에도 불구하고 아니 그보다 오히려 그 때문에 고용경영자에게 경영을 위양하는 경우가 많았다. 왜냐하면 재벌의 동족적 소유 시스템은 동족재산을 집중하고 그 분산을 방지하는 메커니즘인 동시에 동족의 각 가문 혹은 개인의 재산처분권을 제약하는 구조였기 때문이다. 이러한 메커니즘의 결실을 맺고자 한다면 동족은 재벌 임원의 지위에 오르는 경우는 있어도 경영에 실질적으로 관여하는(즉 재산처분에 관계된 의사결정에 참가하는) 것은 바람직하지 않고 명목적인 지위에 그치는 쪽이 좋다는 뜻이 된다. 이미 살펴보았듯이, 미쓰이에서 미노무라 리자에몽三野村利左衛門이 소유자로서의 미쓰이동족三井同族의 지위를 인정하면서도 동족이 경영에 개입하는 것을 배제하려고 했던 것은 이 원칙에 따랐기 때문이다. 즉 고용경영자 쪽에서 보면 동족은 '안정주주安定株主'[57]이자 사일런트 오너silent owner였던 것이다. 물론 고용경영자의 최종적 임면권은 동족이 가지고 있었기 때문에, 고용경영자가 완전히 동족의 의향을 무시할 수는 없었지만 동족이 임면권을 행사할 수 있는 것은 한계상황 때로 제한되어 있었을 것이다.

게다가 재벌은 본사는 물론 자회사의 주식회사화, 즉 그 주식의 일반 공개에 열심이지 않았기 때문에 고용경영자는 외부의 주주로부터 제약을 받는 일도 적었다. 이렇게 재벌의 소유 시스템은 고용경영자의 등장에 유리한 상황을 만들어 내고 있었다.

또한 제1차 세계대전 전후부터 재벌이 콘체른체제를 언급하기 시작한 것도 동족의 경영지배를 약화시키는 방향으로 작용했다. 왜냐하면 현업 부문은 자회사로 독립되고 이는 지주회사=본사를 통해 컨트롤되었기 때

---

[57] 당장 눈앞의 이익을 우선하여 단기적으로 주식을 매매하는 주주와는 달리, 기업의 업적이나 주가 등에 좌우되지 않고, 장기에 걸쳐 주식을 보유하는 주주를 가리킨다. 기업의 안정도 향상, 적대적 매수에 대한 방지책 등을 생각할 경우, 안정주주 확보가 중요하다. 구체적으로는 그 기업의 거래선이나 메인뱅크 등이 안정주주가 되는 경우가 많다. 단 1999년 이후 주식의 상호보유 해소가 진전되어 기업에서 금융기관 등의 지주비율이 낮아지면서 안정주주의 확보가 어려워지고 있다.

문에, 본사의 임원인 동족이 현업부문을 직접 지배하는 것이 어려워졌다. 이런 의미에서 재벌콘체른은 동족의 소유권을 더욱 봉쇄하는 것이었다고 할 수 있다(橘川武郎, 『日本の企業集團』).

재벌의 전문경영자 리스트

아래의 〈표 4-2〉는 모리카와 히데마사森川英正가 작성한 재벌의 전문경영자 리스트이다. 대상으로는 1908년 이전까지 임원에 취임한 56명이 올라 있다. 전문경영자 리스트에서 당연히 소유자 동족은 제외되어 있다.

〈표 4-2〉 메이지기 재벌 경영자 일람표

인명	회사 · 메이지기의 최종직	생년	학력	전직	출신	비고
미쓰이(三井)						
三野村利左衛門	三井銀行總長代理副長	1821	독학	兩替商 (환전상)	商	
三野村利助	三井銀行總長代理副長	1843	寺子屋		商	
西邑虎四郎	三井銀行總長代理副長	1830	江戸中等教育		醫	
中上川彦次郎*	三井銀行 전무이사	1854	慶應義塾	山陽鐵道 사장	士	
波多野承五郎	三井銀行 이사	1854	慶應義塾	관리 · 신문기자	士	
早川千吉郎*	三井銀行 전무이사	1863	帝大法科	大藏省 관리	士	
益田 孝*	三井同族會 管理部 전무이사	1848	江戸中等教育	先收會社	士	
上田安三郎*	三井物産 전무이사	1855	아메리카 商大 중퇴	美商아르윈 사용인	商	
飯田義一*	三井物産 상무이사	1850	江戸中等教育	鐵道寮	士	
渡辺専次郎*	三井物産 상무이사	1860	三菱商業學校		醫	
岩原謙三*	三井物産 상무이사	1863	商船學校	共同運輸	士	

小室三吉*	三井物産 이사	1863	商法講習所		士	
山本條太郎*	三井物産 상무이사	1867	小學校		士	
團琢磨*	三井鑛山 전무이사	1858	MIT 鑛山科	官營三池炭鑛	士	
山田直矢*	三井鑛山 이사	1860	東大理 採治科	帝大工科 교수	士	
朝吹英二	三井同族會 管理部 이사	1849	慶應義塾	貿易商會 지배인	農	中上川 妹 의 夫
有賀長文	三井同族會 管理部 이사	1865	帝大法科	농상무성 참사관	國學	
高橋義雄*	三越吳服店 이사	1861	慶應義塾	時事新報 기자	士	
益田英作	三越吳服店 이사				士	益田孝 의 末 弟
日比翁助*	三越吳服店 이사	1860	慶應義塾	모슬린 商店	士	
藤村喜七	三越吳服店 이사	1851	寺子屋		農	
大田黑重五郎	芝浦製作所 전무이사	1866	高等商業學校		士	

미쓰비시(三菱)

莊田平五郎*	三菱合資 管事	1847	慶應義塾	慶應義塾 교사	儒	彌太郎 姪 의 夫
豊川良平	三菱合資 管事	1852	慶應義塾		醫	彌太郎 의종형제
武市利美	東京倉庫 회장	1858	三菱商業學校	관리·가업	士	
南部球吾*	三菱合資 管事 (광업부장)	1855	東京開成學校·유학		士	
莊 淸次郎*	三菱合資 서무부장	1862	東大法		士	
瓜生 震*	三菱合資 영업부장	1853	江戸中等教育	鐵道寮	士	
水谷六郎*	三菱合資 조선부장	1848	江戸中等·영국現業	官營長崎造船所	士	
末延道成*	東京海上 회장 (岩崎代表)	1855	東大法		士	石川七娘 財의 夫

吉川泰二郎	日本郵船 사장(元三菱)	1851	慶應義塾			
內田耕作	日本郵船 전무(元三菱)	1843	寺子屋		商	
近藤廉平*	日本郵船 사장(元三菱)	1848	江戸中等教育		醫	豊川良平妹의 夫
淺田正文	日本郵船 전무(元三菱)	1854	江戸中等教育		士	
岩永省一*	日本郵船 전무(元三菱)	1852	慶應義塾	내무성	士	
小川鉗吉*	日本郵船 이사(元三菱)	1855	大學南校	문부성	士	
스미토모(住友)						
廣瀬宰平*	住友本店 總理人	1828	寺子屋		農	
伊庭貞剛	住友本店 總理事	1847	江戸中等教育	재판관	神官	宰平의 甥
田辺貞吉*	住友本店 이사 (은행지배인)	1847	江戸中等教育	사범학교장	士	
河上謹一*	住友本店 이사	1856	東大法	일본은행 이사	士	
鈴木馬左也*	住友本店 총이사	1861	帝大法科	농상무성 참사관	士	
中田錦吉	住友本店 이사 (은행지배인)	1864	帝大法科	재판관	士	
志立鐵次郎	住友本店 이사 (은행지배인)	1865	帝大法科	일본은행·九州鐵道	士	
야스다(安田)						
伊臣貞一	安田銀行 감독	1870	帝大法科		士	善次郎 차녀의 夫
(安田善三郎)						
후루카와(古河)						
木村長七	古河鑛業 이사장	1852	寺子屋	小野組	商	
近藤陸三郎*	古河鑛業 이사장	1857	工部大學校 鑛山	官營阿仁鑛山	士	
오쿠라(大倉)						
手島瑛次郎*	大倉組 副頭取	불명	江戸中等教育			

高島小金治*	大倉組 副頭取	1861	慶應義塾	정치운동	士	喜八郎 3녀의 夫
門野重九郎*	大倉組 副頭取	1867	帝大工 · 土木科	山陽鐵道	士	
大倉粂馬	大倉土木組 점주	1866	帝大工 · 土木科		士	喜八郎 4녀의 夫에 입적
伊藤琢磨*	日本皮革會長	1869	帝大法科	三菱銀 行部	士	粂馬의 弟
아사노(淺野)						
白石元治郎*	東洋汽船이사 · 日本鋼 管사장	1867	帝大法科			總一郎 차녀의 夫
寺田洪一	南北石油 전무이사	불명				
후지타(藤田)						
本山彦一	藤田組 지배인	1853	江戶中 等 · 慶應 義塾	兵庫縣 · 時 事新報	士	久原庄 三郎 3녀의 夫
木村陽一	藤田組 지배인	불명				
久原房之助	藤田組 지배인 (小坂所長)	1869	慶應義塾	森村組 (1년간)	商	庄三郎 4남 · 傳三郎 의 甥

주: *는 임원 재임 중 혹은 이전에 해외에 부임한 경험이 있는 자이다.
출전 : 森川英正, 『日本財閥史』에서.

이 56명의 특징에 대해 모리카와는 다음과 같이 지적한다. 첫째, 임원 취임 연령이 대체로 젊다는 점이다. 24명(전체의 43퍼센트)이 40세 미만에 임원에 취임하고 있다. 둘째, 학력이 높다는 점이다. 제국대학(전신을 포함)을 졸업한 학사가 17명(30퍼센트), 게이오기주쿠慶應義塾가 12명(11퍼센트), 해외유학, 고등상업학교, 미쓰비시상업학교 각 2명을 더하면 35명

(63퍼센트)이 고학력자이다. 소위 '독서인'[58] 경영자가 많았다는 점은 재벌의 특징이라고 할 수 있다.

셋째, 중도 채용자가 많다는 점이다. 33명(59퍼센트). 거꾸로 말하면, 내부 승진자가 적다는 것이다. 관리, 재판관, 교원, 관영사업 고원雇員, 일본은행 등 관·공직에 있던 사람이 19명(34퍼센트)이다. 오늘날의 낙하산 인사가 소위 예정된 커리어 버스에 가까운 것인데 반해 이 시대에는 직원 빼돌리기의 색채가 강했다. 인재의 스카우트가 격렬했던 것이다. 이는 메이지시대의 특징으로, 시대가 후대로 내려오면 새롭게 졸업하는 사람이 입사하여 내부승진을 거듭하여 임원까지 올라가는 케이스가 주류를 이루었다.

네 번째가 사족이 많은 점(36명, 64퍼센트)이고, 다섯 번째는 해외생활 체험자가 당시로서는 많은 점(32명, 57퍼센트)이다.

이하에서는 미쓰이, 미쓰비시, 스미토모로 대상을 한정하여 이들 세 재벌의 발전과정과 관련하여 전문경영자 몇 사람을 살펴보도록 한다.

1) 미쓰이재벌의 전문경영자

미쓰이와 나카미가와 히코지로

이미 살펴본 바와 같이 미쓰이는 미노무라 리자에몽의 활약으로 막말·유신기의 위기를 넘겼지만, 미노무라 사후(1877년), 그간의 정상적 政商的 활동 때문에 곤란한 상황에 빠졌다. 미쓰이은행의 관금취급은 무이자로 다액의 관금官金을 운용할 수 있다는 이점이 있었지만, 정부요인

---

58 자주 책을 익은 사람, 독서를 좋아하는 사람이다. 특히 중국에서 학문을 쌓아 과거를 치르고 관리가 되거나 혹은 되려는 계층의 사람들을 가리켰다. 사대부라고도 했다. 전하여 지식인이나 학자의 의미로 쓰인다. 여기서도 마찬가지이다.

이나 정치가가 불리한 조건으로 대부를 요구할 경우 거부하기 어렵다는 약점도 있었다. 메이지 10년대 후반[59]에는 이런 이유로 미쓰이은행은 다액의 불량채권을 안고 있었다. 이 때문에 이노우에 가오루의 알선으로 1891년 게이오기주쿠 출신의 다카하시 마사오高橋義雄가 영입되었지만 이 또한 개혁을 행하는 경영자로서는 능력이 부족했다. 그래서 다시 이노우에의 추천으로 미쓰이은행에 입사한 것이 나카미가와 히코지로中上川彦次郎였다.

나카미가와 히코지로는 1854년, 부젠豊前[60] 나카쓰번사中津藩士의 집에서 태어났고 후쿠자와 유키치의 조카였다. 숙부의 게이오기주쿠에서 배우고, 다시 후쿠자와가 비용을 대줘서 1874년부터 3년간 영국에 유학했다. 런던 체재 중에 그곳을 방문한 이노우에 가오루와 알게 되었고, 귀국 후 공부경工部卿 이노우에의 부름으로 공부성에 들어갔다. 그러나 '1881년 정변'으로 오쿠마大隈와 함께 퇴관한 뒤, 후쿠자와 함께 '지지신보時事新報'를 창간했다. 후쿠자와그룹이 정부 내에서 적대시되고 있었던 탓이다. 그 후 게이오기주쿠 출신 미쓰비시의 쇼다 헤이고로莊田平五郎의 권유로 산요철도山陽鐵道 사장에 취임했다.

미쓰이의 개혁이 진척되지 않는 것에 화가 치민 이노우에는 그 능력을 높이 사고 있던 나카미가와를 미쓰이은행에 알선한다. 1891년에 미쓰이은행 이사에 취임한 나카미가와는 다음해에 부장副長이 되어 실권을 장악하고 개혁에 착수했다.

우선 관금취급을 반납하고 채산성이 나쁜 지점·출장소를 폐쇄, 불량

---

59 메이지기가 1868~1912년이므로 메이지 10년대라 하면 1878년부터 10년 정도이니 1880년대로 이해하면 될 것 같다.

60 豊前은 부젠으로 발음하며 지금의 후쿠오카(福岡)와 오오이타(大分) 두 현에 걸친 지역이었다.

나카미가와 히코지로(中上川彦次郎, 1854~1901)

미쓰이은행(三井銀行)의 지도자로서 민완을 발휘했지만, 다카하시 요시오(高橋義雄)에 의하면, 1896년이 나카미가와의 전성기였다고 한다. 공업부문의 부진이 그의 죽음을 앞당겼던 것일까? 신장병으로 47세에 세상을 떴다. (미쓰이문고 소장).

채권의 철저한 정리에 노력했다. 또한 게이오기주쿠 등 외부 인재를 적극적으로 등용하여 고가이 봉공인 중심의 경영체제에 쇄신을 가져왔다. 이때 채용된 아사부키 에이지朝吹英二, 후지야마 라이타藤山雷太, 와다 도요지和田豊治, 무토 산지武藤山治, 후지와라 긴지로藤原銀次郎, 히비 오스케日比翁助, 이케다 시게아키池田成彬, 고바야시 이치조小林一三, 히라가 사토시平賀敏 등은 뒷날 미쓰이 뿐만 아니라 일본 경제계에서 화려하게 활약하게 되는 인물들이다.

또한 나카미가와는 금융과 상업을 전통으로 하는 미쓰이의 사업을 공업부문까지 확대하고자 했다. 가네가후치방적鐘淵紡績, 시바우라제작소芝蒲製作所, 신마치방적소新町紡績所, 도미오카제사장富岡製絲場 등을 경영하는 외에, 오지제지王子製紙, 홋카이도탄광철도北海道炭礦鐵道를 미쓰이 산하에 두었다. 이와 같은 나카미가와의 개혁으로 미쓰이는 정상노선政商路線에서 벗어나 근대재벌로 전환하는 기초를 굳힐 수 있었다. 또한 비슷한 시기인 1890년에 미쓰이물산은 미이케탄광三池炭鑛을 불하받았다. 455만 5,000엔이라는 거액의 불하대금이었지만, 이 탄광과 함께 미쓰이에 들어온 MIT 출신의 기술자 단 다쿠마團琢磨의 노력으로 발전을 거듭하며 미쓰이의 달러박스가 되었다.

조직면에서 가정家政과 영업의 최고 의사결정기관이었던 동족집단과는 별도로 동족과 사용인 중역으로 구성된 미쓰이가임시평의회三井家假評議會를 만들어(1891년), 영업에 관한 의사결정기관으로 삼고자 했다. 또한 동족에 의해 고용경영자의 행동이 상세하게 제약될 우려가 있는 미쓰이가헌三井家憲의 제정에 반대하는 등 가정家政에 대한 경영의 우위를 추구하고자 했다. 이 때문에 나카미가와도 만년에는 미쓰이가 안에서 고립되는 처지가 되고 말았다. 하지만 총유재산의 법인화, 스테이크홀더[61]로서의 경영자·종업원의 지위 신장을 도모한다는 점에서 미노무라와 공동된 부분이 있었다.

그런데 나카미가와의 공업화노선이 꼭 성공한 것은 아니었다. 시바우라제작소와 견사방적소絹絲紡績所, 제사장을 통합한 미쓰이모토카타공업부三井元方工業部는 사업 대부분이 경영부진에 빠져 1898년에 해체되었고, 시바우라는 미쓰이광산, 섬유공장은 미쓰이오복점三井吳服店의 지배하에 들어갔다. 미쓰이의 지배를 받게 된 가네가후치방적이나 오지제지의 업적도 부진했다. 이들에 의해 공업화 투자를 행해 온 미쓰이은행의 경영내용도 악화되었다. 공업화정책이 성공하지 못함으로써 미쓰이 내부에서는 나카미가와에 대한 비판이 일었고, 이노우에 가오루 고문도 나카미가와의 방식에 불만을 가지고 있었다. 이 때문에 조금씩 나카미가와는 발언력을 잃게 되었고, 1901년 실각과 거의 같은 상태에서 사망했다.

---

61 기업의 이해관계자로 주주, 채권자, 고객, 지역사회, 거래처 등이 포함된다.

그러나 미노무라가 위기에 등판하여 소방수 역할을 했다고 한다면, 나카미가와는 미쓰이를 정상에서 근대적 재벌로 재출발시킨 에이스투수였다고 할 수 있을 것이다.

마스다 다카시와 미쓰이물산

나카미가와의 사후, 마스다 다카시益田孝가 리더십을 쥐고 공업화노선에 수정을 가했다. 마스다 다카시는 사도부교佐渡奉行[62] 부하의 아들로 태어나 1863년에 막부의 견구사절遣歐使節 일행과 함께 프랑스로 건너갔다. 유신 후 대장성에 들어가 이노우에 가오루의 부하가 되었다. 1873년 이노우에가 하야하게 되면서 그와 행동을 같이 했고, 이노우에가 경영하는 센슈회사先收會社의 부사장이 되었다. 이어 이노우에의 정계 복귀 후 해산한 센슈회사를 인수한 미쓰이물산에 입사했다. 당초 미쓰이물산은 미쓰이의 직계사업이 아니었기 때문에 마스다는 도자마다이묘外樣大名[63] 같은 지위에 있었고, 나카미가와가 미쓰이에 입사한 뒤에는 그의 영향하에 있어야 했다. 그러나 나카미가와가 급진적인 공업화노선을 취하고 물산의 이해를 경시하는 정책을 취하자 마스다는 나카미가와에 반발, 이노우에와의 친밀한 관계 때문에 차츰 미쓰이에서 중요한 역할을 맡게 되었다.

---

62 에도막부의 직명으로 온고쿠부교(遠國奉行)의 하나이다. 온고쿠부교는 막부 직할령이 있는 요지에 관한 정무를 담당한 부교의 총칭이다. 1601년에 설치된 사도부교는 간조부교(勘定奉行)의 지배를 받았다. 막부는 사도금산(佐渡金山)의 직할화를 도모하여 부교에게 금은의 공부(貢賦), 섬 안의 통치, 북방에 대한 감시를 시켰다. 정원은 1~2명이었고, 석고(石高)는 1,000석, 직록(職祿)은 1500가마니(俵) 100인 부치(扶持)였다.

63 도자마(外樣)는 후다이(譜代)에 대응하는 말로, 주종관계가 소원한 것, 직계에 대해 방계를 말한다. 무로마치시대에는 막부와 소원한 다이묘를 도자마슈(外樣衆)이라고 불렀다. 도자마다이묘는 세기가하라전투 이후 도쿠가와에 신종한 제후를 총칭한다. 제도적으로 차별받아 막말에 이르기까지 막정(幕政)의 중추에서 제외되었다.

마스다의 시대가 되어 1904년에 시바우라제작소의 분리 독립, 섬유 공장들의 매각, 미쓰이은행 소유 가네가후치방적 · 오지제지 · 홋카이도탄광철도 주식의 매각, 미쓰이오복점의 주식회사로서의 분리 독립 등이 실시되었다. 또한 미쓰이은행에서는 장기공업금융에서 상업어음할인이나 단기대부를 주로 하는 상업은행으로의 전환이 이루어졌다. 이와 같이 미쓰이는 제조공장 모두와 오복점을 팔아버리고, 앞에서 검토했듯이 1907년에 미쓰이합명회사를 설립, 동시에 미쓰이은행과 미쓰이물산을 주식회사로 개조하고 은행의 창고업무를 분리하여 도신창고東進倉庫를 설립했다. 광산은 미쓰이합명의 광산부가 되었지만, 2년 후에 독립하여 미쓰이광산주식회사가 되었다. 이렇게 해서 미쓰이는 은행 · 물산 · 광산 · 창고를 직계회사로 하고, 시바우라제작소 · 오지제지 · 가네가후치방적 · 사카이셀룰로이드를 준직계회사, 홋카이도탄광기선 · 와니시제철소輪西製鐵所 · 오노다시멘트 · 타이완제당 · 일본제강소 등을 방계사업으로 삼았다. 그들에 대한 주식 소유를 통해 산하기업을 통할 · 지배하는 기구로서 미쓰이동족이 봉쇄적으로 소유하는 미쓰이합명을 두고, 여기에 재벌 콘체른의 모습을 갖추기에 이르렀다. 마스다의 상업노선은 미쓰이의 공업부문에 대한 관계를 약화시키고, 뒷날 및 제2차 세계대전 후에 있어서 중공업화 속에서 미쓰이그룹이 뒤떨어지는 원인遠因이 되었다고 알려져 있다. 하지만 미쓰이재벌의 조직적 정비라는 점에서 마스다가 수행한 역할은 컸다. 상사맨商社맨으로서의 마스다는 커미션 머천트commission merchant(수수료상인)주의로, 투기거래思惑取引를 해서는 안 된다는 주의였다고 한다.

마스다도 인재육성에 열심이었다. 국제상업에 대한 지식, 경험을 쌓은 인재가 필요하다고 하여, 처남(마스다 처의 오빠)인 야노 지로矢野二郎가 교장이었던 상법강습소 및 그 후신인 도쿄고상東京高商 출신자를 채용했다. 이와시타 세슈岩下淸周, 와타나베 센지로渡辺專次郎, 마지마 요키間島與喜, 고무로 산키치小室三吉, 후쿠이 기구사부로福井菊三郎 등이 그들이다. 그밖에 야마모토 조타로山本條太郎와 후지노 가메노스케藤野龜之助는 뎃치丁稚 출신이고 이이다 기이치飯田義一는 중도채용된 자이지만, 눈부신 상재를 발휘하여 미쓰이물산에서 중요한 인물이 되었다. 이 중에서 야마모토는 1914년에 발생한 공고사건金剛事件[64]에 연루되어 물산을 사직했다. 이 사건은 해군의 병기 조달을 둘러싸고 독일 지멘스사가 해군 담당자에게 뇌물을 준 것이 폭로된 소위 지멘스사건의 추적 과정에서 드러났다. 당시 지멘스사의 경쟁상대였던 영국의 빅커스Vickers사가 해군에 군함 '공고金剛'를 납품하면서 그 대리점인 미쓰이물산이 커미션의 일부를 해군 중장 등에게 뇌물로 준 것이 발각된 사건이다. 야마모토는 뒷날 정계에 들어가 세유카이政友會의 간사장이 되었고, 1927년에는 만철 총재에 취임했다.

나카미가와 및 마스다 시대에 활약한 기타 인물에 대해서도 조금 언급해 둔다. 마스다의 보좌역을 지낸 아사부키 에이지朝吹英二(1849~1918)는 게이오기주쿠에서 공부하고 나카미가와의 동생과 결혼한 후쿠자와 인맥의 한 사람이었다. 처음에는 미쓰비시에 들어갔다가 사업에 실패하여 사직, 이후 나카미가와의 권유로 미쓰이에 들어갔다. 가네보鐘紡, 미쓰이 오복점, 오지제지 등에서 활약, 나카미가와 사후에는 마스다를 보좌하여 미쓰이재벌 전반에 대해 지휘했다.

나카미가와의 후임으로 미쓰이은행 전무이사가 된 하야카와 센키치로

---

64 유명한 지멘스사건과 밀접한 관련이 있다. 당시 순양함 '金剛'를 발주했는데, 이때 뇌물 수수 사건이 지멘스사건 확대에 중요한 기점이 되었다. 지멘스사건으로 1914년 3월 해군장로인 야마모토 곤노효에(山本權兵衛)를 수반으로 하는 제1차 야마모토내각이 총사직했다.

早川千吉郎(1863~1922)는 가가번사加賀藩士의 집에서 태어나 제국대학 법과대학 및 동 대학원을 졸업한 뒤 대장성에 들어갔다. 그도 이노우에 인맥과 연결되어 1900년 미쓰이에 들어갔다. 하야카와의 시대에 미쓰이은행은 예금준비를 충실하게 하여 일본은행에 대한 의존에서 벗어날 수 있었고, 외국 · 증권업무의 확충을 추진했다. 단 하야카와 자신은 그다지 은행업무에 정통하지 못했기 때문에 (은행업무는) 이케다 시게아키池田成彬나 요네야마 우메키치米山梅吉에게 맡기고, 대외교섭이나 인사면에서 재능을 발휘했다고 알려져 있다.

그밖에 불량채권 정리나 오지제지 매수에서 민완을 발휘하고, 뒤에 대일본제당의 사장이 되어 설탕왕으로 불리게 된 후지야마 라이타藤山雷太, 제지왕이라 불린 후지와라 긴지로藤原銀次郎, 가네보 발전의 견인차 역할을 한 무토 산지武藤山治 등 넘칠 정도로 인재가 육성되었다.

단 다쿠마와 달러사재기사건

1914년 마스다가 제일선을 물러나자 단 다쿠마團琢磨가 미쓰이합명의 이사장이 되어 마스다의 상업노선을 대신해 공업주의를 부활시켰다. 1915~1919년까지 전기화학공업, 미쓰이물산조선부와 선박부, 사카이 셀룰로이드를 중소회사와 합병시켜 대일본셀룰로이드 등을 설립했다. 1924년에는 다나카광산가마이시제철소田中鑛山釜石製鐵所를 매수하여 제철부문으로 진출, 1926년에는 동양레이온을 설립했다. 그 뒤에도 다이쇼해상화재보험大正海上火災保險, 동양면화, 산키공업三機工業이 미쓰이물산으로부터 독립(1918~1925년), 다카사고생명高砂生命을 매수하여 미쓰이생명을 설립했다(1927년). 이러한 다각화전략의 결과, 미쓰이는 다음에 나오는 〈도표 4-1〉에서 살펴볼 수 있듯이 일본 제일의 재벌콘체른이 되었다. 단, 다각화전략을 수행한 것은 주로 미쓰이물산과 미쓰이광산으로,

〈도표 4-1〉 미쓰이콘체른의 조직도(1930년경)

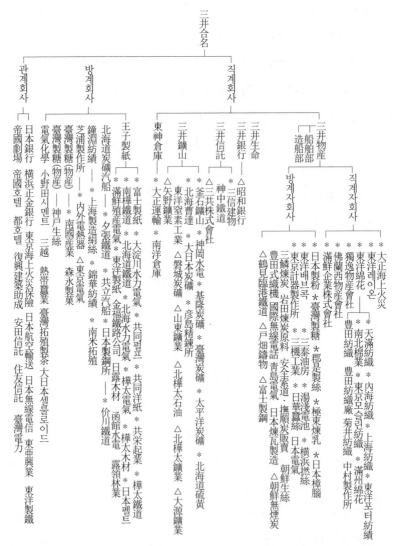

(주) 그림 속의 ＊표시는 미쓰이의 지배력이 거의 결정적인 것이고 표시가 없는 것은 준지
　　배적인 것을 나타낸다. △표시는 미쓰이의 지배력이 앞의 두 종류보다 약한 관계회사
　　이다. 방계회사 중에서 타이완제당(臺灣製糖)이나 군제제사(郡是製絲)는 미쓰이물산
　　(三井物産)의 자회사이지만 편의상 여기에 중복시킨다.
(출처) 高橋龜吉, 『日本財閥の解剖』, 中央公論社, 1930年, 50쪽.

단 다쿠마(團琢磨, 1858~1932)

미쓰이의 달러사재기는 때마침 닥쳐온 불황으로 고통받던 사람들의 세평에 올랐고, '아사히신문(朝日新聞)'이나 『지지신보(時事新報)』가 논란을 일으켰다. 단은 미쓰이의 상징으로서 우익테러의 표적이 되었다. (미쓰이문고 소장)

본사인 미쓰이합명은 신중한 태도를 취해 1928년 무렵에도 미쓰이의 직계회사는 은행 · 물산 · 광산 · 도신창고 · 생명 · 신탁에 한정되어 있었다. 공업부문으로의 진출에는 소극적이었다고 할 수 있다.

단 다쿠마는 후쿠오카번사福岡藩士의 아들로 태어났다. 겨우 14세 때 후쿠오카번주를 수행하여 미국으로 건너가 보스턴에서 어학을 배운 뒤 매사추세츠공과대학에서 광산학으로 학사 학위를 취득했다. 귀국 후, 제국대학 조교수가 되지만 광산학을 써먹을 수 없었기 때문에 사직하고 공부성 미이케광산국三池鑛山局에 들어갔다. 연구를 위한 유럽 방문 중에 미이케의 미쓰이물산 불하가 결정되자 마스다의 간청으로 미쓰이에 들어갔다. 미이케탄광三池炭鑛 사무장이 되자마자 관영시대 용수湧水 처리로 곤란을 겪고 있던 미이케에 신식 펌프를 도입하여 배수에 성공하였고, 새로운 입갱立坑(수직갱도)의 개발에 성공하여 미이케 비약의 기초를 만들었다. 그 후 단은 기술자로서의 직능에 그치지 않고 미쓰이 전체의 경영에서도 중요한 지위를 점해 1914년에는 마스다의 뒤를 이어 미쓰이합명 이사장이 되었다. 일본공업구락부 이사장이 되는 등 재계에서도 활약했지만 1932년 '달러사재기' 문제로 미쓰이가 공격받고 있을 때 혈맹단血盟團에 의해 암살되었다.

1929년에 일단 해금되었던 금수출이 재금지될 것으로 예상되면서 그에 따라 달러의 급등도 예상되었다.[65] 이러한 상황에서 미쓰이의 상사나 은행이 대량으로 달러를 사들여 큰 이익를 취하고 국가에 손해를 끼쳤다고 하여 비난과 공격을 받았는데, 이것이 달러사재기사건이다. 미쓰이은 행은 1931년 9월 당시 1,633달러의 선물매약정先物賣約定을 가지고 있었다. 그런데 같은 달 갑자기 영국이 금본위제를 정지하면서 런던에 보관하고 있던 580만 파운드가 동결되었다. 이런 상황에서 이 달러 선물매약정의 매입과 전력외채電力外債에 대한 이자지불을 위해서 달러를 준비해야 했다. 따라서 투기라고는 할 수 없으나 미쓰이는 당시 이런 사정을 명확히 밝히지 않고 변명도 하지 않았다. 공표할 경우, 파운드의 하락으로 미쓰이은행이 환차손을 받게 될 것이 분명했다. 그럴 경우 예금인출소동이 발생, 나아가서는 일본경제에 영향을 미칠 것으로 판단했다고 한다. 하지만 파시즘의 폭풍이 불어오려고 하는 상황에서 정당한 경제행위가

---

65 금수출금지는 곧 금의 자유로운 유출(수출)을 금지함으로써 금본위제도를 정지시키는 것을 의미한다. 제1차 세계대전 중에 각국이 이 조치를 취했고 일본도 1917년 9월에 금수출금지를 단행했다. 제1차 세계대전 이후 금해금, 즉 금수출금지를 해제했지만 대공황을 거치면서 1931년 이래 다시 금지하는 나라가 속출했다. 일본은 1930년 1월 1일부터 금해금을 단행하지만 대공황의 영향도 있어서 환투기자금 인상이나 자본도피 등으로 금수출이 계속되자 1931년 12월에 금수출을 재금지하게 된다. 1930년 1월 금해금 당시 구평가해금론과 신평가해금론이 대립하다가 결과적으로 구평가로 해금되었는데, 이것이 경제불황과 맞물리면서 많은 금유출을 낳아 금수출재금지론이 다시 대두되었다. 금수출이 재금지될 경우에는 엔화의 가치가 하락하고 달러의 가치가 상승하는 결과를 낳게 되는데, 이때 달러를 미리 사재기하게 되면 재금지 후 엔화로 바꿀 경우 많은 이익을 얻을 수 있었다.

갖는 의의를 주장할 수 없었던 나이브함이 그 근저에 있었음은 부정할 수 없다. 그것은 평소 민간의 경제행위를 국사國事와 결부시켜 생각하는 일이 많았던 재벌 경영자의 이념에 대한 또 다른 해석이 아니었을까?

이케다 시게아키와 '재벌의 전향'

절대적인 권한을 가지고 있던 단 다쿠마의 갑작스러운 죽음은 미쓰이합명 경영진에게 커다란 충격을 주었다. 미쓰이합명은 당분간 단을 보좌하고 있던 상무이사 아리가 나가후미有賀長文와 후쿠이 기쿠사부로福井菊三郎, 이사에 임명된 이케다 시게아키池田成彬(은행), 야스카와 유노스케安川雄之助(물산), 마키타 다마키牧田環(광산), 요네야마 우메키치米山梅吉(신탁) 등 6명에 의한 합의제로 운영되다가 1933년 9월, 이케다가 필두 상무이사에 선임되었다.

이케다 시게아키(1867~1950)는 요네자와번사米澤藩士 집에서 태어나 게이오기주쿠에서 배우고, 24세 때 미국으로 건너가 하버드대학에 입학했다. 귀국 후인 1895년, 후쿠자와 유키치가 주재하는 지지신보사時事新報社에 입사했지만 3주만에 그만두고 나카미가와의 인재등용노선을 따라 미쓰이은행으로 옮겼다. 1898~1899의 미국 출장 이후 미쓰이은행 내에서 두각을 나타냈고, 1909년에 미쓰이은행 상무이사가 된 이래 약 25년간에 걸쳐 미쓰이은행의 최고경영자가 되었다.

이케다의 임무는 '재벌의 전향'을 단행하여 미쓰이를 세상의 공격으로부터 방어하는 것이었다. 그 때문에 이케다가 실시한 첫 번째 일은 미쓰이동족 11가문을 직계회사의 회장과 사장에서 퇴진시키는 것이었다. 그 결과 미쓰이동족은 1934년, 은행·물산·광산의 사장직에서 물러나고, 다음해에는 미쓰이합명의 부사장이었던 동족 2명도 그만두었다. 그 후에도 미쓰이 관계회사의 평이사에서도 동족의 이름은 거의 자취를 감추었다. 이케다는 모든 사업 관계의 표면에서 미쓰이가의 이름을 지워야 했으며 미쓰이라는 이름은 사회공공사업, 자선사업에만 사용하면 된다고 했다. 동족을 안전지대로 피신시키려 했던 것이다. 그러나 이케다가 "11가문의 주인이 각각 제멋대로여서 힘들었습니다"(『財界回顧』)고 했듯이 동족의 경영권 개입에 제동을 걸려는 의도도 있었을 것이다.

둘째, 미쓰이가 공공사업과 사회사업에 기부하는 것이었다. 1933년, 기금 3,000만 엔으로 재단법인 미쓰이보은회三井報恩會를 만들었다. 3,000만 엔은 사상 최고의 기부였다고 하는데 미쓰이는 이 자금을 관계 회사 주식의 매각을 통해 마련했다. 그 밖에도 미쓰이는 활발하게 기부했다. 이러한 기부 중에는 공공사업, 자선사업만이 아니라 군사관계 분야나 우익, 군인에 대한 것도 있었다고 한다.

셋째, 미쓰이합명, 미쓰이물산, 미쓰이광산이 소유하고 있는 미쓰이 관계 기업의 주식을 일반에 공개한 것이다. 이는 사업 확대를 위해 외부 자금을 도입하려는 목적도 있었지만 재벌사업의 이익을 널리 사회에 환원하고, 재벌이 부를 독점하고 있다는 비난을 완화하려는 의도도 있었다.

넷째, '가미소리야스'66라고 불리며 그 매서운 수완으로 중소상공업자나 사회의 원망을 한몸에 사고 있던 미쓰이물산 필두 상무이사 야스카와 유노스케安川雄之助를 퇴진시킨 것이다. 그리고 이후에는 영국풍 신사 난조 가네오南條金雄을 배치했다.

마지막 마무리로 이케다는 필두이사筆頭理事와 참여이사參與理事 65세, 상무이사 및 이사 60세, 사용인 55세로 정년제를 제안하고 1936년 5월부터 이를 실시했다. 이케다는 경영의 발본적 쇄신을 도모하기 위해서 젊

---

66 일본어로 '가미소리'란 면도칼을 의미하는데, 전하여 머리가 예리한 사람을 비유하기도 한다. 야스카와는 제1차 대전 호황기에 수완을 발휘하여 미쓰이에 큰 이익을 가져다 주었기 때문에 '가미소리야스'로 불렸다.

은 피의 수혈이 필요하다고 생각했다. 이미 70세가 된 이케다는 이 규정을 따라 미쓰이합명의 상무이사를 퇴임하고 그 밖에 일본은행 참여參與, 일본경제연맹회 상무이사 등 일체의 공직에서도 물러났다. 그러나 1937년 2월 하야시 센주로林銑十郎 내각이 성립하면서 이케다는 대장대신大藏大臣에 취임할 것을 요청받았다. 이케다는 건강상의 이유로 취임요청을 물리친 뒤, 유키 도요타로結城豊太郎(야스다은행安田銀行 부행장에서, 당시 일본흥업은행 총재)를 대장대신에 추천하고, 유키의 간청을 받아들여 일본은행 총재에 취임했다. 하야시 내각은 단명으로 끝나고 1938년 5월 제1차 고노에 후미마로近衛文麿 내각이 성립하자 이번에서는 이케다가 대장대신이 되고 유키가 일본은행 총재가 되었다.

유키의 대장대신 취임은 소위 '군재포합軍財抱合'의 단서를 제공한 것으로 여겨지고 있다. 군재포합이라는 것은 군부와 재계가 서로 껴안고 있다는 의미이다(원래 당초에는 군부의 요구와 재정의 조화라는 의미였다). 유키재정 하나 앞의 바바馬場鍈一재정은 군사비의 대폭 증대를 증세로 조달한다는 내용의 예산안을 제출하여 재계를 당혹시켰다. 이런 의미에서 유키 도요타로의 대장대신 취임은 재계도 기대하고 있었고, 군부도 이를 통해 재계의 협력을 얻을 수 있을 것이라 생각했던 것이다. 유키나 이케다 이후 재계인의 입각이 증가했다. 후지와라 긴지로藤原銀次郎(오지제지, 요나이米內 내각 상공대신, 도조東條 내각 국무대신, 고이소小磯 내각 군수대신), 고바야시 이치조小林一三(한큐阪急, 제2차 고노에 내각 상공대신), 무라타 쇼조村田省藏(오사카상선大阪商船, 제2차 및 제3차 고노에 내각 체신대신 겸 철도대신), 오구라 마사쓰네小倉正恒(스미토모住友, 제3차 고노에 내각 대장대신) 등이다.

2) 미쓰비시재벌의 전문경영자

이와사키 야노스케

미쓰비시는 미쓰이나 스미토모와 달리 이와사키 야타로岩崎彌太郎 이후에도 그의 동생 야노스케彌之助, 야타로의 장남 히사야久彌, 야노스케의 장남 고야타小彌太가 실질적 경영자로서 기능했다. 따라서 아래에서는 고용경영자와 함께 이와사키가岩崎家의 당주들에 대해서도 다루기로 한다.

앞에서 언급했듯이, 야타로의 뒤를 이어 사장에 취임한 야노스케는 우편기선미쓰비시회사郵便汽船三菱會社를 대신하여 미쓰비시샤三菱社를 설립하고, 광산 · 탄광, 조선, 부동산의 세 부문을 중심으로 미쓰비시 재건을 도모했다. 1893년 상법이 시행될 때 이와사키가는 자본금 500만 엔의 미쓰비시 합자회사를 설립했는데, 야노스케와 야타로의 장남 히사야가 각각 절반을 출자했다. 야노스케는 히사야에게 사장 지위를 물려주고 그 후견인으로서 감무監務에 취임했는데, 히사야가 어렸기 때문에[67] 1908년 사망하기 직전까지 중요한 의사결정에 참가했다.

사업으로는 우선 신뉴新入와 나마즈다鯰田 탄광을 입수하고 이어서 우스이碓井, 가미야마다上山田, 호조方城, 오치相知, 가나다金田 등의 탄광을 매수했다. 나아가 메이지 말기 이후에는 다이유바리大夕張, 아시베쓰芦別, 비바이美唄 등 홋카이도에 위치한 탄광들과, 요시타니芳谷, 기시노다케岸嶽, 고가야마古賀山 등 가라쓰唐津 소재 탄광들을 매수하여 석탄업 쪽으로 사업을 크게 확장했다.

1896년에 매탄부賣炭部를 설치, 모지門司와 홍콩 · 상하이 · 한커우漢

---

67 1891년 해외 유학에서 귀국해 미쓰비시샤에 부사장으로 입사했다가 1894년 미쓰비시의 합자회사 전환과 함께 야노스케의 뒤를 이어 사장에 취임했다. 히사야가 1865년생이니까 1894년에는 29세였다.

ロ・블라디보스토크浦塩・싱가포르 사이에 정기매탄항로를 열어 규슈九
州 석탄을 수출할 태세를 갖추었다.

금속광산으로 오사리자와尾去澤, 오카즈라大葛, 마키미네槙峰, 오모다니
面谷 광산 등을 매입하고 그 외에도 사도佐渡와 이쿠노生野 등 두 개의 관
영 광산을 불하받았다. 이들 광산은 미쓰비시의 소유가 된 이후부터 신
기술 도입과 노무관리 개선으로 생산성을 높였다. 또한, 1896년에는 관
영 오사카제련소를 불하받아 정동精銅 능력도 갖추었다.

야노스케 시대의 가장 큰 사업은 나가사키조선소의 확충 및 근대화였
다. 나가사키조선소는 당초 수리가 주된 사업으로 본격적인 조선능력은
빈약했다. 그러나 1896년의 항해장려법과 조선장려법에 대응하여 일본
우선이 6,000톤급 기선 6척의 건조를 계획했을 때 쇼다 헤이고로莊田平五
郎가 힘을 써서 2척을 수주하는데 성공, 일본의 조선造船 역사상 획기적
인 의미를 갖는 '히타치마루常陸丸'를 건조하여 근대화의 계기를 잡았다.
그 후에도 적극적인 설비투자를 행하고, 일본우선이나 해운의 발주에 힘
입어 메이지 말에는 세계수준의 기술을 갖게 되었다. 1905년에는 고베조
선소를 건설하고 광산기계나 전기기계도 제조하여 미쓰비시 중공업부문
발전의 초석을 쌓았다.

마루노우치丸の內 관유지 8만 평을 불하받아 오피스거리를 건설한 것
도 중요했다. 불하가격은 평당 약 10엔, 총액 128만 엔이었다. 당시로서
는 엄청나게 비싼 가격이어서 매수자가 나타나지 않았는데, 당시 런던에
출장 중이던 쇼다가 런던의 오피스거리에 감명을 받아 전보를 통해 마루
노우치 관유지의 구입을 강하게 권했고, 이에 야노스케가 결단을 내린
것이다. 1894년에 미쓰비시 1호관이 완성되었고 1905년까지 7호관이 건
축되어 마루노우치는 서양풍의 거리로 다시 태어났다. 사람들은 이를 '잇
초一丁 런던'이라 칭했다. 또한 모리오카盛岡의 대농장(후일 고이와이小岩井

농장. 철도국장 이노우에 마사루井上勝와 일본철도 부사장 오노 기신小野義真의 공동출자), 요코하마에서 외국인이 설립한 맥주회사 재팬 브루어리(Japan Brewery, 후일 기린맥주) 등에도 출자를 통해 참가했다.

야노스케의 큰 공적은 '바다에서 육지로의 전환'으로 불렸듯이, 이와사키가의 축적 기반이었던 해운업을 포기하고, 야타로가 남긴 자본, 인재, 기타 경영자원을 탄광, 광산, 조선, 은행, 빌딩거리 건설 등 새로운 사업 분야로 방향을 전환시키고 이를 궤도에 올린 점에 있다. 야노스케가 단순히 수성守成하는 사람이었다면, 우편기선미쓰비시회사의 해산과 함께 미쓰비시의 역사는 끝났을 것이다. 또한 광산, 탄광, 조선소에서는 서양식 기계를 수입하고 외국인 기사를 고용하여 기술을 지도하게 하는 등 서양으로부터의 기술도입에 적극적이었다. 그 사이 일본인 기술자를 키우고 국산대체國産代替를 실현시켜 갔다. 정상적政商的 상술보다도 근대적 산업이나 근대적 기술을 중시하는 그의 자세는 아마도 젊은 시절 미국에서 견문한 것에 영향을 받았을 것이다.

야노스케는 야타로 만큼 호방한 독재자 타입은 아니었다. 쇼다 헤이고로 등 중역의 의견을 잘 듣고 신중하게 점진주의로 일을 진행했다고 한다. 광산이나 탄광에서는 서서히 매수를 확대해가는 전략을 취했고 상업적 리스크를 동반하는 사업에는 진출하지 않았다. 조선업과 마루노우치 오피스 거리의 건설은 리스크가 큰 사업이었지만, 이는 쇼다의 강력한 권유에 의한 것이었다. 야노스케는 강렬한 개성을 가진 창업자가 사라진 기업에서 종종 일어나는 혼란과 쇠퇴를 미연에 방지하고 미쓰비시 근대화를 이끌었다는 점에서 미쓰비시경영사에 있어 높게 평가받아야 할 것이다.

쇼다 헤이고로

그러나 이 시대의 미쓰비시에서 더욱 중요한 역할을 한 것은 쇼다 헤

쇼다 헤이고로(莊田平五郎, 1847~1921)

육군성이 마루노우치의 연병장을 팔았다고 들은 쇼다가 야노스케에게 구입을 조언, 마루노우치 오피스거리 탄생의 계기가 되었다. (『東京海上火災保險六十年史』에서)

이고로莊田平五郎였다. 그는 간지幹事였으나 히사야 사장이 약관의 나이에다 너무 온화한 성품이었기 때문에 사실상의 최고경영자로서 미쓰비시를 꾸려나갔다. 나가사키조선소의 확충과 근대화, 고베조선소의 신설, 마루노우치 오피스 거리의 건설은 쇼다의 리더십으로 실현된 것이었다. 나가사키조선소의 확충에 대해서는 내부에서도 반대가 있었기 때문에 사실상의 최고경영자였음에도 나가사키조선소의 소장으로서 약 5년간이나 나가사키에 주재하며 진두지휘하여 계획을 달성했다. 야타로의 명을 받아 사규社規와 사칙社則을 제정했고, 서양식 부기를 도입하여 경영의 근대화를 위해 노력했다. 또한 '고용인부조법傭使人扶助法'과 '직공구호법職工救護法'을 제정하고, 조선소 내에 공업예비교를 창설하는 등 노무관리 면에서도 공적을 남겼다. '조직의 미쓰비시'의 초석을 쌓았다고도 할 수 있다. 후쿠자와의 훈도薰陶를 받은 합리주의와 상공입국 사상은 콤비인 야노스케와도 친화적이었을 것이다. 쇼다는 "이상적인 냉단가冷斷家", "중후한 영국풍 신사"라고 불렸으며, 어디까지나 이성적이고 신중하게 행동했다. 도쿄해상, 메이지생명, 일본우선 등의 방계회사에서 받은 보수는 미쓰비시 합자에 납부하는 등 금전에도 욕심이 없었다.

쇼다 헤이고로는 미쓰비시의 방향을 정상노선에서 공업화로 전환시켰다는 점에서 미쓰이의 나카미가와 히코지로에 버금가는 공적을 남겼다고 할 수 있다.

곤도 렌페이와 스에노부 미치나리

일본우선은 이미 언급한 것처럼 미쓰비시의 방계회사였지만, 미쓰비시 관계자의 지주비율이 높았고 경영자도 미쓰비시 출신이 우세했다. 그 중에서도 곤도 렌페이近藤廉平(1848~1921)의 활약은 눈부셨다. 곤도는 아와도쿠시마阿波德島의 의사 가문에서 태어났다. 다이가쿠난코大學南校[68]를 졸업한 후 미쓰비시시상회에 들어갔다. 야타로 시대에는 요시오카동산吉岡銅山, 다카시마탄광高島炭坑에서 일한 것을 시작으로 공동운수共同運輸와의 경쟁에서 크게 활약했다. 도요카와 료헤이豊川良平의 여동생과 결혼하여 미쓰비시 내에서의 지위를 높였다. 일본우선 발족 후 이 회사에 입사하여 1893년 전무이사, 1894년 부사장을 거쳐 1895년에는 사장에 취임했다. 이후 사망할 때까지 26년이라는 오랜 기간 사장으로 군림하며 일본우선을 세계 최대급의 해운회사로 발전시켰다. 특히 청일전쟁 후에는 유럽, 미국, 오스트레일리아 3대 원양정기항로나, 중국 등으로 가는 근해항로를 충실하게 만들었다. 또한 그 사이 곤도는 요코하마선거, 기린맥주, 도쿄해상보험 등 미쓰비시계 회사들의 임원이 되었고 1911년에는 귀족원 의원도 되었다. 위엄을 갖춘 기품 있는 신사였다고 전해지며 쇼다와 함께 미쓰비시의 사풍 형성에도 큰 영향을 줬다고 할 수 있다.

---

68 도쿄대학의 전신 중 하나이다. 막말의 가이세이쇼(開成所)를 1868년에 가이세이학교(開成學校), 그리고 다이가쿠난코(大學南校)로 개칭했다. 여기서는 양학교육이 이루어졌다. 1877년 도쿄의학교와 합병하여 도쿄대학이 된다.

미쓰비시재벌의 외연적 발전에 대한 공헌으로 일본우선의 곤도에 필적할 만한 사람이 도쿄해상보험의 스에노부 미치나리未延道成(1855~1932)이다. 스에노부는 도사노쿠니土佐國 야스무라夜須村의 의사 집안에서 태어났다. 제국대학을 졸업한 후 미쓰비시에 입사, 1885년에 일본우선으로 옮겼다가 다시 도쿄해상보험으로 옮겨 1897년에 동사의 회장에 취임했다. 그 후 1925년까지 회장을 지냈고, 후술하듯 가가미 겐키치各務謙吉와 함께 손해보험업계에서 도쿄해상이 압도적인 지위를 확립하는 데 기여했다. 부인은 앞에서 언급한 이시카와 시치자이石川七財의 딸이다.

이와사키 히사야

이와사키 히사야岩崎久彌(1865~1955)는 1916년까지 미쓰비시합자의 사장을 지냈는데, 그의 임기 전반에는 쇼다가, 후반에는 야노스케의 장남 고야타小彌太가 사실상의 최고경영자였다. 미쓰비시에서는 미쓰이와 같이 각 사업을 별개 회사로 두지 않고, 미쓰비시합자의 직영 사업부로 편성하는 방식이 채택되었다. 1895년의 은행부(제119국립은행을 관리, 후일 이를 흡수)를 시작으로 잇달아 매탄부賣炭部(영업부), 광산부, 조선부, 지소부地所部, 탄광부가 설치되었다.

히사야 사장 시대의 미쓰비시는 전국 제2위의 산탄업자産炭業者가 되었다. 광산에서는 이쿠노生野와 사도佐渡 두 관영 광산이나 오사카제련소를 불하받았고 1911년에는 조선의 겸이포철산兼二浦鐵山[69]을 매수했다. 조선부문에서는 해외로 발주될 예정이었던 일본우선의 유럽항로용 대형 선박의 수주에 성공, 나가사키조선소는 이 선박들의 건조에 전력을 다해 1898년 히타치마루常陸丸, 이듬해에는 아와마루阿波丸를 준공했다. 또

---

69 겸이포는 일제강점기에 황해도 '송림'을 이르던 말이다. 이곳에서 비교적 양질의 철광석이 산출되었기 때문에 미쓰비시는 1917년에 미쓰비시제철소를 건설했다.

한 1905년에 고베, 1914년에 히코시마彦島에 조선소를 건설했다. 1899년
에는 히사야, 미쓰비시샤 간부, 이와사키가 관계자에 의해 설립된 도쿄
창고東京倉庫의 주식을 미쓰비시가 매수하여 직계회사로 만들었다. 이것
들과는 별개로 이와사키가의 사업도 있었다. 공동출자인 고이와이농장
小岩井農場은 1899년에 이와사키가의 단독소유가 되었다. 미국 월시Walsh
형제가 설립한 고베 페이퍼 밀즈사Kobe Paper Mills에는 히사야가 출자
하고 있었는데, 1897년에 전면 취득하여 합자회사 고베제지소神戸製紙所
가 되었다(1904년 미쓰비시제지소로 개칭). 히사야는 재팬 브루어리사Japan
Brewery도 1907년에 외국인에게 양도받아 메이지야明治屋, 일본우선과 공
동으로 기린맥주麒麟麥酒를 설립했다.

　1908년, 미쓰비시합자는 조직을 개편하여 각 부의 자본액을 정하고,
독립채산제를 채택, 인사·규칙·투자 등에 대해 각 부문의 권한과 책임
을 주는 한편, 각 사업부에서 나오는 이익금의 일부를 본사에 상납하게
하였다. 이와 같이 미쓰비시는 오늘날의 '사업부제事業部制'와 같은 조직
으로 산하 사업을 통할하고자 했던 것이다.

　히사야는 온후하고 수수한 성격이었다고 전해지며, 스스로 강력한 리
더십을 발휘하지 않고, 숙부인 야노스케와 쇼다의 도움을 받았다. 또한
1906년부터는 영국에서 귀국한 사촌동생 고야타小彌太가 미쓰비시합자
의 부사장이 되어 영향력을 행사하게 되자 [히사야는] 미쓰비시에서 상징
적인 존재였다. 히사야가 개인적으로 열의를 쏟은 것은 농목척식업農牧
拓殖業이었다. 특히 고이와이농장에는 외국 품종의 소나 면양緬羊을 다수
매입, 대농식大農式 기계시스템을 도입하여 버터 제조를 개시하는 등 종
합목장으로 발전시켰다. 히사야는 매년 여름을 이곳에서 보냈고 목장생
활을 각별히 사랑했다. 제2차 세계대전 후의 재벌해체에서 사유재산의
대부분을 잃은 히사야는 스스로 개척한 치바千葉의 스에히로농장末廣農場

에 은거하며 91세로 생을 마감했다.

이와사키 고야타

1916년 히사야의 뒤를 이어 이와사키 고야타小彌太가 미쓰비시합자의 사장에 취임했다. 이 때 고야타는 아직 37세였다. 고야타는 1906년에 부사장이 되면서 사실상 강한 권한을 갖게 되었으니, 1908년의 사업부제 채택은 고야타의 아이디어였을 것이다. 그 후 제1차 세계대전기에 고야타가 취한 전략은 중공업부분을 증강하는 전략이었다. 각 광산에 신기술을 적극적으로 채택하고 1917년에 가가와현香川縣의 나오시마直島에 중앙제련소를 건설, 도쿄에는 미쓰비시광업연구소를 발족시켰다. 1918년에는 조선의 겸이포철산에 제철소를 건설했다. 조선업은 제1차 세계대전 중의 엄청난 해운 붐을 타고 생산고를 43퍼센트나 증대시켰다. 화학공업에서도 마키야마해탄제조소牧山骸炭(코크스)製造所가 1913년부터 솔베이로Solvay爐 수입에 의한 부산물 회수를 개시하고, 방계회사인 아사히가라스旭硝子(고야타의 막내동생 도시야俊彌가 7년에 창업)도 판유리와 소다회[70] 생산을 시작했다.

은행업에 대해서는 미쓰비시합자 은행부를 재벌 내부의 기관은행에서 대중예금을 흡수하는 보통은행의 성격을 갖도록 방향을 전환시켰다. 영업부에 대해서도 미쓰비시의 석탄과 동 외에도 취급 상품의 다양화를 도모하여 종합상사로 탈피할 수 있도록 체제를 정비하여 1918년에 미쓰비시상사로서 독립시켰다. 전술했듯이 이런 경위로 1917~1921년 사이에 미쓰비시합자의 각 사업부를 각각 독립적인 주식회사로 발족시키고, 미쓰비시합자는 그 회사들의 주식을 보유하여 전체 통괄을 도모하는 지주회

---

[70] 백색의 무수성(無水性)을 지닌 분말 혹은 알갱이 형태를 취한 제품으로 탄산나트륨으로 불리는 무기화학 원료이다. 종이 · 유리 · 비누 등의 원료로 쓰인다.

사(=본사)로 순화시켰다. 이로써 미쓰비시에서도 재벌콘체른 체제가 확립
되었다.

제1차 세계대전 후의 불황기에는, 미쓰비시는 산동産銅 카르텔이나 석
탄 카르텔의 결성에서 주도적인 역할을 했으나, 한편으로 미쓰비시 자신
은 신중하면서도 적극적으로 사업전개를 확대해 갔다. 세계대전 중에 고
야타는 고베조선소에 자동차, 항공기, 내연기관 등의 공장을 신설했는
데, 1920년에는 미쓰비시내연기제조三菱内燃機製造를 설립하여 자동차 생
산을 중지하고 항공기 생산에 힘을 기울였다. 1921년에는 미쓰비시전기
를 설립하고 웨스팅하우스의 기술을 도입해 발전시켰고, 아사히가라스
에서도 독자기술로 암모니아법 소다공업을 개발했다. 또한 석유소비량
증가에 대응하여 1913년에는 어소시에이티드석유회사와 제휴하여 1921
년에 미쓰비시석유를 설립했다.

쇼와기에 들어서도 미쓰비시의 사업확대는 계속되었다. 1927년에 미
쓰비시신탁을 설립했고 1928년에는 미쓰비시내연기제조를 미쓰비시항

〈도표 4-2〉 미쓰비시콘체른의 조직도(1930년경)

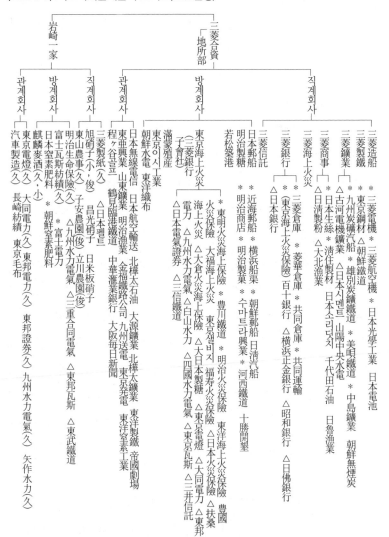

(주) 이와사키일가(岩崎一家) 계열의 회사 중 (久), (小), (俊)이라 되어 있는 것은 각각 히사
야(久弥), 고야타(小弥太), 도시야(俊弥)의 지분이고, (久, 小)로 되어 있는 것은 히사야
(久弥)와 고야타(小弥太)의 공동지분이다. 또한 계통도의 직계, 방계자회사 중 ＊표시
가 있는 것은 지배회사, 아무런 표시가 없는 것은 준지배회사, △표시는 단순한 관계
회사(대주주였거나 중역을 파견하고 있지만 아직 지배적이지 않은 회사)
(출처) 高橋龜吉, 『日本財閥の解剖』, 中央公論社, 1930年, 108~109쪽.

공기로 개칭하였다. 1934년에는 미쓰비시항공기와 미쓰비시조선을 합병시켜 미쓰비시중공업으로 발족시켰다. 은행은 모리무라은행森村銀行을 합병하고, 조선에서는 조선무연탄을 설립했다. 이렇게 하여 다음 〈도표 4-2〉에 나타나는 것 같이, 미쓰비시는 중공업을 중심으로 한 대기업집단으로 성장해 갔다.

1931년 이후의 재벌비판 속에서 미쓰비시도 '전향'을 공표하고 분계 · 방계회사의 주식공개, 분계회사의 주식정리, 이와사키가의 중역진 은퇴 등을 실시한다고 밝혔다. 그러나 고야타는 1945년 8월 패전할 때까지 미쓰비시합자의 사장 자리를 지키며 미쓰비시계 기업의 임원도 겸임했다. 주식은 분계회사들 사이에 상호보유가 지속되었다. 그럼에도 점차 산하 회사의 주식공개가 이루어져 종전 당시에는 분계회사(직계회사를 의미한다) 11사의 미쓰비시샤 및 이와사키 동족의 지주비율은 약 33퍼센트, 미쓰비시계 기업에 의해 상호보유되는 비율은 36퍼센트로 떨어졌다. 이는 미쓰이나 스미토모에 비해 월등히 높은 외부자본 의존율이었다. 또한 앞서 서술한 것처럼, 본사인 미쓰비시샤도 1940년 증자 때 대주주와 종업원에게 주식을 공모하였고 그 결과 이와사키 두 가문의 지주비율은 50퍼센트로 떨어졌다(종전 당시에는 48퍼센트). 전시하에 중화학부문으로의 적극적인 전개가 이루어지면서 필요자금의 증대가 동족적 소유의 벽을 깨부순 것이었다.

이처럼 고야타는 적극적이고 과감한 기업자활동을 통해 미쓰비시를 거대한 중화학공업 기업집단으로 발전시켰다. 고야타가 미쓰비시재벌의 '중시조'라 불리는 이유이다. 고야타는 선천적으로 너그러운 성격과 대담한 실행력을 가졌고, 또한 유학을 통해 영국신사형 교육을 받아 윌리엄 모리스, 존 러스킨, 페이비언협회Fabian Society 등 이상주의적 사회개량주의에 영향을 받았다고 알려진다.

패전 후의 재벌해체에 있어 4대 재벌(미쓰이, 미쓰비시, 스미토모, 야스다) 중에서 미쓰비시가 가장 강하게 자주해체에 저항했다. 고야타는 "미쓰비시는 국가사회에 대한 불신행위를 지금까지 한 기억이 없고, 또한 군부관료와 결탁하여 전쟁을 도발한 사실도 없다. 국책이 명하는 바에 따라 국민으로서 해야 할 당연한 의무에 전력을 다했을 뿐으로 돌이켜보아도 부끄러울 것이 아무것도 없다"(『岩崎小彌太傳』)고 발언했다. 그러나 자주해체를 하지 않으면 GHQ(연합군최고사령부)에 의한 해체명령이 나올 것이 확실했기 때문에 1945년 11월 미쓰비시도 어쩔 수 없이 자주해체 방침을 결정할 수밖에 없었다. 이 와중에 도쿄대학병원에 입원 중이던 고야타는 병이 악화되어 마치 미쓰비시 재벌의 막을 내리듯이 그해 12월 2일에 사망했다(三島康雄編, 『三菱財閥』).

가가미 겐키치

도쿄해상보험의 전문경영자로서 동사를 업계에서 압도적인 지위로 끌어올리고, 후일 미쓰비시재벌을 대표하는 경영자가 된 가가미 겐키치各務謙吉(1868~1939)의 공적도 잊을 수 없다. 가가미는 기후현岐阜縣에서 태어나 도쿄고등상업학교 졸업 후, 상업학교 교사 등을 거쳐 1891년 도쿄해상보험에 입사했다.

도쿄해상은 발족 당초부터 독점적 지위에 있었지만, 외국의 보험료율을 사용하는 등 보험회사 경영이라는 입장에서는 만전을 기했다고 보기 어려웠다. 그럼에도 불구하고 이 회사는 세계 해상보험의 최대 시장인 영국으로 진출했으나, 낡은 회계기술을 채용하고 있었던 것이 적자의 원인임을 깨닫지 못하고 중대한 위기에 빠졌다. 가가미는 아직 풋내기였지만 명석한 두뇌를 인정받아 1894년 런던으로 파견되었다. 가가미는 여기서 해상보험의 이론과 업무, 그리고 회계학을 연구하여 보험업무의 전문가로 성장했다. 해상보험 손실에 작용하는 여러 요인을 통계적으로 분석하여 스스로 새로운 합리적 보험료율과 손실지불표를 작성한 가가미는 귀국 후인 1898년에 개혁안을 본사에 제출했다. 또한 가가미는 다시 영국으로 건너가 런던사무소를 폐쇄하고, 동시에 런던의 보험회사와 재보험계약을 체결했다.

이러한 업무혁신을 통해 한층 재능을 인정받은 가가미는 31세의 젊은 나이로 가장 중요 포스트인 영업부장에 취임했다. 그 후 본점의 가가미와 오사카·고베 두 지점의 겸무 지점장이 된 히라오 하치사부로平生釟三郎를 수레의 양바퀴로 삼아 도쿄해상의 경영이 회복되었고, 러일전쟁 후에는 업계 점유율 80퍼센트 이상을 차지하게 되었다. 메이지 말부터 제1차 세계대전기에는 40퍼센트 내지 68퍼센트의 고배당을 실현하여 우량회사가 되었고 이 공적으로 1914년 가가미와 히라오는 전무이사로 승진했다.

관동대지진 때 손해보험회사들이 거액의 보험금 지불로 위기에 빠졌을 때 가가미는 업계 대표로서 정부와의 장기 저금리 자금대출 교섭을 성공하여 재계에서 그 유능함을 인정받게 되었다. 1926년에는 도쿄해상의 회장이 되었고, 그 후 도쿄해상이 자금력을 늘려 보험 트러스트[71]로 성장하자 가가미는 중소보험회사의 중역을 겸임하는 등 보험업계의 '코모도어commodore(제독)'로 불리게 되었다.

가가미는 일인일업주의一人一業主義를 주창했으나 그 실력이 알려지면서 다른 미쓰비시계 회사에도 관여하지 않을 수 없게 되었다. 메이지화재, 미쓰비시해상화재, 일본우선 등의 중역이 되었는데, 특히 일본우선에 대해서는 제1차 세계대전 후의 해운불황으로 동사가 곤경에 처했을 때 회사

---

71 같은 업종의 기업이 경쟁을 피하고 보다 많은 이익을 얻을 목적으로 자본에 의하여 결합한 독점 형태이다. 가입 기업의 개별 독립성은 없어진다.

재건에 크게 공헌했다. 또한 도쿄전등이 1931년에 파산상태가 되어 미국의 사채인수 회사와 트러블을 일으켰을 때, 가가미는 미쓰비시재벌을 대표하여 미쓰이, 스미토모, 야스다의 대표자와 함께 조정에 나서 이를 성공시켰다. 이런 경위로 1937년에는 미쓰비시샤의 이사에 취임, 미쓰비시재벌을 대표하여 가장 유력한 재계인의 한 사람으로 여겨지게 되었다.

가가미는 수리적 사고에 뛰어나고 정밀하고 치밀한 두뇌의 소유자였지만 다른 한편 실제적이고 현실주의자였다고 한다. 보험이론가로서 성장했지만 조직의 통솔자로서도 비범한 재능을 발휘했다. 기부를 강요받는 것을 싫어해 구두쇠라는 소문이 돌았지만 스스로 손실보험사업연구소를 창설한 것 외에도 와세다대학의 주물연구소나 모교인 도쿄상과대학에 동아경제연구소 설립자금을 기부했다.

다케다 히데오와 중공업화

이와사키 고야타의 중공업노선 수행에 있어 중요한 역할을 한 것이 다케다 히데오武田秀雄(1862~1942)이다. 다케다는 해군 기술자로 1913년에 해군기관중장海軍機關中將에 임명되는 동시에 해군기관학교장에 임명되었으나, 이듬해 사소한 일로 면직되었다. 당시 나이가 53세였다. 당초에는 히사야와 고야타의 개인고문 자격이었으나, 나가사키조선소에서 88 함대의 어뢰제조를 인수하고 영국의 비커스사Vickers社나 스위스의 슐처사Sulzer社로부터 내연기관 제조기술을 도입할 때와 프랑스의 이스파노수이자사Hispano Suiza社로부터 항공기용 발동기 제조기술을 도입할 때 공헌함으로써 고야타의 신뢰를 얻어 미쓰비시재벌의 중요 인물이 되었다. 1918년에 미쓰비시합자 간지幹事, 1920년에는 이사회 멤버가 되어 미쓰비시 경영의 중추에 참여하게 되었다.

다케다는 1918~1921년 사이에 미쓰비시조선, 미쓰비시제철, 미쓰비시

내연기제조, 미쓰비시전기三菱電機 등 이 시대에 미쓰비시의 중공업화를 담당한 4사 모두에 회장으로 취임하여 수완을 발휘했다. 특히 미국의 웨스팅하우스전기와의 기술제휴 교섭에 힘써서 1923년 계약체결에 성공한 일은 중요한 의미를 가진다. 다케다는 미쓰비시전기의 약 70명이나 되는 기술자를 웨스팅하우스로 보내 단기간에 세계 수준의 기술에 따라붙을 태세를 갖추었다.

이와 같이 다케다는 고야타 시대의 중화학공업화노선의 추진자였으나 본래는 연료문제 전문가로, 기계나 전기에 관한 지식은 충분하지 않았다. 다케다가 미쓰비시에서 중용된 것은 그의 관리능력 때문이었다. 과학적 관리법 실시를 통한 품질 향상이나 원가절감을 중시하여 그런 면에서 큰 공적을 남겼다(三島編, 前揭書).

3) 스미토모재벌의 전문경영자

스미토모의 이바 데이고

막말·유신의 동란기에 존망의 위기에 빠진 스미토모를 구한 히로세 사이헤이廣瀬宰平가 만년에 그 독재에 대한 비판으로 1894년 퇴진할 수밖에 없었던 것은 이미 기술했다. 히로세 은퇴 후, 중역합의제로 운영되었는데, 리더십을 가진 사람은 히로세의 조카 이바 데이고伊庭貞剛(1847~1926)였다.

이바 데이고는 오우미노쿠니近江國 가모군蒲生郡 니시주쿠西宿에서 태어났다. 호는 유오幽翁이다. 생가는 대관직代官職[72] 및 신관직神官職을 맡

---

72 무로마치시대, 장관(莊官)의 하나였다. 장원영주를 대신하여 게시(下司)나 구몬(公文) 등의 현지 하급 장관을 지휘하여 연공징수 등 장원경영의 실제 사무를 맡았다. 이후 일반적으로는 군주 또는 영주를 대신하여 임지의 사무를 관장하는 자 또는 그 지위를 지칭했다.

은 가문이었다. 히로세 사이헤이는 외숙부(어머니의 동생)였다. 부친은 엄격한 교육가였다고 한다. 데이고 17세 때 니시카와 요시스케西川吉輔를 사사해 큰 영향을 받았다. 오우미상인近江商人이자 국학자이기도 했던 니시카와는 존왕양이운동에 적극적이었는데, 1863년에 교토 산조대교三條大橋에서 일어난 '아시카가삼대목상효수사건足利三代木像梟首事件'으로 유명한 인물이다.

그 후 1869년 형법관刑法官 소감찰少監察이 됐고, 이후 1879년에 오사카 상등재판소 판사를 사임하기까지 사법 분야에 종사했다. 1879년 히로세의 추천으로 이바는 본점 지배인으로 스미토모에 입사하여 히로세의 보좌역으로 근무했다. 스미토모 입사 당시 데이고의 월급은 40엔, 재판관 때의 절반 이하로 떨어졌다고 한다.

히로세 배척운동이 일어난 1894년은 니하마연해문제新居浜煙害問題[73]로 스미토모가 지역농민들로부터 격렬하게 공격받던 때이기도 했다. 히로세 배척운동을 일으킨 오시마 도모키요大島供清는 벳시광산 이사직에 있던 인물이었고, 벳시도 히로세파와 반히로세파가 서로 반목하고 있었다. 그 때 이바가 벳시로 건너가 분쟁을 진정시키고자 노력했고 동시에 벳시광산에 대한 개혁에도 착수했다. 삼각갱三角坑의 배수나 갱내 업무방침의 확립, 제3통동[74]을 개착했고, 연해대책으로는 우선 연해를 발생시키고 있던 야마네제련소山根製鍊所를 폐쇄했다. 야마네제련소는 히로세가 공을 들이고 있던 사업으로 습식제련, 유황제조, 제철사업도 행하고 있었

---

73 1893년 에히메현 니하마(新居浜)에서 벳시동산 동(銅)정련 배기가스에 의한 것으로 추정되는 대규모 벼농사피해가 발생했다. 이 사건으로 4개 마을 농민대표가 에히메현에 피해를 호소하고 정련소에 손해배상을 요구했다. 연해(煙害)의 사실에 대해 결론이 나지 않자 보상문제가 연기되었고, 농민과 정련소 사이에 분쟁이 발생했다. 독립행정법인 환경재생보전기구 홈페이지 참조.

74 지표에서 광상(鑛床)에 이르는 주요 갱도를 말한다.

지만, 모두 반복적인 적자를 내고 있어 폐쇄를 단행한 것이다. 이어 히로세 시대에 프랑스 광산학교에 유학해 벳시의 근대화에 공헌했다가 그 후 히로세와 의견이 맞지 않아 후루카와古河의 아시오동산足尾銅山으로 떠나 있던 시오노 몬노스케塩野門之助를 다시 불러들여 그 조언에 따라 제련소의 시사카지마四阪島 이전을 결정했다. 시사카지마는 니하마에서부터 약 20km 먼 바다에 있는 무인도여서 그곳에 제철소를 설치하면 연해가 경감될 것이라고 생각한 것이다. 시사카지마로의 이전비용은 80만 엔으로 예상되었다. 당시 벳시의 연간 동 생산액이 122만 엔이었던 것을 생각하면 이바 자신이 "이것이야말로 우리의 정신에 비추어 용단을 내린 최후의 사업이다"라고 말한 것처럼 대사업이었다. 그러나 결과적으로 스미토모는 신예설비를 가진 대규모 제련소를 손에 넣었고, 또한 반연해운동을 대폭 완화하는 데 성공했다. 시사카지마 이전은 1897년부터 착수해 1904년에 일단 완료되었다.

이바는 히로세 시대에 무계획적으로 확장한 제철업, 생사, 장뇌, 제다製茶 등의 사업을 폐지하는 대신 스미토모 내부에서 간절히 원하던 은행을 1895년에 설립했다. 은행은 후술하듯 가와카미 긴이치河上謹一의 지도 하에 급속하게 성장했고, 러일전쟁 후에는 미쓰이은행과 제1은행 다음 가는 대은행이 되었다. 1897년에는 스미토모가가 출자하던 일본제동회사日本製銅會社를 매수하여 스미토모신동장住友伸銅場으로 삼았고, 1899년에는 스미토모가가 관계하고 있던 오사카제동회사를 흡수했다. 신동장은 전선제조부문도 갖고 있었는데, 이것은 1911년 스미토모전선제조소로 독립했다. 철동업鐵銅業으로의 진출도 이루어졌다. 스미토모가는 가와카미 친구의 요청으로 일본 최초의 민간 평로平爐를 설치한 일본주강소日本鑄鋼所 창설(1899년)에 투자했는데, 얼마 지나지 않아 경영난에 빠졌고, 이바가 이를 매수해 스미토모주강장住友鑄鋼場으로 삼았다. 주강장은 철도용품 생산

이바 데이고(伊庭貞剛, 1847~1926)

오사카방적, 오사카상선의 설립에 관여하고, 중의원의원(1890년 선출), 오사카상업회
의소 의원, 오사카주식거래소 임원 등에 추대되었다. (스미토모사료실 소장)

에 특색을 가지고 있었고, 일본에서 최초로 강관을 제조한 신동장과 함께
중공업재벌로서 스미토모의 발전을 주도하게 되었다.

이같이 이바는 히로세 시대에 다소 무계획적으로 착수된 여러 사업
중, 수익성이 부족하거나 장래성이 없는 것을 정리하고 광산·은행·금
속공업을 중심으로 다각화를 진행해 스미토모가 중공업재벌로 발전할
수 있는 골격을 구축했다.

이런 경위를 거쳐 이바는 1897년에 총이사 직무대리, 그 다음 1900년
에는 제2대 총이사에 올랐다. 최고경영자로서 이바의 놓칠 수 없는 또 하
나의 공적은 인재등용에 노력한 점이다. 먼저 1896년 농상무성 참사관
인 스즈키 마사야鈴木馬左也를 스카우트했다. 이어 1899년 일본은행파업
사건으로 일은을 사직한 가와카미 긴이치河上謹一를 맞아들였고, 가와카
미의 추천으로 역시 일은을 탈퇴한 후지오 로쿠로藤尾錄郎, 시다테 데쓰
지로志立鐵次郎, 우에무라 슌페이植村俊平를 채용했다. 일본은행파업사건
은 당시 일은총재 야마모토 다쓰오山本達雄의 운영방침을 둘러싸고 일은
의 간부 클래스 다수가 야마모토에게 반기를 들고 공동행동으로 사표를

제출한 사건이었다. 그 때 이사 4명 중 3명, 국장 7명 중 5명, 지점장 4명 중 3명이 사직했기 때문에 대소동이었다. 덧붙이면 일은 탈퇴조 가운데 쓰루하라 사다키치鶴原定吉는 관서철도(뒷날 오사카 시장이 됨)에, 가타오카 나오테루片岡直輝는 오사카가스에, 와타나베 치요사부로渡邊千代三郎는 기타하마은행北浜銀行에 영입되었다. 11명 가운데 7명이 오사카로 넘어와 뒷날 대활약을 했기 때문에 오사카재계에게 큰 선물이었던 셈이다.

"히로세는 힘의 인물, 책략의 인물이었지만 이바는 마음의 인물, 덕의 인물이었다. 히로세의 뒤를 이어 이바가 온 것은 스미토모의 행운을 완전하게 구현한 것이었다"(川田順, 『住友回想記』, 가와다 준은 스미토모의 경영자이면서 가인歌人이었던 이색적인 인물). 이바 데이고는 스미토모의 정신적 지주였다고 일컬어진다. 히로세와 같은 독재자가 사라진 뒤, 게다가 내부 분쟁을 일으키고 떠난 뒤, 기업의 내부 통합은 더없이 어려운 문제였을 것이다. 게다가 이바는 히로세의 조카였고 그 연줄로 스미토모에 들어왔기 때문에 후계 리더로서 보다 어려운 환경에 놓였던 것은 확실해 보인다. 그러나 이바는 기대되는 역할을 다했다. 이바에게는 니시카와 요시스케로부터 영향을 받은 국학사상이나, 참선, 거기다 친구 시나카와 야지로品川彌二郎 등과의 교유관계를 통해 얻은 보덕사상報德思想 등 확고한 사상이나 종교적 신조가 있었다. 그것이 그에게 기업의 내부통합에 필요한 일종의 상징성을 부여했다고 생각된다(이 점에 대한 상세한 내용은 히로세 마코토瀨岡誠, 『근대 스미토모의 경영이념近代住友の經營理念』을 참조하기 바란다).

"덕의 힘에 더해 달인적達人的 안목이 있어서, 더구나 스스로 사용하지 않고 부하로 하여금 그 재능을 잘 발휘하게 만들었다"(『幽翁』)라는 이바에 대한 평이 있듯이, 이바는 독단전행獨斷專行을 피하고 우수한 인재가 힘을 발휘할 수 있도록 노력했다. 일은 간부라고 하면 지적 엘리트층이다. 그들 개개인을 무학력에 가까운 이바가 통솔해 마음껏 일하게 한 것은 이바의 큰 공적이자 이바의 덕이었다.

1904년 7월, 이바는 "사업의 진보발전에 가장 해로운 것은 청년의 과실이 아니라 노인의 발호跋扈이다"라고 말하고 총이사의 자리에서 내려왔다. 그 때가 아직 57세, 그 후에는 이시야마石山에 은거하며 여생을 보냈고 1926년 79세로 사망했다.

가와카미 긴이치

이바 데이고와 표리일체의 관계인 가와카미 긴이치河上謹一(1856~1945)의 공적도 크다. 가와카미 긴이치는 이와쿠니번사岩國藩士의 집에서 태어나 공진생貢進生[75]으로 다이가쿠난코大學南校에서 공부했다. 스기우라 주코彬浦重剛, 호즈미 노부시게穗積陳重, 고무라 주타로小村壽太郎, 이자와 슈지伊澤修二, 미우라(하토야마) 가즈오三浦(鳩山)和夫 등이 당시 난코에 있었지만, 가와카미는 특히 스기우라나 호즈미와 막역한 친구가 된다.

긴이치는 졸업 후 영국에 3년간 유학한다. 귀국 후 농상무성, 외무성을 거쳐 일본은행에 입사했다. 일은에서는 유력한 총재후보로 주목받았지만 전술했듯이 1899년 일은을 그만두고 이바의 간청을 받아들여 스미토모에 들어간다. 스미토모에 입사할 때 이바는 자신이 총이사 직무대리로, 가와카미가 평이사로 영입하는 것은 실례라고 사양하고 스스로 평이사로 강등해 가와카미를 맞았다고 전해진다.

스미토모에서 가와카미의 큰 업적은 은행의 근대화와 철강업으로의

---

75 일본에서 최고(最古)의 장학제도는 권학전(勸學田) 제도로 알려져 있다. 근대 일본의 장학제도로는 1870년의 대학규칙에 의해 학문, 품행에 우수한 자제를 선발하여, 각 번의 부담으로 다이가쿠난코로 진학시킨 공진생 제도가 최초의 것이다. 공진생(貢進生) 제도는 1871년에 폐지되지만 그 후 구번(舊藩)들이 독자적으로 육영회를 조직하고, 그 중에서도 1878년에 구가가번주(舊加賀藩主) 마에다가에 의해 설립된 육영사(育英社)가 그 선구적인 것으로 유명하다.

진출이었다. 스미토모은행에서 가와카미는 전 일은 간부로 스미토모에 입사한 시다테 데쓰지로志立鐵次郎, 후지오 로쿠로藤尾錄郎, 우에무라 준페이植村俊平 등과 함께 창고업의 분리, 지점의 증설, 사무장정의 제정, 본지점 기구의 정비 등을 행하고 일은 오사카지점과의 거래를 원활하게 하려고 노력했다. 그 결과 스미토모은행은 후발은행이면서 두드러지게 약진해 미쓰이은행과 제1은행 다음 가는 대은행으로 성장했다.

1899년 가와카미의 공진생 시대 동창으로 영국 유학도 함께 한 히라가 요시미平賀義美(당시 오사카부립상품진열소 소장) 등의 발기로 일본주강소日本鑄鋼所가 설립되었다. 가와카미는 히라가의 요청으로 스미토모가 가장家長을 설득해 일본주강소에 출자하게 했다. 주강소는 민간 최초의 지멘스식 평로 주강장이었지만 곧 경영난에 빠졌고, 그것을 1901년에 스미토모가 매수해 스미토모주강장이 되었다. 이윽고 스미토모주강장은 외륜外輪, 윤축輪軸 같은 철도용품의 독점 메이커로 발전해 뒷날 스미토모주강소住友鑄鋼所가 되었다. 주강소는 다시 스미토모신동장住友伸銅場(1897년 발족)에서 나온 스미토모신동강관住友伸銅鋼管을 1930년 합병하여 스미토모금속공업이 된다. 스미토모금속공업의 시작은 토대는 사실 가와카미에 의해 만들어졌다고 할 수 있다. 가와카미가 스미토모에 끼친 공적은 다기에 걸치지만 이 두 가지[76]만으로도 상당히 크다.

그러나 가와카미는 이바와 진퇴를 함께 했다. 스미토모의 재임기간은 6년 남짓이었고 당시 아직 50세였다. 이바의 부름으로 얻은 지위였다는 점, 후임 총이사 스즈키 마사야鈴木馬左也가 가와카미보다 연하였던 점이 그 이유였을 것이다.

가와카미는 항상 온화한 얼굴에 소탈했으며 무어라 꼬집어 설명할 수

---

[76] 스미토모은행과 스미토모금속공업을 가리킨다.

없는 인물이었다. 영어가 능숙해서 스미토모가 연 1회 고베 오리엔탈호텔에서 외국 영사를 초청해 개최하는 연회에서는 위트 넘치는 스피치로 평판이 좋았다. 더욱이 조카가 마르크스 경제학자인 가와카미 하지메河上肇였다는 것은 유명하다. 하지메는 모친 다즈와 함께 백부 긴이치의 비호를 받는 일이 많았던 것 같다.

스즈키 마사야의 강력한 리더십

이바 데이고의 뒤를 이어받아 총이사에 임명된 것은 스즈키 마사야鈴木馬左也였다. 그는 그때부터 1922년에 죽기 직전까지 18년이라는 오랜 기간 스미토모재벌에 군림해 스미토모를 미쓰이와 미쓰비시에 다음 가는 재벌콘체른으로 키웠다.

스즈키는 휴가노쿠니日向國 다카나베번高鍋藩의 가로 미즈키 다네요水筑種節의 사남으로 태어났다. 이색적인 외교관으로 알려진 아키즈키 사쓰오秋月左都夫는 마사야의 셋째 형이다. 유년기에 맏형이 근황勤皇 사건에 연루돼 옥사한 사건, 보신전쟁 때에 양부 스즈키 라이스케鈴木來助(어머니의 친정)가 전사한 사건, 친부가 세이난전쟁에서 사이고군西鄉軍에 잡혀 옥사한 사건, 이 세 가지 사건은 스즈키의 생애에 잊을 수 없는 원체험[77]이 돼 그에게 강렬한 충효의식과 국가의식을 부식扶植했다고 알려진다.

제국대학 법과를 졸업해 1887년 내무성에 들어갔다. 그 후 에히메현 서기관이나 오사카부 참사관 등 스미토모와 인연이 깊은 부현에서 근무하고, 1894년 농상무성 참사관에 취임했다가 1896년 이바의 간청으로 스미토모에 입사했다. 스즈키는 입사 후 바로 구미시찰의 기회를 얻었고, 1898년에 귀국하자마자 벌써 본점이사가 되었다. 그 다음해에는 이바가

---

77 사람의 생활방식이나 사고방식에 큰 영향을 주는, 특히 어릴 때의 체험을 가리킨다.

취임해 있던 벳시광업소 지배인에 발탁되었고, 1902년에는 본점 지배인으로 옮겼다. 총이사가 된 때는 44세, 스미토모에 들어온 지 불과 8년만의 일이었다.

스즈키 시대 스미토모의 사업전개를 알아보자(이하, 하타케야마 히데키畠山秀樹, 『스미토모재벌형성사의 연구住友財閥形成史の研究』에 의한 것이 많다). 스즈키가 금속공업 부문에 가장 힘을 쏟았다. 스미토모는 메이지말까지 신동장, 주강장, 전선제조소를 소유하게 되지만 아직 규모도 작고 스미토모 중에서도 비중이 작았다. 그러나 제1차 세계대전을 계기로 금속공업제품에 대한 수요가 증대하자, 스즈키는 적극적으로 이에 대응해 금속공업을 벳시 · 은행과 필적할 만한 스미토모 사업의 기둥으로 성장시켰다.

신동소에서는 해군 관계자를 소장으로 영입해 해군공창海軍工廠이 있는 사세보佐世保나 마이즈루舞鶴에 출장소를 설치하는 등 군수軍需를 개척하고 1919년에는 기시모토제철소岸本製鐵所를 매수해 설비 증강을 꾀했다. 스미토모주강장은 1915년에 주식회사가 되었고, 종래의 주강품에다 단강품鍛鋼品이나 압연동품壓延銅品도 생산품목으로 추가해 종합적인 제강공장으로 발전해 갔다. 이 때문에 1920년에는 스미토모제강소로 개칭했다.

그 신동사업과 제동사업은 군수軍需나 관수官需에 크게 의존했다. 이는 국책에의 협력을 신조로 하는 스즈키의 이념과 무관하지는 않았을 것이다. 메이지 말부터 제1차 세계대전기는 전력혁명이라 불릴 정도로 전력이 보급된 시대라 이 시기 전선 수요가 비약적으로 신장했다. 그러나 이미 후루카와古河나 후지쿠라藤倉 등의 유력한 선발 메이커가 존재해 그 격차가 컸다. 그래서 스미토모에서는 체신성 공무과장 도시미쓰 히라오利光平夫를 전선제조소 소장으로 영입했다. 이는 기술적인 측면뿐만 아니라 체신성에 대한 판매도 고려한 기용이었을 것이다. 1920년에 전선제조소는 주식회사가 되어 세계 최대의 전선제조회사인 미국의 인터내셔널

스즈키 마사야(鈴木馬左也, 1861~1922)

이바 데이고(伊庭貞剛)의 경영방침을 답습하고, 스미토모의 다각화에 공헌했다. 스미토모합자의 산하 사업들을 통합하여 콘체른체제를 구축했다. (스미토모사료실 소장)

웨스턴 일렉트릭 회사와 기술제휴를 맺었다.

둘째, 벳시광산의 고갈에 대비하여 경기변동에 대응할 수 있는 안정적인 사업분야로서 임업과 산금업産金業으로의 본격적 진출을 꾀한 점이다. 또한 스미토모는 벳시의 연해煙害 대책으로 골머리를 썩다가 정련부문을 시사카지마四阪島로 이전하는 등의 대책을 취해 왔는데, 결국 근본적 해결책으로 1913년에 유산硫酸[78]과 과인산석회를 생산하는 비료제조소를 건설했다. 이것도 광산사업으로부터 파생된 사업이었다.

셋째, 세계대전 붐에 편승하여 판매점포나 은행지점을 적극적으로 해외에 전개한 점이다. 또한 후소해상보험주식회사扶桑海上保險株式會社(1913년)나 니치베판유리日米板硝子(1918년)에 출자로 참가했고, 1919년에는 오사카북항을 설립했다.

이같이 스즈키는 벳시, 은행, 금속공업을 축으로 다각화 전략을 수행하는 한편 가능한 리스크를 회피해 안전성이 높은 사업 분야로 한정하는

---

78 황산(黃酸)과 같다. 화학식은 (NH4)2SO4이다. 비료중에 유안(硫安)이 있는데, 황산암모늄을 유산암모늄으로 불렀고 이를 줄여서 유안이라고 한 것이다.

방침을 갖고 있었다. 그 점을 보여주는 유명한 사례가 있다. 제1차 세계대전 후 스즈키의 외유 중에 중역회에서 내정한 상사商社[79] 설립 계획을, 스즈키가 귀국 후 폐기한 사건이다. 스미토모는 이미 각 사업의 판매거점을 각지에 두고 있었는데, 제1차 세계대전 중의 무역 붐을 목도하고 상사를 설립해 자사 제품만이 아니라 타사의 제품도 취급해야 한다는 목소리가 높았다. 이에 대해 스즈키는 제1차 세계대전 종료 후 외국에서 활약하는 일본 상사의 실적을 조사한 뒤, 스미토모에서는 인재와 기타 외국 무역 업무를 수행할 수 있는 경영자원이 갖춰져 있지 않다는 이유로, 상사 설립이 시기상조라고 판단했다. 이는 같은 시기에 후루카와상사古河商事를 설립해 제1차 세계대전 후 크게 실패한 후루카와와 뚜렷하게 대조된다. 이 의사결정의 배후에는 냉철한 계획은 물론이거니와 "부리浮利[80]을 쫓지 않는다"는 스미토모의 생산사업주의가 있었고 스즈키도 그 이념을 공유했을 것이다.

스미토모가에서는 기치자에몽吉左衛門 1인이 스미토모가의 영업재산을 상속하고 있었던 것 같다. 이는 미쓰이 등과는 다른 점이어서 복잡한 가산家産 관리기구가 없고, 1909년 스미토모총본점이 설립되었을 때에도 기구적으로는 큰 변화가 없었다. 또한 미쓰이, 미쓰비시와 비교해 사업의 규모가 작았기 때문에 기업집단의 관리나 통할상의 문제가 적어 각 사업은 총본점의 직영형식으로 이루어졌다. 그러나 1912년에 스미토모은행의 주식회사화를 시작으로 스미토모주강소(1915년), 스미토모전선제조소(1920년)도 주식회사가 되어 분리·독립했다. 이런 준비를 마친 후 1921

---

79 주로 트레이딩 비즈니스를 행하는 기업을 말한다. 종합상사라는 말로 많이 쓰인다. 반면, 상사(商事)는 상행위를 하는 기업을 가리키며 상사회사라는 말이나 미쓰비시상사(三菱商事)와 같이 상사(商社), 부동산, 가두금융, 기타 다양한 업종의 기업명에 사용된다.
80 정당하지 못한 방법으로 얻은 이익을 말한다.

년, 스미토모 총본점은 자본금 1억 5천만 엔의 스미토모합자회사로 개편되었다. 스미토모합자에서는 당주인 스미토모 도모이토住友友純가 사장이 되고, 스미토모 동족이 출자했지만, 동시에 총이사 스즈키 마사야가 도모이토와 함께 무한책임 대표사원 겸 업무집행사원이 되었다. 이사 나카타 긴키치中田錦吉와 유카와 간키치湯川寬吉도 무한책임의 업무집행사원이 되었고, 또한 노무출자사원이 되었다. 고용경영자가 재벌 본사의 출자사원에 참여한 것은 미쓰이나 미쓰비시에서는 볼 수 없는 점이었다.

스즈키는 18년 동안 총이사 자리에 있으면서 강한 리더십을 발휘했지만, 히로세처럼 독단전행에 빠지지 않았다. 또한 인재등용에 상당히 열심이었다. 1896년부터 1930년까지의 스미토모 이사 26명에 대해 조사한 하타케야마 히데키의 연구에 의하면, 26명의 이사 중 외부에서 스카우트한 인물이 20명에 달했고 그중 고급관리나 군부 출신자가 15명을 차지하고 있었다. 또한 스즈키의 추천으로 스미토모에 들어온 이사는 11명에 달했고 그중 9명은 전직 관리나 군인이었다. 그밖에 이사 클래스는 아니지만, 전선제조소나 신동소에는 해군이나 체신성 출신자가 상당히 많이 스카우트되어 있다. 전직 관리나 군인의 등용은 관수와 군수의 획득이나 정보 입수에 적잖게 도움이 되었을 것이다. 또한 전직 관리나 군인들이 스미토모에서 일자리를 구한 것은, 이바나 스즈키가 조성한 스미토모의 기업풍토 속에 그들이 공명하는 뭔가가 있었을 것이다.

다만, 스즈키가 스카우트만으로 인재를 모을 수 있다고 생각한 것은 아니었다. 1907년 무렵부터 대학이나 전문학교 신규 졸업자의 정기채용을 행하고, 창업사원 출신 중에서 간부를 육성하고자 노력했다. 스즈키는 대학이나 고등상업학교 졸업자의 채용시험에는 직접 꼼꼼하게 면접을 했다고 한다. 1930년 이후 이들 중에서 와시오 가게지鷲尾勘解治, 가와다 준川田順 등과 같이 이사에 취임하는 인물이 나타나면서 스즈키의 인재육성책이 조금씩 결실을 맺었다. 더욱이 뒷날 도쿄대 총장이 되는 야나이하라 타다오矢內原忠雄도 1917년 도쿄제국대학 졸업한 뒤, 스미토모 총본점에 들어가 벳시동산에서 근무한 경험이 있다.

스즈키 마사야가 국익지향이 강한 경영자였다는 점은 자주 지적된다. 세오카 마코토瀨岡誠는 스즈키의 경영이념과 기업가활동을 떠받친 것은 '선禪'과 '보덕報德의 정신'이었다고 지적한다.[81] 선의 수행과 보덕회報德會를 통한 다양한 인물들과의 교제가 스즈키의 경영이념 형성에 큰 영향을 주었고, 스미토모에서 활약한 스즈키의 기업자활동은 그 실천이었다고 세오카는 말하고 있다.(앞의 책)

나카타 긴키치와 유카와 간키치

1922년 스즈키의 후임으로 총이사가 된 나카타 긴키치中田錦吉(1864~1927)는 아키타현秋田縣 출생으로 제국대학 법과를 졸업했다. 졸업 후 사법계에 들어가 도쿄공소원東京控訴院[82] 부장이 되었다가 스즈키 마사야의 요청을 받고 스미토모에 입사했다. 나카타의 총이사 재임기간은 3년이 안 되었는데, 스스로 제정한 정년제에 의해 스미토모를 그만두었다. 여기에는 장기집권한 스즈키에 대한 비판이 포함되어 있었다고 전해진다.

---

81 보덕사상(報德思想)은 니노미야 손토쿠(二宮尊德)의 기본사상으로, 사람은 천 · 지 · 인의 덕을 갚기 위해 스스로 덕행을 실천해야 한다는 생각이다. 재정을 재건하면서 경제력에 따른 소비지출한도(分度)를 지켜 근검절약하고, 검약을 통해 생긴 잉여를 사회 공공을 위해 제공(推讓)하는 생활태도로 곤궁함을 구할 수 있다고 설교했다. 에도 말기, 각지에 보덕사(報德寺)가 생겨났고 메이지에는 농업정책상 국민교화를 기도한 보덕회(報德會)도 생겨났다.

82 공소원(控訴院)은 대심원(大審院)의 하급이자 지방재판소의 상급에 위치하는 재판소이다. 1886년 재판소관제 및 재판소구성법에 의거하여 1947년까지 일본 각지에 설치되어 있었다. 재판소법의 고등재판소에 해당한다. 1947년 개편 때에는 도쿄, 오사카, 미야기(宮城, 센다이仙臺), 히로시마, 나고야, 삿포로, 후쿠오카의 7개소에 설치되어 있었다.

재임기간이 짧았지만 히노데생명日之出生命을 매수하고 스미토모신탁을
설립했다. 스미토모은행도 다나카흥업은행田中興業銀行을 매수하여 도쿄
에서 지위를 비약적으로 높이는 등 나카타는 스미토모의 금융부문 확충

〈도표 4-3〉 스미토모콘체른의 조직도(1930년경)

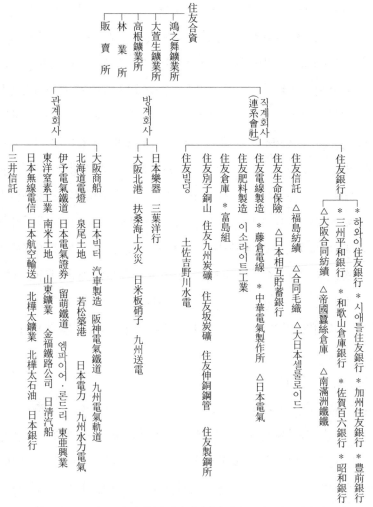

(주) 그림 중 *표는 스미토모의 지배력이 거의 결정적인 것이고, 아무런 표시가 없는 것은 준
  지배적인 것이다. △표시는 스미토모의 지배력이 위의 두 종류보다 약한 관계회사이다.
(출처) 高橋龜吉, 『日本財閥の解剖』, 中央公論社, 1930年, 161쪽.

에 큰 공적을 남겼다. 또한 스미토모빌딩, 스미토모창고, 스미토모비료 제조소를 주식회사로 개조함으로써 콘체른화가 일보 전진했다. 사카탄 광坂炭鑛에 출자하여 홋카이도의 탄광으로 진출할 수 있는 발판을 마련한 점도 중요했다.

나카타 긴키치의 후임으로 1925년 총이사가 된 유카와 간키치湯川寬吉 (1868~1931)는 제국대학 법과를 졸업한 후 체신성에 들어갔다. 역시 스즈키의 스카우트로 스미토모에 입사한 인물이다. 스즈키가 추진한 금속공업육성전략을 수행하는 데 지도적인 역할을 했다. 총이사 재임기간은 5년 남짓이었지만, 그 사이에 스미토모는 콘체른 체제를 최종적으로 마무리했다. 스미토모신탁, 스미토모생명, 스미토모비료제조소, 스미토모사카탄광이 주식회사로 설립되었고 스미토모신강소, 벳시광산이 각각 주식회사로 분리 · 독립했다. 스미토모큐슈탄광도 설립되었다. 1928년 무렵까지 직계회사가 13사가 되었고, 스미토모합자는 지주회사의 성격을 강화시켰다. 이에 따라 본사기구의 정비와 순화純化를 도모해 직계회사의 회장은 본사의 총이사가 겸임하지만 전무와 상무는 해당 기업에 대한 전문가를 경영자로 충당하기로 했다. 분권화와 동시에 본사 기능에 충실을 기한 것이다. 이런 의미에서 콘체른 체제가 갖춰졌다고 할 수 있다.

오구라 마사쓰네

유카와의 뒤를 이어 총이사가 된 오구라 마사쓰네小倉正恒(1875~1961)는 구 가네자와번사金澤藩士 가문에서 태어났다. 도쿄제국대학을 졸업한 후 내무성에 들어갔다가 1899년 야마구치현 참사관을 그만두고 스미토모에 입사했다. 오구라는 스즈키 마사야와 친분이 있던 가나자와 출신 호조 도키요시北條時敬(수학자이지만 제4고 교장, 히로시마고등사범학교 교장 등을 거쳐 도호쿠제국대학 총장을 지냄)와 형동생하는 사이였고 그 인연으로 스미토모에 들어갔다. 유카와는 사임하면서 후계자로 오구라와 스미토모은행의 야시로 노리히코八代則彦를 생각했다고 한다. 야시로가 연장자였지만 스미토모에서의 경력은 오구라 쪽이 길었다. 야시로는 오쿠라보다 지명도가 높았다. 당시 금융계에서는 동쪽의 이케다 시게아키池田成彬(미쓰이은행), 서쪽의 야시로라 불릴 정도로 유명했기 때문이다. 오구라는 1913년부터 17년간이나 총본점 지배인이나 스미토모합자 이사로서 스미토모의 업무 전체에 정통해 사원들의 인망도 높았다. 당시 재벌비판이 고양되어 있던 시기였고 특히 은행계의 경영자는 우익 의 표적이 되어 있었다. 세오카 마코토는 오구라가 '십사회+四會', '동아보덕회', '중앙보덕회', '수양단' 등의 사상적 결사나 단체에 깊이 관계하여 각계의 인물과 개인적으로 깊은 관계를 갖고 있었고, 그 때문에 당시와 같은 정치적·사회적 상황하에서 외부에 스미토모를 대표하는 가장 적합한 존재였다고 보았다. 오구라가 선임된 것은 이러한 배경 때문이었을 것이다.

오구라는 스미토모에 입사한 다음해부터 3년간 동안 구미 유학을 허가받았다. 이때 이바 데이고에게 "국가를 위해 공부하고 와라, 국가를 위해서라면 귀국 후에 굳이 스미토모로 돌아올 필요가 없다"는 전별의 인사말을 듣고 대단히 감격했다고 한다. 귀국 후에는 벳시의 연해문제煙害問題에 대한 처리, 니하마新居浜의 비료제조소 설립, 고노마이금산鴻之舞金山의 매수와 개발, 석탄업에의 진출, 생명보험업에의 참입 등에서 활약했다. 총이사가 되고나서는 먼저 스미토모신동관과 스미토모제강소를 합병시켜 스미토모금속공업을 성립시킨 점을 꼽을 수 있다. 스미토모금속공업은 항공기용품, 함선용품, 병기용품 등 군수소재를 생산하는 금속공업회사로 강점을 가지고 있었다. 철동鐵銅 부문의 외륜外輪,[83] 육상과 선박

---

83 철도 차바퀴(車輪)의 마멸, 탈선을 방지하기 위해 차바퀴의 둘레를 두르는 쇠로 만든 링을 말한다.

에서 모두 사용할 수 있는 육박용陸舶用 보일러 등에서는 독점적 공급자였고 항공기용 두랄루민, 금속 프로펠러 생산에서는 절대적인 지위를 점했다. 스미토모금속공업이 설립되기 전 해에는 만주스미토모강관이 설립되었다. '만주'로의 진출은 그 지역에 있어서 강관鋼管의 공급부족을 배경으로 하는 것이었는데, 직접적으로는 관동군과 스미토모 경영자의 개인적인 관계에 기인하는 것이었다고 한다(瀨岡, 前揭書).

벳시의 연해대책으로 시작된 비료제작소는 1935년 스미토모화학공업으로 사명을 개칭, 사업분야를 확대해 갔다. 합성암모니아, 알루미늄 제련 등이 신규 사업으로 추가되었고 도료, 소다회, 아세틸렌, 합성수지, 합성염료 등에 대해서도 타사와 제휴하거나 흡수합병을 단행했다. 벳시 동산에서 쓰이는 기계의 제작과 수리를 목적으로 해 발족한 니하마제작소는 1934년, 스미토모기계제작소로 새롭게 발족하여 기중기, 광산기계, 전기품電機品 및 일반산업기계를 제조했다. 스미토모전선제조소도 같은 해 스미토모전기공업으로 사명을 변경하고 다음해에 이타미공장伊丹工場의 건설을 시작해 생산능력의 증강을 도모했다. 일본전기는 1898년 창설된 회사로 동사를 경영하고 있던 것은 미국의 인터내셔날 웨스턴 일렉트릭사(IWE사)였다. 1920년 스미토모전선제조소가 IWE사와 기술제휴 계약을 체결할 때 일본전기와 스미토모의 관계가 시작되었다. ISE사(1921년 IWE에서 개칭)가 스미토모에 일본전기에 대한 경영위탁을 신청하고 스미토모가 이에 응하면서 1932년 스미토모의 산하기업이 되었다.

이상에서 살펴보았듯이 오구라 시대의 스미토모는 중공업, 특히 군수공업에 크게 경사되어 있었다. 그것은 전시경제가 진행되는 가운데 스미토모의 경영자원을 활용할 수 있는 것은 현실적으로 이 분야밖에 없었기 때문이다. 하지만 "일본이 없으면 스미토모도 없다"는 오구라의 이념과 서로 모순되지 않았다는 것도 확실하다.

1941년 4월 오구라는 스미토모의 총이사 자리에서 물러나 제2차 고노에近衛 내각에 국무대신으로 입각, 7월에는 3차 고노에 내각의 대장대신이 되었다. 일부 저널리즘에서 오구라를 '국수적인 인물'이라고 평하고 군부에서도 호감을 갖고 있었다고 하나 경제의 국가통제에는 경계하는 입장이었다. 고노에 내각에서 현안이던 경제신체제 문제에서도 산업계의 자주성을 남겨두는 데 주의를 기울이면서 수습하는 역할을 담당했다.

　세오카에 의하면, 오구라의 경영이념 형성에 결정적 영향을 미친 것은 하스누마 몬조蓮沼門三에 의해 창설된 수양단修養團이었다고 한다. 또한 오구라는 벳시동산에 수양단 지부를 도입하여 그 사상을 스미토모에 보급하는데 열심이었다. 수양단의 슬로건은 "땀 흘려 단련하고, 동포를 서로 사랑하자(流汗鍛練, 同胞相愛)"였다. 이는 이바 데이고의 "신에 대한 공경과 조상숭배敬神崇祖, 국가사회에 대한 감은感恩, 외부에 처해서는 도의에 기초한 사업경영"으로 대표되는 스미토모의 정신과 공명하는 것이었다고 한다.

　이상으로 스미토모의 경영자에 대해 스케치해 왔지만 이바나 스즈키, 오구라에게 보이는 공통점은 동양적인 정신주의가 짙다는 점이다. 세오카 마코토가 말하듯이 이것은 그들이 준거로 삼은 선禪이나 국학, 보덕회, 수양단과 교류하는 가운데 형성되어 온 것이리라. 단, 고학력에 고급관료 출신인 스미토모의 경영자들은 재벌을 국가 발전에 기여하도록 하겠다는 의식을 갖고 스미토모에 들어간 사람들이다. '스미토모의 재원財源'이 육체소모적인 광산현장에 있고, 또 연해문제로 지역주민으로부터 비난받았을 때 맛본 그들의 심리적 갈등 역시 그들이 정신주의에 기우는 또 하나의 요인이 되지 않았을까?

5장
대중 본위 사업의 시대

도시화와 사철문화- 고바야시 이치조의 통찰력

고바야시 이치조의 성장

'소비자 지향의 비즈니스', 이는 제2차 세계대전 후의 많은 기업경영자가 언급하는 전략이다. 아무리 기술적으로 뛰어난 제품을 만들더라도 소비자에게 받아들여지지 않고 팔리지 않으면 의미가 없다. 한편, 조악한 상품을 싸게 파는 것에 한 번은 성공할지 몰라도, 소비자는 곧 그런 사실을 간파하고 외면하게 될 것이다. 헨리 포드의 T형 포드가 성공할 수 있었던 것은 자동화에 의한 대량생산체제의 구축에 의한 것으로 알려져 있지만 싸고 양질의 대중 자동차를 요구하는 대중소비시장의 성장이 배경에 있었다는 사실도 지금은 상식이 되어 있다.

그러나 제2차 세계대전 이전의 일본에서는 대중소비시장을 전제로 하거나 그 개척을 기업의 전략목표로 한 기업가가 많지 않았다. 예컨대 일본 공업화의 주도산업이었던 방적업의 주요 제품은 의류 소재인 면사와 면포였을 뿐, 최종 소비재는 아니었다. 방적기업에게 있어 면사는 도매상問屋이나 베 짜는 집機屋에 팔아치우면 그 뿐이었고, 최종 소비자와 접촉하는 일은 없었다. 재벌의 축적기반이 된 광산, 조선, 금속 등은 소비자와 더 멀다. 상사商社도 거래상대는 메이커나 도매상이었지 소비자와 직결되어 있지 않았다. 은행도 제2차 세계대전 이전에는 대중예금을 상대하지 않았다. 소매는 소상인이 하는 것으로 인식되어 일반적으로 기업경영자의 의식에서는 소비시장에 대한 대응이 낮게 평가되는 경향이 있었다.

그렇다고는 해도 20세기에 들어 제1차 세계대전 무렵이 되면, 도시로의 인구집중이 진전되어, 바야흐로 일본에서도 대중소비시장이 싹트려 하고 있었다. 이런 상황 속에서 시대의 흐름을 예민하게 캐치하고, '접객업客商賣'이나 '대중 본위의 사업'을 기업경영의 근본이념으로 내건 기업가도 등장하게 되었다. 그 선구자 중 한 사람이 고바야시 이치조小林一三였다.

고바야시 이치조는 1873년 1월 3일(이름은 태어난 월일에서 비롯되었다), 야마나시현山梨縣 니라사키초韮崎町에서 태어났다. 생가는 누노야布屋를 상점명屋号으로 하였고, 지주였으며, 또한 비단絹과 술酒의 도매업問屋業을 영위하던 세력 있는 집안이었다. 생후 얼마 되지 않아 모친을 잃고 데릴사위婿養子였던 부친도 친가로 돌아가버려 부모의 사랑과 교육을 받지 못하고 자랐다. 1888년 게이오기주쿠에 입학, 재학시절에는 연극이나 문학에 열중하여 신문에 소설을 연재할 정도였다.

1891년에 졸업하면서 미쓰이은행三井銀行에 들어갔다. 당시 미쓰이은행은 후쿠자와 유키치福澤諭吉의 조카 나카미가와 히코지로中上川彦次郎가 근대화개혁을 단행하고 있을 무렵이었고, 게이오기주쿠 졸업생을 많이 채용하고 있었다. 다음 해 이치조는 오사카지점에 배속되었다. 1895년에 앞장에서 살펴본 이와시타 세슈岩下淸周가 오사카지점의 지점장으로 부임했다. 이와시타는 이듬해 기타하마은행北浜銀行 설립에 참가하기 위해 미쓰이은행을 사직했는데, 오사카지점에서 이와시타와 만난 것은 뒷날 이치조에게 있어 큰 의미를 갖게 된다. 1897년, 이치조는 나고야지점名古屋支店으로 전근하게 되는데, 여기에서도 지점장이었던 히라가 사토시平賀敏와 친분을 쌓았다. 히라가도 뒷날 오사카경제계에 들어가 이치조의 사업활동을 지원하게 되는 인물이었다. 그 후 1907년까지 이치조는 미쓰이은행에서 계속 근무했는데, 그에게 있어 이 시기는 "일생 중 가장 불우했던 시절"(『逸翁自敍傳』)이었던 것 같다. 1907년, 이와시타와 미쓰이물산의 이이다 기이치飯田義一에게 이끌려 이와시타가 계획하고 있던 증권회사의 지배인이 되기로 결심하고 미쓰이를 사직했는데, 공교롭게도 주식이 폭락하여 새로운 회사 설립 이야기는 사라지고 말았다.

미노오아리마전기궤도

이치조는 떠돌이 신세가 되었지만 다시 이이다飯田의 알선으로 1907년 4월, 한카쿠철도阪鶴鐵道의 감사역에 취임했다. 한카쿠철도는 그 전 해에 성립한 철도국유법으로 정부에 매수되는 것이 결정되어 있었기 때문에 이치조의 역할은 청산인과 비슷했다. 하지만 당시 한카쿠철도 관계자는 한카쿠철도와 연락하는 철도로서 우메다梅田・미노오箕面・아리마有馬, 다카라즈카宝塚・니시노미야西宮를 노선으로 하는 전철회사의 설립을 계획하고 있었다. 그러나 주식불황의 상황 속에서 계획한 자본금 550만 엔이 모이지 않아 회사 설립이 위태로워졌다. 이에 대해 이치조는 그의 구상을 실현하면 성공할 것이라고 보고, 사업의 추진자인 이와시타에게 이 회사의 일을 맡겨달라고 부탁했다.

"자기 일생의 일로서 책임지고 해보겠다는 결심"이 있으면 한 번 해보라는 이와시타의 말에 이치조는 이 전철계획의 추진자가 되었다. 이치조는 5만 주 중, 오노 긴로쿠小野金六, 네즈 가이치로根津嘉一郎 등 고슈甲州[1] 출신 경제인으로부터 1만 주의 출자를 받고 나머지 4만 주는 기타하마은

---

1 현재의 야마나시현에 해당하는 곳으로 가이노쿠니(甲斐國)라고도 불렀다.

행의 인수로 제1회 불입금 137만 5,000엔을 모았다. 미쓰이물산으로부터 외상으로 자재와 기계를 공급받기로 하고 개업을 준비했다. 이런 과정을 거쳐 1907년 10월, 이 회사는 미노오아리마전기궤도箕面有馬電氣軌道(이하 미노아리궤도箕有軌道로 약기한다)로 설립되었고 이치조는 전무이사에 취임하였다. 설립 당시 공석이었던 사장에는 다음해 이와시타가 취임했다.

연선 주택지의 개발

미노아리궤도의 당초 계획이 위태로워진 것은 대량의 승객을 전망할 수 없었기 때문이다. 그것은 대도시 속을 달리는 전차도 아니고 대도시 사이를 연결하는 철도도 아니었다. 부설 예정지는 오사카 북부의 농촌지대였다. 단풍이나 폭포의 명소인 미노오箕面나 옛날부터 명천名泉으로 알려져 있는 아리마온천有馬溫泉으로 가는 행락객을 위한 '유람전차'나 일종의 '색다른 전차'로 여겨졌다.

이치조의 구상은 이랬다. 전원지대를 달리는 전차, 행락지로 통하는 전차의 특성을 살리면서도 부업으로 주택지를 경영하고 승객을 확보하는 동시에 운임수입의 부족을 부업수입으로 보완하고자 했다. 이런 이유로 이치조는 개업 전부터 연선 토지의 매수를 추진했다. 추가로 자금이 필요했는데, 이치조는 이를 미쓰이물산이나 기타하마은행에서 차입하거나 사채발행社債發行으로 조달했다.

미노아리궤도의 다카라즈카선宝塚線이나 미노오선箕面線이 개통하는 것은 1910년 3월의 일이지만, 이치조는 그 전부터 독창적인 선전이나 광고 활동을 개시했다. 1907년에는 선전 팸플릿 「그 어떤 것보다도 유망한 전차」, 다음 해에는 「어떤 토지를 선택해야 하는가, 어떤 가옥에 살아야 하는가」를 편집·발행하고, 사업내용을 소개하는 동시에 제공하고자 하는

고바야시 이치조(小林一三, 1873~1957)

고바야시가 미노오아리마전기궤도(箕面有馬電氣軌道)를 설립했을 당시, 연선 주민이 이 회사에 대해 품고 있던 신용은 무에 가까웠다고 한다. 주택지 개발에서 고바야시는 이를 역으로 이용한다. '신용이 제로이니까 연선지가도 바닥시세일 것이다. 최저가격으로 토지 50만평을 평당 1엔에 사서 집을 지으면, 철도 부설 후에 평당 2엔 50전으로 판매하면 좋을 것....'. 지금의 사철계 부동산회사가 하는 판매방법의 원형은 아마도 고바야시의 착상에서 비롯된다. (小磯良平畵, 逸翁美術館 소장)

'모범적 신주택지'나 '이상적 신가옥'을 널리 선전하는 데 노력했다.

주택지의 개발과 판매는 1910년의 이케다시池田市 무로마치室町 2만 7천 평에서 시작되었다. 1구획 100평 정도의 부지에 2층으로 지어 5~6개의 방이 있었고 가격은 2,500엔~3,000엔 정도였다. 당시 고등문관시험에 합격한 고등관의 초임이 월급 55엔, 은행원의 초임이 40엔(週刊朝日編, 『值段史年表』)이었기 때문에 그들 연 수입의 4~6배였던 것이 된다. 판매방법은 50엔의 선불 계약금을 지불하고 나머지는 10년 월부로 하는 참신한 방식이었다. 중산계급이나 샐러리맨을 타켓으로 하고 있었음은 확실해 보인다.

그 후 1914년까지 사쿠라이櫻井(현재 箕面市), 도요나카豊中, 오카모토岡本(현재 神戸市), 센리야마千里山(현재 吹田市), 고토엔甲東園(현재 西宮市), 이나노稻野(현재 伊丹市) 등의 주택지가 같은 수법으로 판매되었다. 차가 달리고 있지 않았던 당시에 상당히 넓은 도로가 전면에 뻗어 있었고, 산울타리로 둘러싸인 주택이 정연하게 늘어선 이들 주택지는 지금도 여전히 당시의 모습을 남기고 있다. 한 번 보면 '한큐阪急의 주택지'라는 것을 식별하게 만들어 준다.[2] (무엇보다 지금은 모두 고급주택지가 되어 버렸지만 말이다.)

또한, 조금 뒤의 일이기는 하지만, 고난여학교甲南女學校, 간세이학원關西學院, 고베여학원神戸女學院 등 간사이關西의 유명 사학이 이 한큐 연선에 만들어진 것도 '한큐문화' 형성에 크게 공헌했다.

다카라즈카소녀가극

주택지 개발과 함께 레저시설을 만든 것도 이치조의 아이디어였다. 단풍과 폭포의 명승지 미노오箕面에 동물원(1910년)을, 옛날부터 내려온 온천지에 다카라즈카신온천寶塚新溫泉(1911년)을, 1913년에는 도요나카운동장豊中運動場을 건설했다. 동물원은 실패로 끝났지만 도요나카운동장에는 1914년부터 전국 중등학교 야구대회가 유치되었다. 이 야구대회는 1917

---

2 교토에서 오사카를 거쳐 고베를 연결하고 오사카 북쪽 교외에 노선망을 갖는 사철의 큰 손이다. 한큐(阪急)라고 약칭한다. 1907년 미노오아리마궤도로서 설립, 뒤에 한신큐코전철(阪神急行電鐵)로 개칭, 1943년 구 게이한전기철도(京阪電氣鐵道)를 합병하여 게이한신급행전철(京阪神急行電鐵)이 된다. 1949년 게이한전기철도의 노선을 분리했다. 1973년 현재의 사명인 한큐전철(阪急電鐵)로 개칭했다. 철도연장 146.5km. 고베선, 교토선, 다카라즈카선 등을 영업하는 외에 부동산, 유통, 다카라즈카가극단 등을 겸업, 한큐그룹의 중핵을 이룬다. 초대사장 고바야시 이치조의 착상에 의한 연선의 주택 조성과 분양, 터미널백화점의 경영은 사철에 있어서 선구가 되었다. 2006년 6월 한신전기철도를 매수, 동년 10월 한큐한신홀딩스로 개칭했다. 현재는 한큐한신홀딩스가, 한큐전철과 한신전기철도를 완전 자회사로서 끌어안고 있는 체제이다.

메이지 말기의 다카라즈카온천(宝塚温泉)

다카라즈카는 효고현 남동부 무코가와(武庫川) 유역에 있다. 1885년에 광천이 발견되어 개발이 이루어졌다. 1897년에 한카쿠철도(阪鶴鐵道, 현재의 후쿠치야마선[福知山線]), 1910년에 미노오아리마전기궤도(箕面有馬電氣軌道)가 개통되어 오사카 방면에서 관광객이 많이 찾게 된다.

년부터 나루오구장鳴尾球場으로, 다시 1924년부터 고시엔甲子園으로 옮겨졌는데, 이것이 이치조가 프로야구 한큐구단阪急球團 니시노미구장西宮球場에 관여하게 된 계기였다.

다카라즈카신온천 내의 '파라다이스'에 창설된 다카라즈카창가대寶塚唱歌隊(1913년 7월. 그해 12월에 다카라즈카소녀가극寶塚小女歌劇, 1940년 다카라즈카가극이 된다)는 관련사업 중에서 문학청년 고바야시 이치조의 진면목이 가장 잘 표출된 사업이었다. 오사카 미쓰코시의 소년음악대에서 힌트를 얻은 것이었다. 제1기생 16명은 우수한 지도자의 훈련을 받은 뒤 1914년 4월, 첫 공연을 통해 상당한 인기를 얻었다. 그 후에도 소녀가극은 지금까지와는 다른 새로운 기획을 차례차례 내놓아 인기를 높였다. 관객수는 1914년의 19만 명에서 1918년에는 43만 명으로 급증했다.

1919년 소녀가극은 도쿄 제국극장에 출연하며 지명도가 높아졌다. 그래서 다음해 사립학교령에 의한 다카라즈카음악가극학교寶塚音樂歌劇學校(교장 고바야시 이치조)를 설립하고 스타 양성에 본격적으로 나섰으며 공연기관으로서 다카라즈카소녀가극단을 조직했다. 1924년에는 수용 인원을 4,000명으로 하며 새로운 무대장치를 갖춘 대극장을 만들었다. 1927년에 공연된 '몽 파리'는 공전의 대히트를 쳐 리뷰revue[3] 시대의 개막을 장식했다. 1930년에는 '제비꽃이 필 무렵'으로 알려져 있는 '파리제트 Parisette'를 상연했다. 이를 통해 소녀들 사이에 다카라즈카에 대한 동경심이 자리를 잡았다. 1934년에는 도쿄다카라즈카극장이 건설되어 '다카라즈카'는 지명으로서보다도 가극의 이름으로 통하게 되었다.

이치조는 소녀가극에 남다른 열의를 기울여 1914년부터 1917년까지 직접 11개의 각본을 썼다. 이루지 못한 문학청년의 꿈을 여기서 꾸고자 했다. 그러나 이치조의 도락道樂이었던 것은 아니다. 다카라즈카가극에 대해서는 '변칙적 예술' 혹은 예술이 아니라는 비판이 있었고, 내부에서도 본격적인 가극으로 육성해야 한다는 의견도 있었다. 그러나 이치조는 다카라즈카가극은 예술을 위한 예술이 아니라 '오락 본위에 기초한 국민극'이자 사업으로서의 연극이라고 생각했다. 따라서 이치조는 경영이나 채산에도 신경을 썼다. 문학청년의 꿈과 실업가의 꿈을 양립시키고자 한 점에 다카라즈카가극의 본질이 있다.

3　노래, 춤, 촌극 등을 조합한 무대예능을 말한다. 화려한 장치, 의상이나 군무, 빠른 장면전환 등을 특색으로 하는 오락적인 요소가 강한 쇼형식의 것이다. 19세기 말부터 20세기에 걸쳐 각국에 유행했고 일본에서는 쇼와 초기에 소녀가극단이 연기하여 발전했다.

생활문화산업

주택지 개발이나 다카라즈카신온천, 다카라즈카소녀가극 등의 '부업'은 철도경영이라는 측면에서 얼마나 공헌했을까? 1910년의 운전 개시 이후 약 10년간을 보면 '대지 및 가옥 경영 수입'은 미노아리궤도 전체 수입의 10~15퍼센트를 점하고 있었다. 특히 창업기 몇 년 동안은 26~38 퍼센트로 고율이었다. 가극을 포함한 '다카라즈카신온천 수입'은 창업 당초에는 거의 5퍼센트 이하였지만, 1920년 무렵 8.5퍼센트 정도로 높아졌다. 철도사업은 거액의 초기투자가 필요하고 그 회수에는 오랜 세월을 요하기 마련이다. 따라서 창업 초기의 경영은 힘들어진다. 그런 의미에서 미노아리궤도의 '부업'은 그 자체로 '승객을 창조'했을 뿐만 아니라 경영적으로 커다란 의의를 가진다(作道洋太郎, 『阪神地域經濟史の研究』).

최근, '생활문화사업'을 코퍼레이트 아이덴티티corporate identity로서 강조하는 기업이 더러 보이는데, 그 대표 기업 중 하나인 산토리의 사지 게이조佐治敬三는 다음과 같이 발언한다. "생활문화라는 말은 결코 잘 숙성되어 있는 말이 아니었지만, 산업의 미래상을 생각했을 때 생산 일변도로 사회가 성립하지는 않는다고 생각했다. 기업의 존립은 사회에 제공하는 재화財가 사회로부터 존중받는 것으로 보장된다. 사회가 그 재화와 생활을 보다 풍요롭게 할 수 있다고 했을 때 그 재화를 생활문화재生活 文化財, 그 재화를 생산하는 기업을 생활문화기업이라고 나는 부르고 싶다"(『私の履歷書』).

사지佐治가 '생활문화기업'을 산토리의 경영이념으로 삼은 것은 획일적인 제품의 대량생산, 대량판매의 고도성장 시대가 지나고, 개성 있는 소비의 니즈에 응할 수 있는 재화나 서비스의 공급이 요구되던 1980년의 일이었다. 기업이 만들어내는 제품이나 서비스에 그 기업의 문화성이 요구된 것을 사지는 '생활문화기업'이라는 컨셉으로 표현했을 것이다. 이

점에서는 고바야시 이치조의 시대는 아직 그러한 '분중分衆'⁴의 시대가 아니라 대중소비사회의 입구에 막 접어든 때였다. 따라서 이치조는 다카라즈카가극에 고도의 예술성을 요구하는 것은 시기상조라고 생각했다.

그러나 문화와 사업을 별개의 것으로 생각하는 통념, 문화는 돈이 되지 않는다거나 혹은 문화로 돈을 벌 수 없다는 통념에서 빠져나와 문화를 적극 활용한 사업전략, 혹은 독자적인 기업문화를 사회에 호소하며 사업전략을 세우려 했다는 점에서 고바야시와 사지에게는 공통점이 있는 것 같다. 오늘날에는 당연하게 생각되는 이 기업전략을 1세기 전에 생각해 낸 이치조의 선견지명에는 놀라지 않을 수 없다.

3대 도시를 연결하는 한큐로

이야기를 철도로 돌리자. 이상의 이야기로 끝난다면 미노아리궤도는 '유람전차'나 '색다른 전차'에 불과한 것이 된다. 그러나 그렇지 않았다. 도시간 연락 고속전철로, 한큐전차阪急電車로, 제2단계로 비약한 점에 고바야시 이치조의 또 한 가지 기업자활동이 있었다.

다카라즈카선과 미노오선의 개통에 이어 미노아리궤도는 부설권을 가지고 있던 우메다梅田-노에野江, 니시노미야西宮-다카라즈카宝塚, 그리고 다카라즈카宝塚-아리마有馬 노선의 건설에 나설 예정이었다. 이 중에서 니시노미야-다카라즈카는 완성했지만(1921년), 남은 두 개 선은 부설권을 포기해야 하는 상황이 되었다. 1914년 미노아리궤도의 대주주인 이와시카 세슈가 경영하던 기타하마은행이 파탄했기 때문이다.

---

4 1985년에 『분중의 탄생』(博報堂生活總合硏究所)에서 정의되어, 그해 신조어로 뽑힌 말이다. 어떤 제품이 보급되어 세대당 평균 보유대수가 1대 이상이 되는 것을 말한다. 예컨대 자동차나 텔레비전과 같이 1세대에 1대였던 것이 1세대에 2대 내지는 1인 1대와 같이 상황이 변화하는 것이다.

또한 이 사건으로 기타하마은행이 소유하고 있던 미노아리궤도 주식의 처분을 요구받는 시련도 닥쳐왔다. 그러나 이치조는 이를 오히려 좋은 기회로 생각했다. 차입하여 직접 주식을 매입하는 동시에 부친이 있는 일본생명日本生命이나 대동생명大同生命, 친구들에게 주식 매입을 부탁하여 미노아리궤도의 지배권을 획득했다.

한편, 이치조는 니시노미야西宮-고베神戸 노선의 부설권을 가진 나다순환전기궤도灘循環電氣軌道와 연결하여 고베 쪽으로 진출할 계획을 세우고 주소十三·이타미伊丹·몬도門戸에 이르는 노선 부설권을 획득했다. 그러나 기타하마은행사건으로 이 은행과 관계가 깊었던 나다순환전기궤도는 자금난에 빠져 한신전기철도阪神電氣鐵道(이하 한신阪神)에 부설권을 매각하고 말았다. 이렇게 되면 미노아리궤도의 노선은 니시노미야에서 멈추고 만다. 이치조는 한신과 교섭을 거듭하여 양도에 성공, 1916년 나다순환전기궤도를 합병했다. 미노아리궤도도 자금난이었고, 이와시타의 신용 실추의 여파로 증자도 곤란했지만, 이치조는 기시모토기선岸本汽船 사장으로부터 300만 엔의 융자를 받는 것에 성공, 가까스로 이 고비를 넘겼다.

1920년, 고베선이 개통했다. 그에 앞선 1918년, 미노아리궤도는 한신급행전철阪神急行電鐵(이하 한큐阪急)로 개칭했다. 고베선을 개통하면서 이치조는 "새롭게 개통한 고베(또는 오사카大阪)행 급행전차, 시전市電(시영전차) 가미쓰쓰이上筒井에서 연결, 깨끗하고, 빠르고, 텅 비고, 조망이 근사하고 시원한 전차"라는 광고문을 사용했다. '텅 빈 (전차)'라는 것이 기발했는데, 쾌적한 전차를 타고 싶은 승객의 심리를 사로잡았다. 그 후 주조十三-우메다梅田 노선의 고가복복선高架複複線 건설, 가미쓰쓰이에서 산노미야三宮로 연장함으로써 오사카-고베 노선의 고속연결이 가능해졌다. 오사카-고베 노선에는 국철과 함께 한큐보다 선발 철도였던 한신이 있어 경쟁이 매우 격렬했지만, 한큐는 이들을 세차게 몰아붙여 그 지반을 잠식해 갔다.

또한 오사카─노에野江 노선은 앞에서 언급했듯이 포기되었고 오사카와 교토를 연결하는 계획은 일단 좌절되고 말았지만, 1943년 한큐와 게이한京阪의 합병으로 실현되었다. 이로써 한큐는 시골의 '유람전차'에서 간사이 3대 도시를 연결하는 고속철도로 발전했다.

또한 이러한 미노아리궤도에서 한큐로의 발전에 대해 다케무라 다미오竹村民郎는 이와시타─고바야시에게 당초부터 '교외전철통일계획'이 있었을 것이라고 추정했다. 그 증거 중 하나로 미노아리궤도의 차량이 처음부터 도시간 연락철도에 사용되던 차량의 필수조건인 총괄식 제어기를 장착하는 등 외국 회사의 높은 기술을 채용한 점을 들었다(『笑樂の系譜』). 일의 진상은 어찌되었건, 문학청년 이치조가 기술면에서도 높은 관심을 가지고 있었음을 보여준다.

터미널 백화점의 발상

전차 터미널에 백화점을 설치하는 아이디어도 이치조에 의해 탄생했다. 이치조는 백화점을 유망한 소매업태로 주목했다. 그러나 일본에서 백화점은 포목업吳服業 출신이 많았고 전철회사와 같은 아마추어가 손을 대서는 안 된다고 충고하는 이도 있었다. 이에 대해 이치조는 종래의 백화점이 손님을 흡수하기 위해 무료셔틀버스나 무료배달 등으로 고심하고 있는 것을 보고, 하루 10만 명이나 승강하는 터미널에 백화점을 개설하면 선발 백화점을 넘어설 수 있다고 보았다. 게다가 오사카 남쪽에는 백화점이 있지만 북쪽에는 없었다.

그러나 이치조는 일을 신중하게 추진했다. 1920년, 우메다에 한큐빌딩을 건설하자, 그 1층을 시로키야白木屋에 빌려주었다. 시로키야는 여기서

한큐(阪急)백화점
쇼와(昭和) 초기의 모습일가.

잡지, 잡화, 식료품 등을 판매했는데 그 성적이 양호했다. 이치조는 이에 고무되어 1925년 한큐빌딩의 2, 3층에 '마켓'을 개설, 이것도 예상외의 성적을 거두면서 1929년 마침내 한큐백화점을 개설했다. 한큐백화점은 "다른 어떤 곳보다도 좋은 상품을, 다른 어떤 곳보다도 싸게"를 모토로 우선 식당에 힘을 기울였다. 이어 식료품과 일용잡화로 확대하고 그것들이 성공하는 것을 기다려 선발 백화점이 자신 있어 하는 포목吳服 등으로 진출해 갔다. 그리고 그와 함께 점차 매장 면적을 넓혀 일본을 대표하는 백화점으로 성장시켰다.

『오사카마이니치신문大阪每日新聞』기자이고 여행가이자 사진예술가이며, 그래픽 디자이너이기도 한 기타오 료노스케北尾鐐之助가 쓴『근대 오사카近代大阪』(1932년 간행)는 1920년대 오사카의 도시경관을 상세하게 기록한 흥미 깊은 책이다. 이 책의 한 구절에서 기타오는 '백화점 식당풍경'이라는 제목으로 한큐, 미쓰코시三越, 다이마루大丸, 다카시마야高島屋의 식당을 비교한다. 기타오는 한큐의 식당은 평상시 하루 1만 8천 명, 일요

일이나 휴일에는 3만 명이나 되는 손님을 맞이하여 대량생산방식을 확립하고 있다고 쓰고 있다. 사전에 구입한 식권으로 주문 받기, 조리장의 분업제 등 모든 서비스를 기계화하려고 했다. "어서오세요"나 "무엇으로 하시겠습니까", "초밥 말씀이십니까"(주문품의 복창), "식권, 몇 장 받았습니다", "치워도 되겠습니까", "매번 감사합니다"라는 6개 문장 외에, 웨이트리스는 일절 손님에게 말을 걸 수 없도록 금지되었다.

이와 같은 광경은 기타오에게는 안정감을 주지 못했던 것 같다. "저 고층 건축에 빛나는 밤의 전등장식을 올려다 볼 때마다 그곳에서 자본주의 문명의 송가頌歌가 높이 울려오는 것 같은 기분이 든다"고 쓰고 있다. 그 감상도 과연 그렇겠지만 오늘날의 패스트푸드 숍을 생각하게 하는 경영이 이미 등장하고 있었다는 사실에 경제사학도로서는 주목하지 않을 수 없다.

전철 경영에 의한 터미널 백화점이 그 후 일본에서 백화점 발전의 일익을 담당한 것은 잘 알려져 있다. 고토 게이타五島慶太의 도큐東急, 네즈 가이치로根津嘉一郎의 도부東武, 쓰쓰미 야스지로堤康次郎의 세이부西武 등에 의해 이치조의 경영수법이 계승된 것이다.

또한 이치조는 쇼와기(1926~1989)에 들어서자, 1933년에 도쿄전등 사장이 되는 등 도쿄 경제계로 진출하였다. 또한 1940년에는 고노에 후미마로近衛文麿 내각의 상공대신이 되어 정계에도 진출했지만 이 점에 대해서는 생략하기로 한다.

대중소비사회의 도래와 고바야시 이치조

20세기 들어가기 전후부터 대도시로의 인구 집중은 현저하여 오사카도 예외가 아니었다. 그와 함께 도시의 편의시설은 악화되었다. 오사카는 '연기의 도시煙の都'라고 불리게 되었는데, 그것은 '물의 도시水の都'=

상업도시로부터 근대공업도시로 다시 태어났음을 상징하는 긍정적 이미지의 표현이었다. 또 한편으로 '연기의 도시'로서 오사카는 소란스러운 시내에서 벗어나 풍요로운 자연에 둘러싸인 교외에 거주하고 싶다는 요구나, 풍광명미風光明媚한 명소에서 놀고 싶다는 욕구를 만들어 냈다. 교외전차 미노아리궤도箕有軌道의 전략은 이러한 시민의 새로운 생활지향을 민감하게 캐치한 것이었다.

앞에서 언급한 미노아리궤도의 팸플릿은 "아름다운 물의 도시는 옛날 꿈으로 사라지고, 하늘이 어두운 연기의 도시에 사는 불행한 우리 오사카시민 여러분이여!"라고 외치며 "전원 취미가 가득한 즐거운 교외생활을 그리는 마음이야 절실할 터"라고 호소했다.

한편, 여기에는 19세기 말 이래 교외전차의 발달을 매개로 하여 도시 근교에 주택지나 유원지가 만들어지고 각 전철 연선에 생활·문화권이 형성되고 있던 구미歐美의 영향도 있었을 것이다(竹村, 前揭書). 스즈키 히로유키鈴木博之는 "도시부의 소란함과 오염을 꺼려해서 교외에 거주하게 되는 생활패턴은 산업혁명의 본고장, 영국에서 장려되고 있었다. (중략) 이 사상이 한신阪神 간 주택지를 개발함에 있어서 참고가 되었다는 사실은 의심의 여지가 없다"고 말하고 있다(『日本の近代10 都市へ』).

이치조가 이러한 외국의 상황을 어디에서 알았는지 알 수 없지만 문헌적으로는 전원도시구상을 주장한 것으로 유명한 영국인 에베네저 하워드Ebenezer Howard 『내일—개혁으로의 평화로운 길』이 1894년에 나와 있었다(1902년에 『내일의 전원생활』이라고 제목을 바꿈). 여기에서 전원도시라는 것은 도시의 매력과 전원의 매력을 동시에 갖춘 도시를 가리키는 것으로, 대도시로부터 적당하게 떨어져 있지만 육지의 고도孤島와 같은 곳이 아니고 철도로 도심부와 연결할 수 있는 곳이다. 그리고 일본에서도 이 하워드의 구상은 일찍이 1907년에 내무성 지방국 유지에 의한 『전원

도시』에서 소개되었다. 이보다 앞서 미노아리궤도의 라이벌이 되는 한신전철도 같은 해 1월에 『시외 거주의 추천市外居住のすすめ』라는 제목의 책을 간행하여 하워드의 전원도시를 소개하고 한신전철 연선의 '즐거운 전원생활'을 추천했다.

스즈키는 하워드의 전원도시가 '직주근접職住近接', 즉 거주가 만들어질 뿐만 아니라 직장이 되는 산업도 유치되는 장소로서 구상된 것에 대해, 내무성 도시계획 관료들이 구상한 전원도시는 '직주분리職住分離'의 사상에 기반한 것이었다고 지적했다. 즉, 소란스러운 도시로부터 탈출하여 건강한 교외주택지를 별도로 구하고 통근으로 이 두 측면을 연결한다는 계획이다. 한신阪神 간 전철회사의 주택지 개발도 그에 따른 것이었다.

어찌되었건, 고바야시 이치조가 산업혁명이 진행되면서 발생하는 도시의 문제를 누구보다 먼저 예민하게 알아채고 그 해결책을 실시하여 성공시킨 것은 역시 놀라움을 금할 수 없다. 이치조가 이 아이디어를 다른 곳에서 배웠건, 혹은 한신전철에서 보이듯이 전원도시의 구상이 이미 침투해 있었건, [중요한 것은] 여기에 본격적으로 나서서 기업적으로 성공시켰다는 사실이다. 그런 의미에서 고바야시 이치조의 새로운 전철 경영은 진정한 의미의 혁신이라고 할 수 없을지도 모르지만, 그에 필요한 대규모 투자를 실행하고, 그에 맞는 조직을 만들었다는 점에서, 프롤로그에서 소개한 '제일 먼저 행동을 개시하는 기업—番手企業'first mover의 전략이었다.

또한 그것은 그 후 이어지는 사철 경영의 원형을 만들었을 뿐만 아니라, 일본인의 소비생활이나 도시 레저의 모습에 커다란 임팩트를 주었다는 점에서 문화사적 의의를 가지고 있었다고 하겠다.

모터바이크에서 자동차로 — 혼다 소이치로

혼다 소이치로의 성장

전후 일본의 눈부신 경제발전을 뒷받침한 기업을 리스트업하라고 하면, 사람에 따라 그 대답이 상당히 다를 것이다. 그런데 거기에 개성적·혁신적이라는 요소를 더하면, 혼다를 제외하는 사람은 적을 것이다(이하에서는 법인명을 지칭하는 때 '혼다ホンダ'를, 혼다 소이치로 개인을 지칭하는 때는 '혼다本田' 또는 '소이치로'를 사용한다).[5]

그것은 혼다가 전후戰後에 영세기업으로 출발했으면서도 모터바이크, 소형 오토바이의 개발, 오토바이 세계시장에서의 브랜드 확립, 경자동차로의 진출, 머스키법Muskie Act(미국의 대기오염 방지법)을 신속하게 반영시킨 CVCC엔진의 개발, 젊은 취향의 승용차 시장의 개척 등등, 차례차례 혁신적인 기업자활동을 전개하여, 공업대국 일본의 약진을 상징하는 기업으로서 세계의 구석구석까지 알려지게 된 경이로운 역사에 감동을 느끼기 때문이다. 또한 무학력에 가까운 자유분방한 야인으로 여겨지던 인물이 어떻게 현대 공업기술의 결정인 자동차 기술혁신의 담당자가 될 수 있었을까, 그 안에 벤처 비즈니스의 성공 비결이 숨겨져 있을지 모른다고 기대하기 때문이다.

혼다 소이치로本田宗一郎(1906~1991)는 1906년 시즈오카현靜岡縣 이와타군磐田郡 고묘무라光明村의 대장장이 아들로 태어났다. 유소년기부터 부친을 도우면서 대장간에 출입해 풀무질하는 방법이나 로爐 속의 쇠를 보는 방법, 불에 달궈진 쇠의 성형 등을 현장에서 직접 배웠다. 또한 소이

---

5 원문에서는 기업명으로서의 혼다는 'ホンダ'로, 개인명의 혼다는 '本田'로 구별하지만, 여기서는 그럴 수 없어서 기업명은 '혼다'를, 기업가 개인명은 '소이치로'를 사용하기로 한다.

혼다 소이치로(本田宗一郎, 1906~91)
오너 경영자이면서 그 이상으로 개발과 생산의 기술자로서 탁월한 재능을 갖고 있었다. 1973년 67세로 은퇴했다. 에코 테크놀로지를 제창하고, 혼다재단을 창립했다. (本田技研工業 제공)

치로도 기계 자체나 기계를 만지작거리는 것에 비상한 관심을 보여 기술자職人로서의 일에 천부적 자질을 발휘했다. 어렸을 때부터 기술을 연마한 것이 엔지니어로서 소이치로의 생애에 큰 영향을 준다는 점은 틀림없을 것 같다. 특히 부친 기베에儀兵衛가 자전거점을 개업하면서 자전거 수리를 도운 것이 중요한 원체험이 되었을 것이라고 시모가와 고이치下川浩一는 지적한다(「本田宗一郎」). 왜냐하면 자동차 제조의 기술적 원류는 첫 번째가 내연기관 기술이고, 두 번째는 마차 제조에 있어서 차체 제조 기술인데, 세 번째가 자전거 제조 기술, 특히 동력의 전도傳導와 구동驅動 관계 기술에 있었기 때문이다.

고등소학교 졸업 후 소이치로는 부친을 설득해 도쿄의 아트상회Art商會라는 자동차수리공장에 들어간다. 여기에서 6년간 수리공으로 도제봉공徒弟奉公한 뒤, 소이치로는 근면성을 인정받아 1927년 21세 때 하마마쓰浜

松[6]에 아트상회의 지점을 연다. 이 점포는 공원 50명을 고용할 정도로 번창해 중소기업 레벨이 되지만 소이치로는 거기에 만족하지 않았다. 자동차수리에 머무르지 않고 주물이나 기계가공 실험을 하고, 자동차 제조공장에서 사용할 법한 기계도 갖췄으며, 나아가 기기류器機類를 고쳐 만들거나 자체 제작했다.

당시의 자동차는 거의 외국산이었기 때문에 부품의 공급이 원활하지 않았다. 그래서 소이치로는 엔진의 중요 부품인 피스톤 링의 제작에 나섰지만, 경험적 기술만으로는 한계가 있다는 것을 깨닫고, 하마마쓰공고의 청강생이 되어 금속공학이나 기계공학의 기초를 공부했다.

이렇게 해서 1939년 도카이정기東海精機라는 기업을 설립한다. 사용할 수 있을 정도의 피스톤 링을 제조하기까지는 기술적으로도 경영적으로도 고난의 연속이었다. 전시하에서 국산부품에 대한 수요가 높아지고 도요타가 주주로 참여하면서 겨우 한숨을 돌렸다. 도카이정기는 이밖에 각종 군수 관계 부품이나 기계류를 제작해 소이치로는 차츰 발명가로 알려지게 되었다. 뒷날 오토바이시장에서 격렬한 경쟁 상대가 되는 일본악기日本樂器의 촉탁기사도 되었다(成山三郎, 『本田宗一郎との100時間』). 그 곳에서 배양된 기술이나 노하우, 경영자로서의 수고는 소이치로가 비약하게 되는 기초가 되었다.

드림호의 성공

종전 후 소이치로는 도카이정기를 도요타에 매각한다. 1946년, 하마마쓰에 혼다기술연구소를 개설해 모터바이크의 생산에 나섰다. 처음에는 외부로부터 구입한 소형 엔진을 자전거에 장착한 것이었지만 이어 직접

---

6 시즈오카현 서부의 지방이다. 현재 하마마쓰시의 일부를 구성한다. 도쿄에 있는 하마마쓰와는 다른 곳이다. 도쿄의 경우 하마마쓰초(浜松町)의 하마마쓰이다.

엔진을 설계 · 제작해 1947년부터 생산을 개시했다. 이 A형 엔진을 탑재한 모터바이크가 잘 팔리자 1948년, 소이치로는 혼다기술연구소를 혼다기연공업本田技研工業으로 사명을 바꾸고 자본금 100만 엔의 주식회사로 만들었다.

새 회사 발족 후에도 신형엔진의 개발이 계속되었다. 엔진의 마력이 상승하면 자전거에 탑재하는 것이 무리라는 것을 알고 차체 제작에도 나섰다. 당시 차체와 엔진 양쪽을 생산하는 곳은 없어서 혼다가 최초의 시도였다. 이렇게 해서 2.3마력의 D형엔진을 탑재한 경輕오토바이 드림호가 탄생했다.

드림호는 다시 개량을 거듭해 1953년에 발매된 146cc, 5.5마력의 4사이클 엔진을 탑재한 드림호 E형은 연간 3만 대 이상의 매출을 올렸다. 이 E형엔진은 언덕을 오르는 힘이 뛰어났고 출발속도도 좋았으며 고장이 없고 견고해 연비효율도 좋았다. 이렇게 본격적인 오토바이의 기술수준과 실용성을 겸비했기 때문에 혼다는 이 성공으로 세계시장에서 싸울 수 있는 자신감을 얻었다.

후지사와 다케오와 만나다

1949년 혼다 소이치로는 후지사와 다케오藤澤武夫라는 인물과 만났다. 후지사와는 도쿄 출신으로 중학교를 졸업하고 철재상에서 영업일을 한 뒤, 1939년 절삭공구를 만드는 일본기공연구소日本技工研究所를 설립했다. 하지만 전시 중에는 이 기업을 폐쇄하고 후쿠시마福島로 소개疏開한 후 제재업을 경영하고 있었다. 혼다가 후지사와를 만난 것은, 혼다가 자금을 수배하고 영업과 경리를 맡을 인물을 찾는 것을 알고 있던 통산성 관리가 소개해 주었기 때문이다. 이때 혼다는 42세, 후지사와는 38세였고, 두 사람은 바로 의기투합했다. 후지사와의 혼다기연 입사가 결정되

후자사와 다케오(藤澤武夫, 1910~88)

1949년에 혼다기연공업에 상무로 입사, 훗날 부사장. 기술과 개발은 혼다 소이치로가, 영업 · 경리 · 인사는 후지사와가 담당했다. 1973년, 혼다와 함께 은퇴했다. (本田技研工業 제공)

었다. 그리고 그것은 결과적으로 혼다의 발전에 결정적 사건이 되었다. 주지하듯 혼다의 기술과 후지사와의 영업과 관리, 이 두 개의 엔진이 절묘한 콤비를 이루어 혼다의 경이적인 발전을 가져왔기 때문이다. 1950년에 도쿄영업소, 도쿄조립공장, 1952년 사이타마埼玉에 엔진공장을 건설한 혼다는 그해에 본사를 도쿄로 이전했다. 시즈오카현 하마마쓰의 마을공장町工場에서 전국시장, 장차 해외시장으로 비상할 준비를 갖춘 것이다.

드림호 E형은 본격적인 오토바이 생산으로 가는 출발점이 됐지만, 한편 소이치로는 A형 엔진을 대체할 소형 자전거용 엔진의 개발도 추진했다. 이 결과로 만들어진 것이 1952년부터 생산 · 판매된 커브Cub호였다. 2사이클 50cc, 붉은색 신형 엔진과 흰색 탱크를 장착한 커브는 폭발적인 인기를 끌어, 1953년에는 업계에서 70퍼센트나 되는 쉐어를 점한 인기상품이 되었다. 또한 그해 드림호와 커브호의 중간에 위치하는 소형차로서 4사이클, 89cc의 벤리호, 폴리에스테르수지를 차체에 처음으로 사용한 스쿠터 주노Juno를 발매했다. 국제 레이스 출전도 시야에 넣은 고급 오토바이 제작으로 기술의 진보와 향상을 도모하는 동시에 대중수요에도 부응한다는 상품정책은 그 이후에도 혼다의 기본전략이 되어 간다. 이렇게 해서 1953년에는 자본금 1천 500만 엔의 혼다가 매출 70억 엔 이상을 실현하기에 이르렀다.

혼다가 보인 쾌조의 주행이 소이치로의 천재적 기술력만으로 이루어진 것은 아니다. 그 안에는 후지사와 다케오의 정교한 영업전략이 있었다.

초기에 혼다는 판매대수가 적어 판매조직 같은 것을 그다지 생각할 필요가 없었지만 대중용 바이크 커브호가 나오자 그렇게 할 수 없었다. 양산체제를 갖추기 위해서는 양판체제를 구축할 필요가 있다. 그러나 혼다에게는 판매망 구축에 투자할 만한 자금적 여유가 없었다. 그래서 후지사와가 생각해 낸 것이 전국의 자전거 점포를 판매조직화 하는 것이었다. 전국 5만 5천 개의 자전거 점포에 다이렉트 메일을 보내 발주를 원하는 점포는 선금으로 납입하도록 의뢰한 것이다. 그 반향은 컸다. 혼다의 판매점에 응모하는 점포가 속출해(1만 3천 개) 혼다는 순식간에 전국에 판매망을 구축할 수 있었다. 그리고 선금을 수취함으로써 자금조달 면에서도 도움이 되었다.

소이치로의 기술혁신에 거는 열정은 대단해서 1953년 말에 자본금이 6,000만 엔에 불과했음에도 혼다는 1952년부터 1954년까지 15억 엔의 설비투자를 감행했다. 이 자금조달도 후지사와의 업무였다. 그 기본적인 수법은 매상은 선불이나 현금 지불로 조기 회수하고 설비투자나 원자재ㆍ부품 구입은 외상이나 어음으로 결제하는 것이었다. 자금의 수취와 지불의 시간차이만큼 혼다에 자금이 머물렀다. 그것을 자금원으로 삼았다. 어떤 의미에서 자전거 조업적인[7] 자금융통이라고 할 수 있지만 성장 과정에 있을 때에는 이 정도로도 괜찮았다.

그런데 1954년이 되면 혼다는 잇따라 위기에 직면한다. 경쟁 메이커의 추격에 쫓겨 커브의 판매는 부진해졌고 벤리호, 주노, 드림호 E형에 대해 계속해서 클레임이 쇄도해 재고가 산더미처럼 쌓였다. 1953년 77억 엔이었던 매출은 1954년에 60억 엔으로 급감했다. 이렇게 되면 앞에서 언급한 자금조달은 바로 어긋나게 된다. 혼다는 도산의 위기에 빠졌다.

후지사와는 기술 문제를 소이치로에게 맡겼다. 소이치로는 파워 업을 목표로 했던 드림호 엔진의 결함 원인이 카뷰레터carburetor(기화기)에 있음을 밝혀내고 개선에 전력을 쏟았다. 후지사와는 메인뱅크(주거래은행)인 미쓰비시은행에게 실정을 숨기지 않고 보고하고 2억 엔의 특별융자를 받는 데 성공했다. 납입업자에게도 지불유예를 요청해 협력을 받아냈다. 노동조합에도 실정을 호소해 생산조정과 상여금 삭감을 승낙 받았다. 이렇게 해서 위기를 탈출했다.

후지사와는 이런 와중에서도 6월에 사장 소이치로에게 외유를 권했다. 그 목적은 영국 맨섬Isle of Man에서 열리는 TT레이스Tourist Trophy Race라는 국제 오토바이 레이스와 유럽 오토바이 업계에 대한 시찰이었다. TT레이스에 출전하는 것은 소이치로의 꿈이었다. 그해 3월 소이치로는 "내년 TT레이스에 참가해 우승하겠다"고 선언했다. 발등에 불이 붙었는데도 오히려 미래에 기대를 거는 행동에 나선 것이다. 소이치로와 후지사와의 밝은 성격은 사내에 용기를 북돋았으리라. 소이치로가 7월 귀국했을 때 혼다는 위기에서 벗어나 있었다.

---

7 '자전거조업'이라는 표현은 '자전거는 달리는 것을 멈추면 쓰러져 버린다'는 점에서 자금의 차입과 변제를 반복하면서, 즉 타인자본을 계속 회전시키며 가까스로 조업을 계속하는 것이나 그와 같은 경영상태를 가리키는 표현이다.

TT레이스와 슈퍼커브

맨섬에서 레이스를 직접 목도하고 소이치로는 피아彼我의 기술격차에 경악했다. 다음해의 TT레이스에는 우승은 커녕 참가도 할 수도 없었다.

귀국하자마자, 소이치로는 특별 프로젝트 팀을 구성하고 1957년에 기술부문을 통합해 기술연구소를 설립했다(1960년 독립해 주식회사 혼다기술연구소가 된다. 사장은 혼다 소이치로). 소이치로는 뒷날 그의 후계 사장이 되는 가와시마 기요시河島喜好 기사와 함께 선두에 서서 레이스용 강력 엔진의 개발에 매진했다. 이 개발과정에서 특히 중요했던 것은 엔진의 연소 효율 연구가 물리적으로 뿐만 아니라 과학적으로 철저하게 이뤄졌고, 그 노하우의 축적이 뒷날 저공해 엔진으로 세계적으로 유명해지는 CVCC엔진의 개발로 이어졌다는 점이다. 그밖에도 베어링이나 체인, 플러그 등의 부품 하나하나까지 개량연구가 이루어졌다. 외국기술을 모방하는 것이 아니라 독자 기술로 고속엔진을 개발하는 프로세스가 악전고투였을 것이라는 점은 쉽게 상상할 수 있다.

이렇게 해서 1959년 혼다는 TT레이스에 처음 참가해 125cc부문에서 입상하고, 팀 메이커team maker상을 수상했다. 이어 1961년에는 250cc, 125cc 두 부문에서 1위부터 5위까지 독점해 완전 우승을 이루어냈다.

TT레이스에 참가하기 위해 혼다가 지불한 코스트는 상당히 컸을 것이다. 그러나 소이치로는 국제레이스 출장이라는 목표가 큰 자극이 되어 부품 메이커를 포함해 모든 혼다의 기술력 수준이 향상되는 것을 무엇보다 중시하고 있었다. 소이치로는 "당사의 오토바이는 모두 혼다 독자적인 연구와 개발을 통해 만들어진 것이고, 이렇게 쌓아올린 귀중한 재산은 반드시 꽃 피울 때가 온다. 다른 메이커는 선진 외국제품을 풀 카피full copy한 것에 가깝지만 당사는 절대로 타사를 모방하지 않는다. 아무리 고통스럽다고 해도 자신들의 손으로 일본에서 1등이 아니라 세계 1등을 지향하는 노력을 계속하자"고 신념을 피력했다. 레이스 출장이라는 목표는 혼다의 젊은 기술진과 종업원을 분발케 해 경영위기에 처해 있던 혼다를 재발진하도록 하는 점화제가 되었다.

그리고 이는 결과적으로 경제효과도 가져왔다. 혼다는 세계적으로 흔들림 없는 브랜드가 되어 1959년에 설립된 미국 혼다를 통한 수출을 비롯해 세계를 향한 수출이 확대되었기 때문이다.

한편, 혼다는 커브를 대신하는 대중 이륜차 모페드Moped[8]의 개발에 나서 1958년 슈퍼커브라는 이름으로 판매했다. 이는 후지사와의 구상이었다. 싸면서도 타기 쉬운 소형차를 만들어 시장의 저변 확대를 도모하는 일은 혼다의 기업성장에 반드시 필요하다고 후지사와는 생각했다. 영업맨다운 발상이었다. 이에 대해 소이치로는 50cc급은 제대로 된 오토바이가 될 수 없다며 썩 내켜하지 않았지만 후지사와의 설득에 굴복했다.

그러나 일찍이 혼다의 성장에 기초를 제공한 커브는 경쟁 메이커에 쫓기며 시달리고 있었고 소비자는 자전거에 엔진을 붙인 것만으로는 만족하지 않았다. 소이치로는 주노에서 그 동안 쌓은 폴리에스테르 가공 기술을 사용해 경량화를 꾀하고, 노클러치no clutch에 셀모터cell motor[9]를 부착한 50cc, 4.5마력의 엔진을 탑재해 스커트를 입고도 승하차가 용이한 이노베이티브innovative한 대중 이륜차를 만들어냈다. 설정된 가격은 5만 5천 엔으로, 당시의 소형 바이크와 비교해 현저하게 쌌다.

50cc의 작은 엔진이라도 큰 마력을 낼 수 있었던 것은 레이스용 오토바이의 연구개발로 엔진의 회전 스피드를 올리는 기술을 축적하고 있었

---

8 50cc 이하의 원동기가 장착된 자전거로 페달이 달려 있다. Moped는 Motor와 Pedal 의 합성어이다.

9 일본식 영어이다. 영어에서는 starter motor, starter, self starter로 불린다. 자동 차 엔진 등의 내연기관을 시동시키기 위한 전지식 전동기이다. https://dictionary. goo.ne.jp/word/セルモーター/.

기 때문이다. 후지사와의 예상을 상회해 슈퍼커브는 폭발적으로 팔렸고, 3년 후인 1961년까지 누계 100만대가 판매되었다. 혼다의 1955년에 55억 엔이었던 매출이 1960년에는 9배에 가까운 491억 엔까지 불어났다. 레이스용 오토바이의 개발이 경영부진을 탈출하는 데 기술적인 측면에서 엔진이었다면, 슈퍼커브는 영업적인 측면에서 엔진이었다.

사륜차 진출의 고심

이륜차에서 축적한 기술과 브랜드를 기초로 혼다는 사륜차에 진출한다. 그러나 그것은 결코 평탄한 여정이 아니었다. 혼다는 1958년 무렵부터 경자동차에 대한 연구를 개시했는데, 사륜차로의 진출은 이륜차에서 지위를 확립하고 나서의 일이라고 생각하고 있었다. 그런데 1961년 통산성이 특정산업진흥법(특진법)의 구상을 발표하고 자본자유화에 대처하기 위해 자동차업계를 양산차, 특수차, 미니카의 3개 그룹으로 재편하는 구상을 발표했다. 이 구상에서 사륜차 생산 실적이 없는 혼다는 제외되고 만다. 소이치로는 그 구상에 맹렬하게 반발했다. 시로야마 사부로城山三郎가 혼다 소이치로를 밀착 취재해 쓴 '혼다 소하치로와의 100시간'은 특진법 구상의 추진자였던 유명한 통산通産[10] 관료인 사하시 시게루佐橋滋와 소이치로가 주고받은 대화를 묘사하고 있다.

혼다는 예정을 앞당겨 1962년 스포츠카와 경트럭을 시작으로 사륜차에 진출한다. 동시에 여느 때처럼 기술의 정상작전頂上作戰으로 1965년 F1Foumula One레이스에 참가할 것을 선언한다. 1967년 혼다는 N360이라는 경자동차를 발매한다. 공냉空冷 2기통의 고출력 엔진, 전륜구동, 성인 4명이 탑승할 수 있는 실내공간, 참신한 디자인과 당시의 경자동차에 대

10　통산산업성을 가리킨다.

한 상식을 뒤집는 차로, 가격은 31만 5천 엔, 금세 경자동차의 수위에 뛰어올랐다.

그러나 N360은 1969년부터 1971년에 걸쳐 결함이 있는 차라고 공격받게 된다. 그 이면에는 혼다의 판매방식에 불만을 가진 전 혼다 딜러의 움직임이 있었다고 알려져 있다. 어찌되었건 N360의 매출은 곤두박질했고, 혼다의 사륜차 진출은 일단 찬물 뒤집어쓴 셈이었다.

공냉일까, 수냉일까

그런데 1970년 미국에서 공해를 규제하는 머스키법Muskie Act[11]이 제정되면서 저공해차를 개발하는 것이 세계 자동차업계의 중요한 과제가 되었다. 이런 가운데 혼다의 기술진 사이에서 배기가스 규제에 대응할 수 있는 엔진을 제작하기 위해서는 소이치로가 고집해온 공냉 엔진을 수냉 엔진으로 방식전환을 해야 한다는 의견이 높았다. 소이치로가 공냉에 집착한 것은 수냉에서는 물의 메인터넌스나 라디에이터radiator의 누수 문제가 있어 안전성에 지장을 준다고 생각했기 때문이다. 그러나 젊은 기술진 사이에는 그 후의 기술진보로 수냉의 문제가 극복되고 있으며 공냉에서는 필요 이상의 장비가 늘어 코스트가 높아진다는 초조함이 싹트고 있었다. 그러나 부하들은 소이치로의 집념을 아는 만큼 이 문제를 제기하기 어려웠다.

수냉파의 상담을 받은 후지사와는 단 둘이 만나 소이치로를 설득한다.

---

11 1970년 미국에서 E.머스키 연방상원의원의 제안으로 제정된 대기오염방지법이다. 내용은 1975년까지 배출가스 감소 기술을 완성하고, 기존 자동차 배출가스 수준의 10분의 1까지 자동차 배출가스를 감소시킨다는 것이었다. 하지만 1972년의 석유위기를 계기로 기술상의 곤란과 자원 절약을 이유로 수정이 시도되고 실시도 연기되어 1980년까지 실효를 기하기 어려운 상황까지 후퇴했다. 일본에서는 이 법안을 계기로 자동차의 저공해화가 추진되었고 단계적으로 배출가스 기준이 엄격해졌다.

주저하는 소이치로에게 후지사와는 "나는 기술자가 아니기 때문에 어느 쪽이 옳은지 알지 못한다. 하지만 당신은 혼다의 사장인지, 기술자로서 혼다에 있는 것인지 묻고 싶다"라고 말했다. 다음날 소이치로는 연구소의 간부를 모아 수냉 연구를 지시했다. 소이치로는 '사장'을 선택했다. 그리고 그것은 혼다의 기술개발이 후계 기술자에게 맡겨지기 시작했다는 것이고, 환언하면, 소이치로나 후지사와의 후계 기술자 육성 노력이 결실을 맺었음을 의미한다.

CVCC엔진 개발의 의의

수냉 엔진 개발은 스타트를 끊었다. 지금까지의 기술축적도 살려가면서 1972년 대기오염 물질이 되는 일산화탄소, 탄화수소, 산화질소의 배출을 대폭 억제하는 CVCC엔진 개발에 성공, 그해 12월 세계에서 최초로 미국 머스키법의 기준을 클리어한 것으로 인정받았다.

이 개발의 성공으로 많은 국내외 자동차 메이커가 연기를 주창한 머스키법의 배기가스 규제 기준이 비현실적이지 않았다는 점이 증명되었다. 그것은 이륜차 뿐만 아니라 사륜차에서도 혼다의 기술이 세계 최첨단이라는 점을 증명했으며 일본의 자동차 메이커의 저연비[12], 저공해차 개발에 큰 자극을 주어 일본 자동차의 국제경쟁력 강화에 공헌했다.

자동차산업 연구의 권위자 시모가와 고이치下川造一는 "CVCC의 성공은 눈앞의 속효성速效性에 사로잡힌 대증요법적 연구개발이 아니라 어디까지나 기초적 연구의 원점으로 돌아가 원리적 연구를 철저하게 하고 그것과

---

12 연비, 즉 연료소비율이 낮은 것을 말한다. 특히 자동차나 오토바이에 대해 적용되는 말이다. 일의 양에 대대 필요한 연료의 양이 낮은 것으로 일의 양(연료 1리터당 주행 거리)이 낮은 것을 의미하는 것이 아니다. '저연비 (차)'와 '연비가 좋은 (차)'는 같은 의미로 사용된다.

CVCC엔진

(本田技研工業 제공)

응용적·실용적 연구를 믹스시킨다는, 소이치로의 독창성을 중시하는 기술사상의 소산이다"라고 했다. 그러나 동시에 "이러한 기초연구는 결코 특정한 전문가만으로 행할 수 있는 것이 아니다. 개발목적에 부합하는 많은 분야의 기술자 간에 끊임없는 정보교환과 시행착오 중에 나타나는 팀워크가 필수불가결하다는 점은 말할 것도 없다. 혼다기연의 경우 기초연구도, 그에 의거한 응용연구도, 전원이 자율적으로 창의성을 발휘해, 일체화하면서 무작정 달려드는 전통이 있었던 것이 CVCC 성공의 큰 원동력이 되었다는 점은 의심할 여지가 없다"고 말하고 있다(앞의 논문).

또한 시모가와는 CVCC의 개발은 혼다의 기업이념에도 영향을 주었다고 지적하며, 다음과 같은 에피소드를 소개하고 있다. 그것은 CVCC의 개발에 나서면서 소이치로가 이를 결함차 소동으로 데미지를 입은 혼다의 이미지 업image up을 도모하기 위해 [CVCC의 개발에] 나서고자 한다고 말했을 때, 부하 기술자들이 "일개 기업을 위해 개발에 뛰어드는 것이 아니라 사회를 위해 나서야 한다. 그렇지 않으면 의미가 없다"고 반론했다고 한다. 이렇게 해서 '창업자 소이치로의 기술가 경영자로서의 퍼스널 리더십의 시대가 끝나고 그 부하나 제자들이 조직적으로 창업자가 남긴 기술사상을 승계하는 새로운 시대가 도래'했다. 1973년의 소이치로와 후지사와의 은퇴가 이를 상징한다고 시모가와는 보았다.

사륜차로 진출하면서 후지사와가 도입한 독자적인 판매체제도 주목된다. 앞에서 살펴보았듯이 혼다는 이륜차의 경우 전국의 자전거 점포를 사용하는 방법을 택했다. 그러나 사륜차의 경우는 기술 서비스의 제공이나 쇼룸을 가질 필요가 있었다. 그래서 도요타 등의 유력 자동차 메이커는 한 개 차종, 한 개 현縣, 한 개 구역의 메인 딜러에게 직판하고, 로컬에는 각 딜러가 판매하는 방식을 취하고 있었다. 이 시스템은 각 딜러에게 일정 규모의 매출이 있다는 것을 전제로 한다. 또한 메이커와 딜러의 일체감이 생겨나기 쉽지만, 메이커의 다양한 지원이 있기 때문에 도리어 딜러의 자주성이 손상되는 면도 있었다.

이에 대해 혼다는 각지의 영업소를 통해 특약점에 판매하는 업판業販 시스템을 취했다. 특약점은 이전부터 있던 자전거점이나 모터점¹³ 같은 소규모 점포여도 괜찮았다. 영업구역이나 프랜차이즈(독점 판매권) 없이 자유롭게 영업할 수 있는 대신에 스스로 영업에 책임을 지는 것으로 여겨졌다. 그러나 사륜차의 경우에는 점검, 정비, 수리 등의 기술서비스가 불가피한데, 이를 소규모 특약점에게 맡길 수 없었기 때문에 혼다는 혼다 SF(서비스 팩토리)라는 전국 네트워크 조직을 만들어 이를 통해 특약점의 판매를 서포트했다. 이 업판 시스템은 메이커와 판매점 쌍방이 투자를 절약할 수 있는 효과를 가지고 있었다. 따라서 사륜차시장으로 진출한 초기의 판매체제로는 합리적이라고 할 수 있을 것이다. 또한 판매점의 독립

---

13 문맥상 모터점은 오토바이(모터사이클)를 판매하거나 수리하는 점포를 가리킨다고 생각된다. 사실 오토바이란 말 자체가 오토바이시클(autobicycle)에서 유래한 것이다. 보통 영어에서는 모터사이클(motorcycle)로 부르는 것이 일반적이다. 참고로 일본에서는 소형 모터사이클을 (모터)바이크로 구별해 부르는 경우가 많고, 스쿠터는 오토바이의 범주에 포함되지 않는 것이 보통이다.

성, 자주성이 중시된 점은 역으로 말하면, 혼다와 판매점 사이의 대금결제나 거래조건이 드라이해지는 것을 의미한다. 이런 의미에서 판매할 때에도 능력주의나 실력주의가 관통하고 있었던 것이다(下川, 앞의 논문).

소이치로와 후지사와의 경영이념

지금까지 검토해 온 것에서 알 수 있듯이, 그리고 지금까지 자주 지적되어 온 것처럼 혼다의 성장을 해석하는 열쇠는 강한 기술지향에 있었다. 그리고 기술이 학리學理나 독서를 통한 것이 아니라 먼저 현장에서 생겨났다는 점에 큰 특색이 있었다. 생산공정의 개선, 기계·공구의 제작이나 개량이 내부에서, 소이치로를 비롯해 직접 작업현장의 이니셔티브로 생겨난 것이다. 여기에 국한되지 않았다. 종업원의 업무가 타율적이지 않고, 적극적으로 창의와 궁리를 함으로써 자율적으로 도전하는 기풍이 침투해 있었다. 현장의 종업원 각자가 엔지니어였고, 오로지 일에만 열중하는 '귀신'이 될 것을 기대하고 있었다고 시모가와는 지적한다.

또한 경영학자 이타미 히로유키伊丹敬之는, 개발부분을 혼다기술연구소로 분리독립시킨 일(1960년)은 세계의 어떤 자동차 메이커에도 없는 매우 유니크한 사례로 높이 평가한다. 그것으로 생산이 주主이고 개발이 종從이라는, 그런 파워관계가 생겨나기 어려워져 개발부문이 독자성을 유지할 수 있었던 점 등 개발 담당자가 전문직으로 대우받아 일에 전념할 수 있게 된 점, 이런 점들이 기술을 중시하는 혼다의 사풍을 만드는 데 크게 공헌했다. 소이치로는 기술연구소가 생긴 후부터는 매일 연구소로 출근했으며 본사에는 가지 않고 임원회에도 출석하지 않았다고 한다.

기술지향에 맞춰 능력주의나 실력주의가 채용된 점도 혼다의 특색이었다. 학력, 기술직인지 사무직인지, 직원과 공원工員, 이런 구분을 폐지한다는 의미에서 자격제도를 도입한 전문직제도가 도입되었고, 관리직과

잔다리밟아 올라온 기술자나 공원 사이의 소통이 잘 이루어지는 기업풍
토가 생겨났던 것이다. 그러나 밑에서부터 올라온 직인職人[14] 출신 기술자
는 스스로의 경험에만 고집하는 사람이 많은 법이다. '어리석은 자는 경
험에서 배우고, 현명한 자는 역사에서 배운다'는 말이 있다. 특정한 경험
으로 얻은 지식이 모든 일에 적용된다고 믿는 어리석음을 경계하고 경험
을 역사의 흐름 속에서 상대화하는 현명함을 가르치는 말일 것이다. 후지
사와는 이를 자각하여 조직 굳히기에 나섰다. 1964년 임원을 하나의 큰
사무실에서 집무하게 하는 임원실제도를 만들고, 소이치로나 후지사와만
의사를 결정하는 것이 아니라 집단사고로 아이디어가 생겨나는 체제 만
들기를 시작했으며, 4전무제를 마련하여 여기에 매니지먼트 권한의 많은
부분을 위임했다. 소이치로도 자각하고 있었는지 모르겠으나 평등한 관
계 속에 몸을 두고 같이 일하면서 후계 사장이 될 가와시마 기요시河島喜好
나 구메 다다시久米是志와 같은 기술자를 키웠다.

앞에서 소개한 공냉 대 수냉이나 CVCC 개발을 둘러싼 에피소드는 창
업자로부터 제2세대로의 바톤터치가 잘 이루어졌음을 보여주고 있다.
혼다와 후지사와는 그 창업의 재능과 함께 벤처기업을 국제적인 대기업
으로 길러낸 재능의 측면에서도 높게 평가받아야 한다.

창립 25주년에 해당하는 1973년 10월 혼다 소하치로와 후지사와 다케
오는 은퇴했다. 혼다 66세, 후지사와 62세로 대기업 최고경영자로서는
젊은 은퇴였다. 두 사람 모두 최고고문이 되었지만 그 이후 회사에 모습
을 거의 나타내지 않고 참견을 삼갔다고 한다.

---

14 원문에는 직인(職人)으로 되어 있다. 협의의 직인은 유럽 봉건사회의 길드조직에
서와 같이 견습공(apprentice)과 장인(匠人, master) 사이에 위치하는 저니맨
(journeyman) 계급을 직인이라 불렀다. 하지만 일본에서의 직인은 중세사회의 발
전과 함께 수공업자층이 전국적으로 형성된 16세기 무렵부터 수공업자를 의미하게
되었다.

혼다 소이치로의 사람됨에 대해서는 여러 가지 재미있는 에피소드가 전해지지고 있다. 소이치로를 밀착 관찰하여 그 인품을 생생하게 묘사한 시로야마의 작품을 읽으면, 소이치로가 얼마나 이례적인 사람이었는지 알 수 있다. 그 자유분방함도 틀림없이 혼다의 발전을 뒷받침한 중요한 요소였을 것이다.

가전 붐의 연출자- 마쓰시타 고노스케

마쓰시타 고노스케의 인기

마쓰시타 고노스케松下幸之助(1894~1989)는 두말 할 것 없이 근대일본을 대표하는 기업가이며 국민적 인기가 높은 기업가이다(이하, 마쓰시타 전기산업松下電器産業 등 마쓰시타 고노스케의 사업을 지칭할 경우에는 '마쓰시타', 마쓰시타 고노스케 개인을 가리킬 때는 '마쓰시타 고노스케' 혹은 '고노스케'라 표기한다).

고노스케의 인기가 높은 첫 번째 이유는 빈곤·무학력에서 경제적 성공자가 된 '이마타이코今太閤'[15] 같은 모습에 사람들이 동경하고 꿈을 느끼기 때문이다. 둘째로, 그가 만들어낸 제품이 생활의 모더니제이션 modernization에 직결되는 대중소비재였기 때문이다. 고노스케가 소재산업素財産業의 경영자였다면 일반서민에게 이렇게까지 가까운 존재가 되지는 못했을 것이다.

셋째로, 그만의 독자적인 경영사상과 근로관이 많은 경영자들의 공감을 불러 일으켜 '경영의 신'으로서 전후 일본의 기업경영에 한 좌표축을 형성한 점이다. 그리고 그의 사상이 학문이나 독서에서 나온 것이 아니

---

15 도요토미 히데요시(豊臣秀吉)가 비천한 신분에서 몸을 일으켜 결국 다이코(太閤)이 되었듯이 입신출세하여 최고권력자가 된 사람을 가리킨다.

라 차근차근 연마해온 경험 속에서 탄생하였고, 그럼에도 일반성을 가지고 있어서 많은 사람들이 공감했다. 넷째로, 마쓰시타 고노스케가 '경영의 신'으로서 경영자들에게 신봉되고 경영학자들이 관심을 갖게 된 것은, 그의 경영이념이 말로만 그치지 않고 마쓰시타의 경영전략이나 여러 경영시스템 속에 체현되었기 때문이다.

고노스케의 성장이력

마쓰시타 고노스케는 1894년 11월 27일 와카야마현和歌山県 가이소군海草郡 와사무라和佐村(현재의 와카야마시)에서 태어났다. 고노스케가 태어났을 때 대대로 명문가였던 마쓰시타가松下家는 유복한 가정이었다. 그러나 고노스케 4살 때, 아버지 마사쿠스政楠가 쌀투기에 실패하여 가산을 모두 탕진하고 만다. 때문에 초등학교를 4학년(9세)으로 중퇴하고, 오사카의 화로상점火鉢商店, 이어 오사카시大阪市 히가시구東區 사카이스지堺筋 아와지마치淡路町(현재의 중앙구)의 고다이자전거점五代自轉車店에 봉공하러 나가야 하는 처지가 되었다. 거기서 보낸 5년 4개월 정도의 뎃치봉공丁稚奉公은 센바상법[16]을 배우는 기회가 되어 무형의 자산이 되었다고 고노스케는 뒷날 회고했다. 단, 당시의 자전거점이라고 하면 외래품을 취급하는 하이컬러한 가게였으며, 고다이자전거점도 막 개업한

---

16 센바상인(船場商人)의 상법이다. 센바는 오사카 중앙구 서쪽에 있는 상업지구를 가리키는 지명이다. 센바상인의 원형을 만든 것은 도요토미 히데요시. 오사카를 상도(商都)로 하기 위해 교토로부터 후시미상인(伏見商人), 사카이로부터 사카이상인(堺商人), 가와치(河内)로부터 히라노상인(平野商人)을 불러 모은 것이 시작이다. 이 3자를 총칭하여 센바상인이라고 한다. 메인 상품은 후시미계가 섬유, 사카이와 히라노계는 약품 등이었다. 이 시대부터 쇼와 초기에 이르기까지 상점가를 뒷받침하고 있던 것이 뎃치봉공제도로, 엄격한 수업과 독립 또는 노렌와케(暖簾分け)라는 시스템이 활력의 원천이었다. "고객을 무엇보다 소중하게 대한다", "타인에게 의지하지 않고 스스로 한다", "역경에 굴하지 않는다" 등의 기풍은 센바상법으로 불린다. 월간 Web Magazine 기초지식 https://www.jiyu.co.jp/GN/cdv/backnumber/200306/topics01/topic01_03.html.

마쓰시타 고노스케(松下幸之助, 1894~1989)

1대에서 창업, 가전제품으로 '내셔널' 브랜드를 세계에 정착시켰다. 전후, 공직에서 추방되지만 1947년 추방 해제되었다. 본업의 확대, 발전 이외에도, PHP운동의 제창이나 마쓰시타정경숙(松下政經塾)의 창설 등 에피소드도 부족함이 없다. 이 사진은 1970년 11월에 찍은 것이다. (松下電氣産業 제공)

상태였다. 그 지역적 기질에서나 고객들로부터 센바상법을 배운 것은 사실이겠으나, 거기에 플러스 알파도 있지 않았을까 하는 상상도 가능하다.

　주인인 고다이 부부에게 귀여움을 받아 고노스케로서는 불만이 있을 리 없었지만, 시영전차市電가 개통되고(1909년), 전등이 빛나는 오사카 거리의 변화를 목도하고, 전기의 시대가 도래할 것으로 예감한 고노스케는 고다이자전거점을 뛰쳐나와 오사카전등회사大阪電燈會社에 일자리를 구했다. 사쿠라시멘트라는 회사에 임시고용인이 되었다가 1910년 10월, 15세 나이에 고노스케는 오사카전등의 내선內線 견습공에 채용되었다. 근면했던 모양이다. 이듬해 1월에는 최연소로 내선 담당자가 되었고 1917년에는 검사원으로 승진했다. 일급제日給制 직공 중 하나에 불과했으나 학력이 없는 고노스케에게 있어 사소하지만 출세는 출세였다.

　그러나 수개월 만에 고노스케는 독립해 자영하기로 결심했다. 그 동기로 여러 이유가 언급되는데, 가장 중요한 이유는 고심해서 만든 개량 소켓

이 상사의 눈길조차 받지 못한 것에 분개한 일이다. 이 일을 계기로 직접 자신의 회사를 세워 제조 판매하겠다는 결심을 하게 되었다고 전해진다.

독립창업

회사를 그만둔 고노스케는 1917년 6월, 자금 약 95엔을 밑천으로 히가시나리군東成郡 이카이노猪飼野(현재의 이쿠노구生野區)에서 집을 빌려 개량 소켓 생산을 시작했다. 일하는 사람은 고노스케와 아내, 처남(후일 산요전기三洋電機 창립자 이우에 토시오井植歳男), 거기에 회사 다닐 때의 동료 2명이었다. 그러나 소켓의 재료가 되는 연물練物[17]의 조제법도 모르고 시작한 사업이었고 완성해도 이번에는 팔 곳이 없었다.

그러나 뜻밖의 행운이 찾아왔다. 연말에 선풍기 메이커로부터 고노스케가 연물을 만들고 있다는 것을 알고 애자판碍盤 1,000장의 주문이 들어온 것이다. 생각지도 못한 주문으로 약간의 자금도 생겼다. 이듬해 1918년 고노스케는 오사카시 기타쿠北區 니시노다西野田 오비라키초大開町(현재의 후쿠시마구福島區)에 마쓰시타전기기구제작소松下電氣器具製作所 간판을 내걸고 마을공장町工場을 만들었다. 처음으로 만든 것은 배선기구인 어태치먼트 플러그와 최초의 실용신안을 따낸 쌍등용 삽입 플러그(쌍가지소켓)였다. 당시의 전등요금은 대부분 정액제로 소켓 1개당 요금이 적용되고 있었다. 때문에 하나의 소켓을 두 갈래로 만들어 사용하면 이득이었다. 또한 어태치먼트 플러그는 오래된 전구의 꼭지쇠口金를 이용하여 만들었으므로 시가보다 30퍼센트 정도 저렴했다. 이렇게 해서 창업

---

17 당시에는 애자판(碍盤)이나 소켓에는 아스팔트, 석면(石綿), 돌가루(石粉) 등을 혼합하여 만드는 이른바 연물(練物)이 재료로서 사용되고 있었다. 당시에는 이 조제법이 비밀이어서 한정된 사람들에게만 가르쳐 주었다고 한다. 松下幸之助.com 홈페이지. https://konosuke-matsushita.com/column/16.php.

후 4년 남짓으로 종업원 40명을 거느리는 중소기업이 되었다. 그 후에도 고노스케는 차례로 아이디어 풍부한 제품을 만들어 냈다.

포탄형 자전거램프(1923년)는 자전거점에서의 봉공경험을 살려 고안한 것이었는데, 결과적으로 창업기의 마쓰시타를 비약시킨 상품이 되었다. 당시 자전거용 램프로 나오기 시작한 전지식 램프는 전지의 수명이 3시간 정도로 실용성이 부족했다. 마쓰시타는 고심 끝에 30시간~40시간이나 연속으로 점등할 수 있는 램프를 고안해 대히트를 쳤다. 각형角型 전지램프(1927년)는 가정용으로, 처음으로 '내셔널'이란 상표를 붙여 판 것이다. 이것도 폭발적으로 팔려 마쓰시타의 매출 증가에 크게 공헌했다. 1927년, 고노스케는 전열부電熱部를 신설하고 관동대지진 후 인기가 높아지고 있었음에도 비싸서 일반서민이 손댈 수 없었던 다리미를 저렴한 가격으로 만들 것을 지시, 그 결과 생산·발매된 것이 슈퍼아이론이었다. 전열부에서는 이 밖에도 전기 스토브, 전기 고타쓰도 발매했다.

일본에서 라디오 방송이 시작된 것은 1915년인데 NHK 가입세대는 급증해 1920년에 66만 세대로 늘어나 있었다. 이와 함께 진공관 라디오가 보급되었다. 이를 배경으로 마쓰시타는 라디오 제조에 진출할 것을 결의하지만 전문기술자를 보유하고 있지 않았다. 결국 1920년 기존의 세트 메이커[18]와 제휴하여 여기에서 라디오 제조를 개시했다. 그러나 이 라디오에 대해 클레임이 속출했다. 판매방법과 라디오의 설계방침을 두고 제휴처와의 사이에 의견이 맞지 않아 이듬해 마쓰시타는 제휴회사를 매수할 수밖에 없었다.

라디오 공장을 직영하게 되었지만, 당시 마쓰시타에게는 라디오 전문

---

18 원래 정의는 제조업에 있어서 피라미드의 정점에 위치하여 하청 계열기업으로부터 부품을 조달하여 조립한 후, 자사 브랜드 제품으로 출하하는 메이커를 말한다. https://p-compass.com/セットメーカの定意と責任/.

기술자가 없었고, 게다가 전 제휴처의 기술자들도 모두 떠나갔다. 그러나 고노스케는 아마추어였던 당시 연구부 주임 나카오 데쓰지로中尾哲二郎(후일 마쓰시타전산松下電産 부사장)에게 개발을 지시했다. 나카오는 3개월 만에 삼구식三球式 라디오를 만들었다. 이 라디오는 그해 NHK가 개최한 라디오 콩쿨에서 1등에 당선될 정도로 상당히 잘 만들어진 것이었다. 하지만 당시 다른 세트 메이커의 라디오가 25~30엔이었던 것에 대해 마쓰시타는 신형 라디오에 45엔의 가격을 붙여 팔았다. 당연히 대리점은 반발했다. 그러나 고노스케는 코스트에 상응하는 적정가격을 붙여 적정이윤을 얻는 것이야 말로 메이커와 판매 측의 공존공영이 가능하고, 업계도 발전할 수 있는 길이라고 대리점을 설득했다.

또한 라디오에 관해 살펴보면 이 당시 라디오 중요 부분에 대한 특허를 어떤 발명가가 소유하고 있어서 셋트 메이커의 경우 이 특허를 구입하지 않으면 제조할 수 없었다. 이 난관이 라디오의 보급을 저해한다고 본 고노스케는 1932년 이 특허를 매수한 후 같은 업종의 타사에도 무상으로 개방했다.

마쓰시타의 각형角型 전지램프는 1930년에는 한달 생산량 10만개를 넘어 회사의 주요 제품이 되어 있었으나 하나의 난관이 있었다. 그것은 건전지의 공급이었다. 그래서 1931년 오사카의 고모리공장小森工場을 전속하청공장으로 하고, 이어서 이 공장을 매수하여 직영공장으로 삼았다. 고노스케는 진두에서 지휘하며 이 공장의 합리화를 추진, 건전지의 가격 인하를 실현했다. 내셔널 램프는 이를 통해 더욱 경쟁력을 갖추게 되었다.

이렇게 마쓰시타의 사업내용은 쇼와공황이 한창일 때에도 발전하여 1933년에는 종업원 1,500명을 넘겼다. 오비라키초大開町에서는 조금씩 인접한 토지를 사들여 공장을 증축했음에도 점점 비좁아졌다. 이에 고노스케는 1932년에 구입해 둔 기타카와치군北河内郡 가도마무라門真村(현재의 가도마시(門眞市)의 토지로 본점과 공장을 이전하기로 결심하고, 1933년 7월부터 이곳으로 이전했다. 이후 가도마가 마쓰시타의 본거지가 된다.

발 빠른 사업부제의 도입

1933년 5월에는 마쓰시타에서는 사업부제 조직이 도입되었다. 제1사업부가 라디오, 제2사업부가 램프와 건전지, 제3사업부는 배선기구와 전열기기를 각각 제조·판매하는 조직구성이다. 이듬해인 1934년 3월에는 전열기기를 담당하는 제4사업부를 설치했다. 1935년 9월에는 이 4개의 사업부 위에 마쓰시타 전체의 참모본부격 기관인 본점사업부가 설치되었다.

이 이후 여러 가지로 형태는 변하지만 마쓰시타에서는 분권적 관리가 조직관리의 기본사상이 되었다. 사업부제 채용은 일본 최초의 시도였는데, 세계적으로 보더라도 듀폰Du Pont과 GM이 이를 채용한 것이 1920년대, 전기電機 메이커로는 웨스팅 하우스가 1930년대였다. 세계적인 흐름을 보더라도 마쓰시타의 사업부 채용 시기는 상당히 빠른 것이다.

당시의 마쓰시타의 기업규모를 감안하면 직능별 조직으로 대응할 수 있었을 것 같은데, 왜 사업부제가 채용되었을까? 그 이유 중 첫째는 제품별로 각각 연구·제조·판매에 요구되는 지식이나 기술이 다르기 때문에 저마다 전문 분화하여 담당하는 것이 좋다는 생각에 기인한다. 둘째, 수지는 제품별로 혹은 적어도 사업부별로 맞춰야 하고 제품별로 각 사업의 담당자가 그 책임을 져야 한다는 생각에 기인한다. 고노스케는 모든 상품이 적정이윤을 벌어들어야 하는데, 어떤 사업부의 이익으로 다른 사업부의 적자를 메우는 것은 회사 내부에 서로 의지하는 경향을 낳게 되고 각 부문의 창의성과 노력을 꺾는다고 생각했다. 셋째, 이와 같이 사업부가 자리매김하는 이상, 사업부 책임자에게는 폭 넓은 권한이 주어짐과 동시에 책임도 부과되기 때문에 이를 통해서 인재를, 특히 경영자를 양성할 수 있다는 생각에서 비롯되었다.

이처럼 사업부제의 채용은 전문세분화, 적정이윤의 확보, 인재육성이라는 고노스케의 경영사상과 밀접하게 연결되어 있었다.

마쓰시타에서는 그 후 1934년에서 1935년까지 소형 모터, 전기담요, 전기화로, 전기족온기足溫器, 전기제빵기, 전기커피포트 등이 잇달아 제조·발매되었다. 1935년이 되면, 점원 585명, 공원工員 2,960명, 합계 3,545명, 매출고 887만 엔을 올리는 대기업이 되어 있었다.

이렇게 하여 1935년 12월 마쓰시타전기제작소는 자본금 1,000만 엔(불입자본금은 300만 엔)의 마쓰시타전기산업주식회사로 개조되었다. 동시에 지금까지의 사업부는 '마쓰시타무선', '마쓰시타건전지', '마쓰시타전기電器', '마쓰시타전열電熱', '마쓰시타금속', '마쓰시타전기직매電器直賣'의 6개 분사分社(자회사)로 분리되었고, 종래 마쓰시타전기제작소의 일부 조직도 '일본전기무역日本電器貿易', '마쓰시타전기무역', '마쓰와전기상사松和電器商社'의 세 분사로 독립했다. 그리고 마쓰시타전기산업 본사는 인사와 경리 면에서 각 분사를 총괄하는 지주회사가 되었다. 분사는 사실상 사업부와 같이 운영되고 있었기 때문에 분사제分社制는 사업부제의 목적을 보다 철저하게 만드는 것이었다고 시모타니 마사히로下谷政弘는 지적하고 있다(「一九三〇年代<松下産業團>の形成過程」).

판매제도의 혁신과 전시하의 전개

주식회사로의 개조와 함께 판매제도에서도 마쓰시타는 쇄신을 단행했다. 연맹점제도라 불리는 것이 그것이다. 이는 각지의 대리점을 중심으로 그 주변에 있는 소매점을 각 대리점의 계열점으로 하고, 대리점에서 물건을 들여온 경우 소매점의 매입액에 대응하여 감사배당금을 주는 제도이다. 마쓰시타에서는 연맹점에 유리로 만들어진 모던한 표식간판을 제공하는 등 각종 세일즈 프로모션을 실시하여 연맹점을 지원하기로 했다.

당시에는 메이커가 소매가격에 개입하는 관행이 없었다. 따라서 시장에서 경쟁이 격화되면 도매점問屋과 소매점 사이에서 투매가 발생, 마쓰시타의 제품도 유통말단에서는 가격이 폭락했다. 메이커 대리점-소매점의 계열화를 통해 유통을 컨트롤하여 마쓰시타가 설정한 '정가'를 유지하는 것, 이것이 마쓰시타 뿐 아니라 대리점과 소매점 나아가 내셔널의 상표를 믿고 구입하는 소비자의 이익으로 이어진다는 것이 고노스케의 발상이었다.

이 연맹점제도는 오사카에서 시작되었지만 마침내 전국으로 퍼져 '판매의 마쓰시타'라 불리는 마쓰시타 판매제도의 기초가 되어 간다.

1937년 중일전쟁이 시작되고 그때부터 전시경제체제가 진행되는 상황 속에서, 마쓰시타도 군수생산에 관여하지 않을 수 없게 되었다. 1938년에 육군으로부터 보탄판保彈子[19](기관총에 탄환을 보급하는 장치의 일부분)을 수주한 것을 시작으로 군사용 건전지, 군사용 무선기 등을 주문 받았고, 1943년에는 조선이나 항공기 제조도 요청받아 마쓰시타조선松下造船과 마쓰시타항공기라는 회사도 설립되었다. 전쟁말기에는 마쓰시타 그룹 중 7개 회사가 군수회사로 지정받았다.

고노스케는 군수생산을 행하면서 당연히 보국의 정신을 명확히 하고 있었지만, 동시에 '평화사업의 중요성'과 '사업활동의 경제성'을 중시했다. 이 또한 이 시대의 풍조 속에서는 주목해야 할 것이다.

---

19 보탄판(保彈板, Portative strips)은 프랑스의 호치키스 기관총, 일본의 3년식 기관총과 92식 중기관총 등에 쓰인 탄띠, 혹은 탄 클립의 일종. 개방 노리쇠 방식 기관총에서 주로 사용된 물건으로, 탄띠와 마찬가지로 연발 사격을 위해 만들어진 탄 공급 보조 도구다.

전후 재출발

1945년 8월 15일 전쟁이 끝나자, 고노스케는 즉시 평화산업으로의 전환을 표명, 다음해 초까지는 각종 가정전기제품家庭電氣製品을 시장에 공급할 체제를 갖추었다. 그러나 1946년이 되자 마쓰시타는 제한회사[20], 재벌가족, 배상공장賠償工場[21], 공직추방, 지주회사로 각각 지정되었고, 군수보상軍需補償[22] 중지 조치를 받았다. 또한 1947년에는 집중배제법의 적용회사가 되었다.

마쓰시타가松下家가 재벌가족으로 지정된 것은 일반인들에게도 의외의 일로 받아들여졌다. 고노스케는 이를 부당하다며 GHQ에 50여 차례에 걸쳐 찾아가 탄원했고, 또한 공직추방에 대해서는 마쓰시타전기 노조(1946년 1월 결성)의 사장추방제외 탄원운동도 있어서 1947년 5월까지 해제되었다.

---

20 제2차 세계대전 후 재벌해체의 일환으로 사업의 양도나 재산의 매각 증여 등에 대한 권리의 이전 등에 제한이 부과된, 자본금 500만 엔 이상의 회사 및 대장대신이 지정한 회사이다. 1951년 7월까지 해제된다.

21 제2차 세계대전 후 일본의 배상에 대한 연합국의 입장은 포츠담선언(1945.7)에 나타나 있듯이, 경제의 비군사화를 엄격하게 관철시키는 데 있었다. 구체적으로는 1945년 12월 'Pauley중간배상계획안'이나 1946년 11월의 'Pauley최종보고'에서 언급하고 있는데, 일본의 생산력을 1931년 수준으로 평가절하하고, 1,000공장을 배상공장(賠償工場)으로 철거하는 것이었다. 그러나 미국과 소련의 대립이 표면화하면서 미국의 대일정책에 변화가 나타나, 1947년 4월에는 소련, 프랑스 등의 반대에도 불구하고 연합국최고사령부(GHQ)의 긴급명령으로 중간배상의 지정공장 1,000공장의 30퍼센트를 철거하여 중국 15퍼센트, 필리핀, 네덜란드, 영국에 각각 5퍼센트씩 인도하는 조치를 강행했다. 또한 1949년 5월에는 남은 중간배상의 철거 중지를 일방적으로 성명했다.

22 제2차 세계대전 중에 일본정부가 군수회사법, 병기등제조사업특별조성법, 방공법, 전시손해특별보험법 기타 국가총동원법에 기초한 공장사업장관리령 등의 법령들에 의해 군수회사의 손실에 대한 보상을 공약한 것에 대한 보상이다. 전후에 보상을 중지하자는 논의가 일었으나, 정부는 공약의 실행과 군수회사의 민수 전환 촉진 등의 이유에서 보상실행을 원칙으로 고수했다. 그러나 연합군총사령부의 방침 등으로 1946년에 전시보상특별조치법을 제정하여 보상에 해당하는 액수만큼의 과세를 통해 이를 중지했다.

그러나 다른 제한조건은 아직 남아있었다. 따라서 마쓰시타의 경영은 다양한 제약을 받았다. 1948년에는 종업원의 급여나 상여금 지불도 어려운 상황이었다. 1949년에는 종업원 수도 반감하여 3,500명이 되었다. 고노스케 자신도 자산이 동결되어 있어서 1949년에는 일본 제일의 물품세 체납자로 보도되는 등 곤경에 처했다.

사업은 1950년이 되어서야 겨우 호전되었다. 때마침 한국전쟁 특수 붐이 일어나 마쓰시타도 흑자로 돌아섰다. 여러 제한도 해제되었다. 그해 7월 고노스케는 긴급경영방침발표회를 열어 온 힘을 다해 회사경영에 매진하겠다고 선언했다. 11월 말 결산에서는 전후 처음으로 주식배당이 이루어졌다.

이때부터 가전 메이커로서 마쓰시타는 눈부신 약진을 이루었는데, 그 프로세스에 관해서는 생략할 수밖에 없다. 다음 〈표 5-1〉에 하시모토 주로橋本壽朗와 니시노 하지메西野肇가 작성한 마쓰시타의 주요 제품에 관한 연표를 게재하니 이를 통해 사업전개의 개요를 파악하기를 바란다.

필립스와의 제휴

재건의 발판을 마련한 1950년 1월, 고노스케는 미국으로 건너갔다. 목적은 미국으로 수출할 수 있을지, 해외에서 입수해야 할 것은 무엇인지, 미국의 기업이 고수익을 올리는 이유는 무엇인지 조사하는 것이었다. 그해 10월 고노스케는 재차 구미로 떠난다. 이번 구미의 산업사찰은 특히 기술 제휴처를 찾는 것에 목적이 있었다. 일본의 전기산업電機産業은 급격한 발전을 이루고자 했으나 적지 않은 기술이 구미에 비해 뒤쳐져 있었다. 마쓰시타는 특히 진공관 기술의 낙후가 두드러졌다. 호조를 보이는 라디오의 판매상황, 그리고 가까운 장래에 TV 생산으로 진출할 것을 생각하면, 구미 선진기술의 도입이 급선무였다.

〈표 5-1〉 마쓰시타의 주요 제품 발매연도(1950~1973년)

연도	영상 · 음향 · 무선	가사 · 조리 · 주방 등	공조 · 난방 · 급수
1950	• '카라디오' 횡다이얼식		• 천장선풍기(실링팬)
1951		• '세탁기' 원형교반식	
1952	• '텔레비전' 진공관식 흑백 • 포터블 라디오	• '회전조리기기' 믹서 • 자전거	
1953		• '냉장고' 1도어	• 스탠드 선풍기
1954		• 분류식 세탁기 • '청소기' 소형 핸드크 리너 • 스팀다리미 • '밥솥' 경편형 • 환기팬	
1955		• 팝업식 2연식 토스터기	• '급배수기기' 홈 펌프
1956	• 무선마이크	• 업라이트식 청소기 • 자동전기밥솥 • 주스기 • 전기모포	
1957	• FM라디오 • 트랜지스터라디오 • '녹음기' 업무용 Hi-Fi형	• '가스기기' 자동가스 풍로 • 실린더형 청소기	
1958	• 가정용 릴식 테이프레코더 • 앙상블형 스테레오		• 홈 고타쓰 • '에어컨' 룸 쿨러 • 가스 스토브
1959	• 포켓형 보청기	• 전기 연필깎이	• 워터 쿨러
1960	• 트랜지스터 흑백텔레비전 • 진공광식 컬러텔레비전	• 2조식(槽式) 세탁기 • '건조기' 의류건조기 • 식기세척기	• 적외선 홈 고타쓰 • 패키지에어컨
1961		• 헤어세트 • 전기잔디깎이	• 냉난방에어컨 • '석유기기' 석유스 토브
1962	• 전(全)트랜지스터식 보청기	• '주방기' 싱크대 • 자동가스밥솥 • 오픈토스터기	

		• 1도어 냉동냉장고 • 바지 프레서 (바지주름 펴고 세우는 기구)	• '공기세정기' 가정용 • 순간탕비기(온수기)
1963	• 전자오르간	• '전자렌지' 업무용 • 홈 목공세트	
1964	• 'VTR'업무용 흑백 릴식		• 전기카페트 • 전기온수기
1965		• 전자동세탁기	• 세퍼레이트 에어컨
1966	• 가정용VTR • 카세트식 테이프레코더	• 가정용 전자레인지	
1967	• 카스테레오 • 라디오카세트	• 주스믹서기	
1968		• 분무기	
1969	• 트랜지스터 칼라텔레비전	• 2도어 냉장고	• 가스급탕난방기 • 정수기
1970	• 칼라VTR	• 압력솥 • 떡치는기구	• 자동차쿨러
1971		• 식기건조기	
1972			• 가스FF식 온풍난방기
1973	• 가정용 컬러VTR	• 가정용 대형냉장고	

출처 : 橋本壽朗 · 西野肇, 『松下幸之助論』

구미 여행 중 각국의 유력 전기 메이커를 시찰하며 남모르게 제휴처를 모색하던 고노스케는 네덜란드의 필립스사에 특히 주목했다. 필립스는 창업 60년의 역사를 가졌고 당시 종업원 7만 5천 명(마쓰시타는 당시 약 6천 명)을 거느린 세계적 전기電機 메이커였다. 그러나 필립스가문에 의해 경영되고 있다는 점, 무자원국가인 네덜란드를 본거지로 삼고 있는 점 등 마쓰시타에게는 상통하는 점이 있었다.

1952년부터 양사의 제휴교섭이 시작되었다. 필립스사는 마쓰시타의 경영을 면밀히 조사하여 제휴에 적극적인 자세를 보였으나 엄격한 제휴 조건을 제시해 왔다. 필립스사가 당초 제시한 조건은 마쓰시타와 필립스사가 합작으로 회사를 설립한다, 그 자본금의 70퍼센트를 마쓰시타가, 30퍼센트를 필립스사가 부담한다, 별도로 필립스사가 기술지도료 명목으로 매출의 7퍼센트를 받는다, 등이었다. 고노스케는 기술지도료 7퍼센트는 국제표준에서 볼 때 비싸다고 느꼈다.

교섭은 거의 좌초될 뻔했으나 고노스케는 여기서 반격할 작전을 생각해냈다. 그것은 설립하는 자회사가 기술을 제공하는 한쪽 모회사(필립스사)에 지도료를 지불하는 것이라면, 경영을 지도하는 다른 한쪽의 모회사(마쓰시타)에게도 지도료를 지불해야 한다고 제안하는 것이었다. 교섭은 난항을 겪었으나 마쓰시타의 오른팔이라 불린 다카하시 아라타로高橋荒太郎의 끈질긴 현지 교섭의 결과, 상대편도 한발 물러나 최종적으로는 필립스가 기술지도료 4.5퍼센트를, 마쓰시타가 경영지도료 3퍼센트를 받는 것으로 결론이 났다.

제휴계약은 1952년 10월에 체결되어 마쓰시타 70퍼센트, 필립스 30퍼센트의 출자비율로 자본금 6억 6천만 엔의 마쓰시타전자공업이 설립되었다. 기술제휴의 대상은 전구, 형광등, 전자관電子管으로 정해졌다. 이 제휴는 마쓰시타의 전자기술을 현저하게 끌어올려 가전 종합메이커로서 마쓰시타가 약진하는 결정적 계기가 되었다.

TV생산에의 참여

마쓰시타의 TV사업 진출의 프로세스에 대해, 하세가와 신長谷川信의 연구를 통해 검토해 보자(「기술의 도입에서 정착과 개발로技術の導入から定着・開発へ」). 마쓰시타의 경우 전시 중에 TV수상기 연구를 시작했는데 전후의 연구 재개는 일본빅터나 도시바東芝보다 늦어 1951년부터였다.

당초 브라운관은 내외의 타사 제품을 구입하고 진공관은 자사 제품을 사용할 계획하에 이듬해에는 시제품을 완성하고, 라디오 공장 내에 텔레비전부가 신설되었다. 1952년에 필립스사와 체결한 제휴 내용에는 TV용 수신관 제조는 포함되어 있었지만 수상기 기술은 대상에 없었다. 그러나 제휴가 시작되자 마쓰시타전자공업에서는 필립스의 기술원조를 받아 TV의 연구개발이 이루어졌고, 그 결과 1954년 8월에 14T-549라는 14인치형 신제품이 탄생하여 발매되었다. 마쓰시타(마쓰시타전자공업)는 당초 필립스사식 설계도를 제공받았으나 미국식이나 국내 타사의 방식, NHK 방식 등을 비교 검토하여 미국식과 필립스사식의 장점을 조합한 설계로 변경했다. 필립스사식 쪽이 재료비가 저렴했지만 일본의 TV방송기술이나 사용환경과의 정합성을 고려하여 내려진 판단이었다. 독자적인 신제품을 낼 수 있는 능력을 마쓰시타의 설계 기술자가 가지고 있었음을 의미한다.

한편 전자관電子管 양산에 대해서는 필립스사의 기술력에 전면적으로 의존하는 형태로 개선이 진행되었다. 후발 전자관 메이커였던 마쓰시타는 이를 통해 단기간에 도시바나 일본전기 등의 선발 메이커를 따라잡을 수 있었다.

1954년, 마쓰시타가 14인치 TV를 발매한 해, 시장의 TV 판매 점유율에서 마쓰시타는 저가전략을 취한 하야카와전기早川電機, 고성능·고가 전략을 취한 도시바에 이어 3위였다. 1955~58년에는 마쓰시타가 2위가 되었고, 1955~56년은 하야카와가, 1957~58년에는 도시바가 1위를 차지했다. 그리고 1959년, 마쓰시타는 1위로 도약했다. 그때부터 마쓰시타는 그 지위를 계속 유지했다. 하세가와는 1959년 이후 마쓰시타가 경쟁우위를 확립한 데는 다음의 네 가지 요인이 있었다고 한다. 첫째, 미국식과 필립스사식을 절충한 마쓰시타의 제품이 미국식 설계를 채택한 도시바보다 높은 가격경쟁력을 갖게 되었다는 설계 기술상의 요인이다. 둘째, 마쓰시타의 신제품 개발 속도가 빨랐던 점이다. TV의 보급률이 급속도로 상승한 이 시대에 각 회사는 앞 다투어 신제품을 내놓았고, 소비자도 최신제품을 추구했다. 마쓰시타는 신제품의 단기개발을 통해 시장의 변화에 재빠르게 대응한 것이다. 셋째, 마쓰시타가 양산체제를 위한 설비투자를 적절한 타이밍에 실시한 점이다. 넷째, 경영자의 의사결정과 조직에 관계된 문제이다. 마쓰시타에서는 1953년에 라디오 사업부에서 TV사업부를 독립시키고 고노스케가 직접 그 사업부장을 겸임했다. 이를 통해 과단성 있게 TV사업에 전념할 수 있는 체제를 마련했다.

판매의 마쓰시타

마쓰시타의 판매는 전전戰前부터 마쓰시타의 전국 영업소나 출장소에서 도매업자인 대리점에 공급하고, 대리점이 각 지역의 소매점에 판매하는 방식으로 이루어졌다. 1935년에 발족한 연맹점제도는 이 소매점을 계열화하기 위한 제도로, 일시 중단되었다가 1949년에 부활했다. 연맹점이 판매한 제품에 대해 실적 점수 등을 기록한 공익권共益券을 마쓰시타에 보내면, 그 반송 실적에 따라서 판매장려금을 받을 수 있었다. 그리고 그때 매입처의 상호를 기입하도록 되어 있어서 이를 통해 마쓰시타는 상품의 흐름을 파악할 수 있었다. 또한 1951년부터는 유력 판매점의 친목과 판매 연구를 목적으로 각 대리점 지역에 '내셔널회'가 설치되었다. 이 '내셔널회'는 1957년부터 일정 판매실적을 가진 연맹점만으로 조직되는 '내셔널점회'로 개편되었다.

1957년에는 '숍점shop/店' 제도를 도입했다. 1950년대 후반에 냉장고, 세탁기, TV 등 대형 고액 가전제품이 등장하면서 자금력이 부족한 점포를 판매채널로 기대할 수 없었기 때문이다. 종합연맹점 중에서 판매력이 있고 마쓰시타 제품의 전매도가 높은 가게를 '숍점'으로 지정한 것이다. 이렇게 해서 소매점은 점차 일반소매점, 종합연맹점, 숍점과 같이 복수의 계층으로 구분되었고, 저마다 다른 판매지원 정책이 이루어졌다. 연맹점의 수는 1949년에는 6,000점 정도였으나, 1965년에는 3만~4만 점에 달했다. 그 중에서 숍점은 1965년에 6,322점이었다.

한편 도매 단계에 대해서는 1950년부터 판매회사(이하 판사販社)를 설립했다. 판사販社라는 것은 복수의 대리점과 마쓰시타의 공동출자로 만들어지고, 임원도 마쓰시타에서 파견되었으며, 마쓰시타 제품을 전매하는 것으로 되어 있었다. 1957년부터는 이 판사제도가 전국적으로 확대되어 1964년에는 그 수가 221사에 달했다.

이렇게 하여 판사 혹은 대리점-연맹점이라는 수직적 계열의 유통조직이 점차 구축되었는데, 마쓰시타의 경우 이러한 계열점 수가 많았던 것이 하나의 큰 특징이었고, 그것이 마쓰시타의 판매상 경쟁력의 큰 원천이 되었다(孫一善, 「高度成長期における流通系列化」).

아타미회담

이상과 같은 경위를 통해 마쓰시타는 고도성장시대 내내 눈부신 약진을 이루었다. 1950년에 25억 엔에 불과했던 매출은 1964년에 2,204억 엔을 기록, 일본의 제조업 기업 중 제6위가 되었다. 매기 거의 10퍼센트 이상의 매상고이익률을 확보하였고, 증권시장에서 굴지의 우량주로 계속 평가받았다.

마쓰시타 고노스케는 1961년, 사위 마쓰시타 마사하루松下正治에게 사장을 물려주고 회장이 되었다. 그 이후에는 일상적 업무에서는 한발 물러나 마쓰시타를 대표하는 섭외업무나 강연활동, 공공봉사적 일에 시간을 할애했다.

그러나 1964년, 이 해는 고도경제성장이 조정국면을 맞이한 해였는데[23], 마쓰시타의 업적도 감수감익減收減益 상태가 되었다. 특히 계열판매회사의 업적은 심각했다. 1964년에 매출 2,000억 엔이었던 것에 대해 판매점에 대한 외상 매출금과 수취 어음의 합계가 1,000억 엔에 달했다(야마자키 다카시山崎孝, '순수한 마음과 끊임없는 정열素直な心と絶えない情熱'. 야마자키는 전 마쓰시타전산 상무로, 아타미회담 때에는 시즈오카영업소장이었다).

이를 비상시라고 판단한 고노스케는 1964년 7월, 아타미熱海에 계열판매회사와 대리점의 대표를 소집하여 간담회를 개최한다. 모두에게 고노스케는 "판사販社, 대리점이 어떤 이유로 부진에 빠졌는지, 마쓰시타에 대해서 어떠한 비판, 불만이 있는지 숨김없이 말해 주기를 바란다. 결론이 날 때까지 3일이건 4일이건 이 간담회를 계속한다"고 발언

23 원문에 나오는 '고도성장의 오도리바(踊り場)'라는 것은 1961~65년 사이에 일어난 경기의 조정국면을 가리킨다. 1961년에 접어들면, 국제수지의 급속한 악화에 따른 금융긴축이나 '국제수지개선대책'을 계기로 하여 1961년 12월 피크를 기록했던 경기는 후퇴국면에 들어갔다. 단, 이때의 경기조정은 생산 저하, 도매물가 하락, 고용 정체와 같은 면에서는 소폭이면서 완만했다. 도쿄올림픽이 개최된 1964년 10월까지는 금융긴축에도 불구하고 활발한 건설업의 영향으로 경기확대가 계속되었지만 하반기에는 다시 후퇴국면으로 전환했다. '올림픽경기'라 불린 경기 상승기는 24개월로 짧았다. 한편, 대기업의 설비자금 수요가 적은 상황에서 1963년에 보인 통화량의 증대는 중소기업이나 유통부문의 투자확대를 뒷받침했다. 유통부문에서 대형슈퍼마켓의 체인화가 본격화했고, 중소슈퍼마켓의 설립도 증가하여 '유통혁명'이라 불린 것도 이 무렵이었다. 1960년대 전반은 지금까지 대기업 중심이었던 기술혁신이나 근대화가 중소기업이나 유통부문에도 파급되어 간 시기이기도 했다. 동시에 1961~1962년의 경기조정기에 발생한 기업 간 신용의 증대, 중소기업의 도산 증대, 주가 하락, 기업이윤의 저하 등은 1963년의 짧은 경기회복기에 이렇다 할 개선 없이 연기되었다. 그것이 1964년 하반기부터의 경기후퇴에 심각한 기업의 정리 · 청산을 동반했다. 소위 '(쇼와)40년 불황'으로 이어지게 된다. '40년불황'에서는 기업파탄이 대기업과 금융기관에도 미쳐 주가도 급락하여 증권시장에서 금융시장 전체에 관계된 신용불안으로 확산되는 양상을 보였다. 그러나 현실에서는 '40년불황'은 1965년 10월에 바닥을 치고 전후 최장의 '이자나기경기'로 이어지게 된다. 土志田征一, 『經濟白書で読む戰後日本の歩み』, 有斐閣, 2001年 참조.

했다.

생각한 대로라고 해야 하나, 예상 이상이라고 해야 하나, 판사와 대리점들로부터 마쓰시타에 대한 고충과 불만이 속출했다. "마쓰시타의 상품은 (품질이) 나쁘다", "가격이 비싸다", "마쓰시타만 돈을 번다" 등 고노스케는 이것에 하나하나 반론하며 판매점 측의 노력도 호소했다. 그러나 비판은 에스컬레이트하여 멈출 줄을 몰랐다. 이렇게 논의가 평행선을 달리며 간담회는 3일차 아침을 맞이했다. 그러나 3일 내내 판사와 대리점이 호소한 어려운 상황은 고노스케의 예상을 훨씬 넘어서는 것이었다. 고노스케는 새삼 아연실색할 수밖에 없었다. 고노스케는 발언했다. "판사와 대리점이 곤경에 처한 원인은 모두 마쓰시타에 있습니다. 마음 속 깊이 사죄합니다. 이러한 곤경은 반년이나 일 년으로는 고쳐지지 않습니다. 3년 동안 마쓰시타의 이익이 없어도 좋습니다. 같이 해 나갑시다".

이렇게 회의는 끝났다. 고노스케도 판매점 대표자도 감격의 눈물을 흘리며 흐느꼈다. 회의장은 감동에 휩싸였다고 한다. 이는 일종의 김 빼기 작전이었을지도 모른다. 고노스케 일류의 연기였다고 말하는 사람도 있을지 모르겠다. 그러나 그것으로 끝난 것이 아니었다. 고노스케는 마음 속 깊이 결의한 개혁을 실천으로 옮겼기 때문이다.

현장 제1선으로 복귀

1964년 8월 1일 고노스케는 회장직을 유지한 채로 영업본부장대리를 겸무하겠다고 선언했다. 그리고 개혁에 착수했다. 판매제도에 대해서는 65년에 다음과 같은 개혁을 단행했다. 종래부터 판사나 대리점은 각자 정해진 구역에서 영업하는 것으로 되어 있었는데, 실제로는 지켜지지 않아 같은 마쓰시타계열점 사이에서 경쟁이 일어나고 있었다. 이 폐해를 배제하기 위하여 1지구1판매회사제가 도입되었다. 둘째, 지금까지 판사

나 대리점 사이의 거래에는 영업본부나 영업소가 담당하고 있던 것을 사업부와 판사가 직거래하도록 개선하였다. 이로 인해 판사와 대리점은 판매촉진이라는 본래의 영업활동에 전념하고, 각 사업부는 판사와 대리점으로부터 시장의 생생한 정보를 얻을 수 있어서 제품계획이나 AS에 활용할 수 있게 되었다. 셋째, 월부판매제도의 개혁이었다. 월부판매 손님에 대해서는 종래 소매점이 월부금을 수금하던 것을 개선하여, 새로 만드는 내셔널월부판매회사가 고객에게 신용을 공여하고 수금도 담당했다. 즉 이를 통해 판사·대리점·소매점은 신용공여업무로부터 해방되어 본래의 판매업무에 전념할 수 있게 되었다(野田一夫,『松下幸之助 その人と事業』).

이것들은 판매제도의 근간에 관련된 대개혁이었던 만큼 저항도 컸지만 영업본부장이 된 고노스케가 진두지휘함으로써 빠르게 결실을 맺었다.

그밖에 지금까지의 다각화 방침도 바꾸어 컴퓨터 사업에서의 철수, 재봉틀사업부 폐지, 각 사업부의 생산축소를 단행했다.

이 중에서 컴퓨터 사업에서 철수한 것은 컴퓨터산업이 현저하게 발전한 후에는 물론이려니와 당시에도 화제가 된 사건이었다. 이 의사결정은 대규모 연구개발투자나 전문적 지식과 기술을 요하는 대형컴퓨터 사업에 다수의 기업(당시 국내에만 7개 회사가 입후보하고 있었다)이 진출하는 것은 무리일 것이라는 판단하에 이루어졌다고 한다. 이후의 추이를 보면 대형컴퓨터를 대신하여 개인용 PC가 주류가 되었고, 또한 컴퓨터 기술은 가전과도 밀접한 관계를 갖게 되었다. 그래서 컴퓨터 사업에서 철수한 것은 실패가 아닌가 하는 목소리가 많다.

그러나 마쓰시타의 사업영역이 대중소비재에 있었다고 한다면 당시의 대형컴퓨터는 명백히 사업영역 밖에 있었다고 해야 할 것이다. 이런 의

사결정이 마쓰시타의 컴퓨터 사업을 뒤쳐지게 만든 것은 사실이라 해도, 다른 한편 당시 마쓰시타의 재무상황에서 컴퓨터 사업에 대한 투자가 계속 이루어졌더라면 1965년 이후의 종합가전 메이커로서의 재도약에 제동이 걸렸을지도 모른다. 어쨌든 1965년에도 여전히 신음하는 전기업계에서 마쓰시타는 수입증가와 흑자결산을 계상하였고 17퍼센트 배당으로 복귀했다. 그리고 1967년 11월기에는 121억 엔이라는 거액의 경상이익을 기록했다. 이렇게 해서 고노스케는 1973년, 회장에서 물러나 상담역이 되면서 제1선에서 물러났다.

수도철학

마쓰시타 고노스케의 기업자활동은 경영이념을 빼고는 이야기할 수 없다. 마쓰시타 고노스케가 선택한 사업영역이나 시장, 경영수법은 그의 경영이념과 떼어놓을 수 없을 정도로 결부되어 있었다. 고노스케는 다음과 같이 말한다.

> 사업경영에서는, 예컨데 기술력도 중요, 판매력도 중요, 자금력도 중요, 또 사람도 중요하다. 이와 같이 각자에게 귀중한 것이 여러 가지로 있게 마련이지만 가장 근본이 되는 것은 올바른 경영이념이다. 그것이 바탕에 있어야 사람도 기술도 자금도 비로소 충분히 활용될 수 있고, 또한 일면 그것들은 올바른 경영이념이 있는 곳에서 태어나기 쉬운 것이라고 할 수 있다. 그렇기 때문에 경영의 건전한 발전을 도모하기 위해서는 우선 경영이념을 갖는 것부터 시작해야 한다.(『實踐經營哲學』)

고노스케는 기업이 갖는 사회성이나 기업이념의 중요성을 일찍부터 자각하고 있었다. 마쓰시타전기기구제작소에서 마쓰시타전기제작소로 사명을 바꾼 1929년, 고노스케는 '강령'과 '신조'를 분명히 밝히고 있다. '강령'은 "영리와 사회정의 사이의 조화를 염려하고, 국가산업의 발달을 도모하며, 사회생활의 개선과 향상을 기한다", '신조'는 "향상 발전은 각 사원의 화친과 협력을 얻지 못하면 어렵고, 각 사원이 자아를 버리고 상호 양보의 정신으로 일치협력하여 점무店務에 복무하는 것"이었다. 경제계는 불황의 기색이 짙었으나 그 해 마쓰시타의 종업원은 477명으로 이미 중견기업의 영역에 달했고, 그 전 해에 월 10만 대의 램프 생산능력을 갖춘 공장과 새로운 본점 건설을 시작하는 등 마쓰시타의 경영은 호조를 보이고 있었다. 이 불균형이야말로 고노스케로 하여금 내부의 조화를 넘어 기업의 사회성을 호소하는 '강령'을 마련하게 한 큰 요인이 되었다고 추측된다.

'강령'과 '신조'를 제정하기는 했으나 고노스케는 마음이 편치 않았다. 쇼와공황의 폭풍이 불어닥치는 속에서도 마쓰시타의 경영은 순조로운 행보를 지속했다. 창업이래 십 수 년, 곤란은 있었지만 사업은 착실히 성장해 왔다. 그러나 고노스케의 입장에서 보면 이는 '보통의 장사꾼'에 불과했다. 고노스케는 생산자·실업인으로서의 일과 사명에 대해 이런 모습으로 만족해도 될 것인지, 좀 더 깊은 사명이 있는 것은 아닌지 의심을 갖게 되었다.

한편 부호나 재벌, 대기업경영자에 대한 비판도 거세지고 있었다. 1930년부터 1931년에 걸쳐 이전 장에서 이야기했던 것처럼 은행이나 상사는 달러 사재기를 하여 막대한 이익을 챙겼다고 비난과 공격을 받았다. 또한 경제 저널리스트 다카하시 가메키치高橋龜吉가 대주주나 회사 중역의 부패와 타락을 규탄한 '주식회사망국론'을 출판하여 많은 독자를 모은 것도 이 무렵(1930년)이었다. 세상의 동향에 민감한 고노스케가 이런 것들에 무관심 했을 리가 없다.

그러던 1932년 어느 날, 고노스케는 지인의 권유로 어떤 종교단체 본부를 견학했다. 거기서 그의 마음에 와 닿은 것은 신자들이 교조전教祖殿의 건축을 위해 제재장製材場에서 묵묵히, 그것도 기쁨으로 가득한 얼굴로 일하고 있는 모습이었다. 고노스케는 거기서 경영을 봤다. 많은 사람이 기쁨에 넘쳐 진지하게 노력하고 있다. 그것은 그들에게 사명이 있기 때문이다. 그렇다면 마쓰시타의 사명은 무엇인가. 고노스케는 돌아오는 길에도 집으로 돌아와서도 이 문제를 고민했다. 그리고 한밤중에 드디어 계시를 얻었다.

사명을 깨달은 고노스케는 이를 종업원에게 전달하고 싶어 참을 수 없었다. 1932년 5월 5일 고노스케는 종업원을 모아 산업인의 사명에 대해서 열변을 토했다. 이는 후일 '수도철학水道哲學'이라고 불리며 마쓰시타 고노스케 경영이념의 원점이 되었다.

참된 경영이란 수돗물과 같다. 가공된 수돗물에는 가치가 있다. 오늘날 가치 있는 것을 훔치면 비난받는 것이 상식이다. 그러나 길가에서 수도꼭지를 돌려 이 가치 있는 수돗물을 마신다고 하더라도, 그 무례함에 대해 질책을 받는 일은 있어도, 물 그 자체에 대한 질책은 없다. 왜 그런 것일까? 즉 가치가 있음에도 불구하고 그 양이 너무나 풍부하기 때문이다. 직접 생명을 유지하는 귀중한 가치 있는 물에서조차 그 양이 너무나도 풍부하기 때문에 용서된다는 것은, 생산자의 사명이 얼마나 중대하고 귀중한 것인지 충분히 알려주고도 남음이 있지 않을까? 생산자의 사명은 귀중한 생활물자를 수돗물과 같이 저렴하게 무진장 제공함으로써, 인간생활을 풍요롭고 행복하게 만드는 것이다. 이렇게 해야 비로소 빈곤에서 생겨나는 온갖 고민이 사라지고, 생활의 번민도 극도로 축소되어 이윽고 낙원이 실제로 나타나게 될 것이다.(『創業三十五年史』)

그리고 고노스케는 다음과 같은 '소주고사所主告辭'를 낭독했다.

우리 마쓰시타전기제작소는 1919년에 창업된 이래로 전 사원이 잘 화친 협력하여 오늘날의 진전을 보고, 우리 업계에서 공적을 인정받아 일면 이 업계의 선각자로서 그 장래에 대해 비상하게 촉망받게 되었습니다. 우리들의 책임이 실로 중차대한 것이라고 해야 할 것입니다. 따라서 오늘의 길일을 택하여 장래 혁진革進으로 향하는 하나의 획기로서 창업기념일을 제정하고, 이에 친애하는 종업원 여러분께 고하고자 하는 바입니다.

무릇 생산의 목적은 우리 일상생활의 필수품을 충실하고 풍부하게 하여 그 생활내용을 개선 확충하는 것에 그 주안主眼을 두는 것이고, 내 염원도 여기에 있는 것입니다.

우리 마쓰시타전기제작소는 이런 사명 달성을 궁극의 목적으로 삼고, 향후 이에 대해 더욱 혼신을 힘을 다하여 일로매진하고자 할 따름입니다. 친애하는 여러분은 이 뜻을 잘 양해하시어 그 본분을 다해주시기를 절실히 희망합니다.

마쓰시타 고노스케는 여기서 산업인의 진정한 사명을 알았다는 의미에서 이 해를 '창업명지創業明知' 원년으로 삼고, 5월 5일을 마쓰시타의 창업기념일로 정했다.

'수도철학'의 의의에 대해서 후일 고노스케는 이를 통해 "한 마디로 말하면, 경영에 혼이 깃들었다"고 술회한다(『實踐經營哲學』). 이는 어떤 의

미일까?

　이미 언급했듯이 1929년의 '강령'에서 고노스케는 '영리와 사회정의의 조화'를 천명했다. 그러나 이것으로는 '영리'의 의미는 차치하고 '사회정의'의 의미와 내용이 아직 명확하지 않았다. 어떻게 하면 '사회정의'로 이어질 것인가 대한 지침이 없었다. 상술하면 '조화'라고 말하는 이상, '영리'와 '사회정의'는 서로 대립하는 것, 혹은 '사회정의'는 사업경영의 범위 밖에 있다고 생각했을지도 모른다.

　사업경영 그 자체 속에 '사회정의'가 없다면 '영리'만 남아 버린다. '사회정의'의 의미와 내용을 구체화시켜서 '영리'와 나란히 할 기업목적을 확립하지 않는다면 기업의 방향은 정해지지 않는다. 이렇게 해서 고노스케가 얻은 것은 수돗물과 같이 저렴하면서도 무진장으로 사람들에게 생활물자를 공급하여 사람들의 생활내용을 개선하고 확충한다는 산업인의 사명감이었다. 이렇게 하여 수도철학은 마쓰시타의 경영에 '혼'을 불어넣었다.

대중소비시장에의 주목

　마쓰시타 사업전략의 첫째가는 특징은 가전제품, 그리고 팔리는 상품에 생산을 집중하는 점에 있다. 이는 하시모토·니시노가 말하듯이 "우리 일상생활의 필수품"을 "물과 같이 저렴하게, 무진장으로 제공한다"는 '수도철학'과 전기 관련 분야라는 조건을 조합하면 자연스러운 선택이었다(橋本·西野, 앞의 논문).

　그리고 '저렴하게, 무진장으로'를 표방하기 때문에, 소수의 고소득자를 위한 상품이 아니라 일반대중소비시장을 겨냥한 상품이어야 한다. 다만 대중소비시장을 겨냥한다는 것은 두 가지 의미가 있다. 첫째, 대중의 잠재적 니즈가 클 것이라고 예상되는 신상품을 개발하는 것이다. 둘째,

기존 상품이 있지만 품질이나 가격 면에서 대중의 잠재적 니즈를 충분히 반영하고 있지 않은 시장에 진출하여 시장을 확대함과 동시에 그곳에서 경쟁우위를 획득하는 것이다. 그리고 둘 중 하나를 선택하라면, 고노스케가 중시한 것은 후자였다. 따라서 마쓰시타의 제품은 기존의 상품에 대해 성능과 품질 면에서 무엇인가 플러스 알파가 있으면서도 가격이 낮아져야 했다.

어태치먼트 플러그나 쌍가지소켓은 기존제품보다 개량되었으며 가격도 저렴했다. 자전거용 포탄형 램프나 각형角型 램프는 램프의 수명을 길게 만들었기 때문에 성능 면에서 기존 제품보다 뛰어났다. 전구나 라디오는 라이벌 상품과 비교하여 고가이거나 비슷한 가격이었지만 여기에는 내셔널 브랜드의 유지, 즉 품질이 더 높다는 것을 소구訴求한다[24]는 의미가 있었다. 다리미를 개발하면서 고노스케는 개발담당인 나카오 데쓰지로中尾哲二郎에게 사범학교를 졸업하고 2층을 빌려 (하숙을) 살고 있는 사람이 구입할 수 있을 것, 이를 위해서는 종래의 타사 제품의 가격(일본제는 5~7엔, 수입품은 약 10엔)을 크게 밑도는 2엔 50전을 목표로 할 것, 품질은 웨스팅하우스사 제품과 동등하거나 그 이상으로 할 것과 같은 구체적인 지령을 내렸다. TV개발에 있어서는 고성능·고가격이 아닌 '중간 정도의 가격설정과 성능 추구'라는 방침이 걸렸다.

이처럼 신상품의 개발보다도 성능이나 품질의 개량, 혹은 (및) 가격 면에서 라이벌을 제치는 것이 마쓰시타의 경쟁전략이라는 것이 되는데, 이는 코스트리더십전략이라 불린다(坂本昭宣, 「松下幸之助」). 여기서 말하는 코스트리더십전략이란, 코스트로 업계에서 이기고 경쟁에서 승리하는 것을 지향하는 전략을 말한다. 각형 램프를 판매하면서 도매상인 야마모토

---

24 광고나 판매 따위에서 사람들의 욕구를 자극시켜 구매 동기를 유발한다는 뜻이다.

상점山本商店에게서 램프의 독점판매권을 고액의 위약금을 지불해 가며 다시 사들인 이유는 야마모토상점에 판매를 맡겨두어서는 마쓰시타가 실현한 코스트 다운을 판매가격에 반영할 수 없다고 보았기 때문이었다. 또한 마쓰시타가 타사 공장을 매수하여 건전지 제조에 나선 것은 이를 통해 건전지의 생산 코스트를 삭감하고 램프 판매를 늘리고자 했기 때문이다.

코스트리더십전략을 취한다는 것은 대량생산과 대량판매 시스템의 추구를 의미한다. 고노스케는 이미 다이쇼 말년 경에 포드의 전기를 읽고 포드가 실현한 T형포드의 대량생산 → 코스트 인하 → 수요의 창조라는 경영방식에 감명받았다고 한다. 여기서 우리는 고노스케의 '수도철학'에 있어서 "저렴하게, 무진장으로 제공한다"의 의미가 단순한 저가판매가 아니라 노력과 숙고를 통한 생산과 판매 면에서의 코스트 다운을 의미한다는 것을 알게 된다.

그리고 이것이 고노스케가 말하는 '적정이윤'이나 '정가'의 사고방식으로 이어진다.

적정이윤과 정가

고노스케에게 있어서 실업인의 사명은 "계속된 생산으로 세상의 물자를 대량으로 저렴한 가격에 제공함으로써 사회에서 빈곤을 극복하는 것"이다. 그러나 다른 한편으로 고노스케는 종종 기업은 적정이윤을 확보해야 한다고 언급했다.

> 이익 추구를 기업 최고의 목적이라고 생각하고 그 때문에 본래의 사명을 망각하고, 목적을 위해서는 수단을 가리지 않는 모습이 있다면 그것은 용서받지 못할 일이다. 그러나 그 사업을 통해서 사회에 공헌한다는 사명과 적정한 이익이라는 것은 결코 상반되는 것이 아니다.

그렇지 않고, 그 사명을 수행하고 사회에 공헌한 보수로서 사회로부터 주어지는 것이 적정이윤이라 생각되는 것이다.(『實踐經營哲學』)

그렇다면 '사회에 공헌한 보수'로서의 '적정이윤'이란 무엇인가. 고노스케는 이렇게 설명한다. 사람들이 예컨대 100엔의 상품을 사는 것은 거기에 110엔이나 120엔의 가치가 있다고 인정하기 때문이다. 역으로 공급자의 입장에서 보자면, 110엔이나 120엔의 가치가 있는 상품을 100엔에 파는 것이기 때문에 거기에 봉사가 있다. 그 봉사에 대해서 이익이 주어진다. 120엔의 가치를 가진 상품을 노력하여 90엔의 원가로 만들어 100엔에 공급한다. 이 봉사와 노력에 대한 보수로서 10엔의 이익이 구매자로부터 주어진다는 것이다. 따라서 "그러한 노력과 봉사가 많으면 많을수록 수요자나 사회에 대한 공헌의 정도도 크고, 따라서 그 보수로서의 이익도 많아지는 것이 원칙이라고 할 수 있다"(앞의 책).

즉, 고노스케에게 있어 '저렴한 가격'이란 '코스트+적정이윤'(즉 이것이 '정가'이다)에서 저렴한 가격이어야 한다는 의미이다. 적정이윤이 없는 가격 설정은 잘못된 가격설정이며 생산비 밑으로 파는 것은 도리에 어긋나는 장사이며 사회에 공헌하지 않음을 보여준다는 것이다.

따라서 적정이윤을 확보하고 저렴한 가격을 실현하기 위해서는 당연히 코스트 인하를 위해 노력해야만 한다. 이를 위해서는 프로덕트 이노베이션보다 프로세스 이노베이션이 중시된다. 왜냐하면 전자는 혁신제품의 개발을 가리키지만, 여기에는 막대한 개발비용을 필요하기 때문에 제품 코스트를 높이고 만다. 이에 반해 후자는 생산 프로세스나 판매 프로세스, 개발 프로세스의 합리화를 가리키고 있어서, 제품 코스트를 낮추는 효과를 가지기 때문이다(坂下, 앞의 논문). 하시모토·니시노는 마쓰시타가 프로세스 이노베이션에 열심이었던 것을 보여주는 사례로서 분류식噴

流式 전기세탁기, 포터블 라디오, 트랜지스터 라디오 등과 같은 신제품의 개발에서 마쓰시타가 뒤처졌음에도 대량생산 시스템의 정비를 통해 타사를 따라잡고 제쳤던 것이나 자동화 기계의 채용, 제품 표준화, 부품의 단순화와 호환성 등 자동생산 추구에서도 선구적이었던 점을 들고 있다(橋本 · 西野, 앞의 논문). 또한 이 경우, 코스트란 생산 코스트만을 의미하는 것이 아니다. 판매 코스트의 절감도 중요하다. 마쓰시타가 계열화를 통해 유통 코스트를 낮추려고 한 것은 이 때문이었다.

한편 적정이윤은 '사회로의 봉사에 대한 보수'이기 때문에, 품질의 유지도 중요하다. 이미 언급했듯이, 정가를 상회하는 가치를 상품에 부여하는 것이 봉사이기 때문이다.

이와 같이 '코스트+적정이윤=정가'인 이상, 코스트가 낮아져서 정가가 낮아지는 것은 당연하지만 반대로 적정이윤이 시장경쟁 속에서 삭감되는 것은 부당한 것이다. 그래서 마쓰시타에게 있어서는 정가의 유지가 중요한 경영방침이 된다. 시장에서 가격이 형성되는 것이 이상하다는 것이다. 판매점의 계열화에 의해 판매점 간의 경쟁을 없애거나 내셔널 브랜드를 유지하려 한 행동은 이를 위한 것이었다.

그러나 하시모토 · 니시노가 지적하고 있듯이, 마쓰시타의 적정이윤에는 초과이윤이 포함되지 않았을까? 다시 말해 코스트 다운의 성과가 정가의 인하에 충분히 반영되어 있었느냐는 것이다. 코스트 다운이 있었음에도 불구하고 정가 인하에 충분히 반영되지 않았다고 한다면, 그것은 마쓰시타의 과점적인 시장지배력이 힘을 발휘했다는 것을 의미한다. 즉, 여기서 "정가판매론은 독점가격정당화론이 된"(橋本 · 西野, 앞의 논문) 것이다. 아니나 다를까 1970년 무렵 마쓰시타의 가격설정과 가격유지정책은 공정거래위원회나 소비자단체의 비판을 받게 되었다. 나카우치 이사오中内功의 다이에가 계열판매조직의 불화를 이용하여 마쓰시타의 제품을 들여와 독자적인 판매가격을 붙여 내놓았을 때, 마쓰시타는 여기에 이의를 제기했지만 세간의 공감을 얻지 못했다.

고노스케의 정가판매론은 덤핑, 투매亂賣, 도리에 어긋나는 장사에 의해 본래 시장이 기능할 때 성립할 가격보다 낮은 시가市價가 지배하게 되면, 기업의 생산은 성립하기 어렵게 되고 오히려 대중의 생활을 위협한다는 생각에 서서 정가를 설정함으로써 본래 시장가격의 성립을 촉진한다는 의의를 갖는다. 그러나 정가가 시가의 상한이 아니라 과점적 시장 지배력에 의해 시가의 하한을 의미하게 되었을 때, 그것은 시장경제의 작동을 방해하는 것으로 바뀌었다.

분권제와 인재육성

전술했듯이, 고노스케는 일찍부터 마쓰시타에 사업부제 조직을 도입하고 분권적 관리의 이점을 중시했다. 고노스케가 분권적 관리를 채택한 것은 "개인의 능력에는 일정한 한계가 있다"는 상식적인 인식이 근간이 되었다. 그러나 이 상식은 머리로는 이해되지만 행동으로 옮겨지지 않는 경우가 많다. 창업자가 위대하면 할수록 독재체제가 남기 마련이다. 타인에게 일을 맡겼다가 실패할 경우 그 책임은 결국 일을 맡긴 고노스케에게 귀결되기 마련이다. 따라서 고노스케는 자신의 이념에 공명하는 인재를 발굴하여 이를 육성하고 지도함으로써 해결하고자 했다.

우선 인재 등용에 대해 살펴보면 마쓰시타는 유연한 인재채용과 승진이 특징이었다. 마쓰시타의 경리제도 정비의 공로자이자 고노스케의 오른팔이라 불린 다카하시 아라타로高橋荒太郎는 마쓰시타가 매수한 아사히전지朝日電池에 있던 인물이었고, 부사장이 된 나카가와 가이슌中川懷春은 세탁기나 냉장고 제조에 진출하면서 마쓰시타가 제휴한 나카가와전기中川電機의 경영자였다. 이들만이 아니었다. 1949~1973년까지 마쓰시타의 임원을 조사한 하시모토·니시노는 마쓰시타의 임원은 사외로부터의 중도채용자가 많았던 점, 학력이 다양하고 히타치日立 등과 비교해 상대적으로 낮았던 점, 임원 취임 연령과 입사 후 경과연수가 낮았던 점을 발견했다. 이는 마쓰시타가 급성장 기업이었던 점에 일부 기인하는 것이겠지만 역시 기본적으로는 고노스케의 인재등용방침이 있었음을 보여준다고 하겠다(橋本·西野, 앞의 논문).

인재육성과 관련하여 노사관계에 대해 간간히 살펴보자. 창업 후 얼마 되지 않은 1920년에 고노스케 이하 전 종업원 28명이 '호이치카이步一會'라는 사내 친목단체를 만들었다. [호이치카이라는 이름은] "마쓰시타의 전원은 발걸음을 하나로 해서 한 걸음씩 착실히 나아간다"는 의도에서 나온 것이었다. 1920년이라 하면, 제1차 세계대전 붐이 끝나고 패닉(공황)이 찾아온 해였고, 사회운동이나 노동운동이 점차 격화되어 가던 때이다. 종업원의 사상형성에 관심을 가진 배경 중 하나일 것이다. 다만, 고노스케는 종업원이 10명도 되지 않았던 시절부터 점포의 회계와 개인 회계를 나누었고, 매월 이익을 종업원에게 공개했다고 한다(佐藤悌二郎, 『松下幸之助 成功への軌跡』). 종업원과의 일체경영이라는 사상은 일찍부터 가지고 있었던 것으로 보인다.

또한 종업원끼리의 조회朝會나 석회夕會도 일찍부터 시행되었는데 1932년의 '창업명지' 원년 이후 이는 회사 전체의 행사가 되어 사가社歌를 부르거나 1933년에 제정된 '존봉尊奉해야 할 7가지 정신'을 창화唱和하였다[25](당초 '산업보국', '공명정대', '화친일치和親一致', '역투향상力鬪向上', '예절을 다한다'는 5가지 정신, 37년에 '순응동화順應同化', '감사보은'이라는 두 가지 정신이 추가되었다). 이념의 반복 창화는 종업원에게 고노스케의 이념이 침

---

25 한쪽에서 구호를 외치거나 노래를 부르고 다른 쪽에서 그에 이어서 외치거나 부른다는 뜻이다. 제창과는 달라서 설명한다.

투하는 데 큰 효과가 있었을 것이다.

마쓰시타노조松下勞組는 1946년에 결성되었다. 고노스케는 당시의 경영자로서는 드물게 그 결성대회에 출석하여 경영자와 노동조합의 목적이 일치한다고 호소했다. "마쓰시타의 노사관계는 패전 직후의 시점부터 매우 노사융화적"(橋本·西野, 앞의 논문)이었던 것이다.

그 후에도 고노스케는 1960년 무렵에 5년 후에 주휴 2일·40시간 노동제로 이행할 것을 제안하고 이를 1965년부터 실시했다. 총평[26]이나 노조의 요구에 앞선 제안이었으며 실시는 일본에서 가장 빨랐다고 한다. 또한 마쓰시타는 충실한 복리후생제도로도 잘 알려져 있다. 고노스케는 높은 복리수준과 고임금이 높은 생산성으로 이어질 것으로 보았겠지만, 그 이상으로 경영자도 종업원도 같은 '실업인의 사명'을 공유하는 존재로 여기고 있었을 것이다.

---

26 일본노동조합총평의회의 약칭이다. 1950년 7월, 산별회의(전일본산업별노동조합회의)나 전노련(전국노동조합총연합)에 대항해서 조합주의의 입장에서 결성된 노동조합의 전국적 중앙조직이다. 그 후 전투성을 강화하여 노동운동의 중심적 존재가 되었다. 1989년 연합(일본노동조합총연합회)의 발족으로 해산했다.

역자후기

이 책은 1999년 주오코론신샤中央公論新社에서 일본의 근대 시리즈 11권으로 발간된 미야모토 마타오宮本又郎의『기업가들의 도전企業家たちの挑戰』을 저본으로 했다. 번역본의 서명을『일본의 기업가정신』으로 한 것은, 일차적으로『기업가들의 도전』이 현재 계명대학교 일본학전공에서 담당하고 있는 과목의 텍스트로 활용되고 있는 점 때문이다. 하지만 보다 중요한 이유가 있다. 필자는 평소 우리나라 기업가들에게 '진정한 의미의 기업가정신'이 결여되어 있다고 생각하고 있었기 때문에, 관련하여 한국의 기업가정신을 실현하고 있는 기업가의 발굴이 필요하다. 기업 경영자, 불확실성을 전제로 하는 스타트업 기업, 미래를 꿈꾸는 청년 창업가들, 그리고 취업을 앞둔 우리 학생들에게 일독을 권하고 싶었다. 신문 지면이나 포털의 메인 뉴스에서 최고경영자나 그룹 총수에 관련된 뉴스를 보면서 거창하게 기업의 사회적 책임CSR까지는 아니어도 최소한 자신이 이끌고 있는 기업이 사회에서 어떤 위치에서 어떤 역할을 해야 하는지에 대한 고민이 부족하다고 생각했다. 기업을 중심으로 형성되어 있는 다양한 인적 네트워크와 기업이 갖는 사회에 대한 영향력을 고려할 때, 기업은 자본주의 경제와 사회에서 가장 중요한 플레이어 중 하나임에 틀림없는데 말이다. 그만큼 기업에는 높은 사회적 영향력에 수반되는 사회 속 자기역할이 있는 것이고, 따라서 이를 기업 경영자에게 자각하게 하고

꾸준히 성찰하게 하는 내부적 견제장치가 필요하다. 이른바 '기업경영의 거버넌스'를 확산시키고, 기업의 이윤추구라는 목적뿐만 아니라, 기업 존재의 토대라 할 수 있는 사회와 더불어 성장한다는 전향적인 태도 변화가 필요한 것이다.

영국에서 태동하여 유럽과 미국으로 확산되어 간 자본주의 역시 역사적인 존재이며, 그 외연 확장의 프런티어에 항상 기업가가 있었다. 1840년 아편전쟁 이후 형성된 서세동점西勢東漸의 기운과 함께 동아시아의 국제질서인 중화질서가 흔들리고 세계적 차원의 자본주의 질서가 조약체계라는 형식으로 강요되고 이식되었다. 동아시아에서는 메이지유신明治維新이라는 국가적 규모의 체계적 프로젝트로 대응한 일본이 가장 선진적이었고 적응 또한 빨랐다. 부국강병을 목표로 한 식산흥업정책의 추진과 재정적자의 해소와 민간기업의 성장을 지향한 관영사업 불하는 대표적인 사례이다. 여기서 본문에도 등장하는 미쓰이가三井家, 스미토모가住友家, 고노이케가鴻池家 등 에도시대 상인들의 흥망성쇠라는 다이나믹한 시대가 전개되고, 새로운 존재로서 이와사키 야타로岩崎彌太郎, 후지타 덴자부로藤田傳三郎, 오쿠라 기하치로大倉喜八郎 등이 등장했다. 야마노베 다케오山邊丈夫 같은 기술자 출신의 전문경영자도 나타났고, 기독교적 사명감에 입각해 사회사업을 지원하고 스스로도 노동자들의 삶의 질 향상에 노력한 오하라 마고사부로大原孫三郎 같은 사회적 기업가도 있었다. 무엇보다 국가적 근대화 프로젝트를 추진함에 있어서 각종 자본주의 제도를 도입하고 체계화함으로써 일본자본주의의 토대를 구축한 시부사와 에이이치澁澤榮一나 고다이 도모아쓰五代友厚 등의 리더가 배후에서 활약하였다.

분명 이들에게는 시대적 상황과 한계가 존재하기도 했지만, 정부가 정책과 재정의 양 측면에서 강력히 지원한 것이 성장의 한계를 극복할 수 있는 계기가 되었다. 위에서 언급한 대부분의 기업가들이 정부 고위관료나 정치가들과 긴밀한 유착관계를 형성하면서 유무형의 혜택을 누린 '정상政商' 또는 '정상적政商的 성격'의 기업가였음은 부정하기 어렵다. 그 과정에서 메이지기 일본의 기업가들은 기업의 사적 이익을 공익公益과 국익國益에 일치시키려는 경향이 다른 시기 및 다른 국가의 기업가들에 비해 상대적으로 강했다. 이 책의 저자인 미야모토 교수가 지적했듯이, 여기에 일본자본주의가 울트라 민족주의와 결합하여 군국주의적 성격의 제국주의로 전화하게 될 가능성을 내포하고 있었고, 실제로 1937년 중일전쟁 이후 전개되는 전시경제의 배후가 '재벌'이었음은 주지의 사실이다. 하지만 그와는 달리 전통적 에도시대 상가들은 막말·메이지기에 반토番頭라고 불린 총지배인들의 주도로 엄격한 가정개혁家政改革을 단행하여 소유와 경영의 엄격한 분리를 통해 상가 경영의 안정성을 확보하고 근대적 기업으로의 변신에 성공했다. 이들에게는 공통적으로 상속인이 가독家督을 물려받아 적자嫡子에게 물려줄 때까지 윤번輪番의 마음으로 잠시 맡았을 뿐이라는 의식이 강했고, 부당한 이익을 추구하지 않는다, 가독을 상속할 만한 자격을 갖추지 못했다면 적남嫡男이라도 폐해야 한다 등의 내용을 '가헌家憲' 또는 '가법家法'의 형태로 가지고 있었다. 이것이 후대 기업가와 메이지기 이후 생멸하게 되는 각종 기업들, 그리고 지역사회에 큰 영향을 미쳤다.

예컨대 본문에도 잠깐 등장하는 오우미상인近江商人의 사례는 음미할 만하다. '파는 이도 좋고売り手よし', '사는 이도 좋고買い手よし', '세상에도 좋은世間よし' 이른바 오우미상인의 '삼포요시三方よし' 전통을 오늘날의 기업경영이나 사회활동에 적용시키려는 움직임이 오우미상인의 발상

지로 알려진 지역을 중심으로 활발하게 이루어지고 있다. 1992년에 시가현滋賀縣 내의 젊은 경영자나 경제단체 등을 중심으로 'AKINDO위원회'를 조직하여 '오우미상인'을 키워드로 인재육성, 교류네트워크, 오우미상인의 현창顯彰 등을 목적으로 활동하고 있으며, 1995년부터는 잡지를 통해 성과를 대외에 발신하고 있다(『삼포요시三方よし』창간호, 1995년 8월). AKINDO는 상인을 의미한다. 2002년에는 '삼포요시연구소三方よし研究所'를 설립하여 오우미상인에 기원을 둔 기업가의 정기적인 강연과 체계적인 연구, 그리고 아카이빙을 통해 삼포요시 정신의 확산에 노력하고 있다. 지역사회가 그 지역 출신 상인이나 기업가들의 경영이념을 일본사회 전체로 발신함으로써 이미지를 제고提高하려는 움직임은 상당히 인상적이다. 그것이 얼마나 효과가 있는지는 차치하더라도, 전통의 현대적 적용에 다양한 스펙트럼이 존재하겠지만 오우미지역 출신 기업들이나 그들의 존재를 아는 현대 일본인에게 미치는 영향이 크다 하겠다. 이것이 오늘날 일본의 기업가정신을 이루는 하나의 루트라고 생각된다. 참고로 오우미상인에 그 기원을 두는 기업으로는 세이부철도西部鐵道, 다카시마야高島屋, 시로키야白木屋, 미나카이백화점三中井百貨店, 이토추상사伊藤忠商事와 마루베니丸紅, 스미토모재벌, 도요방적東洋紡績, 도레이東レ(TORAY), 도요타자동차, 일본생명보험, 다케다약품공업武田藥品工業 등이 유명하다.

역자는 이번에 번역하는 『일본의 기업가정신』을 통해 조금이나마 현재 한국사회에 있어서 기업 또는 기업가의 존재의의를 고민해 보는 계기가 되었으면 하는 바람 간절하다. 물론 기업사나 기업가사의 경우 기업(가)의 입장에서 각색되었을 가능성을 기본적으로 전제하며 읽어야 한다. 예컨대, 본문에 등장하는 혼다 소이치로의 경영 파트너 후지사와 다케오의 경우, 1952~1954년 사이에 매상은 현금으로 선불 수취하고 원자재나 부품의 구입은 어음으로 외상 결제를 행했다. 혼다에 자금이 머무는 시간을 최대한 늘림으로써 설비투자에 필요한 자금 조달을 보다 용이하게 하려는 목적이었다. 이는 혼다 기업 입장에서 보면 절묘한 영업전략일 수 있지만, 혼다의 거래처나 하청기업 입장에서는 자금순환의 어려움을 약자에게 감내하게 만드는 이른바 '갑질'이었다. 혼다의 예에서 알 수 있듯이, 따라서 기업의 역사나 기업가의 일생에서 무엇을 취할 것인가는 독자의 마음이다.

이 책은 소위 '위로부터의 개혁'으로 이야기되는 일본의 메이지유신과 근대화 과정에서 상인들이 어떻게 근대적인 기업가로 변화해 갔는지를 주요 기업가들을 중심으로 잘 정리하고 있다. 본문 중에 다소 정리되지 않은 문장도 더러 보이지만 방대한 양을 소화하고 정리하면서 나타나는 사소한 흠에 불과할 뿐, 역작이라는 평가를 내리기에 전혀 지장이 없다. 이 책에는 메이지유신을 전후하여 소위 메이지정부가 추진한 식산흥업정책의 실질적 담당자로서 기업가들이 어떤 역할을 했는지가 잘 드러나 있어서 대한제국기를 거치면서 한국의 근대기업가가 어떻게 태동하고 발전해 갔는지를 연구하는 데 많은 시사점을 준다. 이하에서는 『일본의 기업가정신』이 어떤 내용을 담고 있는지 간략하게 소개하고자 한다.

『일본의 기업가정신』은 서론을 포함하여 총 6개의 장으로 구성되어 있다. 먼저 프롤로그에서는 일본의 경제발전에서 그 역할을 주목받아 온 정부와 기업가로 대표되는 민간의 관계에 대해서 언급하고, 경제현상에 있어서 인간이 갖는 전략적 중요성을 재확인한 뒤, 기업자사학의 계보에 대한 마르크스, 슘페터, 하버드대학 기업자사연구센터의 그간 연구 성과를 소개하고 있다. 마르크스는 평균 이윤율 경향적 저하의 법칙에 입각하여 자본가의 사업욕에 의해 뒷받침되어 온 자본주의 경제의 붕괴를 예측했고, 슘페터는 끊임없는 '혁신'이나 '창조적 파괴'를 수행하는 기업가가 곧 자본주의적 경제발전의 원동력이라고 했다. 1948년 설립된 기업자사연구센터는 슘페터의 이론을 바탕으로 하면서도 이를 확장시켰다. 새로운 사업을 창시할 뿐만 아니라 그것을 확대하고 유지하는 것까지 기업자활동으로 보았으며, 개인으로서의 기업자활동을 확장시켜 팀으로서의 경영자조직에도 주목했다(챈들러). 또한 기업자사연구센터에서는 문화사회구조와 기업자활동 사이의 관계에도 관심을 기울여 사회적으로 주변적marginal 위치에 있는 사람들일수록 기존의 질서나 가치에 저항하기 쉬우며 그것이 혁신의 원천이라고 하는 '마지널 맨' 가설을 제시했다(호제리츠).

제1장 '에도에서 메이지로'에서는 쿠즈네츠의 근대경제성장론과 거셴크론의 '상대적 후진성의 유리함'을 이용하여 에도시대의 경제성장과 개항 이후의 경제변동에 대해 서술했다. 1853년 페리 제독의 내항과 1854년의 미일화친조약, 그리고 1858년의 미일수호통상조약의 체결 이후 일본의 정치, 경제, 사회의 다양한 측면이 어떻게 변화했는지 검토했다. 조약 교섭 과정에서 막부의 권위가 실추되었고, 불평등조약의 체결로 화폐제도의 혼란과 인플레이션의 발생을 경험했다. 대외무역이 본격화하면서 소득이나 부의 재분배가 일어났으며, 면사 및 면직물 수입과 생사 수출에 따른 산업구조의 변화에도 큰 영향을 미쳤다. 무역의 개시는 유통구조에도 영향을 미쳐 요코하마나 고베와 같은 개항장 중심의 유통루트와 외국상인과 거래하는 새로운 상인층을 출현시켰다. 또한 메이지유신기의 각종 경제정책을 화폐금융제도와 식산흥업정책을 중심으로 정리했

다. 1871년에는 1엔 금화를 본위화폐로 하는 신화조례를 발포했고, 1872
년에 미국의 내셔널뱅크제도를 모방해 국립은행조례가 만들어지고 이후
1876년 국립은행조례가 개정되면서 총 153개의 국립은행이 만들어졌다.
1882년에는 중앙은행으로서 일본은행이 설립되어 계통적인 금융제도가
확립되었다. 식산흥업정책은 공부성 단계, 내무성 단계, 농상무성 단계
로 각 시기별 특징을 가지고 실시되었는데, 농상무성 단계에서 이루어진
관영사업 불하는 이후의 재벌 형성에 큰 영향을 주었다. 또한 개항, 메이
지유신, 마쓰카타 디플레이션, 기업발흥, 공업화라는 다섯 개의 경제 대
변동을 중심으로 19세기 후반 약 50년 동안의 자산가 구조의 변화를 분
석했다. 이를 통해 에도기 전통 상인 출신으로 메이지라는 격변기에도
살아남은 상가가 231가문 중 20가문에 불과하고, 기업발흥기에 등장한
신흥부호 역시 오래가지 못했고, 대부분 공업화와 함께 새로 등장한 기
업가들에 의해 대체되었음을 알 수 있었다. 또한 살아남은 에도기 대상
가의 다수에서는 소유와 경영의 분리, 이른바 반토경영의 관행이 성립되
어 있었다.

제2장에서는 에도기의 유력 대상가인 미쓰이, 스미토모, 고노이케의
사례를 들어 어떤 상가가 살아남아 근대 기업가와 재벌로 성장할 수 있
었고, 반대로 어떤 상가가 막말·메이지기라는 격동기에 적응하지 못하
고 몰락했는지를 보여주었다. 미쓰이의 미노무라 리자에몽三野村利左衛門
과 스미토모의 히로세 사이헤이廣瀨宰平는 전자의 사례였고, 고노이케의
사례는 후자에 속한다.

미쓰이는 막부의 관공금을 무이자로 이용할 수 있었으나 투기적 무역
상인에 대한 부정대출이 회수불능 사태에 빠지면서, 이를 약점으로 활용
한 막부의 어용금 상납 요구로 어려움에 처했다. 미쓰이는 막부의 어용

금 상납 요구를 감당할 수 없어 미노무라를 영입하여 어용금 감면을 막부에 요청해 성사시켰고, 이후 미쓰이가의 경영을 총괄하게 되었다. 신정부와 막부 사이에서 위험한 줄타기를 하다가 신정부 지지로 선회한 뒤정부의 어용으로서 입지를 다졌고, 여기에 미노무라가 중요한 역할을 담당했다. 오노구미와 함께 은행을 설립하고자 추진했으나, 1872년 국립은행조례의 공포와 함께 대장성의 요청을 받아들여 제1국립은행이 설립되는 것을 지켜보아야 했다. 1876년에는 미쓰이은행과 미쓰이물산이 설립되었다. 미노무라는 미쓰이의 사업에 대해 구조조정을 실시했고 가정家政 개혁에 나섰다. 미노무라의 개혁 중 가장 중요한 점은 동족의 소유권과 경영권의 제한이었다. 오모토카타大元方의 재산을 '주종 공동 소유의재산'이라는 입장에 서서 스테이크홀더stakeholder(이해관계자)로서의 사용인의 권리를 인정하고자 했던 미노무라의 개혁은, 사용인이 지분소유권에서 배제된 에도시대의 규정에서 확실히 벗어나 있었다.

　스미토모는 일본에서 현존하는 최고最古 기업 중 하나이다. 이미 16세기 말부터 '남반부키'라는 은동銀銅 분리법을 통해 큰 이득을 보던 스미토모가는 1691년 막부로부터 벳시동산 개발을 청부하면서 본격적인 동산경영에 나섰다. 이후 250년 동안 벳시동산은 스미토모의 달러박스였다. 다른 상점들과 마찬가지로 막말·메이지유신기에 스미토모 역시 새로운시대에 적응하는 과정에서 경영위기에 직면했고, 이를 구한 것이 히로세사이헤이였다. 벳시동산의 미가 인상으로 발생한 광부폭동을 해결하고, 보신전쟁 때 압류된 가행권을 되찾고 '일본갱법'에 의거하여 장기간 계약인 영대가행권을 확보함으로써 스미토모를 위기에서 구했다. 이후 히로세는 스미토모의 경영 합리화, 서양식 기술의 도입을 통한 벳시동산의재생을 이루어냄으로써 스미토모가 재벌로 발전할 수 있는 토대를 마련했다. 다양한 분야로 경영의 다각화를 도모하기도 했으나 크게 성공적이지는 못했다. 히로세는 미쓰이의 미노무라와 마찬가지로 스미토모가의 경영권한을 이양받아 가정개혁을 단행했다. 다양한 인재를 영입하고 '스미토모가법'을 제정했다. 일찍이 합의제를 중시했던 대상가의 반토들과는 달리 위기의 기업을 개혁하기 위해서 일종의 독재적 성향을 보였다. 미노무라와 히로세는 바로 그러한 불안정한 아노미 상태에서 요구되는 기업가의 역할을 다했다.

한편 고노이케는 미노무라나 히로세와 같은 강력한 리더십을 가진 개혁적 반토를 갖지 못했다. 위기상황에서 도이 미치오土居通夫라는 구원투수가 등장하기는 했으나 역할이 한정되어 있어서 가정개혁에 성공하지 못했고, 결과적으로 고노이케가는 근대 일본경제의 무대에서 주역이 되지 못했다. 반면 도이는 고노이케가를 배경으로 1895년부터 1917년 사망할 때까지 오사카상업회의소의 회장을 지내는 등 오사카재계에서 큰 영향력을 갖고 있었다.

제3장 '정상들의 시대'에서는 역사적 범주로서의 정상政商에 대해 정리하고 그 구체적인 사례를 들었다. 보통 정상이라는 개념은 정치가나 정부 고위관료들과의 유착을 통해 경제활동의 특권을 얻거나 정책을 자신의 이익에 유리한 방향으로 유도하여 부를 축적한 사업가나 기업을 가리킨다. 국가와 시대를 막론하고 기업이 정부의 경제정책과 무관할 수는 없다. 특히 메이지기 일본과 같이 '위로부터의 개혁'을 정부가 설계하고 추진하는 상황에서 각 산업분야의 최전선에서 활약하던 전통적 대상인이나, 맨손으로 시작해 정부의 식산흥업정책에 편승하여 근대적 기업가로 성장한 기업가들의 경우 정상으로서의 성격이 강했다. 이와사키 야타로(미쓰비시), 야스다 젠지로(야스다은행), 후지타 덴자부로(후지타구미), 오쿠라 기하치로(오쿠라구미), 가와사키 쇼조川崎正藏(가와사키조선소)가 전자

의 사례에 해당하고 아사노 소이치로淺野總一郞, 후루카와 이치베古河市兵衛, 마쓰모토 주타로松本重太郞는 후자의 사례이다.

제4장 '회사제도·재벌과 고용경영자'에서는 서양 회사제도의 도입과 그에 따른 제도적 정비, 그리고 상법 시행 이후 급속하게 보급된 회사 중에서 주식회사의 비중이 오랫동안 절대적이었음을 보이고 메이지기 회사들의 특징을 검토했다. 특히 메이지기의 주식회사에는 적극적인 기업경영에 나서기보다 대금업자적 성격의 자본가들의 집합소에 불과했다는 사실을 지적했다. 따라서 다수의 주주를 모으기 위해 사회적 신용이 높은 명망가를 임원으로 내세워야 했고, 그들에게 높은 배당을 보장하여 일정한 수익률을 보장해야 했다. 당연히 그들의 눈치를 볼 수밖에 없었다. 또한 시부사와 에이이치로 대표되는 재계 리더형 기업가들이 기업 프로모터로서 중요한 역할을 수행한 점도 큰 특징이었다. 그리고 이것을 가능하게 한 수단이 4분의 1 불입으로 회사 설립이 가능했던 주식분할불입제와 은행의 주식담보금융이었다. 러일전쟁 이후부터 각 기업에서 주식을 집중하여 실질적 경영자로 자리잡은 기업가와 전문경영자의 등장이 두드러졌다. 특히 1930년 당시 대기업 154사 중 135사가 전문경영자를 이사로 두었고, 그중 41사가 이사회의 절반 이상을 전문경영자가 차지했다. 제4장에서는 이들 전문경영자의 구체적인 사례로 오사카방적의 야마노베 다케오, 대일본방적의 기쿠치 교조, 기타하마은행과 오사카전기궤도의 이와시타 세슈를 전문경영자의 대표적인 사례로 꼽았다. 또한 재계 리더형 기업가로는 간토의 시부사와 에이이치와 간사이의 고다이 도모아쓰를 사례로 검토했다.

제4장에서는 또한 메이지기 탄생하고 성장한 근대 기업가의 출신을 분석하고, 무사주류설, 상인주류설, 무사·상인균등설의 내용을 소개한

뒤, 세 번째의 무사 · 상인균등설과 한계계층자설이 가장 타당한 결론이라고 주장했다. 한계계층자설은 호제리츠의 '마지널맨 가설'과 통한다.

제4장에서는 또한 재벌의 전문경영자도 따로 정리했다. 재벌에 대한 다양한 정의를 소개한 뒤, "부호의 가족이나 동족의 봉쇄적인(폐쇄적인) 소유 하에 성립하는 다각적 사업체로, 그 다각화한 사업 분야는 각각 상당한 규모의 빅 비즈니스"라는 내용으로 재벌을 정의했다. 또한 콘체른화한 후의 재벌을 '재벌 콘체른'이라 해서 재벌의 발전된 한 형태로 보았다. 이러한 재벌은 오히려 동족의 봉쇄적 소유에도 불구하고 전문경영자에게 경영을 맡긴 경우가 많았는데, 그 이유는 동족들의 재산처분권과 경영 참가의 제한으로 사실상 '안정주주'나 '사일런트 파트너silent partner'와 같은 존재에 불과했기 때문이다. 구체적으로 미쓰이재벌의 경우에는 대표적인 전문경영자로 나카미가와 히코지로中上川彦次郎, 마스다 다카시益田孝, 단 다쿠마團琢磨, 이케다 시게아키池田成彬를 꼽았다. 미쓰비시재벌의 경우에는, 이와사키 야노스케岩崎彌之助, 쇼다 헤이고로莊田平五郎, 고토 렌페이近藤廉平, 스에노부 미치나리末延道成, 이와사키 히사야岩崎久彌, 이와사키 고야타岩崎小彌太, 가가미 겐키치各務謙吉, 다케다 히데오武田秀雄가 이름을 올렸다. 스미토모재벌에서는 이바 데이고伊庭貞剛, 가와카미 긴이치河上謹一, 스즈키 마사야鈴木馬左也, 나카타 긴키치中田錦吉, 유카와 간키치湯川寛吉, 오구라 마사쓰네小倉正恒가 전문경영자로 활약하였다.

제5장 '대중 본위 사업의 시대'에서는 주로 대중들의 일상생활과 연관이 있는 기업가들이 소개되었다. 그 선구자에 해당하는 기업가가 고바야시 이치조小林一三이다. 그는 1907년 미노오아리마전기궤도箕面有馬電氣軌道를 설립하고 그 연선에 주택지를 개발하고 판매함으로써 도시화와 사철문화를 이끌었다. 주택지 개발과 함께 레저시설을 만들었고, 오늘날에

도 유명한 다카라즈카가극단宝塚歌劇團을 조직하여 대중문화를 선도했다. 고바야시는 또한 1929년에 이미 터미널 백화점의 원형인 한큐백화점을 설립하여 이후 출현하게 되는 도큐東急, 세이부西武, 도부東武 등에도 영향을 주었다. 이른바 사철 경영의 원형을 만든 것이다.

혼다 소이치로本田宗一郞는 전후 영세기업으로 출발했으면서도 모터바이크, 소형 오토바이의 개발, 오토바이 세계시장에서의 브랜드 확립, 경자동차로의 진출, 미국의 머스키법Muskie Act을 충족시킨 CVCC엔진의 개발, 젊은 취향의 승용차 시장의 개척 등등, 차례차례 혁신적인 기업자 활동을 전개했다. 이를 통해 혼다는 공업대국 일본의 약진을 상징하는 기업으로서 세계에 알려지게 되었다. 이러한 혼다의 성공을 가능케 한 또 한 명의 기업가가 1949년 혼다에 영입된 후자사와 다케오藤澤武夫였다. 소이치로가 기술을 담당하고 후지사와가 영업과 재무를 담당하여 이 인삼각으로 혼다를 굴지의 기업으로 성장시켰다. 이 두 경영자는 1973년 창립 25주년에 동반 은퇴한 뒤 회사에 거의 모습을 보이지 않고 어떤 참견도 하지 않았다고 한다. 그만큼 믿고 맡길 수 있는 후진 양성에 성공했던 것이다.

마쓰시타 고노스케松下幸之助는 가전붐의 연출자이면서 독자적인 경영사상과 근로관으로 '경영의 신'으로 불렸고, 오늘날 가장 인기 있는 경영자이기도 하다. 향후 전기사업이 유망할 것이라는 확신을 갖고 전기 관련 사업에 뛰어들어 개량 소켓, 어태치먼트 플러그, 자전거나 가정용 램프, 라디오, 텔레비전 등의 개발과 개량에 힘썼다. 네덜란드 필립스사와의 합자는 마쓰시타의 시장 점유율을 키울 수 있는 계기였다. 수돗물과 같이 저렴한 가격으로 무진장 제공해야 한다는 '수도철학'을 주장하면서도 적정이윤을 '사회로의 봉사에 대한 보수'라고 하여 정가판매론을 주장하며 품질 유지를 강조했다. 판매조직의 구축에도 힘써 코스트리더십전략을 취해 대량생산과 대량판매 시스템을 추구했다. 고노스케는 기업경영에 있어 분권제와 인재육성을 중시했으며, 1946년 노동조합의 결성대회에 참석하여 경영자와 노동조합의 목적이 일치함을 주장하여 노조를 파트너로 인정했다. 1960년 무렵에 이미 5일제 근무와 40시간 노동제로의 이행을 제안하고 1965년부터 실시한 것은 일본 최초의 일이다.

　최근 모 그룹의 승계과정에서 드러난 분식회계사기사건을 둘러싸고 법정공방이 치열하다. 영화 '해바라기'(2006) 속 태식의 대사 "사람이 죄를 지었으면 벌을 받는 게 세상이치라더라"는 정말 영화의 대사에 불과했던 것 같다. 필자를 비롯해 많은 사람들이 명장면으로 꼽고 인구에 회자되었던 것을 생각하면, 이 장면과 대사에서 느끼는 전율감과 카타르시스는 왜곡된 현실에 대한 비판의식의 발로였다. 현실이 그렇지 않기 때문이다. 죄를 지어도 벌을 받지 않거나 가벼운 처벌로 끝나는 사람들이 있다. "법은 만민에게 평등하다"는 말을 듣고 수긍하는 사람이 대한민국에서 몇이나 될까? 특히 대기업의 총수들 앞에서 법은 왜 그렇게 스스로의 존재의의를 부정하는지 모르겠다. 아니 안다. 모든 국민들이 다 아는데 그 똑똑하다는 판사, 검사, 변호사, 기자들이 모를 리 없다. 오직 법망을 피하려는 시나리오를 만들고 '증거'로 뒷받침하는 데 몰입하다 보니 스스로 무엇을 하는지 객관적으로 볼 수 없을 뿐이다. 눈앞에 달아 둔 당근만 쫓아다니며 좌우를 살피지 못하는 말들에 불과하다. 자본주의 한국 사회에서 기업권력이 갖는 '절대적' 영향력과 그에 예속되어 스스로의 영혼을 파괴하는 정치, 경제, 사회, 심지어 문화예술 분야의 무수한 군상들이 주연과 조연이 되어 매일 매일 새로운 '영화'를 개봉하고 있다. 거대화된 기업권력이 누리는 이 엄청난 혜택에는 의무가 뒤따라야 한다. 2019년 공정거래위원회의 발표에 의하면, 총수 있는 기업집단 51개를 대상으로 한 조사에서 총수 일가의 평균 지분율은 3.9퍼센트에 불과하다. 대부분의 주식은 국내의 개인, 각종 연기금이나 은행 및 보험회사 등의 기관투자가, 외국인 투자가 등이 소유하고 있다. 따라서 기업은 그야말로 사회적 공기公器가 아닐 수 없다. 총수 일가를 위한 기업이 아니라 지역사회, 주주, 노동자와 그의 가족들, 소비자 등으로 이루어진 한국사회를 위해 존재한다는 인식을 자각해야 한다. 이른바 기업경영의 거버넌스 문제에 대해 진지하게 고려해야 할 때라고 생각한다. 법률가로 오사카상인의 뒷배를 봐주던 도이 미치오를 반토로 영입했음에도 불구하고 가정개혁家政改革에 철저하지 못해 결국 메이지기에 적응하지 못하고 쇠락한 고노이케가의 사례는 오늘날의 한국 대기업에 시사하는 바가 크다.

기업가 출신 전직 대통령에 대한 재판도 마찬가지이다. 국토개발이라는 명목으로 강을 파헤쳐 생태계를 파괴하고 개발업자들의 이익만 불렸던 인물이다. 자원외교라는 이름으로 국가재정에 막대한 손해를 입혔고, 노동자들의 정당한 파업은 불법으로 몰아 손해배상을 청구함으로써 노동운동의 손발을 묶었다. 전과 11범(학생운동 경력 포함)이면서도 부끄러운 줄 모른다. 당시의 선거과정을 보면 국민들이 본인에게 무엇을 기대했는지 모를 수 없다. 경제가 어렵다고 아우성치던 국민들도 과거야 어찌되었건 경제만 살리면 된다고 무책임하게 자기 욕망을 투영시켰다. 어쩌면 국민들도 경제위기론을 강조하는 언론들의 협박성 프레임에 갇혀 있어서 정확한 판단을 하지 못했을 수도 있지만, 전부 남 탓으로 돌리기에는 국민들 각자도 너무나 강한 자기 욕망을 갖고 있었다. 이 전직 대통령의 성공신화는 한국경제의 고도성장기에 큰 역할을 했던 해외 건설붐 때 시작되었다. 어떤 희생을 치르더라도 맡은 공사를 기일 내에 완수함으로써 '하면 된다'는 불굴의 정신을 몸소 체험한 그로서는 경제적 실리만 챙길 수 있으면 과정이나 그에 따른 희생은 전혀 문제가 되지 않았다. 성과는 있었을지 모르지만, 성과에 이르기까지의 과정이나 희생에 대해서 온전히 평가할 줄 몰랐다. 그릇 속에 담긴 비빔밥을 맛나게 먹기만 했지, 재료가 되는 나물들이 어떻게 채취되고 준비되는지에 관심이 없었다. 기업가의 자질을 논할 때 경영 성과를 내는 것도 기업가 평가의 중요한 지표가 될 터이지만, 기업을 둘러싸고 있는 다양한 경영환경을 독해하여 기업이 나아가야 할 방향성을 제시하는 것도 중요하다. 기업가는 시스템화되어 있는 기업경영에 대한 총체적 관리기구의 최종 의사결정자로서 거시적인 관점도 중요하지만, 기업의 가장 세세한 곳까지 시선이 미쳐야 한다. 그런 의미에서 마쓰시타 고노스케松下幸之助가 직접 노동조합 창립식에 참석하여 기업과의 상생을 호소하고 1960년에 이미 주5일제 근무와 40시간 노동을 제안한 점, 높은 복리후생과 임금이 생산성의 향상으로 이어질 것이라는 신념에 충실한 점 등도 중요하지만, 무엇보다 경영자가 종업원을 경영의 파트너로 여기고 같은 '실업인의 사명'을 공유하는 존재로 인식한 점은 높이 평가할 만하다.

다시 한 번 강조하지만, 이 책을 통해 현재의 기업 경영자나 미래의 기업 경영을 꿈꾸는 이들이 기업 규모의 성장만을 추구하는 것이 아니라, 기업의 사회적 위치나 사명, 지역사회와의 공생을 염두에 둔 새로운 거버넌스의 창출에도 관심을 기울였으면 하는 마음 간절하다. 이제 그 정도를 요구할 수 있는 여유가 한국자본주의와 한국 기업에 생겼다고 믿고, 감당할 수 있는 역량 또한 충분히 축적되었다고 생각한다. 요즈음 많이 언급되는 '오너 리스크'만 없다면 말이다. 기업가 또는 경영자들이 역사의 긴 시간과 안목으로 한국경제와 한국사회를 보길 희망한다.

이 책을 한국의 독자들과 공유할 요량으로 번역을 생각하게 된 계기는 2018년 2학기 대학원 수업에서 학생들과 강독하며 공부하면서였다. 2017년 1학기부터 '일본의 기업가정신'이라는 수업을 개설하고 담당하면서 텍스트가 부족함을 느끼고 있던 터였다. 다소 서툴기는 하지만 어려운 용어들을 읽고 발표하고 토론하면서 지난한 과정을 같이 해준 학생들(당시 매일신문 논설위원 박병선 씨, 채영재 군, 박현영 양)에게 감사의 마음을 전한다. 부족한 초고를 읽고 번역서의 가치를 높이 평가해 흔쾌히 출판에 동의해 주신 논형의 소재두 사장님과 소재천 팀장님, 그리고 일일이 읽고 날카로운 코멘트로 역자의 부족함을 자각하게 만들고 번역서를 매끄럽게 만들어주신 이용화 선생님과 홍민선 선생님께 특히 감사의 마음을 표한다. 2020년 1월부터 시작된 코로나19 감염 때문에 1학기 내내 재택근무가 많았다. 동영상강의를 녹화도 힘들었지만, 이 책의 번역 때문에 신경이 날카로웠었는데, 이 모든 것을 다 받아주고 위로해주고 격려해 준 아내 최혜영에게도 깊은 감사를 보낸다. 일본에서 초중고를 마치고 한국의 대학에 진학한 뒤 문화충격에 힘들어하던 아들 김동혁이 벌써 4학년 졸업반이 되었다. 잘 이겨내 준 것에 고맙고, 지금까지 늘 그랬듯이 앞으로도 스스로 납득할 수 있는 삶을 살았으면 하는 마음을 전한다.

관련 연표

연도	내각 등	월	기업·정책 관계	월	일본	월	해외
1867	도쿠가와 요시노부(쇼군) 德川慶喜(將軍)	10 12	미쓰이, 미노무라 리자에몽을 등용 미쓰이, 신정부의 금곡출납소 어용을 배명	10 12	대정봉환 왕정복고	4	파리만국박람회 개최
1868	아리스가와 다루히토(총재) 有栖川熾仁(總裁)	1 2 ④ 5 *	신정부, 교토와 오사카 호상들에게 회계적립금 300만냥의 상납을 명하다 스미토모, 벳시동산을 도사번에 차압당하고, 오사카·우나기다니의 동정련장(銅精鍊場)도 사쓰마번에게 몰인되다 신정부, 미쓰이·오노·시마다구미를 회계국 오가와세가타에 임명 상법사(商法司) 설치 긴메정지(銀目停止, 구 마부의 은화 사용 정지), 상법대의(商法大意) 고시(告示), 태정관찰 발행 이 해 신정부, 호상에게 자주 헌금을 명령	1 3 9	무진전쟁(戊辰戰爭) 에도(江戶) 무혈입성 메이지(明治) 개원		
1869	산조 사네토미(우대신) 三條實美(右大臣)	1 2 7 *	도쿄마루야상사(東京丸屋商社, 뒷날 마루젠 丸善) 개업 통상사(通商司) 설립 고다이 도모아쓰(五代友厚), 퇴관하고 오사카 실업계에 투신 이 해 각지에 환회사(爲替會社)·통상회사 설립	12	도쿄-요코하마 간 통신 개통	5	미국 대륙횡단철도도 완성

연도	인물	주요 사항	관련 사항	국외
1870		2 정부 감독 하에 회조회사(廻漕會社) 설립, 연안해운을 목적으로 하는 회사) 설립 10 이와사키 야타로 쓰쿠모상회(九十九商會) 설립 ⑩ 공부성 설치		7 보불전쟁
1871	산조 사네토미(태정대신) 三條實美 이와쿠라 도모미(우대신) 岩倉具視	2 오사카에 조폐료(造幣寮) 개업 5 신화조례 포고 7 가와세자(爲換座=환조합) 미쓰이구미 설립 8 오노구미, 쓰키지제사장(築地製絲場) 개업 10 대장성, 태환증권의 발행을 미쓰이구미에 위탁	도쿄·교토·오사카 사이에 우편 개시 폐번치현	3 파리코뮌 성립
1872		1 쓰쿠모상회, 미쓰카와상회(三ツ川商會)로 개칭 3 광산심득서(鑛山心得書)를 정하다 5 미쓰이·오노·시마다구미, 부현(府縣) 가와세카타를 배명 8 일본국우편증기선회사 설립 9 신바시-요코하마 간 철도 개업도 거행 10 관영 도미오카제사장(富岡製絲場) 개업 11 국립은행조례 제정	3 임신호적(壬申戶籍) 7 전국에 우편제도 보급 11 다카시마탄광(高島炭坑)에서 갱부 폭동	
1873		1 쇼시회사(抄紙會社, 뒤에 오지제지[王子製紙]) 창립 3 미쓰카와상회(三ツ川商會) 개칭, 미쓰비시상회로 개칭 번제 지폐를 위해 신구공채증서발행조례 제정 4 미노무라 리자에몬, 미쓰이 가정개혁의 전권을 위임받다 5 시부사와 에이이치, 퇴관하고 실업계에 투신	5 오쿠보 도시미치, 유럽에서 귀국	2 스페인, 공화제 선언

연도			
	6 제국립은행 설립 7 일본갱법(日本坑法) 반포 10 오구라 기하치로, 오구라구미상회 설립 *이 해에 이노우에 가오루 등 센슈회사(先收會社) 설립	7 지조개정조례 발포 10 사이고 다카모리 등 하야 (1873년 정변)	11 조선에서 대원군이 국정에서 물러나고 민씨정권 성립 *이 해에 독일에서 정제공황이 일어나다
1874	3 철물공제증서발행조례 제정 4 미쓰비시상회, 미쓰비시기선회사로 개칭 7 미쓰비시, 대만출병 때 정부선 13척에 의한 군수 수송을 위탁받다 11 오노구미 파산 12 시마다구미 파산	1 이타가키 다이스케 등 민선의원 설립 건백서를 좌원(左院)에 제출 2 대만출병 결정 10 주식거래조례(株式取引條例) 제정	
1875	2 미쓰비시, 요코하마~상하이 항로 개설 9 일본 정부, 미쓰비시에 제1명령서 하부(기선 13척 불하 등), 우편기선미쓰비시회사로 개칭 12 미쓰비시제철소의 영업 개시	1 오사가회의 5 러일 사이에 가라후토(樺太)·지시마(千島)교환조약 체결 11 미쓰비시상선학교 창립	
1876	2 하코네 사이에하이, 벳시 근대화 기업(起業) 방침을 제시 7 미쓰이은행과 미쓰이물산 설립 8 국립은행조례 개정(정화준비를 완화, 이후 국립은행의 설립이 활발해짐)		11 영국, 수에즈운하회사의 주식을 매수

연도			
1877	2 정부, 세이난전쟁(西南戰爭)의 군수 수송을 위해 미쓰비시에 기선 구입비 대여 3 아시오동산(足尾銅山), 후루카와 이치베에 불하 5 고노이케가(鴻池家), 제13국립은행 개업	1 지조 경감의 조칙(詔勅) 발포 2 정부, 세이난전쟁의 군수 수송을 위해 미쓰비시에 기선 구입비 대여 / 사이고 다카모리, 1만 5천의 병사를 이끌고 가고시마를 출발	4 러시아—터키 전쟁(露土戰爭)
1878	3 도쿄상법회의소 설립 5 가와사키 쇼조, 쓰키지(築地)에 조선소 설립 6 도쿄주식거래소(東京株式取引所) 개업 8 오사카주식거래소(大阪株式取引所) 개업 오사카상법회의소 설립 12 도쿄해상보험회사 설립	5 파리만국박람회 참가 *이 해에 긴자벽돌거리(銀座煉瓦街)가 완성되다	3 산스테파노 (San Stefano)조약 6 베를린회의
1879	2 마쓰모토 주타로, 제130은행 개업 9 후지타구미위조지폐사건(藤田組贋札事件) 11 아스나다 겐지로, 아스나다은행 설립	1 다구치 우카지(田口卯吉) '도쿄경제잡지(東京經濟雜誌)' 창간	
1880	4 미쓰비시환점(三菱爲替店) 개업 11 공장불하개칙(工場拂下槪則) 제정		
1881	1 후지타 덴자부로, 형 2인과 함께 주지타덴자부로상사를 설립 3 가와사키 쇼조, 효고(兵庫)·가와사키조선소 개설 이와사키 야타로, 다카시마탄광을 매수 4 개척사관유물불하문제 발생 7 메이지생명보험(明治生命保險) 설립 10 마쓰카타 마사요시, 대장경에 취임(마쓰카타 재정 시작되다)	4 농상무성 창설	3 러시아에서 알렉산드르(Aleksandr) 2세 암살

	연도	월	기업·경제 사건	월	정치·사회 사건	월	세계·기타 사건
	1882	11 3 5 10	일본철도회사 설립 스미토모가, 가법(家法) 제정 오사카방적회사 설립(다음 해 6월 조업 개시, 최초로 1만추 규모) 일본은행 설립			5 7	독일, 오스트리아, 이탈리아 동맹 체결 조선에서 임오군란 발생
	1883	4 5	아사노 소이치로, 관영 후카가와(深川)시멘트제조소 임대(1884년 7월 불하) 미쓰비시에 대항하는 공동운수회사 개업	12	일본마차철도회사 개업		
	1884	1 5 7 9 10 12	후루카와 이치베, 인나이광산(院內鑛山)을 불하받다 오사카상선 설립 미쓰비시, 관영 나가사키조선소 임대(1887년 6월 불하) 후지타구미, 고사카광산(小坂鑛山)을 불하받는다 후루카와의 혼조동소(本所鑄銅所) 조업 개시 한카이철도(阪界鐵道) 설립	5 7 9 10 12	군마사건(群馬事件) 화족령(華族令) 공포 가바산사건(加波山事件) 지치부사건(秩父事件) 이이다사건(飯田事件)	6 12	청불전쟁 시작되다 갑신정변
이토 히로부미(伊藤博文)	1885	5 9 10	미쓰비시회사가 제119국립은행의 경영 승계 일본 정부의 권고로 미쓰비시와 공동운수가 합병하여 일본우선회사(日本郵船會社) 설립 시부사와 에이이치, 오쿠라 기하치로 등 도쿄가스국(東京瓦斯局)을 불하받아, 도쿄가스회사(東京瓦斯會社) 설립	4 12	천진대사, 이토 히로부미, 톈진조약(天津條約) 조인 내각제도 시행(제1차 이토 히로부미 내각)	6	청불 톈진조약 체결 *이 해에 벤츠, 자동차를 만들다

연도					
1886		3	우편기선미쓰비시회사, 미쓰비시샤(三菱社)로 사명 변경	6	시즈오카사건(静岡事件)
		7	도쿄전등회사 개업	10	노먼턴(Normanton)호 사건
		11	도쿄면상사(東京棉商社, 뒷날의 가네보鐘紡) 설립		
1887		4	후지타구미와 오쿠라구미 공동경영으로 내외용달사(内外用達會社) 설립 아사노 소이치로, 아사노구이소부(浅野煙廻漕部)를 설립	6	이토 수상, 나쓰시마(夏島) 별장에서 헌법 기초 회의
		6	신마치방적소(新町紡績所)를 미쓰이에 불하하다	10	대동단결운동
		7	아스다 젠지로, 호센사(保善社) 설립 기와사기 쇼조, 관영 효고조선소(兵庫造船所)를 불하받아 가와사키조선소(川崎造船所) 설립		
1888	구로다 기요타카(黒田清隆)	1	산요철도(山陽鐵道) 설립 일본시멘트 설립	6	독일황제 빌헬름2세 즉위
		8	미이케광산(三池鑛山)을 사사키 하치로(佐々木八郎)에게 불하(1889년 1월에 미쓰이구미에 양도)		
1889	야마가타 아리토모(山縣有朋)	5	히라노방적(平野紡績) 설립	5	파리만국박람회 개최
		7	도쿄-고베간 철도 개통	11	이시카와지마조선소(石川島造船所) 설립
1890		4	삿쓰방적(攝津紡績) 설립		

연도	수상	월	사건
		5	미쓰비시조선소, 일본 최초의 강제(鋼製)화객선 지쿠고가와마루(筑後川丸)를 건조 *이 해에 미쓰비시신누탄광(三菱新入炭坑), 다이나마이트를 사용. 아시오동산, 전기 권양기(捲揚機)를 사용
		8	은행조례와 저축은행조례 공포
		9	입헌자유당 설성
1891	마쓰카타 마사요시(松方正義)	1	도쿄, 오사카에서 상업회의소 설립 고이와이농장(小岩井農場) 설립
		2	아마가사키방적(尼崎紡績) 설립
		6	요코하마선거(橫兵船渠) 설립
		8	나가미카와 히코지로, 미쓰이은행 이사에 취임(공영화 추진)
		9	일본철도, 우에노(上野)-아오모리(靑森)구간 개통 스미토모가법 개정
		3	임헌자유당, 자유당으로 개정
		11	*이 해에 면사의 국내 생산고가 수입고를 상회하다
		12	다나카 쇼조(田中正造), 이 회의서 아시오광독사건 추궁
1892	이토 히로부미(伊藤博文)	9	제1회 전국상업회의소연합회 개최
		1	제46구립은행 영업정지
1893		6~7	미쓰이, 은행·물산·광산을 합명회사로 개조
		7	상법 일부(구[舊]회사편) 시행
		9	방적 5사, 일본우선(日本郵船)과 인도면 적재 계약 체결 도미오카제사장(富岡製絲場)을 미쓰이 다카야스(三井高保)에게 불하
		6	철도국 고베공장에서 최초의 국산기관차 제작

연도	내각	월	경제 관련 사항	월	국내 사항	월	국제 사항
		11	미쓰이동족회 설치 미쓰이은행, 다나카제작소(田中製作所)를 매수(시바우라제작소[芝浦製作所]) 아시오동산, 베서머연동(鍊銅) 실시에 성공 일본우선, 봄베이항로 개설				
		12	미쓰비시샤(三菱社), 미쓰비시합자회사가 되다 합명회사 후지타구미 설립				
1894		3	미쓰이 마이케광산, 네이비펌프를 도입해 잣다구갱(勝立坑) 완성	8	청일전쟁	2	조선 동학농민전쟁
		10	미쓰이모토가타(三井元方)에 지소부(地所部)·공업부를 신설		*이 해에 기타무라 도코쿠(北村透谷), 야마지 아이잔(山路愛山)과 논쟁	11	순문, 하와이에서 흥중회(興中會) 결성
		11	스미토모, 히로세 사이헤이 사거 *이 해에 기계제사 생산고가 지속(座繰)제사를 상회하다				
1895		10	미쓰비시합자은행부 개업	4	삼국간섭	9	순문, 일본으로 망명
		11	스미토모은행 설립	11	'동양경제신보' 창간		
1896	마쓰가타 마사요시(松方正義)	3	항해장려법 및 조선장려법 반포 일본우선, 유럽 정기항로 개설			1	러시아, 동청철도(東淸鐵道) 부설권 획득
		6	도요기선(東洋汽船) 설립				
1897		2	스미토모, 시사카지마제련소(四阪島製鍊所) 건립에 착수			1	러시아, 비테(Vitte)의 개혁
		3	아시오동산의 광독사건조사위원회 설치 고노이케은행(鴻池銀行) 설립, 기타하마은행(北浜銀行) 설립 금본위제 성립				

연도	인물	월	주요 사건	월	국내 사건	월	국제 사건
1898	이토 히로부미(伊藤博文) 오쿠마 시게노부(大隈重信) 야마가타 아리토모(山縣有朋)	4	스미토모신동장(住友伸銅場) 개설 이와사키 히사야, 고베제지소 설립				
		8	미쓰비시나가사키(三菱長崎)조선소에서 히타치마루(常陸丸) 완성(최초의 대형기선)				
1899		6	신상법 시행			3	의화단사건
1900	이토 히로부미(伊藤博文)	1	이바 데이고(伊庭貞剛), 스미토모 총이사에 취임 오사가합동방적 설립	3	치안경찰법 공포	3	미국, 금본위제를 채용
		6	미쓰이가 신가헌(新家憲)을 제정				
1901	가쓰라 타로(桂太郎)	2	야하타제철소(八幡製鐵所) 조업 개시			9	베이징의정서(北京議定書) 체결
		6	스미토모주강소(鑄鋼所) 개업 *이 해 기차제조회사(汽車製造會社), 구산제1호 기관차 완성				
1902		6	후지타구미 고사카광산(小坂鑛山)은 흑광(黑鑛) 처리를 위해 자용제련(自熔製鍊)·우구타쿠(羽口吹)를 개시	1	영일동맹 협약 *이 무렵부터 자전거 보급		
		10	셋쓰방적과 히라노방적 합병				
1904		6	오사가의 130은행 지불 정지, 임시휴업. 아스다 젠지로가 10월까지 정리 완료 시바우라제작소(芝浦製作所) 설립	2	러일전쟁 한일의정서 조인	4	영불협상(英佛協商)
		12	주식회사 미쓰코시백화점(三越百貨店) 설립	8	한일협약		

연도	월	일본	월	한국	월	세계
1905	2	일본면포수출조합 성립	9	러일, 포츠머스조약 조인	1	러시아에서 피의 일요일사건 발생
	3	후루카와광업회사 설립 면포수출조합 산에이구미(三榮組) 성립	11	제2차 한일협약	8	쑨원, 중국혁명동맹회 결성
	7	고베 미쓰비시조선소 개설				
	12	구하라 후사노스케(久原房之助), 히타치(日立)광산사무소 설립				
1906 사이온지 긴모치(西園寺公望)	6	오사카방적, 가나가키제지(金巾製織)을 합병	3	철도국유법 공포		
1907	2	아시오동산에서 폭동 발생(6월 벳시에서 폭동 발생)	7	제3차 한일협약	8	영국·프랑스·러시아 아삼국협상
	7	제국제마(帝國製麻) 설립				
	10	미노오아리마전기궤도(箕面有馬電氣軌道) 설립				
1908 가쓰라 타로(桂太郎)	4	미쓰비시조선소, 최초의 티빈선 덴요마루(天洋丸)를 완성			7	청년터키당 혁명
	10	미쓰비시합자, 사제(社制) 개혁(각 사업부의 독립채산제)				
1909	1	스미토모본점, 스미토모총본점으로 개정				
	6	시부사와 에이이치, 재계 은퇴를 성명				
	10	미쓰이합명 설립, 은행과 물산을 주식회사로 개조, 도신창고주식회사(東神倉庫株式會社) 설립, 광산은 합명이 흡수				

연도	인물	기업 사건	사건	사건
1910		3 미노오아리마전기궤도, 이케다시(池田市) 무로마치(室町)에서 주택(토지 포함) 판매 5 오쿠라 기하치로, 청일 합작으로 본계호매철공사(本溪湖煤鐵公司)를 설립	7 제2회 러일협약	9 트리폴리전쟁 10 신해혁명
1911	사이온지 긴모치(西園寺公望)	8 주식회사 야스다은행 설립(합명회사 야스다은행의 합병 형식으로 개조) 11 후루가와광업, 후루가와합명회사가 되다, 합명회사 오구라구미, 주식회사로 개조 12 미쓰이합명, 광산부문을 분리(미쓰이광산 주식회사 설립)	2 관세자주권 확립 3 공장법 공포 7 제3회 영일동맹 협약	
1912	가쓰라 타로(桂太郎)	1 야스다, 합명회사 호제사(保善社) 설립 2 주식회사 스미토모은행 설립 6 일본강관 설립, 이 해에 아사노 소이지로, 도쿄만매립사업에 착수 9 사이가상회(才賀商會) 파탄	7 제3회 러일협약 9 다이쇼(大正) 개원	2 청조(清朝) 멸망
1913		7 다카라즈카창가대(宝塚唱歌隊) 창립(뒤에 다카라즈카소녀가극을 거쳐 1940년 다카라즈카가극단이 되다) 9 스미토모 총본점 비료제조공장 개설		10 제2차 발칸전쟁
1914	오쿠마 시게노부(大隈重信)	4 기타하마은행 예금인출소동, 8월 임시 휴업 6 오사카방적, 미에방적(三重紡績) 합병, 도요방적(東洋紡績) 설립		3 지멘스사건으로 야마모토내각 사직
1916		4 요코하마조선소 설립(뒤에 아사노조선소)	4 제4회 러일협약	

연도	총리	월	사건	월	사건
1917	데라우치 마사타케(寺內正毅)	3	일본공업구락부 창립	9	금본위제 정지
		6	미쓰이 고노스케, 소켓 제조 판매 개시 미쓰비시합자, 조선부를 분리하여 미쓰비시시조선 설립	3	러시아 2월혁명
		11	미쓰이물산 내에 조선부 설치(뒷날의 미쓰이조선) 후쇼해상보험(扶桑海上保險) 설립(뒷날의 스미토모해상보험)	10	러시아 10월혁명
		12	후루가와광업, 후루가와광업으로 개칭, 후루가와함명 설립 오쿠라구미으로부터 광업, 토목의 2개 부문 독립		
1918	하라 다카시(原敬)	2	스미토모주강소(鑄鋼所), KS강의 특허 취득 미노오아리마전기궤도, 한신급행전철(阪神急行電鐵, 현재의 한큐전철)로 사명 변경	8	시베리아출병 쌀소동(米騷動)
		3	미쓰비시전기기구제작소 설립	3	브레스트 리토프스크(Brjest-Litovsk)조약
		5	미쓰비시상사, 미스비시광업 개업		
		6	아마가사키방적(尼崎紡績), 셋쓰방적(攝津紡績) 합병, 대일본방적 설립	11	제1차 세계대전 종결
		10	다이쇼해상화재보험 설립		
1919		7	미쓰이은행, 1억 엔으로 5배 증자 결정	*이 해에 토지투기 붐이 일어남	
		8	미쓰비시합자은행부, 독립해서 주식회사 미쓰비시은행 설립	3	3·1운동
		12	오사카북항주식회사(大阪北港株式會社, 및 난 스미토모상사(住友商事) 설립	5	5·4운동
				6	베르사이유조약 조인

연도	수상	월·경제/기업 관련	월·사회·경제	월·국제
1920		2 구하라광업(久原鑛業)가 히타치제작소로서 독립 4 요코하마전선제조, 후루카와전기로 개정 5 미쓰비시내연기제조(三菱內燃機製造) 설립	2 전후공황	1 국제연맹 발족
1921	다카하시 고레키요(高橋是清)	1 미쓰비시전기 설립 2 스미토모합자 설립, 스미토모신동소(伸銅所)가 이 회사에 소속되어 스미토모합자신동소가 되다	9 아스다 젠지로, 암살되다	
1923	야마모토 곤노효에(山本權兵衛)	11 아스다은행 함동 결성, 아스다은행이 되다	9 간토대지진(關東大震災)	
1924	기요우라 케이고(淸浦奎吾)	3 미쓰이신탁 설립		
1925	가토 다카아키(加藤高明)	7 스미토모신탁 설립	2 지안유지법 설립	
1926	와카쓰키 레이지로(若槻禮次郎)	1 도요레이온 설립 3 일본우선, 제2도요기선(錦2東洋汽船)을 합병 일본매이온 설립	12 쇼와(昭和) 개원	7 장제스(蔣介石), 북벌 개시
1927	다나카 기이치(田中義一)	2 마쓰시타, 상표 '내셔널'을 사용하기 시작하다 3 스미토모뱃기동신주식회사 설립	3 금융공황 일어나다 진재어음손실보상공채법(震災手形損失補償公債法) 공포	
1928		4 일본상공회의소 설립	1 은행법 시행	
1929	하마구치 오사치(浜口雄幸)	3 마쓰시타 고노스케, '강령'과 '신조'를 제정 4 마쓰시타전기기구제작소(松下電氣器具製作所)를 마쓰시타전기제작소(松下電器製作所)로 개정 한규백화점 영업 개시	11 금에금에 관한 대장성령 공포	

연도	인물		경제·기업		사회·정치		국외
1930		1	금해금(金解禁) 실시				*이 해 소와공황 발생
1931	와카쓰키 레이지로(若槻禮次郎) 이누카이 쓰요시(犬養毅)	3 11 12	도요타 자동직기, 오가키방직을 합병 시부사와 에이이치 사망 금수출 재금지를 결정	4	중요산업통제법 *이 해 소위 '달러사재기' 일어나다		
1932	사이토 마코토(齋藤實)	4 5 8	미쓰이·미쓰비시 두 재벌, '만주국'에 자본 공여 미쓰시타 고노스케, '창업명지(創業命知)'를 선언(수도철학(水道哲學) 도쿄다가라즈카극장 창립 산와은행(三和銀行) 설립	3 5	단 다쿠마(團琢磨), 암살되다 5·15사건	1	히틀러, 독일 수상에 취임
1933		5 7 9 12	마쓰시타전기(松下電器), 사업부제를 도입 미쓰이합명, 오지제지(王子製紙) 주식을 매각(재벌전향 시작되다) 이케다 시게아키(池田成彬), 미쓰이합명 상무이사에 취임, 재벌전향을 지도 산업은행(三和銀行) 설립	3	국제연맹 탈퇴		
1934	오카다 케이스케(岡田啓介)	1 4	일본제철 설립(제철 대합동) 미쓰비시조선, 미쓰비시중공업으로 개칭하고, 6월 미쓰비시항공기와 합병	4	데이진사건(帝人事件)		
1935		9 12	스미토모금속공업 설립 마쓰시타전기산업 설립	10	기구치 다케오(菊池武夫), 천황기관설을 공격	10	에티오피아전쟁 시작되다
1936	히로타 고키(広田弘毅)	5	미쓰이합명, 정년제를 실시	2 5	2·26사건 자동차제조사업법 공포		
1937	하야시 센주로(林銑十郎) 고노에 후미마로(近衛文麿)	2	스미토모합자, 주식회사 스미토모 본사가 되다	7	중일전쟁 시작되다	12	시안사건(西安事件)

연도	인물	월	사건	월	사건
1938		12	미쓰비시합자, 주식회사 미쓰비시사(三菱社)가 되다		
1939	하다누마 가이지로(卒沼謙一郎)	4	전력관리법 제정		
1939		4	NHK, 유선에 의한 텔레비전 실험방송 공개		
1940	고노에 후미마로(近衛文麿)	8	미쓰이물산, 미쓰이합명을 합병		
1943	도조 히데키(東條英機)	2	미쓰비시사를 미쓰비시본사로 개칭		
1944		3	미쓰이물산을 주식회사 미쓰이본사로 개조		
1945	스즈키 간타로(鈴木貫太郎)			8	포츠담선언 수락
1946	요시다 시게루(吉田茂)	10	혼다 소이치로, 혼다기술연구소 설립	2	금융긴급조치령
1947	가타야마 데쓰(片山哲)	11	혼다, A형 자전거 보조엔진 개발		
1948	아시다 히토시(芦田均)	9	혼다기연공업 설립	8	샤우프세제 권고
1949	요시다 시게루(吉田茂)	8	혼다, 드림호 발매		
1952		10	마쓰시타전신(松下電産), 필립스사와 제휴	4	미일안전보장조약
1958	기시 노부스케(岸信介)	8	혼다, 슈퍼커브(Super Cub) 발매		
1961	이케다 요시토(池田勇人)	10	혼다, IT메이스에서 완전 우승		
1972	다나카 가쿠에이(田中角榮)	10	혼다, CVCC엔진 탑재차를 공개	9	중일국교정상화
1973		7	마쓰시타 고노스케, 마쓰시타전신 회장에서 퇴임	2	변동환율제로 이행

참고문헌

※ 두 개 이상의 장에서 참고한 문헌도 편의상, 원칙적으로 1회만 게재했다.

[전체 참고문헌]

中川敬一郎·森川英正·由井常彦 編,『近代日本經營史の基礎知識』, 有斐閣, 1974年.

宮本又次·中川敬一郎 等 編著,『日本經營史講座』全六巻, 日本經濟新聞社, 1976～77年.

J. ヒルシュマイヤー·由井常彦,『日本の經營發展』, 東洋經濟新報社, 1977年.

安岡重明 等 編著,『日本經營史』全五巻, 岩波書店, 1995年.

高橋龜吉,『日本の企業·經營者發達史』, 東洋經濟新報社, 1977年.

野田信夫,『日本近代經營史』, 産業能率大學出版部, 1988年.

森川英正,『日本經營史』, 日本經濟新聞社, 1981年.

宮本又郎·阿部武司·宇田川勝·澤井實·橘川武郎,『日本經營史2 經營革新と工業化』, 岩波書店, 1995年.

宮本又次,『宮本又次 著作集 第9·10巻 大阪商人太平記 上·下』, 講談社, 1977～78年.

宮本又次,『關西財界外史 戰前篇』, 關西經濟連合會, 1976年.

作道洋太郎 編,『近代大阪の企業者活動』, 思文閣, 1997年.

[프롤로그]

A. Gershencron, *Economic Backwardness in Historical Perspective*, Cambridge, 1962.

J .A. シュンペーター, 塩野谷祐一・中山伊知郎・東畑精一 譯, 『經濟發展の理論』上, 岩波書店, 1977年.

A. H. コール, 中川敬一郎 譯, 『經營と社會』, ダイヤモンド社, 1965年.

A. D. チャンドラー, 鳥羽欽一郎・小林袈裟治 譯, 『經營者の時代』上・下, 東洋經濟新報社, 1979年.

瀬岡誠, 『企業者史學序説』, 實教出版, 1980年.

中川敬一郎, 『比較經營史序説』, 東京大學出版會, 1981年.

榎本悟, 『アメリカ經營史學の研究』, 同文館出版, 1990年.

A. D. チャンドラー, 安部悦生 等 譯, 『スケール・アンド・スコープ』, 有斐閣, 1993年.

米倉誠一郎, '企業家精神の發展過程', 小林規威 등 編, 『現代經營事典』, 日本經濟新聞社, 1986年.

安部悦生, '革新の概念と經營史', 由井常彦・橋本壽朗 編, 『革新の經營史』, 有斐閣, 1995年.

[제1장]

S. クズネッツ, 長谷部亮一 譯, 『經濟成長:六つの講義』, 巖松堂出版, 1961年.

R. ドーア, 松居弘道 譯, 『江戸時代の教育』, 岩波書店, 1970年.

新保博・速水融・西川俊作, 『數量經營史入門』, 日本評論社, 1975年.

大阪商工會議所 編, 『大阪商業史資料』第9巻, 大阪商工會議所, 1964年.

林英夫・芳賀登 編, 『番付集成』上・下, 柏書房, 1973年.

渋谷隆一 編, 『明治期日本全國資産家・地主資料集成』IV, 柏書房, 1984年.

西山松之助 編,『江戸町人の研究』第1巻, 吉川弘文館, 1972年.

『別冊太陽 豪商百人』, 平凡社, 1976年.

宮本又次,『宮本又次 著作集 第6巻 風土と經濟』, 講談社, 1977年.

林玲子 編,『日本近世5 商人の活動』, 中央公論社, 1992年.

林董一,『近世名古屋商人の研究』, 名古屋大學出版會, 1994年.

城山三郎,『創意に生きる 中京財界史』, 文春文庫, 1994年.

小林正彬,『日本の工業化と官業払い下げ』, 東洋經濟新報社, 1977年.

石井寛治,『大系日本の歴史12 開國と維新』, 小學館, 1989年.

石井寛治,『日本經濟史』, 東京大學出版會, 1991年.

[제2장]

三野村清一郎,『三野村利左衛門傳』, 三友出版社, 1969年.

三井文庫 編,『三井事業史』本篇 第2巻, 三井文庫, 1980年.

安岡重明,『財閥形成史の研究』, ミネルヴァ書房, 1970年.

安岡重明,『三井財閥史 近世・明治編』, 教育社, 1979年.

日本經營史研究所,『三井兩替店』, 株式會社三井銀行, 1983年.

宮本又郎, '會社は誰のものか',『アステイオン』第23號, TBSブリタニカ, 1992年.

阿部武司, '政商から財閥へ', 橋本壽朗・武田晴人 編,『日本經濟の發展と企
　　　業集團』, 東京大學出版會, 1992年.

宮本又郎, '總有システムと所有者主権の制限', 伊丹敬之 等 編,『日本的經
　　　營の生成と發展』, 有斐閣, 1998年.

廣瀬宰平,『半世物語』全2巻, 1895年.

廣瀬満正 編・刊行,『宰平遺績』, 1926年.

住友金屬鑛山株式會社・住友別子鑛山史編集委員會,『住友別子鑛山史』
　　　上・下, 住友金屬鑛山, 1991年.

半井桃水 編, 『土居通夫君傳』, 1925年.

原田積善會 編, 『原田二郎傳』 上・下, 1937～38年.

宮本又郎, ‘土居通夫’, 安岡重明 等 編著, 『日本の企業家 I 明治篇』, 有斐閣,
　　　1978年.

宮本又郎・廣山謙介, ‘明治後期～昭和初期鴻池における多角化挫折と專業
　　　志向’, 『經營史學』 第15巻1號, 東京大學出版會, 1980年.

森川英正, ‘財閥の形成’, 小林正彬 等 編, 『日本經營史を學ぶ1 明治經營史』,
　　　有斐閣, 1976年.

[제3장]

楫西光速, 『政商から財閥へ』, 筑摩書房, 1964年.

大島清・加藤俊彦・大内力, 『人物・日本資本主義3 明治初期の企業家』, 東
　　　京大學出版會, 1976年.

小林正彬, 『政商の誕生』, 東洋經濟新報社, 1987年.

入交好脩, 『岩崎彌太郎』, 吉川弘文館, 1960年.

岩崎彌太郎・彌之助傳記編纂會篇・刊行, 『岩崎彌太郎傳』 上・下, 1967年.

『安田保善社とその關係事業史』, 同編集委員會編・刊行, 1974年.

安田善次郎, 『富之礎』, 昭文堂, 1911年.

淺野俊光, ‘安田善次郎’, 安岡重明 外 編著, 『日本の企業家1 明治篇』, 前掲.

由井常彦, ‘安田善次郎の人物と思想’, 竹中靖一・宮本又次 編, 『經營理念の
　　　系譜』, 東洋文化社, 1979年.

由井常彦 編, 『安田財閥』, 日本經濟新聞社, 1986年.

岩下淸周 編・刊行, 『藤田翁言行錄』, 1927年.

武田晴人, ‘明治前期の藤田組と毛利家融資’, 『經濟學論集』 第48巻 3號, 東京
　　　大學出版會, 1982年.

大倉財閥研究會 編,『大倉財閥の研究』, 近藤出版社, 1982年.

三島康雄,『造船王 川崎正藏の生涯』, 同文館出版, 1993年.

三島康雄, '川崎正藏', 安岡重明 外 編著,『日本の企業家1 明治篇』, 前揭.

三島康雄,『阪神財閥』, 日本經濟新聞社, 1984年.

淺野總一郎·淺野良三,『淺野總一郎』, 愛信社, 1923年.

中村隆英,『日本經濟の建設者』, 日本經濟新聞社, 1973年.

宇田川勝,『新興財閥』, 日本經濟新聞社, 1984年.

作道洋太郎,『關西企業經營史の研究』, 御茶の水書房, 1997年.

五日會 編·刊行,『古河市兵衛翁傳』, 1926年.

宮本又次,『小野組の研究』第3巻, 大原新生社, 1970年.

松本翁銅像建設會 編·刊行,『雙軒松本重太郎翁傳』, 1922年.

宮本又次 編,『上方の研究』第4巻, 清文堂出版, 1976年.

石井寬治, '百三十銀行と松本重太郎',『經濟學論集』第63巻 4号, 1998年.

武田晴人,『財閥の時代』, 新曜社, 1995年.

山路愛山,『現代金権史』, 服部書店, 1908年.

横山源之助,『明治富豪史』, 易風社, 1910年.

森川英正,『日本財閥史』, 教育社, 1978年.

[제4장]

杉山和雄, '株式會社制度の發展', 小林正彬 등 編,『日本經營史を學ぶ1 明治
　　　經營史』, 前揭.

宮本又郎, '産業化と會社制度の發展', 西川俊作·阿部武司 編,『日本經濟史
　　　4 産業化の時代·上』, 岩波書店, 1990年.

宮本又郎, '家族企業·會社制度·經營成果', 同志社大學人文科學研究所
　　　編,『財閥の比較史的研究』, ミネルヴァ書房, 1985年.

森川英正, 『トップ・マネジメントの經營史』, 有斐閣, 1996年.

加藤幸三郎, '山辺丈夫と近代紡績業', 永原慶二・山口啓二 編, 『講座日本技術の社會史 別巻2 人物篇 近代』, 日本評論社, 1986年.

東洋紡績, 『百年史 東洋紡』上・下, 東洋紡績, 1986年.

宮本又郎, '山辺丈夫', 宮本又次 編, 『企業家群像』, 清文堂出版, 1985年.

宮本又郎, '大阪紡績の製品 市場戰略', 『大阪大學經濟學』第35巻 1號, 1985年.

森川英正, 『日本型經營の展開』, 東洋經濟新報社, 1980年.

石川安次郎 編・刊行, 『孤山の片影』, 1933年.

故岩下清周君傳記編纂會 編・刊行, 『岩下清周傳』, 1931年.

新田直藏 編・刊行, 『菊池恭三翁傳』, 1948年.

ユニチカ社史編集委員會 編, 『ユニチカ百年史』上・下, ユニチカ株式會社, 1991年.

明石照男・鈴木憲久, 『日本金融史 明治篇』, 東洋經濟新報社, 1957年.

海原卓, 『世評正しからず』, 東洋經濟新報社, 1997年.

土居喬雄, 『澁澤榮一傳』, 改造社, 1931年.

木村昌人, 『澁澤榮一』, 中公新書, 1991年.

澁澤榮一述, 『靑淵回顧錄』上・下, 靑淵回顧錄刊行會, 1927年.

島田昌和, '産業の創出者・出身者經營者', 伊丹敬之 等 編, 『ケースブック日本企業の經營行動4 企業家の群像と時代の息吹き』, 有斐閣, 1998年.

土居喬雄, 『續日本經營理念史』, 日本經濟新聞社, 1967年.

宮本又郎, '澁澤榮一・新しい『實業理念』の確立', 『アステイオン』第34号, 1994年.

森川英正, '澁澤榮一——日本株式會社の創立者', 森川英正 編, 『日本經營史講座4 日本の企業と國家』, 日本經濟新聞社, 1976年.

五代龍作 編・刊行,『五代友厚傳』, 1933年.

宮本又郎, '五代友厚, 産業のプロデュース', 堺屋太一 編,『日本を創つた戰略集團』6, 集英社, 1988年.

宮本又次,『五代友厚傳』, 有斐閣, 1981年.

田付茉莉子, '工業化のリーダーシップ―五代友厚', 由井常彦 編,『日本經營史講座2 工業化と企業者活動』日本經濟新聞社, 1976年.

J.ヒルシュマイヤー, 由井常彦 譯,『日本における企業者精神の生成』, 東洋經濟新報社, 1965年.

淺野俊光,『日本の近代化と經營理念』, 日本經濟評論社, 1991年.

石川健次郎, '明治期における企業者活動の統計的觀察',『大阪大學經濟學』第23巻 4號, 1977年.

東畑精一,『日本資本主義の形成者』, 岩波書店, 1964年.

中川敬一郎,『日本的經營』, 日本放送協會, 1981年.

中村隆英,『戰前期日本經濟成長の分析』, 岩波書店, 1971年.

萬成博,『ビジネス・エリート』, 中公新書, 1965年.

福澤諭吉, '時事小言',『福澤諭吉全集』第4巻, 時事新報社, 1898年.

池田成彬述, 柳澤健,『財界回顧』, 世界の日本社, 1949年.

故團男爵傳記編纂委員會 編・刊行,『男爵團琢磨傳』上・下, 1938年.

栂井義雄,『三井財閥史 大正・昭和編』, 教育社, 1978年.

長井實 編・刊行,『自叙益田孝翁傳』, 1939年.

畠山秀樹, '團琢磨', 永原慶二・山口啓二 編,『講座・日本技術の社會史・別巻2 人物篇・近代』, 前掲.

安岡重明, '中上川彦次郎', 安岡 等 編著,『日本の企業家1 明治篇』, 前掲.

安岡重明 編,『三井財閥』, 日本經濟新聞社, 1982年.

岩崎小彌太傳編纂委員會 編・刊行,『岩崎小彌太傳』, 1957年.

岩崎彌太郎・彌之助傳記編纂會 編・刊行,『岩崎彌之助傳』上・下, 1971年.

柴孝夫, ‘財閥の生成,そして解体’, 伊丹敬之 等 編,『ケースブック日本企業經
　　　營行動1 日本的經營の生成と發展』, 有斐閣, 1998年.

長澤康昭, ‘岩崎彌之助’, 安岡 外 編著,『日本の企業家1 明治篇』, 前掲.

三島康雄,『三菱財閥史 明治篇』, 敎育社, 1979年.

三島康雄 編,『三菱財閥』, 日本經濟新聞社, 1981年.

宮川隆泰,『岩崎小彌太』, 中公新書, 1996年.

小倉正恆傳記編纂會 編・刊行,『小倉正恆』, 1965年.

川田順,『住友回想記』, 中央公論社, 1951年.

作道洋太郎 編,『住友財閥』, 日本經濟新聞社, 1982年.

作道洋太郎 編著,『住友財閥史』, 敎育社, 1979年.

鈴木馬左也翁傳記編纂委員會 編・刊行,『鈴木馬左也』, 1961年.

瀬岡誠,『近代住友の經營理念』, 有斐閣, 1998年.

西川正治郎 編,『幽翁』, 文政社, 1933年.

畠山秀樹,『住友財閥成立史の硏究』, 同文館出版, 1985年.

森川英正,『財閥の經營史的硏究』, 東洋經濟新報社, 1980年.

粕谷誠, ‘政商から財閥への脱皮’, 伊丹敬之 등 編,『ケースブック日本企業の
　　　經營行動4 企業家の群像と時代の息吹き』, 前掲.

橘川武郎,『日本の企業集團』, 有斐閣, 1996年.

宮本又郎, ‘國家事業と財閥の成立’, 中部よし子 編,『日本經濟史』, 昭和堂,
　　　1989年.

森川英正,『日本財閥史』, 敎育社, 1978年.

安岡重明,『財閥の經營史』, 日本經濟新聞社, 1978年.

宮本又次 編,『上方の硏究』第5巻, 清文堂, 1977年.

[제5장]

小林一三, 『逸翁自叙傳』, 産業經濟新聞社, 1953年.

作道洋太郎, 『阪神地域經濟史の研究』, 御茶の水書房, 1998年.

鈴木博之, 『日本の近代10 都市へ』, 中央公論新社, 1999年.

竹村民郎, 『笑楽の系譜』, 同文館出版, 1996年.

前田和利, ‘小林一三’, 森川英正 外 編著, 『日本の企業家3 昭和篇』, 有斐閣, 1978年.

伊丹敬之, ‘二人の天才 本田宗一郎と藤澤武夫’, 伊丹敬之 等 編, 『日本的經營の生成と發展』, 有斐閣, 1998年.

下川浩一, ‘本田宗一郎’, 下川浩一 外 編著, 『日本の企業家4 戰後篇』, 有斐閣, 1980年.

城山三郎, 『本田宗一郎との100時間』, 講談社, 1984年.

橘川武郎 · 野中いずみ, ‘革新的企業者活動の繼起’, 由井常彦 · 橋本壽朗 編 『革新の經營史』, 有斐閣, 1995年.

大森弘, ‘松下幸之助’, 下川浩一 等 編著, 『日本の企業家4 戰後篇』, 有斐閣, 1980年.

岡本康雄, 『日立と松下』上 · 下, 中央公論社, 1979年.

北尾鐐之助, 『近代大阪』, 創元社, 1932年.

坂下昭宣, ‘松下幸之助’, 日本的經營研究會 編, 『日本的經營の本流』, PHP研究所, 1997年.

佐藤悌二郎, 『松下幸之助 成功への軌跡』, PHP研究所, 1997年.

下谷政弘, ‘1930年代＜松下産業團＞の經營過程’, 『經營史學』第21巻 3號, 東京大學出版會, 1986年.

高橋龜吉, 『株式會社亡國論』, 萬里閣, 1930年.

野田一夫, 『松下幸之助 その人と事業』, 實業之日本社, 1968年.

硲宗夫,『悲しい目をした男 松下幸之助』, 講談社, 1995年.

橋本壽朗・西野肇, '松下幸之助論', 『社會科學研究』第49卷 2號, 1997年.

長谷川信, '技術導入と日本のテレビ開発', 橋本壽朗 編, 『日本企業システムの
　　　戰後史』, 東京大學出版會, 1996年.

松下幸之助,『私の行き方考え方』, 實業之日本社, 1954年.

松下幸之助,『實踐經營哲學』, PHP研究所, 1978年.

松下電器産業,『創業三十五年史』, 松下電器産業, 1953年.

松下電器産業,『松下電器五十年の略史』, 松下電器産業, 1968年.

색인

〈인명〉

(ㄱ)

(ㄴ)

(ㄷ)

(ㅁ)

345~346, 364, 369, 373~374,
378, 384, 510, 517
후쿠자와 유키치福澤諭吉 85, 176, 287,
373, 380, 384~386, 397, 407,
446
히로세 사이헤이廣瀨宰平 60, 88, 103,
132, 136, 150, 153~154, 205,
364, 366~367, 369, 373~374,
424, 515~516

〈사항〉

(ㄱ)

가와사키川崎 178
가와사키조선소 253~256, 517
가전 종합메이커 490
가정개혁 125~127, 131, 150, 155, 158,
160~161, 166, 517, 522
가정개혁家政改革 511
간지管事 207, 251, 413, 423
개량 소켓 479, 520
경영의 신 477~478, 520
경영자혁명 296
경영혁신 100, 305
경제도덕합일주의經濟道德合一主義 376
고노이케鴻池 178

고노이케가헌법鴻池家憲法 161
고노이케은행鴻池銀行 159, 163~167,
319, 329
고도경제성장 494
고용경영자 99, 291, 293~296,
305~306, 390~391, 399, 410,
435, 518
고이와이농장小岩井農場 199, 416
공동운수회사 195, 252, 254
공부대학교工部大學校 254, 270,
310~311, 321
공부성工部省 48, 50~51, 53, 150~151,
202, 253, 397, 405, 515
공장제 방적업 40
관업 51, 53~54
관업불하 53, 55, 173, 258
관영사업 7, 48, 382, 396, 510, 515
관영 야하타제철소八幡製鐵所 261
관영 후카가와시멘트제조소深川セメント
製造所 257, 263
광독사건 272
광산심득서鑛山心得書 139, 200
광산업 93, 142, 182, 240, 242,
268~269, 273, 375
국립은행 46, 56~57, 118, 121, 158,
277, 287, 293, 382, 515
국립은행조례 46, 119, 121, 215, 287,

계명대학교 국제학연구소 학술총서 01

일본의 기업가정신

초판 1쇄 인쇄 2020년 6월 20일
초판 1쇄 발행 2020년 6월 30일

지은이 미야모토 마타오
옮긴이 김명수

펴낸곳 논형
펴낸이 소재두
등록번호 제2003-000019호
등록일자 2003년 3월 5일
주소 서울시 영등포구 당산로 29길 5-1 502호
전화 02-887-3561
팩스 02-887-6690

ISBN 978-89-6357-432-5 94320
값 30,000원

* 이 역서는 2019년 대한민국 교육부와 한국연구재단의 지원을 받아 수행된 연구임
  (NRF-2019S1A5C2A04083308).